이한우의

태종실록

재위 16년

새로운 해석, 예리한 통찰

이한우의
태종실록

재위 16년

이한우 옮김

삶과 세계에 대한 뿌리 깊은 지혜,
그 치밀한 기록

2001년부터 2007년까지 7년 동안 『조선왕조실록』을 완독했으니 완독을 끝마친 지 10년이 지났다. 그동안 관심은 사서삼경을 거쳐 진덕수(眞德秀)의 『대학연의(大學衍義)』, 『심경부주(心經附註)』에 이어 지금은 『문장정종(文章正宗)』 그리고 반고(班固)의 『한서(漢書)』 번역으로 확장돼왔다.

원점인 2001년으로 돌아가보자. 나는 왜 『조선왕조실록』을 다 읽기로 결심한 것일까? 그것은 다름 아닌 선조들의 정신세계를 탐구해 우리의 정신적 뿌리를 확인해보려는 것이었다. 그런데 정작 7년간의 실록 읽기가 끝났을 때는 이룬 것보다 앞으로 해야 할 일이 많음을 깨달았다. 우리 선조들의 뛰어난 능력과 치열했던 삶의 태도를 확인했지만 그 뿌리를 제대로 알지 못했던 것이다. 그래서 완독을 끝내자마자 시작한 것이 한문(漢文) 공부다. 위에서 언급한 책들은 한문 공부를 마치고서 우리나라에 번역되지 않은 탁월한 한문책들을 엄선해 우리말로 옮긴 것이다. 이때 중요한 것은 '우리말'이다.

우리말이란 대한민국에서 일정한 교육을 받은 사람들이 편안하게 쓰는 말을 뜻한다. 과도한 한자 사용을 극복하고 지나친 순우리말 또한 일정하게 거리를 뒀다. 그리고 쉬운 말로 풀어 쓸 수 있는 한자어는 가능한 다 풀어냈다. 그래서 나는 '덕(德)'이라는 말은 '은덕(恩

德)'이라고 할 때 외에는 쓰지 않는다. '다움'이 우리말이다. 부덕(不德)도 그래서 '부덕의 소치'라고 하지 않고 '임금답지 못한 때문'이라고 옮긴다.

특히 정치를 다룬 역사서에서 중요한 용어가 '의(議)'와 '논(論)'이다. 그런데 실록 원문에서는 분명히 이 둘을 엄밀하게 구분해 '의지(議之)', '논지(論之)'라고 표현했는데, 번역 과정에서 의(議)도 의논이라고 번역하고 논(論)도 의논이라 번역하면 이는 원문의 뜻을 크게 왜곡하는 것이다. 의(議)란 책임 있는 의견을 내는 것을 말한다. 의정부(議政府)를 논정부(論政府)라고 해서는 안 되는 것과 같다. 논(論)은 일반적으로 책임을 떠나 어떤 사안에 대한 논리적 진단을 하는 것이다. 오늘날 '논객(論客)'이 그런 경우다. 그러나 '의객(議客)'이란 말은 애당초 성립할 수가 없다. 다만 법률과 관련해서는 의(議)보다 논(論)이 중요하다. 그래서 '논죄(論罪)'나 '논핵(論劾)'이라는 말은 현실적 구속력을 갖는다. 재판은 의견을 내는 것이 아니라 기존 법률에 입각해 죄의 경중을 논리적으로 가려내는 일이라는 점에서 논(論)이지 의(議)가 아닌 것이다. 이처럼 기존의 실록 번역은 예나 지금이나 정치에서 대단히 중요한 역할을 할 수밖에 없는 의(議)와 논(論)을 전혀 구분하지 않아 의미를 제대로 전달하지 못한다. 사실 이런 예는 일일이 거론하기 힘들 만큼 많다.

　이런 우리말화(化)에 대한 생각을 직접 번역으로 구현해내면서 다시 실록을 읽어보았다. 기존의 공식 번역은 한자어가 너무 많고 문투도 1970년대 식이다. 이래가지고는 번역이 됐다고 할 수가 없다. 게다가 너무 불친절해서 역주가 거의 없다. 전문가도 주(註)가 없으면 정확히 읽을 수 없는 것이 실록이다. 진덕수의 『문장정종』 번역을 통해 한문 문장의 문체에 어느 정도 눈을 뜨게 된 것도 실록을 다시 번역해야겠다는 결심을 부추겼다. 특히 실록의 뛰어난 문체가 기존의 번역 과정에서 제대로 드러나지 못했다는 인식이 있었기 때문에 이 점을 개선하는 데 많은 노력을 쏟았다. 그리고 사소한 오역은 그냥 두더라도 심한 오역은 주를 통해 바로잡았다. 누구를 비판하려는 것이 아니라 미래를 향한 개선의 기대를 담은 것이다.

　물론 이런 언어상의 문제 때문에 실록 번역에 뛰어든 것은 아니다. 실은 삶에 대한, 그리고 세계에 대한 깊은 지혜를 얻고 싶어서다. 이런 기준 때문에 여러 왕의 실록 중에 『태종실록(太宗實錄)』을 번역하기로 결심했다. 일기를 포함한 모든 실록 중에서 『태종실록』이야말로 어쩌면 오늘날 우리에게 반드시 필요한 지혜를 담고 있는지 모른다고 생각했기 때문이다.

지난 10년간 사서삼경과 진덕수의 책들을 공부하고 옮기는 과정에서 공자의 주장에 대해 새롭게 눈뜰 수 있었다. 그것은 다름 아닌 '일[事]'의 중요성이다. 성리학이 아닌, 공자의 주장으로서의 유학은 리더가 일하는 태도를 가르치는 이론이다. 기존의 학계는 성리학의 부정적 영향 때문인지 유학을 철학의 하나로만 국한해서 가르치는 경향이 있다. 그러나 내가 공부한 바에 따르면 공자는 리더의 바람직한 모습 그리고 그런 리더가 되기 위한 수양 과정을 지독할 정도로 치밀하게 이야기하고 가르쳤던 인물이다.

이런 깨우침에 기반을 두고서 이번에는 공자가 제시했던 지도자상을 태종이 얼마나 체화하고 구현했는지를 확인하고 싶었다. 이런 부분들을 주를 통해 드러낼 것이다. 그렇게 할 때 경학과 역사가 통합된 경사(經史) 통합적인 공부가 될 수 있다.

그렇다면 '왜 세종이 아니고 태종인가?'라는 질문을 던질 수 있겠다. 물론 세종의 리더십을 탐구하는 것도 대단히 중요하다. 그러나 그의 아버지 태종의 리더십을 충분히 탐구하지 않으면 세종에 대한 탐구는 피상적인 데 그칠 우려가 있다. 따라서 이 작업은 추후 세종의 리더십을 제대로 탐구하기 위한 기초 작업이기도 하다는 점을 밝혀둔다.

이 책에는 새로운 시도가 담겨 있다. '실록으로 한문 읽기'라는 큰 틀에서 번역을 진행했다. 월 단위로 원문과 연결 독음을 붙인 것도 그 때문이다. 번역문 중에도 어떤 말을 번역했는지를 대부분 알 수 있게 표시했고 번역 단위도 원문 단위와 거의 일치하기 때문에 어떤 문장을 어떻게, 심지어 어떤 단어를 어떻게 옮겼는지를 남김없이 알 수 있도록 했다. 물론 '착할 선(善)', '그 기(其)', '오를 등(登)' 수준의 뜻풀이는 생략했다. 아무런 의미가 없기 때문이다. 이러한 장치를 통해 조금이라도 살아 있는 한문을 익히고 우리 역사와 조상들의 사고방식을 가까이하는 데 도움이 되기를 바란다.

역주는 워낙 방대한 작업이기 때문에 앞에서 언급했다고 해서 다시 언급하지 않는 것이 아니라 그때그때 필요하면 중복되더라도 다시 달았다. 편집의 아름다운 완결성을 다소 희생하더라도 독자들의 읽는 재미와 속도를 감안했기 때문이다.

재위 1년 단위로 한 권씩 묶어 태종의 재위 기간 18년—18권을 기본으로 하고, 태조와 정종 때의 실록에 있는 기록과 세종 때의 실록에 담긴 상왕으로서의 기록을 묶은 1권을 별권으로 삼아 모두 19권으로 구성했다. 이를 통해 우리 사회에 태종의 리더십에 대한 제대로 된 탐구가 시작되기를 기대한다.

21세기북스 김영곤 대표의 결단이 없었다면 이 책은 세상에 나오지 못했을 것이다. 이 자리를 빌려 깊이 감사드린다. 더불어 계획 초기부터 함께 방향을 고민했던 정지은 이사와 편집 실무자들에게도 고맙다는 말을 전한다. 그리고 함께 공부하는 즐거움을 누리고 있는 우리 논어등반학교 대원들께 진심으로 고맙다는 말을 전하고 싶다. 마지막으로 내 글쓰기 작업의 원동력인 가족들에게도 깊은 감사를 올린다.

서울 상도동 보심서실(普心書室)에서

탄주(灘舟) 이한우

| 일러두기 |

1. 실록은 무엇보다 인물과 역사적 배경이 중요하기 때문에 문맥에서 필요한 범위 내에서 충실하게 주(註)를 달았다.

2. 기존의 번역 중 미세한 오역이나 번역이 누락된 경우는 번역의 어려움을 감안해 지적하지 않았지만 중대한 오역이거나 향후 한문 번역에서 같은 잘못이 반복될 수 있다고 판단되는 경우에는 주를 통해 지적했다.

3. 간혹 역사적 흐름에 대한 설명이 필요한 경우 간략한 내용을 주로 달았다. 그러나 독자들의 해석과 평가에 영향을 미치지 않도록 최소한의 범위에서만 언급했다.

4. 『논어(論語)』를 비롯해 동양의 고전들을 인용한 경우가 많은데 기존의 번역에서는 출전을 거의 밝히지 않았다. 그러나 당시 우리 선조들이 실제 정치를 행사하는 데 고전의 도움을 얼마나 받았는지를 알려면 그들의 말과 글 속에 동양 고전들이 얼마나 자연스럽게 녹아 있는지를 살피는 것이 중요하다. 하여 확인 가능한 고전 인용의 경우 주를 통해 그 전거를 밝혔다.

5. 분량이 워낙 방대하기 때문에 설사 앞서 주를 통해 언급한 바 있더라도 다시 찾아보는 번거로움을 덜기 위해 중복이 되더라도 다시 주를 단 경우가 있음을 밝혀둔다.

6. '원문 읽기를 위한 도움말'의 경우 단조로운 문장은 그대로 두고 한문 문장의 독특한 구조를 보여주는 구문에 초점을 맞췄다.

7. 한자는 대부분 우리말로 풀어쓰고 대괄호([ ]) 안에 독음과 함께 한자를 표기했다. 그래서 '천명(天命)'이라고 표기한 경우도 있지만 대부분 '하늘의 명[天命]'이라는 방식으로 표기했다. 또한 한자 단어의 경우 독음을 붙여쓰기로 표기하여 한문 문장을 이해하는 데 도움이 되고자 했다.

8. 문단 맨 앞의 'ㅇ' 표시는 같은 날 다른 기사임을 구분한 것이다.

차
례

들어가는 말 4

일러두기 10

태종 16년 병신년 1월 13 · 원문 63

태종 16년 병신년 2월 81 · 원문 100

태종 16년 병신년 3월 107 · 원문 156

태종 16년 병신년 4월 175 · 원문 198

태종 16년 병신년 5월 207 · 원문 259

태종 16년 병신년 6월 283 · 원문 336

태종 16년 병신년 7월 359 · 원문 394

태종 16년 병신년 8월 409 · 원문 438

태종 16년 병신년 9월 449 · 원문 471

태종 16년 병신년 10월 481 · 원문 503

태종 16년 병신년 11월 513 · 원문 539

태종 16년 병신년 12월 549 · 원문 567

태종 16년 병신년
1월

一月

갑오일(甲午日) 초하루에 상이 하정례(賀正禮-정월 초하루를 축하하는 예)를 행하고, 이어서 상왕(上王)을 모시고 창덕궁(昌德宮)에 이르러 술자리를 광연루(廣延樓) 아래에 베푸니 세자와 종친·부마(駙馬)가 시연(侍宴)했다. 여러 신하에게 잔치를 내려주고, 의정부(議政府)에 풍악을 내려주었다.

정유일(丁酉日-4일)에 대호군(大護軍) 조치(趙菑)를 (충청도) 순성(蓴城)에 보냈다.

상이 병조판서 박신(朴信), 도진무(都鎭撫) 한규(韓珪), 지신사(知申事) 유사눌(柳思訥)과 토의해 충청도 순성을 강무(講武) 장소로 정하고, 치(菑)를 보내 그곳을 불사르게 했다. 이에 행궁 지응사(行宮支應使)가 아뢰어 말했다.

"숙소(宿所)를 이미 정한 뒤에는 그때에 임해 이배(移排)[1]하도록 하지 마소서. 사복시(司僕寺)의 크고 작은 말들이 모두 450필인데, 먹여 기르는 세절초(細折草)[2]는 1필마다 1석씩으로 하는 이외에는 산초

---

1 거처를 옮겨서 정한다는 말이다.
2 가늘고 잘게 썰어서 말에게 먹이는 건초(乾草)다.

(散草)를 허용하지 마소서. 마주(馬柱-말을 매는 나무 기둥)와 갈승(葛繩-칡 껍질로 만든 밧줄)도 작량(酌量)해서 진공(進供)케 했다가 이튿날에 명백하게 환수(還受)하도록 하소서. 마익(馬杙-말을 매는 말뚝)은 사복시(司僕寺)에서 스스로 준비하게 해서, 아울러 진공하게 하지 마소서. 삼군 갑사(三軍甲士)의 산료(散料) 이외의 공급과 금군(衿軍) 및 견마배 별감(牽馬陪別監)의 신발과 버선[鞋韤] 등의 제급(題給)을 일절 금하소서. 각 숙소(宿所)에서 진상(進上)하는 물건 및 사선(司膳)·사옹(司饔) 등 예식(例式)에 따라 진배(進排)하는 물건 외에 그 밖의 물건은 승정원(承政院)에서 명문(明文)을 서로 고찰해 진배하게 하소서. 각 숙소에서 공상(供上)하는 주미(酒味)도 내자시(內資寺)와 내섬시(內贍寺)에서 진배하게 하고, 만약 따로 주미를 진배하면 승정원에서 첩자(帖字)[3]를 서로 고찰해 진배하게 하소서. 각 도 감사(監司)·수령관(首領官) 및 지나가는 경내(境內) 수령 외의 각 고을 수령(守令)은 월경(越境)하지 못하게 하소서. 각 역(驛)의 마필은 각각 정수(定數)를 차비(差備)하되 멀고 가까운 것을 서로 고찰해 분간(分揀)하며, 작량해서 초출(抄出)하고 3일마다 번(番)을 가소서. 사복(司僕)·사옹(司饔)·사막(司幕)의 여러 관원이 지응(支應)하면 각 고을의 색장(色掌)[4]이 함부로 구타(毆打)하지 못하게 하고, 지완(遲緩-지체)하는 일이 있으면 승정원에서 진고(進告)해 논죄하도록 하소서. 위 항목 일

---

3 첩(帖) 자를 새긴 관인(官印)의 하나로, 첩문(帖文)이나 차첩(差帖)에 찍었다.

4 지방의 고을에서 잡다한 일을 맡은 향리(鄕里)다. 대개 각 동리에서 농사를 권장하고 죄인(罪人)을 추고(推考)하며 조세(租稅)와 군역(軍役) 따위를 감독했다.

의 조건 외에 감사(監司)와 수령(守令)으로서 만약 민간에서 수렴(收斂)해 인정을 은밀하게 하는 자가 있으면, 지응사(支應使)와 찰방(察訪)으로 하여금 암행(暗行)해 붙잡아서 즉시 계문(啓聞)해 논죄하게 하소서."

그것을 따랐다.

임인일(壬寅日-9일)에 상이 재궁(齋宮)으로 나아갔다. 상이 장차 종묘(宗廟)에 나아가려는데 약간의 비가 내리니 승정원(承政院)에 뜻을 전해 말했다.

"오늘은 다행스럽게도 수레를 메기 전에 비가 왔다. 만약 혹시라도 종묘에 이르지도 못해 중도에 비가 왔거나 혹은 도착해 자는데 밤중에 비가 왔으면 이 일을 어찌했겠는가? 내가 문소전(文昭殿)의 예에 의거해 지름길[捷徑]을 새로 내어 제일(祭日)에 재실(齋室)에서 나와 바로 종묘로 나아가서 제사를 지내고자 하는데, 이것이 폐단을 없애는 계책일 것이다. 모름지기 여러 의정(議政)과 토의해보라."

대언(代言) 등이 모두 말했다.

"상의 가르침이 옳습니다."

○ 이날 세자(世子)가 잘 차려입은 복장[盛服]을 하고서 모시는 자들을 돌아보며 말했다.

"신채(身彩-몸단장)가 어떠한가?"

충녕대군(忠寧大君)이 말했다.

"바라건대 먼저 마음을 바로잡은[正心] 뒤에 용모를 닦으셔야 합니다[修容]."

모시는 자들이 탄복해 말했다.

"대군의 말씀이 정말로 옳습니다. 저하(邸下)께서는 이 말씀을 잊지 마시기 바랍니다."

세자가 매우 부끄러워했다[慙]. 이 뒤에 세자가 모비(母妃)에게 말했다.

"충녕의 뛰어남[賢]은 우연한 것이 아닙니다. 국가의 대사를 장차 함께하겠습니다."

왕비(王妃)가 이 말을 상에게 하니, 상은 그것을 듣고서 마음이 편안치 않았다[不平].

계묘일(癸卯日-10일)에 상이 친히 종묘(宗廟)에 강신했다[祼]. 애초에 승정원(承政院)에 뜻을 전해 말했다.

"종묘에 친히 행차할 때 봉례(奉禮-예를 돕는 관리)가 창(唱)하기를 '왕허상마(王許上馬)'라고 하는데, 비록 왕(王)자가 존귀하더라도, 중국 조정의 사신이 와서 왕이라 칭(稱)하는 경우라면 상관없겠지만 봉례가 왕이라고 칭하는 것은 옳지 못하다."

유사눌(柳思訥)이 아뢰어 말했다.

"계사년(癸巳年)에 고쳐서 상정(詳定)하기를 '교 문무시신 상마(敎文武侍臣上馬)'라고 했습니다."

상이 옳게 여겼다. 예조(禮曹)에서 아뢰었다.

"고제(古制)에는 종묘(宗廟)에 진찬(進饌)5할 때 정문(正門)으로 들

---

5   음식을 올리는 것을 말한다.

어가 태계(泰階)[6]로 올라갔습니다. 그런데 오늘날은 예전의 잘못을 인순(因循)해서 동문(東門)으로 들어가니 고제에 어긋납니다. 빌건대 찬(饌)을 받드는 자로 하여금 남쪽의 정문으로 들어가게 하소서."

그것을 따랐다.

○ 이날 예(礼)를 마치고 궁으로 돌아와서, 광연루(廣延樓) 아래로 나아가 술자리를 마련하고 풍악(風樂)을 베풀었다. 세자와 여러 종친이 시연(侍宴)했다. 향관(享官)과 여러 집사(執事)에게 잔치를 내려주었다. 저물녘에 이르러 세자가 술에 취해 나아가서 아뢰어 말했다.

"종사(宗社)는 오로지 전하의 종사만이 아니니 죄인을 바로잡지 않을 수 없습니다. 무휼(無恤)과 무회(無悔)를 법대로 처치함이 옳겠습니다."

상이 최한(崔閑)에게 일러 말했다.

"이 말을 자세하게 들어두라."

갑진일(甲辰日-11일)에 형조와 대간(臺諫)에서 무휼(無恤)과 무회(無悔)의 죄를 청했다.

○ 의정부 참찬(議政府參贊) 최이(崔迤)와 우부대언(右副代言) 서선(徐選)에게 명해 의금부 제조(義禁府提調)·대간(臺諫)·형조(刑曹)와

---

6 큰 계단을 말한다. 상계(上階)·중계(中階)·하계(下階)가 있는데, 이는 각각 별을 상징해서 상계의 상성(上星)은 천자(天子)를, 하성(下星)은 여주(女主)를 나타내고, 중계의 상성(上星)은 제후(諸侯)를, 하성(下星)은 경대부(卿大夫)를 나타내고, 하계의 상성(上星)은 원사(元士)를 하성(下星)은 서인(庶人)을 나타낸다.

함께 이지성(李之誠)을 잡치(雜治)[7]하게 했다.

　을사일(乙巳日-12일)에 이조(吏曹)에서 포폄법(褒貶法)을 올렸다. 아뢰어 말했다.

　"1년에 두 차례[兩等] 각 도 수령(守令)을 포폄(褒貶-인사고과)하는 것은 이미 이뤄진 법규(法規)가 있습니다. (그런데) 여러 도의 감사(監司)는 먼저 수령(守令)의 전최(殿最)[8]를 마감(磨勘-인사평가)하지 않고 있다가 도목정(都目政)이 가까워지면 실적(實跡)도 기록하지 않은 채 다만 상(上)·중(中)·하(下) 3등(三等)만을 써서 계본(啓本)을 신정(申呈)하니, 교지(教旨)에 어그러짐이 있습니다. 일찍이 내린 교지(教旨)에 의거해서, 이제부터는 봄철·여름철 포폄(褒貶)은 6월 15일 이전에, 가을철·겨울철 포폄은 11월 15일 이전에 칠사(七事)[9]의 실적을 갖춰 기록해서 신정(申呈)하는 것을 항식(恒式)으로 삼게 하소서."

　그것을 따랐다.

　○ 외방(外方) 주군(州郡) 인리(人吏)의 관복(冠服)을 고쳤다. 예조에서 아뢰었다.

7　나라에서 중죄인(重罪人)을 심문할 때 대간(臺諫: 사헌부·사간원)과 형조의 삼성(三省) 관원이 합동으로 심문하던 일을 말한다. 이때 위관(委官: 재판장)을 임금이 근신으로 임명했다. 삼성잡치(三省雜治)라고도 한다.

8　전조(銓曹)에서 도목정사(都目政事)를 할 때 각 관사의 장(長)이 관리들의 근무 성적을 상(上)·하(下)로 평정하는 법이다. 상(上)이면 '최(最)', 하(下)이면 '전(殿)'이라고 한 데서 나온 말이다. 殿에는 '뒤처지다'의 뜻이 있다.

9　조선 시대에 수령 전최(殿最)의 평가 기준이 되는 일곱 가지 일을 말한다. 농상(農桑)이 성한가, 호구(戶口)가 늘었는가, 학교가 흥한가, 군정(軍政)을 닦았는가, 부역이 고른가, 사송(詞訟)이 간결한가, 간활(姦猾)이 끊어졌는가의 일곱 조항이다.

"전에 수교(受敎)해서 행이(行移-이첩)한 안에 '향리(鄕吏)가 관문(官門)을 진퇴(進退)할 때와 대소 사객(大小使客)을 영송(迎送)할 때는 두건(頭巾)을 쓰고 보통 때는 감투[坎頭]를 쓴다'고 했는데, 각사(各司)의 이전(吏典)이나 평민(平民)이 다름이 없어 점점 날이 갈수록 무례(無禮)하게 됩니다. 방립(方笠)에 흑칠(黑漆)해서 예전대로 쓰고 다니도록 허용하고, 역리(驛吏)도 전례에 의하도록 하소서."

그것을 따랐다.

○ 술을 금했다. 여러 곳의 제향(祭享)과 각 전(殿)의 공상(供上) 외에 술을 사용하는 것을 금지했으니, 사헌부의 계문(啓聞)을 따른 것이다.

○ 의정부(議政府)·공신(功臣)·육조(六曹)·대간(臺諫)에서 모두 소를 올려 무휼(無恤)과 무회(無悔)의 죄를 청했다.

형조와 대간에서 교장(交章)해 말씀을 올렸다.

'불충(不忠)한 신하는 하늘땅도 용납하지 아니하고, 『춘추(春秋)』에도 그 법을 분명히 말하기를 "난신적자(亂臣賊子)는 일반 사람이라도 토죄(討罪)할 수 있다"라고 했습니다. 그 당사자를 주멸(誅滅)하고 그 집[宮]을 파내 연못으로 만드는 것은 백대(百代) 이래로 이러한 의리를 함께 지켜오는 것입니다. (그런데) 지금 무휼과 무회 등은 오랫동안 화심(禍心)을 품고 있다가 바로 세자가 홀로 앉아 계시는 때를 엿보아 비밀리에 교활한 모책(謀策)을 올려서 종지(宗支-종파와 지파)를 제거함으로써 왕실(王室)을 약하게 하고자 했는데, 다행히 세자에 힘입어 기미(幾微)를 밝게 알아서 그 음계(陰計)가 발각됐으나 오히려 스스로 은닉(隱匿)했습니다. 전하께서 의금부(義禁府)·의정부

(議政府)·형조(刑曹)·대간(臺諫)으로 하여금 함께 신문(訊問)을 더하게 하고 또 근신(近臣)에게 명해 이를 듣도록 하니, 무휼과 무회 등의 정상이 뚜렷하게 드러났습니다. 그러나 전하께서 천주(天誅)를 가(加)하지 아니하고 유찬(流竄-유배)에 그치게 하니, 한 나라의 신자(臣子)들이 분개하고 한탄하지 않음이 없습니다. 엎드려 바라건대, 전하께서는 종묘(宗廟)와 사직(社稷)을 염려하고 자손만세(子孫萬世)를 위하는 계책으로 삼으시어, 이 두 흉물(兇物)을 전형(典刑)에 밝게 처해 천토(天討)에 따르소서. 신 등은 또 듣건대 "다움을 심는 것[樹德]은_{수덕} 번성함을 힘쓰는 것이요, 악(惡)을 없애는 것[除惡]은 근본에 힘쓰_{제악}는 것이다"라고 했는데, 무구와 무질 등의 처자[妻孥]를 각각 스스로_{처노} 완취(完聚-온전히 모여 삶)하게 하는 것은 징계(懲戒)하는 바가 없습니다. 이것이 무휼·무회(와 같은 자)가 거리낌 없이 잇달아 일어나는 까닭입니다. 빌건대 네 사람의 처자를 율에 의거해서 시행해 후래(後來)를 경계하게 하소서.'

이조판서 박은(朴訔) 등이 말씀을 올렸다.

"신 등이 가만히 듣건대, '불충(不忠)한 신하는 하늘과 땅에서 용납하지 아니하는 바요, 왕법(王法)에서도 용서하지 아니하는 바다'라고 했습니다. 무휼과 무회 등은 본래 무군(無君-임금을 없다고 여김)의 마음을 품어, 일찍이 원윤(元尹) 이비(李裶)를 낳을 때 함부로 참학(慘虐)한 짓을 자행하고 또 세자 앞에서 감히 교활한 음모를 진달(陳達)했습니다. (그런데) 지금 의금부(義禁府)와 정부(政府-의정부)·형조(刑曹)·대간(臺諫)에서 함께 신문해 정상을 얻었으니, 그들의 불인(不仁)과 불충(不忠)이 이보다 더 심할 수가 없습니다. 이것이 이른바 좌우

(左右)의 여러 대부(大夫)와 국인(國人-조정 신하)이 모두 말하기를 '죽일 놈이다'라고 하는 것입니다. 전하께서는 다만 사사로운 은의(恩誼) 때문에 가벼운 법전을 따르시니 한 나라의 신민(臣民)으로 실망하지 않는 자가 없습니다. 엎드려 바라건대 전하께서는, 대의(大義)로 결단하시어 한결같이 대간(臺諫)에서 아뢴 바에 의거해 그대로 윤허해 시행하소서."

개국정사좌명공신(開國定社佐命功臣) 한천부원군(漢川府院君) 조온(趙溫) 등도 말씀을 올렸다.

"선(善)한 자에게 복(福)을 주고 음(淫)한 자에게 화(禍)를 주는 것은 하늘의 도리요, 선한 자에게 상을 주고 악한 자에게 벌을 주는 것은 임금의 도리입니다. 임금[人君]이 하늘을 본받아 행하는 까닭에 오형(五刑)을 다섯 가지 등급으로 쓰는 것[10]을 천토(天討)라고 이르는 것입니다. 역신(逆臣) 무구와 무질 등은 죄악이 관영(貫盈)해 이미 죽음을 당했으나 그 악(惡)을 징계하지 아니하자 그 아우 무휼과 무회는 항상 불충(不忠)한 마음을 품고 있다가 종지(宗支)를 제거할 것을 꾀했으니 그 죄상의 첫째입니다. 무망(誣妄)한 말을 꾸며대어 고명(高明-임금의 크게 눈 밝음)에 누(累)를 끼치고자 했으니 그 죄상의 둘째입니다. 그 형 무구와 무질의 죽음은 자기 죄가 아니라고 했으니 그 죄상의 셋째입니다. 지금 이미 공초(供招)에서 자복했으니 법대로 처치함이 마땅한데도 전하께서는 너그러운 법을 따라서 형벌을 거행

───────

10 『서경(書經)』「우서(虞書)·고요모(皐陶謨)」에서, 고요가 우(禹)임금에게 묵(墨)·의(劓)·월(刖)·궁(宮)·대벽(大辟)의 다섯 가지 형벌을 등급에 따라 알맞게 써야 한다고 훈계한 데서 나온 말이다.

하지 아니하고 다만 외방으로 쫓아내셨으니, 이것은 천토(天討)를 폐(廢)하고 국전(國典)을 이지러트리는 것입니다. 바라건대 전하께서는 대의(大義)로써 결단하시어 전형(典刑)을 밝게 바로잡아 한 나라 신민(臣民)의 소망을 터주소서. 또 옛날부터 난신적자(亂臣賊子)의 죄는 그 자손에게까지 미치지 아니한 적이 없습니다. 이는 성인(聖人)이 뿌리를 뽑아 근원을 없앰으로써 후환(後患)을 막는 방법입니다. 오늘날 무구 등 네 사람은 종묘(宗廟)와 사직(社稷)에 있어서 싹에 가라지가 섞여 있는 것과 같으니, 그 뿌리를 없애지 아니한다면 결국은 다시 살아나서 후환(後患)이 될 것임은 틀림없는 사실입니다. 엎드려 바라건대 전하께서는 선성(先聖)께서 뿌리를 뽑아 근원을 없애는 뜻을 본받아서, 위 조항 사람들의 자손을 유사(攸司)에 내리도록 명해 모두 법대로 처치함으로써 뒷날 난적(亂賊)의 싹을 끊어버리소서."

의정부 영의정(領議政) 성석린(成石璘) 등이 말씀을 올렸다.

"무휼과 무회 등이 불충(不忠)한 죄가 명백하게 드러났으니, 이에 잠시라도 용인(容忍)하는 것은 안 됩니다. 엎드려 바라건대 대의(大義)로써 결단하시어 나라 사람들에게 밝게 보여서 후세에 경계를 내리소서."

이날 밤 유사눌(柳思訥, 1375~1440년)[11]을 불러 해온정(解慍亭) 아

---

11 일찍 부모를 여의고 숙부인 유관(柳寬) 밑에서 학문에 힘썼는데, 문장에 능하고 경전에 밝았으며 그릇이 크고 결단력이 있었다. 1393년(태조 2년) 식년 문과에 급제해 좌정언, 이조·병조의 정랑을 지냈다. 1407년 문과 중시에 병과로 급제해 장령이 되었다. 이어 중서사인(中書舍人)을 거쳐 1409년 집의로서 민무구(閔無咎)·민무질(閔無疾)의 불충(不忠)한 죄와 평양군 조대림(趙大臨)의 사병혁파를 아뢰다가 안악에 유배됐다. 뒤에 풀려나와 1411년에 좌사간을 지내고, 이어 좌부대언이 되었다. 1416년에 지신사(知申事)로서 소합

래에 이르렀다. 사눌(思訥)이 아뢰어 말했다.

"오늘 정부(政府)·공신(功臣)·육조(六曹)·3성(三省-사헌부·사간원·형조)에서 청한 것이 진실로 마땅하니[允當], 바라건대 그대로 윤허[兪允]를 내리시기 바랍니다."

상이 말했다.

"무구와 무질이 이미 그 죄에 벌을 받았는데 무휼과 무회가 또 죄에 걸렸다[罹]. 민씨(閔氏)의 네 아들을 서로 잇달아서 죽이는 것을 나는 차마 못 하겠다."

대답해 말했다.

"전하께서 마음 비우시기[虛心]를 거울이 텅 빈 것처럼 하신다면 고운지 미운지[妍蚩][12]는 저들에게 있을 것입니다. 옛날에 (후한 때) 두헌(竇憲, ?~92년)[13]은 궁액(宮掖-황후)의 세력을 믿고 남의 전원(田

유(蘇合油)를 진상하는 데 잘못을 저질러 다시 안악에 유배되었다가 곧 풀려나왔다. 이듬해 홍주목사·경상도도관찰사·함길도도순문사로서 좌군동지총제(左軍同知摠制)가 되었다. 그 뒤 1422년(세종 4년) 강원도관찰사로 전임되고, 이듬해 경기도도관찰사로서 중군동지총제(中軍同知摠制)를 역임했다. 1428년 한성부윤이 되고, 이어 예문관대제학이 되어 진하사(進賀使)로 명나라에 다녀왔다. 1430년 악학제조(樂學提調)로서 신주조회악기(新鑄朝會樂器) 및 가자(架子)를 올렸고, 박연(朴堧)과 함께 『아악보(雅樂譜)』를 완성하는 데 공을 세웠다. 이어 좌군총제가 되어 이듬해 「용흥가(龍興歌)」를 지어 올리고, 1432년에 동지중추원사가 됐다. 1434년 인수부윤(仁壽府尹)으로서 「진작가사(嗔雀歌辭)」를 지어 올리고, 1435년 예문관대제학으로서 구악(舊樂)을 정리했다. 맹사성(孟思誠)·박연 등과 함께 조선 초기의 악학 정비에 공로가 컸다.

12 결정의 권한을 말한다.

13 제3대 황제 장제(章帝)의 황후 두씨의 오빠다. 시중(侍中)을 거쳐 호분중랑장(虎賁中郎將)을 지냈다. 건초(建初) 2년(77년) 여동생이 궁중으로 들어가자 그 연줄로 승진했다. 영원(永元) 원년(89년) 화제(和帝)가 즉위하고 두황후가 임조(臨朝)하자, 시중이 되어 두태후와 함께 정치를 마음대로 했다. 나중에 죄를 지어 갇히자 스스로 흉노(匈奴) 토벌에 나서 북선우(北單于)를 대파하는 공을 세우고 거기장군(車騎將軍)이 되었다가, 연연산(燕然山)에 올라 돌에 공적을 새기고 돌아와 대장군(大將軍)이 되었다. 동생들과 함께 권력이 조정을

園)을 빼앗았으나 장제(章帝)가 그에게 죄 주지 아니하니, 후세의 사가(史家)들이 우유부단(優柔不斷)한 잘못으로 여겼습니다. 이제 만약 전하께서 이 두 사람을 죽이지 아니하신다면, 신 같은 자는 전하를 우유부단하다고 사책(史冊)에 써야 합니다. 만세의 뒤에 전하께서 어찌 감히 그 우유부단하다는 이름을 사피(辭避)하겠습니까?"

상이 말했다.

"알았다. 그러나 나는 차마 발언(發言)할 수 없다. 어제부터 오늘 밤에 이르기까지 이 일을 반복(反覆)해 생각해도 쉽게 결단을 내리지 못하겠다."

대답해 말했다.

"이 또한 전하의 고식(姑息)적인 어짊으로 백중흑점(白中黑點)[14]입니다."

상이 말했다.

"이 두 사람이 자진(自盡-자살)하면 괜찮을 듯하다."

사눌이 말했다.

"사사(賜死)하면 충분하지, 어찌 저들이 자진함을 기다리겠습니까?"

병오일(丙午日-13일)에 관복(冠服)의 색(色)을 두었다. 애초에 상이

울렸고, 교만해져 횡포를 부렸다. 집안사람들이 모두 조정의 요직을 맡았다. 4년(92년) 황제가 대장군 인수(印綬)를 거두고 관군후(冠軍侯)로 고쳐 봉하면서 친정(親政)을 하려고 하자, 황제를 죽이려고 꾀하다가 발각되어 자살했다.

14 다 좋은 가운데 안 좋은 것 한 가지가 있다는 뜻이다.

대언(代言)에게 일러 말했다.

"대사헌(大司憲) 이원(李原)이 이르기를 '조회(朝會)의 복색(服色)도 제복(祭服)과 같이한다면 진실로 성대한 제도일 것입니다'라고 했다. 만약 조복(朝服)의 제도를 고친다면 중국 조정에 청해야 하는가?"

유사눌(柳思訥)이 아뢰어 말했다.

"중국 조정에서 이미 전하와 세자의 관복(冠服)을 내려주었으니, (우리 같은) 배신(陪臣)[15]에 이르기까지 청할 필요는 없습니다."

상이 말했다.

"그렇다면 관복(冠服)의 색을 두는 것이 좋겠다. 그러나 다시 정부 및 대신들과 같이 토의하라."

사눌(思訥)이 (의정부) 사인(舍人) 이희로(李希老)를 불러 정부에 뜻을 전했다. 좌의정(左議政) 하륜(河崙)이 말했다.

"신이 늘 계달(啓達)하고자 했는데, 이제 성심(聖心)으로부터 나오시니 의관(衣冠)의 융성한 제도가 저절로 제때에 맞을 것입니다."

이에 예조판서 조용(趙庸)과 예문관 제학(藝文館提學) 허조(許稠)를 제조(提調-위원)로 삼아, 『홍무예제(洪武禮制)』에 의거해서 문무백관(文武百官)이 입을 조복(朝服)의 양관(梁冠)과 의상(衣裳)과 패수(佩綬-패와 인끈)를 만들게 했다. 상이 말했다.

"예복(禮服)과 상복(喪服)은 가장 중요한 일이다. 오래전에 내가 상중(喪中)에 있을 때 중국 사신 황엄(黃儼)이 내 상복(喪服)을 보고 말

---

15 신하의 신하, 곧 제후의 신하를 뜻한다. 제후의 신하인 대부(大夫)가 천자를 대할 때의 자칭이다.

하기를 '복제(服製)가 옳지 못하다'라고 해서 내가 매우 부끄럽게 여겼다. 성절진하사(聖節進賀使)로 하여금 조복(朝服)에 소용되는 초견(綃絹)과 상복 한 벌을 무역해 오게 하는 것이 옳겠다."

○ (대마도의) 종정무(宗貞茂)의 사인(使人)과 임온(林溫)의 사인(使人) 등이 와서 토산물을 바쳤다.

○ 민무휼(閔無恤, ?~1416년)[16]과 민무회(閔無悔, ?~1416년)[17]가 모두 자진(自盡)했다.

의정부에서 백관(百官)을 거느리고 대궐 뜰에 나아가서 소를 올려 무휼과 무회의 죄를 청했다. 소는 이러했다.

'신 등이 가만히 생각건대, 불충한 죄는 왕법(王法)에서 주륙(誅戮)에 해당하는 것으로 하늘과 땅에 용납할 수 없는 바입니다. 지난번에 역신(逆臣) 무구와 무질이 이미 주륙을 당했으니 그 아우인 무휼과 무회는 마땅히 감계(鑑戒)로 삼아야 할 것임에도, 오히려 일찍이 패역(悖逆)한 마음을 품고서 종지(宗支)를 손상할 것을 꾀했고, 또 무

---

16 아버지는 여흥부원군(驪興府院君) 민제(閔霽)이며, 어머니는 송선(宋璿)의 딸이다. 태종비(太宗妃) 원경왕후(元敬王后)의 동생이다. 1403년(태종 3년) 여원군(驪原君)의 봉작(封爵)을 받고 벼슬이 지돈녕부사(知敦寧府事)에 이르렀다. 민무구·민무질 두 형의 옥이 격렬한 정치 파동을 일으키는 중에서도 동생 민무회와 함께 아버지 덕택으로 무사할 수 있었다

17 1402년(태종 2년) 주부(主簿)로서 생원시에 합격하고, 같은 해 식년 문과(式年文科)에 을과로 급제했다. 1407년 이성군(利城君)에 봉해지고 벼슬이 공안부윤(恭安府尹)에 이르렀다. 1415년 공안부윤으로 있을 때, 황주목사(黃州牧使) 염치용(廉致庸)이 노비 문제에 관해 충성스럽지 못한 말을 한 것을 듣고도 보고하지 않은 죄로 연루되어 그해 직첩(職牒)을 빼앗기고 서인이 됐다. 처음 이 사건은 비교적 단순한 노비결송사건에 지나지 않았다가, 점차 옥으로 발전해 마치 민무구·민무질 형제의 옥을 연장한 것과 같은 양상을 띠게 됐다.

망(誣妄)한 말을 꾸며대 상의 다음에 누를 끼치고자 했으며, 그 형 (兄)들이 죄도 없는데도 죽었다고 해 몰래 원망하는 마음을 품었습니다. 그 불충한 죄가 뚜렷하게 나타났으니 법대로 처치함이 마땅한데, 전하께서 가벼운 법전을 따라서 외방(外方)에 물러가 살게 했으므로 한 나라 신민들이 실망하지 않는 자가 없습니다. 엎드려 바라건대, 대의(大義)로써 결단하시어 전형(典刑)을 밝게 바로잡아서 후래(後來)를 경계하소서. 또 그 무구 등 4인의 처자도 모두 율문에 의거해 시행함으로써 신민들의 소망에 부응하소서.'

상이 하륜(河崙)에게 뜻을 전해 말했다.

"무휼과 무회를 내 어찌 사랑해서 보호하는 것이겠는가? 다만 어미 송씨(宋氏)가 연로(年老)하고 또 중궁(中宮)이 마음 아파하고 안타까워하기[痛惜] 때문일 뿐이다."
<small>통석</small>

륜(崙)이 대답해 말했다.

"이 사람들이 만약에 도망쳐서 강을 건너 (중국으로라도) 간다면 안 될 일이며, 비록 본국(本國)에 있다 하더라도 찾아서 체포해야 하는 폐단이 있을 것입니다. 옛사람이 이르기를 '마땅히 끊어야 할 것은 즉시 끊어버리라[當斷卽斷]'고 했습니다."
<small>당단 즉단</small>

상이 말했다.

"정승(政丞)의 말이 옳다."

마침내 의금부 도사(義禁府都事) 이맹진(李孟畛, 1374~1456년)[18]을

---

18 고려 말기의 문신·학자 이색(李穡)의 손자이자 이종덕(李種德)의 아들이며, 맹유·맹균 (孟畇)·맹준(孟畯)의 형제다. 지군사(知郡事)를 지낸 윤충보(尹忠補)의 딸과 혼인해 연기 (衍基)·유기(裕基)·보기(保基)·순기(順基) 네 아들을 두었다. 음직(蔭職)으로 벼슬길에

원주(原州)로, 송인산(宋仁山, ?~1432년)[19]을 청주(淸州)로 보내어 그 고을의 수령에게 뜻을 전했다.

"굳게 지켜 도망치지 못하게 하고, 만약 자진(自盡)하고자 하는 자가 있거든 말리지 말라."

15일 무신일에 맹진(孟畛)이 돌아오고 16일 기유일에 인산(仁山)이 돌아와서 아뢰었다.

"무휼과 무회가 모두 자진했습니다."

상이 말했다.

"무휼과 무회 등의 불충한 죄를 정부(政府)·공신(功臣)·육조(六曹)·대간(臺諫)·문무 각사(文武各司)에서 여러 차례 신청(申請)했으나 다만[第] 정비(靜妃)의 지친(至親)이기 때문에 차마 법대로 처치하지 못하고 아울러 외방으로 유배했는데, 스스로 그 죄를 알고 서로 잇

올라 좌랑(佐郎)·지평(持平)을 지낸 뒤 1430년(세종 12년) 호조참판(戶曹參判)이 되었고, 1431년 경창부윤(慶昌府尹), 1432년 한성부윤(漢城府尹)을 거쳐 중추원부사(中樞院副使)·형조참판(刑曹參判)을 지냈다. 1433년 진헌사(進獻使)로 청나라에 다녀온 뒤 동지중추원사(同知中樞院事)·전라도관찰사(全羅道觀察使)·함길도관찰사(咸吉道觀察使)·지중추원사(知中樞院事) 등을 지냈으며, 1455년(세조 1년) 판중추원사(判中樞院事)에 임명됐으나 이듬해 나이가 많음을 이유로 물러났다. 1456년(세조 2년) 차남 이유기가 단종복위운동에 가담해 능지처참을 당하고 일가족이 노비로 전락했으나, 이맹진은 세조의 특명으로 연좌죄에서 풀려나 목숨을 부지했다. 그러나 아들과 손자가 죽임을 당하고 며느리와 딸들이 노비로 전락한 데 충격을 받아 그해에 세상을 떠났다.

19 1412년(태종 12년) 형조좌랑을 거쳐, 1415년에는 의금부도사가 돼 이문간(李文幹)과 함께 민무휼·민무회를 체포해 의금부에 가두었다. 이어 사헌부장령(司憲府掌令)을 역임한 뒤 1420년(세종 2년) 당시 상왕으로 물러나 있던 태종의 철원 행차를 가뭄 피해가 예상되므로 정지하라고 간언하다가 파직돼 익산에 유배됐다. 그 뒤에 곧 풀려나 1425년 사헌부집의(司憲府執義)가 되고, 이어 군기감정(軍器監正)이 됐다. 이듬해 지사간원사(知司諫院事)를 거쳐, 1427년 겸지형조사(兼知刑曹事)가 됐다. 1429년 첨지총제(僉知摠制)·형조참의를 거쳐 1431년 우부대언(右副代言)과 좌부대언(左副代言)을 차례로 역임했다. 성품이 단정하고 충직했으며, 언관의 직에 있으면서 위엄을 떨쳐 세종의 총애를 받기도 했다.

달아 목매어 죽었으니[縊死] 내버려두고 논하지 말라. 무구·무질·무
휼·무회 등의 처자도 아울러 모두 먼 곳에 안치(安置)하라.”

형조에 명해 무휼의 선처(先妻) 자식들은 그 외조부 이직(李稷)에
게 맡기고[囑], 무회의 선처(先妻)의 자식들은 그 외조부 김익달(金益
達)의 처(妻)에게 맡기고, 무구 등의 유약(幼弱)한 자식들은 족친(族
親)에게 맡겨 노차(路次)에서 굶주리거나 추위에 떨도록 하지 말라고
했다.

○ 이지성(李之誠)의 목을 베었다.

의금부 제조(義禁府提調) 이천우(李天祐)·허조(許稠)·박습(朴習)과
위관(委官) 최이(崔迤)·서선(徐選), 대사헌(大司憲) 이원(李原), 형조판
서 성발도(成發道), 우사간(右司諫) 조계생(趙啓生) 등이 대궐에 나아
와 아뢰어 말했다.

“어제 이지성에게 세자께 아뢴 말을 심문했으나 불복(不服)했기
때문에 장(杖) 10여 대를 내리니, 지성(之誠)이 바로 불기를 ‘오래전
에 세자께 고하기를 “무질 등은 죄가 없으니, 상께서 백세(百歲-사망)
하신 뒤에 세자의 때가 되면 소환(召還)하는 것이 마땅합니다”라고
했다’고 했습니다. 신 등이 또 묻기를 ‘온 나라 사람이 모두 죽이기를
청하는 사람을 너 혼자 죄가 없다고 하는 것은 무엇인가?’라고 하니,
지성이 불기를 ‘고모부(姑母夫) 하륜(河崙)이 일찍이 말하기를 “무질
등은 귀향(歸鄕)이 불가한데도 귀향(歸鄕)했으니 애석해할 만하다”
했다’라고 했습니다. 신 등이 또 묻기를 ‘어찌하여 묻는 말에 대답하
지 않고 다른 말을 하는가?’ 하고 다시 장 10여 대를 내리자, 지성이

불기를 '실제 말[實言]을 막으면서 무슨 말을 시키고자 하는가?'라고
했습니다. 말의 실마리가 이미 나오니 신 등이 감히 마음대로 중지시
킬 수도 없었습니다. 륜(崙)을 체포해 빙문(憑問)할 것을 청합니다."

상이 물었다.

"어제 이미 지성의 일을 결단해서 끝내도록 허락했는데, 어찌하여
일을 끝내지 않고 왔는가?"

천우(天祐) 등이 아뢰어 말했다.

"신 등이 이 같은 말을 듣고 감히 마음대로 판단할 수 없었습니다.
또 륜이 발명(發明-해명)한다면 자기에게도 편안하겠거니와, 그렇지
않으면 자기에게 편안치 못할 것입니다."

상이 말했다.

"경(卿) 등이 감히 마음대로 판단하지 못할 것이라 생각했다면 (그
것은 그것대로) 옳은 것이겠지만, 내가 이미 재단(裁斷)하라고 명한 것
을 어찌하여 듣지 않았는가? 신하들이 모여 온다고 군왕이 그것을
두려워하겠는가? 이는 모두 지성의 계책에 빠진 것이다. 진산(晉山-
하륜)²⁰이 어찌[其=豈] 임금을 업신여기는 마음이 있겠는가?"

원(原)·발도(發道)·계생(啓生) 등이 다시 말했다.

"말의 실마리가 이미 나왔으니, 거짓이든 사실이든 간에 묻지 않
을 수 없습니다."

상이 말했다.

---

20 태종이 여기서 하륜이라고 하지 않고 굳이 진산이라고 한 것은 이미 그를 보호하려는 뜻
   을 드러내 보인 것이다.

"진산에게 묻게 되면 지성은 죄가 없어지는가?"

원이 다시 말했다.

"지성의 죄는 이미 끝났습니다. 류이 만약 변명(辨明)하지 않는다면 나라 사람들이 그를 의심하게 될 것입니다. 만약 의금부에 내려서 국문(鞫問)하지 않을 것이라면, 당직청(當直聽)에 불러다가 이를 묻는 것이 어떻겠습니까?"

상이 말했다.

"지성의 죄가 끝난 뒤에 진산이 어찌 변명하고자 하지 않겠는가? 이것은 내가 할 공사(公事)가 아니다."

원이 말했다.

"상의 가르침[上教]이 비록 이와 같으나 법관이 그냥 그만두겠습니까?"
_{상교}

상이 유사눌(柳思訥)에게 명해 지성이 말한 것을 가지고 가서 류에게 일깨워주고 죄를 묻지 않겠다는 뜻을 말하니, 류이 배사(拜謝)했다. 또 최한(崔閑)을 시켜 류에게 뜻을 전하게 했다.

"옛날에 (한나라 유방의 극진한 총애를 받았던) 소하(蕭何, ?~기원전 193년)[21]도 옥(獄)에 갇힌 적이 있지만[22], 정승(政丞)이 사직(社稷)에

---

21 중국 전한 때 고조 유방의 재상이다. 한나라 유방과 초나라 항우의 싸움에서는 관중에 머물러 있으면서 고조를 위해 양식과 군병의 보급을 확보했으므로, 고조가 즉위할 때 논 공행상에서 으뜸가는 공신이라 해 찬후로 봉해지고 식읍 7,000호를 하사받았으며, 그 일 족 수십 명도 각각 식읍을 받았다.

22 반고(班固)의 『한서(漢書)』(21세기북스, 이한우 옮김) 「소하전(蕭何伝)」에 관련된 이야기가 실려 있다.어떤 빈객이 하를 설득해 말했다."그대는 집안이 족멸될 날이 머지않았습니다. 무릇 그대의 지위는 상국(相國)이고 공로는 제1등이니, 더할 수 있는 것이 없습니다. 그 런데 그대는 애초부터 관중에 들어와 진정으로 백성의 마음을 얻은 지 10여 년이 됐습

니다. 모두 그대에게 기대고 있으며 그대 또한 거기에 부지런히 힘을 쏟아[孳孳=孜孜] 백성의 마음을 얻었습니다. 상께서 이른바 여러 차례에 걸쳐 그대에 관해 물어보았던 것은, 그대가 관중을 (그대 쪽으로) 기울게 만들까 봐 두려워해서였습니다. 지금 그대는 어찌하여 농지를 대거 사들여 싸게 임대함으로써[賈=賒] 스스로의 명성을 더럽히지 않습니까?"이에 하는 그 계책을 따랐고 상은 마침내 크게 기뻐했다.상이 포(布)의 군대에 대한 토벌을 마치고 돌아올 때 백성이 길을 막고 글을 올려, 상국이 억지로 낮은 값으로 백성의 밭과 집을 사들였는데 그 수가 수천 명이나 된다고 말했다. 상이 도착하자 하가 알현했다. 상이 웃으면서 말했다."지금 상국은 마침내 백성에게서 이익을 취하려 했던 것인가?"백성이 올린 글을 모두 하에게 주면서 말했다."당신이 직접 백성에게 사죄하라!" 그 후에 하가 백성을 위해 청하는 것이라면서 이렇게 말했다."장안의 땅은 좁은데 상림원에는 빈 땅이 많아 버려져 있으니, 바라건대 백성으로 하여금 그 안에 들어가 농사를 지을 수 있게 해주시고 볏짚[稿=禾稈]은 거두지 말고 짐승들의 먹이로 삼아야 합니다." 상이 크게 화를 내며 말했다."상국이 상인들로부터 재물을 많이 받고서 그들을 위해 내원(苑)을 청하는구나!"마침내 하를 정위(廷尉)에 내려 족쇄를 그를 묶었다. 며칠 후에 왕위위(王衛尉-위위는 관직명이고, 이 사람의 이름자는 미상이다)가 상을 모시고 있다가 앞으로 나아가 물었다."상국이 무슨 큰 죄를 지었기에 폐하께서는 그를 거칠게 묶었습니까?" 상이 말했다."내가 듣건대 이사(李斯)가 진나라 황제를 보좌할[相] 때는 좋은 것이 있으면 임금 덕분이라 했고 안 좋은 것이 있으면 자기 탓이라고 했다. (그런데) 지금 상국은 장사꾼[賈堅]들에게 많은 재물을 받아 놓고 그들을 위해 나의 상림원을 내놓으라고 했으니, 이는 스스로 백성에게 아첨하려는[媚=求愛] 것이다. 그래서 그를 묶어 놓고 다스리려는 것이다."왕위위가 말했다."무릇 그 직무와 일이 진실로 백성에게 편리한 것이기 때문에 그것을 청했다면, 이는 정말로 재상이 (마땅히) 해야 할 일입니다. 폐하께서는 어찌하여 마침내 상국이 상인들의 돈을 받았다고 의심하시는 것입니까? 또 폐하께서 초나라와 서로 공방전을 벌인지 여러 해가 되었고 진희와 경포가 반란을 일으켰을 때 폐하께서는 몸소 장수가 되시어 전쟁터에 나아가셨는데, 이런 때를 맞아 상국은 관중을 지켰습니다. 만일 그가 관중에서 동요해 말을 뺐다면 관중의 서쪽은 (지금) 폐하의 소유가 아닐 것입니다. 상국은 그때도 이익을 도모하지 않았는데, 지금에서야 상인의 돈을 받아 이익을 취하려 하겠습니까? 또 진나라(의 시황제)는 자신의 허물을 들으려 하지 않아 천하를 잃었건만, 저 이사가 허물을 나눠 가진 것이 또 어찌 본받을 만한 것이겠습니까? 폐하께서는 재상을 의심하는 수준이 이렇게도 낮습니까?"상은 기분이 그다지 좋지 않았다[不=不悅](原註-사고(師古)가 말했다. "위위의 말에 감동을 느꼈기 때문에 부끄럽고 후회스러워서[慚悔] 기분이 좋지 않았던 것이다."). 이날 사자에게 부절을 갖고 가서 하를 풀어주게 했다. 하는 나이가 많았지만, 평소 공손하고 삼갔으므로 대궐로 달려 들어가 사죄했다. 상이 말했다."상국은 궐 밖으로 나가 쉬도록 하라. 상국은 백성을 위해 나의 상림원을 청했으나 나는 허락하지 않았으니, 나는 (하나라의) 결왕(桀王)이나 (은나라의) 주왕(紂王)에 지나지 않는 반면 상국은 뛰어난 재상[賢相]이다. 내가 상국을 묶었던 까닭은 백성으로 하여금 나의 허물을 알게 하기 위함이었다." 태종은 이 대목의 의미를 정확히 파악하고 있었던 것이다.

대해 어찌 반심(叛心)이 있었겠는가? 그 때문에 변명하게 하지 않는 것이다."

날이 저물어 서선과 의금부 진무(義禁府鎭撫) 전흥(田興)이 대궐로 나아와 계본(啓本)을 올리고 또 말했다.

"오늘 지성이 불기를 '진산(晉山)이 이르기를 "무질(無疾)이 무슨 죄가 있겠는가? 그 입으로부터 나온 것이다"라고 했다' 하므로, 신 등이 묻기를 '어찌하여 전날의 말과 다른가?' 하니 지성이 말하기를 '뜻은 한가지다'라고 했습니다."

상이 서선에게 물었다.

"전후로 말한 것 가운데 어느 것이 무겁고 어느 것이 가벼운가?"

선이 대답했다.

"뒤에 한 말이 약간[差] 가볍습니다."
      차

뜻을 전해 말했다.

"남의 아름다운 점은 이뤄주고, 남의 나쁜 점은 이뤄주지 않는 법 이다[成人之美 不成人之惡].[23] 말이 무거우면 공초(供招)를 받고 말이
      성 인지미   불성 인지악
가벼우면 공초를 받지 않는 것은 어째서인가?"

서선(徐選, 1367~1433년)[24]이 말했다.

---

23 『논어(論語)』 「안연(顔淵)」편에 나오는 공자의 말이다. "군자는 남의 아름다운 점을 이뤄 주고 남의 나쁜 점은 이뤄주지 않으니, 소인은 이와 정반대로 한다."

24 태종과 같은 해에 태어났으며, 두 사람 다 원천석(元天錫)의 문인이다. 1396년에 문과에 급제, 이듬해 부봉사(副奉事)가 됐다. 1398년 춘추관 기사관을 거쳐, 1400년 문하주서 가 되고, 이듬해 주부(注簿), 병조좌랑·이조좌랑 겸 지제교, 감찰 등을 역임했다. 이듬해 사헌부장령(司憲府掌令)이 됐으나, 계사(啓事)의 잘못으로 왕의 노여움을 사 죽산(竹山)에 유배됐다. 1405년(태종 5년) 전사시영·세자시강원좌문을 거쳐 이듬해 사헌부집의(司憲府 執義)가 되었다. 1408년 동부대언·경연참찬관·보문각직제학·지제교(知製敎)·춘추관편

"지성이 말하기를 '뜻은 한가지다'라고 한 까닭에, 또다시 공사(供辭)를 받지 않았습니다."

가르쳐 말했다.

"너는 임금을 대신해 가서 그를 국문(鞫問)했는데, 이 같은 일도 아직[尙] 할 수 없으니 장차 너를 무엇에다 쓰겠는가? 너의 집으로 돌아가 있으면 내 앞으로 고문(考問)하겠다."

또 전흥에게 물었다.

"너는 어제 승전(承傳-임금의 뜻을 신하들에게 전함)하러 갔었는데 오늘 아침에는 삼성(三省)을 청해왔으니, 누구를 기만하려는 것인가?"

흥(興)이 말했다.

"신이 승전(承傳)하러 가서 부관(府官)에게 고했는데, 삼성(三省)에서 이를 듣고는 모두 친히 아뢰고자 해서 온 것입니다."

또 물었다.

"지성의 뒷말은 어찌하여 공초를 받지 아니하였는가? 륜이 사직(社稷)에 대해 이심(貳心-두 마음)이 있었는가?"

수관 겸 군기감사·지공조사를 두루 역임했다. 이어 1411년 우부대언 겸 군자감사, 지호조사가 되고, 이듬해 좌부대언·집현전직제학 겸 판사재감사, 지형조사를 역임했다. 그 뒤에 우사간이 되어서도 말을 잘못해 부평도호부사(富平都護府事)로 좌천됐다. 1415년 우부대언(右副代言)이 돼 동료들과 서얼의 차별 대우를 진언했다. 그 뒤 예조우참의·우대언을 거쳐 1417년 충청도관찰사가 되고, 1419년(세종 1년) 고부 겸 청시부사(告訃兼請諡副使)로 명나라에 다녀온 후 한성부윤이 됐다. 그 뒤 경기도·경상도·전라도 등의 관찰사와 형조·예조·이조의 참판 등 내외직을 지냈고, 1427년 형조판서에 올랐다. 1429년 판한성부사로 절일사(節日使)가 돼 명나라에 갔다가 이듬해 귀국, 1431년 좌군도총제가 됐다. 마음가짐이 굳세고 자신이 맡은 관직에 부지런하며 정성스러웠다.

홍이 말했다.

"그가 말한 것은 비단 '그 입으로부터 나왔다'라고 했을 뿐 아니라 '무슨 죄가 있는가?'라는 말도 있었습니다. 그러므로 신 등은 먼저의 말과 같다고 여긴 까닭에 공사(供辭)를 받지 않았습니다."

상이 말했다.

"너는 나의 원종공신(元從功臣)인데 어찌하여 억지로 변명하는 가?"

마침내 의금부의 계본(啓本) 끝에다 비답(批答-결재)해서 지성의 목을 베라고 명했다. 사헌부에서 하교(下敎)가 내렸다는 말을 듣고 대궐로 나아와 지성과 류를 빙문(憑問)한 뒤에 율(律)에 의거해 시행하자고 청했으나, 상은 들어주지 않았다. 헌부(憲府)에서 굳게 청하니, 상이 노(怒)해서 신문(訊問)을 잘못하였다는 이유로 이원에게 귀가(歸家)할 것을 명하고 그 나머지 대원(臺員)도 사람을 시켜 집으로 압송(押送)하게 했다. 좌대언(左代言) 탁신(卓愼)이 집의(執義) 이하를 모두 의금부에 내리라고 잘못 전했다[誤傳].
오전

정미일(丁未日-14일)에 원(原)과 선(選) 등에게 출사(出仕)하라고 명했다. 상이 편전(便殿)에 나아가 천우(天祐)·조(稠)·습(習)·발도(發道)·이(迤)·원(原)·선(選)·계생(啓生)·사눌(思訥)·신(愼) 등을 인견(引見)해 말했다.

"지성이 연사(連辭-진술에 남을 끌어들임)해서 함부로 대신(大臣)을 끌어들여 해치고자 했지만, 류는 결코 나를 배반하고 민씨에게로 향하지는 않았을 것이다. 경 등이 어제 추문(推問-추국해 심문함)을 잘

못한 사건을 가지고 두 번 세 번 거듭해서 청(請)했지만, 내 마음이 편안치 못해 귀가(歸家)하도록 명했다."

신(愼)이 말했다.

"집의(執義) 이하를 모두 의금부에 내렸습니다."

상이 놀라서 말했다.

"두 번 세 번 굳게 청(請)한 까닭에 각각 귀가(歸家)하도록 명했을 뿐이니, 옥에 내려 가둔 것은 내 말이 아니다. 이것은 소환(小宦)의 오전(誤傳)이거나 대언의 오청(誤聽)일 것이다. 비록 사필(史筆)에 기재된다고 하더라도 나의 본의(本意)가 아니다."

즉시 명해 (사헌부) 집의(執義) 정초(鄭招), 장령(掌令) 허반석(許盤石), 지평(持平) 오영로(吳寧老)·윤수(尹粹) 등을 내보내게 했다. 뜻을 전해 말했다.

"나는 장차 간관(諫官)을 보전(保全)하기로 마음먹고 항상 스스로 너그러이 용납(容納)해왔으니, 그대들이 갇히게 된 것은 내 뜻이 아니라 교지(教旨)를 잘못 전한 탓이다."

초(招) 등이 모두 사은(謝恩)하고 부복(俯伏)해 아뢰어 말했다.

"옛날에 위징(魏徵, 580~643년)²⁵이 말하기를 '양신(良臣)이 되기를

---

25 어릴 때 가난해 출가해서 도사(道士)가 됐다. 수나라 말 혼란기에 무양군승(武陽郡丞) 원보장(元寶藏)의 전서기(典書記)가 됐다가 원보장을 따라 이밀(李密)에게 귀순했다. 다시 이밀을 따라 당고조(唐高祖)에게 귀순해 고조의 장자 이건성(李建成)의 측근이 됐다. 비서승(秘書丞)이 되어 여양(黎陽)에서 이적(李勣) 등에게 항복을 권했다. 두건덕(竇建德)에게 포로로 잡혔다가 두건덕이 패한 뒤 당나라로 돌아와 태자세마(太子洗馬)가 되었다. 황태자 이건성이 동생 이세민(李世民)과의 경쟁에서 패했지만, 그의 인격에 끌린 태종의 부름을 받아 간의대부(諫議大夫) 등의 요직을 역임한 뒤 나중에 재상으로 중용됐다. 정관(貞觀) 2년(628년) 비서감으로 옮겨 조정에 참여했다. 학자를 불러 사부서(四部書)를 정리할

원할지언정 충신(忠臣)이 되기는 원하지 않는다'라고 했습니다. 신 등은 항상 이 말을 생각해 조금이라도 성덕(聖德)을 돕고 한 몸을 보전하는 것이 신 등의 지원(志願)입니다. 오늘날 조금도 (상의) 다움에 보탬이 없이 한갓 성심(聖心)만 진려(軫慮-걱정)케 했으니, 황공(惶恐)해 어찌할 줄 모를 뿐입니다[無地爾]."
　　　　　　　　　　무지 이

　상이 말했다.

　"갇히게 됐던 것[被囚]이 내 뜻이 아니었음을 너희들은 마땅히 알
　　　　　　　피수
았으리라."

　이에 바로 탁신을 의금부에 내렸다가 3일 만에 풀어주었다. 사간원(司諫院)에서 신이 전지(傳旨)를 착오하고 대원(臺員)을 가두어 욕보인 죄를 청했기 때문이다.

　○ 이제부터 입직(入直)하는 내금위(內禁衛)와 내사복(內司僕)이 궁성(宮城) 안에서 활쏘기를 연습하는 것을 금지하지 말라고 명했다.

　무신일(戊申日-15일)에 상원(上元-정월 대보름)의 장등(張燈)[26]을 없

───────────

것을 건의했다. 7년(633년) 왕규(王珪)를 대신해 시중(侍中)이 됐다. 당시 영호덕분(令狐德棻) 등이 『주서(周書)』와 『수서(隋書)』를 편찬했는데, 황명을 받아 찬정(撰定)해서 양사(良史)라는 칭송을 들었다. 좌광록대부(左光祿大夫)에 오르고 정국공(鄭國公)에 봉해졌다. 평소 담력과 지략을 가져 굽힐 줄 모르고 직간(直諫)을 거듭해서 황제의 분노를 샀지만 조금도 흔들림이 없었다. 16년(642년) 태자태사(太子太師)가 되고, 문하사(門下事) 일도 그대로 맡았다.병으로 죽자 황제가 "무릇 구리로 거울을 만들면 의관을 단정히 할 수 있고, 옛날로 거울을 삼으면 흥망을 알 수 있으며, 사람으로 거울을 삼으면 득실을 밝힐 수 있다. 짐은 일찍이 이 세 가지를 가져 내 허물을 막을 수 있었다. 지금 위징이 세상을 떠나니, 거울 하나를 잃어버렸도다"라고 애석해했다. 그가 한 말은 『정관정요(貞觀政要)』에 잘 나와 있다.

26 등(燈)에 불을 켜서 사방 여기저기에 달아놓은 것을 말한다.

앴다. 상이 말했다.

"상원일(上元日)의 장등(張燈)은 고제(古制)와 중국 조정의 법에 의해 하고자 하나, 본국에서는 이 제도를 따르지 아니한 지 오래됐다. 이제부터는 상원의 장등을 없애고, 이미 준비한 등(灯)은 4월 초파일에 쓰게 하라."

기유일(己酉日-16일)에 사직(司直) 한방지(韓方至)를 의금부(義禁府)에 내렸다. 방지(方至)가 왕명을 받들고 경기(京畿)에 이르러 강무(講武)할 장소에 불사를 때, 망령되게 '왕지(王旨)'라고 칭하고서 마련현감(麻漣縣監)에게 이문(移文)해서 불사른 것이 남의 묘소(墓所)까지 불살랐다가 일이 발각됐다. 상이 방지에게 일러 말했다.

"네가 비록 (나의) 덕(德-다움)을 돕지는 못할망정 또한 패덕(敗德)한 것은 있을 수 없다."

마침내 옥(獄)에 내렸다.

○ 종묘(宗廟)의 원장(垣墻) 북문(北門)을 짓도록 명했으니, 지름길을 열고자 함이다.

경술일(庚戌日-17일)에 대간(臺諫)에 명해 조계(朝啓)에 들어와 참여토록 했으니 대사헌 이원(李原)의 청을 따른 것이다.

○ 조원(趙源)에게 장(杖) 100대를 때리고 도(徒-징역형) 3년에 처했으며 공조정랑(工曹正郎) 서성(徐省)과 사헌 감찰(司憲監察) 최영순(崔永淳)에게 장(杖) 80대에 도(徒) 2년에 처해 아울러 모두 속(贖)을 거두게 했다. 애초에 원(源)이 전라도 수군도절제사(全羅道水軍都節制

使)가 됐을 때 영선(營繕-공사)하며 폐단을 일으키다가 관찰사(觀察使) 박습(朴習)에게 규탄받아 파직(罷職)됐다. 원이 서울에 이르러 글을 올려 무죄를 호소하므로, 상이 성(省)과 영순(永淳) 등에게 명해 그 도로 가서 실상을 안핵(按覈)하게 했다. 성과 영순은 원이 바르다 하고 습(習)에게 탓을 돌렸다. 이에 의금부에 명해 다시 살피게 하니, 원의 범한 것이 모두 사실이었다. 원은 '일에 억울함이나 굽힘[冤枉^{원왕}]이 없는데 몽롱하게 변명(辨明)한 죄'에 연좌되고, 성과 영순은 '추안(推案)을 사실대로 보고해 올리지 않은 죄'에 연좌됐다.

○ 전 지금산군사(知錦山郡事-금산군 지사) 송희경(宋希璟)의 직첩(職牒)을 거두고 장(杖) 100대를 속(贖) 받게 했다. 애초에 희경(希璟)이 금산(錦山)에 임명됐을 때 전렵(畋獵)을 맡아보는 아전이 잡은 노루와 사슴을 숨긴다고 의심해 장(杖)을 쳐서, 죽은 자가 2인이었다. 감사(監司)가 이를 입안(立案)해 파직하고 속(贖)을 거두었더니 희경이 글을 올려 변명했다.

'아전은 실제로 병사(病死)한 것이요, 장(杖)으로 인해 죽은 것이 아닙니다.'

이에 경차관(敬差官)과 행대감찰(行臺監察)[27]을 파견해 그 고을로 가서 사실을 조사하도록 명하니, 희경이 도리어 반좌(反坐)[28]됐다.

---

27 조선 초에 민간의 이해(利害), 수령의 치적(治績)·근만(勤慢), 향리(鄕吏)의 횡포를 조사하기 위해 지방에 파견하던 사헌부 감찰(司憲府監察)을 말한다. 분대(分臺)라고도 한다.
28 무고(誣告)해서 무죄한 사람을 죄에 빠뜨리는 자에 대해 피해자가 입은 만큼의 형벌을 주는 제도를 말한다.

○ 전 한성부윤(漢城府尹) 한상환(韓尙桓)[29]과 전 개성유후사 단사관(開城留後司斷事官) 원순(元恂), 전 정주도호부사(定州都護府使) 안승경(安升慶), 전 병마사(兵馬使) 박동미(朴東美) 등을 폐해 서인(庶人)으로 삼게 하고, 신유현(辛有賢)의 처 조씨(趙氏), 김사지(金四知)의 처 왕씨(王氏), 이사치(李思恥)의 처 한씨(韓氏) 등의 작첩(爵牒)을 거둬들이고 노비(奴婢)를 모두 속공(屬公)했으니, 사헌부의 청을 따른 것이다. 애초에 승경(升慶)이 중매가 돼 순(恂)에게 권해 딸을 무구(無咎)의 아들 추(麤)에게 시집보내게 했고, 조씨는 딸을 무질(無疾)의 아들 촉(矗)에게 시집보냈으며, 왕씨는 그 아들 영륜(永倫)으로 하여금 무질의 장녀에게 장가들게 했고, 한씨는 그 아들 긴(緊)으로 하여금 무질의 차녀에게 장가들게 했으며, 동미(東美)의 어미는 촉을 중매했으나 동미가 금하지 않은 데다 오히려 무질의 아들을 아끼고 중하게 여겼으니 양자인 까닭이었다. 긴과 영륜은 당역(黨逆)과 결혼한 죄에 연좌돼 처참(處斬-능지처참)에 해당했으나 상이 모두 용서하고 감등해 시행했다.

신해일(辛亥日-18일)에 형조에서 이지성(李之誠)과 연좌(緣坐)된 사람들의 죄를 청했다. 아뢰어 말했다.

"지성(之誠)의 죄는 마땅히 저잣거리에서 처형해 왕법(王法)을 보여야 합니다. (그런데) 전하께서는 가벼운 전형(典刑)을 굽혀 좇아[俯從]

---

29 한수(韓脩)의 아들로, 한상질(韓尙質)·한상경(韓尙敬)·한상덕(韓尙德)이 그의 동생이다. 한명회는 한상질의 손자다.

형벌을 율(律)대로 하지 아니하고 또 연좌(緣坐)된 사람을 용서해 각각 스스로 보전하게 하니, 난신적자(亂臣賊子)의 무리로 하여금 거리낄 것이 없게 하고 왕법에도 어그러짐이 있습니다. 바라건대 그 연좌된 사람들을 율문(律文)에 의거해서 밝게 바로잡아 시행함으로써 후세(後世)를 경계하게 하소서."

상이 말했다.

"지성의 처자는 원방(遠方)에 자원안치(自願安置)하고, 그 밖의 연좌된 사람들은 논하지 말라."

계축일(癸丑日-20일)에 사간원(司諫院)에서 강무(講武-사냥)의 정지를 청했다.

아뢰어 말했다.

"지난해 경기(京畿)에서 가물어 농사를 망쳤으니 올봄의 강무를 정지할 것을 청합니다."

상이 말했다.

"봄가을의 강무는 천하에서 통행(通行)하는 법이다. 내가 만약 백성을 걱정하지 않고 다만 일예(逸豫-편안하게 노는 것)만을 위한다면 그렇게 말해도 옳다. 내가 거의 늙었으니 어찌 염려하지 않겠는가? 기내(畿內)가 비록 농사를 망쳤다고 해도 무릇 이바지하는 비용은 백성과 관련됨이 없고, 백성이 이바지하는 것은 단지 들풀[郊草]뿐
        교초
이다. 어찌 이 때문에 수수(蒐狩-사냥)를 폐지하겠는가? 또 나는 반드시 오랫동안 역사시켜 농사를 방해하지도 않을 것이다. 이제부터 무릇 이와 같은 법으로서 마땅히 시행해도 큰 해가 없을 것은 다시

는 말하지 말라."

상이 이틀 지나서 승정원(承政院)에 뜻을 전해 말했다.

"사간원에서 까닭 없이[無因] 말하는 것이 아니라 마침 흉년이 들어 강무를 정지하도록 청하는 까닭에, 내가 충청도로 가지 않으려 한다."

유사눌(柳思訥)이 아뢰어 말했다.

"하지 않으면 그만이지만, 만약에 평강(平康) 등지로 행차한다면 충청도로 행차하는 것이 가장 편합니다. 사철에 사냥하는 것은 바로 선왕(先王)의 제도이니, 간원(諫院)의 말은 정식(程式-법도)에 맞지 않는다 하겠습니다."

이튿날 대사헌(大司憲) 이원(李原)이 아뢰었다.

"강무는 바로 고전(古典)인데, 그것을 누가 정지시키겠습니까? 전하께서 숨기고서 반포(頒布)하지 않다가 그때 임해서야 명령을 내리기 때문에 신민(臣民)들도 가는 곳을 알지 못하는 것이니, 만약 일찍 정한다면 호종(扈從)하는 사람들도 알고 대비가 있을 것입니다. 또 지금 백성은 농사에 실패해 혹은 굶주리거나 곤궁한 자도 있을 것입니다. 만약 먼 곳으로 행차한다면 사필(史筆)은 반드시 이르기를 '때가 흉년이었는데[時屈] 멀리 거둥했다'라고 할 것이니, 이것은 안 될 일입니다. 가을이라면 멀리 행차해도 좋겠지만, 바라건대 시종(侍從)과 일수(日數)를 감하고 구군(驅軍)을 준비해 잠시 행차했다가 돌아오소서."

상이 말했다.

"나도 멀리 행차하는 것이 불가하다는 말을 염려해 먼 곳으로 가고자 아니했는데, 좌우(左右)에서 모두 말하기를 '강무의 모든 일을 (충청도) 순제(蓴堤)로 벌써 정했다'라고 하니, 장차 나의 일은 모두 간편함을 따르겠다[從簡].'
_{종간}

그 뒤에 상이 말했다.

"내가 충청도에서 강무를 하지 않겠다. 조치(趙菑)가 간 지 벌써 18일이나 됐다. 내가 듣건대 관찰사가 치(菑)와 함께 곶(串) 안으로 들어갔다 하니 반드시 사장(射場)[30]을 준비할 것이다. 사장을 준비해서 사냥하다가 사책(史冊)에 기록되면 후세에 웃음거리가 될 것이다. 내가 활쏘기와 말타기에 유능(有能)하다고 할 수는 없지만, 알지 못한다고 할 수도 없다. 그러나 임금이 정사를 잘하면 되지, 활쏘기와 말타기를 잘한다 해서 무엇에 쓰겠는가? 내 나이 50인데 어찌 한두 마리의 노루를 쏘아서 이름을 얻고자 하겠는가? 이미 사장을 닦았다 하더라도 가지 않을 것이고, 뒤에도 반드시 이와 같은 일은 하지 않을 것이다."

병조판서 박신(朴信)이 아뢰어 말했다.

"충청도의 제반 일이 이미 준비됐습니다."

이원(李原)도 아뢰었다.

"안 한다면 그만이지만, 한다면 하도(下道)에 공억(供億)이 이미 준비됐습니다."

○ 사헌부에서 소를 올려 윤향(尹向)의 죄를 청했다. 소는 이러

---

30 임금이 사냥하는 곳을 말한다. 사장에서는 사렵(私獵)뿐 아니라 밭 갈고 나무하는 것까지 금지됐다.

했다.

'전 판서(判書) 윤향이 독서(讀書)를 거칠게나마 알아서[粗知] 지^{조지} 위가 경상(卿相)에 이르렀으니, 태조(太祖)의 거사(擧事)를 알지 못하지 않습니다. (그런데) 향(向)은 회군(回軍)한 여러 장수(將帥)를 정공(丁公)[31]에 비유해 그들에게 죄를 가하고자 했으니, 어찌 마음에 품은 것[所蓄]이 없이 이런 말을 내었겠습니까? 향이 말한 바를 징계하지 않을 수 없는데도 전하께서는 다만 파직해 그 전리(田里)로 돌아가게 하니, 본부(本府)와 간원(諫院)에서 여러 차례 일찍이 신청했으나 유윤(兪允)을 받지 못했으므로 떳떳한 법에 어그러짐이 있습니다. 바라건대 직첩(職牒)을 거두고 그 연유를 국문(鞫問)해 그 죄를 바로잡으소서.'

상이 파평군(坡平君) 윤곤(尹坤)을 불러 물었다.

"향은 지금 어디에 있는가? 그는 죄가 없는데 내침을 당했다[見黜]."

곤(坤)이 대답했다.

"적성(積城)에 가 있습니다."

○사헌부에서 또 말씀을 올렸다.

"본부(本府-사헌부)에서는 전날에 염치용(廉致庸)이 거짓으로 상의 다움에 누를 끼쳤고, 이직(李稷)은 여러 번 역신(逆臣)에게 편당(偏黨)했으며, 오용권(吳用權)은 비밀리에 난모(乱謀)에 참여했고, 조순화

---

31 항우(項羽)의 부장(部将)으로, 유방(劉邦)을 살려주었다가 그 죄로 도리어 유방에게 참형을 당한 사람이다.

(趙順和)는 당사자가 직접 역란(逆乱)했으므로, 그 죄를 바로잡도록 청했으나 아직 유윤(兪允)을 받지 못했으니 무엇으로써 악을 징계하겠습니까? 엎드려 바라건대 전하께서는 위 조항의 사람들에 대해 밝게 전형(典刑)대로 처치함으로써 만세(万世)에 경계하소서."

회보(回報)하지 않았다.

갑인일(甲寅日-21일)에 예조에 명해 산릉(山陵)을 순심(巡審-돌아다니며 살펴봄)하게 했다.

예조에서 아뢰었다.

"본조(本曹)에서 수교(受教)하기를, 춘추(春秋)의 중월(仲月)에 예관(礼官)을 보내 여러 산릉을 순심하게 하고, 이어서 심릉안(審陵案)을 만들어 본조에 간직했습니다. 이제 고제(古制)를 상고하니, 당(唐)나라에서는 태상경(太常卿)을 능(陵)에 가게 했고, 송(宋)나라에서는 태상경과 종정경(宗正卿)을 조종(祖宗)의 능(陵)에 조배(朝拜)하게 했습니다. 비옵건대, 당·송의 제도에 의거해서 본조의 판서(判書)로 하여금 순릉(巡陵)하게 하고, (판서에게) 무슨 일이 있으면 참의(參議)가 대행하게 하소서."

그것을 따랐다. 대사헌 이원이 아뢰어 말했다.

"신이 일찍이 도순문사(都巡問使)가 되어 정릉(定陵)[32]과 화릉(和

---

32 함경남도 함주군 동천면 경흥리에 있는, 조선 태조의 아버지 환조의 능이다.

陵[33]을 보았는데, 긴 섬돌 세 벌(三階砌)[34]이 갖춰지지 않았으니 수축(修築)하는 것이 마땅합니다."

가르쳐 말했다.

"올해는 길년(吉年)이니 한식(寒食) 때 수축하는 것이 좋겠다. 이런 일을 하는데 누가 원망하겠는가?"

병조판서 박신(朴信)이 석양(石羊)과 석인(石人)을 세울 것을 청하니 상이 그리하라고 했다[可之=然之].

○ 한성부윤(漢城府尹) 안등(安騰)이 들어와 알현했다. 등(騰)이 경상도 도관찰사(慶尙道都觀察使)에서 소환(召還)됐는데, 아뢰어 말했다.

"경상도 김해(金海) 근처 승악산(勝岳山)과 경계가 접해 있는 오해야항(吾海也項)에 목장을 쌓고 말 700여 필을 방목했더니, 그 말들이 풍비(豐肥)했습니다. 이 땅은 사철로 방목할 수 있어 목장으로 가장 적당합니다. 만약 승악산에 7~8리를 쌓는다면 1만여 필을 방목할 수 있습니다. 다만 그 말의 몸집이 작으면 쓸 데가 없으니, 몸집이 크고 좋은 수말을 방목해 번식[孳息]시킬 것을 청합니다."

상이 말했다.

"그렇다면 모름지기 목장을 쌓도록 하라."

○ 원주목사(原州牧使) 권우(權遇, 1363~1419년)[35]를 의금부(義禁府)

---

33 환조의 부인, 즉 최씨의 능이다.

34 계체란 보통 무덤 앞의 평평하게 만든 땅(階節)에 놓아두는 장대석(長臺石)을 말한다.

35 아버지는 검교정승(檢校政丞) 권희(權僖), 어머니는 한양한씨(漢陽韓氏)로 정승 한종유(韓宗愈)의 딸이다. 어려서는 형인 권근(權近)에게서 학문을 배우다가, 자라서는 정몽주(鄭

에 가두었다.

상이 말했다.

"오래전에 무휼(無恤)과 무회(無悔)가 상(喪)을 당해 들어와 만나 보았던 적이 있다. 무회가 나에게 고하기를 '형(兄)들은 자기들의 죄 [其罪]로 죽었습니다'라고 했다. 또 경인년(庚寅年-1410년)에 무회가 말하기를 '우리는 온 집안이[合門] 도륙(屠戮)돼야 마땅한데, 노모(老 母)를 봉양해야 하기 때문에 생존해 있습니다'라고 했다. 내가 말하 기를 '무슨 죄로 온 집안이 도륙되겠는가? 비록 송씨(宋氏)는 은혜가 있을 뿐인데 내가 어찌 이런 일을 하겠는가?'라고 했다. 단지 중궁(中 宮)의 말만 가지고 한다면 이 사람들은 차라리[寧] 단명(短命)함이 옳았을 것이나, 내가 중궁(中宮)을 보아 감히 결단하지 못했다. 전날

夢周)의 문하에 들어가 수학했다. 1377년(우왕 3년) 진사가 되고, 1385년 문과에 을과로 급제해 문첩녹사(文牒錄事)가 되었으며, 이어 성균박사·밀직당(密直堂)·장흥고사(長興庫 使)·군기주부(軍器主簿) 등을 역임했다. 1390년(창왕 2년) 액정알자감(掖庭謁者監)을 거 쳐 예조좌랑이 되고, 이듬해 이조좌랑을 거쳐 군자감승(軍資監丞)을 역임했다. 조선이 건 국된 뒤에도 계속 등용돼 1394년(태조 3년) 광주판관(廣州判官)에 임명되고, 이듬해 중부 유학교수관(中部幼學教授官)이 됐다. 1400년(정종 2년)에는 사헌부사헌에 오르고 성균직 강(成均直講)·예조정랑·사간원좌헌납(司諫院左獻納)·집현전지제교(集賢殿知製教)·예문 응교(藝文應教) 등을 거쳐 사헌부장령에 올랐고, 그 뒤 성균사예(成均司藝)·사헌부집의· 사간원우사간 겸 춘추편수관 등을 거쳐 성균대사성에 올랐다. 1412년(태종 12년) 예조우 참의와 세자우보덕(世子右輔德)이 됐다가 곧 예조좌참의와 세자좌보덕이 되고, 형조참의 를 거쳐 집현전직제학이 됐다. 1415년 원주목사를 거쳐 예문관제학이 됐으며, 1418년 충 녕대군(忠寧大君)이 세자로 책봉되자 세자빈객이 됐다. 관직에 재임하는 동안 두 번이나 시관(試官)이 되어 정인지(鄭麟趾) 등 명사 100여 인을 선발했다. 글씨를 잘 썼으며, 작품 으로 그의 형 권근의 신도비(神道碑-왕이나 고관의 평생 사적을 기록해 무덤 앞에 세워놓은 비 석)가 남아 있다. 시문에 능했으며 성리학과 『주역』에 밝았다. 당시 그의 학풍이 떨쳐져 정인지·안지(安止) 등 많은 학자가 배출됐다.

에 하 정승(河政丞-하륜)이 말하기를 '이 사람들이 만약에 강(江)을 건너 도망하게 되면 안 될 일입니다'라고 한 까닭에 승정원(承政院)에 명해 사람을 시켜 굳게 지키게 했다. 이에 의정부의 관원 두 사람이 와서 하직할 때 내가 말하기를 '굳게 지켜서 도망하지 못하게 하라. 만일 자진(自盡)하고자 한다면 이를 금하지 말라'고 했을 뿐이다. 이 경우는 지신사(知申事)가 일찍이 말하기를 '이 사람이 나갈 때 의금부(義禁府) 백호(百戶)에게 일러 말하기를 "단지 노모가 있기 때문일 뿐이다"라고 했습니다'라고 했기 때문이다. 그래서 내가 그들로 하여금 금하지 말라 한 것이다. (그런데) 지금 원주목사 권우가 보고하기를 '본주(本州)에 안치(安置)한 무휼을 왕지(王旨)에 의거해 인리(人吏), 일수양반(日守兩班)³⁶과 시위군(侍衛軍)으로 하여금 둘러싸서 지키고 자진(自盡)하도록 독촉했더니, 14일에 스스로 목매어 죽었습니다'라고 했다. 이는 대개 그 죄가 주륙에 해당한다고 여러 사람이 모두 청한 것이니, 내가 비록 법대로 했다 하더라도 누가 나더러 잔인(殘忍)하다고 하겠는가? 그러나 중궁(中宮)을 보아서 아직까지 감히 사사(賜死)시키지 못한 것이니, 내가 어찌 자진하라고 독촉했겠는가? 실로 내가 말하지 않은 것이다. 만약에 이맹진(李孟畛)이 잘못 전했다면 맹진에게 죄가 있고, 맹진이 말하지 않았는데 권우가 독촉했다면 우에게 죄가 있는 것이다."

사헌부(司憲府)에 명해 핵문(劾問)하게 했다. 대사헌(大司憲) 이원이 아뢰어 말했다.

---

36 지방 각 역(驛)에서 심부름하는 천례(賤隷)을 가리킨다.

"헌부(憲府)에 내린다면 반드시 직첩(職牒)을 거둔 뒤에 추핵(推劾)해야 하는데, 우와 맹진은 아직도 누가 유죄한지 알지 못하니 청컨대 의금부(義禁府)에 내려 신 등으로 하여금 잡치(雜治)하게 하소서."

그것을 따랐다. 의금부에서 말씀을 올렸다.

"권우가 말하기를 '맹진이 선전(宣傳)하기를 "무휼로 하여금 자진(自盡)하게 하라"라고 했습니다'라고 했고, 맹진은 말하기를 '상의 명령대로 했다'라고 하니, 두 사람의 말이 같지 아니합니다. 청컨대 형문(刑問)해 핵실(覈實)하소서."

상이 말했다.

"나는 맹진의 실수가 아닐 것이라 생각한다. 동시에 명을 받았던 송인산(宋仁山)도 청주(淸州)에서 착오가 없게 했으니, 이는 반드시 우가 잘못 들은 때문일 것이다. 우는 우유(迂儒)[37]이므로 죄가 무거울까 두려워서 복죄하지 않지만, 이것이 사죄(死罪)는 아니다. 만약에 이것을 가지고 일일이 깨우쳐주면 형벌을 쓰지 않고도 정상을 캐낼 수 있을 것이다."

이어서 승정원(承政院)에 명해 이를 토의하게 하니, 유사눌(柳思訥)이 말했다.

"위법한 단서가 이미 나타났는데도 사실을 고백하지 아니하니, 신하 된 자의 뜻이 없습니다. 형문(刑問)하는 것이 옳겠습니다."

명해 말했다.

"내가 형(刑)을 쓰는 것을 싫어하지만, 경(卿)의 말도 이치에 근거

---

37 세상 물정에 어두운 우활(迂闊)한 유학자라는 말이다.

한 것이니[據理] 또한 옳다."

마침내 먼저 맹진의 구속을 풀어주었다.

을묘일(乙卯日·22일)에 광연루(広延楼) 아래에 나아가 종친(宗親)과 격구(擊毬)하고 술자리를 베풀었다.

병진일(丙辰日·23일)에 사헌부에서 신맹화(辛孟和)와 신숙화(辛叔和)의 죄를 청했다.

아뢰어 말했다.

"맹화(孟和) 등이 민족(閔蠹)의 결혼을 신유현(辛有賢)의 집에서 칭예(稱譽)했으니, 죄가 안승경(安升慶)과 같습니다."

상이 용서하고 원방(遠方)에 자원안치(自願安置)시켰다. 두 사람은 모두 극례(克礼)의 아들이다.

정사일(丁巳日·24일)에 사간원에서 윤향(尹向) 등의 죄를 청했다.

소는 이러했다.

'향(向)이 범한 바를 전하께서는 말씀하시기를 '말의 실수일 뿐이요, 다른 마음이 있는 것은 아니다'라고 하나, 신 등이 생각건대 진실로 그런 마음이 없다면 어찌 말로 나타났겠습니까? 회군(回軍)한 장사(将士)를 정공(丁公)에 비유해 말하기를 "겨우 죄책(罪責)을 면했으니 실로 족하다 하겠다"라고 했으니 그 마음이 무엇을 이르는 것이겠습니까? 향은 세 조정(-태조·정종·태종)에 두루 벼슬해 지위가 경상(卿相)에 이르렀으니 사리(事理)를 알지 못하는 것도 아닙니다.

(그런데도) 마침내 탄망(誕妄-허망)한 말로 우리 태조(太祖)의 성대한 다움에 누를 끼쳤으니, 그 죄가 어찌 향리(鄕里)에 안치(安置)하는 데 그치겠습니까? 엎드려 바라건대 전하께서는 향을 유사(攸司)에 내려서 율문에 의거해 시행하소서.'

또 소를 올려 말했다.

'가만히 엎드려 생각건대, 치용(致庸)·이직(李稷)·용권(用權)의 불충한 죄(罪)가 이미 드러났으니 마땅히 극형(極刑)을 가해야 하는데도, 전하께서 특별히 너그러운 법전을 따라서 다만 폐사(廢徙-벼슬을 박탈하고 유배를 보냄)하게 하니 왕법(王法)에 어그러짐이 있습니다. 이것이 신 등이 여러 번 천총(天聰-임금의 귀 밝음)을 더럽히고도 그만둘 수 없는 까닭입니다. 또 박만(朴蔓)과 조순화(趙順和)의 불충한 죄는 극악한데도 한때의 흉도(兇徒)들이 모두 현륙(顯戮)을 받았음에도 홀로 너그러운 법전에 힘입어 아직껏 구차하게 살고 있으니, 이것이 또한 신 등의 유감이 없을 수 없는 바입니다. 조수(趙須)·조아(趙雅) 같은 경우에는, 그 아비 호(瑚)가 범한 죄가 비록 밝게 드러나지 않았다고 하더라도 그 형 희민(希閔)이 난역(乱逆)하다가 복주(伏誅)됐으니 법으로는 마땅히 연좌(連坐)돼야 할 것입니다. 또 유기(柳沂)의 아우 한(漢) 또한 마땅히 연좌돼야 하나 함께 사유(赦宥)를 받았습니다. 이것이 불충한 무리가 서로 잇따라 끊어지지 않는 까닭입니다. 엎드려 바라건대 전하께서는 대의(大義)로 결단하시어 치용(致庸)·직(稷)·용권(用權)·만(蔓)·순화(順和) 등을 유사(攸司)에 내려 율문에 의거해서 시행해 신민(臣民)의 분함을 터지게 하고, 수(須)·아(雅)·한(漢)은 도로 종으로 소속시킴으로써 후래(後來)를 경계하소서.'

모두 회보(回報)하지 않았다.

무오일(戊午日-25일)에 술자리를 광연루(広延楼) 아래에서 베풀었다. 곡산군(谷山君) 연사종(延嗣宗)과 여량군(礪良君) 송거신(宋居信)이 모두 복(服)을 입었는데, 이들에게 개소(開素-고기를 다시 먹기 시작하는 것)하게 했고, 종친(宗親)들이 시연(侍宴)했다.

○ 옥천부원군(玉川府院君)이 글을 올렸는데 대략 이러했다.

'공경스럽게 생각건대, 전하께서는 크게[誕=大] 하늘이 내려준 용맹하고 지혜로운 자질을 받으시고 꿈에 상제(上帝)가 주시는 "백성을 인(仁)으로써 무육(撫育)하라"라는 글을 보시고서 대보(大寶-왕위)를 크게 이으시어[丕承], 뛰어난 이를 임명하고 유능한 이를 부리시어 간언(諫言)을 어기지 않고 따르시며 백성 보기를 다치면 어떻게 할까 하듯이 하며 절용(節用)함으로써 백성을 사랑하고[節用以愛人][38] 몸을 닦음으로써 하늘을 섬기시니, 마땅히 (하늘이) 재앙(災殃)을 내리는 일이 없어야 할 것입니다. (그런데) 지난번에 경기(京畿)는 가뭄을 만나 소의한식(宵衣旰食)[39]의 근심을 끼치게 됐으니 그 까닭이 무엇이겠습니까? 신이 그윽이 의심컨대, 사전(祀典)에 실린 사직(社稷)과 산천(山川)의 신(神)은 모두 재앙을 막고 환란(患難)을 막을 수 있으며 구름을 일으키고 비를 내려서 만물을 마름질해 이뤄주는 것인가 합니다. 그 제사 지내는 것은 곡식(穀食)을 비는 경우도

---

38 『논어(論語)』「학이(学而)」편에 나오는 공자의 말이다.

39 임금이 새벽녘에 일어나 옷을 입고, 저녁 늦게 저녁밥을 먹는 것을 말한다.

있고 복(福)을 비는 경우도 있고 보답해 감사하는 경우도 있는데, 전물(奠物)을 힘써 풍성하고 깨끗하게 해서 그 정성을 다하는 것이 마땅합니다. (그러나) 대개 상정(詳定)에 따라 덜고 더할[損益] 때 혹은 제사를 폐(廢)하는 경우도 있고 비록 제사의 이름은 있다 하더라도 그 전례(奠礼)가 비박(菲薄-얇고 가벼움)에 가깝고 제사를 행하는 제관(祭官)도 여재(如在)[40]하는 정성이 없으니, 귀신이 어떻게 이를 흠향(歆饗)하겠으며 한발(旱魃)의 재앙도 누가 능히 막겠습니까? 이윤(伊尹)[41]이 태갑(太甲)[42]에게 고(告)하기를 "오직 하늘만은 (따로 누구와 특별히) 친(親)함이 없으므로 잘 공경하는 이와 친하며, 귀신은 일정하게 누리는 곳이 없으므로 잘 정성 들임을 누린다"라고 했으니, 아마도[其] 이는 그것을 말하는 것일 터입니다. 주공(周公)[43]이 성왕(成王)에게 고하기를 "성대한 예(礼)에 비로소 맞게 하시고, 신읍(新邑-낙읍)에서 제사하되 모두 차례대로 해 문란하지 않게 하소서"라고 했습니다. 마땅히 제사 지내야 할 것이라면 비록 전적(典籍)에 실리지 않았다 하더라도 오히려 또 모두 차례대로 제사 지내야 할 것인데, 그 문적에 실려 있는 신이야 어떻게 빼겠습니까?

엎드려 바라건대[伏望] 전하께서는 계제사(稽制司)[44]로 하여금 사

---

40 『논어(論語)』「팔일(八佾)」편에 나오는 공자의 말이다. 제사를 지낼 때는 마치 조상이 앞에 계신 듯이 정성을 다한다는 말이다.
41 은(殷)나라 태종(太宗) 때의 명신이다.
42 중국 은(殷)나라 제2대 임금 태종(太宗)의 이름이다.
43 주(周)나라 성왕(成王) 때 명신(名臣) 주공 단(周公旦)이다.
44 조선조 때 예조(禮曹)의 한 분장(分掌-산하기관)이다. 의식·제도·조회(朝會)·경연(經筵)·사관(史館)·학교(學校)·과거(科擧)·인신(印信)·표전(表箋)·책명(冊命)·천문(天文)·누각

전(祀典)에 실려 있는 신(神)은 받들지 아니함이 없도록 해서 모두 차례대로 제사 지내되 모름지기 풍성하고 깨끗하게 해 그 흠향하는 바에 따르며, 또 제사를 받드는 자로 하여금 제명(齊明)[45]하고 성대한 복장으로 능히 여재(如在)하는 정성을 바치게 하면, 제사하는 일이 대단히 밝아져 신(神)이 반드시 그 정성스러움을 흠향하고 복(福)을 모든 것에 내릴 것이요, 비도 제때 내려주어 온갖 곡식(穀食)이 이뤄지는 것이 그렇게 되기를 기약하지 않더라도 자연히 그렇게 될 것입니다. 귀신(鬼神)의 덕(德)을 어찌 속일 수 있겠습니까? 바야흐로 지금 종묘(宗廟)에 제사 지내면 종묘에서 이를 흠향하고 신의 밝으심이 나타날 것이니, 이른바 정성이 지극하고 효도가 극진한 것이라고 하겠습니다. 아래로 경대부(卿大夫)에서 서사(庶士)까지 다 가묘(家廟)를 세워서 제사는 산 사람[生者]의 작록(爵祿)에 따르고 의식은 『가례(家礼-주문공가례)』의 조문에 좇아서 하게 한다면, 풍속(風俗)의 아름다움이 가히 성하다고 이르겠습니다. 가만히 생각건대 3대(三代)를 추증(追贈)하고 자손(子孫)에게 음직(蔭職)을 주는 것은 전(伝)에 있고, 녹권(錄券)에도 이 법이 함께 실려 있습니다. (그런데도) 음직(蔭職)은 이미 받았으나 추증(追贈)하는 법은 아직 다 행하지 못하고 있습니다. 조고(祖考)를 추영(追榮-추증해 영예롭게 하는 일)하는 것은 인자(人子-남의 자식 된 자)의 지극한 소원입니다. 엎드려 생각건대, 상께서 사랑해 거행(擧行)하도록 허락하신다면 조고(祖考)의 신령(神靈)이

(漏刻)·국기(國忌)·묘휘(廟諱)·상장(喪葬) 따위의 일을 맡았다.
45 부정(不淨)을 금기(禁忌)해 심신을 깨끗하게 하는 것을 말한다.

명명(冥冥)한 가운데 감덕(感德)해 결초보은(結草報恩)하기를 바랄 것이요, 자손(子孫)의 무리도 밝고 밝은 시대에 기쁘고 즐거워해 몸을 바치기[致身]⁴⁶를 바랄 것입니다. 은택(恩沢)이 유명(幽明)에 흡족해서 귀신과 사람이 협찬(協贊)할 것이니, 일컫기 어려운 지치(至治-지극한 다스림)를 전하에게 깊이 바랄 것입니다.'

상이 말했다.

"제사의 일에 대해서는 내가 일찍이 능히 뜻을 다하지 못한 것을 한스러워한다. 행향사(行香使)⁴⁷는 모름지기 대체(大体)를 알아야 한다. 이른바 '귀신(鬼神)은 일정하게 흠향하는 데가 없고 정성스러운 데에 흠향한다'라고 하는 이것이 바로 대체인 것이다."

경신일(庚申日-27일)에 쇄권색(刷卷色-노비 수색체포 기관)에서 청송(聽訟)하는 것을 정지하라고 명했다.

○ 권우(權遇)의 구금을 풀어주었다.

의금부(義禁府)에서 아뢰어 말했다.

"우(遇)의 죄는 '실착지의율(失錯指意律)⁴⁸'에 의거할 때 장(杖) 70대에 해당합니다."

---

46 『논어(論語)』「학이(學而)」편에 나오는 공자의 말이다. 임금을 섬길 때 이렇게 하라고 했다.

47 임금의 명(命)을 받들어 종묘(宗廟)나 능소(陵所)에 향(香)을 가지고 가서 분향(焚香)하는 사신을 말한다.

48 임금의 뜻을 잘못 이해해 제대로 조치하지 못한 죄율을 말한다.

상이 그를 용서했으니, 원종공신(元從功臣)의 아들이기 때문이다.

○ 대사헌 이원(李原)이 유후사(留後司) 대청관(大淸觀)⁴⁹의 천황대제(天皇大帝)를 소격전(昭格殿)⁵⁰에 옮겨서 제사 지낼 것을 청했다. 아뢰어 말했다.

"대청관의 제찬(祭饌)을 비복(婢僕)으로 하여금 공진(供進)하게 하니 불경(不敬)에 가깝습니다. 버려야 할 것은 버리고, 버릴 수 없는 것은 소격전으로 옮겨서 제사 지내는 것이 어떠하겠습니까?"

상이 말했다.

"대청관은 무엇 때문에 설치했는가? 고서(古書)에 있기를 '천문(天文)의 칭호(稱号)는 무망(誣妄)함이 크다'라고 했는데 지금 '아무 군(君)'·'아무 제(帝)'라 칭하고서 제사 지내는 것이 심히 많으니, 가만히 생각건대 잘못된 것이다. 내가 눈으로 접(接)하고 경배(敬拜)하는 것은 북두(北斗)뿐이다."

예조판서 조용(趙庸)에게 명해 대청관의 고사(故事)를 상고해 아뢰게 했다.

○ 전 호군(護軍) 이예(李藝, 1373~1445년)⁵¹를 유구국(琉球國-오키나

---

49 천황(天皇)·태일(太一)의 신(神)에게 제사 지내고, 출사(出師)할 때면 진수(辰宿-별자리)에 의해 길흉(吉凶)을 점치는 곳이다.

50 조선조 때 도교(道教)의 일월성신(日月星辰)의 신(神)에게 초제(醮祭)를 지내는 사당(祠堂)이며, 삼청전(三淸殿)이라고도 한다.

51 원래 울산군의 기관(記官) 출신인데, 1396년(태조 5년) 왜적에게 잡혀간 지울산군사 이은(李殷) 등을 시종한 공으로 아전의 역에서 면제되고 벼슬을 받았다. 1400년(정종 2년) 어린 나이로 왜적에게 잡혀간 어머니를 찾기 위해 자청해서 회례사(回禮使) 윤명(尹銘)을 따라 일본의 삼도(三島)에 갔으나, 찾지 못하고 돌아왔다. 1401년(태종 1년) 처음으로 일기도(壹岐島)에 사신으로 가서 포로 50명을 데려온 공으로 좌군부사직에 제수됐다. 그 뒤

와)으로 보냈다. 상이 본국 사람 중에 왜(倭)의 포로가 됐다가 유구
국으로 팔려간 자가 매우 많다는 말을 듣고는 예(芸)를 보내 쇄환(刷
還)할 것을 요청하도록 한 것이다. 호조판서 황희(黃喜)가 아뢰어 말
했다.

"유구국은 수로(水路)가 험하고 멀며 또 이제 사람을 보내면 번거
롭고 비용도 대단히 많이 드니, 파견하지 않는 것이 낫겠습니다."

상이 말했다.

"고향 땅을 그리워하는 정은 본래 귀천(貴賤)이 차이[殊=異]가
없다. 가령[借] 귀척(貴戚)의 집에서 이같이 피로(被擄)된 자가 있다
면 어찌 번거롭다거나 비용 드는 것[劇費=煩費]을 따지겠는가?"

신유일(辛酉日-28일)에 동교(東郊)에 행차해 매사냥을 구경했다.

계해일(癸亥日-30일)에 바람이 불고 비가 오고 천둥이 치고 번개가
쳤다.

1410년까지 해마다 통신사가 되어 삼도에 왕래하면서 포로 500여 명을 찾아왔고, 벼슬
도 여러 번 승진해 호군이 되었다. 1416년 유구국(琉球國)에 사신으로 다녀오면서 포로
44명을 찾아왔고, 1419년(세종 1년) 중군병마부수사(中軍兵馬副帥使)가 돼 삼군도체찰사
이종무(李從茂)를 도와 왜구의 본거지인 대마도를 정벌했다. 1422·1424·1428년에는 각
각 회례부사(回禮副使)·통신부사 등으로, 1432년에는 회례정사(回禮正使)로 일본에 다녀
왔다. 그런데 당시 부사였던 김구경(金久冏)이 세종에게 그가 사무역(私貿易)을 했다고 상
계(上啓)해서 한때 조정에서 논란이 되었으나 처벌을 받지는 않았다. 1438년 첨지중추원
사(僉知中樞院事)로 승진한 뒤 대마도경차관이 돼 대마도에 다녀왔다. 1443년에는 왜적
에게 잡혀간 포로를 찾아오기 위해 자청해서 대마주체찰사(對馬州體察使)가 돼 다녀온
공으로 동지중추원사(同知中樞院事)로 승진했다. 이상에서 보듯이 사명으로 일본에 다녀
온 것이 40여 차례나 됐다고 한다.

○ 충청도 서산군(瑞山郡) 사람 박솔진[朴所乙進]의 아내가 한꺼번에 세 아들을 낳았다.

○ 광연루(広延楼) 아래에 나아가 술자리를 베푸니, 종친(宗親)들이 시연(侍宴)했다.

○ 김훈(金訓)에게 장(杖) 100을 때려 전라도 내상(內廂)으로 유배 보냈다. 애초에 사헌부에서 탄핵해 아뢰었다.

"옥구진 병마사(沃溝鎮兵馬使) 김훈이 조모(祖母)의 복(服)을 당해 빈소(殯所)에 가지 않고 마음대로 서울로 올라와서 여러 달을 머물면서 몰래 인덕궁(仁德宮)에 출입하고, 첩기(姜妓) 벽단단(碧団団)을 핑계로 잔치를 베풀고 의복(衣服)을 하사받았습니다. 그를 핵문(劾問)하기에 이르자 사실대로 대답하지 아니하니 매우 간휼(奸譎)합니다. 빌건대 직첩(職牒)을 거두고 그 사유를 국문해 율문(律文)에 의거해 죄를 논하소서."

상이 옳게 여겨 이어서 이원(李原)에게 뜻을 전해 말했다.

"내가 옛사람의 도리로서 부왕(父王)에게 효도하고 섬기고자 했다. 임오년(壬午年-1402년)에 불행하게도 변(変-조사의의 난)이 있었지만, 그러나 천도(天道)는 마침내 바른 데로 돌아왔다. 모후(母后)가 우리 형제 두 임금을 낳아 함께 한 나라를 누리게 됐다. 내가 상왕(上王)에 대해, 아래로 여마(輿馬)와 복종(僕從)들에게까지 승순(承順)해 공봉(供奉)하지 아니함이 없었다. 상왕이 나의 궁(宮)으로 내림(來臨)하면 나도 상왕전(上王殿)으로 나아가 서로 기뻐하고 화합했다. 김훈은 사리를 아는[識理=知禮] 자인데도 상기(上妓)로 인연해 몰래 숨어서 출입했으니 그의 불초(不肖)함을 어찌 말로 다할 수 있겠는가? 국문(鞫

問)하는 것이 마땅하나, 다만 전내(殿內)의 별감(別監)과 소친시(小親侍)에 말이 미쳐서 상왕의 마음을 동요케 하는 일이 없도록 하라."

헌부(憲府)에서 핵실(劾實)해 형조에 이문(移文)하니, 형조에서 아뢰었다.

"훈(訓)의 아비 종경(宗敬)이 어미 상(喪)을 당해 빈소를 모시니 진실로 헐레벌떡 근친(覲親)해 상장(喪葬)을 모시는 것이 마땅한데, 도리어 창기(娼妓)를 가까이해 사랑하고 그 어버이를 뵙지 않았으니, 그의 무부(無父-아버지를 없다고 여기는 마음)의 마음이 분명합니다. 군진(軍鎭)은 국가의 번병(藩屏)이므로 지키는 자가 하루라도 없어서는 불가한데, 마음대로 상경(上京)해서 여러 달을 머물면서도 궐하(闕下)에 나오지 아니하고 몰래 인덕궁(仁德宮)을 알현했고 또 기첩(妓妾) 벽단단으로 하여금 전내(殿內)에 출입하게 했으니, 무군(無君)의 마음이 드러났습니다. 죄가 불충과 불효에 있으니 청컨대 극형에 처해서 후래(後來)를 경계하소서."

상이 단지 출사불복명률(出使不復命律)에 의거해 시행하라고 명했다.

○ 강순(姜順)에게 장(杖) 100대를 속(贖) 받게 하고, 이폐(李蔽)의 직을 없앴다[罷職]. 이에 앞서 병조에서 왕지(王旨)를 받들어 행이(行移)한 것 가운데 이런 내용이 있었다.

'각 고을의 기인(其人)[52]은 병신년(丙申年-1416년)부터 시작해서 대신 세우는 것을 허락하지 말고 모두 당사자가 입역(立役)하게 하되,

---

52 향리(鄕吏)의 자제(子弟)를 볼모로 서울에 머물게 하던 제도다.

그중에서 노유(老幼)로서 자립(自立)할 수 없는 자는 각각 그 호(戶) 안의 솔거인(率居人)으로써 이를 대신하게 하라.'

이때에 이르러 선공판관(繕工判官) 윤린(尹麟)이 강순의 종을 갖고서 창원(昌原)의 기인(其人) 황길(黃吉)을 대신해 궐내(闕內)에서 부역(赴役)하게 하다가 일이 발각되니 헌부(憲府)에서 순(順)과 린(麟)의 직첩을 빼앗고 율(律)에 의거해 논죄할 것을 청했는데, 선공부정(繕工副正) 이폐는 처음에 호패(号牌)를 고찰해보지도 않았다가 핵문(劾問)에 대답하기에 이르자 호패를 서로 고찰해서 당사자[當身]를 정해 보냈다고 망령되게 말함으로써 소속 관사(官司)를 기만했으므로 아울러 죄주기를 청했다. 그러나 린은 논하지 말라고 명했다.

甲午朔 上行賀正禮 仍奉上王至昌德宮 置酒廣延樓下 世子及
갑오 삭 상행 하정례 잉봉 상왕 지 창덕궁 치주 광연루 하 세자 급

宗親 駙馬侍宴. 賜群臣 賜樂于議政府.
종친 부마 시연 사 군신 사악 우 의정부

丁酉 遣大護軍趙于蒪城. 上與兵曹判書朴信 都鎭撫韓珪 知申事
정유 견 대호군 조치우 순성 상 여 병조판서 박신 도진무 한규 지신사

柳思訥議定以忠淸道蒪城爲講武所 遣菑焚之. 於是 行宮支應使
유사눌 의정 이 충청도 순성 위 강무소 견 치 분지 어시 행궁 지응사

啓曰: "宿所已定 後勿令臨時移排. 司僕大小馬 幷四百五十匹 養飼
계왈 숙소 이정 후 물령 임시 이배 사복 대소 마 병 사백 오십 필 양사

細折草 每一匹一石外 勿許散草. 馬柱及葛繩亦令酌量進供 翼日
세절초 매 일필 일석 외 물허 산초 마주 급 갈승 역령 작량 진공 익일

明白還受. 馬則司僕寺自備 勿令幷進. 三軍甲士散料外 供給
명백 환수 마 즉 사복시 자비 물령 병진 삼군 갑사 산료 외 공급

禁軍 牽馬陪別監鞋韈題給一禁. 各宿所進上之物及司膳 司饔
금군 견마배 별감 혜말 제급 일금 각 숙소 진상 지 물 급 사선 사용

依式進排之物外其他物 承政院明文相考進排. 各宿所所供上酒味
의식 진배 지 물 외 기타 물 승정원 명문 상고 진배 각 숙소 소공상 주미

內資 內贍寺進排 若其別進酒味 承政院帖字相考進排. 各道監司
내자 내섬시 진배 약 기 별진 주미 승정원 첩자 상고 진배 각도 감사

首領官及所過境內守令外 各官守令毋得越境. 各驛馬匹 各差備
수령관 급 소과 경내 수령 외 각관 수령 무득 월경 각역 마필 각 차비

定數相考 遐近分揀 酌量抄出 每三日遞番. 司僕 司饔 司幕等支應
정수 상고 하근 분간 작량 초출 매 삼일 체번 사복 사용 사막 등 지응

各官色掌 毋得擅自歐打 有遲緩事 則承政院進告論罪. 上項事件
각관 색장 무득 천자 구타 유 지완 사 즉 승정원 진고 논죄 상항 사건

外 監司 守令若有收斂民間 隱密人情者 令支應使及察訪暗行捕捉
외 감사 수령 약유 수렴 민간 은밀 인정 자 영 지응사 급 찰방 암행 포착

隨卽啓聞論罪." 從之.
수즉 계문 논죄 종지

壬寅 上詣齋宮. 上將詣宗廟 小雨 傳旨承政院曰: "今日幸未駕
임인 상 예 재궁 상 장 예 종묘 소우 전지 승정원 왈 금일 행 미가

而雨. 若或未及宗廟 中道而雨 或至宿所夜半而雨 如之何? 予欲依

文昭殿例 新開捷径 祭日出自齋室 直詣宗廟而行祭. 此除弊之計也

須議諸議政." 代言等皆曰:"上教然矣."

是日 世子盛服 顧謂侍者曰:"身彩何如?" 忠寧大君曰:"願先

正心 而後修容." 侍者歎曰:" 大君之言正是 願邸下毋忘此言." 世子

甚慙赧. 是後 世子言於母妃曰:"忠寧之賢 非偶然者也. 國家大事

將與共之." 妃以語上 上聞之 心不平也.

癸卯 上親宗廟. 初 傳旨承政院曰:"親幸宗廟時 奉禮唱王許

上馬. 王字雖尊 若中朝使臣來 稱王則可矣 以奉禮而稱王未便."

柳思訥啓曰:"癸巳年改詳定云:'教文武侍臣上馬.'"上然之. 禮曹

啓:"古制 宗廟進饌 入自正門 升自泰階. 今因循舊失 入自東門

有違古制. 乞令奉饌 入自南正門." 從之.

是日 禮畢還宮 御廣延樓下 置酒擧樂 世子 諸宗親侍宴. 賜宴于

享官諸執事. 至暮 世子酒進啓曰:"宗社非獨殿下之宗社 罪人不可

不正 無恤 無悔 宜置於法." 上謂崔閑曰:"詳聽此言."

甲辰 刑曹 臺諫請無恤 無悔之罪.

命議政府參贊崔迤 右副代言徐選 同義禁府提調 臺諫 刑曹雜治

李之誠.

乙巳 吏曹上褒貶法. 啓曰:"一年兩等 各道守令褒貶 已有成規.

諸道監司不先磨勘守令殿最 當都目政逼近之時 不錄實跡 但書

64

上中下三等 啓本申呈 有乖教旨. 自今春夏等褒貶 六月十五日前;
상중하 삼등 계본 신정 유괴 교지 자금 춘하 등 포폄 육월 십오일 전

秋冬等褒貶 十一月十五日前 依曾降教旨 七事實跡 具錄申呈 以爲
추동 등 포폄 십일월 십오일 전 의 증강 교지 칠사 실적 구록 신정 이위

恒式." 從之.
항식 종지

改外方州郡人吏冠服. 禮曹啓: "前受教行移內 鄕吏官門進退及
개 외방 주군 인리 관복 예조 계 전 수교 행이 내 향리 관문 진퇴 급

大小使客迎送時著頭巾 常時坎頭 與各司吏典及平人無異 其漸日
대소 사객 영송 시 착 두건 상시 감두 여 각사 이전 급 평인 무이 기 점 일

趨於無禮 許令方笠黑漆 依前著持 驛吏亦依前例." 從之.
추어 무례 허령 방립 흑칠 의전 저지 역리 역 의 전례 종지

禁酒. 諸處祭享 各殿供上外 禁用酒 從司憲府之啓也.
금주 제처 제향 각전 공상 외 금용주 종 사헌부 지 계 야

議政府 功臣 六曹 臺諫皆上疏請無恤 無悔罪. 刑曹 臺諫交章
의정부 공신 육조 대간 개 상소 청 무휼 무회 죄 형조 대간 교장

上言: '不忠之臣 天地所不容. 春秋明言其法曰: "亂臣賊子 人得而
상언 불충 지신 천지 소불용 춘추 명언 기법 왈 난신적자 인 득이

討之." 誅其身 瀦其宮 百代以來 共守斯義. 今無恤 無悔等久包
토지 주 기신 저 기궁 백대 이래 공수 사의 금 무휼 무회 등 구포

禍心 乃伺世子獨坐之時 密進狡謀 欲剪宗支 以弱王室 幸賴世子
화심 내 사 세자 독좌 지시 밀진 교모 욕전 종지 이약 왕실 행 뢰 세자

明炳幾微 發其陰計 猶自隱匿. 殿下令義禁府 議政府 刑曹 臺諫
명병 기미 발기 음계 유자 은닉 전하 령 의금부 의정부 형조 대간

共加訊問 且命近臣聽之. 無恤 無悔等情狀著露 殿下不加天誅 止
공가 신문 차 명 근신 청지 무휼 무회 등 정상 저로 전하 불가 천주 지

令流竄 一國臣子莫不憤. 伏望殿下 以宗廟社稷爲念; 以子孫萬世
령 유찬 일국 신자 막불 분 복망 전하 이 종묘사직 위념 이 자손 만세

爲計 將此二兇 明置典刑 以順天討. 臣等抑又聞之 樹德懋滋 除惡
위계 장차 이흉 명치 전형 이순 천토 신등 억우 문지 수덕 무자 제악

懋本. 無咎 無疾等妻 各自完聚 無所懲戒 此無恤 無悔不憚而繼起
무본 무구 무질 등 처노 각자 완취 무 소징계 차 무휼 무회 불탄 이 계기

也. 乞將四人妻 依律施行 以戒後來.'
야 걸장 사인 처노 의율 시행 이계 후래

吏曹判書朴等上言: "臣等竊聞 不忠之臣 天地所不容 王法所不赦
이조판서 박은 등 상언 신등 절문 불충 지신 천지 소불용 왕법 소불사

也. 無恤 無悔等素蓄無君之心 曾於元尹裶之生也 肆行慘毒 又
야 무휼 무회 등 소축 무군 지심 증어 원윤 비 지생 야 사행 참독 우

於世子之前 敢陳狡謀. 今義禁府政府 刑曹 臺諫同問得情 其不仁
어 세자 지전 감진 교모 금 의금부 정부 형조 대간 동문 득정 기 불인

不忠 莫此爲甚 此所謂左右諸大夫 國人皆曰可殺者也. 殿下但以
불충 막차 위심 차 소위 좌우 제 대부 국인 개왈 가살 자야 전하 단이

私恩 俯從輕典 一國臣民罔不缺望. 伏望殿下 斷以大義 一依臺諫
사은 부종 경전 일국 신민 망불 결망 복망 전하 단이 대의 일의 대간

所申 兪允施行."
소신 유윤 시행

　開國定社佐命功臣漢川府院君趙溫等亦上言: "福善禍淫 天之道
　개국 정사 좌명공신 한천 부원군 조온 등 역 상언 복선 화음 천지도

也;賞善罰惡 君之道也. 人君法天而行 故五刑五庸 謂之天討. 逆臣
야 상선벌악 군지도 야 인군 법천 이행 고 오형 오용 위지 천토 역신

無咎 無疾等 罪惡貫盈 旣伏其誅. 其弟無恤 無悔不懲其惡 常懷
무구 무질 등 죄악 관영 기복 기주 기제 무휼 무회 부징 기악 상회

不忠之心 謀剪宗支 其罪一也. 構爲誣妄之言 欲累高明 其罪二也.
불충 지심 모전 종지 기죄 일야 구위 무망 지언 욕루 고명 기죄 이야

謂其兄無咎 無疾死非其罪 其罪三也. 今已伏招 當置於法 殿下
위 기형 무구 무질 사비 기죄 기죄 삼야 금 이 복초 당치 어법 전하

俯從寬典 刑則不擧 但逐于外 是則廢天討 虧國典矣. 願殿下 斷以
부종 관전 형즉 불거 단 축 우외 시즉 폐 천토 휴 국전 의 원 전하 단이

大義 明正典刑 以快 一國臣民之望 且自古亂臣賊子之罪 未有不及
대의 명정 전형 이쾌 일국 신민 지망 차 자고 난신적자 지 죄 미유 불급

其子者 此聖人所以鋤根除源 以杜後患也. 今無咎等四人之於宗社
기자 자 차 성인 소이 서근 제원 이두 후환 야 금 무구 등 사인 지어 종사

若苗之有莠 不去其根 則終當復生 其爲後患必矣. 伏望殿下 體
약묘 지 유유 불거 기근 즉 종 당 부생 기위 후환 필의 복망 전하 체

先聖鋤根除源之義 將上項人等之子 命下攸司 皆置於法 以絶後日
선성 서근 제원 지 의 장 상항 인등 지자 명하 유사 개치 어법 이절 후일

之萌."
지 맹

　議政府領議政成石璘等上言: "無恤 無悔等不忠之罪 明白著見
　의정부 영의정 성석린 등 상언 무휼 무회 등 불충 지죄 명백 저현

不可斯須容忍 伏望斷以大義 昭示國人 垂戒後世." 是夜 召柳思訥
불가 사수 용인 복망 단이 대의 소시 국인 수계 후세 시야 소 유사눌

至解慍亭下. 思訥啓曰: "今日政府 功臣 六曹 三省之請允當 望賜
지 해온정 하 사눌 계왈 금일 정부 공신 육조 삼성 지청 윤당 망사

兪允." 上曰: "無咎 無疾旣伏其辜 無恤 無悔亦罹于罪. 閔氏四子
유윤 상왈 무구 무질 기복 기고 무휼 무회 역 이우죄 민씨 사자

相繼而死 予不忍也." 對曰: "殿下當虛心如鑑之空 姸蚩在彼. 昔
상계 이사 여 불인 야 대왈 전하 당 허심 여 감지공 연치 재피 석

竇憲恃宮掖之勢 奪人園田 章帝不之罪 後史以爲優柔不斷之過.
두헌 시 궁액 지세 탈인 원전 장제 부지 죄 후사 이위 우유부단 지 과

今若殿下不誅茲二人 如臣者以殿下爲優柔不斷 書諸史冊. 萬世之
後 殿下安敢辭其名也哉?" 上曰: "諾. 然予不忍發言. 自前日至于
今夜 反覆思之 未易決也." 對曰: "是亦殿下姑息之仁 白中黑點也."
上曰: "此二人自盡 庶乎其可矣." 思訥曰: "賜死可矣 奚待夫自盡
也?"

丙午 設冠服色. 初 上謂代言曰: "大司憲李原云: '朝會之服 亦
如祭服 則誠盛制矣.' 若改朝服之制 則請於朝廷乎?" 柳思訥啓曰:
"朝廷旣賜殿下與世子之服 不必之陪臣而請之也." 上曰: "然則設
冠服色可矣. 然更與政府 大臣議之." 思訥召舍人李希老 傳旨於
政府. 左議政河崙曰: "臣常欲啓達 而今出自聖心 衣冠盛制 自然適
其時矣." 乃以禮曹判書趙庸 藝文館提學許稠爲提調 文武百官朝服
依洪武禮制 造梁冠衣裳佩綬. 上曰: "禮服喪服 最是重事. 昔予
居憂 天使黃儼見予喪服曰: '服制不是.' 予甚恥焉. 可令聖節進賀使
貿朝服所用絹及喪服一件來."

宗貞茂使人及林溫使人等來獻土宜.

閔無恤 無悔皆自盡. 議政府領百官 詣闕庭上疏 請無恤 無悔等
罪. 疏曰:

'臣等竊謂 不忠之罪 王法所當誅 而天地所不容也. 者 逆臣無咎
無疾旣伏其誅 其弟無恤 無悔宜以爲鑑 嘗懷悖逆之心 謀損宗支 且
構誣妄之言 欲累上德 以其兄弟爲無罪而死 陰蓄怨憾 其不忠之罪

著現 當置於法. 殿下俯從輕典 屛處於外 一國臣民莫不缺望. 伏望

斷以大義 明正典刑 以戒後來 且其無咎等四人妻子 亦皆依律施行

以副臣民之望.'

傳旨于河崙曰: "無恤 無悔 予豈愛護? 但母宋氏年老 中宮痛惜

故耳." 崙對曰: "此人等若逃越江則不可 雖在本國 求捕有弊. 古人

云: '當斷卽斷.'" 上曰: "政丞之言然矣." 乃遣義禁府都事李孟畛于

原州 宋仁山于淸州 傳旨于其州守令 堅守毋使逃亡 如欲自盡者

勿禁.

戊申 孟畛還 己酉 仁山還啓: "無恤 無悔皆自盡." 上曰: "無恤

無悔等不忠罪 政府 功臣 六曹 臺諫 文武各司累次申請 第以靜妃

至親 不忍置法 竝流于外 自知其罪 相繼縊死 置而勿論. 無咎 無疾

無恤 無悔等妻子 竝皆遠方安置." 命刑曹無恤先妻子息等 囑其

外祖李稷; 無悔先妻子息等 囑其長養外祖金益達妻; 無咎等幼弱

子息 囑族親 勿令路次飢寒.

斬李之誠. 義禁府提調李天祐 許稠 朴習 委官崔 徐選與大司憲

李原 刑曹判書成發道 右司諫趙啓生等詣闕啓曰: "昨日訊李之誠

白世子之言 而不服 故下十餘杖 之誠乃白: '昔告世子曰: "無疾等

無罪. 上位百年後 世子之時 宜召還臣等.'" 又問: '擧國請誅之人 汝

獨以爲無罪何也?' 之誠白: '姑夫河崙嘗言: "無疾等不可歸鄕" 而

歸鄕 可惜.' 臣等又問: '何不對所問之言 而發他言乎?' 又下十餘杖

之誠白: ‘禁止實言 而欲說何言乎?’ 言端已出 臣等不敢擅止 請逮
지성 백　금지 실언　이욕설 하언 호　　언단 이출　신등 불감 천지　청체

崙憑問.”
륜 빙문

　　上問曰: “昨日已斷之誠之事 許令畢了 胡不畢事而來乎?” 天祐等
　　상 문왈　작일 이단 지성 지사　허령 필료　호불 필사 이래 호　천우 등

啓曰: “臣等聞如此言 不敢裁抑. 且崙發明 則於己亦安 不然則於己
계왈　신등 문여차 언　불감 재억　차륜 발명　즉 어기 역안　불연 즉 어기

未安.” 上曰: “卿等以爲不敢裁抑則然矣 予已命裁斷 何不聽乎?
미안　상왈　경등 이위 불감 재억 즉 연의　여이 명 재단　하불 청호

臣下會來 則君王其懼諸? 是皆墮之誠之計中矣. 晋山其有無君之心
신하 회래　즉 군왕 기구제　시개 타 지성 지계중 의　진산 기유 무군지심

乎?” 原 發道 啓生等復曰: “言端已發 虛實間不可不問.” 上曰:
호　원　발도 계생 등 부왈　언단 이발　허실 간 불가 불문　상왈

“問於晋山 則之誠無罪乎” 原復曰: “之誠之罪 已畢矣. 崙若不辨明
문어 진산　즉 지성 무죄 호　원부왈　지성 지죄 이필 의　륜 약불 변명

則國人疑之. 若不下義禁府以鞫 則召致當直廳問之如何?” 上曰:
즉 국인 의지　약불 하 의금부 이국　즉 소치 당직청 문지 여하　상왈

“之誠罪畢後 晋山豈不欲辨明乎? 此非予所爲公事也.” 原曰: “上敎
지성 죄필후　진산 기 불욕 변명 호　차비 여 소위 공사 야　원왈　상교

雖如此 法官可但已乎?” 上命柳思訥 以之誠所言諭崙 且語以不問
수 여차　법관 가단 이호　상명 유사눌　이 지성 소언 유륜　차 어이 불문

之意 崙拜謝. 又使崔閑傳旨于崙曰: “昔蕭何亦逮獄 政丞於社稷
지의 륜배사　우사 최한 전지 우륜왈　석 소하 역 체옥　정승 어 사직

豈有叛心乎? 故不使之辨明也.” 日暮 徐選與義禁府鎭撫田興詣闕
기유 반심 호　고 불사지 변명 야　일모 서선 여 의금부 진무 전흥 예궐

上啓本 且曰: “今日之誠白: ‘晋山云: “無疾何有罪?” 以其口而出
상 계본　차왈　금일 지성 백　진산 운　무질 하 유죄　이 기구 이출

也.’ 臣等問: ‘何以與前日之言異乎?’ 之誠白: ‘意則一也.’” 上問選
야　신등 문　하이 여전일 지언 이호　지성 백　의즉 일야　상문 선

曰: “前後所言 孰重孰輕?” 選對曰: “後言差輕.” 傳旨曰: “成人之美
왈　전후 소언 숙중 숙경　선 대왈　후언 차경　전지 왈　성 인지미

不成人之惡. 言重則取招; 言輕則不取招何也?” 選曰: “之誠以爲
불성 인지악　언중 즉 취초　언경 즉 불취초 하야　선왈　지성 이위

意則一也 故更不取辭.” 敎曰: “汝代君往鞫之 如此之事 尙不能
의 즉 일야　고 갱부 취사　교왈　여 대군 왕 국지　여차 지사　상 불능

爲 將汝何用? 往歸汝家 予將考問.” 又問田興曰: “汝昨日承傳而
위　장여 하용　왕귀 여가　여장 고문　우문 전흥 왈　여 작일 승전 이

往 今朝請三省來 欲誰欺乎?” 興曰: “臣承傳往告府官 三省聞之 皆
왕　금조 청 삼성 래　욕 수기 호　흥왈　신 승전 왕고 부관　삼성 문지 개

欲親啓而來." 又問曰: "之誠後言 何不取招? 崙於社稷有貳心乎?"

興曰: "其所言 非唯曰以其口而出也 又有有何罪之言 故臣等謂 與

前言同也 故不取辭." 上曰: "汝 予之元從功臣也 何以强辨?" 乃批

義禁府啓本尾 命斬之誠. 司憲府聞敎下 詣闕請將之誠與崙憑問

後 依律施行 上不聽. 憲府固請 上怒以誤錯訊問 命李原歸家 其餘

臺員令人押送于家. 左代言卓愼誤傳 執義以下皆下于義禁府.

丁未 命原 選等出仕. 上御便殿 引見天祐 稠晉 發道 迤原 選

啓生 思訥 愼等曰: "之誠連辭妄引 欲害大臣 崙必不反我 而向諸

閔矣. 卿等昨日將誤錯推問之事 申請再三 予心不平 命令歸家."

愼曰: "執義以下 皆下義禁府." 上驚曰: "再三固請 故各令歸家耳

下囚于獄 非我言也. 是小宦之誤傳乎? 代言之誤聽乎? 雖載史筆

非予本意也." 卽命出執義鄭招 掌令許盤石 持平吳寧老 尹粹等.

傳旨曰: "予將以保全諫官爲念 常自優容. 汝等之被囚 非我意也

誤傳旨也." 招等俱謝恩 俯伏啓曰: "昔魏徵有言: '願爲良臣 不爲

忠臣. 臣等常念此言 小補聖德 保全一身 臣等之志願也. 今者暫無

輔德 徒軫聖心 惶恐無地爾." 上曰: "被囚非予志 汝等當知之矣."

乃下卓愼于義禁府 三日而釋之. 司諫院請愼錯誤傳旨 囚辱臺員之

罪.

命自今勿禁入直內禁衛 內司僕於宮城內習射.

戊申 除上元張燈. 上曰: "上元日張燈 欲依古制與中朝之法爲之

然本國不遵此制久矣. 自今除上元張燈 其已備之燈 用於四月
연 본국 부준 차제 구의　자금 제 상원 장등 기 이비 지등 용어 사월

八日."
팔일

己酉 下司直韓方至于義禁府.. 方至承命至京畿 焚講武所 妄稱
기유 하 사직 한방지 우 의금부　방지 승명 지 경기 분 강무소 망칭

王旨 移文麻漣縣監 焚及人墓事覺. 上謂方至曰: "汝雖不能輔德 亦
왕지 이문 마련현감 분급인묘 사각 상위 방지왈　여수 불능 보덕 역

不可敗德." 乃下于獄.
불가 패덕　내 하 우옥

命作宗廟垣墻北門 開捷徑也.
명작 종묘 원장 북문 개 첩경 야

庚戌 命臺諫入參朝啓 從大司憲李原之請也.
경술 명 대간 입참 조계 종 대사헌 이원 지청야

杖趙源一百 徒三年; 工曹正郎徐省 司憲監察崔永淳杖八十 徒
장 조원 일백 도 삼년　공조정랑 서성 사헌감찰 최영순 장 팔십 도

二年 竝皆收贖. 初 源爲全羅道水軍都節制使 營繕作弊 爲觀察使
이년 병개 수속 초 원위 전라도 수군도절제사 영선 작폐 위 관찰사

朴習所糾罷職. 源到京上書 訴以無罪 上命 省 永淳等就其道按
박습 소규 파직 원 도경 상서 소이 무죄 상명 성 영순 등취 기도 안핵

其實 省 永淳直源而咎習 乃命義禁府覆之 源所犯皆實. 源坐事無
기실 성 영순 직원이구 습 내명 의금부 복지 원 소범 개실 원좌 사무

枉 朦朧辨明; 省 永淳坐推案報上不以實之罪.
원왕 몽롱 변명 성 영순 좌 추안 보상 불이 실 지죄

收前知金山郡事宋希璟職牒 贖杖一百. 初 希璟任錦山 疑掌之吏
수 전 지금산군사 송희경 직첩 속장 일백 초 희경 임 금산 의 장전 지리

匿所獲獐鹿 杖而死者二人 監司案之 罷職收贖. 希璟以爲吏實病死
익 소획 장록 장 이 사자 이인 감사 안지 파직 수속 희경 이위 이실 병사

非因杖也 上書辨明 命遣敬差官及行臺監察 就其郡實 希璟反坐.
비 인 장야 상서 변명 명견 경차관 급 행대감찰 취 기군 핵실 희경 반좌

前漢城府尹韓尙桓及前開城留後司斷事官元恂 前定州都護府使
전 한성부윤 한상환 급 개성유후사 단사관 원순 전 정주 도호부사

安升慶 前兵馬使朴東美等 廢爲庶人; 辛有賢妻趙氏 金四知妻王氏
안승경 전 병마사 박동미 등 폐위 서인 신유현 처 조씨 김사지 처 왕씨

李思恥妻韓氏等 爵牒收取 奴婢皆屬公 從司憲府之請也. 初 升慶
이사치 처 한씨 등 작첩 수취 노비 개 속공 종 사헌부 지청야 초 승경

爲媒 勸元恂以女妻無咎之子矗 趙氏以女妻無疾子矗 王氏使其子
위매 권 원순 이녀 처 무구 지자 추 조씨 이녀 처 무질 자촉 왕씨 사 기자

永倫娶無疾長女 韓氏使其子緊娶無疾次女 東美之母媒矗 而東美
영륜 취 무질 장녀 한씨 사 기자 긴 취 무질 차녀 동미 지모 매촉 이 동미

不禁 又以無疾之子愛重爲養子故也. 緊及永倫坐結婚黨逆應處斬
불금 우이 이무질 지자 애중 위 양자 고야 긴급 영륜 좌 결혼 당역 응 처참

上皆原之 減等施行.
상개 원지 감등 시행

辛亥 刑曹請李之誠緣坐人之罪. 啓曰: "之誠之罪 當肆諸市朝
신해 형조 청 이지성 연좌 인지죄 계왈 지성 지죄 당사 저 시조

以示王法. 殿下俯從輕典 刑不以律 又赦緣坐之人 各自保全 使
이시 왕법 전하 부종 경전 형불이율 우사 연좌 지인 각자 보전 사

亂賊之徒無所忌憚 有違王法. 其緣坐之人 乞依律文 明正施行
난적 지도무 소기탄 유위 왕법 기 연좌 지인 걸의 율문 명정 시행

以戒後世." 上曰: "之誠妻子 遠方自願安置 其他緣坐之人勿論."
이계 후세 상왈 지성 처자 원방 자원안치 기타 연좌 지인 물론

癸丑 司諫院請停講武. 啓曰: "前年京畿旱而失農 請停今春
계축 사간원 청정 강무 계왈 전년 경기 한이 실농 청정 금춘

講武." 上曰: "春秋講武 天下通行之法. 予若不憂民 而只爲逸豫
강무 상왈 춘추 강무 천하 통행 지법 여약불 우민 이지위 일예

則言之是矣. 予幾老矣 豈不慮乎? 畿內雖失農 凡所供費 無與於
즉 언지 시의 여기로 의 기불려호 기내 수실농 범 소공비 무여어

民 民所供者 但郊草耳. 豈可以此廢蒐狩乎? 且予不必久役妨農.
민 민 소공자 단 교초 이 기가 이차 폐 수수 호 차여 불필 구역 방농

自今凡如此法所當行而無大害者 勿復言." 越翼日 傳旨承政院
자금 범 여차 법 소당행 이무 대해 자 물부언 월 익일 전지 승정원

曰: "司諫院非無因而言 乃以儉年請停講武 故予欲不之忠淸道."
왈 사간원 비무인 이언 내이 검년 청정 강무 고여욕 부지 충청도

柳思訥啓曰: "不爲則已 若幸平康等處 則莫若幸忠淸道之爲便.
유사눌 계왈 불위 즉이 약행 평강 등처 즉 막약 행 충청도 지위편

四時之田 乃先王之制 諫院之言 可謂不中程式矣." 翼日 大司憲
사시 지전 내 선왕 지제 간원 지언 가위 부중 정식 의 익일 대사헌

李原啓曰: "講武是爲古典 其誰止之? 殿下隱而不布 臨時而發命
이원 계왈 강무 시위 고전 기수 지지 전하 은이 불포 임시 이발명

故臣民罔知所之. 若早定則扈從之人 亦且知而有備矣. 且今民失
고 신민 망지 소지 약 조정 즉 호종 지인 역차 지이 유비 의 차금 민실

農業 容有飢困者. 若有遠行 史筆必以爲 時屈而擧遠 是不可也 秋
농업 용유 기곤 자 약유 원행 사필 필이위 시굴 이거원 시불가 야 추

則遠行可矣. 乞減侍從與日數 備驅軍暫行而還." 上曰: "予亦慮
즉 원행 가의 걸감 시종 여일수 비 구군 잠행 이환 상왈 여역려

有遠行不可之言 不欲幸于遠處 而左右皆曰: '講武凡事 於蓴堤
유 원행 불가 지언 불욕 행우 원처 이 좌우 개왈 강무 범사 어 순제

已定.' 且予事皆從簡矣." 厥後 上曰: "予不欲講武於忠淸道矣 趙之
이정 차여사개 종간 의 권후 상왈 여불욕 강무 어 충청도 의 조지지

行 已十八日矣. 予聞 觀察使與趙入于串內 必修射場也. 修射場而
행 이 십팔일 의 여문 관찰사 여조치 입우 곶 내 필수 사장 야 수 사장 이

田 書於史冊 則取笑於後矣. 予不可謂射御有能 亦不可謂不知. 然
전 서어 사책 즉 취소 어후 의 여불가위 사어 유능 역 불가위 부지 연

人君善於政事 則可矣 能爲射御 則何用? 予年五十 豈欲以射一二
인군 선어 정사 즉 가의 능위 사어 즉 하용 여년 오십 기욕 이사 일이

獐得名乎? 已修射場而不往 則後必不爲如此事矣." 兵曹判書朴信
장 득명호 이수 사장 이 불왕 즉후 필 불위 여차 사 의 병조판서 박신

白曰: "忠淸道諸事已備." 李原亦白曰: "不爲則已 爲之則下道供億
백왈 충청도 제사 이비 이원 역 백왈 불위 즉이 위지 즉 하도 공억

已備矣."
이비 의

司憲府疏請尹向罪. 疏曰:
사헌부 소청 윤향 죄 소왈

'前判書尹向粗知讀書 位至卿相 太祖之擧 非不知也. 向以回軍
전 판서 윤향 조지 독서 위지 경상 태조 지거 비부지 야 향이 회군

諸將 比於丁公 欲加之罪 豈心無所蓄而出此言哉? 向之所言 不可
제장 비어 정공 욕가 지죄 기심 무소축 이출 차언 재 향지 소언 불가

不懲 殿下只令罷職 歸其田里. 本府與諫院屢嘗申請 未蒙兪允
부징 전하 지령 파직 귀기 전리 본부 여 간원 누상 신청 미몽 유윤

有虧常憲. 乞收職牒 鞫問其由 以正其罪.'
유휴 상헌 걸수 직첩 국문 기유 이정 기죄

上召坡平君尹坤問曰: "向今在何處? 是無罪而見黜也." 坤對曰:
상소 파평군 윤곤 문왈 향 금재 하처 시 무죄 이 견출 야 곤 대왈

"往在積城."
왕재 적성

司憲府又上言: "本府於前日 以廉致庸誣累上德 李稷屢黨逆臣
사헌부 우 상언 본부 어전일 이 염치용 무루 상덕 이직 누당 역신

吳用權密參亂謀 趙順和身親爲亂 請正其罪 未蒙兪允 何以懲惡?
오용권 밀참 난모 조순화 신친 위란 청정 기죄 미몽 유윤 하이 징악

伏望殿下 將上項人等 明置典刑 以戒萬世." 不報.
복망 전하 장 상항 인등 명치 전형 이계 만세 불보

甲寅 命禮曹巡審山陵. 禮曹啓: "本曹受敎 春秋仲月 遣禮官巡諸
갑인 명 예조 순심 산릉 예조 계 본조 수교 춘추 중월 견 예관 순 제

山陵 仍立審陵案 藏諸本曹. 今稽古制 唐以太常卿行陵; 宋以太常
산릉 잉입 심릉안 장저 본조 금계 고제 당이 태상경 행릉 송이 태상

宗正卿朝拜祖宗陵. 乞依唐宋之制 以本曹判書巡陵 有故則以參議
종정경 조배 조종릉 걸의 당송 지제 이 본조 판서 순릉 유고 즉 이 참의

代行." 從之. 大司憲李原啓曰: "臣嘗爲都巡問使見定陵 和陵不備
대행 종지 대사헌 이원 계왈 신 상위 도순문사 견 정릉 화릉 불비

三階 宜當修築." 教曰: "今年吉則於寒食修築可也. 如此事爲之

誰怨?" 兵曹判書朴信請立石羊石人 上可之.

　漢城府尹安騰入見. 騰自慶尙道都觀察使召還 啓曰: "慶尙道

金海近處勝岳山連境 吾海也項築場 放馬七百餘匹 其馬豐肥 此地

可四時放牧 最宜牧場. 若於勝岳山築七八里 則可放一萬餘匹. 但

其馬體小無用 請以體大善雄馬放牧息." 上曰: "然則須築牧場."

　囚原州牧使權遇于義禁府. 上曰: "昔 無恤 無悔蒙喪而入見 無悔

告予曰: '兄等以其罪死也.' 又庚寅年 無悔曰: '我等宜合門屠戮 爲

養老母而生存.' 予曰: '以何罪合門屠戮乎? 雖宋氏有恩 予豈爲是

哉? 但以中宮言 此人等寧宜短命 予見中宮而不敢決斷.' 前日 河

政丞曰: '此人等若逃越江 則不可.' 故命承政院 使人堅守. 義禁府

官員二人來辭 予曰: '堅守莫使逃逸 萬一欲自盡 勿禁之耳.' 是則

知申事嘗曰: '此人出去時 謂義禁府百戶言曰: "但爲有老母耳." 故

予使之勿禁. 今原州牧使權遇報云: '本州安置無恤 據王旨 使人吏

日守兩班及侍衛軍圍守 促令自盡 十四日自縊而死.' 蓋其罪當誅

衆皆請之. 予雖如法 誰謂我殘忍? 但見中宮 尙不敢賜死 予豈言

督令自盡? 實予所不言. 若孟畇誤傳 則孟畇有罪也. 孟畇不言而遇

促之 則遇有罪也." 命 司憲府劾問. 大司憲李原啓曰: "下司憲府則

必收職牒而後推劾. 遇與孟畇未知某爲有罪 請下義禁府 令臣等

雜治." 從之. 義禁府上言曰: "權遇白: '孟畇宣傳曰: "使無恤自盡."'

孟畛白: '如上命.' 二言不同 請刑問實." 上曰: "予以爲非孟畛之失
맹진백 여상명 이언부동 청형문핵실 상왈 여이위비맹진지실

也. 同時受命 宋仁山於淸州不差 此必遇誤聽所致也. 遇迂儒 恐
야 동시수명 송인산어청주불차 차필우오청소치야 우우유 공

罪重不伏 此非死罪也. 若以此開曉 可不用刑而得情." 仍命承政院
죄중불복 차비사죄야 약이차개효 가불용형이득정 잉명승정원

議之. 思訥曰: "違端已露 而不以實白 無人臣之意 刑問可也."
의지 사눌왈 위단이로 이불이실백 무인신지의 형문가야

命曰: "予惡用刑 卿言據理亦是." 乃先釋孟畛囚.
명왈 여오용형 경언거리역시 내선석맹진수

乙卯 御廣延樓下 與宗親擊毬 置酒.
을묘 어광연루하 여종친격구 치주

丙辰 司憲府請辛孟和 辛叔和罪. 啓曰: "孟和等稱譽 閔蠹結婚於
병진 사헌부청신맹화 신숙화죄 계왈 맹화등칭예 민독결혼어

辛有賢之家 罪同安升慶." 上原之 以自願安置遠方. 二人皆克禮之
신유현지가 죄동안승경 상원지 이자원안치원방 이인개극례지

子也.
자야

丁巳 司諫院請尹向等罪. 疏曰:
정사 사간원청윤향등죄 소왈

'向之所犯 殿下以謂: "言之失耳 非有他心." 臣等以爲 苟無其心
향지소범 전하이위 언지실이 비유타심 신등이위 구무기심

豈形於言? 以回軍將士 比之丁公曰: "僅免罪責 亦云足矣." 其心
기형어언 이회군장사 비지정공왈 근면죄책 역운족의 기심

謂何? 向歷仕三朝 位至卿相 非不知事理也. 乃以誕妄之說 累我
위하 향역사삼조 위지경상 비부지사리야 내이탄망지설 누아

太祖之盛德 其罪豈止於安置鄕里乎? 伏望殿下 下向攸司 依律
태조지성덕 기죄기지어안치향리호 복망전하 하향유사 의율

施行.'
시행

又上疏曰:
우상소왈

'竊伏惟念 致庸 李稷 用權不忠之罪已著 宜加極刑 殿下特從寬典
절복유념 치용 이직 용권불충지죄이저 의가극형 전하특종관전

止令廢徙 有乖王法. 此臣等所以累瀆天聰而不能已也. 且朴蔓
지령폐사 유괴왕법 차신등소이누독천총이불능이야 차박만

不忠之罪極矣. 一時兇徒 皆受顯戮 獨蒙寬典 尙今偸生 此亦臣等
불충지죄극의 일시흉도 개수현륙 독몽관전 상금투생 차역신등

之不能無憾也. 若趙須 趙雅 其父瑚之所犯 雖未明著 其兄希閔以
지불능무감야 약조수 조아 기부호지소범 수미명저 기형희민이

亂逆伏誅 法當連坐; 柳沂之弟漢 亦當連坐 俱蒙赦宥. 此不忠之徒
所以相繼而不絶也. 伏望殿下 斷以大義 將致庸 稷 用權 蔓 順和等
下攸司 依律施行 以快臣民之憤; 須 雅 漢等 還屬爲奴 以戒後來.'

皆不報.

戊午 置酒廣延樓下. 谷山君延嗣宗 礪良君宋居信皆持服 爲之
開素 宗親侍宴.

玉川府院君劉敞上書 略曰:

'恭惟 殿下誕受天錫勇智之資 夢見帝賚撫民以仁之書 丕承大寶
任賢使能 從諫弗 視民如傷 節用以愛人 修身以事天 宜無降災.
向者 京畿遇旱 乃貽宵之虞 其故何哉? 臣竊疑 祀典所載 社稷
山川之身 皆能禦災患 興雲致雨 財成萬物者也. 其爲祭 有祈穀焉
有報謝焉 奠物務要潔 宜盡其誠矣. 蓋因詳定損益之際 或有廢祀
焉 祀雖名存 其奠禮近乎菲薄 行祭之官又無如在之誠 神何由而
享之 旱魃之災 誰能禦哉? 伊尹之告太甲曰: "唯天無親 克敬惟親;
鬼神無常享 享于克誠." 其此之謂歟! 周公之告成王曰: "肇稱殷禮
祀于新邑 咸秩無文." 所當祭者則雖無載籍 尙且咸秩而祭 其於
有文 如之何其廢之哉? 伏望殿下 使稽制司 祀典所載 靡神不擧
咸秩而祭之 須要潔 隨其所享 且令奉祀者 齊明盛服 能致如在之
誠 則祀事孔明 神必享于克誠 降福孔皆 而雨暘 時若矣 百穀用
成 不期然而然矣 鬼神之德 焉可誣也? 方今祀于宗廟 則宗廟享之

神明彰矣. 所謂誠之至 孝之盡也. 下而卿大夫至于庶士 咸立家廟
祭從生者之祿 儀遵家禮之文 風俗之美 可謂盛矣. 竊惟追贈三代
子孫蔭職 於傳有之 又於錄券 俱載此法. 蔭則已蒙 追贈之法 則
未盡行也. 追榮祖考 人子之至願. 伏惟上慈 許令擧行 則祖考之
靈 感德於冥冥之中 而願爲結草 子孫之輩喜悅於昭昭之際 而願爲
致身. 澤洽幽明 神人協贊 至治難名 深有望於殿下.'

上曰: "祀事予嘗恨不能盡意 行香使須知大體. 所謂鬼神無常享
享于克誠 是乃大體也."

庚申 命停刷卷色聽訟.

釋權遇囚. 義禁府啓: "遇罪依失錯指意律 應杖七十." 上原之
元從功臣之子也.

大司憲李原請移祀留後司大淸觀天皇大帝於昭格殿. 啓曰:
"大淸觀祭饌 使婢僕供進 近於不敬. 可去則去 不可去則移祀
昭格殿何如?" 上曰: "大淸觀何因而設? 古書有曰: '天文稱號 大是
誣妄.' 今稱某君某帝而祀者甚衆 竊以爲謬. 予所目接敬拜者 北斗
而已." 命禮曹判書趙庸 考大淸觀故事以聞.

遣前護軍李藝于琉球國. 上聞本國人爲倭所擄 轉賣琉球國者
甚衆 藝請刷還. 戶曹判書黃喜啓曰: "琉球國水路阻遠 且今遣人
煩費甚多 莫如不遣." 上曰: "懷土之情 本無貴賤之殊. 借使 貴戚家
有如此被擄者 豈計劇費?"

辛酉 幸東郊 觀放鷹.
신유 행동교 관 방응

癸亥 風雨雷電.
계해 풍우 뇌전

忠淸道 瑞山郡人朴所乙進妻一産三男.
충청도 서산군 인 박소을진 처 일산 삼남

御廣延樓下置酒 諸宗親侍宴.
어 광연루 하 치주 제 종친 시연

杖金訓一百 流全羅道內廂. 初 司憲府劾啓: "沃溝鎭兵馬使金訓
장 김훈 일백 유 전라도 내상 초 사헌부 핵계 옥구진 병마사 김훈

持祖母之服 不奔殯所 擅自上京 累月淹留 隱密出入于仁德宮 因
지 조모 지복 불분 빈소 천자 상경 누월 엄류 은밀 출입 우 인덕궁 인

妾妓碧團團設享 受賜衣服 迨其劾問 不以實答 甚爲奸譎. 乞收
첩기 벽단단 설향 수사 의복 태기 핵문 불 이실 답 심위 간휼 걸수

職牒 鞫問其由 依律論罪." 上可之 仍傳旨于李原曰: "予欲以古人
직첩 국문 기유 의율 논죄 상 가지 잉 전지 우 이원 왈 여욕 이 고인

之道 孝事父王 歲在壬午 不幸有變 然天道終歸于正. 母后生吾
지도 효사 부왕 세재 임오 불행 유변 연 천도 종귀 우정 모후 생오

兄弟二王 共享一國 吾於上王 下至興馬僕從 無不承順供奉. 上王
형제 이왕 공향 일국 오 어 상왕 하지 여마 복종 무불 승순 공봉 상왕

來臨我宮 予亦詣上王殿 交相洽. 金訓識理者 而因上妓 潛隱出入
내림 아궁 여 역 예 상왕 전 교상 환흡 김훈 식리 자 이인 상기 잠은 출입

其爲不肖 豈可勝言? 宜當鞫問 但毋得言及於殿內別監 小親侍
기위 불초 기가 승언 의당 국문 단 무득 언급 어 전내 별감 소친시

以致上王動慮." 憲府劾實 移文刑曹. 刑曹啓曰: "訓之父 宗敬喪母
이치 상왕 동려 헌부 핵실 이문 형조 형조 계왈 훈지부 종경 상모

侍殯 誠宜觀親 以護喪葬 顧乃愛娼妓 不覲其親 其無父之心明矣.
시빈 성의 근친 이호 상장 고 내 애 창기 불근 기친 기 무부 지심 명의

軍鎭國家藩屛 爲守者不可一日無也 而擅自上京 累月淹留 不詣
군진 국가 번병 위수 자 불가 일일 무야 이 천자 상경 누월 엄류 불예

闕下 而潛謁仁德宮 又使妓妾碧團團出入殿內 無君之心 著矣. 罪
궐하 이 잠알 인덕궁 우 사 기첩 벽단단 출입 전내 무군 지심 저의 죄

在不忠不孝 請置極刑 以戒後來." 上命只依出使不復命律 施行.
재 불충 불효 청치 극형 이계 후래 상명 지의 출사불복명률 시행

贖姜順杖一百 罷李蔽職. 先是 兵曹奉王旨 行移內: "各官其人
속 강순 장 일백 파 이폐 직 선시 병조 봉 왕지 행이 내 각관 기인

自丙子年爲始 勿許代立 皆以當身立役 其中老幼不能自立者 各以
자 병자년 위시 물허 대립 개 이 당신 입역 기중 노유 불능 자립 자 각이

其戶內率居代之." 至是 繕工判官尹麟以姜順之奴 代昌原其人黃吉
기호 내 솔거 대지 지시 선공판관 윤린 이 강순 지노 대 창원 기인 황길

78

赴役于關內 事覺. 憲府請: "奪順 麟職牒 依律論罪." 繕工副正李蔽
부역 우 관내   사각   헌부 청   탈 순 린 직첩 의율 논죄   선공부정   이폐

初不考視號牌 至答劾問 妄謂號牌相考 以當身定送 欺瞞所司 請幷
초 불 고시 호패 지 답 핵문 망위 호패 상고 이 당신 정송 기만 소사 청 병

罪之." 命麟勿論.
죄지   명 린 물론

태종 16년 병신년
2월

二月

갑자일(甲子日) 초하루에 평안도 안주(安州)의 창고(倉庫) 29간이 불탔기에 의금부 부진무(義禁府副鎭撫) 하연(河演)을 보내 그 상황을 살펴보게 했다. 판관(判官) 유승(柳升)을 잡아 와서 의금부에 가두었으니, 불을 능히 금하지 못했기 때문이다.

○ 경차관(敬差官)을 경상도·강원도·풍해도에 나눠 보냈으니, 군기(軍器)를 점고(點考-점검)하기 위함이다.

을축일(乙丑日-2일)에 태백성(太白星)이 낮에 나타났다.

○ 지돈녕부사(知敦寧府事-돈녕부 지사) 한장수(韓長壽)를 보내 경사(京師)에 가게 했으니, 성절(聖節)을 하례하기 위함이다.[1]

---

1 이를 성절사(聖節使)라고 하는데, 조선 시대에 명나라 또는 청나라의 황제·황후의 생일을 축하하기 위해 보내는 사절 또는 그 사신이다. 청나라 때는 성단사(聖旦使)라고도 했다. 정조사(正朝使)·동지사(冬至使)와 더불어 삼절사(三節使)라고도 했다. 무슨 일이 있을 때마다 보내던 임시사행이 아니라 정례사행이었다. 이 정례사행은 원래는 별도로 엄격히 지켜지다가, 1645년(인조 23년)부터 서로 간의 편의를 보아 날짜에 구애받지 않고 모두 정조에 보내기로 했다. 이후 1723년(경종 3년)에 다시 강조되어 그 뒤로는 동시에 시행되었다. 이 정례사행을 삼절 겸 연공사(三節兼年貢使) 혹은 줄여서 동지사·절사(節使)라 불렀다.이 사행은 매년 10월 말이나 12월 초에 떠나 그해가 지나기 전에 북경(北京)에 도착해서 40·60일 유련(留連: 객지에서 오랫동안 머묾)했다가, 2월 중에 떠나서 3월 말이나 4월 초에 돌아오는 것이 통례였다. 사행의 구성은 정사·부사·서장관 각 1인, 대통관(大通官-동시통역사) 3인(수역당상관(首譯堂上官) 1인과 상통사(上通事) 2인), 호공관(護貢官-압물관(押物官)) 24인 등 도합 30인으로, 이들은 이른바 정관(正官)이라 해 정해진 숫자가 있었다. 그 밖에 종인(從人)은 제한이 없었다. 그러나 1668년(현종 9년)에는 이 숫자가 지나

○ 제4녀 정선궁주(貞善宮主)를 우의정(右議政) 남재(南在)의 손자 남
휘(南暉)에게 시집보내고[適], 원윤(元尹) 비(裶)를 첨총제(僉摠制) 김
관(金灌)의 딸에게 장가들게 하고[娶], 원윤(元尹) 인(祵)을 중군 경
력(中軍經歷) 최사강(崔士康, 1385~1443년)²의 딸에게 장가들게 했다.

○ 유사(攸司)에 명해 이제부터 대군(大君)과 부마(駙馬)의 길례(吉
禮)에는 구사(丘史)³를 6명으로, 원윤(元尹)은 구사를 4명으로 하는
것을 항식(恒式)으로 삼게 했다.

정묘일(丁卯日-4일)에 길천군(吉川君) 권규(權跬, 1393~1421년)⁴를 고

치게 많아 말썽이 되기도 했다. 일반적으로 250명 내외였으나, 1755년(영조 31년) 절사 때
는 541명이나 된 적도 있었다.

2 아버지 덕에 벼슬에 나아왔다가 이때인 1416년(태종 16년) 2월 장녀가 태종 왕자인 함녕
군(諴寧君)에게 출가하면서 현귀(顯貴)하게 됐다. 곧 지사간원사(知司諫院事-사간원 지사)
에 초천(超遷)됐다가, 1418년(세종 즉위년) 9월 다시 당상관에 오르면서 승정원동부대언
(承政院同副代言)에 발탁, 우부대언을 거쳐 다음해 12월에 예조참의, 1420년 3월에 경기
도도관찰사로 파견됐다. 1421년 12월 경상도도관찰사에 전임됐다가 이듬해 12월 중군동
지총제(中軍同知摠制)로 입조, 1423년 3월 병조참판이 됐고, 이후 1431년까지 좌군동지
총제·호조참판·대사헌·병조참판·이조참판 등을 차례로 역임했다. 병조판서에 승진, 세
종의 총애가 계속되는 가운데 1434년 1월 장남인 고 봉례랑(奉禮郞) 최승녕(崔承寧)의
딸이 세종 왕자인 임영대군(臨瀛大君)에게 출가, 1436년 12월 의정부참찬에 개수됐다. 이
듬해 2월 차녀가 다시 세종 왕자인 금성대군(錦城大君)과 혼인했다. 또 같은 달에 전년의
의정부서사제(議政府署事制) 실시와 관련된 찬성·참찬의 각 1인 증치 및 좌·우로 세분됨
에 따라 의정부우참찬에 개수됐다. 1441년 9월 의정부우찬성에 승진, 이듬해 6월 판이
조사(判吏曹事-이조판서)를 겸대했고, 같은 해 8월에 사은사(謝恩使)가 돼 명나라를 왕래
했다가 이듬해 죽었다. 왕실과 연혼하면서 갑자기 현귀했으나 분수를 지킨 까닭에 세종
의 은총이 떠나지 않았고, 이를 배경으로 의정부·육조의 요직을 두루 역임하면서 세종
성세의 일익을 담당했다.

3 조선조 때 임금이 종친(宗親) 및 공신(功臣)에게 구종(驅從-심부름꾼)으로 나눠주던 관노
비(官奴婢)를 말한다.

4 1404년(태종 4년) 태종의 3녀 경안공주(慶安公主)와 결혼해 길천군(吉川君)에 봉해졌고,
1407년 호분사 상호군(虎賁司上護軍) 겸 우군도총제(右軍都摠制)를 지냈다. 1413년 흠문

쳐 길창군(吉昌君)으로 하고, 남휘(南暉)를 숭정대부(崇政大夫) 의산
군(宜山君)으로 삼았다.

○ 형조에 명해 가벼운 죄수들은 보방(保放)⁵하게 했다.

○ 충청도 태안곶(泰安串)에서 강무(講武)했다. 충청도의 구군(驅軍-
몰이꾼)이 모두 7,000여 명이었는데, 연호(煙戶)·기선(騎船)·시위(侍
衛)·별패(別牌)였다.

무진일(戊辰日-5일)에 경상도의 노비 소송을 정지하라고 명했으니,
이는 도관찰사(都觀察使) 이은(李殷)의 계문(啓聞-보고)을 따른 것
이다.

○ 대가(大駕-어가)가 충청도(忠淸道) 직산현(稷山縣) 홍경원평(弘慶
院坪)에 머무르니, 도관찰사(都觀察使) 신개(申槩, 1374~1446년)⁶와 도

기거(欽間起居)로 사신이 돼 명나라에 다녀오고, 이때인 1416년 길창군(吉昌君)에 개봉
(改封)됐으며, 1418년 의용위절제사(義勇衛節制使)가 됐다.
5 보증인이나 보증금을 세우고서 죄수를 풀어주는 것을 말한다.
6 1390년(공양왕 2년) 사마시에 합격하고 1393년(태조 2년) 식년 문과에 병과로 급제해 검
열로 발탁됐는데, 당시 태조가 실록을 보자고 할 때 그 불가함을 강력히 논했다. 이어 감
찰·문하습유(門下拾遺)·좌정언(左正言)·형조좌랑·호조좌랑을 거쳐 충청도도사로 나갔다
가 다시 사간원헌납(司諫院獻納)·이조정랑·사인(舍人)·예문관제학·판승문원사(判承文
院使) 등을 역임했다. 1413년(태종 13년) 우사간대부(右司諫大夫)로 발탁되는 동시에 춘추
관편수관·지제교(知製敎)를 겸임했다. 간관(諫官)으로 있으면서 주장한 의정부서사제도
(議政府署事制度)의 폐지는 다음해에 실현됐다. 그 뒤 예조참의·병조참의·충청도관찰사·
한성부윤을 역임했고, 1417년에 공조참판에 올라 천추사(千秋使)로 명나라에 다녀왔다.
세종 즉위 후 전라도·경상도·황해도의 도관찰사를 역임하고 형조참판·진주목사·우군
총제·좌군총제·예문관대제학·전라도관찰사·중군도총제(中軍都摠制)·대사헌 등을 역임
했다. 1433년(세종 15년)에 야인이 자주 변경을 침입, 큰 피해를 입히자 대신들의 반대에
도 불구하고 정벌을 강력히 주장해서 야인들을 토벌하도록 했다. 이해에 이조판서가 되
고, 이듬해 이조판서로 사은사(謝恩使)가 돼 명나라에 다녀왔다. 이어 형조판서를 거쳐
우참찬에 올라 지춘추관사를 겸임하면서 『고려사(高麗史)』 편찬에 참여했다. 1436년에

절제사(都節制使) 유습(柳濕)이 행궁(行宮)에 나아와 문안했다[起居].
기거

기사일(己巳日-6일)에 온창현(溫昌縣) 인군원평(仁君院坪)에 머물렀는데, 신개(申槪)가 말 1필을 바쳤다.

○ 내시별감(內侍別監)을 보내 가야산(伽倻山) 산신(山神)에게 제사를 지냈다.

경오일(庚午日-7일)에 덕산현(德山縣)에 머물렀는데, 전라도 도관찰사(全羅道都觀察使) 권진(權軫, 1357~1435년)⁷이 사람을 보내서 말 1필을 바쳤다.

찬성으로 승진해 세자이사(世子貳師)·집현전대제학을 겸임했다. 1439년에 우의정에 올랐으며, 1442년에는 감춘추관사로 권제(權踶) 등과 더불어 편찬한 『고려사(高麗史)』를 올렸다. 1444년에 궤장(几杖)을 하사받고 기로소(耆老所)에 들어갔으며, 이듬해 좌의정이 됐다.

7 어려서부터 총명해 1377년(우왕 3년) 21세의 나이로 문과에 급제해 촉망을 받았다. 당시 권세가인 염흥방(廉興邦)이 자기의 조카딸과 혼사를 맺고자 했으나, 권세가와 혼인하기를 거절한 탓에 염흥방의 미움을 사 여러 해 동안 벼슬길에 나가지 못했다. 그 뒤 연해안 지방에 왜구의 노략질이 심하자 의창현령이 돼 민심을 안정시키고 폐단을 제거해 선정을 펴니, 당시 시중(侍中)이었던 이성계(李成桂)가 발탁해 전주판관으로 삼았다. 1398년(태조 7년) 성석린(成石璘)이 평안도로 나가 민심을 수습할 때 특별히 천거해 경력(經歷)으로 삼았으며, 정종이 즉위하자 문하부 직문하(直門下)를 거쳐 지합주사(知陜州事-합주지사)가 됐다. 1400년 조박(趙璞)의 옥사에 연루되어 영해 축산도(丑山島)로 귀양갔다가 얼마 안 돼 돌아왔다. 이듬해 태종이 등극하자 지형조사(知刑曹事-형조지사)에 이어 우사간대부(右司諫大夫)를 지내고, 1406년(태종 6년) 강원도관찰사에 부임해 선정을 폈다. 청렴함이 알려져 이듬해 대사헌에 발탁됐으며, 관의 기강을 확립하는 데 힘썼다. 그 뒤 경상도관찰사에 이어 1413년 충주목사를 지내고, 다시 내직으로 돌아와 1417년에 형조판서에 오르고 그 뒤에 호조·이조 판서 등을 역임했다. 1426년(세종 8년) 찬성(贊成)이 됐으며, 1430년에 이조판서를 거쳐 1431년 우의정에 올랐다. 그러나 형률을 잘못 적용해 백성 10여 명이 강도 누명을 쓰고 억울하게 죽었다는 대간의 탄핵을 받기도 했다. 1433년 겸판이조사(兼判吏曹事) 재직 때 사람을 잘못 천거했다는 탄핵을 받고 파직됐다.

신미일(辛未日-8일)에 천둥과 번개가 쳤고 낮임에도 어두웠다.

○ 서산군(瑞山郡)에 머물렀다.

○ 내시별감을 보내 남해신(南海神)에게 제사를 지냈다.

임신일(壬申日-9일)에 천둥과 번개가 치고 우박(雨雹)이 내렸는데, 아침부터 한낮까지 짙은 안개[昏霧]가 사방에 가득했다. 강화(江華)에 사는 사람 조인수(曹仁修)의 아내가 벼락에 맞았다. 소 1마리, 말 1필, 개 2마리도 벼락에 맞아 죽었다[震死].

○ 상이 말했다.

"집에 있는 사람[居者]이 비를 만나면 반드시 길 떠난 사람[行者]이 힘들 것을 생각할 것이다."

충녕대군(忠寧大君-훗날의 세종)이 말했다.

"『시경(詩經)』에 이르기를 '황새가 언덕에서 우니 부인이 집에서 탄식한다[鸛鳴于垤 婦歎于室]'[8]라고 했습니다."

상이 기뻐하며 말했다.

"세자(世子)가 미칠 바[所及]가 아니다."

세자가 일찍이 상 앞에서 사람들의 문무(文武)를 논해 말했다.

"충녕(忠寧)은 용맹하지 못합니다[不猛=不勇]."

상이 말했다.

"비록 용맹하지는 못한 듯하나 큰일에 임해[臨大事] 대의(大疑-크

---

8 『시경(詩經)』 「빈풍(豳風)·동산(東山)」편에 나오는 구절이다.

게 의심나는 일)를 결단하는 데는 당세에 더불어 견줄 사람이 없다."[9]

갑술일(甲戌日·11일)에 대가(大駕)가 순성(蓴城)에 이르렀다. 홍주목사(洪州牧使) 우홍강(禹洪康, 1357~1423년)[10]과 판관(判官) 이종직(李從直)이 행궁(行宮)에 알현(謁見)했다. 찰방(察訪) 전흥(田興) 등이 영(令)을 범하고 월경(越境)한 (우홍강 등의) 죄를 청했으나 용서해주었다[原之].

---

9   이 일화는 『논어(論語)』 「술이(述而)」편에 나오는 공자와 안회, 용맹한 제자 자로의 대화를 떠올린다. 공자가 제자 안연에게 말했다. "(인재로) 써주면 행하고 버리면 숨어 지내는 것을 오직 너하고 나만이 갖고 있구나!"이에 자로가 물었다. "만일 스승님께서 삼군을 통솔하신다면 누구와 함께하시겠습니까?"공자는 말했다. "맨손으로 호랑이를 때려잡고 맨몸으로 강을 건너려 해 죽어도 후회할 줄 모르는 사람과는 나는 함께할 수 없을 것이니, 반드시 일에 임해서는[臨事] 두려워하고 치밀한 계책을 잘 세워 일을 성공으로 이끄는 사람과 함께할 것이다."

10   아버지는 단양백(丹陽伯) 우현보(禹玄寶)다. 아버지의 음덕으로 벼슬길에 올랐다. 1378년(우왕 4년) 사헌부 규정(糾正)으로 재직 중에 문과에 급제해 중서문하성 우정언에 임명됐다. 1392년(공양왕 4년) 이성계 일파가 정몽주(鄭夢周) 등 정적을 제거할 때 연루되어 관직을 빼앗기고 원지에 유배됐다가 곧 방면됐다. 1392년(태조 1년) 7월 조선의 개국과 함께 정도전(鄭道傳) 등이 고려의 구신제거책을 거론할 때 다시 논죄돼 직첩을 몰수당하고 장(杖)을 맞은 후 먼 곳으로 유배됐다. 다음해 방면됐으며, 1398년 직첩이 환급됐다. 1401년(태종 1년) 무렵에 우씨 일문이 1399년(정종 1년) 이방간(李芳幹)의 난 때 세운 공로에 대한 배려로 사간원 좌사간대부에 발탁되고, 이어 통례문판사(通禮門判事)·충주목사·청주목사·예조참의 등을 역임했다. 1410년 10월부터 이듬해 4월에는 이조참의로서 세공종마(歲貢種馬)의 진헌을 위한 사신이 돼 명나라를 내왕한 뒤 공안부윤(恭安府尹)에 제수됐다. 같은 해 윤12월에, 전년의 이조참의 재직 중 전서(典書) 강단봉(姜丹鳳)의 과전(科田)을 탈취하고자 한 사건으로 파직됐다. 1412년 우씨 일문이 이방간의 난에 세운 공로를 재평가할 때 정난원종공신(靖難原從功臣)에 추록, 가선대부에 오르면서 한성부윤에 복직됐다. 1413년에 강원도관찰사로 파견됐으나, 같은 해 임지를 벗어나 충청도관찰사 이안우(李安愚) 등과 모여 술을 마신 일로 다시 파직됐다. 곧 안동대도호부사에 복직됐으며, 홍주목사를 역임했다.

을해일(乙亥日-12일)에 내외(內外)의 이작지산(伊作只山)에서 (사냥감) 몰이를 했다[驅].

○ 내관(內官) 황도(黃稻)와 사재감정(司宰監正) 조서로(趙瑞老) 등을 보내 순제(蓴堤)에 운하[渠]를 파는 것이 편한지의 여부를 상지(相地-땅을 살펴봄)하게 했다. 경상도 도관찰사(慶尙道都觀察使) 이은(李殷)이 사람을 보내서 말 1필을 바쳤다.

병자일(丙子日-13일)에 눈이 내렸다.

○ 순제진 병마사(蓴堤鎭兵馬使) 김중균(金仲鈞)에게 명해 대가를 따르게 하고, 상호군(上護軍) 홍상직(洪尙直)으로 하여금 그를 대신하게 했다.

○ 경기의 백성에게 환자(還子=還上)[11]를 주어 농량(農糧)으로 삼을 수 있도록 하라고 명하고, 환과고독(鰥寡孤獨)을 진휼했다. 호조(戶曹)에서 아뢴 바를 따른 것이다.

정축일(丁丑日-14일)에 경상도 산음현(山陰縣)에 지진이 있었다.

○ 소근산(小斤山)과 대은산(大隱山)에서 (사냥감) 몰이를 했다.

○ 순성(蓴城)에 사렵(私獵)을 금지했다. 병조판서 박신(朴信)에게

---

11 조선 시대 각 고을의 사창(社倉)에서 백성에게 꾸어주었던 곡식을 가을에 이자를 붙여 받아들이는 일이다. 원래 환곡의 기능은 흉년의 대비, 빈민의 구제, 물가 조절, 정부 보유 양곡의 교환 및 각 관청의 재원 확보 등으로, 1392년(태조 1년) 의창(義倉) 설치 당시에는 이자 없이 대여했으나 보유 양곡의 자연 소모 같은 손실을 보충하기 위해 차츰 연 1~2할의 이식을 징수하게 됐다.

명해 말했다.

"이곳은 참으로[眞] 강무(講武)할 땅이니, 내가 비록 강무장(講武
場)을 두지 않더라도 후대의 군왕(君王)이 어찌 이곳을 버려두겠는
가? 논을 제외하고는 벌목(伐木)과 사렵을 일절 금단하라. 혹시라도
[脫] 이 같은 자가 있거든 그 고을의 수령(守令)과 감사(監司)를 아울
러 모두 논죄하라."

무인일(戊寅日-15일)에 지령산(地靈山)에서 (사냥감) 몰이를 했다.

○ 충청도 목천현(木川縣)의 자복사(資福寺)에 있는 석불(石佛)이 땀
을 흘렸다.

기묘일(己卯日-16일)에 도비산(都飛山)에서 몰이하고 해미현(海美縣)
으로 돌아와 머물렀다[還次].

경진일(庚辰日-17일)에 예산현(禮山縣) 무한성(無限城)에 머물렀고,
유습(柳濕)에게 내구마(內廐馬) 1필을 내려주었다.

○ 중관(中官)을 홍주(洪州)로 보내 방간(芳幹)에게 술과 고기를 내
려주었다.

신사일(辛巳日-18일)에 온창현(溫昌縣)에 머물렀다.

○ 행행(行幸-행차)이 지나간 양쪽의 보리밭에 대해 그 조세(租稅)
를 헤아려 감면(減免)하라고 명했다.

임오일(壬午日-19일)에 홍경원(弘慶院) 들판에 머물렀다. 신개(申槪)에게 표리(表裏-옷감)를 내려주었다. 전 전서(典書) 박서생(朴瑞生)이 말을 바치니 내구마(內廐馬) 1필을 내려주었다.

계미일(癸未日-20일)에 수원부(水原府) 오산(烏山)에 머물렀다.

갑신일(甲申日-21일)에 마전포(麻田浦)에 머물렀는데, 밤에 큰바람이 불었다.

을유일(乙酉日-22일)에 궁으로 돌아왔다. 병조에 명해 말했다.

"이제부터는 강무(講武) 때 대소 신료(大小臣僚)의 전견(田犬-사냥개)을 금지하라."

○ 신개(申槪)가 경력(經歷) 이윤상(李允商)을 보내 기거(起居-안부)를 물으니, 술을 내려주라고 명하고 또 말했다.

"너의 감사가 행행(行幸)에 크게 근로(勤勞)했고 아무런 차질도 없었으니 내가 매우 가상하게 여긴다. 이제 너는 오지 않아도 됐으나 예를 폐(廢)할 수 없어 너를 보내왔으니, 이 또한 가상하다."

정해일(丁亥日-24일)에 새로 조종(朝宗-경기도 가평)과 미원(迷原-경기도 양평)에 잠실(蠶室)을 두고 각각 잠모(蠶母-누에 치는 사람) 10명, 종비(從婢) 10명, 노자(奴子) 20명씩을 소속시켰다. 판승문원사(判承文院事-승문원 판사) 이적(李迹)이 글을 올려 말했다.

'잠상(蠶桑-누에와 뽕나무)의 이익은 천하고금(天下古今)에서 모두

중하게 여기는 것인데, 우리 동방(東方)에서는 아직 그 법을 얻지 못
해 아직도 그 효과를 보지 못하고 있고 중하게 여기지 않고 있습
니다. (그러니) 이제 전하께서 공상잠실(公桑蠶室)의 법을 설치해 만
세토록 무궁한 이치를 보이신다면 은혜가 매우 두터울 것입니다. 신
(臣) 적(迹)이 삼가 밝은 명을 받고 경기 양근(楊根)의 미원(迷原), 가
평(加平)의 조종(朝宗)·영평(永平) 등의 군(郡)을 순방(巡防)했더니 들
뽕나무[野桑]와 산뽕나무[山]가 없는 곳이 없었습니다. 그러나 산뽕
        야상   산자
나무는 산전(山田)하는 사람에게 찍혀 불태워지고 들뽕나무는 농사
짓는 자에게 찍혀 경작되니, 뽕나무가 무성하지 못함은 오로지 여기
에 연유합니다. 바라건대 이제부터 각 도 각 고을에서 때때로 고험
(考驗)해서 만약에 뽕나무를 베어 밭을 경작하는 자가 있으면 가지
의 다소를 헤아려 징계하고 아울러 그 수령은 금하지 않은 죄로써
다스리며, 또 감사(監司)로 하여금 종상(種桑)의 명령을 독촉하게 해
서 출척(黜陟)의 법에 빙거(憑據)함으로써 잠상(蠶桑)의 이익을 넓게
하소서.'

상이 그것을 가납(嘉納)했다.

○ 병조정랑(兵曹正郎) 박안신(朴安臣)의 직(職)을 없앴다. 남휘(南
暉)의 길례(吉禮) 날에 파촉인(把燭人)을 늦게 보냈기 때문이다.

무자일(戊子日-25일)에 (대마도 도주) 종정무(宗貞茂)의 사인(使人)이
와서 토산물을 바쳤다.

○ 고(故) 대언(代言) 윤수(尹須)의 아내 제석비(帝釋婢)와 장님 중
[盲僧] 신전(信全)을 목 베었다. 애초에 수(須)의 아내 제석비가 불경
 맹승

92

(佛經)을 읽어 액막이[度厄]를 하고자 신전을 청해와서, 피적률(皮狄

栗-껍질 밤)을 주면서 말했다.

"밤 맛이 어떠세요?"

장님이 말했다.

"매우 답니다[甛]."

수의 아내가 희롱해 말했다.

"밤 맛보다 더한 것이 있답니다."

그로 인해 그와 함께 사통(私通)한 지 여러 해 만에 자식을 낳았

는데, 드러내지 않으려고[不擧] 어린 시비(侍婢)를 죽여 입을 막았다

[滅口]. 이때에 이르러 일이 발각되니[事覺], 헌사(憲司)에서 그 사실

을 추핵(推劾)해 아뢰었다. 상이 (사냥을 나가) 순성(蓴城)에 있을 때

여러 대언(代言)과 대가를 따라간 장상(將相)에게 명해 그 죄에 대해

의견을 내게 하니[議] 모두 말했다.

"맹인(盲人)이 조사(朝士-조정 관리) 가문(家門)의 부녀자와 간통했

으므로 다른 여리(閭里) 사람이 서로 간통한 예가 아니니, 마땅히 극

형(極刑)을 가해 풍속을 바로잡아야 할 것입니다."

오직 이숙번(李叔蕃)만은 세자에게 말했다.

"화간(和奸)은 장(杖) 80대에 처한다는 율(律)이 있으니, 참(斬)하

라고 명하는 것은 불가(不可)합니다."[12]

---

12 다행히 이숙번이 왜 이런 청을 올렸는지는 『세종실록』 20년 12월 27일 자에 그 배경이
   실려 있다. 세종의 말이다. "숙번이 본래 맹인(盲人) 하천경(河千景)과 친했는데, 천경이 죄
   를 지어 죽게 되었을 때 숙번이 꼭 살리고자 해서 세자의 장인 김한로(金漢老)와 효령의
   장인 정역(鄭易)과 나의 장인에게 부탁해 말하기를 '천경의 죄는 체포할 정도에 이르지는

상이 이를 듣고서 말했다.

"숙번(叔蕃)은 나에게 말해야 옳을 것인데, 어찌하여 몰래 세자에게 청하는가?"

제석비는 세가(世家) 조하(趙何)의 딸이고, 신전은 곧 하천경(河千景)이었다. 상이 환궁(還宮)하자 육조(六曹)와 대간(臺諫)에서 아뢰어 말했다.

"신전과 제석비를 극형에 처치하기를 청합니다."

상이 그대로 따르고, 이어서 가르쳐 말했다.

"옛사람이 이르기를 '이미 할 수 없는 일을 능히 했다면 받지 않아야 할 형을 마땅히 받아야 한다'라고 한 것은 바로 이를 이르는 것일 뿐이다. 비록 율(律) 외의 형(刑)에 좌죄(坐罪)됐다고 하더라도 실로 아무런 상관이 없다[無傷]."

○사간원(司諫院)에서 소(疏)를 올렸는데 그 첫째는 이러했다.

'요즈음 형조에서 김훈(金訓)에게 죄줄 것을 청했으나 전하께서 장형(杖刑)으로 결단하시어 유배시키는 데 그치셨습니다. 신 등이 가만히 생각건대, 충의(忠義)는 신하의 큰 절개이니 진실로 충의가 없다

아니하오니, 율(律) 외의 형벌을 행할 수는 없사옵니다'라고 하니, 한로가 양녕에게 말하고 정역도 효령에게 말하고 나의 장인이 나에게 자세하게 숙번의 청탁한 전후 사정을 말하므로, 내가 아뢰었더니 태종께서도 역시 말씀하셨다. 이것은 (숙번의) 죄명에 있지 아니한 것이다. 태종께서 양녕에게 내선(內禪)하고자 하실 때 숙번이 찬성했는데, 그 뜻은 태종을 따라서 편안히 놀고자 함이었다. 나라 사람들이 찬성하지 아니하자 숙번도 역시 불가하다고 힘써 아뢰었으며, 우리 형제에게 '성상께옵서 어찌하여 이러하시는 것입니까'라고 이르기까지 하였다. 그 후에 태종께서 선위하시고 웃으면서 말씀하시기를 '숙번이 처음에는 내선하기를 바라다가 끝에 가서는 도리어 불가하다고 한 것은, 그 마음이 나하고 놀려고 한 것에 불과한 것이다'라고 하셨으니, 태종께서 그 소행을 비웃으셨을 뿐 반드시 죄주고자 하지는 아니하셨다."

면 어찌 신하 노릇을 하겠습니까? 훈(訓)이 명을 받고 진(鎭)으로 나
간 것은 군사를 맡아보기 위함인데도 마음대로 스스로 서울에 와
서 여러 달 몰래 숨어 있으면서 즉시 대궐로 나와 숙배(肅拜)하지도
않고 비밀리에 인덕궁(仁德宮)에 나갔으니, 임금을 업신여기는 마음
[無君之心]이 나타났고 불충한 죄가 분명한 것입니다. 이것을 그냥
두고서 베지 않는다면 이상견빙(履霜堅氷)[13]의 경계에 어떠하겠습니
까? 엎드려 바라건대, 전하께서는 대의(大義)로 결단하시어 그를 극
형에 처해서 인신(人臣-남의 신하 된 자)으로서 두 가지 마음[二心]을
품는 자의 경계로 삼으소서.'

그 둘째는 이러했다.

'요즈음 형조에서 대역(大逆) 이지성(李之誠)과 연좌(緣坐)된 사람
들을 율(律)에 의거해 시행하기를 청했으나, 전하께서는 처자만을 그
향(鄕)에다 안치(安置)하는 데 그치고 기타에 연좌(緣坐)된 사람들은
거론(擧論)하지 말라고 하셨습니다. 신 등이 가만히 생각건대 대역(大
逆)은 천지(天地)도 용납하지 않으니, 죄가 친척에까지 미치는 것은
경계를 보이자는 까닭입니다. 지금 지성(之誠)의 연좌인(緣坐人)이 모
두 너그럽게 용서를 받아 각자가 머리를 보전(保全)했고 판강릉대도
호부사(判江陵大都護府事) 이의륜(李義倫)은 지성의 숙부가 되는 친
척임에도 연좌의 죄를 면했을 뿐 아니라 그대로 거읍(巨邑)에 임직(任
職)하며 작록(爵祿)을 보전하고 있으니, 경계를 보이는 뜻이 어디에

---

13 서리가 내리면 차가운 얼음이 이른다는 뜻으로, 일의 조짐을 보고 미리 그 화(禍)를 경계
하라는 말이다. 『주역(周易)』의 곤괘(坤卦)에 "서리를 밟으면 단단한 얼음이 이를 것이다"
라는 말에서 나온 것이다.

있습니까? 엎드려 바라건대, 전하께서는 대의로써 결단하시어 지성과 연좌된 사람들을 율(律)에 의거해 시행하심으로써 뒤에 오는 사람의 경계로 삼으소서.'

모두 회보하지 않았다.

기축일(己丑日·26일)에 전 사재소감(司宰少監) 홍중강(洪仲康)을 목베었다. 중강(仲康)은 제석비(帝釋婢)의 표제(表弟-이종사촌 동생)인데, 그와 더불어 간통했다. 제조(諸曹)와 대간(臺諫)에서 신전(信全)과 동일한 죄로 논하기를 함께 청하니, 의정부에 내려 실상에 맞게 토의하게 해서[擬議] 목 베었다. 중 신전(信田)에게는 장(杖) 100대를 때리고 형조(刑曹)의 장수(杖首)에 속하게 했다. 신전(信田)은 바로 신전(信全)의 종제(從弟-사촌 동생)인데, 권선(勸善)한다고 핑계하고 제석비의 집에 출입하면서 그와 더불어 간통한 때문이다.

○ 호조참의(戶曹參議) 이명덕(李明德)을 보내 경기에서 기근(飢饉)을 진제(賑濟)하는 상황을 고찰(考察)하게 했다. 상이 경기의 굶는 사람들을 진제하는 데 주밀(周密-주도면밀)하지 못할까 걱정해서, 감찰(監察) 최윤복(崔閏福)과 박소(朴蘇) 등을 따로 보내 수령(守令)의 근만(勤慢)을 살피게 하고 호조에 명해 경창(京倉)의 쌀을 경기로 수송해서 진제하게 한 뒤, 또 명덕(明德)에게 명해 순찰(巡察)하게 한 것이다. 호조에서 아뢰었다.

"노약(老弱)과 질병(疾病)으로 능히 스스로 관가에 와서 진제를 받을 수 없는 자에게는 수령들이 죽미(粥米)와 염장(鹽醬)을 가지고 여리(閭里)로 친히 다니면서 인구를 계산해 직접 주게 하고, 행대감찰

(行臺監察)로 하여금 척간(擲奸)하게 해서 만약 진휼(賑恤)하는 데 즐겨 마음을 쓰지 않아 혹시 한 사람이라도 굶어 죽는 일이 있다면 수령과 감사를 계문(啓聞)해 죄를 논하게 하소서."

그것을 따랐다.

○ 상이 유사눌(柳思訥)에게 일러 말했다.

"내가 듣건대 양주(楊州)의 백성 가운데 교량(橋梁)을 수리하는 자가 다른 사람에게 말하기를 '앞으로 강무(講武)의 행차가 있다'라고 했다는데, 경 등은 이 사실을 아는가?"

대답했다.

"신 등은 알지 못하는 바입니다."

상이 말했다.

"강무(講武)는 이미 족(足)하다. 또 농월(農月)을 당해 그 일을 차마 하겠는가? 이제 이 역사(役事)를 하는 백성이 어찌 내 덕을 보태주겠는가? 경력(經歷)을 불러서 그 까닭을 물어보라."

○ 영길도 도순문사(永吉道都巡問使) 조흡(曹恰)이 백성이 굶주린다고 해 환자[還上]를 줄 것을 청하자 상이 말했다.
환상

"지극히 궁핍한 자는 진제(賑濟)하고, 그다음은 환자를 주라."

또 말했다.

"진제(賑濟)하는 일은 백성의 생명을 중(重)하게 여김이다. 진제할 때마다 반드시 계문(啓聞)을 기다린 뒤에 행한다면 늦어져 제때에 미치지 못할 것이니, 백성을 구원하는 일 같은 것은 그때 임해 행하라."

○ 쇄권색(刷卷色)¹⁴에서 (도망간) 노비를 추쇄(推刷)할 사의(事宜-일의 마땅함)를 아뢰었다.

"용은(容隱)¹⁵·도망(逃亡)·물고(物故-사망)로 인해 대신 세우는 경우 문적(文籍)에 사연(辭緣)을 명백하게 해서 시행했다면 본주(本主)가 관문(官文)이 없더라도 대신 세울 수 있지만, 실제로 도망·물고했으나 문적에서 사연(辭緣)을 아직 시행하지 않은 경우와 관문(官文)이 없는 경우에는 대신 세우는 것이 사리에 맞지 않습니다."

상이 말했다.

"용은하고서도 고(告)하지 않는 경우가 간혹 있을 것이고, 실제로 도망(逃亡)·물고(物故)한 경우에도 대신 세우게 하면 의리상 합당하지 못하다. 이제부터 도망·물고로 고했으나 문적(文籍)에서 사연을 아직 시행하지 않은 경우에는 관문(官文)의 유무(有無)를 물론하고 대신 세우게 하지 말라. 만약에 용은한 자가 있게 되면 일찍이 내린 교지(敎旨)에 의거해 논죄하고, 사람들에게 진고(陳告-신고)하는 것을 허용하라."

호조(戶曹)에서 또 아뢰었다.

"진고(陳告)한 노비는 근저(根柢)가 하나인데도 어떤 때는 천인(賤人)으로 삼고 어떤 때는 양인(良人)으로 삼으며, 양인(良人)으로서 양적(良籍)에도 없고 천적(賤籍)에도 없는 자를 수군(水軍)에 채워 넣는 것은 사리에 맞지 않습니다."

---

14 노비(奴婢)를 추쇄하는 일을 맡은 특별 관청이다.
15 친속(親屬)이 죄인(罪人)을 숨겨주는 일을 말한다.

상이 말했다.

"천인(賤人)이 많고 양인(良人)이 적은 것은 마땅히 지금 깊이 생각해야 할 바다. 이 무리를 또한 수군(水軍)에 소속시키는 것은 불가(不可)하니, 이 같은 무리는 그전대로 양인(良人)으로 하는 것이 옳겠다."

신묘일(辛卯日·28일)에 상이 인덕궁(仁德宮)으로 나아가 술자리를 베풀고, 격구(擊毬)하다가 도마희(賭馬戲)[16]를 했다.

임진일(壬辰日·29일)에 경상도 현풍현(玄風縣) 대견사(大見寺)의 관음(觀音)이 땀을 흘렸다.

---

16 격구(擊毬)할 때 말에 돈을 걸고 내기를 하는 놀이를 말한다.

甲子朔 平安道 安州倉庫二十九間災 遣義禁府副鎭撫河演審其狀
갑자 삭 평안도 안주 창고 이십 구 간 재 견 의금부 부진무 하연 심 기상

執判官柳升以來 囚于義禁府 以不能禁火也.
집 판관 유승 이래 수우 의금부 이 불능 금화 야

分遣敬差官于慶尙 江原 海道 點考軍器也.
분견 경차관 우 경상 강원 풍해도 점고 군기 야

乙丑 太白晝見.
을축 태백 주현

遣知敦寧府事韓長壽如京師 賀聖節也.
견 지돈녕부사 한장수 여 경사 하 성절 야

以第四女貞善宮主適右議政南在孫暉 又以元尹裶娶僉摠制金灌
이 제사 녀 정선 궁주 적 우의정 남재 손 휘 우 이 원윤 비취 첨총제 김관

女 元尹禍娶中軍經歷崔士康女.
녀 원윤 인취 중군 경력 최사강 녀

丁卯 吉川君權改爲吉昌君. 南暉爲崇政大夫 宜山君.
정묘 길천군 권규 개위 길창군 남휘 위 숭정대부 의산군

命刑曹 保放輕囚.
명 형조 보방 경수

講武于忠淸道泰安串. 忠淸道驅軍凡七千餘名 烟戶 騎船 侍衛
강무 우 충청도 태안곶 충청도 구군 범 칠천 여명 연호 기선 시위

別牌也.
별패 야

戊辰 命停慶尙道奴婢之訟 從都觀察使李殷之啓也.
무진 명정 경상도 노비 지송 종 도관찰사 이은 지계 야

駕次忠淸道 稷山縣 弘慶院坪 都觀察使申槪 都節制使柳濕詣
가차 충청도 직산현 홍경원 평 도관찰사 신개 도절제사 유습 예

行宮起居.
행궁 기거

己巳 次于溫昌縣 仁君院坪 申槪獻馬一匹.
기사 차우 온창현 인군원 평 신개 헌마 일필

遣內侍別監 祭伽耶山神.
견 내시별감 제 가야산 신

100

庚午 次于德山縣 全羅道都觀察使權軫遣人獻馬一匹.

辛未 雷電晝晦.

次于瑞山郡.

遣內侍別監 祭南海神.

壬申 雷電雨雹 自朝至于日中 昏霧四塞. 震江華住人曹仁修妻.

牛一頭 馬一匹 狗二隻 亦震死.

上曰: "居者遇雨 必思行者之勞苦." 忠寧大君曰: "詩云: '鶴鳴

于垤 婦歎于室.'" 上喜曰: "非世子所及." 世子嘗於上前 論人文武

曰: "忠寧不猛." 上曰: "雖若不猛 臨大事 決大疑 當世無與爲比."

甲戌 駕至蓴城 洪州牧使禹洪康 判官李從直謁見于行宮. 察訪

田興等請犯令越境之罪 原之.

乙亥 驅內外伊作只山.

遣內官黃稻 司宰監正趙瑞老等 相蓴堤開渠便否. 慶尙道

都觀察使李殷遣人獻馬一匹.

丙子 雨雪.

命蓴堤鎭兵馬使金仲均隨駕 以上護軍洪尙直代之.

命給京畿民還上 以爲農糧 且賑鰥寡孤獨. 從戶曹之啓也.

丁丑 慶尙道山陰縣地震.

驅小斤山 大隱山.

禁私獵於蓴城. 命兵曹判書朴信曰: "此眞講武之地 予雖不置場

後代君王豈捨此乎? 除水田外 伐木與私獵 一皆禁斷. 脫有如此者
후대 군왕 기 사차 호 제 수전 외 벌목 여 사렵 일개 금단 탈유 여차 자

其郡守令與監司 竝皆論罪."
기군 수령 여 감사 병개 논죄

戊寅 驅地靈山.
무인 구 지령산

忠淸道木川縣 資福寺石佛汗.
충청도 목천현 자복사 석불 한

己卯 驅都飛山 還次海美縣.
기묘 구 도비산 환차 해미현

庚辰 次禮山縣無限城 賜柳濕內馬一匹.
경진 차 예산현 무한성 사 유습 내구마 일필

遣中官于洪州 賜芳幹酒肉.
견 중관 우 홍주 사 방간 주육

辛巳 次溫昌縣.
신사 차 온창현

命行幸所過兩麥田 量減其租.
명 행행 소과 양 맥전 양감 기조

壬午 次弘慶院坪 賜表裏于申槩. 前典書朴瑞生獻馬 賜內馬
임오 차 홍경원 평 사 표리 우 신개 전 전서 박서생 헌마 사 내구마
一匹.
일필

癸未 次水原府烏山.
계미 차 수원부 오산

甲申 次于麻田浦 夜大風.
갑신 차우 마전포 야 대풍

乙酉 還宮. 命兵曹曰: "自今講武 禁大小臣僚田犬."
을유 환궁 명 병조 왈 자금 강무 금 대소 신료 전견

申槩遣經歷李允商起居 命賜酒 且曰: "爾之監司 於行幸有大
신개 견 경력 이윤상 기거 명 사주 차왈 이 지 감사 어 행행 유대
勤勞 且無差失 予甚嘉之 今爾不來可矣. 然禮不可廢 遣汝來 是亦
근로 차 무 차실 여심 가지 금이 불래 가의 연 예 불가 폐 견여 래 시역
可嘉."
가가

丁亥 新置朝宗 迷原蠶室 各屬蠶母十名 從婢十名 奴子二十名.
정해 신치 조종 미원 잠실 각속 잠모 십명 종비 십명 노자 이십 명

判承文院事李迹上書曰: '蠶桑之利 天下古今之所共重也 吾東方
판승문원사 이적 상서 왈 잠상 지리 천하 고금 지 소공중 야 오 동방
未得其法 未見其效 不以爲重. 今殿下設公桑蠶室之法 視萬世無窮
미득 기법 미견 기효 불 이위 중 금 전하 설 공상잠실 지법 시 만세 무궁

102

之理 恩甚渥也. 臣迹謹受明命 巡訪京畿楊根 迷原 加平 朝宗 永平
等郡 野桑山 無處無之. 然山則爲山田人所斫而焚之; 野桑則爲
田者所伐而耕之 桑柘之不茂 職此由也. 願自今各道各官以時考驗
如有伐桑耕田者 計條之多少而懲之 幷糾守令不禁之罪. 且令監司
以督種桑之令 以憑黜陟之典 以廣蠶桑之利.' 上嘉納之.

罷兵曹正郎朴安臣職. 以南暉吉禮之日 送把燭人遲緩也.

戊子 宗貞茂使人來獻土物.

斬故代言尹須妻帝釋婢及盲僧信全. 初 須妻帝釋婢欲讀經度厄
請信全來 與皮狄栗曰: "栗之味如何?" 盲曰: "甚惜." 須妻曰: "有
勝栗之味焉." 因與之私者累年 生子不擧 殺小侍婢以滅口 至是
事覺 憲司推劾其實以聞. 上之在蕁城也 命諸代言及隨駕將相議
其罪 僉曰: "盲人與朝士家門婦女相奸 非他閭里人相奸之例 宜加
極刑 以正風俗." 獨李叔蕃言於世子曰: "和奸杖八十有律 命以
斬不可." 上聞之曰: "叔蕃可與予言者 何密請於世子乎?" 帝釋婢
世家趙何之女 信全卽河千景也. 及上還宮 六曹 臺諫啓: "信全及
帝釋婢請置極刑." 從之 仍敎曰: "昔人謂: '旣能爲不能爲之事 宜當
受不當受之刑.' 正謂此爾. 雖坐律外之刑 亦無傷也."

司諫院上疏:

其一曰 近者刑曹請罪金訓 殿下止令杖斷 流竄. 臣等竊謂 忠義
人臣之大節 苟無忠義 何以爲臣? 訓受命出鎭 是掌兵者也 而擅自

來京 累月潛隱 不卽詣闕肅拜 而密進於仁德宮 無君之心著 而不忠
내경 누월 잠은 부즉 예궐 숙배 이밀 진어 인덕궁 무군지심 저 이 불충

之罪明矣. 捨此不誅 於履霜堅氷之戒何? 斷以大義 置之極刑 以爲
지죄 명의 사차 부주 어 이상견빙 지계하 단이 대의 치지 극형 이위

人臣懷二心者之戒.
인신 회 이심 자지계

　其二日 近者刑曹將大逆李之誠緣坐之人 請依律施行 殿下止令
기이왈 근자 형조 장 대역 이지성 연좌 지인 청 의율 시행 전하 지령

妻子安置於鄕 其他緣坐之人勿令擧論. 臣等竊謂 大逆天地所不容
처자 안치 어향 기타 연좌 지인 물령 거론 신등 절위 대역 천지 소불용

罪及親戚 所以垂戒也. 今 之誠緣坐之人 竝蒙寬宥 各自保全 且
죄급 친척 소이 수계 야 금 지성 연좌 지인 병몽 관유 각자 보전 차

判江陵大都護府事李義倫以之誠叔父之親 非徒免緣坐之罪 仍任
판강릉대도호부사 이의륜 이 지성 숙부 지친 비도 면 연좌 지죄 잉임

巨邑 得報爵祿 垂戒之義安在? 伏望殿下 斷以大義 將之誠緣坐之
거읍 득보 작록 수계 지의 안재 복망 전하 단이 대의 장 지성 연좌 지

人 依律施行 以爲後戒.
인 의율 시행 이위 후계

　皆不報.
개 불보

　己丑 斬前司宰少監洪仲康. 仲康 帝釋婢之表弟也 亦與之奸.
기축 참 전 사재소감 홍중강 중강 제석비 지 표제 야 역 여지간

諸曹 臺諫共請與信全同論 下議政府擬議斬之. 僧信田杖一百 屬
제조 대간 공청 여 신전 동론 하 의정부 의의 참지 승 신전 장 일백 속

刑曹杖首. 信田乃信全之從弟 托以勸善 出入帝釋婢之家 亦與之通
형조 장수 신전 내 신전 지종제 탁이 권선 출입 제석비 지가 역 여지통

焉.
언

　遣戶曹參議李明德 考察京畿賑濟飢饉之狀. 上憂京畿飢人賑濟
견 호조참의 이명덕 고찰 경기 진제 기근 지상 상우 경기 기인 진제

未周 分遣監察崔閏福 朴蘇等 察守令勤慢. 命戶曹 輸京倉之米于
미주 분견 감찰 최윤복 박소 등 찰 수령 근만 명 호조 수 경창 지미 우

京畿以賑之 又命明德巡察. 戶曹啓:“老弱疾病 不能自受賑濟於官
경기 이 진지 우 명 명덕 순찰 호조 계 노약 질병 불능 자수 진제 어관

者 守令持粥米鹽醬 親行閭里 計口面給. 令行臺監察擲奸 若不肯
자 수령 지 죽미 염장 친행 여리 계구 면급 영 행대감찰 척간 약 불긍

用心賑恤 或有一口以致飢死 守令與監司啓聞論罪.” 從之.
용심 진휼 혹유 일구 이치 기사 수령 여 감사 계문 논죄 종지

　上謂柳思訥曰:“予聞 楊州之民 修橋梁者語人曰:‘將有講武之
상 위 유사눌 왈 여문 양주 지민 수 교량 자 어인 왈 장유 강무 지

行.' 卿等知之乎?" 對曰: "臣等所不知也." 上曰: "講武已足矣 又當

農月 其忍爲之? 今此役民者 豈補予德者哉? 召經歷問其故."

永吉道都巡問使曹恰以民飢 請給還上 上曰: "至窮者賑濟 其次

給還上." 且曰: "賑濟之事 重民命也. 每當賑濟 必待啓聞而後行 則

緩不及時 如救民之事 臨時行之."

刷卷色啓推刷奴婢事宜: "容隱 逃亡 物故代立者 於文籍雖將

辭緣 明白施行 而本主無官文則代立. 若實爲逃亡 物故 而於文籍

辭緣未施行者及無官文者代立未便." 上曰: "容隱不告者 間或有之.

實爲逃亡 物故者 亦令代立 則不合於義. 自今告以逃亡 物故 而於

文籍辭緣未施行者及官文有無勿論 勿令代立. 如有容隱者 依曾降

教旨論罪 許人陳告." 戶曹又啓: "陳告奴婢一根 一爲賤 一爲良 良

無良籍 且無賤籍者 充水軍未便." 上曰: "賤多良少 當今所慮. 將

此輩亦屬水軍不可 如此之徒 仍舊爲良可也."

辛卯 上詣仁德宮 置酒擊毬 爲賭馬之戲也.

壬辰 慶尙道玄風縣大見寺觀音汗.

태종 16년 병신년
3월

三月

갑오일(甲午日-2일)에 상이 상왕(上王)을 모시고 (경기도) 포천(抱川)의 해룡산(海龍山)에서 사냥을 했는데, 이 일은 상왕을 위해서였다. 경별군(京別軍) 1,000여 인으로 몰이꾼[驅軍]을 삼았다. 상은 몰이꾼이 적을까 염려해 늘일 수 있는 대책을 물으니, 도진무(都鎭撫) 한규(韓珪)가 말했다.

"포천의 인민(人民)과 대가를 수종한 1품 이하 5품 이상 및 성중애마(成衆愛馬)[1]부터 환자(宦者)까지, 어쩔 수 없이 일을 주간(主幹)해야 할 사람을 제외하고는 모조리 품종(品從)[2]을 내게 하소서."

상이 말했다.

"포천의 백성을 역사시키는 것은 크게 옳지 않다[不可]."

승정원(承政院)과 진무소(鎭撫所)에 명해 다시 의논해 아뢰게 했다. 규(珪)와 병조참판(兵曹參判) 이춘생(李春生, ?~1430년)[3]이 아뢰어 말

---

1 고려 및 조선 시대에 왕의 시종과 궁궐의 숙위를 담당하거나 각 관사(官司)에 속해 장관을 시종하는 관인층을 말한다.

2 관리들이 그 품계에 따라 나라의 역사(役事)에 내보내어 일을 돕게 하는 종을 가리킨다.

3 1415년(태종 15년) 오위상호군으로 파견돼 축성의 공로가 있는 영길도도순문사 전흥(田興) 등에게 술을 하사했다. 이듬해 이조참판이 됐고, 다시 병조참판으로 전임됐다. 1419년(세종 1년) 동지총제(同知摠制)가 됐을 때, 대마도(對馬島)를 정벌하고 개선한 이종무(李從茂)를 거제도에서 맞이했다. 1422년 함길도병마절제사가 됐을 때 적병의 침구를 막은 공로가 있다 해서 포상하려 했다가 공로가 없음이 밝혀져 중지됐다. 1426년 중군총제(中軍摠制)가 됐는데, 세가(勢家)의 후손으로 호부(豪富-세력 있는 부자)이면서도 가산

했다.

"품종(을 내게 하는 것)이 무어 어려울 게 있습니까?"

8,000여 명을 헤아려 추쇄(推刷)해 아뢰니 상이 말했다.

"사람마다 구수(口數-인원수)를 헤아려서 데려온 것이니 쇄출(刷出)하는 것은 안 된다."

상이 상왕께서 자주 밖으로 나가지 않는다는 이유로 하루 숙소(宿所)를 더하고자 하니, 춘생(春生)이 아뢰어 말했다.

"어찌 하루 동안의 준비가 없겠습니까? 신 등이 감히 교지를 따르지 않겠습니까?"

춘생이 상의 뜻을 맞춤[逢迎]⁴이 대부분 이와 같았다[類此].
봉영   유차

○ 일기도(一岐島)의 상만호(上萬戶) 도영(道永)과 화전포(和田浦)의 병위랑(兵衛郞)이 사람을 시켜 양식을 청했다.

을미일(乙未日-3일)에 왕방산(王方山)에서 몰이했다. 상왕이 쏘아 맞힌 노루와 사슴을 각각 1마리씩 상에게 보내니, 상이 쏘아 맞힌 사슴 2마리를 상왕에게 바쳤다. 우애(友愛)하는 정이 대단히 두터우니 시종(侍從)했던 사람들이 모두 탄복했다. 상이 한규(韓珪)에게 일러 말했다.

"(내가) 잡은 짐승이 많은 것과 상왕이 많이 맞힌 것도 모두 너의

을 늘리기 위해 수단과 방법을 가리지 않는다는 이유로 훈련관제조(訓鍊觀提調)의 탄핵을 받았다.

4 아첨한다는 말이다.

공이다."

이어서 잔을 내려주었다.

○ 평안도 도순문사(平安道都巡問使) 정진(鄭鎭)이 매 3련(三連)을
바쳤다.

병신일(丙申日-4일)에 선봉산(仙鳳山)에서 몰이했다.

정유일(丁酉日-5일)에 보장산(寶藏山)에서 몰이하고 저녁에 사천현
(沙川縣)의 소요산(逍遙山) 아래에 머물렀다. 대가를 따르는 사람 중
에 숙소에 이르러 독초(毒草)를 잘못 먹고[誤食] 갑자기 죽은 사람이
6인이었고, 약을 복용해 살아난 사람은 2인이었다. 상이 죽은 상황
을 물으니 대답하는 자가 말했다.

"나물을 먹은 뒤 순식간(瞬息間)에 황홀(恍惚)해져 정신을 못 차리
고, 귀·눈·입·코에서 피가 흐르듯이 나왔습니다."

상이 매우 가슴 아파하며 좌우(左右)에 일러 말했다.

"사람들이 반드시 말하기를 '이것은 강무(講武) 때문에 생긴 일
이다'라고 할 것이다."

찰방(察訪) 상호군(上護軍) 전흥(田興)으로 하여금 깊은 골짜기에다
단단히 묻고[堅埋] 6인의 집에는 쌀과 콩 각각 2석씩을 주게 했다.
독초(毒草)의 이름은 망초(莽草-붓순)로 향명(鄉名)은 대조채(大鳥菜)
인데 뿌리는 거여목[苜蓿]과 같고 줄기는 쑥갓[菜]과 같았으니, 사
옹(司饔)에게 명해 이제부터는 어선(御膳)에 쑥갓과 거여목을 올리지
말라고 했다.

무술일(戊戌日-6일)에 상이 상왕을 모시고 궁으로 돌아왔다.

경자일(庚子日-8일)에 우대언(右代言) 한상덕(韓尙德), 공안부윤(恭安府尹) 황자후(黃子厚), 전 지고성군사(知高城郡事-고성군 지사) 이양수(李養修)를 의금부에 내렸다. 애초에 전 판원주목사(判原州牧使-원주목 판사) 권완(權緩)이 지신사(知申事) 유사눌(柳思訥)과 동네[里]가 같아서 그 교분이 매우 친밀했다. 완(緩)의 집에 소합유(蘇合油) 3근이 있었는데, 완과 사눌(思訥)이 공모해 왜인(倭人) 상호군(上護軍) 평도전(平道全)을 꾀어서 그 단자(單子)를 받아 승정원에 바치게 하고는 사눌이 아뢰어 전의감(典醫監)에 내렸는데, 제조(提調) 황자후가 "벌레가 생겨서[生蟲] 못쓰겠다" 하고 받지 않았다. 도전(道全)이 재차 승정원에 바치자 사눌이 다시 계문(啓聞-보고)하지 않고 내약방(內藥房)[5]에 수납(收納)하니, 약방대언(藥房代言)[6] 탁신(卓愼)이 이를 받았다. 사눌이 거짓으로 호방 대언(戶房代言) 한상덕(韓尙德)에게 일러 말했다.

"전지(傳旨)가 있기를 '도전의 약값을 모두 면주(綿紬)로 제급(題給-제사(題辭)를 매김)해주라'라고 하셨으니, 당신이 왕패(王牌)[7]를 내려주는 것이 마땅하다."

---

5 조선조 초엽에 대궐 안의 의약을 맡아보던 관아다. 세종 25년에 내의원(內醫院)으로 고쳤다.

6 전의감(典醫監)의 내의원(內醫院-藥房)에서 궁중의 탕약을 조제할 때 이를 감시 감독하던 대언으로, 곧 병방대언(兵房代言)인 좌부승지(左副承旨)를 말한다.

7 임금이 궁가(宮家) 또는 공신(功臣)에게 전구(田口) 등을 내려주거나 향리(鄉吏)에게 면역(免役)시킬 때 내려주던 서면(書面)을 말한다.

상덕(尚德)이 그것을 의심하며 말했다.

"왕패를 내려주는 것은 명을 들은 자의 책임이니, 내가 알 바가 아니다."

사눌이 그에게 두 번 세 번 말했으나 상덕은 끝내 수긍하지 않았다. 사눌이 마침내 스스로 왕패를 서압(署押)해 호조(戶曹)에 내려서, 제용감(濟用監)으로 하여금 면주(綿紬) 66필과 목면(木綿) 5필을 주게 했다. 이에 앞서 황자후가 염치용(廉致庸)의 농사(農舍)를 얻기 위한 신정 단자(申呈單子-신청서)를 사눌에게 부탁해 아뢰려고 했다. 대언(代言)들이 마침 명을 받들어 일을 토의하고 있었는데, 유사눌이 곁눈으로[側目] 황자후를 숙시(熟視)하면서 말했다.

"당신은 왜놈도 오랑캐도 아닌데 어찌하여 어명을 받들고 일을 토의하는 때 감히 여기에 들어왔는가?"

자후가 말했다.

"당신이 만약 아뢰지 않는다면 내가 장차 격고(擊鼓)해 신정(申呈)하겠다."

사눌이 말했다.

"당신이 비록 재상(宰相)이라 하더라도 어찌 승정원을 멸시할 수 있는가?"

자후가 몹시 분하게 여겨[銜之] 양언(揚言-소리 높임)해 말했다.

"사눌이 불량(不良)한 약을 사서 내약방(內藥房)에 넣었다."

헌사(憲司)에서 사눌과 신(慎)을 탄핵하며 아뢰어 말했다.

'전의감(典醫監)에서 이미 물리친 소합유를 사눌이 다시 아뢰지 않고 호조로 하여금 값을 주게 했고, 탁신은 양(量)을 달아보지 않고

이를 향국인(向國人-귀화인 평도전)에게서 받았으니, 그 지나치게 뒤엉
킨[綢繆] 사이(에서 일어난 일의 경과)를 알기가 어렵습니다. 청컨대 직
첩을 거두고 그 사유를 국문(鞫問)하소서.'

상이 이를 읽어보고 장령(掌令) 조종생(趙從生)에게 물었다.

"이른바 '향국인과 지나치게 뒤엉켜 있어 그 사이를 알기가 어
렵다'라고 한 것은 무엇을 가리키는가? 바로[直] 사눌 등이 도전에게
몰래 두텁게 해[陰厚] 일본과 함께 같은 생각을 한다는 말인가? 숨
기지 말고 대답하라."

종생(從生)이 대답했다.

"신 등이 어찌 감히 이와 같은 뜻을 가졌겠습니까? 이른바 뒤엉
켜 있다는 것은 전의감에서 이미 물리친 약(藥)을 강제로 무역하게
했다는 것이요, 그가 향국(向國)이라고 한 것은 단지[止] 왜(倭)를 말
한 것일 뿐이지 일본과 같은 생각을 했다는 것이 아닙니다."

우대언(右代言) 한상덕과 좌부대언(左副代言) 조말생(趙末生)과 동
부대언(同副代言) 이백지(李伯持) 등이 서로 돌아보며[相顧] 말이 없
었다. 상이 노해 말했다.

"저들 대언[臺員]들이 대답하는 것이 계본(啓本)의 뜻과 같지 아니
하니, 이는 사눌 등이 임금을 속인 죄를 청하면서도 자기들 또한 임
금을 속이고 있는 것이다. 어찌 사눌·탁신의 무리와 다르겠는가? 또
대언(代言) 3인은 아무렇지도 않게 청락(聽諾)하고 따로 아뢰어 계문
(啓聞)하기를 즐겨 하지 않았으니, 너희들이 승정원에 앉아서 하는
짓들이 무엇인가? 이들 모두 사눌과 같은 패거리들[類]이다."

상덕 등이 놀라고 황송해 낯빛을 잃고서 마침내 아뢰어 말했다.

"향국인(向國人) 세 글자에는 반드시 은밀한 뜻[微意]이 있을 텐데, 신 등이 그 글의 뜻을 살피지 못했을 뿐입니다."

얼마 후에[旣而] 종생에게 뜻을 전해 말했다.

"사눌과 탁신이 비록 약(藥)을 무역하는 데서 마땅함을 잃었으나 [失當], 한 몸의 사리(私利)를 취한 자취가 현저하게 나타난 뒤에야 다시 그 죄를 청하도록 하라."

드디어 사눌과 탁신에게 명해 출사(出仕)하게 했다. 상이 또 승정원에 헌부(憲府)의 소(疏)가 옳은지의 여부를 물으니, 상덕이 대답해 말했다.

"헌부가 소를 올린 뜻은 옳습니다. 국가에서 일본인이 바친 토물(土物-토산물)에 대해 회봉(回奉)하는 데 아직 이같이 두터웠던 적이 없습니다. 오로지 이에 관해서만 지나치게 두터웠으니 반드시 까닭이 있을 것입니다. 바라건대 헌사의 청대로 유사(攸司-담당 부서)로 하여금 핵문(劾問)해 다스리게 하소서."

상이 말했다.

"그렇다면 사눌의 마음은 장차 값을 나누려는 것이었는가?"

상덕이 대답해 말했다.

"아마도 장차 나누려고 한 것 같습니다."

상이 말했다.

"헌사의 소는, 글의 뜻을 가지고 상고한다면 향국인(向國人)과 함께 본국(本國)에 모반(謀反)한 것이라 하는데, 너희들은 모두 말하기를 '모반한 것이 아니라 다만 사눌이 전의(典醫)가 물리친 약(藥)을 가지고 아뢰지도 않고 내약방(內藥房)에 바치게 했는데, 그 강제

로 바치게 한 정상이 복잡하게 뒤엉켜 있음을 말한 것입니다'라고
했다. 너희들은 어찌하여 헌사가 소를 올린 뜻을 잘못 해석하고 이
와 같이 억지를 쓰는가? 내가 비록 배우지 못했다고 하더라도 글자
몇 자의 뜻이야 어찌 알지 못하겠는가? 헌사가 소를 올린 뜻은 동쪽
을 가리키는데 너희들은 서쪽이라 대답하니, 사슴을 가리켜 말이라
[指鹿爲馬]⁸ 하는 것과 무엇이 다른가? 사슴을 가리켜 말이라 하는
것은 임금을 속이는 말[誑君之言]이다."
_{광군 지 언}

이어서 상덕으로 하여금 집에 돌아가도록 하고, 대언 등에게 명해
육조 계사청(六曹啓事廳)으로 나아가게 하고 뜻을 전해 말했다.

"내가 일을 보지[視事] 않는 것은 대언(代言)이 공정하지 않은 까
닭일 뿐이다. 경 등이 맡은 직책은 가부(可否)를 서로 정(定)하는 것
인데, 전날 헌부에서 소를 올린 뜻을 물었으나 모두 함묵(含默-침
묵)하고 말하지 아니한 것은 무슨 까닭인가? 상덕은 근신(近臣)으로
서 나를 속였다. 전화(錢貨)는 나라의 소중한 보배인데도, 사눌과 탁
신은 전의(典醫)가 이미 물리친 약을 바치게 하고 중가(重價)로써 갚
았으니 어찌 죄가 없겠는가? 내가 이 말을 하는 것은 대언(代言)을
옳다 하고 헌사(憲司)를 꾸짖는 것이 아니다. 대언도 실로 죄가 있다.
장령(掌令)이 정직하게 대답하지 아니한 까닭에 문책하게 한 것일 뿐
이다. 그러나 나는 이 사실이 실로 풍문(風聞)이라 생각하는데, 어떠
한가?"

---

8 중국 진(秦)나라 2세(二世)황제 때 환관(宦官) 조고(趙高)가 사슴을 바치고는 이를 말이
라 하며 임금을 속였다는 고사(故事)에서 나온 말이다. 신하가 임금을 속이려 했다는 말
이다.

찬성(贊成) 유정현(柳廷顯)이 말했다.

"비록 풍문을 가지고 발설했다 하더라도, 문부(文簿-문서)를 고찰해서 왕패(王牌)와 시행책(施行冊) 같은 것에 실적(實跡-실제 흔적)이 나타난다면 풍문의 예로써 논할 수는 없습니다. 또 신자(臣子-신하)가 상(上)을 위한 일을 듣고 풍문에 구애돼 내버려두고 아뢰지 않는 것은 신의 바라는 바가 아닙니다. 설사[縱] 교지(敎旨)를 어기는 죄를 얻는다 하더라도 용감하게 할 수 있어야 하는 것입니다. 하물며 약재(藥材)는 상의 옥체(玉體)에 절실한 것이니, 어찌 감히 죄가 있는지 없는지를 헤아려서 하겠습니까?"

병조판서 박신(朴信)이 말했다.

"교지(敎旨)에 있기를 '일에 명확한 증거가 있거나 실적(實跡)이 있는 경우 혹은 모반 대역(謀叛大逆) 등의 사건은 사리에 따라서 치죄(治罪)를 받아야[受治] 마땅하다'라고 했는데, 신은 이 경우에는 실적이 있으므로 풍문이 아니라고 여깁니다."

나머지 사람들은 모두 "풍문(風聞)입니다"라고 말했다.

대사헌(大司憲) 이원(李原)이 말했다.

"신은 비록 풍문(風聞)의 죄를 받더라도 상의 옥체에 절실한 까닭에 이를 듣고 몹시 슬퍼해 발언한 것이니, 신이 실로 죄가 있습니다."

상이 말했다.

"비록 (일이) 종친(宗親)에 미쳤다 해도 사(私)로써 공(公)을 해치지 못하고 대의(大義)로서 결단해야 하는 것이니, 사눌의 죄를 내가 어찌 사사로이 용납하겠느냐? 마땅히 법으로 결단할 것이다. 경은 나와 같이 맹세해 털끝만 한 간격도 없어 내가 경을 의심하지 않으니,

경 또한 나를 의심하지 말라. 경이 이를 발설한 것을 내가 매우 아름답게 여긴다."

그러고는 원(原)에게 물었다.

"실적(實跡)이 없는 일을 발설했는데, 어디서 얻어들었느냐[得聞]?"

원이 대답했다.

"신이 예조판서 때 이양수(李養修)가 집에 이르러 말하기를 '사눌이 전의(典醫)가 이미 물리친 약을 가지고 다시 계달(啓達)하지도 않고 내약방(內藥房)에 납입시켰습니다'라고 하므로, 신이 이 말을 듣고 크게 놀라[大驚] 감히 마음속에 잊지 못하고 있었습니다. (그러다가) 이 직책을 제배받자 자후를 대궐 뜰에서 만나 약(藥)을 물리친 여부를 물었더니, 자후가 말하기를 '일찍이 이미 물리쳤다'라고 했습니다. 얼마 있다가 다시 물으니 자후가 대답하기를 '앞서의 말이 옳다'라고 한 까닭에, 신이 이 때문에 알았습니다."

승정원(承政院)과 육조(六曹)에 명해 자후와 양수를 불러 이것을 물었다. 자후에게 물었다.

"약을 물리친 까닭을 경은 누구와 말했는가?"

대답해 말했다.

"호조판서 윤향(尹向)과 말했습니다. 이어서 향(向)에게 묻기를 '약값을 주었는가, 아니 주었는가?'라고 하니, 향이 다음날 나를 만나 말하기를 '앞서 말한 약값은 이미 주었다'라고 했습니다. 이 말을 듣고 만약에 그 근원을 밝힌다면 반드시 후환이 없을 것이라고 생각했습니다. 또 상덕과는 내약(內藥)을 지을[劑] 때 같이 자면서 말했고, 또 양수와도 이것을 자세하게 말했습니다."

양수에게 물으니 (그가) 대답했다.

"자후가 집에 와서 말하기를 '내가 요즘[邇來] 액(厄)을 만났으나 마침내 면할 수 있었던 것은 실로 상의 덕분이다. 사눌이 망령되게 내가 관찰사(觀察使)의 자리를 구한다고 계달(啓達)해서 차하(差下-임명)됐으나, 내가 실로 황공해서 계달해 면직할 수 있었다. 또 상의 은혜를 입어 경직(京職-중앙직)에 임명됐으니 천행(天幸)이다. 사눌이 나를 대해 매사에 슬그머니[陰] 중상(中傷)하니 장차 해가 미칠까 두렵다'라고 했고, 또 이어서 말하기를 '평도전의 소합유(蘇合油) 3근을 전의(典醫)에게 계하(啓下)⁹하므로, 나와 동료가 벌레 때문에 상했다 해서 이를 물리쳤다. 도전이 다시 승정원(承政院)에 바쳤는데, 사눌은 물리친 이유를 아뢰지도 않고 내약방(內藥房)에 들였으니 이는 큰 불충이다. 이 같은 행동으로 자기의 잘못은 돌보지 않고 나에 대해 매번 음해(陰害)하니, 나의 분한 마음을 어디에다 하소연하겠는가? 청컨대 그대는 나를 위해 사귀는 친구들에게 고해달라. 또 그대는 지금 예조판서 이원과 교제하는데, 더군다나 이런 때를 당해 육조(六曹)에서 계사(啓事)할 때 원통한 뜻을 상달해줄 것을 바란다'라고 했습니다."

육조(六曹)와 대언(代言)이 양수의 말을 가지고 자후에게 물으니 자후가 말했다.

"그 말이 모두 옳습니다만, 단지 이 판서(李判書)에게 말하라고

---

9 신하가 임금에게 직접 아뢰지 아니하고 해당 관사(官司)에 아뢰던 일을 말한다. 그 관사에서 가부를 토의해 다시 임금에게 아뢴 후에 취지(取旨)해 시행했다.

했다는 것은 제가 한 말이 아닙니다."

양수가 말했다.

"만약 그대가 말하지 않았다면 내가 어찌 그것을 알았겠는가?"

자후가 말이 막혔다[語塞]. 육조(六曹)에서 같이 토의해 아뢰었다.
어색

"상덕은 상의 물음에 사실대로 대답하지 않았고, 자후는 자신이
전의 제조(典醫提調)로 있으면서도 스스로 계달하지 않고 외부에 선
언(宣言)해서 양수와 사사로이 서로 붕비(朋比-붕당을 지음)해 왕래하
면서 말을 했으니, 모두 죄를 주어야 합니다."

호조판서 황희(黃喜)가 말했다.

"죄를 주는 것은 괜찮지만, 그러나 문안(文案)에 증거할 만한 것이
없으니 유사(攸司)에 내려 공사(供辭)를 받는 것이 좋겠습니다."

상이 그 말을 옳게 여겨 마침내 상덕·자후·양수를 의금부에 내
렸다. 이어서 자후에게 가르쳐 말했다.

"내가 옛 친구의 정으로 경을 원종공신(元從功臣)의 반열에 두었으
나, 경은 궁시(弓矢)의 재능도 없고 문한(文翰)의 재주도 없으면서 여
러 현(縣)에 벼슬해 현직(顯職)을 제수하기에 이르렀다. 이것은 내가
선견(先見)의 지혜가 없었던 까닭이다. 비록 뉘우친들 무엇하겠느냐?
충신(忠臣)의 의리에는 대소 요좌(僚佐)가 반드시 일체(一體)가 되어
야 하는데 경은 자기의 사감(私感)을 끼고 일찍이 글을 올려 사눌
을 고소했다. 그러나 내가 사람들이 알기를 원하지 않았으므로, 시인
(寺人-환관) 최한(崔閑)까지도 오히려 보지 못하도록 즉시 불에다 던
졌다. 바야흐로 내가 사눌을 신임하니 때를 틈타 그를 배척(排斥)한
것을 보면 그 마음 씀씀이가 음험하다."

또 의금부에 뜻을 전해 말했다

"상덕은 근시(近侍)하는 신하로서 나아와 진충(盡忠)을 생각하고 물러가 보과(補過-허물을 보필함)할 것을 생각함이 마땅하다. (그런데도) 일찍이 이것은 생각지 않고 헌사(憲司)에서 상소한 뜻을 억지로 오해(誤解)해 동료를 이간하기를 꾀했으니, 심히 간사한 선비[奸儒]다. 빨리 세 사람의 공사(供辭)를 받아서 아뢰라."
<small>간유</small>

의금부에서 아뢰어 말했다.

"상덕이 공초(供招)하기를 '신은 상께서 신을 꾸짖는 것이 정직(停職)에 불과하리라고 여겼는데 이제 바로 국문(鞫問)하니, 신이 만약 말을 아니 한다면 잘못 죄책을 당할 것이니 무슨 이익이 있겠습니까? 청컨대 곧바로 말로써 고하겠습니다. 지난해 동랍(冬臘)에 약(藥)을 지을 때 자후가 나에게 "내 첩의 아들 중광(中光)이 말했다. '장시생(張始生)이 나[황중광]에게 말하기를, 내[장시생]가 아우 장말생(張末生)과 함께 권완(權緩)의 집으로 나아갔을 때 권완과 아우 장말생이 청자(靑磁) 사기의 작은 그릇에 담은 약을 가지고서는 전의감(典醫監)에 납입한다고 했고, 또 말생이 가지고 가서 납부하려다가 물리침을 당했다[見退]고 했다고 했습니다"라고 말했습니다. 이제 이미 승정원에 납부했으니, 신이 중광의 말을 듣고 사사로이 스스로 생각하기를 "전의(典醫)가 물리친 약을 승정원에다 억지로 납부시켰으니, 이것은 반드시 사눌이 값을 받아 나눠 쓰려는 것이다"라고 했습니다. 신이 (이미 승정원에 납부했다는) 이 말을 듣고 마음이 아파서 즉시 계달하고자 했으나, 자후와 사눌이 틈이 있는 것을 신이 실로 아는 까닭에 자후에게 말하면 반드시 취모구자(吹毛求疵-털을 불어 허
<small>견퇴</small>

물을 찾아냄)하리라 생각해서 즉시 계문하지 않았습니다. 뒤에 자후의 집에 이르러 이르기를 "그대가 말한 약에 대한 일을 내가 계달하고자 하니, 그것을 모조리 말하라"라고 하니, 자후가 대답하기를 "최곰룡[崔古音龍-통역관]은 저 땅으로 들어갔고 시생과 말생 등은 다권완의 반인(伴人)이며 권완 또한 여러 반인을 얻은 사람이니, 어느 관리가 밝게 추국(推鞫)하겠는가? 또 말생 등이 말을 하지 않았다거나 알지 못한다고 대답하면 장차 어떻게 하겠는가?"라고 했으므로, 이 때문에 즉시 계문(啓聞)하지 못했습니다. 헌부(憲府)에서 올린 상소의 뜻을 하문(下問)할 때도 신의 마음에 간직해 두었던 일이었기 때문에 "나눠 쓴다"라고 아뢰었는데, 이것은 상께서 그 죄를 밝게 바로잡게 하고자 함이었습니다. 즉시 계문하지 아니한 죄는 신이 실로 감당하겠습니다'라고 했습니다."

신축일(辛丑日-9일)에 교장(敎場)과 공정고(供正庫)의 조성(造成)을 정지하라고 명했는데, 연시(年時)가 기근의 때였기 때문이다.

○ 의주(義州)의 임내(任內)[10] 고정주(古靜州) 사람 김부다(金夫多)의 아내 옥향(玉香)이 한꺼번에 2남 1녀를 낳으니 명해 쌀을 내려주었다.

○ 일본(日本) 농주태수(濃州太守) 평종수(平宗壽)의 사인(使人)이 예물을 바치고 도서(圖書)를 청했다.

○ 성저(城底-도성 아래)의 기민(飢民)을 진제(賑濟-구휼)했다. 호조

---

10 속현(屬縣)·향(鄕)·소(所)·부곡(部曲)·장(莊)·처(處)·사(社)를 통칭하는 말로, 호장(戶長)이 다스리고 중앙의 행정관(行政官)이 파견되지 못하는 지역이다.

에서 아뢰었다.

"성저 10리(城底十里)의 굶주린 백성을 진제하는 데 각사(各司)의 창고에 남아 있는 묵은 미두(米豆)를 적당히 요량해 고루 주게 하고, 한성부(漢城府)의 관원(官員)으로 하여금 순행하면서 살피게 하되 기근(饑饉)이 더 심각한 인민에게는 우선 되나 홉으로 나눠주게 해서 씀씀이를 아껴[撙節] 진제하게 하소서."
_{준절}
이명덕(李明德)이 또 아뢰었다.

"의식(衣食)이 충분한 뒤에야 예의(禮義)를 다스리는 법입니다. 각 고을의 향학(鄕學)의 생도(生徒)는 양식을 가져오기가 매우 어려우니, 잠정적으로 또 방학(放學)하고 교수관(敎授官)으로 하여금 수령(守令)과 함께 굶주리는 백성을 살펴서 진제하게 하소서."

모두 그것을 따랐다.

○ 충청도 영산(寧山) 등 4개 군(郡)의 호저화(戶楮貨)[11]를 면제하고 기민(饑民)을 구제했다. 도관찰사 신개(申槩)가 보고하기를, 영산·온창(溫昌)·직산(稷山)·평택(平澤)이 모두 실농(失農-농사를 망침)했다고 한 까닭이다.

○ (강원도) 횡성(橫城)의 화동(禾洞)과 선암(扇巖) 등지에서 밭을 개간하고 나무를 베는 것을 금지하게 했다. 강원도 도관찰사(江原道都觀察使)에게 뜻을 전해 말했다.

"강무장(講武場-사냥터) 안에 거주하는 사람을 제때에 이접(移接-

---

11 조선 초엽에 저화(楮貨)를 통용시키기 위해 나라에서 매년 호(戶)마다 거두던 저화를 말한다.

이사)시키되, 만약 철이 늦어 이사하기에 곤란한 자는 일단은 그대로
살게 하라."

○ 경기에서 실농(失農)한 각 고을에는 각사(各司)에 노비의 공상
(貢上)을 면제해주었다.

　임인일(壬寅日-10일)에 명해 각 전(殿)에 공상(供上)하던 종락(湩酪-
소나 말의 젖)을 줄이고 그 나머지 여러 곳의 종락은 모두 없애게 했
으며, 이어 젖소를 줄여서 장풍도(長豊島)에서 치게 하고 젖을 짜던
말도 다 호곶(壺串)에서 방목하게 하니, 이는 대개 연시(年時)가 기근
의 때여서 비용을 줄여야[省費] 했기 때문이다.
　　　　　　　　　　　　　성비
　○ 내섬시(內贍寺)의 청태전(青苔田)을 없앴다. 상이 말했다.

"내섬시에서 진상(進上)에 기대어 물을 들이는데[入染], 태전(苔
田)[12]을 많이 점령하고 전주(田主)로 하여금 경작하지 못하게 하고
　　입염
있다. 매번 물들일 때를 당해 염모(染母)[13]로 하여금 시중에서 구하게
하니, 무익(無益)할 뿐 아니라 전주(田主)도 원망한다. 이제부터 태전
을 경작하지 말고 각각 본주인에게로 돌려주라."

　○ 처음으로 출번 군사(出番軍士)의 휴가(休暇) 한도를 정했다. 유사
눌(柳思訥)이 아뢰었다.

"삼군(三軍)의 갑사(甲士)와 성중애마(成衆愛馬)는 비록 출번하는
날이라 하더라도 그 습사(習射) 때문에 휴식이 없습니다. 비록 '군법

12　물감의 재료가 되는 청태(青苔)를 가꾸는 전지를 말한다.

13　내섬시에서 옷감을 물들이는 일을 맡은 사람을 말한다.

(軍法)에 더함은 있으나 덜함은 없다'라고 했으나, 흉년을 당해 저 여러 사람으로 하여금 한가로이 쉬는 때가 있게 해 넉넉지 못한 살림에 대비하는 것도 흉년을 구제하는 일단(一端)일 것입니다. 삼군의 번외(番外)는 대체로 6일에 습사(習射) 3일, 순작(巡綽-순찰) 1일, 급한(給閑-휴가) 2일로 하고, 별시위(別侍衛)·응양위(鷹揚衛)의 번외(番外)는 대체로 9일에 습사 5일, 순작 1일, 급한 3일로 하고, 그 나머지 성중애마도 이것에 의거해 차등을 두어 휴가를 주어 매일 습사하게 하지 말게 하소서. 훈련관(訓鍊觀)의 관원(官員)은 늦게 출사하고 일찍 파(罷)하면서도 습사하는 무리는 만약에 늦게 오는 자가 있으면 엄하게 질책(叱責)을 가하고 속지(贖紙)[14]를 징수하니, 어찌 법을 집행하는 관리가 자기는 태만하면서 남을 통제할 수 있겠습니까? 바라건대 이제부터는 훈련관으로 하여금 진시(辰時)에 출사하고 신시(申時)에 파하게 하며 습사(習射)를 고찰하는 것을 대체로 상경(常經-일정한 원칙)으로 삼게 하고, 병조로 하여금 그 근만(勤慢-근태)을 고찰하게 하소서."

그것을 따랐다.

계묘일(癸卯日-11일)에 편전(便殿)에 술자리를 마련하니, 정부와 육조가 들어와 모셨다[入侍].
   입시
   ○ 호부(虎符)[15]를 전라도 수군도절제사(全羅道水軍都節制使) 김문

---

14 가벼운 죄를 범한 관리에게 벌로써 거두는 종이를 말한다.
15 군사를 발병(發兵)할 때 사용하는 병부(兵符)다. 한 면에는 '발병(發兵)'이라 쓰고 다른 면

발(金文發)에게 주었는데, 문발(文發)의 계문(啓聞)에 따른 것이다. 또 제도 수군도절제사(諸道水軍都節制使)에게 도관찰사(都觀察使)·병마도절제사(兵馬都節制使)의 예에 의거해 호부를 주도록 명했다. 이어서 가르쳐 말했다.

"호부는 단지 일이 있을 때 그 신부(信否)를 고험(考驗)하기 위한 것일 뿐이다. 지금 도관찰사와 병마도절제사가 왕지(王旨)에 준해서 그것을 차고 전행(前行)하는 것은 매우 잘못이다. 이제부터는 호부를 가지고 전행하지 못하게 하라."

○ 병조에 명해 호부(虎符)를 더 만들게 했다.

육조에서 아뢰었다.

"종전의 10부(十部)는 갑(甲)으로부터 계(癸)에 이르는 10자(字)로써 호(號)를 삼았는데, 지금 5부(五部)를 (더) 만들고 2갑(二甲)에서 2무(二戊)에 이르는 글자로써 호를 삼을 것을 청합니다."

그것을 따랐다.

○ 국농소(國農所)¹⁶를 강화(江華)의 가릉포(嘉陵浦)에 설치했다.

갑진일(甲辰日-12일)에 충청도 병마도절제사(忠淸道兵馬都節制使) 유

에는 '모도(某道) 관찰사(觀察使)' 또는 '모도(某道) 수륙절제사(水陸節制使)'라고 써서 그 한가운데를 쪼개 우부(右符)는 그 책임자에게 주고 좌부(左符)는 중앙의 상서사(尙瑞司)에 두었다가 임금이 발병할 때 이 좌부를 내려보내 우부와 맞춰본 뒤 동병(動兵)했다.

16 조선 전기 설치된 국가 농장이다. 국둔전(国屯田)이 군사적인 목적으로 군인의 노동력을 동원했던 것과는 달리 국농소는 지방 고을의 농업 장려와 종자 지원 등의 목적으로 운영되던 농장이다.

습(柳濕)이 순성(蓴城) 강무소(講武所)의 4표(四標)를 올렸다. 습(濕)이 병조의 관문(關文)에 의거해서 4표를 살펴 정해서 아뢰었다. 동쪽은 가야산(伽耶山)·3존(三尊)·다지현(多只峴)·흰길곶(喧吉串)·천위포(天爲浦)에 이르고, 남쪽은 고구(高丘)·생천곶(生天串)·화변곶(禾邊串)·안면(安眠)·광지곶(廣地串)에 이르고, 서쪽은 소근산(小斤山)·대은산(大隱山)·지령산(地靈山)에 이르고, 북쪽은 여산곶(黎山串)·대산곶(大山串)에 이르는데, 사렵(私獵)과 벌목(伐木)을 일절 금지했다.

○ 지신사(知申事) 유사눌(柳思訥), 전 판원주목사(判原州牧使-원주목 판사) 권완(權緩)을 의금부에 내렸다. 대사헌(大司憲) 이원(李原)이 밀계(密啓-극비보고)했다.

"사눌(思訥)이 범한 것은 이것뿐 아니라 일찍이 권완(權緩)과 모의해서 검교 한성윤(檢校漢城尹) 최야오내(崔也吾乃)가 신정(申呈)한 단자(單子)를 모람되게 아뢰고[冒啓] 회환(回換)한 쌀을 완(緩)과 나눠 썼습니다."
<small>모계</small>

상이 급히 야오내(也吾乃)의 아들 호군(護軍) 보로(寶老)를 부르고, 승정원에 명해 사실을 핵문(覈問)해서 아뢰게 했다. 보로가 와서 쌀을 나눠 사용한 문권(文券)을 소매에서 꺼내어 바치니 원수(元數)가 200석인데 사눌은 20석을, 야오내는 30석을, 완은 150석을 나누었다. 완과 사눌을 가둬 국문했다. 평도전(平道全)을 불러 물었다.

"소합유(蘇合油)는 과연 너의 약인가?"

도전(道全)이 화를 내며[逞慎] 말했다.
<small>영분</small>

"내 약이 아니라면 누구의 것이냐?"

(그러고는) 패도(佩刀)를 뽑아 스스로 찌를 것처럼 했다. 상이 조말

생(趙末生)에게 물었다.

"평도전이 노해서 돌아갔는가?"

말생(末生)이 대답해 말했다.

"평도전이 말하기를 '일본에 사는 사촌 누이가 본국의 사자(使者)가 오는 인편에 소합유 3근을 보내왔는데, 내가 최곰룡[崔古音龍]에게 주어 진상했으나 반드시 다른 소합유를 가지고 내 소합유와 아울러 바쳤을 것입니다. 나의 몸을 갈라서[斫身] 이 마음을 드러내고자 합니다'라고 했습니다."

상이 말했다.

"권완이 비록 마음이 간사하고 사리를 돌아보지 않으나, 사눌의 집과 가까워 서로 사귀었을 뿐이다. 내가 보건대 사눌과 통동(通同-공모)했을 뿐이요, 도전과 통동(通同)한 것은 아니라 여긴다[不意]. 어제 사눌이 의금부에 공초(供招)를 바쳐 이르기를 '본래 완의 소행인지를 알지 못했습니다. 내가 탄핵을 당하자 곽승우(郭承祐)가 내방하니, 나와 승우(承祐)가 더불어 활을 쏘는데 권완이 마침 왔습니다. (이에) 승우가 말하기를 "주인이 불행하게 소합유의 일 때문에 탄핵를 받았다"라고 하니 완이 말하기를 "소합유의 나머지가 아직도 내 집에 있다"라고 했습니다. 내가 속으로[內] 싫어했으나 듣고 보는 사람이 많은 까닭에 감히 드러내 놓고 말하지 못하다가, 늦은 밤을 틈타 완의 집으로 가서 묻기를 "그대가 말한 소합유가 아직도 있는가? 소합유는 과연 그대 집의 약인가?"라고 했습니다. (그런데) 완은 숨기고 말하지 않았습니다. 이튿날 완이 와서 나에게 말하기를 "의금부에서 우리 집 노예를 가두었으므로, 나도 미리 의금부 근처에 돌아가 어명을 기다리겠다"라고 했습니다. 이윽고 나의 처(妻)가 완의 처(妻)에게 사람을 보내 말하기를 "무슨 소합유를 가지고 우리 집 어른[家翁]에게 누를 끼치는가?"라고 하니, 완의 처가 말하기를 "우리 집의 소합유 7냥(兩)을 바치고 값을 받았다"라고 했습니다. 이 지경에 이르러서야 비로소 완의 소합유인 것을 알았습니다'라고 했고, 완이 공초한 말에서도 '사눌은 알지 못하는 바입니다'라고 했으니, 이 말은 과연 모두 지어낸 말인가? 이제 의금부에서 완과 사눌을 형문(刑問)하기를 청하는데, 내 생각에는 재상(宰相)이 종묘(宗廟)와 사직(社稷)의 대사(大事)에 연좌된 것도 아닌데 형문하는 것은 불가하다고 여긴다."

그대로 평문(平問)[17]하도록 하니, 이조판서 박은(朴訔)이 말했다.

"사사로이 사귀어 상을 속인 것은 그 죄가 더욱 중합니다. 만약에 형문을 안 한다면 누가 사실대로 고하겠습니까?"

병오일(丙午日·14일)에 각 도에 명해 산 꿩[生雉]을 바치지 말게 했으니, 농사짓는 달에 꿩을 잡는 폐단이 있을까 염려해서였다.

정미일(丁未日·15일)에 전 호조판서(戶曹判書) 윤향(尹向)과 이조참의(吏曹參議) 홍섭(洪涉)을 의금부에 가두라고 명했다. 의금부에서 아뢰어, 호조에서 소합유(蘇合油)의 값을 줄 때 향(向)은 판서였고 섭(涉)

은 참의(參議)였으므로 체포해 국문(鞫問)할 것을 청한 때문이다. 이 때 향은 적성(積城)에 안치(安置)돼 있었는데, 의금부 관리를 보내 잡 아 오게 했다[拿來].
나래

무신일(戊申日-16일)에 박은(朴訔)을 판중군도총제부사(判中軍都摠制 府事-중군도총제부 판사), 이원(李原)을 판한성부사(判漢城府事-한성부 판사), 황희(黃喜)를 이조판서, 성발도(成發道)를 호조판서, 안등(安騰) 을 형조판서로 삼았다. 유사눌(柳思訥)과 한상덕(韓尙德)을 파직하고, 탁신(卓愼, 1367~1426년)[18]을 지신사(知申事-훗날의 도승지), 이명덕(李 明德)을 동부대언(同副代言)으로 삼았다. 비지(批旨)가 이미 내려지자 상이 승정원(承政院)에 뜻을 전해 말했다.

"사눌이 권완의 소합유(蘇合油)를 가지고 약방(藥房)에 수납(收納) 할 때 신(愼)이 이를 알았는가 몰랐는가?"

대언 등이 대답해 말했다.

"어찌 알지 못했겠습니까?"

18 1389년(공양왕 1년) 생원으로 식년문과에 동진사(同進士)로 급제했으나 부모가 연로해 고
   향에 돌아와서 감지(甘旨)를 지냈다가, 아버지가 병사한 뒤 1398년(정종 즉위년) 효행으
   로 천거돼 우습유(右拾遺)가 됐다. 용담현령을 거쳐 1404년(태종 4년) 사간원좌정언에 임
   명됐고, 누천(累遷)해 장령에 승진됐다. 1408년 집의를 거쳐 그해 8월 언관으로서 태종
   의 사위 평양군(平壤君) 조대림(趙大臨)이 군사를 발병한 사건에 그의 죄를 청하는 소
   를 올렸는데, 이로 인해 태종의 노여움을 사 1409년 나주에 장류(杖流)됐다. 곧 사면돼
   1410년 전농시정(典農寺正)·사성에 임용됐다. 1411년 동부대언(同副代言)에 제수되고,
   1415년 좌대언으로서 병사(兵事)에 관한 6개 조의 비사책(備事策)을 올려 병권의 정비에
   심혈을 기울였다. 이때인 1416년 지신사(知申事)·경승부윤(敬承府尹)·이조참판을 거쳐,
   1418년(세종 즉위년) 예조참판·동지경연사(同知経筵事)에 올랐다. 1419년 예문관제학을
   지냈고, 1423년 의정부참찬에 올랐다. 경학(經学)에 밝았고 무예·음률에도 능했다.

상이 말했다.

"의금부(義禁府)에서 추국(推鞫)한 문안(文案)에 신이 무슨 말로 공초를 바쳤는가[納招]?"
납초

대답해 말했다.

"신이 약방(藥房)을 관장하는 직책으로서 자세하게 살피지 못했다고 공초를 바쳤습니다."

상이 그 추안(推案-추국한 문안)을 읽어보고 말했다.

"내가 만약 이 같은 사실을 알고 있었더라면 오늘 어찌하여 신을 천전(遷轉-인사이동)시켰겠는가? 너희들은 근신(近臣)으로서 어찌하여 신의 죄를 분간하지 못하고 계문(啓聞)했는가? 후인(後人)들이 마땅히 나를 시비(是非)도 분별할 줄 모르는 암주(暗主-사리에 어두운 임금)라고 할 것이니, 그것이 될 일인가?"

○ 뜻을 전해 말했다.

"권완(權緩)이 자신의 좋지 못한 소합유를 갖고 이익을 보고자 몰래[暗=陰] 평도전(平道全)과 같이 모의해서[同謀] 도전(道全)의 약인
암 음   동모
것처럼 바치고 약값을 받음으로써 임금을 속이고 사리(私利)를 행했음은 그가 이미 자복했다. 완(緩)에게 묻기를 '사눌 또한 일찍이 너의 약인 줄 알았는가?'라고 하니 곧장 말하기를 '사눌은 일찍이 알지 못했습니다'라고 했다. 사눌에게 묻기를 '너는 일찍이 완의 약인 줄 알고서 수납했는가?'라고 하니 말하기를 '도전이 바쳤다는 것만 알았지 완의 약인 줄은 몰랐습니다'라고 했다. 완과 사눌이 모두 말하기를 '일찍이 서로 알지 못했습니다'라고 했으나 믿을 만한 말인지 의심스러운데, 어찌하여 이것으로써 공초(供招)를 받아 아뢰지 아니하

고 마침내 사눌의 죄로 하여금 이같이 시일을 끌게 하는가? 옛사람이 말하기를 '군자(君子)는 남의 아름다움을 이뤄준다[成人之美]'[19]라고 했는데, 저들은 모두 말하기를 '일찍이 서로 알지 못하는 일이다'라고만 하니 어찌하여 끝내지 못하는 것인가?"

대언(代言) 조말생(趙末生)과 의금부 진무(義禁府鎭撫) 전흥(田興)이 대답했다.

"완과 사눌이 그 하는 바가 선(善)하다면 마땅히 쉽게 자복할 듯하나, 하는 짓이 모두 상을 속이고 사욕(私欲)을 행하니 어찌 부질없는 질문에 사실대로 말하겠습니까? 이제 호조녹사(戶曹錄事) 안서덕(安瑞德)이 말하기를 '소합유의 값을 주포(紬布)로써 지급해 사눌에게 전해주었습니다. 내가 거짓말한다고 이른다면 윤향(尹向)과 홍섭(洪涉)이 있습니다'라고 했으므로, 섭(涉)에게 묻자 과연 서덕(瑞德)의 말과 같았고 향(向)은 그때 이르지 못해 그런지의 여부를 즉시 징험하지 못했습니다."

전흥이 또 아뢰어 말했다.

"신 등의 직책은 문사(問事-일을 조사함)에 있는데, 어찌 정상과 이유를 다 묻지도 않고 계문(啓聞)할 수 있겠습니까? 이것이 사눌의 죄가 시일을 끄는 까닭입니다."

이에 상이 말했다.

"그렇다면 너희들의 뜻은 형(刑)을 가하면서 묻고자 하는 것인가? 어찌하여 일찍 형문(刑問)할 것을 청하지 아니했는가?"

---

19 『논어(論語)』「안연(顏淵)」편에 나오는 공자의 말이다.

전흥이 말했다.

"장차 무위(無爲-그냥 내버려둠)로써 정상을 얻으려 함이고, 또 윤향이 오는 것을 기다리는 것입니다. 만약 끝까지 바른대로 말을 납초(納招)하지 아니한다면 형문(刑問)을 가해도 좋을 것입니다."

○ 육조(六曹)에 뜻을 전해 말했다.

"사눌(思訥)을 신임한 지 벌써 오래됐지만 내가 편향됐었다. 지난번에는 사전(詐傳-거짓으로 왕명을 전함)한 죄에 이르지 않는다고 생각했는데, 어제 의금부 제조(義禁府提調) 이천우(李天祐)·허조(許稠)를 만나 자세하게 그 연고를 묻고서야 내가 마침내 이를 뉘우쳤다. 사전(詐傳)한 율(律)은 어떠한가?"

모두 말했다[僉曰].
     첨왈
"사죄(死罪-사형)입니다."

상이 말했다.

"사눌과 권완의 죄 중에 누가 더 무거운가?"

모두 말했다.

"율문(律文)에서는 완이 약간[差] 가볍습니다."
                      차
상이 말했다.

"완은 뒤를 이을 자식이 없고 지위가 재상에 이르렀으니 반드시 부족한 마음이 없을 터인데, 일이 이 지경에 이르렀으니 그 탐해 구하는 것이 끝이 없음을 이루 말할 수 있겠는가? 탁신(卓愼)의 경우에는 무죄라 해도 괜찮다."

드디어 풀어주었다. 신(愼)이 대궐로 나아가 사은(謝恩)했다. 얼마 후에 의금부에서 자신들의[其] 죄를 청했고, 신은 즉시 그 집으로 돌
                                    기

아갔다.

○ 전흥(田興)이 아뢰어 말했다.

"최야오내(崔也吾乃)가 환미(換米)한 까닭을 참의(參議) 홍섭(洪涉)과 이양수(李養修)가 말했습니다. 신이 생각건대 국가의 환미법(換米法)[20]은 먼저 나라에서 사들이는 곡식을 납부하고 그 도(道)에서 문권(文券)을 주기를 기다리고 있으면 경기(京畿)의 가까운 고을에서 쌀을 내주는 것입니다. (그런데) 그 문권을 기다리지도 않고 또 경창(京倉)의 쌀을 지급받고는 환자[還上]라고 일컫는 것이 매우 마땅하지 못합니다."
　　　　　　　　　　　　　　　　　　환상

상이 말했다.

"판서 심온(沈溫)과 참의 홍섭에게 실로 그 책임이 있다."

이어서 의정부에 명해 말했다.

"온의 경우에는 반드시 하옥(下獄)할 것은 없고, 의막(依幕-임금이 임시로 머무는 곳)에 불러와 공초(供招)를 받는 것이 좋겠다."

기유일(己酉日-17일)에 동교에서 매사냥을 구경했다.

경술일(庚戌日-18일)에 다시 이명덕(李明德)을 보내 굶주리는 백성[飢民]을 진휼(賑恤)하게 했다.
　　　　　　기민

---

20 나라에서 변방(邊方)의 군량미(軍糧米)를 공급하기 위해 상인들로 하여금 먼저 곡식을 변방에 납부하고 문권(文券)을 받아 오게 해서, 그로써 서울이나 경기(京畿)에서 전곡(錢穀)을 후(厚)하게 주던 법을 말한다. 회환법(回換法)이라고도 한다.

가르쳐 말했다.

"진제(賑濟-진휼)하는 일은 늦출 수 없다. 죽은 자가 얼마나 되는가?"

조말생(趙末生)이 대답해 말했다.

"이명덕이 신(臣)에게 말하기를 '지금까지 죽은 자는 없다'라고 했습니다."

상이 말했다.

"명덕(明德)이 비록 근신(近臣)이긴 하나, 이미 명을 받은 일이니 마땅히 다시 보내야 할 것이다."

이어서 명덕에게 진제의 현황을 물으니 대답해 말했다.

"현재 죽은 자는 없습니다. 신이 마땅히 다시 가야겠으나, 이러한 때를 당해 사신(使臣)이 너무 많고 신도 종자(從者)가 적지 아니합니다. 경력(經歷)[21]도 얼마든지 진제할 수 있을 것입니다."

상이 말했다.

"만약에 경력(經歷)이 부지런하지 못하다면 어찌하겠는가? 네가 이미 진제사(賑濟使)를 지내 조치하는 방법을 알고 있으니, 다른 사람으로 대신시키는 것은 안 될 일이다. 4월 이후에는 백성이 굶주림을 면할 수 있으니, 5월 이전에는 네가 다시 힘쓰는 것이 마땅하다. 이미 나눠준 곡식은 얼마나 되는가?"

대답해 말했다.

"5,000여 석이고, 아직 나눠주지 못한 곡식이 1만여 석입니다. 그

---

21 고려 말부터 조선 시대에 걸친 주요 부서의 실무 담당 종4품 관직이다.

러나 반드시 부족할 것입니다."

상이 말했다.

"나라에는 남은 곡식이 있는데 백성이 오히려 굶주린다면 어찌 나라의 이익(利益)이라고 하겠는가? 비록 허비하는 곡식[費粟]이 만만석(万万石)이라도 굶주리는 백성이 없다면 내가 무엇을 꺼리겠는가?"

명덕이 말했다.

"경기의 쌀은 수령(守令)이 회계(会計) 때마다 다만 헛된 숫자를 기록하므로 그때 저축한 것이 없었습니다. 청컨대 충청도·강원도 등 근기(近畿) 여러 고을의 쌀을 차례로 전용(転用)하게 하소서."

상이 말했다.

"강원도의 쌀은 안 된다. 만약[儻] 동북면(東北面)에 사변이 있으면 장차 무엇을 가지고 공급하겠는가?"

병조판서 박신(朴信)이 말했다.

"유후사(留後司-개경)에 묵은 곡식이 만만석(万万石)이 있으니, 조운(漕運)해 쓰기를 청합니다."

상이 옳게 여겼다.

신해일(辛亥日-19일)에 각 도(道)의 도형(徒刑)·유형(流刑) 및 수군(水軍)에 채워진 사람들 가운데 이죄(二罪)[22] 이하를 용서했다.

○ 중외(中外-서울과 지방)의 창고(倉庫)를 열어[發] 굶주린 백성을 구제하고 농사지을 종자를 주었다. 경기 도관찰사 우희열(禹希烈)

---

22 일죄(一罪)에 해당하는 십악(十悪) 외의 경죄(軽罪)를 말한다.

의 장계(狀啓)에 의한 것이다. 강창(江倉)에 저장한 황두(黃豆) 740석을 꺼내고, 유후사(留後司)에 저장한 묵은 쌀·콩 1만 석을 조운(漕運)해 진제하도록 명했다. 충청도 각 고을의 조세(租稅) 8,000석과 콩 4,960석, 강원도 각 고을의 콩 800석을 조운하고, 전농시(典農寺)의 조세 3,000석을 나눠주고, 아울러 경중(京中)에 저장한 콩 5,000석을 종자로 주었다.

임자일(壬子日-20일)에 권완(權綏)·유사눌(柳思訥)·황자후(黃子厚) 등을 외방(外方)에 유배하고, 윤향(尹向) 등을 석방하며, 탁신(卓愼)의 직을 없앴다. 상이 의금부에서 올린 권완·유사눌·황자후·한상덕(韓尙德)·이양수(李養修)·윤향(尹向)·심온(沈溫)·홍섭(洪涉)[23] 등의 죄를 조율(照律)한 계본(啓本)을 보고 그 참에 말했다.

"육조(六曹)와 대간(臺諫)은 다 내 말을 들어라. 내가 생각건대 풍문공사(風聞公事)[24]는 행할 수 없는 것이다. 이를 금지해 시행하지 않는다는 것이 이미 태조의 『원전(元典)』에 실려 있다. 만약 풍문의 일을 행하도록 허락한다면 다시 서로 적발(摘發)해 상호 간에 중상하게 될 것이다. 민풍(民風)과 습속(習俗)이 반드시 불미(不美)스러워질 것이니 나는 꼭 이 법을 굳게 지키겠다."

계사(啓事-업무 보고)가 끝나고 장차 물러가려 하는데 상이 말

---

23 남양군(南陽君) 홍서(洪恕)의 아들이다. 홍서는 좌명공신 4등이다.
24 소문으로 듣고 그 사실을 조사하는 일을 말한다. 사헌부에서 관리의 풍기에 관한 일이나 규문(閨門-안방)의 음란에 관한 따위를 소문으로 듣고 조사해서 사실이면 과죄(科罪)했다. 주로 고려 때의 폐단이다.

했다.

"대간(臺諫)은 나가지 말라. 내가 한마디 말하고자 한다."

헌납(獻納) 서진(徐晉)과 지평(持平) 오영로(吳寧老) 등이 앞으로 나아가니 상이 말했다.

"너희들은 이미 조계(朝啓)에 참여했으니, 지금 이후로는 나의 과실(過失)과 조신(朝臣)의 죄 같은 경우는 육조(六曹)가 물러간 뒤에 좌우(左右)를 물리치고 사사로이 말하고, 국가의 공사(公事)일 것 같으면 육조가 있을 때 공식으로 말하라. 만약 평상시에 친히 아뢸 일이 있으면, 직접 승정원으로 나아가 아뢰기를 청하면 내가 마땅히 불러서 보겠다. 만약 친히 아뢸 일이 아닐 것 같으면 승정원에 고해 아뢰도록 하라. 어찌 반드시 궐정(闕庭)에 서서 상서(上書)한 뒤에야 언관(言官-간관)의 직책을 다했다고 하겠는가? 또 사람들이 말하기를 '아무는 할 만하지 못한 일이다'라고 하면, 경 등은 반드시 원의(圓議-공동 토의)해 들은 것이 아니더라도 직접 와서 계달하면 내가 반드시 그 시비를 분명히 가리겠다. 풍문공사는 비록 행하지 않는 것이 마땅하나, 근일에 사눌(思訥) 등과 같은 일은 발각하지 않으면 안 된다. 경 등은 들은 것이 있으면 모름지기 곧장 와서 계달(啓達)해 규간(規諫)하는 직책을 다하는 것이 좋겠다. 옛날에 위징(魏徵)이 말하면 태종(太宗-당태종)이 받아들여 정관지치(貞觀之治)를 이루었으니, 반드시 노이(盧異)와 이지직(李之直)처럼 임금의 허물을 포양(布揚-퍼트리고 드러냄)한 뒤에야 언관(言官)의 직책을 다하는 것은 아니다."

권완은 장(杖) 100대를 속(贖) 받고 충청도 영산(寧山)에 부처(付

138

處)하고, 유사눌은 장(杖) 100대를 속 받고 풍해도(豊海道) 안악(安岳)에 부처하고, 황자후는 장(杖) 80대를 속 받고 충청도 회덕(懷德)에 부처하고, 이양수는 장(杖) 80대를 속(贖) 받고 죽산(竹山)에 부처하고, 한상덕은 직첩을 거두는 것을 면제하고 장(杖) 80대를 속(贖) 받고, 지신사(知申事) 탁신(卓愼)은 직책을 없애도록 했으니, 모두 감등(減等)해서 시행케 한 것이다. 홍섭은 공신의 자제라고 해 논하지 아니하고, 윤향과 심온은 모두 용서해 면죄하고, 또 향(向)에게 명해 폄소(貶所-귀양지)로 돌아가지 말라고 했다.

○ 사헌부(司憲府) 지평(持平) 윤수(尹粹)가 소(疏)를 올려 말했다.

'지난번에[頃者] 윤향(尹向)이 망령되게 이의(異議)를 내어 한(漢)나라 고조(高祖)와 정공(丁公)의 일을 끌어다가 인용했는데, 뒤에 보는 사람들이 어찌 의심하지 않을 수 있겠습니까? 본부(本府)와 간원(諫院)에서 여러 번 소를 올려 신청(申請)했으나 아직 유윤(兪允)을 받지 못해 대소 신료(大小臣僚) 중에 원통해하지 않는 이가 없습니다. 이제 까닭 없이 용서를 받으니, 그것이 왕법(王法)에 있어서 어찌 되며 그것이 필벌(必罰)의 도리에 있어서 어찌 되겠습니까? 엎드려 바라건대 전하께서는 대의(大義)로써 결단하시어 한결같이 전에 올린 소에 의거해 그 죄를 밝게 바로잡음으로써 후세의 의혹을 끊어내고 태조(太祖)의 하늘에 계신 영혼을 위로하소서.'

답하지 않았다.

○ 소합유(蘇合油) 3근을 이숙번(李叔蕃)에게 내려주었다. 유사눌(柳思訥) 등이 이미 죄를 얻자 상이 그 소합유를 밖에 내다 버리려 했는데, 숙번이 대궐에 나아가 이를 청했다. 이튿날 아뢰어 말했다.

"전일에 내려주신 약은 매우 좋았습니다."

숙번이 사눌과 오랜 친분이 있어[有舊] 슬그머니 비호한 것이다
[庇之].

○ 상이 인덕궁(仁德宮)에 나아가니 상왕(上王)이 이 때문에 술자리를 베풀었고, 여러 종친(宗親)이 모두 시연(侍宴)했다. 연회가 끝나자 세자가 부마(駙馬) 청평군(淸平君) 이백강(李伯剛)이 일찍이 축첩(畜妾)한 기생 칠점생(七點生)을 데리고 돌아오려고 하니, 충녕대군(忠寧大君)이 만류하며[止之] 말했다.

"친척 중에서 몸소 서로 이같이 하는 것이 어찌 옳겠습니까?"

말을 두 번 세 번 하니 세자가 마음으로 노했으나 애써[黽勉] 그 말을 따랐다. 그 뒤에 세자는 대군(大君)과 도리가 같지 않아 마음으로 매우 꺼려 했고, 상이 이를 염려해 바로 여러 대군의 시종(侍從)하는 인수(人數)를 줄였다.

계축일(癸丑日·21일)에 사간원과 사헌부에서 소(疏)를 올려 권완(權緩)과 유사눌(柳思訥) 등의 죄를 청했다. 간원의 소는 이러했다.

'충의(忠義)와 염치(廉恥)는 남의 신하 된 자[人臣=爲人臣者]의 큰 절의[大節]이니, 한 번 이지러지는 일이 있으면 마땅히 법대로 처치해야 합니다. 지금 권완은 특별히 상의 은덕을 입어 귀하기로는 재상이 되고 부(富)도 충분하니, 마땅히 충의와 염치에 힘써서 성은(聖恩)의 만에 하나라도 보답해야 할 것입니다. (그런데) 이것은 돌아보지 않고 이익만을 도모해 자기 약(藥)을 가지고 평도전(平道全)에게 부탁해서 전의(典醫)에게 바치도록 요구하고, 그것이 물리침을 당하

자 근신(近臣)과 서로 결탁해 내약방(內藥房)에 들였으니, 이는 이익을 탐하는 데 급급해 자기 임금을 뒤로한 자입니다. 유사눌은 그 몸이 후설(喉舌-승정원 관리)의 직임을 맡아 유윤(惟允-어명)을 출납하는 것이 그 직책입니다. (그런데) 마침내 완(緩)과 몰래 서로 결탁해서 쓸모없는 약(藥)을 가지고 어약(御藥)의 원료로 삼고는 거짓으로 왕지(王旨)를 전해 함부로 그 값을 주게 하고, 또 최야오내(崔也吾乃)의 환미(換米)를 핑계 대어 몽롱하게 계문(啓聞)하고 사사로이 스스로 나눠 썼으니, 그 음휼(陰譎-몰래 속임)함이 극심하며 불충하고 염치없음이 이보다 심한 것이 없습니다. 『서경(書經)』에 이르기를 "실수로 저지른 잘못은 풀어주거나 사면하며, 의도하는 바가 있어 저지른 죄는 사형에 처한다[災肆赦 終賊刑]"[25]라고 했습니다. 신 등이 생각건대, 사눌이 범한 것은 진실로 용서할 수 없는 죄입니다. 황자후(黃子厚)는 간악한 마음을 품고 한스러운 생각을 느껴서 남을 모함해 해치려고 했습니다. 또 일찍이 스스로 감사(監司)의 직임을 구하다가 제수(除授)가 되자 도리어 일개 근신(近臣)이 그렇게 한 것이라고 말해 성명(聖明)에 누(累)를 끼치고자 했으니, 그 용렬하고 사악(邪惡)하고 불충함이 드러났습니다. 이양수(李養修)는 일찍이 감림자도(監臨自盜)[26]의 죄를 범했는데, 이것을 부끄럽게 여기지 아니하고 속으로 참구(讒構-중상모략을 짜냄)하는 마음을 품고 뻔질나게 왕래하면서

---

25 「순전(舜典)」에 나오는 말이다.
26 관아의 전곡(錢穀) 등을 감독하는 자가 자기가 지키는 돈과 곡식 등을 스스로 도둑질하는 것을 말한다.

슬그머니 남을 해치고자 했으니, 이 또한 소인 가운데서도 더욱 심한 자입니다. 탁신(卓愼)은 내약(內藥)의 감독(監督)으로 무릇 모든 약재(藥材)에 대해 진실로 정밀하게 살펴야 마땅한데, 그 약을 수납할 때를 맞아서 관계된 바가 중함을 생각하지 아니하고 좋고 나쁜 것을 살피지 않았으니, 그것이 전하께서 위임한 뜻에 어떠하겠으며 그것이 신자(臣子)의 경근(敬謹)한 뜻에 어떠하겠습니까? 한상덕(韓尙德)은 근시(近侍)의 신하로서 자후(子厚)의 말을 듣고도 오랫동안 아뢰지 않다가 그 일이 발각돼 하문(下問)하게 되자 오히려 사실대로 대답하지 않았으니, 그가 간사한 것도 명백합니다. 위 조항의 사람들이 모두 너그러우신 은전을 입었으니 신 등은 실로 유감입니다. 엎드려 바라건대 전하께서는 유사(攸司)에 명해 위의 조항에 해당하는 사람들을 율문에 의거해 시행하시어 뒤에 오는 사람들을 경계하소서.'

헌부(憲府)의 소(疏)는 이러하였다.

'신 등이 가만히 생각건대 상벌(賞罰)은 인주(人主)의 큰 칼자루[大柄]이므로 삼가지 않을 수 없습니다. 전(傳)에 이르기를 "죄가 있어도 벌하지 않으면 비록 요(堯)·순(舜)이라 하더라도 제대로 다스릴 수 없을 것이다"[27]라고 했습니다. 이제 유사눌(柳思訥)은 임금을 가까이서 모시는 후설(喉舌)의 관직에 있으면서 권완(權緩)과 서로 결탁해 왕지(王旨)를 거짓으로 전해서 쓸데없는 약을 수납하고 많은 값을 주게 했고, 또 향국인(向國人-귀화인) 최야오내(崔也吾乃)의 이름을 모칭(冒稱)해 경창(京倉)의 쌀을 받아 권완과 나눠 썼습니다. 고금

---

27 이와 거의 비슷한 말이 『한비자(韓非子)』「간겁시신(姦劫弑臣)」편에 나온다.

을 상고해도 아직 이같이 간악하고 불충한 자는 없었습니다. 권완은 2품 대신으로서 안으로 근신(近臣) 사눌과 결탁하고 밖으로 왜인(倭人) 평도전(平道全)과 연결됐으며 또 최야오내의 이름을 빙자해, 사눌을 지시해 부려서[指使] 두 번이나 상의 귀 밝음[上聰]을 속였으니 그 간사(奸詐)하고 불충함은 진실로 사눌과 다름이 없습니다. 율(律)이 극형에 해당하나 다만 장죄(杖罪)를 속(贖)하게 해 아울러 외방(外方)에 유배하니, 그것이 악을 징계하는 도리에 있어 어떠하겠습니까? 황자후(黃子厚)는 별로 재주와 다움도 없으나 특별히 성상의 은혜를 입어 지위가 2품에 이르렀고 얼마 후에[尋=俄而] 충청도 도관찰사(忠淸道都觀察使)에 임명됐는데, 그 팔십 노모(老母)가 회덕현(懷德縣)에 있으니 자식으로서 영광되고 다행함이 지극합니다. 상의 은혜에 감사해 황급히 빨리 길을 떠남으로써 의려(倚閭)²⁸의 바람을 위로하는 것이 옳은데, 처음에는 이를 구해 얻었다가 나중에는 교묘한 말로 속여 면하기를 빌었으니[丐免] 그것은 불충과 불효함이 심한 것입니다. 또 듣건대 사눌이 권완과 통동(通同=공모)해 쓰지 못할 소합유(蘇合油)를 납부하고 비싼 값을 받았는데 자신이 약방제조(藥房提調)이면서도 즉시 계문(啓聞)하지 아니하고 사눌을 모함하고자 하다가 비로소 그 말이 탄로됐으니, 그 간사하고 바르지 못한 것도 심합니다. 친히 간사(奸邪)하고 불충(不忠)하고 불효(不孝)한 죄를 범했는데도 다만 장형(杖刑)을 속(贖)해서 향곡(鄕曲)으로 돌아가게 하니, 그것이 형벌을 쓰는 도리에 어떠하겠습니까? 탁신(卓愼)은 근신(近臣)

---

28 부모가 여문(閭門)에 의지해 자식을 기다리는 것을 말한다.

으로서 내약방(內藥房)을 겸임했으니 삼가 약물(藥物)을 골라서 성궁(聖躬-임금의 몸)을 돕는 것이 그 직책인데, 전의감(典醫監)에서 물리친 약을 다시 중량(重量)을 달아보지도 않고 의원(醫員)도 쓰지 않은 채 스스로 내약방에 수납했으니, 그는 사눌과 정상이 같은 것이 분명합니다. 사사로이 동료와 편당해 군부(君父)를 잊어버렸는데도 단지 그 직을 파면했을 뿐이니, 무엇이 징계된 것입니까? 엎드려 바라건대 위의 조항의 사람들을 한결같이 율문(律文)에 따라 그 죄를 밝게 바로잡아서 뒤에 오는 사람들을 경계하소서. 또 한상덕(韓尙德)·심온(沈溫)·홍섭(洪涉)·이양수(李養修)의 죄도 징계하지 않을 수 없으니, 또한 율문에 의거해 시행하기를 바랍니다.'

상이 헌사(憲司)의 소를 보고 말했다.

"이양수의 죄가 무거운데도 내가 너그럽게 감해 장(杖) 80대를 속(贖)하게 함에 그쳤다고 한다. (그런데) 지금 헌부에서 양수를 심온의 밑에다 열거했으니, 가볍고 무거움을 도치(倒置)함이 어찌 이 지경에 이르렀는가? 나는 이제 늙었으므로 소사(所司-해당 부서)의 관원을 보전하고자 한다."

이윽고 (사헌부) 지평 윤수(尹粹)가 대궐로 나아와 다시 청하니 상이 수(粹)에게 물었다.

"양수의 죄는 사눌과 같은데 너는 홍섭·심온의 아래에다 (그 죄를) 논했으니, 율문을 가지고 그르치게 함이 어찌 이와 같은가? 또 심온은 재상이니 태(笞) 10대를 오히려 용서하지 못하겠는가? 홍섭 같은 사람은 공신의 아들이니 이미 정해진 법이 있다."

수가 대답해 말했다.

144

"신은 율문(律文)을 알지 못하나, 다행히 양수로 인연해 이러한 죄인을 얻은 까닭에 가볍다고 생각했습니다. 이는 신의 잘못입니다."

상이 말했다.

"간원(諫院)의 상소는 괜찮다."

수가 굴복해 사례하고[推謝] 물러갔다.
        최사

갑인일(甲寅日·22일)에 상이 상왕(上王)을 모시고 동교(東郊)에 행차해 매사냥을 구경했다.

을묘일(乙卯日·23일)에 풍해도 도관찰사(豊海道都觀察使)가 매 3련(連)을 바쳤다.

○ 세자(世子)가 전문(殿門)을 나와 매사냥을 구경했다. 세자가 환자(宦者) 신덕해(辛德海)를 시켜 서연관(書筵官)에게 말했다.

"어제 말을 달려서 몸이 피로해 강의를 듣고 싶지 않다."

서연관이 모두 물러가자, 또 내수(內豎·어린 환관)를 시켜 서연(書筵)에 입직(入直)한 관원(官員)이 문밖으로 나오는 것을 금지하게 했다.

병진일(丙辰日·24일)에 편전(便殿)에 나아가 일을 보았다[視事]. 장령
                                                      시사
(掌令) 곽존중(郭存中, ?~1428년)²⁹이 유사눌(柳思訥) 등을 법대로 처

---

29 1396년(태조 5년) 식년문과(式年文科)에 병과로 급제했고, 1405년(태종 5년) 경기도 수령관(首領官)으로 적성(積城·파주) 지방을 살폈다. 그 뒤 장령이 되고, 1416년에 처음 설치된 단자직조색(段子織造色)의 별감(別監)에 임명됐으며, 이듬해 사인(舍人) 등을 역임했다. 1419년(세종 1년) 대마도정벌 때 영의정으로 삼도도통사(三道都統使)가 된 유정현(柳廷顯)

치할 것을 청하니 상이 말했다.

"어찌 법전을 가벼이 여기는 것이겠는가?"

이어서 이양수(李養修)를 태죄(笞罪)에 열거한 이유를 물으니 존중(存中)이 말했다.

"신은 미처 알지 못했습니다."

상이 말했다.

"너는 동료들을 보았는가?"

대답해 말했다.

"보았습니다."

"올라온 소를 보았는가?"

대답해 말했다.

"보았습니다."

상이 말했다.

"만약에 동료와 올라온 소를 보았다면 어찌하여 대답하기를 '알지 못합니다'라고 했는가? 너의 말은 곧지 못하다[不直]."
_{부직}

존중이 말했다.

"사람이 도둑질하는 것이 이 같은 것은 없을 것입니다. 만약에 이것을 징계하지 않는다면 무엇으로 뒤의 사람을 경계시키겠습니까?"

상이 말했다.

의 종사관이 돼 원정에 참가했으며, 이듬해 병조(兵曹)의 지신사가 되었다. 1421년 동부대언(同副代言), 1423년 승정원 지신사(承政院知申事)가 되었으며, 1424년 진향(進香)·진위(陳慰)·하등극사(賀登極使)를 겸해 명나라에 다녀왔다. 1426년 예조참판이 됐고, 1427년 중군동지총제(中軍同知摠制)를 거쳐 경창부윤(慶昌府尹)을 역임하고 이조판서가 됐다.

"도둑질이라 하는 말은 큰 잘못이다. 까닭 없이 남의 물건을 취하는 것이 도둑질인데, 사눌 등은 쌀 200석을 바치고 쌀 200석을 받았으며 약을 공가(公家)에 납부하고 값을 받았으니 어찌 도둑이라 이를 수 있겠는가? 이것이 어찌 간관(諫官)이 할 말이란 말인가? 곧지 못함[不直]이 심하다. 곧지 못한 말을 나에게 고하는 것, 이것은 무슨 심사인가? 간관이 곧은 말[直言]을 가지고 바르게 간언한다면 내가 할 말이 없으려니와 지금 그대는 이것을 가지고 굳이 간언하니, 옛날에 직언(直言)한 주운(朱雲) 같은 이도 이와 같았는가? 너와 같다면 후세에 무엇으로서 곧다 하겠는가? 또 동료의 소는 옳은가?"

대답해 말했다.

"옳지 않습니다."

상이 말했다.

"만약 동료를 그르다 한다면 먼저 동료를 탄핵하고 다시 너의 뜻을 써서 청함이 옳을 것인데, 어찌하여 갑자기 이것을 아뢰는가?"

존중이 상의 가르침을 살펴서 듣지 못하고 오히려 청해 마지않으니, 상이 노해서 말했다.

"벗[朋友]과 같이 말하더라도 오히려 말하는 것을 들은 뒤에야 대답하는데, 너는 어찌하여 내 말을 살펴서 듣지 아니하고 이와 같이 망발(妄發)하는가?"

존중이 부끄럽고 두려워 물러갔다. 상이 육조(六曹)에 뜻을 전해 말했다.

"헌사(憲司)에서 올린 소의 뜻이 옳은가?"

모두 말했다.

"크게 잘못됐습니다[大非]."

상이 조말생(趙末生)에게 말했다.

"헌사의 소(疏)를 육조로 하여금 읽어보게 하라."

조회(朝會)를 파했다. 내관(內官) 최한(崔閑)을 시켜 승정원(承政院)에 물었다.

"존중의 말이 혹시라도 옳은가?"

모두 말했다.

"곧지 못합니다."

상이 말했다.

"존중이 나를 속이니, 사눌과 무엇이 다른가?"

말생(末生)이 소(疏)를 가지고 육조로 나아가 뜻을 전하니 존중이 황공해 몸 둘 바를 몰랐다[無措]. 이날 사간원(司諫院)에서 사헌부(司憲府)를 탄핵했는데, 이양수(李養修)를 가볍게 논해 심온(沈溫)과 홍섭(洪涉)의 아래에다 열거(列擧)한 때문이다.

○ 병선(兵船)을 요충지(要衝地) 섬[要島]에다 나눠 정박시키라고 명했다.

병조판서 박신(朴信)이 아뢰어 말했다.

"듣건대 왜놈들[倭奴]이 전함(戰艦)을 크게 수리해 중국에 입구(入寇-침입)하고자 한다고 합니다. 만약 양식이 부족하면 지나가는 연해(沿海)에 몰래 침략할 것이 두렵습니다. 청컨대 여러 섬에다 병선(兵船)을 모아서 변란에 대비하소서."

상이 말했다.

"한 방면으로 떼 지어 모여서 여러 섬이 비게 되면 누가 이를 막겠는가?"

육조에서 아뢰어 말했다.

"한 방면으로 모으지 말고, 혹은 10척 혹은 8~9척씩 나눠 요충지 섬에 정박시키소서."

상이 그 계책을 따랐다.

○ 세자가 전문(殿門)을 나와서 탄궁(彈弓-활쏘기)을 익혔다. 내수(內竪)를 시켜 입직(入直)한 사람이 문밖에 나오는 것을 금지했다.

정사일(丁巳日-25일)에 이귀령(李貴齡)을 검교 좌의정(檢校左議政), 한검(韓劍)을 검교 우의정, 김여지(金汝知)를 사헌부 대사헌(司憲府大司憲), 조말생을 지신사(知申事), 홍여방(洪汝方)을 좌부대언(左副代言), 박수기(朴竪基)를 사간원 우사간 대부(司諫院右司諫大夫), 진호(秦浩)·전직(全直)을 사헌 장령(司憲掌令), 정환(鄭還)을 우헌납(右獻納), 홍도(洪陶)와 진중성(陳仲誠)을 사헌 지평(司憲持平)으로 삼았다.

○ 세자(世子)가 전문(殿門)을 나와서 활쏘기 연습을 하고[習射] 매 사냥을 구경했다. 세자가 내수(內竪-어린 환관)를 시켜 입직원(入直員)에게 일러 말했다.

"오늘은 병이 있으니 빈객(賓客)을 청하지 말라."

이윽고[旣而=尋] 빈객 민여익(閔汝翼)과 변계량(卞季良)이 함께 나아오니, 내관(內官)을 시켜 서연관(書筵官)에게 물었다.

"오늘 두 빈객이 어찌하여 함께 왔습니까?"

여익(汝翼) 등이 말했다.

"사뢰어야 할 일[白事]이 있어서 왔을 뿐입니다."

세자가 물었다.

"무슨 일이 있습니까?"

여익 등이 말했다.

"전중(殿中)에 매가 있다고 들었는데, 전하께서 아는 것인지 알지 못하겠습니다."

세자가 말했다.

"내가 기르는 것이 아니라 성녕대군(誠寧大君)의 작은 매인데, 누가 그것을 알고 있습니까?"

계량(季良)이 말했다.

"만약 그렇게 했다면 허물을 고치는 것이 최고입니다. 지금 말하기를 '내가 한 것이 아니다'라고 하니 우리는 기쁩니다."

세자가 말했다.

"사부(師傅)들도 이를 알고 있습니까?"

여익이 말했다.

"알고 있습니다."

세자가 말했다.

"비록 일개 정자(正字)가 말하더라도 그 말이 옳으면 내가 어찌 듣지 않겠습니까? 내가 매를 기를 수 없는 것은 어린아이들도 알고 있는데, 어찌하여 사부(師傅)에게 고(告)한 것입니까? 이것이 어찌 악(惡)을 숨기고 선(善)을 드러내는 도리입니까?"

여익 등이 말했다.

"다만 외인(外人)으로 하여금 이를 알지 못하게 할 뿐입니다. 사부

(師傅)도 서연관(書筵官)이니 고하지 않을 수 없었습니다."

세자가 말했다.

"빈객들의 말씀이 옳고 나의 말은 틀렸습니다."

계량이 말했다.

"자기를 버리고 남을 따르는 것은 사람들이 어렵게 여기는 바입니다. 이제 말하기를 '나의 말이 그르다' 하니 우리는 대단히 기쁩니다."

○ 개성유후사(開城留後司)의 지인(知印)에게 명해 개월법(箇月法)[30]을 써서 거관(去官-교체)하게 했다.

예조에서 아뢰어 말했다.

"공안부(恭安府)·인녕부(仁寧府)·경승부(敬承府)의 지인은 모두 개월(箇月)로써 거관하는데, 홀로 유후사(留後司)의 지인만 차년법(差年法)[31]을 쓰는 것은 편하지 못합니다. 청컨대 삼부(三府)의 지인의 예에 의거해 개월로써 거관하게 하소서."

○ 함주(咸州) 도련포(都連浦)의 외목장(外牧場)[32]에 평민이 방목(放牧)하는 것을 허용하라고 명했다. 외목장은 본래 평민이 방목하던 땅

---

30 정해진 달수의 임기를 채워야 다른 관직으로 승진할 수 있는 제도다. 대개 경관(京官)은
    15개월이었고, 지방 수령은 30개월이었다.
31 관리를 승진시키거나 체임(遞任)할 때 그 근무한 햇수를 따지는 법이다. 주로 고려 때는
    이 제도를 많이 썼으나, 공민왕(恭愍王) 이후로 이 법은 도숙법(到宿法)·개월법(箇月法)과
    혼용(混用)됐다.
32 민간(民間)의 마필(馬匹)을 방목하는 목장(牧場)을 말한다. 대개 국마장(國馬場)의 외지
    (外地) 일원에 있었다.

이었는데, 사복관(司僕官) 최점(崔霑)이 아뢰어 말했다.

"외목장의 말을 내목장(內牧場)³³에 섞이게 하니 분변하기 어렵습니다. 아울러 둘을 국가의 목장으로 삼아서 백성이 꼴을 베거나 짐승을 치는 것을 금하는 바람에 백성이 이를 매우 괴롭게 여깁니다."

상이 이를 알고 평민이 방목할 것을 허용하고, 그 참에 옛 성지(城址)를 수축해 내외(內外)를 구별하게 했다.

기미일(己未日-27일)에 『승선직지록(乘船直持錄)』 300본(本)을 외방의 각 도에 나눠주었으니, 주자소(鑄字所)에서 인쇄한 것이다.

경신일(庚申日-28일)에 매사냥을 동교(東郊)에서 구경하고, 그 참에 화통(火㷁-일종의 대포)을 쏘는 것을 구경했다. 어떤 노부(老父)가 행랑(行廊)의 역사에 나와 돌을 져 나르다가 대가(大駕) 앞에서 굶주림을 호소하니 베 2필과 쌀 1석을 내려주도록 명하고, 바로 조성도감(造成都監)의 판관(判官) 송진생(宋辰生)을 옥에 가두었다.

○ 호조참의(戶曹參議) 김관(金灌)이 말에서 떨어져 죽으니 명해 치부(致賻)하고 전(奠)을 베풀게 했다. 관(灌)은 원윤(元尹) 이비(李裶)의 외구(外舅-장인)였다.

신유일(辛酉日-29일)에 각 도의 도관찰사(都觀察使)·병마도절제사(兵馬都節制使)·수군도절제사(水軍都節制使)에게 명해 약을 복용하고 술

---

33 나라의 마필(馬匹)을 방목(放牧)하는 목장(牧場)을 말한다.

을 사용하게 했다.

○ 사맹월(四孟月)³⁴에 제학(諸學)를 시험하라고 명했다.

예조에서 아뢰었다.

"제학(諸學)은 본조(本曹)에서 모두 그 학업을 시험하는 까닭에 한 달 안에 시험을 끝낼 수 없습니다. 무학(武學)은 병조에서, 율학(律學)은 형조(刑曹)에서, 산학(算學)은 호조(戶曹)에서, 유학(儒學)·자학(字學)·이학(吏學)·역학(譯學)·악학(樂學)·의학(醫學)·음양풍수학(陰陽風水學) 등 7학(七學)은 본조에서 각각 그 학(學)의 제조(提調) 일동이 그 배운 학업을 시험해서 분수(分數)를 계산해 명백하게 장부를 만들고, 그해 말에 이르러 시업(試業-시험 결과)의 분수를 가지고 그 고하(高下)를 등급 지어 계문(啓聞)하고 서용(敍用)하소서. 또 사계월(四季月)³⁵의 시업(試業)은 겨울 시험이 세말도목(歲末都目)에 미치지 못하니, 청컨대 사맹월에 시취(試取)하소서."

그것을 따랐다.

임술일(壬戌日-30일)에 사간원(司諫院)에서 소를 올려 윤향(尹向)의 죄를 청했다.

○ 예조에서 조관(朝官)의 관복(冠服)제도를 올렸다. 아뢰어 말했다.

"삼가 홍무(洪武) 3년에 중서성(中書省)이, 예부에서 바친 흠봉성지

---

34 네 계절의 첫 달, 즉 1월, 4월, 7월, 10월이다.
35 네 계절의 마지막 달, 즉 3월, 6월, 9월, 12월이다.

(欽奉聖旨)에 의거해서, 관복(冠服)을 내려준 자문(咨文) 안의 한 관문(款文)을 상고하니, 배신(陪臣)의 제복(祭服)은 중조(中朝) 신하의 9등에 비교해 2등급을 체강(遞降-교대로 내려보냄)해서 왕국(王國)은 7등으로 했습니다. 제1등질(第一等秩)은 중조(中朝)의 제3등(第三等)에 준하고, 제2등질(第二等秩)은 중조(中朝)의 제4등에 준하고, 제3등질(第三等秩)은 중조(中朝)의 제5등에 준하고, 제4등질(第四等秩)은 중조(中朝)의 제6등에 준하고, 제5등질(第五等秩)은 중조(中朝)의 제7등에 준하고, 제6등질(第六等秩)은 중조(中朝)의 제8등에 준하고, 제7등질(第七等秩)은 중조(中朝)의 제9등에 준했습니다.『홍무예제(洪武禮制)』에 제3등 이하 각 품(品)의 관복등제(冠服等第)와 본국 제제서례(諸祭序例)의 각 품의 제복등제(制服等第)를 참고해 상정(詳定)하고 삼가 갖춰 계문(啓聞)합니다.

1품(品)의 관(冠)은 5량(五梁)이요, 혁대(革帶)는 금(金)을 쓰고, 패(佩)는 옥(玉)을 쓰고, 수(綬)는 황색(黃色)·녹색(綠色)·적색(赤色)·자색(紫色) 4색실을 쓰는데 실로 짜서 운학화금(雲鶴花錦-구름과 학 무늬의 꽃비단)을 이루고, 아래에는 청사망(靑絲網)을 짭니다. 수환(綬環)은 두 개로 금(金)을 쓰고, 홀(笏)은 상아(象牙)를 씁니다. 적라의(赤羅衣)와 백사중단(白紗中單)은 모두 청식(靑飾-푸른빛 장식)의 영연(領緣-옷깃에 선을 두르는 것)을 쓰고, 적라상(赤羅裳-붉은 비단으로 된 치마)은 청연(靑緣)을 씁니다. 적라(赤羅)의 폐슬(蔽膝)과 대대(大帶-큰 띠)는 적색·백색 2색의 초(綃)를 쓰고, 흰 버선[白襪]에 검은 신
백말
[黑履]과 각잠(角簪-뿔로 만든 비녀)을 착용합니다. 2품(品)의 관(冠)은
흑리
4량(四梁)이요, 혁대(革帶)는 금(金)을 쓰고, 패(佩)는 옥(玉)을 쓰고,

수(綬)는 황색·녹색·적색·자색의 4색을 쓰는데 실로 짜서 운학화금 (雲鶴花錦)을 이루고, 아래에는 청사망(靑絲網)을 짜고, 수환(綬環)은 두 개로 금(金)을 쓰고, 홀(笏)은 상아(象牙)를 씁니다. 의(衣)와 중단 (中單)과 상(裳)·폐슬(蔽膝)·대대(大帶)·버선[襪]·신[履]·비녀[簪]를
_말 _이 _잠
착용하는 것은 여기부터 9품까지 아울러 1품과 같습니다. 3품(品) 의 관(冠)은 3량(三梁)이요, 혁대(革帶)는 은(銀)을 쓰고, 패(佩)는 약 옥(藥玉)을 쓰고, 수(綬)는 황색·녹색·적색·자색의 4색을 쓰되 실로 짜서 반조화금(盤鵰花錦-독수리가 선회하는 무늬의 꽃비단)을 이루고, 아래에는 청사망(靑絲網)을 맺고, 수환(綬環)은 두 개로 은(銀)을 쓰 고, 홀(笏)은 상아를 씁니다. 4품(品)의 관(冠)은 2량(二梁)이요, 혁대 (革帶)는 은을 쓰고, 패(佩)는 약옥(藥玉)을 쓰고, 수(綬)는 황색·녹 색·적색 3색을 쓰되 실로 짜서 연작화금(練鵲花錦-때까치 무늬의 꽃 비단)을 이루고, 아래에는 청사망(靑絲網)을 맺고, 수환(綬環)은 두 개 로 은을 쓰고, 홀(笏)은 상아를 씁니다. 5·6품(品)의 관(冠)은 2량(二 梁)이며, 혁대는 동(銅)을 쓰고, 패(佩)는 약옥(藥玉)을 쓰고, 수(綬)는 황색·녹색·적색 3색을 쓰되 실로 짜서 연작화금(練鵲花錦)을 이루 고, 아래에는 청사망(靑絲網)을 맺고, 수환(綬環)은 두 개로 동(銅)을 쓰고, 홀(笏)은 괴목(槐木)을 씁니다. 7·8·9품(品)의 관(冠)은 1량(一 梁)이며, 혁대는 동(銅)을 쓰고, 패(佩)는 약옥(藥玉)을 쓰고, 수(綬)는 황색·녹색 2색을 쓰는데 실로 짜서 계칙화금(鸂鶒花錦-뜸북새 무늬 의 꽃비단)을 이루고, 아래에는 청사망을 맺고, 수환(綬環)은 두 개로 동(銅)을 쓰고, 홀(笏)은 괴목(槐木)을 씁니다."

그것을 따랐다.

원문

甲午 上奉上王 田于抱川海龍山 是擧爲上王也. 以京別軍千餘
갑오 상봉 상왕 전우 포천 해룡산 시거 위 상왕 야 이 경별군 천여

人爲驅軍. 上慮驅軍之少 問可增之策 都鎭撫韓珪曰: "抱川人民與
인위 구군 상려 구군 지소 문 가증 지책 도진무 한규왈 포천 인민 여

隨駕一品以下五品以上曁成衆愛馬 至於宦官 除不得已幹事外 悉
수가 일품 이하 오품 이상 기 성중애마 지어 환관 제 부득이 간사 외 실

出品從." 上曰: "役抱川之民大不可." 令承政院及鎭撫所更議以聞.
출 품종 상왈 역 포천 지민 대 불가 영 승정원 급 진무소 갱의 이문

珪及兵曹參判李春生啓曰: "品從何難之有?" 量刷八千餘名以聞 上
규 급 병조참판 이춘생 계왈 품종 하난 지유 양쇄 팔천 여명 이문 상

曰: "人人皆計口率來 不可刷出." 上以上王不數出 欲加一日宿所
왈 인인 개 계구 솔래 불가 쇄출 상이 상왕 불삭 출 욕가 일일 숙소

春生曰: "孰無一日之備? 臣等敢不從敎?" 春生之逢迎 多類此.
춘생왈 숙무 일일 지비 신등 감불 종교 춘생 지 봉영 다 유차

一岐島上萬戶道永及和田浦兵衛郞使人請糧.
일기도 상만호 도영 급 화전포 병위 랑 사인 청량

乙未 驅王方山. 上王送所射獐鹿各一于上 上以所射鹿二獻于
을미 구 왕방산 상왕 송 소사 장록 각일 우상 상이 소사 녹이 헌우

上王 友愛之情甚篤 侍從皆嘆之. 上謂韓珪曰: "獲禽之多與上王
상왕 우애 지정 심독 시종 개 탄지 상위 한규왈 획금 지다 여 상왕

之多中 咸爾功也." 仍賜爵.
지 다중 함 이공 야 잉 사작

平安道都巡問使鄭鎭獻鷹三連.
평안도 도순문사 정진 헌응 삼련

丙申 驅仙鳳山.
병신 구 선봉산

丁酉 驅寶藏山 夕次沙川縣 逍遙山下. 隨駕人至宿所 誤食毒草
정유 구 보장산 석차 사천현 소요산 하 수가 인지 숙소 오식 독초

暴死者六人 服藥而生者二人. 上問死狀 對之者曰: "食菜瞬息間
폭사 자 육인 복약 이 생자 이인 상문 사상 대지 자왈 식채 순식간

恍惚不省 自耳目口鼻出血如流." 上甚痛之 謂左右曰: "人必曰此
황홀 불성 자 이목구비 출혈 여류 상 심 통지 위 좌우 왈 인 필왈 차

156

講武之所致也." 令察訪上護軍田興堅埋于幽谷 給六人家米豆各

二石. 毒草名莽草 鄕名大鳥菜 根如苜蓿 莖如茼菜. 命司饔自今

御膳勿進茼菜 苜蓿.

戊戌 上奉上王還宮.

庚子 下右代言韓尙德 恭安府尹黃子厚 前知高城郡事李養修于

義禁府. 前判原州牧事權緩與知申事柳思訥同里 其交甚密. 緩家

有蘇合油三斤 緩與思訥共謀 誘倭人上護軍平道全 受其單子 納于

承政院 思訥啓下典醫監 而提調黃子厚以生蟲不用不受. 道全更納

承政院 思訥不復啓聞 收納內藥房 藥房代言卓愼受之. 思訥詐謂

戶房代言韓尙德曰: "有旨: '道全藥價 皆以綿紬題給,' 軍宜下王牌."

尙德疑之曰: "下王牌 是聞命者之任 非吾所知." 思訥言之再三

尙德終不肯. 思訥乃自押 王牌下戶曹 令濟用監給綿紬六十六匹

木綿五匹. 先是 黃子厚欲得廉致庸農舍 將中呈單子 囑思訥以啓.

代言等適承命議事 思訥側目熟視子厚曰: "君非倭人 兀良哈 何

於承命議事之際 敢入此哉?" 子厚曰: "子若不啓 吾將擊鼓申呈."

思訥曰: "君雖宰相 何得蔑見承政院乎?" 子厚深銜之 因揚言思訥

買不良藥 入內藥房. 憲司劾思訥及愼啓曰: '典醫監已退蘇合油

思訥不更啓 而令戶曹給價: 卓愼不稱量而受之於向國人 過爲綢繆

其間難知. 請收職牒 鞫問其由.' 上覽之 問掌令趙從生曰: "所謂與

向國人過乎綢繆 其間難知者 謂何? 直謂思訥等陰厚道全 與日本

同情歟? 毋隱以對." 從生對曰: "臣等何故有若是之意乎? 所謂綢繆

者 典醫監已退之藥 强爲之貿也. 其稱向國者 止云 倭耳 非謂與

日本同情也." 右代言韓尙德 左副代言趙末生 同副代言李伯持等

相顧無言 上怒曰: "彼臺員所對 與啓本之意不同. 是請思訥等誣上

之罪 而又自誣上也 奚異於思訥 卓愼之輩? 且代言三人怡然聽諾

不肯別白以聞 汝等坐承政院 所爲何事? 皆是思訥之類也."

　　尙德等驚惶失色 乃啓曰: "向國人三字 必有微意存焉 臣等不察

其文意耳." 既而 傳旨於從生曰: "思訥 卓愼雖貿藥失當 私於一己

之迹現著 然後更請其罪." 遂命思訥及愼出仕. 上又問承政院以

憲府之疏可否 尙德對曰: "憲府疏意是也. 國家於日本人所獻土物

回奉 未有如此之厚者 獨此過厚 必有以也. 願依憲司之請 令攸司

劾治." 上曰: "然則思訥之心 將以分價歟?" 尙德對曰: "意將分之."

上曰: "憲司之疏 以文意考之 則謂與向國人謀背本國也 而汝等皆

曰: '非謂謀背也 但謂思訥將典醫所退之藥 不啓而納于內藥房 其

力納之情 綢繆之謂也.' 汝等何誤釋憲府疏意 而如此强之也. 予

雖未學 豈不知數字之意乎? 憲司疏意指東 而汝等答之以西 奚異

指鹿爲馬乎? 指鹿爲馬 君之言也."

　　仍令尙德歸第. 命代言等詣六曹啓事廳 傳旨曰: "予不視事 以

代言不齊故耳. 卿等可否相濟 乃其職也. 前日問憲府疏意 皆含默

不言何也? 尙德以近臣誑予矣. 錢貨 國之重寶也 而思訥 卓愼納

典醫已退之藥 而酬以重價 烏得無罪? 予之言此者 非是代言而責
憲司也. 代言實有罪焉. 掌令則對不以直 故致問耳. 然予謂 此事實
是風聞 何如?" 贊成柳廷顯曰: "雖以風聞而發 及考文簿 若王牌若
施行冊實跡見著 不可以風聞例論也. 且臣子聞爲上之事 拘於風聞
置而不聞 非臣所願也. 縱得違敎之罪 可以勇爲. 況此藥材切於
上體 安敢較其罪之有無而爲之哉?" 兵曹判書朴信曰: "敎旨有曰:
'事有明證 有實跡及謀反大逆等事 理宜受治.' 臣謂此有實跡 非
風聞也." 餘皆曰風聞也.

　　大司憲李原曰: "臣雖受風聞之罪 切於上體 故聞之痛悼而發 臣
實有罪." 上曰: "雖至宗親 不以私害公 斷以大義 思訥之罪 予何
容私? 當以法斷之. 卿則與予同盟 無一毫之間 予不疑卿 卿毋疑
我. 卿之發此 予甚嘉之." 因問原曰: "事發無跡 何從得聞?" 原
對曰: "臣爲禮曹判書時 李養修到家曰: '思訥將典醫已退之藥 更
不啓達 而納于內藥房.' 臣聞之大驚 不敢忘于懷. 及拜是職 見子厚
于闕庭 問藥之退否 子厚曰: '曾已退之矣.' 有間再問之 子厚答曰:
'前言是也.' 故臣以是知之." 命承政院與六曹 召子厚 養修質之. 問
子厚曰: "退藥之由 卿與誰說乎?" 對曰: "與戶曹判書尹向說之 而
因問向曰: '藥價給乎否?' 向於翼日遇我曰: '前所云藥價已給之矣.'
聽此以謂 若修其源 必無後患 而又與尙德 劑內藥時同宿說之 又
與養修詳言之矣." 問養修 對曰: "子厚到家言: '予邇來逢厄乃免 實

上德也. 思訥妄以我求觀察之任 啓達差下 予實惶恐 而啓達得免
<small>상덕 야 사눌 망 이아구 관찰 지임 계달 차하 여실 황공 이 계달 득면</small>

又蒙上恩 除拜京職 天幸也. 思訥向我 每事陰中傷之 恐將及害.' 仍
<small>우 몽 상은 제배 경직 천행 야 사눌 향아 매사 음중 상지 공장 급해 잉</small>

言: '平道全蘇合油三斤 啓下典醫 吾與同僚以蟲損退之. 道全又
<small>언 평도전 소합유 삼근 계하 전의 오여 동료 이 충손 퇴지 도전 우</small>

納于承政院 思訥不啓退之之由 納于內藥房 是大不忠. 以如此之行
<small>납우 승정원 사눌 불계 퇴지 지유 납우 내약방 시대 불충 이 여차 지행</small>

不顧己非 向我每陰害之 吾之憤心 控于何所? 請子爲我告諸交親.
<small>불고 기비 향아매 음해 지 오지 분심 공우 하소 청자 위아 고제 교친</small>

且子與今禮曹判書李原交 況當此時 啓事 願達快快之意.'"
<small>차자여금 예조판서 이원 교 황당 차시 계사 원달 앙앙 지의</small>

　六曹代言以養修之言 質諸子厚 子厚曰: "他言皆是 但說與李
<small>육조 대언 이 양수 지언 질저 자후 자후왈 타언 개시 단설 여이</small>

判書之言 非吾所說." 養修曰: "若子不言 子之胸次 吾何以知之?"
<small>판서 지언 비오 소설 양수 왈 약자 불언 자지 흉차 오 하이 지지</small>

子厚語塞. 六曹同議啓曰: "尙德對上問不以實; 子厚身爲典醫
<small>자후 어색 육조 동의 계왈 상덕 대 상문 불 이실 자후 신위 전의</small>

提調 不自啓達 而宣言於外: 養修私相朋比 往來行言 皆可罪也."
<small>제조 부자 계달 이 선언 어외 양수 사상 붕비 왕래 행언 개 가죄 야</small>

戶曹判書黃喜曰: "罪之可也 然無文案可據 下攸司取辭可也." 上然
<small>호조판서 황희 왈 죄지 가야 연무 문안 가거 하 유사 취사 가야 상연</small>

其言 乃下尙德 子厚 養修于義禁府 仍敎子厚曰: "予以故舊之情 置
<small>기언 내하 상덕 자후 양수 우 의금부 잉교 자후왈 여이 고구 지정 치</small>

卿于元從之列. 卿無弓矢之能 又無文翰之才 然任數縣而至於除授
<small>경 우 원종 지열 경무 궁시 지능 우무 문한 지재 연임 수현 이 지어 제수</small>

顯職 是則予無先見之智故也. 雖悔可追? 忠臣之義 大小僚佐 必當
<small>현직 시즉 여무 선견 지지 고야 수회 가추 충신 지의 대소 요좌 필당</small>

一體. 卿挾己私 曾上書以訴思訥 予不欲人知 至於寺人崔閑 尙
<small>일체 경 협 기사 증 상서 이소 사눌 여 불욕 인지 지어 시인 최한 상</small>

不及見 卽投于火. 方予之信任思訥 乘時排 用心陰險矣."
<small>불급 견 즉 투우 화 방여 지 신임 사눌 승시 배빈 용심 음험 의</small>

　又傳旨於義禁府曰: "尙德以近侍之臣 進思盡忠 退思補過宜矣.
<small>우 전지 어 의금부 왈 상덕 이 근시 지신 진사 진충 퇴사 보과 의의</small>

曾不慮此 憲司疏意 强而誤解 謀間同僚 甚奸儒也. 速取三人之辭
<small>증 불려 차 헌사 소의 강이 오해 모간 동료 심 간유 야 속취 삼인 지사</small>

以聞." 義禁府啓云: "尙德招曰: '臣以爲 上之責臣 不過停職 今乃
<small>이문 의금부 계운 상덕 초왈 신 이위 상지 책신 불과 정직 금내</small>

鞫問 臣若不言 罔被罪責 何益之有? 請以直辭告之. 去歲之冬 臘藥
<small>국문 신약 불언 망 피 죄책 하익 지유 청이 직사 고지 거세 지동 납약</small>

劑時 子厚謂我曰: "吾妾子中光曰: '張始生與我言曰 吾與弟末生
제시 자후 위아왈 오첩자 중광 왈 장시생 여아 언왈 오여제 말생

偕進權緩家 緩與弟末生 以青砂小器所盛之藥曰納于典醫監. 末生
해진 권완 가 완여제 말생 이 청사 소기 소성 지약 왈 납우 전의감 말생

齎進欲納見退 今已納于承政院矣.'" 聞中光言 私自以爲 典醫已退
재진 욕납 견퇴 금이 납우 승정원 의 문 중광 언 사자 이위 전의 이퇴

之藥 承政院强納之 是必思訥受價分用也. 臣聞此痛心 卽欲啓達
지약 승정원 강 납지 시필 사눌 수가 분용 야 신문차 통심 즉욕 계달

然子厚與思訥之有隙 臣實知之 故謂子厚必吹毛求疵 不卽啓聞. 後
연 자후 여 사눌 지 유극 신실 지지 고위 자후 필 취모구자 부즉 계문 후

至子厚家謂之曰: "子之所言藥事 予欲啓達 其悉言之." 子厚答曰:
지 자후 가 위지왈 자지 소언 약사 여욕 계달 기실 언지 자후 답왈

"崔古音龍入去彼土 而始生 末生等 皆緩之伴人也 緩亦得衆者也
최고음룡 입거 피토 이 시생 말생 등 개 완지 반인 야 완역 득중 자야

何官明推之? 且末生等以不言不知答之 則將何如?" 用是未卽啓聞.
하관 명 추지 차 말생 등 이 불언 부지 답지 즉 장 하여 용시 미즉 계문

當憲府疏意下問之時 臣心藏蓄之事 故以分用啓之 是欲上明正
당 헌부 소의 하문 지시 신심 장축 지사 고이 분용 계지 시욕 상 명정

其罪也. 不卽啓聞之罪 臣實當之."
기죄 야 부즉 계문 지죄 신실 당지

辛丑 命停教場及供正庫造成 以年饑也.
신축 명정 교장 급 공정고 조성 이 연기 야

義主任內古靜州人金夫多之妻玉香一乳生二男一女 命賜米.
의주 임내 고정주 인 김부다 지처 옥향 일유 생 이남 일녀 명 사미

日本濃州太守平宗壽使人獻禮物 請圖書.
일본 농주 태수 평종수 사인 헌 예물 청 도서

賑城底飢民. 戶曹啓: "城底十里飢民賑濟 將各司留庫米豆 量宜
진 성저 기민 호조 계 성저 십리 기민 진제 장 각사 유고 미두 양의

均給. 令漢城府官員 巡行審察饑饉尤甚人民 爲先以升合 節賑濟."
균급 영 한성부 관원 순행 심찰 기근 우심 인민 위선 이 승합 준절 진제

李明德又啓: "衣食足而後 治禮義. 各郡鄉學生徒 齎糧甚難 姑且
이명덕 우계 의식 족 이후 치 예의 각군 향학 생도 재량 심난 고차

放學 令教導官同守令 察饑民而賑濟." 皆從之.
방학 영 교도관 동 수령 찰 기민 이 진제 개 종지

免忠清道寧山等四郡戶楮貨 且賑饑民. 都觀察使申概報寧山
면 충청도 영산 등 사군 호저화 차 진 기민 도관찰사 신개 보 영산

溫昌 稷山 平澤 皆失農故也.
온창 직산 평택 개 실농 고야

禁橫城 禾洞 扇巖等處墾田伐木. 傳旨江原道都觀察使曰:
금 횡성 화동 선암 등처 간전 벌목 전지 강원도 도관찰사 왈

"講武場內居人 及時移接 若節晩 難於移徙者 令姑存之."
강무장 내 거인 급시 이접 약 절만 난어 이사 자 영 고 존지

免京畿失農各官各司奴婢之貢.
면 경기 실농 각관 각사 노비 지공

壬寅 命減各殿供上湩酪 其餘諸處湩酪皆除之 因減乳牛而牧于
임인 명감 각전 공상 동락 기여 제처 동락 개 제지 인감 유우 이 목우

長島 其取湩之馬 盡放于壺串 蓋以年饑省費也.
장풍도 기 취동 지마 진 방우 호곶 개 이 연기 성비 야

罷內贍靑苔田. 上曰: "內贍憑進上入染 而多占苔田 令田主不得
파 내섬 청태전 상왈 내섬 빙 진상 입염 이 다점 태전 영 전주 부득

耕種. 每當入染之時 令染母求諸市裏 非徒無益 田主怨之 自今
경종 매당 입염 지시 영 염모 구저 시리 비도 무익 전주 원지 자금

毋耕 各還本主."
무경 각환 본주

初定出番軍士休暇之限. 柳思訥啓: "三軍甲士及成衆愛馬 雖
초정 출번 군사 휴가 지한 유사눌 계 삼군 갑사 급 성중애마 수

出番之日 因其習射 無有休息. 雖曰軍法有加而無減 然當儉年 使
출번 지일 인기 습사 무유 휴식 수왈 군법 유가 이 무감 연 당 검년 사

彼衆人有所閑歇 以備不贍 是亦救荒之一端也. 三軍番外凡六日
피 중인 유 소한헐 이비 불섬 시역 구황 지 일단 야 삼군 번외 범 육일

習射三日 巡綽一日 給閑二日; 別侍衛 鷹揚衛番外凡九日 習射五日
습사 삼일 순작 일일 급한 이일 별시위 응양위 번외 범 구일 습사 오일

巡綽一日 給閑三日 其餘成衆愛馬 亦依此差等給閑 毋令每日習射.
순작 일일 급한 삼일 기여 성중애마 역 의차 차등 급한 무령 매일 습사

且訓鍊觀員 晩仕早罷 而習射之徒 如有晩到者 則嚴加叱 以徵贖紙
차 훈련관 원 만사 조파 이 습사 지도 여유 만도 자 즉 엄가 질 이징 속지

安有執法之吏自慢 而能制人者哉? 願自今 令訓鍊觀辰仕申罷 以考
안유 집법 지리 자만 이 능 제인 자재 원 자금 영 훈련관 진사 신파 이고

習射 率以爲常 俾兵曹考其勤慢."
습사 솔 이위 상 비 병조 고기 근만

從之.
종지

癸卯 置酒于便殿 政府 六曹入侍.
계묘 치주 우 편전 정부 육조 입시

給虎符於全羅道水軍都節制使金文發 從文發之啓也. 命諸道
급 호부 어 전라도 수군도절제사 김문발 종 문발 지계 야 명 제도

水軍都節制使 依都觀察使 兵馬都節制使例 亦給虎符. 仍教曰:
수군도절제사 의 도관찰사 병마도절제사 예 역 급 호부 잉 교왈

"虎符只爲有事 驗其信否耳. 今都觀察使 兵馬都節制使 比於王旨
호부 지위 유사 험기 신부 이 금 도관찰사 병마도절제사 비어 왕지

佩而前行甚謬. 自今毋得以虎符前行."
패 이 전행 심류 자금 무득 이 호부 전행

命兵曹 加造虎符. 六曹啓: "在前 十部以從甲之癸十字爲號 今造
명 병조 가조 호부 육조계 재전 십부이종갑지계십자 위호 금조

五部 請以二甲之二茂字爲號." 從之.
오부 청이 이갑 지 이무 자위호 종지

置國農所於江華嘉陵浦.
치 국농소 어 강화 가릉포

甲辰 忠淸道兵馬都節制使柳濕 上尊城講武所四標. 濕據兵曹
갑진 충청도 병마도절제사 유습 상 준성 강무소 사표 습 거 병조

關 審定四標以聞: "東至伽耶山 三尊 多只峴 喧吉串 天爲浦 南至
관 심정 사표 이문 동지 가야산 삼존 다지현 훤길곶 천위포 남지

高丘 生天串 禾邊串 安眠 廣地串 西至小斤山 大隱山 地靈山 北至
고구 생천곶 화변곶 안면 광지곶 서지 소근산 대은산 지령산 북지

黎山串 大山串 私獵伐木一禁."
여산곶 대산곶 사렵 벌목 일금

下知申事柳思訥 前判原州牧事權緩于義禁府. 大司憲李原
하 지신사 유사눌 전 판원주목사 권완 우 의금부 대사헌 이원

密啓: "思訥所犯 不特此也. 曾與緩謀 冒啓檢校漢城尹崔也吾乃
밀계 사눌 소범 불특 차야 증여완모 모계 검교 한성윤 최야오내

申呈單子回換米 與緩分用." 上急召也吾乃子護軍寶老 命承政院
신정 단자 회환 미 여완 분용 상 급소 야오내 자 호군 보로 명 승정원

實以聞. 寶老至則袖米分用之卷以呈. 元數二百石 思訥分二十
핵실 이문 보로 지즉 수미 분용 지권 이정 원수 이백 석 사눌 분 이십

石 也吾乃分三十石 緩百五十石. 囚緩及思訥鞫之. 召平道全問:
석 야오내 분 삼십 석 완 백 오십 석 수완 급 사눌 국지 소 평도전 문

"蘇合油果汝之藥乎?" 道全逞憤曰: "非我之藥而何?" 拔佩刀 若欲
소합유 과 여지약 호 도전 영분 왈 비 아지약 이하 발 패도 약욕

自刺者. 上問趙末生曰: "平道全 怒而歸乎?" 末生對曰: "道全言:
자자 자 상 문 조말생 왈 평도전 노 이 귀호 말생 대왈 도전 언

'居日本從妹因本國使者之來 送蘇合油三斤. 吾授崔古音龍而進上
거 일본 종매 인 본국 사자 지래 송 소합유 삼근 오 수 최고음룡 이 진상

必以他蘇合油 幷我蘇合油也. 欲斫身而暴此懷也.'" 上曰: "權緩 雖
필 이타 소합유 병아 소합유 야 욕 작신 이폭 차회 야 상왈 권완 수

心譎而不顧禮 與思訥家相近而相交 予以爲 與思訥通同耳 不意與
심 휼 이 불고 예 여 사눌 가 상근 이 상교 여 이위 여 사눌 통동 이 불의 여

道全通同也. 昨日 思訥於義禁府納招云: '本不知緩之所爲也. 思訥
도전 통동 야 작일 사눌 어 의금부 납초 운 본 부지 완지 소위 야 사눌

被劾 郭承祐來訪 思訥與承祐射 權緩適來. 承祐曰: "主人不幸 以
피핵 곽승우 내방 사눌 여 승우 사 권완 적래 승우 왈 주인 불행 이

蘇合油事被劾." 緩曰:"蘇合油所餘 尙在吾家." 思訥內惡之 以
소합유 사 피핵 완왈 소합유 소여 상재 오가 사눌 내 오지 이

聞見者衆 不敢顯說 乘晩之緩家問曰:"君言蘇合油尙在 蘇合油果
문견 자중 불감 현설 승만 지완 가문왈 군언 소합유 상재 소합유 과

君家之藥乎?" 緩匿而不說. 翼日 緩來謂我曰:"義禁府囚吾家奴
군가 지약 호 완익이불설 익일 완래위아왈 의금부 수 오가 노예

吾亦預歸義禁府近處待命." 旣而 思訥妻送人于緩之妻曰:"納吾
오 역예귀 의금부 근처 대명 기이 사눌 처 송인 우완 지처왈 납오

蘇合油七兩而受價也." 至此然後始知爲緩之蘇合油也. 緩之招辭亦
소합유 칠량 이 수가 야 지차 연후 시지위완지 소합유 야 완지 초사 역

以爲 思訥所不知.' 此言果皆造作乎? 今義禁府請將緩與思訥刑問
이위 사눌 소부지 차언 과개 조작 호 금 의금부 청장 완여 사눌 형문

吾意 宰相非坐宗社大事 而刑問不可也." 仍令平問. 吏曹判書朴曰:
오의 재상 비좌 종사 대사 이 형문 불가 야 잉령 평문 이조판서 박은왈

"交私誣上 其罪尤重. 若不刑問 誰以實告?"
교사 무상 기죄 우중 약불 형문 수 이실 고

丙午 命各道勿進生雉 慮農月捕雉之弊也.
병오 명 각도 물진 생치 여 농월 포치 지폐야

丁未 命囚前戶曹判書尹向 吏曹參議洪涉于義禁府. 義禁府啓
정미 명수 전 호조판서 윤향 이조참의 홍섭 우 의금부 의금부 계

戶曹給蘇合油價時 向爲判書 涉爲參議 請逮問故也. 時 向安置
호조 급 소합유 가시 향위 판서 섭위 참의 청 체문 고야 시 향 안치

積城 遣義禁府官吏拿來.
적성 견 의금부 관리 나래

戊申 以朴判中軍都摠制府事 李原判漢城府事 黃喜吏曹判書
무신 이 박은 판중군도총제부사 이원 판한성부사 황희 이조판서

成發道戶曹判書 安騰刑曹判書. 罷柳思訥 韓尙德 以卓愼爲知申事
성발도 호조판서 안등 형조판서 파 유사눌 한상덕 이 탁신 위 지신사

李明德同副代言. 批旣下 上傳旨承政院曰:"思訥 將權緩蘇合油
이명덕 동부대언 비 기하 상 전지 승정원 왈 사눌 장 권완 소합유

收納藥房 愼知之否?" 代言等對曰:"豈不知?" 上曰:"義禁府推案
수납 약방 신 지지부 대언 등 대왈 기 부지 상왈 의금부 추안

愼納招以何辭?" 對曰:"愼以職掌藥房 而不能詳察納招." 上覽其
신 납초 이 하사 대왈 신 이직장 약방 이 불능 상찰 납초 상람기

推案曰:"予若知如此 今日何以遷愼乎 汝等以近臣 何不分揀愼之
추안 왈 여약 지여차 금일 하이 천신 호 여등 이 근신 하불 분간 신지

罪 而啓聞乎? 後人當以我爲不分是非之暗主也 其可乎?"
죄 이 계문 호 후인 당이 아위 불분 시비 지 암주 야 기 가호

傳旨曰:
전지 왈

“權緩以己之不良蘇合油 欲見其利 暗與平道全同謀 似若道全之
藥以納而受價 其誣上行私 彼旣服矣. 問緩曰: ‘思訥亦嘗知爾之藥
乎?’ 則曰: ‘思訥未嘗知也.’ 問思訥曰: ‘爾嘗知緩之藥而納之乎?’
則曰: ‘吾唯知道全所納 不知是緩之藥也.’ 緩與思訥皆曰未嘗相知
則疑若可信 何不以此 取招以聞 遂使思訥之罪若是之延綿乎?
古人有言曰: ‘君子成人之美.’ 彼皆曰未嘗相知 何不遂已乎?”

代言趙末生 義禁府鎭撫田興對曰: “緩與思訥 其所爲善 則宜
若易服 所爲皆誣上行私 豈徒問而實言乎? 今戶曹錄事安瑞德曰:
‘蘇合油價 給以紬布之傳承諸思訥. 謂我罔言 有尹向 洪涉在.’ 及問
涉則果如瑞德之言. 向時未至 未卽驗其然否.” 田興又啓曰: “臣等
職在問事 何可不盡問情由 而啓聞乎? 此思訥之罪所以延綿也.” 上
曰: “然則汝等意欲加刑以問乎? 何不曾請刑問乎?” 田興曰: “將以
無爲而得情也 且待向之來也. 如終不直納言 可以加刑.”

傳旨六曹曰: “思訥信任已久 予之偏向以爲 不至於詐傳之罪 昨
見義禁府提調李天祐 許稠詳問其故 予乃悔之. 詐傳之律何如?”
僉曰: “死罪也.” 上曰: “思訥 權緩之罪孰重?” 僉曰: “於律緩差輕
矣.” 上曰: “緩無後 位至宰相 必無不足之心 事至於此 其貪求無厭
可勝言哉? 若卓愼則無罪可.” 遂釋之. 愼詣闕謝恩. 俄而 義禁府請
其罪 愼卽歸其家.

田興啓曰: “崔也吾乃換米之由 參議洪涉與養修言之. 臣謂 國家

換米之法 先納所之穀 待其道給券 而給京畿近州之米例也. 不待
其文 且給京倉之米 稱爲還上 深爲未便也." 上曰: "判書沈溫 參議
洪涉實當其責." 仍命義禁府曰: "溫則不必下獄 可召致依幕取招."

己酉 觀放鷹于東郊.

庚戌 復遣李明德賑飢民. 教曰: "賑濟之事 不可緩也. 死者
幾何?" 趙末生對曰: "李明德謂臣曰: '時無死者.'" 上曰: "明德雖
近臣 已受命之事 宜當更遣." 仍問明德賑濟之狀 對曰: "時無死者.
臣當更去 然當此際 使臣已多 臣亦從者不少 經歷亦足賑濟." 上曰:
"如經歷不勤何? 汝業已爲賑濟使 知措置之方 不可代以他人. 四月
以後 民可免飢 五月以前 汝宜更勉. 已分之穀幾何?" 對曰: "五千
餘石. 未分之穀萬餘石 然必不足." 上曰: "國有餘粟 而民尙阻飢
豈曰利國哉? 雖費粟萬萬 民無飢餓 則予何嫌焉?" 明德曰: "京畿
之米 守令每於會計 只錄虛數 時無所儲. 請以忠淸 江原近畿諸州
之米 次次轉用." 上曰: "江原之米不可. 儻東北面有事 將何以供?"
兵曹判書朴信曰: "留後司有陳穀萬萬 請漕運以用." 上然之.

辛亥 宥各道徒流及充水軍二罪以下.

發中外倉庫 賑飢民 且給農種. 因京畿都觀察使禹希烈之啓也.
命發江倉所儲黃豆七百四十石 漕留後司所儲陳米豆一萬石以賑濟;
漕忠淸道各官租八千石 豆四千九百六十石 江原道各官豆八百石 分
典農寺租三千石幷京中所儲豆五千石以給種.

166

壬子 流權緩 柳思訥 黃子厚等于外方 釋尹向等 罷卓愼職. 上覽
임자 유 권완 유사눌 황자후 등우 외방 석윤향등 파탁신 직 상람

義禁府所上權緩 柳思訥 黃子厚 韓尙德 李養修 尹向 沈溫 洪涉
의금부 소상 권완 유사눌 황자후 한상덕 이양수 윤향 심온 홍섭

等罪照律啓本 因曰: "六曹 臺諫咸聽予言. 予以謂 風聞公事 不可
등죄 조율 계본 인왈 육조 대간 함청 여언 여 이위 풍문공사 불가

行也. 禁而不行 已載於太祖元典. 若風聞之事 許令行之 則更相
행야 금이불행 이재어 태조 원전 약풍문지사 허령 행지 즉갱상

撥摘 互相陰中 民風俗習 必不美也 予必堅守此法矣." 啓事畢將
발적 호상 음중 민풍 속습 필불미 야 여필견수 차법 의 계사 필장

退 上曰: "臺諫毋出 予欲一言." 獻納徐晋 持平吳寧老等進前 上
퇴 상왈 대간 무출 여욕 일언 헌납 서진 지평 오영로 등진전 상

曰: "汝等已參朝啓 自今以後 若予過失及朝臣之罪 則六曹退後 辟
왈 여등 이참 조계 자금 이후 약여 과실 급 조신 지죄 즉육조 퇴후 벽

左右私言之; 若國家公事 則六曹在時公言之; 若常時有可親啓事
좌우 사 언지 약 국가 공사 즉육조 재시 공 언지 약 상시 유 가친 계사

則直詣承政院啓請 予當召而見之; 若其可以不親啓之事則告于
즉 직예 승정원 계청 여 당소 이 견지 약기 가이 불친계 지사 즉 고우

承政院以聞 何必立庭上書 然後盡言官之職乎? 且人言某爲不可爲
승정원 이문 하필 입정 상서 연후 진언관 지직호 차인 언모 위 불가위

之事 則卿等不必圓議 而聞者直來啓達 予必辨其是非矣. 風聞公事
지사 즉경등 불필 원의 이 문자 직래 계달 여필 변기 시비 의 풍문공사

雖當不行 如近日思訥等事不發 則不可矣. 卿等有所聞 則須卽直
수 당 불행 여 근일 사눌 등사 불발 즉 불가 의 경등 유 소문 즉 수즉 직

來啓達 以盡規諫之職可也. 昔魏徵言焉 太宗納焉 以成貞觀之治
래 계달 이진 규간 지직 가야 석 위징 언언 태종 납언 이성 정관지치

不必如盧異 李之直布揚君過 然後盡言官之職也." 權緩贖杖一百
불필 여 노이 이지직 포양 군과 연후 진언관 지직야 권완 속장 일백

忠淸道寧山付處; 柳思訥贖杖一百 海道安岳付處; 黃子厚贖杖八十
충청도 영산 부처 유사눌 속장 일백 풍해도 안악 부처 황자후 속장 팔십

忠淸道懷德付處; 李養修贖杖八十 竹山付處; 韓尙德除收職牒
충청도 회덕 부처 이양수 속장 팔십 죽산 부처 한상덕 제수 직첩

贖杖八十; 知申事卓愼罷職 皆減等施行. 洪涉以功臣之子不論;
속장 팔십 지신사 탁신 파직 개 감등 시행 홍섭 이 공신 지자 불론

尹向 沈溫竝皆原免. 且命向母還貶所.
윤향 심온 병개 원면 차 명향 무환 폄소

司憲持平尹粹上疏曰:
사헌 지평 윤수 상소 왈

'頃者 尹向妄生異議 援引漢祖 丁公之事 後之觀者 安得而不疑?
경자 윤향 망생 이의 원인 한조 정공 지사 후지 관자 안 득이 불의

是以 府與諫院累疏申請 未蒙俞允 大小臣僚罔不憤惋. 今無故蒙宥

其於王法何; 其於必罰之義何? 伏望殿下 斷以大義 一依前疏 明正

其罪 以絶後世之疑 以慰太祖在天之靈.'

　不報.

　賜蘇合油三斤于李叔蕃. 思訥等旣得罪 上命將其蘇合油 棄之

於外 叔蕃詣闕請之. 翼日啓曰: "前日所賜藥甚良." 叔蕃與思訥

有舊 陰庇之也.

　上詣仁德宮 上王爲之置酒 諸宗親皆侍宴. 宴罷 世子將以駙馬

淸平君李伯剛所嘗畜妓七點生歸 忠寧大君止之曰: "豈可親中 自相

如此也?" 言之再三 世子心怒 勉從之. 厥後 世子與大君道不同 心

頗忌之 上慮之 乃減諸大君侍從人數.

　癸丑 司諫院 司憲府上疏 請權緩 柳思訥等罪. 諫院疏曰:

　'忠義廉恥 人臣之大節 一有所虧 當置於法. 今權緩特蒙上德 貴

爲宰相 而富亦足矣 宜厲忠廉 以報聖恩之萬一. 不此之顧 惟利是

圖 以己之藥 托於道全 求納典醫 及其見退 交結近臣 納于內藥房

是則急於貪利 而後其君者也. 思訥身爲喉舌之任 出納惟允其職也.

乃與緩潛相交結 將無用之藥 以爲御藥之資 詐傳王旨 濫給其價.

且託崔也吾乃之換米 朦朧啓聞 私自分用 其陰譎極矣 而不忠不廉

莫甚於此. 書曰: "災肆赦 怙終賊刑." 臣等以爲 思訥所犯 誠不宥之

罪也. 黃子厚懷奸挾恨 欲陷害人 又嘗自求監司之任 及其除授 反

168

謂一近臣之使然 欲累聖明 其庸惡不忠著矣. 李養修曾犯監臨自盜
위 일 근신 지 사연 욕루 성명 기 용악 불충 저의 이양수 증범 감림자도

之罪 不以是爲恥 而內懷讒構 營營往來 陰欲害人 是亦小人之尤者
지죄 불이 시 위치 이 내회 참구 영영 왕래 음욕해 인 시역 소인 지 우자

也. 卓愼旣爲內藥之監 凡諸藥材 固宜精察 當其納藥之時 不以
야 탁신 기위 내약 지감 범제 약재 고의 정찰 당기 납약 지시 불이

所係之重爲念 而不察良否 其於殿下委任之意何; 其於臣子敬謹
소계 지중 위념 이 불찰 양부 기어 전하 위임 지의 하 기어 신자 경근

之意何; 韓尙德以近侍之臣 聞子厚之言 久不以啓 及其事發下問
지의 하 한상덕 이 근시 지신 문 자후 지언 구 불이 계 급기 사발 하문

猶不以實對 其爲奸詐亦明矣. 上項人等 皆蒙寬典 臣等實有憾焉.
유불 이실 대 기위 간사 역명의 상항 인등 개몽 관전 신등 실 유감 언

伏望殿下 命攸司將上項人等 依律施行 以戒後來.'
복망 전하 명 유사 장 상항 인등 의율 시행 이계 후래

憲府疏曰:
헌부 소왈

‘臣等竊謂 賞罰人主之大柄 不可以不謹. 傳曰: "有罪不罰 雖堯舜
신등 절위 상벌 인주 지 대병 불가이 불근 전왈 유죄 불벌 수 요순

不能以致治." 今柳思訥居喉舌之官 交結權緩 詐傳王旨 納不用之
불능 이 치치 금 유사눌 거 후설 지관 교결 권완 사전 왕지 납 불용지

藥 給重價 又冒向國人崔也吾乃之名 受京倉之米 與權緩分用. 稽
약 비급 중가 우모 향국 인 최야오내 지명 수 경창 지미 여 권완 분용 계

諸古今 未有如此之奸且不忠者也. 權緩以二品大臣 內結近臣思訥
저 고금 미유 여차 지간 차 불충 자야 권완 이 이품 대신 내결 근신 사눌

外連倭人平道全 又憑崔也吾乃之名 指使思訥 再欺上聰 其爲奸詐
외련 왜인 평도전 우빙 최야오내 지명 지사 사눌 재기 상총 기위 간사

不忠 誠無異於思訥矣. 律當極刑 止贖杖罪 竝流于外 其於懲惡之
불충 성 무이 어 사눌 의 율당 극형 지속 장죄 병류 우외 기어 징악 지

義何? 黃子厚別無才德 特蒙上恩 位至二品 尋拜忠淸道都觀察使
의 하 황자후 별무 재덕 특몽 상은 위지 이품 심배 충청도 도관찰사

其八十老母居懷德縣 人子之榮幸極矣. 感謝上恩 顚倒發程 以慰
기 팔십 노모 거 회덕현 인자 지 영행 극의 감사 상은 전도 발정 이위

倚閭之望可也. 始則求而得之 終則誣巧辭以丏免 其爲不忠不孝
의려 지망 가야 시즉 구이 득지 종즉 무 교사 이 개면 기위 불충 불효

甚矣. 且聞思訥通同權緩 納不用蘇合油而受重價 身爲藥房提調
심의 차문 사눌 통동 권완 납 불용 소합유 이 수 중가 신위 약방제조

不卽啓聞 欲陷思訥 始露其說 其奸邪不直亦甚矣. 親犯奸邪不忠
부즉 계문 욕함 사눌 시로 기설 기 간사 부직 역 심의 친범 간사 불충

不孝之罪 止贖杖而歸鄕曲 其於用刑之道何? 卓愼以近臣 兼任
불효 지죄 지 속장 이귀 향곡 기어 용형 지도 하 탁신 이 근신 겸임

內藥房 謹擇藥物 以補聖躬其職也. 以典醫監見退之藥 不復稱重
불용醫員 而自納於內藥房 其與思訥同情明矣. 私比同僚 而忘君父
止罷其職 何所懲乎? 伏望將上項人等 一從律文 明正其罪 以戒
後來. 且韓尙德 沈溫 洪涉 李養修之罪 不可不懲 亦望依律施行.'

上覽憲司疏曰: "養修罪重 而予寬減 止贖杖八十. 今憲府以養修
列於沈溫之下 輕重倒置 何至於此? 予今老矣 欲保全所司員矣."
旣而 持平尹粹詣闕復請 上問粹曰: "養修罪同思訥 汝論於洪涉
沈溫之下 汝以律文爲非也 何以如此? 且沈溫 宰相也. 笞一十 猶
不可原乎? 若洪涉 功臣之子 已有常憲." 粹對曰: "臣不識律文 幸
緣養修得此罪人 故意以爲輕 此則臣之失也." 上曰: "諫院之疏則
然矣." 粹謝而退.

甲寅 上奉上王 幸東郊 觀放鷹.

乙卯 海道都觀察使獻鷹三連.

世子出殿門觀鷹. 世子使宦者辛德海言於書筵官曰: "昨日馳馬
勞身 不欲聽講." 及書筵官皆退 又使內竪禁書筵入直官員出門外.

丙辰 御便殿視事. 掌令郭存中請置思訥等於法. 上曰: "豈輕典
乎?" 仍問列李養修於笞罪之由 存中曰: "臣不及知." 上曰: "爾見
同僚乎?" 對曰: "見之." "見所上疏乎?" 對曰: "見之." 上曰: "若見
同僚與所上疏 則何對以不知? 爾言不直矣." 存中曰: "人之爲盜
無如此也. 若不懲此 何以戒後?" 上曰: "盜之爲言太過. 無故取

人之物者爲盜. 思訥等納米二百石 受米二百石 納藥於公 受價而
인지물 자 위도　사눌 등 남미 이백 석　수미 이백 석　납약 어공　수가 이

用 豈可謂之盜乎? 此豈諫官之言乎? 不直甚矣. 將不直之言告我
용　기가 위지 도호　차기 간관 지언호　부직 심의　장 부직 지 언 고아

是何心哉? 諫官以直辭正諫 則予無辭矣. 今爾以此固諫 古之直言
시 하심 재　간관 이직사 정간　즉 여 무사 의　금 이 이차 고간　고지 직언

如朱雲亦若是乎? 若爾則後世何以曰直哉? 且同僚之疏然乎?"
여 주운 역 약시 호　약 이즉 후세 하이 왈 직재　차 동료 지소 연호

對曰: "不然." 上曰: "若以同僚爲非 則先劾同僚 更書爾意以請可
대왈　불연　상왈　약 이 동료 위비　즉 선핵 동료　갱서 이의 이 청가

也 何遽以此而啓乎?" 存中不審聽上敎 猶請不已 上怒曰: "與朋友
야　하거 이차 이 계호　존중 불심청 상교　유청 불이　상 노왈　여 붕우

言 猶聽所言 而後乃答. 爾何不審聽予言 妄發如此?" 存中慙懼而
언　유청 소언　이후 내 답　이 하불 심청 여언　망발 여차　존중 참구 이

退. 上傳旨六曹曰: "憲司疏意然乎?" 僉曰: "大非." 上謂趙末生
퇴　상 전지 육조 왈　헌사 소의 연호　첨왈　대비　상위 조말생

曰: "將憲司疏 令六曹見之." 罷朝 使內官崔閑問承政院曰: "存中
왈　장 헌사 소　영 육조 견지　파조　사 내관 최한 문 승정원 왈　존중

之言然歟?" 僉曰: "不直." 上曰: "存中欺予 何異思訥?" 末生將疏
지언 연여　첨왈　부직　상왈　존중 기여　하이 사눌　말생 장소

詣六曹傳旨 存中惶恐無措. 是日 司諫院劾司憲府 以輕論李養修
예 육조 전지　존중 황공 무조　시일　사간원 핵 사헌부　이 경론 이양수

列於沈溫 洪涉之下故也.
열어 심온　홍섭 지하 고야

命分泊兵船於要島. 兵曹判書朴信啓曰: "聞 倭奴大修戰艦 欲寇
명 분박 병선 어 요도　병조판서 박신 계왈　문 왜노 대수 전함　욕구

中國 若糧食不足 則所過沿海 潛掠可畏. 請於諸島 聚兵船以待變."
중국　약 양식 부족　즉 소과 연해　잠략 가외　청어 제도　취 병선 이 대변

上曰: "群聚一面 諸島若空 則雖禦之?" 六曹啓曰: "勿聚一面 或
상왈　군취 일면　제도 약공　즉 수 어지　육조 계왈　물취 일면　혹

十隻 或八九隻 分泊要島." 上從其計.
십척 혹 팔구 척 분박 요도　상종 기계

世子出殿門 習彈弓 使內豎禁入直者出門外.
세자 출 전문　습 탄궁　사 내수 금 입직 자 출 문외

丁巳 以李貴齡爲檢校左議政 韓劍檢校右議政 金汝知
정사　이 이귀령 위 검교 좌의정　한검 검교 우의정　김여지

司憲府大司憲 趙末生知申事 洪汝方左副代言 朴竪基司諫院
사헌부 대사헌　조말생 지신사　홍여방 좌부대언　박수기 사간원

右司諫大夫 秦浩 全直司憲掌令 鄭還右獻納 洪陶 陳仲誠司憲
우사간대부　진호　전직 사헌장령　정환 우헌납　홍도　진중성 사헌

持平.
지평

世子出殿門習射 且觀鷹. 世子使內竪謂入直員曰: "今日有疾
세자 출 전문 습사 차 관응 세자 사 내수 위 입직 원 왈 금일 유질

毋請賓客." 旣而 賓客閔汝翼 卞季良偕進 使內官問書筵官曰:
무청 빈객 기이 빈객 민여익 변계량 해진 사 내관 문 서연관 왈

"今日兩賓客何以偕來?" 汝翼等曰: "有爲百事 故來耳." 世子問:
금일 양 빈객 하이 해래 여익 등 왈 유위 백사 고래 이 세자 문

"何事?" 汝翼等曰: "聞 殿中有鷹 未知殿下之所知乎?" 世子曰: "非
하사 여익 등 왈 문 전중 유응 미지 전하 지 소지 호 세자 왈 비

予所畜 誠寧大君之小鷹也. 誰知之乎?" 季良曰: "若爲之則改過
여 소축 성녕대군 지 소응 야 수 지지 호 계량 왈 약 위지 즉 개과

爲最. 今日非爲爲之 我等喜焉." 世子曰: "師傅亦知之乎?" 汝翼
위최 금왈 비여 위지 아등 희언 세자 왈 사부 역 지지 호 여익

曰: "知之." 世子曰: "雖一正字言之 其言是則予豈不聽? 鷹之不可
왈 지지 세자 왈 수일 정자 언지 기언 시즉 여기 불청 응지 불가

畜 小童亦知之 何以告諸師傅? 此豈隱惡揚善之道乎?" 汝翼等 曰:
축 소동 역 지지 하이 고저 사부 차기 은악 양선 지 도호 여익 등 왈

"但毋使外人知之耳. 師傅亦書筵官 不可不告." 世子曰: "賓客之言
단 무사 외인 지지 이 사부 역 서연관 불가 불고 세자 왈 빈객 지언

是 而予言非矣." 季良曰: "舍己從人 人所難也. 今日予言非 我等深
시 이 여언 비의 계량 왈 사기 종인 인 소난 야 금왈 여언 비 아등 심

喜之."
희지

命開城留後司知印. 用簡月去官. 禮曹啓曰: "恭安 仁寧 敬承府
명 개성유후사 지인 용 개월 거관 예조 계왈 공안 인녕 경승부

知印 竝以簡月去官 獨留後司知印 用差年未便 請依三府知印例 以
지인 병이 개월 거관 독 유후사 지인 용 차년 미편 청의 삼부 지인 예 이

簡月去官."
개월 거관

命咸州濤漣浦外牧場 許平民放牧. 外牧場 本民放牧之地 司僕官
명 함주 도련포 외목장 허 평민 방목 외목장 본민 방목 지지 사복관

崔霑啓以外牧之馬 雜於內場而難辨 倂爲國馬場 禁民芻牧 民甚
최점 계이 외목 지마 잡어 내장 이 난변 병위 국마장 금민 추목 민심

苦之. 上知之 許平民放牧 因修古城址 以別內外.
고지 상 지지 허 평민 방목 인수 고성 지 이별 내외

己未 頒乘船直指錄 三百本於外方 各道鑄字所所印也.
기미 반 승선직지록 삼백 본 어 외방 각도 주자소 소인 야

庚申 觀放鷹于東郊 因放火熥以觀之. 有老父赴行廊役負石 告飢
경신 관 방응 우 동교 인방 화통 이 관지 유 노부 부 행랑역 부석 고기

172

于駕前 命賜布二匹 米一石 乃囚造成都監判官宋辰生于獄.
우 가전 명사 포 이필 미일석 내 수 조성도감 판관 송진생 우옥

戶曹參議金灌墜馬而死 命致賻 且令設奠. 灌 元尹之外舅也.
호조참의 김관 추마 이사 명치부 차 령설전 관 원윤지외구 야

辛酉 命各道都觀察使 兵馬都節制使 水軍都節制使服藥用酒.
신유 명 각도 도관찰사 병마도절제사 수군도절제사 복약 용주

命四孟月試諸學. 禮曹啓:"諸學本曹皆試其業 故一朔內 不能
명 사맹월 시제학 예조 계 제학 본조 개시 기업 고 일삭 내 불능

畢試. 武學則兵曹 律學則刑曹 算學則戶曹 儒學 字學 吏學 譯學
필시 무학 즉 병조 율학 즉 형조 산학 즉 호조 유학 자학 이학 역학

樂學 醫學 陰陽風水學等七學則本曹. 各其學提調 一同試其所業
악학 의학 음양 풍수학 등 칠학 즉 본조 각 기학 제조 일동 시기 소업

計其分數 明白立簿 及其歲末 以試業分數 第其高下 啓聞敍用. 且
계 기 분수 명백 입부 급 기 세말 이 시업 분수 제기 고하 계문 서용 차

四季月試業 則多試不及於歲末都目 請於四孟月試取."
사계월 시업 즉 동시 불급 어 세말도목 청어 사맹월 시취

從之.
종지

壬戌 司諫院上疏請尹向之罪.
임술 사간원 상소 청 윤향 지 죄

禮曹上朝官冠服之制. 啓曰:"謹稽洪武三年中書省據禮部呈
예조 상 조관 관복 지제 계왈 근계 홍무 삼년 중서성 거 예부 정

欽奉聖旨 賜與冠服咨內一款: 陪臣祭服 比中朝臣下九等 遞降二等
흠봉 성지 사여 관복 자내 일관 배신 제복 비 중조 신하 구등 체강 이등

王國七等. 第一等秩 比中朝第三等 第二等秩 比中朝第四等 第三
왕국 칠등 제일 등질 비 중조 제삼 등 제이 등질 비 중조 제사 등 제삼

等秩 比中朝第五等 第四等秩 比中朝第六等 第五等秩 比中朝第七
등질 비 중조 제오 등 제사 등질 비 중조 제육 등 제오 등질 비 중조 제칠

等 第六等秩 比中朝第八等 第七等秩 比中朝第九等. 洪武禮制
등 제육 등질 비 중조 제팔 등 제칠 등질 비 중조 제구 등 홍무예제

第三等以下各品冠服等第及本國諸祭序例各品祭服等第 參考詳定
제삼 등 이하 각품 관복 등제 급 본국 제제 서례 각품 제복 등제 참고 상정

謹具啓聞.
근구 계문

一品冠五梁 革帶用金 佩用玉 綬用黃綠赤紫四色絲 織成
일품 관 오량 혁대 용금 패 용옥 수용 황녹적자 사색 사 직성

雲鶴花錦 下結靑絲網. 綬環二用金 笏用象牙. 赤羅衣白紗中單
운학화금 하결 청사 망 수환 이 용금 홀 용 상아 적라 의 백사 중단

俱用靑飾領緣 赤羅蔽膝 大帶用赤白二色 白襪黑履角簪. 二品冠
구용 청식 영연 적라 폐슬 대대 용 적백 이색 백말 흑리 각잠 이품관

四梁 革帶用金 佩用玉 綬用黃綠赤紫四色絲 織成雲鶴花錦 下結
사량 혁대 용금 패용옥 수용 황녹적자 사색 사 직성 운학화금 하 결

靑絲網. 綬環二用金 笏用象牙. 衣中單裳蔽膝大帶襪履簪 自此至
청사 망 수환 이용금 홀용 상아 의 중단 상 폐슬 대대 말 리 잠 자차 지

九品竝同一品. 三品冠三梁 革帶用銀 佩用藥玉 綬用黃綠赤紫四色
구품 병동 일품 삼품관 삼량 혁대 용은 패용 약옥 수용 황녹적자 사색

絲 織成盤花錦 下結靑絲網. 綬環二用銀 笏用象牙. 四品冠二梁
사 직성 반조화금 하 결 청사 망 수환 이 용은 홀용 상아 사품관 이량

革帶用銀 佩用藥玉 綬用黃綠赤三色絲 織成練鵲花錦 下結靑絲
혁대 용은 패용 약옥 수용 황녹적 삼색 사 직성 연작화금 하 결 청사

網. 綬環二用銀 笏用象牙. 五六品冠二梁 革帶用銅 佩用藥玉 綬用
망 수환 이 용은 홀용 상아 오륙 품관 이량 혁대 용동 패용 약옥 수용

黃綠赤三色絲 織成練鵲花錦 下結靑絲網. 綬環二用銅 笏用槐木.
황녹적 삼색 사 직성 연작화금 하 결 청사 망 수환 이 용동 홀용 괴목

七八九品冠一梁 革帶用銅 佩用藥玉 綬用黃綠二色絲 織成鸂鶒
칠팔 구품관 일량 혁대 용동 패용 약옥 수용 황녹 이색 사 직성 계칙

花錦 下結靑絲網. 綬環二用銅 笏用槐木." 從之.
화금 하 결 청사 망 수환 이 용동 홀용 괴목 종지

태종 16년 병신년
4월

四月

계해일(癸亥日) 초하루에 (대마도) 종정무(宗貞茂)와 전평전(田平殿)의 사인(使人)이 와서 토산물을 바쳤다.

○ 잠실(蠶室)의 양잠(養蠶)하는 사람을 경중(京中) 각사(各司)의 노비로 대체하라고 명했다.

호조(戶曹)에서 양잠하는 사람에게 월료(月料)를 줄 것을 청하니 상이 말했다.

"내가 잠실을 설치한 것은 민간으로 하여금 양잠하는 방법을 배우게 하고자 함이었다. (그런데) 이제 먼 곳의 백성을 모이게 해 사역시키니 폐단이 진실로 크다. 어리석은 백성은 반드시 군상(君上)이 사사로이 쓰고자 한다고 생각할 것이다. 내가 만민의 봉사(奉事)를 누리는데 어찌 양잠에 힘입겠는가? 시행하는 것을 장차 그만두라."

마침내 경중의 노비로 대체할 것을 명하니, 조종(朝宗-경기도 가평) 40명, 미원(迷原-경기도 양근) 38명이었다.

갑자일(甲子日-2일)에 문성부원군(文城府院君) 유량(柳亮)이 졸(卒)했다. 량(亮)의 자(字)는 명중(明仲)이고 문화(文化) 사람이며 밀직사(密直使) 계조(繼祖)의 아들이다. 그 선대에 차달(車達)이란 사람이 있어 고려 태조(高麗太祖-麗祖)에게 공이 있었으므로, (후삼국을) 통합

여조

할 때 호(號)를 '삼한공신(三韓功臣)'이라 내렸고 자손들이 대대로 달관(達官-높은 관직)이 됐다. 량은 젊어서부터 탁락(卓犖-특출)해 뭇 사람과 달랐으므로[不群] 제배(儕輩-또래의 무리)가 꺼렸다. 홍무(洪武) 임술년(壬戌年-1382년)에 나이 28세로 호군(護軍)을 사직하고 부시(赴試-시험에 나아감)해 제1등으로 급제하고, 여러 번 옮겨서 판종부시사(判宗簿寺事-종부시 판사)가 됐다. 기사년(己巳年-1389년) 겨울에 순안군(順安君) 왕방(王昉)을 따라 연경(燕京)에 갔을 때 마침 참소하는 사람이 말을 만들어서 중국에 무고했는데, 량이 일에 따라[隨事] 변명해 (실상을) 밝혔다. 국초에 상의중추(商議中樞)로 승진했으니, 태조(太祖)께서 잠저(潛邸)에 있을 때 량이 오랫동안 모셨다고 해서 원종공신(元從功臣)에 참여하라고 명했다. 병자년(丙子年-1396년)에 (지방으로) 나가서 계림(鷄林)의 윤(尹)이 됐다. 정축년(丁丑年-1397년)에 왜구(倭寇)가 크게 떨치자 태조께서 우정승(右政丞) 김사형(金士衡)을 보내어 가서 토벌하게 했다. 때마침 왜구(倭寇)가 이르자 량이 변장(邊將)과 함께 공격하니 왜적은 형세가 궁해 항복하고자 했는데, 변장(邊將)이 허락했으나 적은 아직 허실(虛實)을 엿보며 우물쭈물하면서[逡巡] 결정을 짓지 못했다. 량이 궁시(弓矢)를 풀어놓고 적의 진중으로 말을 달려 들어가 다른 뜻이 없음을 보이니, 적이 이를 믿고 악수(握手)하고서 마음을 열고[開懷] 좋은 칼을 주었다. 량이 즉시 항복한 왜인의 사자(使者) 10인을 데리고 사형(士衡)의 막사(幕舍)로 가니, 사형은 왜선(倭船)을 울산포(蔚山浦)에 머물러 두고 바로 왜사(倭使)를 조정으로 보냈다. 명해 양미(糧米)를 두텁게 주어 그들을 위로해 회유하면서, 비밀리에 변장(邊將)을 시켜 그들을 섬멸하게 했다[殲之]. 아직 병선(兵船)을 징발해 모으지도 않았는데 적이 비어(飛語-뜬소문)를 듣고는 마침내 울산군사(蔚山郡事) 이은(李殷)과 아전[使=吏] 1명, 기생 1명을 붙잡아서 갔다. 정권을 잡은 자[柄用者]가 량이 사주한 것이라고 하며 헌사(憲司)로 하여금 핵문(劾問)하게 했는데, 태조께서 치죄(治罪)하지 말라고 명해 합산(合山)으로 유배 가는 데 그쳤다. 정권을 잡은 자가 분을 풀 길이 없어 다시 체포해 국문(鞫問)하기를 청하니, 옥(獄)에 갇힌 지 여러 달 동안에 각종 고문을 당했다. 우리 전하(殿下)께서 그가 굴복당하는 것[見屈]을 불쌍하게 여겨 틈을 타서 태조께 극언(極言)하니, 깨닫고서 놓아 주고 나주(羅州)에 안치(安置)하라고 명했다.

무인년(戊寅年-1398년)에 기용해 강릉대도호부사(江陵大都護府使)를 삼았는데, 백성이 모두 그를 사모해 생사당(生祠堂)을 세웠다. 상이 즉위하자 참지삼군부사(參知三軍府事)를 제수했고, 신사년(辛巳年-1401년)에 추충익대좌명공신(推忠翼戴佐命功臣)이라는 호를 내렸다. 이로부터 두루 요질(要秩-요직)을 거쳐 을미년(乙未年-1415년)에 우의정(右議政)에 임명되었는데, 얼마 지나지 않아 병으로 사직하니 문성부원군(文城府院君)에다가 공신(功臣)의 호(號)인 동덕(同德)이란 두 글자를 더하고 집으로 물러났다. 이때 이르러 등창[疽]을 앓다가 졸(卒)하니 나이 62세였다. 부고가 올라오자 상이 매우 슬퍼하며 3일 동안 철조(輟朝)하고, 대언(代言) 이종선(李種善)을 보내 집에 제사를 내리고 치부(致賻)하기를 더해 관(官)에서 장사를 돌보았다. 량은 천성이 고항(高亢-뜻이 높음)하고 강조(剛躁-굳세게 지킴)해서 정사를 보는 데 대체(大體)에 힘쓸 뿐 고치기를 좋아하지 아니했고, 시시

비비(是是非非)에 궤변(詭辯)을 쓰거나 남을 따르지[詭隨] 않았다. 시
호를 '충경(忠景)'이라 했다. 아들은 5명인데, 좌(佐)·근(謹)·경생(京
生)·강생(江生)·한생(漢生)이다.

○ 진제(賑濟-구휼)하는 일의 마땅함[事宜]을 토의했다.

경중(京中)의 환자[還上] 미두(米豆)를 한성부(漢城府)로 하여금
5부(五部)와 마찬가지로 마을마다 직접 가서 궁핍한 사람을 모조리
방문해 우선 나눠주도록 명했는데, 이는 호조(戶曹)의 아룀을 따른
것이다. 의정부에서 아뢰었다.

"백성에게 꾸어준 군자(軍資)는 징납(徵納)하기가 가장 어렵습니다.
전조(前朝-고려)의 해전고(解典庫)¹의 예에 의거해 전물(典物-저당 잡
힌 물건)을 납입한 뒤에 지급하게 하소서."

상이 말했다.

"전조(前朝)에서 환상(還上)하던 법은 부정(釜鼎-솥)·잡물(雜物)을
관가에 바친 뒤에야 받아갔다가 환납하게 하면 그 물건을 도로 받
았으니, 특히 나라를 다스리는 대체(大體)를 잃었으므로 시행할 수
없다."

무진일(戊辰日-6일)에 사헌부 대사헌 김여지(金汝知) 등이 소(疏)를
올렸다. 소는 이러했다.

'남의 신하 된 자[人臣]의 죄 중에 불경(不敬)보다 큰 것이 없고, 불

---

1 고려 때 직물(織物)·피혁(皮革)에 관한 일을 맡아보던 관청이다.

경의 실상 중에 몽폐(蒙蔽-임금의 눈과 귀를 가림)보다 심한 것은 없습니다. (그런데) 지금 유사눌(柳思訥)과 권완(權緩) 등이 서로 결탁하고 편당해 상을 속이고[誣上] 사리(私利)를 행함으로써 국용(國用)을 도둑질했으니, 이는 신민들이 함께 분하게 여기는 바입니다. 근신(近臣)으로서 망령되게 교지(敎旨)라고 칭했고 재신(宰臣)으로서 거짓을 꾸미고 탐욕을 내었으니, 무릇 조정에 있는 사람들의 함께 미워하는 것입니다. 야오내(也吾乃)와 도전(道全)은 우리 겨레[族類]가 아닌데, 음모(陰謀)와 거짓말로써 좀도둑질하는 짓을 본받아 장차 다른 무리에게 웃음거리가 된다면[貽笑] 이는 한 나라의 수치입니다. 자후(子厚)가 사정(私情)을 둔 것과 양수(養修)가 남을 모함한 것 또한 방헌(邦憲)에 어긋남이 있으니 징계하지 않을 수 없습니다. 탁신(卓愼)은 진어(進御)하는 약을 관장했으니 약의 새롭고 묵은 것이나 좋고 나쁜 것을 살피지 아니함이 없어야 마땅한데, 더군다나 다른 무리가 바친 것을 감히 소홀히 할 수 있겠습니까? 법이란 것은 공공(公共)의 그릇이니 전하께서 사사로이 할 수 있는 것이 아니고, 죄에는 각각 율(律)이 있어 법으로 용서할 수 없으니, 엎드려 상의 재가를 바랍니다.'

소가 올라가자 여지(汝知)에게 명해 말했다.

"권완과 사눌(思訥) 등이 범한 것은 단지 염치(廉恥)가 없었기 때문일 뿐이다. 내가 즉위한 이래로 죄가 모역(謀逆)이나 불충(不忠)에 관계되지 않는 것은 아직 율문에 의거해 시행한 적이 없다. 권완과 사눌 등은 근신과 재상으로서 오랫동안 누설(縲絏-포승줄)에 걸렸다가 장(杖) 100대에 부처(付處-유배)했으니, 실로 그 징계면 충분하다. 대저 대간(臺諫)은 힘써 법을 지켜야 하나 그 말한 것이 허락을 얻지 못했을 때는 반드시 직책을 사직하는 것이니, 옛사람이 말한 '언책(言責-언관)에 있는 자가 그 말을 얻지 못하면 떠난다'[2] 라는 것이 이 것이다. 일본(日本)이나 요동(遼東) 같으면 가하겠지만, 사직(辭職)하고 집에 있는 것은 심히 안 될 일이니 이같이 할 수는 없는 것이다."

기사일(己巳日-7일)에 승문원(承文院)에 다른 직무를 없애라고 명하고 영구적인 항식(恒式)으로 삼았다. 이때 판사(判事) 원숙(元肅)이 상서 소윤(尙瑞少尹)을 겸했던 것 또한 해직했다.

○ 이조(吏曹)에서 중외고공법(中外考功法-인사고과법)을 올렸다. 아뢰어 말했다.

"조사(朝士-조정 선비)로서 각 도의 수령(守令)·교수관(敎授官)·역승(驛丞)·도승(渡丞)·염장관(鹽場官)을 받은 자들이 여러 가지로 평계를 대고 기꺼이 취임하지 아니하다가, 그 뒤에 각 처의 재조(提調)와 여러 도감(都監)에서 이 직함(職銜)을 가지고 수점(受點)[3]·구전(口傳)[4]을 규득(規得-짜내서 얻어냄)하곤 합니다. 이로 말미암아 직함(職銜)이 맞어져 관작(官爵)의 범람이 첨설(添設)[5]과 다름이 없습니다. 이

---

2 『맹자(孟子)』 「공손추하(公孫丑下)」편에 나오는 맹자의 말이다.

3 당상관(堂上官)을 임명할 때, 전조(銓曹)에서 3사람의 후보자, 곧 3망(三望)을 올려서 임금의 낙점(落點)을 받아 임명하는 제도를 말한다.

4 당하관(堂下官)을 임명할 때, 전조(銓曹)에서 많은 후보자를 구두(口頭)로 보고해 임금의 승인을 받아 임명하는 제도를 말한다.

5 여말선초(麗末鮮初)에 직함(職銜)만 주고 일을 맡기지 않은 허직(虛職)이다. 공신(功臣)·훈구(勳舊)를 대우하기 위해 조선조 태조(太祖) 때 고려 제도를 본떠 첨설을 두었고, 태종(太宗) 때 검교(檢校)를 만들고 세종(世宗) 때 치사(致仕) 제도를 만들었다.

제부터 위의 조항에 있는, 부임하지 않는 자의 직첩(職牒)은 한결같이 모두 거두어들이고, 수령(守令)·교수관(敎授官)·역승(驛丞)·도승(渡丞)·염장관(鹽場官)은 고만(考滿-임기가 다 참)하면 예에 의거해 서용(敍用)하소서. 그러나 그중에서 30개월(箇月) 안에 비록 태형(笞刑)의 죄를 범했다고 하더라도 재범(再犯)할 경우에 좌천(左遷)시키고 3범(三犯)할 경우에는 파직하는 것이 어떠하겠습니까?"

또 아뢰었다.

"각 도의 수령(守令)과 염장관(鹽場官)·역승(驛丞)·도승(渡丞) 등이 혹은 공사(公事)로 인해 피혐(避嫌)하거나 혹은 말미[由]를 받거나 혹은 병을 칭탁해서 여러 달 출사(出仕)하지 않는 자도 간혹 있는데, 한결같이 부임한 개월(箇月)로써 서용한다면 고공(考功)하는 법에 있어서 이름은 있으나 실상은 없으니 금후로는 실제로 벼슬한 개월을 계산해 서용하소서."

그것을 따랐다.

○ 안암동(安巖洞)·사한동(沙閑洞)·청량동(淸凉洞)의 송충이를 잡으라고 명했다.

경오일(庚午日-8일)에 경기 진제사(京畿賑濟使) 이명덕(李明德)이 복명(復命)했다. 아뢰어 말했다.

"각 고을의 기민(飢民)은 1만 1,910호 안에 남녀 노약(男女老弱) 아울러 6만 5,886구(口)인데, 도내 각 고을의 미곡(米穀)과 유후사(留後司)·충청도·강원도의 각 고을에서 소유한 미곡을 수전(輸轉)하고, 혹은 환상(還上)으로, 혹은 진제(賑濟)로 묵은쌀·콩·잡곡과 새 쌀·

콩·잡곡을 나눠준 것이 아울러 8만 1,347석입니다."

   임신일(壬申日-10일)에 안성부원군(安城府院君) 이숙번(李叔蕃)에게 술을 내려주었는데, 숙번(叔蕃)이 장차 배천(白川)의 온수(溫水)에서 목욕하려 하기 때문이다. 숙번이 갑사(甲士) 이징옥(李澄玉, ?~1453년)[6] 등 수십 인을 청해서 가니, 의견을 내는 사람들이 이를 비난했다.

---

6 어려서부터 순직하고 무용이 뛰어났다. 어머니가 산 멧돼지를 보고 싶다고 하자 형 이징석(李澄石)과 같이 사냥을 나갔다. 이정석은 그날로 멧돼지를 활로 쏘아 죽여서 잡아 왔지만, 이징옥은 이틀이나 힘들게 몰이를 해서 기진맥진한 멧돼지를 산 채로 끌고 왔다는 일화가 전해온다. 이정석과는 성격이 대조적임을 잘 보여준다. 갑사(甲士)로서 중앙에서 벼슬을 하다가 1416년(태종 16년) 부사직으로 무과 별시에 장원으로 급제해 사복소윤(司僕少尹)에 제수되었다. 1423년(세종 5년) 황상(黃象)의 천거로 경원첨절제사로 발탁돼 아산(阿山)에 침입한 야인을 격퇴하고, 1425년 절제사로 승진했다. 이때부터 1430년까지 여진이 침입해 노략질할 때마다 변방의 방비에 공을 크게 세우자, 세종이 9년 만에 고향에 내려가 부모를 만나보게 해 그를 위로했다. 얼마 동안 고향인 양산에서 한가로운 날을 보내다가 1432년 병조참판이 됐다. 이듬해 영북진절제사(寧北鎭節制使)를 거쳐 1436년 회령절제사가 됐다. 같은 해 판경흥도호부사로 전직하면서 함길도도절제사인 김종서(金宗瑞)와 같이 4진의 개척에 심혈을 기울여, 2년 만에 방위와 경영의 포치(布置)를 완성했다. 그는 용감하고 위엄이 있어 야인에게 두려운 존재가 되었고, 한편으로는 청렴결백해 조선 백성이나 야인의 물건에 절대로 손대지 않았다. 동북 변경의 개척 초창기에 제일선에 배치돼 야인을 제압하고 복종시키는 데 절대적인 공로가 있었다. 그러나 1435년을 고비로 4진이 안정되면서부터 대여진정책이 유화 내지 동화로 기울자, 1438년 어머니의 상을 계기로 경원부사의 직을 사임하고 함경도를 떠났다. 그 뒤 100일 만에 기복돼 다시 경상도·평안도 도절제사 등을 맡았다. 1449년 20여 년간 오로지 4군의 설치와 6진의 개척 및 여진의 정복·회유·복속에 기여한 공으로 지중추원사에 승진했다. 1450년(문종 즉위년) 야선(也先)의 침입에 대비해 함길도도절제사로 임명, 10년 만에 다시 북방의 방위에 임했다. 1453년(단종 1년) 수양대군이 계유정난을 일으켜 집권한 뒤 김종서의 심복이라는 이유로 그를 파직하자, 후임자인 박호문(朴好問)을 죽인 뒤 병마를 이끌고 종성에 가서 '대금황제(大金皇帝)'라 자칭, 도읍을 오국성(五国城)에 정하고 격문을 돌려서 여진족의 후원을 얻어 반란을 일으켰다. 두만강을 건너려고 종성에서 밤을 새울 때 종성판관 정종(鄭鐘)·이행검(李行儉) 등의 습격을 받아 아들 3명과 함께 피살됐다.

○ 행대감찰(行臺監察)을 경기 좌우도(京畿左右道)에 보내 인민(人民)이 마소를 놓아서 곡식을 해치는가를 살피게 하고, 겸해 수령(守令)으로서 구황(救荒)에 부지런하거나 게으른 것과 긴요치 않은 일로 월경(越境)해 출입하는 것과 제언(堤堰) 가운데 무익하고 해(害)가 있는 것을 고찰하게 했으니, 헌부(憲府)의 아룀을 따른 것이다.

계유일(癸酉日-11일)에 종친(宗親)들을 광연루(広延楼) 아래로 불러 격구(擊毬)하고 이어서 술자리를 마련했다.

○ 권농(勸農)에 관한 가르침을 내렸다. 호조(戶曹)에 명해 말했다.

"농사일이 바야흐로 한창이니[殷] 각 도 각 고을 수령(守令)에게 이문(移文)해서, 백성을 독려해 망종(芒種)[7] 절기 이전에 종자 심기를 끝내고 늦추지 말게 하며 또한 진황(陳荒)[8]하지 말게 하라."

갑술일(甲戌日-12일)에 경상 좌우도 군기점고 경차관(慶尙左右道軍器點考敬差官) 안망지(安望之)·이방(李倣) 등이 각 등(等)의 절제사(節制使)·수령(守令), 각 포(浦) 만호(萬戶) 등의 군기(軍器)가 정련(精鍊)하지 못하고 부실(不實)한 죄를 갖춰 기록해 아뢰니, 병조에 명해 핵실(覈實)해 공신(功臣) 이외의 민간인 관리[民官]는 파직해 속죄(贖罪)하게 하고 군관(軍官)은 속죄해 환임(還任)하게 했다.

---

7 이십사절기의 하나로, 소만(小滿)과 하지(夏至) 사이에 있다. 이맘때가 되면 보리는 익어 먹을 수 있고 모를 심게 된다. 6월 6일 무렵이다.
8 논밭이 묵어서 황폐하게 되는 것을 말한다.

○ 이원(李原)을 의정부의 참찬(參贊)으로 삼았다.

○ 이조(吏曹)에서 시정인(侍丁人)⁹ 천전법(遷轉法-인사이동)을 올렸다. 아뢰어 말했다.

"이전까지는 도숙(到宿)¹⁰으로 천전하는 사람과 개월(箇月)로 거관(去官)하는 사람 가운데 연고가 있어 출사(出仕)하지 못한 것이 100일에 차거나 연고가 없이 출사(出仕)하지 아니한 것이 30일에 차는 경우에는 즉시 제록(除錄)했고, 시정인은 연한(年限)에 구애되지 아니하고 아울러 제록했다가 부모 모시기를 끝마치고 돌아와 출사(出仕)하는 경우에는 신속(新屬-새로 소속됨)의 예로써 소속함을 허용했습니다. 신 등이 생각건대 시정(侍丁)에게 휴가를 주어 늙은 어버이를 봉양하게 하는 것은 충후(忠厚)한 아름다운 뜻이니, 빌건대 이제부터 바야흐로 그 부모를 모시고 있을 때는 새로 와서 종사(從仕)하는 사람으로서 그때그때 즉시 보충하고, 부모 모시기를 끝내고 대소상(大小祥)과 담제(禫祭) 뒤에 거관하는 사람이 있으면 도로 본좌(本坐)에 소속시켜서 앞서 출사(出仕)한 것과 통산(通算)해 거관하게 하소서."

그것을 따랐다.

○ 다시 옥색(玉色)의 옷을 금지했다.

---

9 부모가 나이가 많을 때 그 아들의 역(役)을 면제해 부모를 봉양하게 한 장정(壯丁)을 말한다. 70세 이상이면 그 아들 1인을, 90세 이상이면 2인을 면제시켰다.

10 주로 직숙(直宿)을 맡은 관원이나 군인들이 직숙을 하고 날마다 도(到)를 받는 것을 말한다. 천전(遷転)할 때 근무한 날수, 즉 도수(到數)를 따져 거관(去官)했다.

을해일(乙亥日-13일)에 권완(權緩)과 유사눌(柳思訥)의 직첩(職牒)을 거두도록 명했다.

사헌부에서 아뢰어 말했다.

"윤향(尹向)의 죄는 원정(原情)[11]에 따르라는 가르침을 이미 들었습니다만, 사눌과 권완 등의 죄 같은 경우에는 법으로 용서할 수가 없는데 다만 외방에 유배만 하니 무엇으로써 뒷사람을 경계하겠습니까? 원정(原情)이 매우 간휼(奸譎)하니 감히 유윤(兪允-윤허)해 시행하기를 청합니다."

가르쳐 말했다.

"알겠다. 옛사람이 임금의 측근을 제거한다고 이름해 칭병(稱兵-군사를 일으킴)해 대궐로 향한 적이 있었는데, 이것이 어찌 가장 본받을 만한 일이겠는가? 태조(太祖)의 일로 말하면 하늘에 응하고 사람에 따랐으니 비록 사례로 논할 수는 없다고 하겠으나, 윤향의 말 또한 심한 잘못은 아니다. 요청한 유사눌 등의 죄는 마땅히 그대로 따르겠다."

사간원(司諫院)에서 소를 올려 말했다.

'신 등이 근래에 권완 등의 죄를 가지고 갖춰 소를 올려 거듭 청했으나 아직 유윤(兪允)을 받지 못했습니다. 신 등이 가만히 생각건대, 권완·사눌·양수(養修)는 모두 용서하지 못할 죄를 범했는데, 전하께

---

11 사인(私人)이 원통한 일이나 억울한 일 또는 딱한 사정을 국왕 또는 관부에 호소하는 문서를 말한다.

서는 특별히 너그러운 은전을 베풀어 직첩(職牒)을 거두지 않고 그 죄를 속(贖)해 외방(外方)에 내쫓는 데 그쳤습니다. 자후(子厚)·탁신(卓愼)·상덕(尙德) 등의 죄도 가볍지 아니한데 너그러운 은전을 입었으니, 법에 어긋남이 있어 뒷사람을 경계할 수가 없습니다. 바라건대, 전의 상소에 대해 유윤(兪允)해 시행하소서.'

마침내 명해 사눌과 완의 직첩을 거두고, 양수와 자후와 신 및 상덕은 (죄를) 논하지 말게 했다.

○ 종정무(宗貞茂)·추월전(秋月殿)·전평전(田平殿)과 정무(貞茂)의 어미가 사람을 시켜 와서 토산물을 바쳤다. 정무의 어미에게 쌀 84석을 주었다.

병자일(丙子日-14일)에 사비(私婢) 가지장(加知庄)과 옥둔(玉屯)이 그 주인의 어미[主母] 권씨(權氏)를 죽였다. 권씨는 졸(卒)한 참판승추부사(參判承樞府事-승추부 참판사) 최운해(崔雲海)의 계실(繼室)이었다가 다시 영흥군(永興君) 왕환(王環)에게 시집갔는데, 천성이 거세고 사나워 창적(蒼赤-종)을 대우함이 매우 포악했다. 두 계집종이 본래 미워하고 원망하다가, 그 아들 감찰(監察) 최윤복(崔閏福)이 헌부(憲府)에 숙직할 때를 맞아 한밤중에 몰래 권씨의 침실에 들어가 몽둥이로 머리를 때려 숨지게 했다. 그 아우 총제(摠制) 권희달(權希達)이 두 계집종을 결박해 형조에 넘기고, 또 말했다.

"윤복(閏福)의 아내 송씨(宋氏)가 시어머니와 동거했는데, 어찌 정상을 알지 못했겠습니까?"

이에 형조에서 아뢰었다.

"윤복이 숙직으로 집을 비웠을 때 가지장이 윤복의 아내 송씨의 계집종 옥둔과 같이 모의해서 권씨를 타살(打殺)할 것을 송씨에게 고했으나, 송씨가 벽(壁)을 사이에 두고 누웠으면서도 금하지 아니하였으니 하옥(下獄)해 국문(鞫問)할 것을 청합니다."

또 아뢰었다.

"윤복이 숙직에서 집으로 돌아와 즉시 관가에 고하지 않고, 가지장 등 두 계집종을 거느리고 함께 어미가 죽은 방 안에 있었습니다. 그 외삼촌 권희달이 이에 바로 잡아서 관가에 고했으니, 이는 인자(人子-남의 자식)의 뜻이 없는 것입니다. 청컨대 직첩(職牒)을 거두고 그 까닭을 국문(鞫問)하소서."

그것을 따랐다. 형조에서 가지장과 옥둔이 모의해서 그 주인을 죽인 실상과, 송씨가 그 사정을 알았는가의 진위(眞僞)를 국문하니 두 사람이 공술했다[供稱].

"실은 계집종들이 한 짓이므로 윤복 부부는 아는 바가 아닙니다."

이에 형조에서 아뢰기를 "송씨를 석방하소서"라고 하니, 희달이 힘써 말했다.

"윤복 부부가 그 악행에 여모(与謀-모의에 참여)했는데도 형조에서 무죄라고 생각해 그를 석방하는 것은 잘못입니다."

상이 판서 안등(安騰)에게 일러 말했다.

"천하에 어찌 아들로서 그 어미를 죽이거나 며느리로서 그 시어머니를 죽이는 자가 있겠는가? 흉악한 계집종 가지장 등이 이미 말하기를 '집 주인은 그 까닭을 알지 못한다' 했으니, 무엇이 치옥(治獄)하기가 어려워서 이처럼 오래 끌기에 이르렀는가?"

명해 옥사(獄事)를 의금부로 옮기고, 아울러 희달을 가두고 윤복을 옮겨 가두게 했다. 참찬(參贊) 이원(李原)을 위관(委官-임시 재판장)으로 삼아서 삼성(三省-대간과 형조)의 부관(府官)과 같이 국문해 다스리게 했다. 또 말했다.

"사람의 자식으로서 이러한 이치가 없으리라고 믿는다. 모름지기 허심(虛心)으로 국문하라."

옥사가 이뤄지니, 송씨는 실제로 알지 못했다. 의금부에 명해 희달이 판서 안등이 공정하지 못하게 옥(獄)을 다스린다고 드러내놓고 말한 죄를 국문하게 했다. 의금부에서 아뢰었다.

"희달은 무고율(誣告律)로, 장(杖) 100대에 유(流) 3,000리에 해당합니다."

상이 (권희달은) 태조(太祖)의 원종공신(元從功臣)이니 다만 정직(停職)하도록 하고, 송씨는 정상을 알지 못했기 때문에 죄를 면해주도록 하고, 윤복은 창졸간(倉卒間)에 그 어미를 구료하느라고 도둑을 잡는 데 늦었다고 해서 특별히 용서하고, 가지장과 옥둔은 저자[市肆]에서 환열(轘裂)하도록 했다. 사헌부(司憲府)에서 말씀을 올렸다.

"윤복이 비록 어미를 죽이는 일에 간여하지 않았다 해도, 집의 계집종이 그 어미를 죽였으니 반드시 집안을 다스리는 도리에 잘못이 있었을 것입니다. 또 그 어미가 죽음을 당했는데도 편안히 집에 앉아 복수할 생각도 없었으니, 불효로써 죄주기를 청합니다."

의정부와 육조에 명해 여러 사람이 토의해 아뢰라고 했다. 이에 정부와 육조에서 아뢰었다.

"윤복은 두 계집종이 어미를 죽일 때 정상을 알지 못했으니, 논죄

함이 옳지 못합니다."

그것을 따랐다.

정축일(丁丑日-15일)에 상이 상왕(上王)을 받들어 맞이해서 광연루
(廣延樓) 아래에서 술자리를 베푸니, 세자(世子)와 여러 종친이 모두
시연(侍宴)했다가 날이 저물어서야 마침내 그쳤다. 상이 돈화문(敦
化門) 밖까지 나가 꿇어앉아 상왕(上王)을 부축해서 수레에 태워 보
냈다.

○ 서리가 경상도 안동(安東) 임내(任內), 춘양(春陽)과 영해(寧海)
임내, 영양(英陽)과 송생(松生)·의성(義城) 등의 현(縣)에 내렸는데, 모
두 3일 동안이었다.

○ 좌의정(左議政) 하륜(河崙)이 찬진(撰進)한 『동국약운(東國略
韻)』[12]을 인쇄해 중외(中外)에 반포하도록 명했다.

기묘일(己卯日-17일)에 경상도 안동(安東)·청도(淸道)·선산(善山)·보
천(甫川)·의성(義城)·의흥(義興)·군위(軍威)·보성(甫城)·문경(聞慶)과
충청도 충주(忠州)·청풍(淸風)·괴산(槐山)·단양(丹陽)·연풍(延豐)·음
성(陰城)에 지진(地震)이 있었는데, 안동에서 더욱 심해[尤甚] 가옥들
                                              우심
의 기와가 떨어졌다[零落].
        영락
○ 사헌부에서 군자감(軍資監) 관원(官員)의 죄를 청했다. 군자감에

---

12 조선조 태종 14년에 편찬 간행됐다는 최초의 한국 음운학 책인데, 현재 그 내용이나 사
  실 여부를 확인할 수 없다.

서 갑오년(甲午年) 6월 이후부터 을미년(乙未年) 겨울철까지 각 등 관원(官員)이 (백성이) 꾸어간 것을 수납하라고 독촉하기를 늦추었기 때문이다. 헌사(憲司)에서 호조(戶曹)의 관문(關文)에 의거해 아뢰니 다음과 같이 명했다.

"30일 이상을 실사(實仕)하고서도 수납하지 못한 자는 파직하고, 그 나머지는 논하지 말라."

○ 경상도(慶尙道)의 경주 안동도 병마도절제사(慶州安東道兵馬都節制使) 권만(權蔓)을 고쳐 좌도 병마도절제사(左道兵馬都節制使)로 하고, 상주 진주도 병마도절제사(尙州晉州道兵馬都節制使) 신열(辛悅)을 고쳐 우도 병마도절제사(右道兵馬都節制使)로 하고, 경승부윤(敬承府尹) 변계량(卞季良, 1369~1430년)[13]에게 수문전 제학(修文殿提學)을,

---

13 1382년(우왕 8년) 진사시에 합격하고 이듬해 생원시에도 합격했다. 1385년 문과에 급제, 전교주부(典校注簿)·비순위정용랑장(備巡衛精勇郎将) 겸 진덕박사(進德博士)가 됐다. 1396년(태조 4년)에는 교서감승(校書監丞)에 지제교(知製教)를 겸했다. 태종 초에는 성균관학정(成均館学正), 사제감소감 겸 예문관응교와 직제학을 역임했다. 1407년(태종 7년) 문과 중시에 을과 제1인으로 뽑혀 당상관에 오르고 예조우참의(礼曹右參議)가 됐다. 이듬해 세자좌보덕(世子左輔德)이 되고, 그 뒤 예문관제학·춘추관동지사 겸 내섬시판사·경연동지사 등을 거쳐, 1415년 세자우부빈객(世子右副賓客)이 됐다. 1416년, 가뭄이 심해 상왕이 크게 근심하자, 하늘에 제사하는 것이 예는 아니나 상황이 절박하니 원단(圓壇)에 빌기를 청했다. 이에 태종이 변계량에게 제문을 짓게 하고 좌의정 유정현(柳廷顯)을 보내 제사드리게 하니, 과연 큰비가 내렸다. 그 뒤 태종 말까지 수문전제학·좌부빈객·예문관대제학 겸 성균관대사성·우빈객·예조판서·경연지사·춘추관지사·의정부참찬 등을 역임했다. 특히 1419년에는 대부분 관료가 반대한 왜구 토벌을 강력히 주장, 이종무(李従茂)를 앞세운 기해동정(己亥東征)을 성공케 하는 데 공헌했다. 1420년(세종 2년) 집현전이 설치된 뒤 그 대제학이 되었고, 1426에 우군도총제부판사(右軍都摠制府判事)가 됐다. 특히 문장에 뛰어나 거의 20년간 대제학을 맡아 외교 문서를 작성했다. 과거시관으로 지극히 공정을 기해 고려 말의 폐단을 개혁했다. 그러나 대제학으로서 귀신과 부처를 섬기고 하늘에 제사를 지냈다 해 '살기를 탐하고 죽기를 두려워하는 사람'이라는 비난을 받았다.

직예문관(直藝文館) 박희중(朴熙中, 1364~1446년)¹⁴에게 지제교 겸 춘추관기주관(知製敎兼春秋館記注官)을 더하게 했다. 애초에 좌의정 하륜(河崙)이 변계량에게 위촉해 그의 선묘(先墓) 신도비(神道碑)의 명문(銘文)을 짓게 하고, 박희중으로 하여금 이를 쓰게 했다. 상에게 아뢰어 말했다.

"이것은 신(臣) 일가(一家)의 대사(大事)입니다. 계달(啓達)한 뒤에 진양(晉陽-진주)으로 보내 입석(立石)하고자 합니다."

상이 말했다.

"내가 경의 세계(世系)를 자세하게 알고 있다."

륜(崙)이 그 참에 아뢰어 말했다.

"이 비석은 영구히 남을 것인데, 비문을 지은 자와 비문을 쓴 자에게 훌륭한 직함[華銜]이 없습니다. 빌건대 계량(季良)에게는 관각(館
                                              화함
閣)¹⁵을 더하고, 희중(熙中)에게는 자급(資級-품계)을 더하소서. 만약

14　1401년(태종 1년) 증광 문과에 병과로 급제했다. 1406년 군자감승(軍資監丞)으로 전라도 경차관(全羅道敬差官)에 임명됐고, 이어 세자부(世子傅)·좌정자(左正字)을 거쳐 이듬해 이조정랑이 됐으며, 왕으로부터 사명(賜名-이름 하사)의 은전을 입었다. 1410년 점마별감(点馬別監)에 차정되어 헌마(獻馬) 업무를 관장했으며, 1414년 하륜(河崙)이 발의한 통진 고양포(通津高楊浦) 제방수축에 직예문관(直芸文館)으로서 참여했으나 폐단이 일어 일시 파직됐다가 곧 복관됐다. 1415년 전라도경차관으로 관찰사 박습(朴習) 등과 김제 벽골제(碧骨堤)를 수축했다. 1416년 동궁서연관(東宮書筵官)·예문관지제교(芸文館知製敎)·겸춘추관기주관(兼春秋館記注官)의 화요직(華要職)을 역임했으며, 1421년(세종 3년) 영암군수(靈巖郡守)를 지냈다. 1422년 회례사(回礼使)로 일본에 가서 왜구를 금하고 피로인(被擄人)을 쇄환하는 일에 실효를 거두었으며, 이 공으로 예문관직제학(芸文館直提学)에 올랐다. 1426년 남원부사 재직 시 관청의 물품을 횡령하고 뇌물을 받은 일로 탄핵을 받아 파직됐고, 결장(決杖)과 자자(刺字)의 형을 받았다. 『해동필원(海東筆苑)』에 이름이 오른 명필로, 이 당시 하륜의 아버지 하윤린(河允潾)의 신도비를 쓰고 음기(蔭記-비의 뒷면에 기록되는 글)를 짓기도 했다.

15　수문(修文)의 관직을 말하는데, 예문관(芸文館)·집현전(集賢殿)·수문전(修文殿)·보문각

관직의 궐원(闕員)이 없다면 지제교 겸 관각(知製敎兼館閣)의 직함을 띠게 해주소서."

그것을 따랐다. 두 사람은 모두 류(崙)의 문생(門生)이다.

신사일(辛巳日-19일)에 군자감(軍資監)·풍저창(豊儲倉)의 장무(掌務)를 파직(罷職)했다. 이에 앞서 상이 도성 안의 인민이 혹은 굶주림이 있을까 걱정해서, 군자감·풍저창에 명해 민간의 저화(楮貨)를 들이고 묵은쌀[陳米]을 환급(換給)해서 매양 시가(時價)보다 더해 주게 했다. (그런데) 군자감·풍저창의 원리(員吏)가 즉시 거행하지 않았으므로 바로 의금부에 가두었다가 국문(鞫問)해 파직했다.

임오일(壬午日-20일)에 평안도 안주(安州)·태천(泰川)·가산(嘉山)·무산(撫山)·용천(龍川)·곽산(郭山)에 지진이 3일 동안 있었다.

○ 인녕부윤(仁寧府尹) 공부(孔俯)를 보내 경사(京師-명나라 수도)에 가게 하니, 천추절(千秋節)을 하례하기 위함이었다.

○ 전 판안주목사(判安州牧事-안주목 판사) 구성량(具成亮)을 의금부에 내렸다. 성량(成亮)이 안주에 있을 때 창고(倉庫)에 실화(失火)해 연기에 그을린 쌀을 고을 백성에게 나눠준 뒤 가을을 기다려 새 쌀을 수납(收納)하고자 하다가 일이 발각돼 갇히게 됐으나, 태조의 원종공신(元從功臣)이라 해 용서했다. 판관 유승(柳升)은 장(杖) 80대

(宝文閣) 또는 뒤의 홍문관(弘文館)의 벼슬을 말한다. 여기서는 관각 당상(館閣堂上)을 가리킨다.

를 속(贖)하게 했다.

○ 모시와 삼을 섞어서 짠 베옷[布衣]을 금하지 말게 했다.
_{포의}

○ 송충이를 잡았다. 5부(五部)의 정부(丁夫)와 각사(各司) 노비와 동서 각품(東西各品-문무 각품)의 종인(從人)을 징발해 송충이를 잡았다.

을유일(乙酉日-23일)에 예조에서 기신재(忌晨齋)에 설전(設奠-전문을 진설함)하는 의식을 올렸다. 아뢰어 말했다.

"의혜왕후(懿惠王后)의 기신(忌晨)을 당해 왕후전(王后前)에 설전하고 환왕(桓王)의 신어전(神御前)에 설전을 하지 않음은 실로 잘못이니, 빌건대 함께 전상(奠床-전물을 차리는 상)을 놓으소서."

그것을 따르고 명했다.

"이제부터 태조(太祖)와 신의왕후(神懿王后)의 두 기신(忌晨) 이외에 그 나머지 기신은 세 철의 공상(供上)을 없애고 다만 두 때만 쓰는 것을 영구한 항식(恒式)으로 삼으라."

○ 이명덕(李明德)을 다시 경기에 보냈다.

우희열(禹希烈)이 아뢰었다.

"굶주린 백성은 모맥(麰麥-밀보리)이 아직 익지 않은 때를 당해 더욱 염려해야 하는데, 진제(賑濟)할 쌀은 거의 사용하기에 부족합니다. 청컨대 진제사(賑濟使)를 보내 그 책임을 오로지 맡아보게 하소서."

그래서 명덕(明德)을 보낸 것이다.

병술일(丙戌日-24일)에 춘추관(春秋館)에 명해 『개원점(開元占)』¹⁶을 바치게 했다.

무자일(戊子日-26일)에 종정무(宗貞茂)의 아우 이로고로(而老古老)와 사만이온도로(士萬二溫都老)의 사인(使人)이 와서 토산물을 바쳤다.

경인일(庚寅日-28일)에 서운관(書雲觀)의 천문을 맡은 자에게 명해, 대궐 안에 입직(入直)하는 것을 없애고 본관(本觀)에 숙직하면서 모든 천변(天變)이 있으면 즉시 나와서 아뢰게 하고, 감히 대문(對問-임금의 물음에 대답함)이 있은 뒤에 나와서 아뢰는 자를 죄주게 했다.

○ 철(鐵) 1,000근(斤)을 원주(原州) 각림사(覺林寺)¹⁷에 주도록 명했으니, 사승(寺僧-절의 중)이 중창(重創)하고자 했기 때문이다.

---

16 당(唐)나라 구담실달(瞿曇悉達)이 지은 점괘(占卦)에 관한 책이다. 전 120권인데, 점천(占天)·점팔곡(占八穀)·점물이(占物異)로 나눠져 있다.

17 창건 연대는 미상이다. 조선 시대 태종이 어린 시절에 글을 읽었던 사찰로, 당시에는 몇 칸이 숲속에 황폐하게 있었으며 승려 석휴(釋休)가 태종을 보살폈다고 한다. 태종이 즉위한 뒤 석휴는 가끔 궁중에 드나들었고, 태종은 이 절을 각별히 돌보았다. 1410년(태종 10년) 12월에는 석초(釋超)를 주지로 임명하고 향을 하사했으며, 1412년 10월에는 원주목사 및 승정원에 이 절의 승려들이 전세(田稅)를 많이 거두어들인 일을 문책하지 말 것과 이 절의 중수를 도울 것을 명했다. 다시 승정원에 명해서 중관(中官)을 보내 현훈폐(玄纁幣-검은 것과 붉은 것의 두 가지 폐백) 1필을 불전에 바치고, 승려들에게는 면포와 주포 10필, 마포 50필, 저화(楮貨) 200장을 내려주게 했다. 그 뒤에 1416년 4월부터 중창했는데, 이때도 태종은 철 1,000근과 중수에 필요한 재목 1,000주를 내렸으며, 충청도 제천 창고의 쌀과 콩 100석을 하사했다. 1417년 3월에는 태종이 행행(幸行-행차)했으며, 그해 9월에 낙성법회를 열자 태종은 옥천부원군 유창(劉敞)에게 향과 소(疏)를 주어서 대신 참석하도록 하고 『화엄경』을 보내 봉안하도록 했다. 이 경은 태종이 황고(皇考)와 황비(皇妃)의 명복을 빌기 위해서 만든 것이었으나 임진왜란 때 소실된 후로 중건을 보지 못했다. 각림사 곁에 태종대(太宗台)가 있으며, 『신증동국여지승람』에는 변계량(卞季良)이 지은 각림사에 대한 시가 수록돼 있다.

신묘일(辛卯日-29일)에 전라도 장수현(長水縣)·장성현(長城縣)·진산현(珍山縣)·용담현(龍潭縣)에 서리가 내렸다.

○ 일본(日本) 장주태수(長州太守) 선종(禪種)의 사인(使人)이 예물(礼物)을 바쳤다.

癸亥朔 宗貞茂 田平殿使人來獻土物.
계해 삭 종정무 전평전 사인 내헌 토물

命蠶室養蠶人代以京中各司奴婢. 戶曹請給養蠶人月料 上曰:
명 잠실 양잠 인 대이 경중 각사 노비 호조 청급 양잠 인 월료 상왈

"予設蠶室 欲令民間學養蠶法也. 今聚遠方之民以役之 弊固大矣.
여 설 잠실 욕령 민간 학 양잠 법야 금취 원방 지민 이 역지 폐고 대의

愚民必以爲 君上欲私用也. 予享萬民之奉 何賴於養蠶! 行且罷之."
우민 필 이위 군상 욕 사용 야 여향 만민 지봉 하뇌어 양잠 행차 파지

乃命代以京中奴婢 朝宗四十名 迷原三十八名.
내 명 대이 경중 노비 조종 사십 명 미원 삼십 팔명

甲子 文城府院君柳亮卒. 亮字明仲 文化人也 密直使繼祖之子
갑자 문성부원군 유량 졸 량 자 명중 문화인 야 밀직사 계조 지자

也. 其先有車達者 有功於麗祖統合之時 賜號三韓功臣 子孫世爲
야 기선 유 차달 자 유공 어 여조 통합 지시 사호 삼한공신 자손 세위

達官. 亮少卓犖不群 爲輩所憚. 洪武壬戌 年二十八 以護軍辭職
달관 량소 탁락 불군 위제배 소탄 홍무 임술 년 이십팔 이 호군 사직

赴試 中第一 累遷判宗簿寺事. 己巳冬 隨順安君王昉赴京 會有
부시 중 제일 누천 판종부시사 기사 동 수 순안군 왕방 부경 회유

讒人造言 交構於上國者 亮隨事辨析. 國初 陞商議中樞 太祖以
참인 조언 교구 어 상국 자 량 수사 변석 국초 승 상의중추 태조 이

亮久侍潛邸 命參元從功臣. 丙子出尹雞林. 丁丑 倭虜大熾 太祖
량 구시 잠저 명참 원종공신 병자 출윤 계림 정축 왜로 대치 태조

遣右政丞金士衡往討之. 會倭寇適至 亮與邊將 共擊 敵勢窘欲降
견 우정승 김사형 왕 토지 회 왜구 적지 량여 변장 공격 적세 군 욕항

邊將許之 賊尚覘虛實 逡巡不決. 亮解弓矢 馳入賊中以示無他 賊
변장 허지 적상 첨 허실 준순 불결 량해 궁시 치입 적중 이시 무타 적

信之 握手開懷 贈之良劍. 亮卽率降 倭使者十人 赴士衡幕 士衡
신지 악수 개회 증지 양검 량즉 솔항 왜 사자 십인 부 사형 막 사형

留置倭船于蔚山浦 乃送倭使于朝 命厚贈糧米慰諭之 密使邊將
유치 왜선 우 울산포 내송 왜사 우조 명 후증 양미 위유 지 밀사 변장

殲之. 徵兵船未集 賊聞飛語 遂執蔚山郡事李殷吏一妓一以去.
섬지 징 병선 미집 적문 비어 수집 울산군사 이은 이 일기 일 이거

柄用者謂亮嗾之 使憲司劾問 太祖命勿治 止配合山. 柄用者憤無

所洩 復請逮問 繫獄數月 拷掠備至. 我殿下慰其見屈 乘間極言

太祖感悟得釋 命於羅州安置. 戊寅起爲江陵大都護府使 民皆 爲

立生祠. 上卽位 授參知三軍府事. 辛巳賜號推忠翼戴佐命功臣

自是歷遷要秩. 乙未 拜右議政 未幾以疾辭. 以文城府院君 加

功臣號同德二字就第. 至是病疽卒 年六十二. 訃聞 上甚悼 輟朝

三日 遣代言李種善 賜祭于第 致賻有加 官庇葬事. 亮性高亢剛躁

爲政務大體 不喜變更 是是非非 不爲詭隨. 諡曰忠景. 子五人 佐

謹 京生 江生 漢生.

　議賑濟事宜. 命京中還上米豆 令漢城府同五部 令每里親到 悉訪

窮乏之人 爲先分給 從戶曹之啓也. 議政府啓: "貸民軍資 徵納

最難. 依前朝解典庫例 入典然後給之." 上曰: "前朝還上之法 將

釜鼎雜物 納之於官 而後受出 及還納而還受其物 殊失爲國大體

不可行也."

　戊辰 司憲府大司憲金汝知等上疏. 疏曰:

'人臣之罪 莫大於不敬; 不敬之實 莫甚於蒙蔽. 今柳思訥 權緩等

交結比附 誣上行私 以盜國用 此臣民之所共憤也. 以近臣而妄稱

教旨; 以宰臣而飾詐貪 凡立朝者之所共疾也. 也吾乃 道全 非我

族類 陰謀譎詐 以效鼠竊 將貽笑於異類 此一國之恥也. 子厚之

挾私 養修之陷人 亦有乖於邦憲 不可不懲也. 卓愼掌進御之藥 藥

之新陳善惡 宜無所不察 況異類所獻 其敢忽諸? 法者 公共之器 非
지 신진 선악 의무 소불찰 황 이류 소헌 기 감홀 제 법자 공공 지기 비

殿下所得而私也. 罪各有律 法當不赦 伏惟上裁.'
전하 소득이 사야 죄각 유율 법당 불사 복유 상재

疏上 命汝知曰:"權緩 思訥等所犯 但以無廉恥耳. 予自卽位以來
소상 명 여지 왈 권완 사눌 등 소범 단이무 염치 이 여자 즉위 이래

罪非于謀逆不忠者 未有依律施行者. 權緩 思訥等以近臣 宰相
죄비우 모역 불충 자 미유 의율 시행 자 권완 사눌 등 이 근신 재상

久滯彙綏 杖百付處 亦足懲矣. 大抵臺諫務爲守法 而不得其言 必
구체 유설 장백 부처 역 족징 의 대저 대간 무위 수법 이 부득 기언 필

辭其職. 古人曰:'有言責者 不得其言 則去.' 若日本與遼東則可也
사 기직 고인 왈 유 언책 자 부득 기언 즉 거 약 일본 여 요동 즉 가야

辭職而在家 甚不可 毋得如此."
사직 이 재가 심 불가 무득 여차

己巳 命承文院除他務 永爲恒式. 時 判事元肅兼尙瑞少尹 亦
기사 명 승문원 제 타무 영위 항식 시 판사 원숙 겸 상서 소윤 역

解之.
해지

吏曹上中外考功法. 啓曰:"朝士受各道守令 敎授官 驛丞 渡丞
이조 상 중외 고공법 계왈 조사 수 각도 수령 교수관 역승 도승

鹽場官者 多般托辭 不肯就任. 厥後於各處提調及諸都監 以此職銜
염장관 자 다반 탁사 불긍 취임 궐후 어 각처 제조 급 제 도감 이차 직함

規得受點 口傳 因此結銜 官爵之濫 無異添設. 自今上項未赴任者
규득 수점 구전 인차 결함 관작 지람 무이 첨설 자금 상항 미 부임 자

之職牒 一皆還收. 且守令 敎授官 驛丞 渡丞 鹽場官考滿 則依例
지 직첩 일개 환수 차 수령 교수관 역승 도승 염장관 고만 즉 의례

敍用 然其中三十箇月內 雖笞罪 再犯者左遷 三犯者罷職 何如?"
서용 연 기중 삼십 개월 내 수 태죄 재범 자 좌천 삼범 자 파직 하여

又啓:"各道守令及鹽場官 驛丞 渡丞等 或因公事避嫌 或受由
우계 각도 수령 급 염장관 역승 도승 등 혹인 공사 피혐 혹 수유

或稱病 累朔不仕者間或有焉 一以赴任箇月敍用 於考功之法
혹 칭병 누삭 불사 자 간혹 유언 일이 부임 개월 서용 어 고공 지법

有名無實 今後以實仕計箇月敍用." 從之.
유명무실 금후 이 실사 계 개월 서용 종지

命捕安巖 沙閑 淸洞松蟲.
명포 안암 사한 청량동 송충

庚午 京畿賑濟使李明德復命. 啓曰:"各官飢民一萬
경오 경기 진제사 이명덕 복명 계왈 각관 기민 일만

一千九百十戶內 男女老弱竝六萬五千八百八十六口. 以道內各官
일천 구백 십호 내 남녀 노약 병 육만 오천 팔백 팔십 육구 이 도내 각관

米穀及留後司 忠淸道 江原道 各官所有米穀輸轉 或以還上 或以
賑濟 分給陳新米豆 雜穀竝八萬一千三百四十七石.”

壬申 賜安城府院君李叔蕃酒 以叔蕃將浴於白川溫水也. 叔蕃請
甲士李澄玉等數十人以行 議者非之.

遣行臺監察于京畿左右道 察人民放馬牛害穀 兼考守令救荒勤慢
及以不緊事越境出入與堤堰之無益有害者 從憲府之啓也.

癸酉 召宗親于廣延樓下 擊毬 仍置酒.

下敎勸農. 命戶曹曰:“農務方殷 移文各道 各官守令於芒種節前
督民畢種 毋得遲緩 亦毋得陳荒.

甲戌 慶尙左右道 軍器點考敬差官安望之 李倣等 具錄各等
節制使守令各浦萬戶等軍器不鍊不實之罪以聞 命兵曹實 功臣外
民官罷職贖罪 軍官贖罪還任.

以李原爲議政府參贊.

吏曹上侍丁人遷轉法. 啓曰:“前此到宿遷轉及箇月去官人 有緣故
不仕滿百日及無緣故不仕滿三十日者 隨卽除錄; 侍丁人不拘年限
亦竝除錄; 侍畢還仕者 以新屬例許屬. 臣等以謂 侍丁給暇 使養
老親 忠厚美意. 乞自今 方其在侍 以新來從仕者 隨卽充補 侍畢祥
後 有去官人 還屬本坐 通計前仕去官.” 從之.

復禁玉色衣.

乙亥 命收權緩 柳思訥職牒. 司憲府啓曰:“尹向之罪從原情之敎

旣聞命矣. 若思訥 權緩等罪 法不可赦 只流于外 何以戒後? 原情
甚譎 敢請兪允施行." 敎曰: "諾. 古人有以除君側爲名 稱兵向闕 是
豈效尤之事哉? 太祖之事則應天順人 雖不可例論 然向之言 亦不
甚誤. 所請思訥等罪 當從之."

司諫院疏曰:

'臣等近者 將權緩等罪 具疏申請 未蒙兪允. 臣等竊惟 權緩 思訥
養修俱犯不赦之罪 殿下特垂寬典 不收職牒 止贖其罪 斥逐于外;
子厚 卓愼 尙德等罪 亦非輕 又蒙寬典 有乖於法 無以戒後. 乞於
前疏 兪允施行.'

乃命收思訥 緩職牒 養修 子厚 愼 尙德勿論.

宗貞茂 秋月殿 田平殿及貞茂之母使人來獻土物. 給貞茂母米
八十四石.

丙子 私婢加知庄與玉屯殺其主母權氏. 權氏 卒參判承樞府事
崔雲海之繼室也 再適永興君王環. 性强戾 待蒼赤甚暴 二婢素懷
疾怨 値其子監察崔閏福直宿憲府 夜半潛入權氏寢 以木擊其頭乃
死. 其弟摠制權希達縛二婢 付于刑曹 且云: "閏福妻宋氏 與姑同居
豈不知情?" 於是刑曹啓: "閏福直宿本府空家時 加知庄與閏福妻
宋氏之婢玉屯同謀 以打殺權氏之事 告于宋氏 宋氏隔壁臥在而
不禁. 請下獄鞫問." 又啓: "閏福自直宿還家 不卽告官 而率加知庄
等二婢 共處母死之房內 其舅權希達乃執 告官 是無人子之意.

請收職牒 鞫問其由." 從之.
_{청수 직첩 국문 기유 종지}

刑曹鞫加知庄 玉屯謀殺其主情狀及宋氏知情眞僞. 二人供稱:
_{형조 국 가지장 옥둔 모살 기주 정상 급 송씨 지정 진위 이인 공칭}

"實是婢等所爲 非閏福夫妻所知." 於是 刑曹啓釋宋氏. 希達力言:
_{실시 비등 소위 비 윤복 부처 소지 어시 형조 계석 송씨 희달 역언}

"閏福夫妻 與謀其惡 刑曹以爲無罪而釋之 非也." 上謂判書安騰
_{윤복 부처 여모 기악 형조 이위 무죄 이 석지 비야 상위 판서 안등}

曰: "天下安有子殺其母 婦殺其姑者哉? 賊婢加知庄等旣曰: '家主
_{왈 천하 안유 자살 기모 부살 기고 자재 적비 가지장 등 기왈 가주}

不知其故.' 則何治獄之難而至於如此之久也?" 命移獄于義禁府
_{부지 기고 즉하 치옥 지난 이 지어 여차 지구 야 명 이옥 우 의금부}

幷囚權希達 移囚閏福 以參贊李原爲委官 同三省府官鞫治. 且曰:
_{병수 권희달 이수 윤복 이 참찬 이원 위 위관 동 삼성 부관 국치 차왈}

"人子疑無此理. 須虛心鞫之." 獄成 宋氏實不知. 命義禁府鞫希達
_{인자 의 무 차리 수 허심 국지 옥성 송씨 실 부지 명 의금부 국 희달}

揚說判書安騰不公治獄之罪 義禁府啓: "希達誣告 律當杖一百 流
_{양설 판서 안등 불공 치옥 지죄 의금부 계 희달 무고 율당 장 일백 유}

三千里."
_{삼천리}

上以太祖元從功臣 只令停職: 宋氏以不知情免; 閏福以倉卒醫療
_{상 이 태조 원종공신 지령 정직 송씨 이 부지정 면 윤복 이 창졸 의료}

其母 緩於執賊 特原之; 加知庄 玉屯轘于市. 司憲府上言:
_{기모 완어 집적 특 원지 가지장 옥둔 환 우시 사헌부 상언}

"閏福 雖未干弑母之事 家婢殺其母 必有失於處家之道. 且其母
_{윤복 수 미간 시모 지사 가비 살 기모 필유 실어 처가 지도 차 기모}

見弑 安然在家 無復讎之計. 請以不孝罪之."
_{견시 안연 재가 무 부수 지계 청 이 불효 죄지}

命議政府 六曹僉議以聞. 於是 政府 六曹啓曰: "閏福 當二婢
_{명 의정부 육조 첨의 이문 어시 정부 육조 계왈 윤복 당 이비}

殺母之時 不知情狀 不宜論罪." 從之.
_{살모 지시 부지 정상 불의 논죄 종지}

丁丑 上奉迎上王 置酒于廣延樓下 世子 諸宗親皆侍宴 日暮乃罷.
_{정축 상 봉영 상왕 치주 우 광연루 하 세자 제 종친 개 시연 일모 내 파}

上出敦化門外 跪扶上王乘輿以送.
_{상 출 돈화문 외 궤부 상왕 승여 이송}

隕霜于慶尙道 安東任內 春陽寧海任內 英陽及松生義城等縣 凡
_{운상 우 경상도 안동 임내 춘양 영해 임내 영양 급 송생 의성 등 현 범}

三日.
_{삼일}

命印左議政河崙撰進東國略韻 頒諸中外.

己卯 慶尙道安東 淸道 善山 甫川 義城 義興 軍威 甫城 聞慶

忠淸道忠州 淸風 槐山 丹陽 延 陰城地震 安東尤甚 屋瓦零落.

司憲府請軍資監官員之罪. 軍資監自甲午六月以後 至乙未年

冬節各等 官員緩督貸者收納. 憲司據戶曹關以啓 命曰:"實仕

三十日以上 而未收納者罷職 其餘勿論."

改慶尙道慶州安東道兵馬都節制使權蔓爲左島兵馬都節制使

尙州晉州道兵馬都節制使辛悅爲右道兵馬都節制使 加敬承府尹

卞季良修文殿提學 直藝文館朴熙中知製敎兼春秋館記注官. 初

左議政河崙囑卞季良 銘其先墓神道碑 令朴熙中書之. 啓于上曰:

"此臣一家之大事 欲啓達而後送于晉陽立石." 上曰:"予細知卿之

世系也." 崙仍啓曰:"此碑流於永久 而作碑與書碑者無華銜. 乞於

季良加館閣 熙中加資級 如無職闕 帶知製敎兼館銜." 從之. 二人皆

崙之門生也.

辛巳 罷軍資儲倉掌務職. 先是 上憂都內人民或有飢饉 命軍資監

儲倉 納民間楮貨 而換給陳米 每於時價加給. 軍資儲員吏不卽

擧行 乃囚義禁府 鞫問罷職.

壬午 平安道安州 泰川 嘉山 撫山 龍川 郭山地震三日.

遣仁寧府尹孔俯如京師 賀千秋也.

下前判安州牧事具成亮于義禁府. 成亮之在安州也 倉庫失火 以

烟熏米 分給州民 欲待秋收納新米 事覺被囚 以太祖元從功臣宥之.
연혼 미 분급 주민 욕 대추 수납 신미 사각 피수 이 태조 원종공신 유지

判官柳升贖杖八十.
판관 유승 속장 팔십

勿禁苧麻交織布衣.
물금 저마 교직 포의

捕松蟲. 發五部丁夫 各司奴婢 東西各品從人以捕之.
포 송충 발 오부 정부 각사 노비 동서 각품 종인 이 포지

乙酉 禮曹上忌辰齋設奠之儀. 啓曰: "當懿惠王后忌辰 設奠於
을유 예조 상 기신재 설전 지의 계왈 당 의혜왕후 기신 설전 어

王后前 不設桓王神御前 實爲未便. 乞共置奠床." 從之 命自今太祖
왕후 전 불설 환왕 신어 전 실위 미편 걸 공치 전상 종지 명 자금 태조

神懿王后 兩忌辰外 其餘忌辰 除三時之供 只用兩時 永爲恒式.
신의왕후 양 기신 외 기여 기신 제 삼시 지공 지용 양시 영위 항식

復遣李明德于京畿. 禹希烈啓: "飢民當麰麥未熟之時 尤爲可慮
부견 이명덕 우 경기 우희열 계 기민 당 모맥 미숙 지시 우위 가려

而賑濟之米 幾乎乏用. 請遣賑濟使 專任其責." 故遣明德.
이 진제 지미 기호 핍용 청견 진제사 전임 기책 고 견 명덕

丙戌 命春秋館進開元占.
병술 명 춘추관 진 개원점

戊子 宗貞茂弟而老古老及士萬二溫都老使人來獻土物.
무자 종정무 제 이로고로 급 사만이온도로 사인 내헌 토물

庚寅 命書雲觀司天者 除闕內入直 本觀直宿 凡有天變 隨卽進啓
경인 명 서운관 사천 자 제 궐내 입직 본관 직숙 범유 천변 수즉 진계

敢有對問而後進啓罪之.
감유 대문 이후 진계 죄지

命給鐵一千斤于原州覺林寺 以寺僧欲重創也.
명급 철 일천 근 우 원주 각림사 이 사승 욕 중창 야

辛卯 全羅道 長水 長城 珍山 龍潭縣隕霜.
신묘 전라도 장수 장성 진산 용담현 운상

日本 長州太守禪種使人獻禮物.
일본 장주 태수 선종 사인 헌 예물

태종 16년 병신년
5월

五月

　임진일(壬辰日) 초하루에 상이 인덕궁(仁德宮-상왕의 거처)에 나아가 잔치를 베풀었다.

　○ 대마도(對馬島)의 근강수(近江守-벼슬 이름) 종무세(宗茂世)의 사인(使人)이 양식을 청했다.

　○ 경중(京中) 기민(飢民)을 진제(賑濟)하는 데 군자감(軍資監)의 묵은쌀·콩 70석을 썼다.

　○ 상의원 제거(尙衣院提擧) 심서(沈舒)를 가두라고 명했으나 이윽고 중지했다. 원에서 가는 베 버선[細布襪]을 바치니, 상이 노해서 서(舒)를 옥에 내리려다가 끝내 실행하지는 않고 말했다.

　"이제부터는 가는 베를 쓰지 말라."

　○ 상이 말했다.

　"거친 명주[麤紬]를 써서 석자(席子-돗자리)의 선을 두르라는 명(命)이 이미 있었는데 어찌해서 아직도 가는 명주를 쓰는가? 누에 치고 베 짜는 공력이 매우 어려우니, 이제부터는 목면(木綿-무명)으로 대신하라."

　호조에서 아뢰었다.

　"각 전(殿) 자리의 연(緣-가장자리)은 붉은 명주를 없애고 압두록(鴨頭綠-오리의 목 빛과 같은 짙은 녹색)의 7승(七升) 목면(木綿)을 사용케 하고, 차일(遮日)과 다인(多人) 자리의 연(緣)은 파랗게 물들인 정

5승포(正五升布)를 사용케 하고, 경중(京中) 각사(各司)와 외방(外方) 각 고을 자리의 연(緣)은 모두 5승포(五升布)를 사용케 하소서. 대궐 안의 어욕(御褥-임금의 이부자리) 외에는 붉은 명주요를 일절 금지하소서."

그것을 따랐다.

○ 사헌부(司憲府)에서, 긴요하지 아니한 물건을 무역(貿易)한 제용감(濟用監)의 죄를 청하니 상이 말했다.

"이는 호조(戶曹)에서 명령을 게을리한 소치다."

그 참에 절검(節儉)할 도리를 논하며 말했다.

"지난번에 제용감에서 바친 석자(席子)를 보니 네 모서리에 모두 금선(金線)을 썼는데, 금선은 원래 본국에서 생산하는 것이 아니다. 이 또한 긴요하지 아니한 허비다. 즉시 사용을 금지하도록 하라. 중궁(中宮)이 이르기를 '가는 명주로써 지의(地衣)에 선을 두른다'라고 했으나, 이 또한 쓸데없는 낭비다. 즉시 목면(木綿)으로 바꾸라고 하라. 대체로 내가 절용(節用)하는 까닭은 환관(宦官)과 궁첩(宮妾)을 위한 것이 아니요 또한 자손(子孫)의 계책을 위한 것도 아니라 장차 부지런히 노동하는 사람들을 대우하려는 것이다."

계사일(癸巳日·2일)에 충청도의 회인(懷仁)·문의(文義)·정산(定山) 등의 현에 서리가 내렸다.

○ 예조에서 건원릉(健元陵)의 별제의(別祭儀)를 올렸다. 아뢰어 말했다.

"친행 별제의주(親幸別祭儀注) 안에 전작(奠爵)한 뒤에 상향(上香)

하고, 헌작(獻酌)한 뒤에 절하는 예가 없는 것은 불편합니다. 문소전(文昭殿) 친행 의주(親幸儀注)의 예에 의거해 상향(上香)한 뒤에 전작(奠爵)하고 헌작(獻酌)한 뒤에 재배(再拜)하게 하소서."

그것을 따랐다. 사헌부에서 아뢰었다.

"제릉(齊陵)·후릉(厚陵)의 제감(祭監)과 감찰(監察)이 사마(私馬)로써 왕래하는 것은 불편하니, 포마(鋪馬)¹를 주기 바랍니다."

상이 말했다.

"금후로는 제감·감찰과 내시별감(內侍別監) 등을 차견(差遣-파견)하지 말라."

○ 제주(濟州)의 관원(官員)이 체임(遞任)하고 해유(解由)²하는 것을 한결같이 다른 예에 의거하도록 명하니, 이조(吏曹)의 아룀에 따른 것이다. 다만 신관(新官)과 구관(舊官)이 교대하는 사이에 풍변(風變)을 기약하기 어려운 곳에서는 목사(牧使)와 판관(判官)으로 하여금 서로 성급(成給)하게 했으니, 등내(等內)³에 각 둔(屯)⁴의 마필(馬匹)의 번식(繁息)에 죽어 없어진 수와 전량(錢糧)·군기(軍器) 등의 물건을 갖춰 모조리 시행해서 감사에게 정보(呈報)하면 감사가 본조(本曹)에 이관(移關-관문을 보냄)해 해유(解由)를 성급(成給)하는 것을 그대로 윤허한 것이다.

---

1 나라에서 공사(公事)를 행하는 관리에게 주는 역마(驛馬)를 말한다. 반대는 사마(私馬)다.
2 관아의 물품을 맡은 관리가 체임(遞任)할 때 후임자에게 사무를 인계하고 호조(戶曹)에 보고해서 그 책임을 면제받는 일을 말한다.
3 춘등(春等)·추등(秋等)의 기간을 말한다.
4 말을 방목(放牧)해 기르는 곳을 말한다. 국둔(國屯)과 사둔(私屯)이 있었는데, 대개 국둔에서는 50필 단위로 직원과 목자(牧子)를 임명했다.

갑오일(甲午日-3일)에 비가 내렸다.

○ 단양군(丹陽郡)에 우박(雨雹)이 내렸다.

○ 별군(別軍) 김불생(金佛生)이 벼락에 맞았다.

○ 충청도 부여현(扶餘縣)에서 소 2마리가 벼락에 맞았다.

○ 경기 진제사(京畿賑濟使) 이명덕(李明德)이 복명(復命)했다. 아뢰어 말했다.

"기전(畿甸-경기)의 전지에 모가 자란 형세는 근사합니다. 다만 한기(旱氣) 때문에 모맥(麰麥)이 크게 익을 수 없을까 두려워했는데, 오늘 비가 내리니 매우 기쁩니다."

○ 사헌부에서 강원도의 군기(軍器)를 단련하지 않은 수령(守令)과 군관(軍官)의 죄를 청했다. 상이 말했다.

"율문(律文)대로 죄를 주면 반드시 대체(代遞)해야 마땅한데, 농사철에 송영(送迎)하는 폐단이 가볍지 않을 것이다. 군관(軍官)은 색장(色掌)을, 수령은 장리(掌吏)를 우선 죄주라."

○ 사헌부에서 판좌군도총부사(判左軍都摠府事-좌군도총부 판사) 박은(朴訔), 군기판관(軍器判官) 윤부(尹敷), 의정부 사인(議政府舍人) 정촌(鄭村) 및 군기시관(軍器寺官) 김성미(金成美)·최해산(崔海山)·최자해(崔自海) 등의 죄를 청했다. 부(敷)는 은(訔)의 사위인데 그 장인 집의 숙동(熟銅) 9근을 군기감(軍器監)에 바치고 생동(生銅) 9근을 바꾸었으며, 촌(村)은 전에 군기 부정(軍器副正)이 됐을 때 주철(鑄鐵)에 쓰고 남은 소목(燒木) 4,500근을 도로 보충한다고 핑계 대고는 사사로이 이로써 기와를 구웠고, 성미(成美)·해산(海山)·자해(自海) 등은 그의 청을 청종(聽從)한 까닭이다.

○ 상왕(上王)이 건원릉(健元陵)에 참배(參拜)했다.

○ 상이 문소전(文昭殿)에 나아가 단오 별제(端午別祭)를 행했다. 서운 부정(書雲副正) 김후(金候), 장루(掌漏) 박영생(朴英生) 등을 의금부에 가두도록 명하니, 제사를 행할 시각을 잘못 보고했기 때문이다.

○ 상의원(尙衣院)에서 패옥(佩玉)을 바치니, 영길도(永吉道) 예원(預原)과 평안도 의주(義州)에서 나는 청옥(靑玉)으로 갈아서 만든 것이었다. 천추사(千秋使) 공부(孔俯)가 갈 때 패옥(佩玉)을 역환(易換)할 마포(麻布) 46필을 싸서 갔는데, 상이 말했다.

"이 옥(玉)이 대단히 아름다운데, 어찌 꼭 중국에서 구해야 하겠는가?"

즉시 지인(知印)을 보내 부(俯)에게 유시(諭示)해서 패옥을 무역하지 말게 했다.

정유일(丁酉日-6일)에 제주 도안무사(濟州都安撫使) 오식(吳湜, 1370~1426년)[5]과 전 판관(判官) 장합(張合) 등이 그 땅의 사의(事宜-

---

5 1409년(태종 9년) 남원부사로 재임 중 정주목사 이사강(李斯剛)이 속공노비를 허위로 신고한 것을 제대로 살피지 못한 죄로 파직됐다. 이후 사면돼 1415년(태종 15년) 제주도안무사로 있으면서 그곳의 수조법(收租法)을 새로이 정했다. 이때 제주에는 한라산 북쪽 한곳에만 관아가 있어 남쪽에 거주하는 사람들이 관아를 왕래하는 데 불편이 컸는데, 제주도 한라산 남쪽 90여 리를 동서로 갈라 동쪽을 '정의(旌義)', 서쪽을 '대정(大靜)'이라고 해서 현(縣)을 설치할 것을 건의해 허락을 받았다. 이로써 제주는 제주목·정의현·대정현 3읍으로 나뉘고 여기에 17개 속현이 모두 속하게 됐다. 1417년 형조참의를 거쳐 인녕부윤을 지냈고, 이듬해 전라도도관찰사(全羅道都觀察使)로 부임했다. 1419년(세종 1년) 청주목 판사에 임명되고, 1422년(세종 4년) 중군동지총제를 거쳐 좌군동지총제를 역임했다. 1426년 경주부윤으로 재직 중 죽자 왕이 부의를 내렸다.

일의 마땅함 혹은 현안)를 올렸다. 아뢰어 말했다.

"제주에 군(郡)을 두던 초기에 한라산(漢挐山)의 4면(四面)이 모두 17현(縣)이었는데, 북면(北面)의 대촌현(大村縣)에 성을 쌓아 본읍으로 삼았습니다. 동서도(東西道)에는 정해진(靜海鎭)을 두고 군사와 말을 모아 연변을 방어했고, 동서도(東西道)의 도사수(都司守)⁶는 각각 부근의 군사와 말을 고찰하고 목장(牧場)을 겸임했습니다. 그러나 땅이 크고 백성은 조밀해 소송이 번다한 데다 동서도(東西道)의 산(山) 남쪽에 사는 사람들이 목사(牧使)가 있는 본읍(本邑)을 왕래하려면 매우 어려울 뿐 아니라 농사 때 갔다가 오는 데도 그 폐단이 적잖습니다. 또 정해진의 군마와 목장을 겸임하는 다수의 직원(職員)이 무지한 무리를 거느리고 군마의 고찰을 핑계해서 백성을 침해하고 폐단을 일으키며, 혹은 무시로 사냥해[畋獵] 힘없고 지친 백성을 소요
전렵
스럽게 합니다. (그런데도) 목사(牧使)와 판관(判官)이 또한 그 연고를 알지 못하니, 어찌 고찰할 수 있겠습니까? 이것이 여러 해 묵은 큰 폐단입니다.

마땅히 동서도(東西道)에 각각 현감(縣監)을 두어야 하니, 재주가 문무(文武)를 겸하고 공정하고 청렴하며 정직한 자를 내려보내 목장(牧場)을 겸임하게 하소서. 이로 하여금 동서 정해진의 군마를 고찰해 고수(固守)하게 하고, 관할하는 목장(牧場) 안의 마필이 새끼를 쳐서 자라는 것과 수다한 직원(職員)·목자(牧子)가 보살펴 키우는 일에

---

6   제주도 토관직(土官職)의 하나다. 1404년(태종 4년) 5월에 동도 천호소(東道千戶所)를 동도 정해진(東道靜海鎭)으로, 서도 천호소(西道千戶所)를 서도 정해진(西道靜海鎭)으로 삼고 도천호(都千戶)를 도사수(都司守)로 고쳤다.

능한지를 살피게 하소서. 판관(判官)으로서 안무사(安撫使)와 도(道)
수령관(首領官)을 겸차(兼差)하게 해서, 안무사가 수령관과 마찬가지
로 다른 도의 감사(監司)의 예에 의거해 순행(巡行)하면서 수령이 부
지런한지 게으른지를 고찰해서 포폄(褒貶)하고 이를 이조(吏曹)로 이
보(移報)하게 하소서. 이것이 잘 다스려져 오래도록 평안히 되는 계
책입니다.

바라건대 이제부터 본읍에는 동도(東道)의 신촌현(新村縣)·함덕현
(咸德縣)·김녕현(金寧縣)과 서도(西道)의 귀일현(貴日縣)·고내현(高內
縣)·애월현(厓月縣)·곽지현(郭支縣)·귀덕현(歸德縣)·명월현(明月縣)
을 소속시키고, 동도(東道)의 현감(縣監)은 정의현(旌義縣)을 본읍으
로 삼아 토산현(兎山縣)·호아현(狐兒縣)·홍로현(洪爐縣) 등 3현(三縣)
을 소속시키고, 서도(西道)의 현감(縣監)은 대정현(大靜縣)을 본읍으
로 삼아 예래현(猊來縣)·차귀현(遮歸縣) 등 2현(縣)을 소속시키도록
하소서. 두 곳의 현감이 만약 공사(公事)가 있는데 감히 독단(獨斷)
할 수가 없으면 안무사(安撫使)에 의논을 보내 결절(決絶)한 뒤에 사
연(辭緣)을 대략 들어 정보(呈報)해서 출척(黜陟)에 빙거하게 하고, 만
약 진상(進上)하는 마필을 쇄출(刷出)하는 일과 연례(年例)의 마적(馬
籍) 따위의 일이라면 현감(縣監)이 관할하는 마필의 나이와 털 빛깔
을 정보(呈報)하면 안무사가 순행(巡行)해 친히 감독 고찰해 시행하
며, 관할하는 군관(軍官)과 군인(軍人) 가운데 천호(千戶)와 백호(百戶)
는 차정(差定)한 연월(年月)의 오래고 짧은 차등을 가지고 현감(縣監)
이 분간해서 정보(呈報)하면 안무사가 서로 고찰해 그전대로 차하(差
下)하는 것을 항식(恒式)으로 삼는 것이 어떻겠습니까?"

육조(六曹)와 의정부에 내려 토의해 아뢰게 하니, 이조에서 의정부와 제조(諸曹)와 함께 토의했다.

"제주의 동서도 현감(縣監)이 신설한 목장을 겸임하는 일이나, 신현(新縣)에다 각 현을 합속시키는 일이나, 마필(馬匹)의 번식을 순행하면서 고찰하는 일이나, 천호(千戶)와 백호(百戶)를 차정(差定)하는 일 따위는 계본(啓本-보고)에 의거해 시행하게 하소서. 그 신설한 현감의 정적(政績-행정 실적)에 대한 전최(殿最-실적의 좋고 나쁨)는 도안무사가 다른 영내관(領內官-영내의 관리)의 예에 의거해서 때때로 고찰해 도관찰사(都觀察使)에게 전보(傳報)하면 도관찰사는 목사(牧使)와 판관(判官)의 정적(政績)을 아울러 고찰해 포폄(褒貶)을 시행하는데, 바다를 격했기 때문에 모든 형옥(刑獄)의 결송(決訟)과 전량(錢糧) 등의 일을 제때 보고할 수 없으니 시행한 뒤에 사연을 대략 들어서 1년에 두 차례 감사에게 정보(呈報)하게 하되, 국둔(國屯)의 마필의 번식한 다소와 죽어서 없어진 수도 아울러 기록해 정보(呈報)하게 해서 출척(黜陟)에 빙거(憑據)하게 하소서."

그것을 따랐다.

○ 명해 이제부터 제주(濟州)에서 사사로이 마필을 진상(進上)하는 것을 금지했다. 만약에 성심(誠心)으로 진상하는 자가 있어도 1필을 넘지 못하게 했다.

○ 사헌부에서 오결 원리 결죄(誤決員吏決罪)의 법을 아뢰었다. 아뢰어 말했다.

"을유년(乙酉年-1405년)의 영구히 준수해야 할 교지(敎旨) 안에 '노비를 오결한 원리(員吏)는 직첩(職牒)을 거둬들이고 장(杖) 80대를 때려서 몸을 수군(水軍)에 채워 넣고, 뇌물을 받고 오결한 정상이 현저한 자는 직첩을 거둬들이고 장(杖) 100대를 쳐서 몸을 수군(水軍)에 채워 넣어 영구히 서용하지 않는다'고 했습니다. (또) 『속육전(續六典)』 안에는 '꾸며대는 말을 치우쳐 듣고[偏聽] 사실과 거짓을 살피지 못한 채 혼미(昏迷)해 오결한 자는 표부과명(標付過名)[7]해서 영구히 서용하지 아니하고, 인정의 좋고 나쁨에 따라 장물(贓物)을 받고 오결한 정상이 현저한 자는 직첩을 거둬들이고 장(杖) 100대를 쳐서 몸을 수군(水軍)에 채워 넣는다'라고 했습니다. (또) 을미년(乙未年-1415년)에 이조(吏曹)에서 수교(受敎)한 안에는 '실로 십악(十惡)[8]을 범하거나 감수자도(監守自盜)[9]하거나 불법 살인하거나 법을 굽혀 재물을 받는 따위의 죄와 이미 장(杖) 100대 이상의 죄에 연좌된 경우에는 율문(律文)에 의거해 서용하지 않는다'고 했습니다. 만약 을미년의 교지를 따른다면 혼미해 오결한 자는 영구히 서용하지 않는다는 예에 들지 않아서, 다만 표부과명할 따름이요 조금도 죄를 받지 않게 됩니다. 전후의 교지(敎旨)가 이같이 서로 같지 않으니, 어느 것을 좇아야 할지 알지 못하겠습니다[未審=不知]."
미심   부지

상이 말했다.

---

7 관리가 허물을 저질렀을 때 그 과오(過誤)를 별지(別紙)에 써서 정안(政案)에 붙여두는 것을 말한다. 후일 도목(都目-인사고과)의 자료로 삼기 위한 것이다.

8 용서할 수 없는 열 가지 큰 죄악으로, 『대명률(大明律)』을 보면 모반(謀反)·모대역(謀大逆)·모반(謀叛)·모역(謀逆: 악역(惡逆))·부도(不道)·대불경(大不敬)·불효(不孝)·불목(不睦)·불의(不義)·내란(內亂)의 열 가지다.

9 감림(監臨)하고 주수(主守)하는 관원이 자기 관할에 속하는 물건을 자기가 절도(竊盜)하는 행위를 말한다. 이러한 죄인의 경우 수종(首從)을 가리지 않고 모두 장물(贓物)을 합산한 수량으로써 형량(刑量)을 정해 처벌했다.

"인재란 다 갖춰진 사람을 구해서는[求備]¹⁰ 안 되는 것이니, (사람이란) 비록 이 점에서는 미혹하다 하더라도 반드시 저 점에서는 달통할 것이다. 천하에 어찌 쓰지 못할 자가 있겠는가? 영구히 서용(敍用)하지 않는다는 법은 상경(常經-일정한 법도)의 구원(久遠)한 도리가 아니다."

육조(六曹)에 명해 실상에 맞춰 토의하게 했다. 육조에서 아뢰었다.

"뇌물을 받고 오결한 정상(情狀)이 현저한 자와, 인정의 좋고 나쁨에 따라 잘못을 알면서도[知非] 오결하는 자는 을유년에 영구히 준수할 교지(敎旨)에 의거해 직첩을 거둬들이고 장(杖) 100대를 쳐서 몸을 수군(水軍)에 채워 넣고 영구히 서용하지 말며, 혼미해 오결한 관리는 현임(現任)을 해직하고 태(笞) 50대를 때리되 사유(赦宥-사면령) 전에 범한 죄는 (그 죄를) 논하지 마소서."

그것을 따랐다.

무술일(戊戌日-7일)에 가뭄 때문에 중외(中外-서울과 지방)의 이죄(二罪)¹¹ 이하의 죄수들을 용서했다.

---

10 『논어(論語)』 「자로(子路)」편에 나오는 공자의 말부터 보자. "군자는 섬기기는 쉬워도 기쁘게 하기는 어려우니, 기쁘게 하기를 도로써 하지 않으면 기뻐하지 아니하고, 사람을 부리면서도 그 그릇에 맞게 부린다[器之]. 소인은 섬기기는 어려워도 기쁘게 하기는 쉬우니, 기쁘게 하기를 비록 도로써 하지 않아도 기뻐하고, 사람을 부리면서도 능력이 완비되기를 요구한다[求備]." 즉 한 사람에게 다 갖춰져 있기를 요구하는 것은 곧 소인 같은 임금이 사람을 쓰는 방법이고, 그 반대는 그 사람의 재주를 알아내어 그릇에 맞게 부리는 것이다. 이를 통해 우리는 태종이 『논어』에 담긴 깊은 의미를 정확하게 이해하고서 현실에 적용하고 있음을 알 수 있다.

11 일죄(一罪)에 해당하는 십악(十惡) 이외 유배형에 해당하는 경죄(輕罪)로서 강도와 절도를 가리킨다.

○ 각 도의 상공(上供-올라오는 공물)을 정지시키니, 때가 농삿달이라 역로(驛路)에 폐단이 있기 때문이다. 또 관습도감(慣習都監)에서 음악을 연습하는 것도 정지시켰다.

○ 명해 전구서(典廐署)와 예빈시(礼賓寺)에서 기르는 염소·양(羊)·당저(唐猪-중국산 돼지)·기러기·오리·닭 등을 사육하는 쌀과 콩이 너무 많으니 이제부터는 한결같이 『농잠집요(農蠶輯要)』의 법에 의거해 양사(養飼)하도록 했다. 당저(唐猪)는 적당히 요량해 남겨두어 기르고 나머지는 외방 각 도로 보내, 그것들을 먹여 기르는 사료인 쌀·콩을 또한 경중(京中)의 예에 의거해 양사하라고 했다.

○ 한(漢)나라 선제(宣帝) 때 횡수(橫水-강서성의 강)가 재앙이 돼 오곡(五穀)이 익지 못하니[不登] 손상된 군국(郡國)에 영(令)을 내려 모두 만청(蔓菁-순무)을 심게 해서 백성의 먹거리를 도왔는데, 이것을 말렸다가 쪄서 먹으면 달고 맛있어서 흉년을 견디고 기근을 구할 수 있었다는 설(說)을 보고서 상이 승정원(承政院)에 내려 그것을 글로 써두고 항상 보게 했다.

○ 병조판서 박신(朴信)이 아뢰었다.

"신(臣)이 전에 동성(童城)에 성묘했는데[掃墳], 촌민(村民)을 만나니 모두 말하기를 '흉황(凶荒)이 지난해나 올해 같은 적이 없었는데, 진실로 성상의 진제(賑濟)하신 덕택이 아니었다면 어찌 생명을 살릴 수 있었겠습니까?'라고 했습니다. 그들이 성은(聖恩)에 감복함이 지극했습니다."

상이 말했다.

"내가 비록 부덕(不德)하나, 어찌 백성으로 하여금 살 곳을 얻도록

[得所] 하고자 하지 않겠는가? 그러나 진휼(賑恤)하고자 해도 곡식이 없었다면 어떻게[烏=安] 시행할 수 있었겠는가? 이제 그들을 구제할 수 있었던 것은 곡식이 있었기 때문이다.”

신(信)이 말했다.

“신이 듣건대, 전조(前朝-고려) 기유년(己酉年-1369년, 공민왕 18년) 중에[歲中] 백성이 많이 굶어 죽은 것은 곡식이 없었기 때문이라고 합니다.”

○ 원평(原平-파평)·교하(交河) 등지의 노인 가운데 전 전서(典書) 윤위(尹緯)와 김경의(金敬義) 등 10여 인이 대궐로 나아와 말했다.

“근년에 수재(水災)와 한재(旱災)가 고르지 못해[不調] 농민이 그 직업을 잃었고 금년에 이르러서는 거의 목숨이 떨어질 뻔했는데, 실로 상께서 창고를 열어 진제(賑濟)해서 구원하심에 힘입어 기근을 면할 수 있었고 다시 소생하기[復蘇]에 이르렀습니다.”

이마가 땅에 닿도록 조아려[稽顙] 사례하니 눈물이 말을 따라 흘러나왔다. 중관(中官)에게 명해 그들을 먹이게 했다. 경기 도관찰사(京畿都觀察使) 우희열(禹希烈)이 전(箋-짧은 글)을 올려 말했다.

“기전(畿甸-경기)의 여러 창고의 미곡(米穀)이 빈민에게 진대(賑貸)하기에는 부족하므로 지난번에 삼가 갖춰 계문(啓聞)해 곡식을 수송하도록 진걸(陳乞)해서 유윤(兪允)을 얻고, 15만 석을 꺼내 경기(京畿)로 수송해 와서 백성을 살렸습니다. 감격함을 이기지 못해 삼가 전(箋)을 받들어 사례를 드립니다.”

그 전(箋)은 이러했다.

‘15만 석을 전수(轉輸-수송)해 창고에 쌓아두고 수천 호(數千戶)의

220

기근을 먹여서 살렸습니다. 하물며 후설(喉舌-승정원)의 신하를 보내 피곤하고 병든[疲癃] 무리를 구휼하심에랴!'

이런 말들이었다.

기해일(己亥日-8일)에 광연루(広延楼)에 나아가 광록경(光祿卿-명나라 관직) 권영균(權永均)과 소경(小卿) 정윤후(鄭允厚)·이무창(李茂昌)과, 홍려경(鴻臚卿) 임첨년(任添年)과 소경 최득비(崔得霏)에게 연회를 베풀고 그 참에 말을 각각 1필씩 내려주었는데, 그들이 경사(京師)에 가기 때문이다. 애초에 영균(永均)이 경사로 가서 조현(朝見)하고자 해 정부에 글을 바치니 정부에서 아뢰어 상이 허락한 것이었다. 사헌부에서 소(疏)를 올려 말했다.

'신 등이 듣건대 "예절이 번거로우면 욕되고, 욕되면 싫증이 생겨난다"라고 했으니, 이는 사람이라면 누구나 갖는 정[人之常情]입니다. 첨년 등이 이제 경사에 가려 하는데, 만약 말하기를 "달려가 기거(起居)를 묻는다"라고 하면 황제께서 아직 행차할 거둥이 있지 않았고, 만약 말하기를 "초방(椒房)¹²의 친척으로서 예의상 마땅히 조현(朝見)해야 한다"라고 한다면 북경(北京)으로 이어(移御)한 뒤에 벌써 두 번이나 조현했습니다. 지금 비록 가지 않는다 하더라도 조정에서 함부로 게으르다고 여겨 꾸짖겠습니까? 첨년(添年) 등은 비록 중국의 관작(官爵)을 받았다고 하더라도 실은 본조의 신하입니다. 아직

─────────

12 후비(后妃)의 궁전(宮殿) 혹은 후비(后妃)나 그의 친척을 말한다. 산초(山椒)는 많은 열매를 맺으므로 자손이 많도록 축하한다는 뜻에서 나온 말이다.

차견(差遣)하라는 전하의 명(命)도 없었는데 감히 경사에 가기를 요구하니, 그 마음이 스스로 방자함을 따라서[從] 알 만합니다. 또 본조 사신이 한 번 행차할 때 평안도에서 호송(護送)하는 군민(軍民)과 마필(馬匹)의 수가 30에 이릅니다. (그런데) 이번의 행차에는 거의[殆] 100이란 숫자이니, 그 농사를 방해하고 백성을 해치는 것도 알 수 있습니다. 바라건대 이를 정지시켜서, 한편으로는 첨년 등이 이익을 생각하는 마음[懷利之心]을 막고 한편으로는 서토(西土-황해도와 평안도) 인민의 농사를 방해하는 해를 없애소서. 엎드려 상의 재가를 바랍니다.'

소가 올라가자 유중(留中)[13]했다. 첨년이 대궐로 나아가 아뢰었다.

"역로(驛路)에 폐단이 번거로우니, 가을이 되기를 기다려 경사에 가기를 청합니다."

상이 말했다.

"경 등이 조현하고자 한다기에 내가 이미 공부(孔俯)가 가는 길에 황제의 처소에 알리도록 했다. 나 같은 사람도 오히려 감히 속이지[紿=欺] 못할 것인데 하물며 감히 황제를 속이겠는가?"

첨년은 대답할 수 없었다.

○ 군기감(軍器監)에 명해 화통(火㷿-포)을 쏘게 했는데 여기(厲氣=癘氣-역병의 기운)를 물리치기 위함이었다.

---

13 임금이 신하가 올린 상소(上疏)를 재가(裁可)하지 않고 그대로 궁중에 머물러 두어 회보하지 아니하는 일을 말한다. 유중불하(留中不下)의 줄임말이다.

○ 처음으로 단자직조색(段子織造色)¹⁴을 두고 전 장령(掌令) 곽존중(郭存中), 전 소윤(少尹) 오선경(吳先敬), 전 정랑(正郎) 오을제(吳乙濟)를 별감(別監)으로 삼았다.

○ 대마주(對馬州)의 유종(唯宗)과 신농수(信濃守) 만무(滿茂)가 사람을 시켜 예물(禮物)을 바치고 『반야경(般若經)』을 구했다.

경자일(庚子日-9일)에 명해 비를 빌었다[禱雨=祈雨]. 상이 말했다.
도우 기우
"경계할 것은 자성(粢盛)¹⁵을 정결하게 하고 정성과 삼감을 다함에 있을 뿐이다."

○ 궁녀(宮女)에게 명해 고치실을 뽑게 했다[繰絲].
소사

임인일(壬寅日-11일)에 명해 입조(入朝)하는 인원이 사사로이 가지고 가는 포물(布物)의 숫자를 상정(詳定)하게 했다.

계묘일(癸卯日-12일)에 명해 인덕궁(仁德宮) 외의 각 전(殿)에 공상(供上)하는 약주(藥酒)를 없애고 관복색(冠服色)을 폐기하고 장인(匠人)을 놓아 보내고 구리고개(仇里古介)로 시장을 옮기게 했다[徙市].¹⁶
사시
상이 말했다.

"'드러난 뼈를 가려주고 시체를 묻어준다[掩骼埋胔]'라는 말이 월
엄격 매자

---

14 중국에서 나는 견직물(絹織物)을 짜기 위해 설치한 특수 관아다.
15 나라의 제사에 쓰이는 제물을 말한다.
16 나라에 어려운 일이나 슬픔이 있을 때, 시장을 닫고 일용품(日用品)을 거리에서 사고팔게 하는 것을 말한다. 항시(巷市)라고도 한다.

령(月令)에 실려 있다. 중외(中外)의 관사(官司)로 하여금 거행(擧行)하게 하라."

○ 승정원에 뜻을 전해 말했다.

"내가 비록 부덕(不德)하나 모든 시위(施爲-베풂과 시행조치)를 정부(政府)·육조(六曹)·승정원에서 그 가부(可否)를 토의한 뒤에 시행하는데도 즉위한 이래로 가뭄의 재앙이 해마다[比年=每年] 있으니, 그 허물을 생각할 때마다 마음속이 초췌(焦瘁)해지고 바로 전일에 행하고자 하던 것을 행하고 싶다.【일찍이 세자에게 전위(傳位)하려 했으나 여러 신하가 눈물을 흘리면서 반대하는 바람에 결국 행하지 못했던 까닭에 이러한 말이 있었다.】 그러나 후사(後嗣)가 되는 자 또한 전재위복(轉災爲福-전화위복)할 수가 없는 자이니, 어찌 이무(李茂) 같은 자가 있어서 한곳에서 비방하지 않을지를 알겠는가? 편안할 때 진실로 위태로움을 염려하는 것이니, 다만[祇] 전율(戰慄)을 더할 뿐이다."

지신사(知申事) 조말생(趙末生)이 아뢰어 말했다.

"전하께서는 인군(人君)의 도리를 다하시는데도 지금 바야흐로 가뭄을 근심하고 계십니다. 신 등이 재앙을 부른 까닭을 생각하나, 아직 무슨 일이 온당함을 잃었는지 알지 못하겠습니다. 재앙을 가라앉히는 방법을 생각해봐도 전하의 교지(敎旨)에서 남김이 없었으니, 감선(減膳)하고 철악(徹樂-음악을 철폐함)하고, 사치를 금하고, 절검(節儉)을 숭상하고, 곡식을 먹는 짐승을 없애고, 불급(不急)한 일을 도태(淘汰)하고, 이죄(二罪) 이하는 모두 석방하고, 드러난 뼈와 시신을 가리거나 묻도록 거듭 명하시니 신 등이 말할 것이 무엇이 있겠습

224

니까?"

상이 바로 옛날에 앞선 제왕들이 이재우한(弭災憂旱-재이를 줄이고 가뭄을 걱정하는 일)하던 글을 내놓고 행할 만한 일을 진술하게 했다. 상이 승정원에 명해 말했다.

"내가 『책부원귀(冊府元龜)』[17]를 보니 옛날에 성왕(聖王) 때도 오히려 한재(旱災)가 있었고, 그들이 시행한 재앙을 가라앉히는 방법은 죄수를 내놓거나 응견(鷹犬-사냥용 매와 개)을 없애거나 모든 쓸데없는 비용의 종류를 없애는 것 같은 일이었으니, 내가 일찍이 시행한 것들이다. 방금 불급한 일 중에서 없앨 만한 것들을 경 등이 다시 자세히 말해보라."

좌부대언(左副代言) 홍여방(洪汝方)이 대답했다.

"호패(號牌)를 설치한 것은 처음에 인민(人民)이 유이(流移-유랑 걸식)하지 못하게 함이었고, 유망(流亡)한 자들을 거의 찾기 쉽기 때문입니다. (그런데) 지금 유망한 자를 이미 잡을 수 없으며, 도망쳐 숨는 자 또한 전일보다 줄지 않았습니다. 신이 경외(京外)의 범죄자를 보건대 흔히 호패에 연유하는데, '무패(無牌)'라 하고 '불개패(不改牌)'라 하고 '불각패(不刻牌)'라 하고 '위조패(僞造牌)'라 하고 '실패(失牌)'라 하고 '환패(換牌)'라 해서, 형옥(刑獄)이 번거로워 백성이 원망하고 탄식합니다. 다만 그 죄목(罪目)만을 더할 뿐이요 실제로 국가에 보

---

17 북송의 왕흠약·양억 등이 진종의 명을 받들어 1005년에 편집에 착수, 1013년에 완성한 책이다. 모두 1,000권이다. 고대부터 오대(五代)까지의 역대 정치에 관한 사적을 당시 현존하던 각종 서적에서 광범위하게 채집, 제왕부(帝王部)에서 외신부(外臣部)까지 31개 부문으로 분류 열기(列記)했다.

탬이 없으니, 혁파하기를 청합니다."

상이 말했다.

"내가 듣건대 백성에게 해가 있다고 하는데, 그러나 그 또한 큰일이다."

정부(政府)와 육조(六曹)에 내리니 여러 사람이 가부를 토의하고 모두 말했다.

"단지 위조(僞造)의 죄만을 감한다면 백성이 이를 괴롭게 여기지 않을 것입니다."

대사헌(大司憲) 김여지(金汝知)만이 홀로 말했다.

"하지 않는다면 그만이지만, 만약 호패(號牌)의 법을 행한다면 위조죄(僞造罪)를 감할 수 없습니다."

상이 그 말을 옳게 여겼다[然].
연

○ 호조의 계문에 따라서 각사(各司)의 점심(点心)을 없애고 이어서 이조(吏曹)와 헌사(憲司)로 하여금 각사(各司) 관리(官吏)의 묘사유파(卯仕酉罷)[18]에 대한 점고를 잠정적으로 정지하게 했다. 호조에서 또 아뢰었다.

"명년을 염려하지 않을 수 없으니, 청컨대 올적합(兀狄哈)·올량합(兀良哈)·왜인(倭人)·회회(回回) 등의 사람 중에서 녹(祿)을 받고 거실(居室)을 가진 자의 월료(月料)를 없애 비용을 줄이소서."

그것을 따랐다.

---

18 관리들이 묘시(卯時-아침 5~7시)에 출근하고 유시(酉時-저녁 5~7시)에 파해 돌아가도록 한 법이다. 묘유사(卯酉仕) 혹은 묘유법(卯酉法)이라고도 한다.

갑진일(甲辰日-13일)에 권영균(權永均)·임첨년(任添年)·이무창(李茂昌)·정윤후(鄭允厚)·최득비(崔得霏) 등이 경사(京師)로 가니, 대군(大君)과 여러 종친에게 명해 종부시(宗簿寺)에서 전별하게 했다[餞之].
전지

○ 서운관(書雲觀)에 명해 1년의 기후(氣候)를 미리 기록해 아뢰라고 했다. "이제부터 매년 정월 초하루에서 12월 그믐까지 각 날의 기후(氣候)를 점쳐 살펴서 낱낱이 써 신문(申聞)하고 책(冊)에다 써서 뒷날의 빙험(憑驗)이 되게 하라. 금년은 하짓날을 시작으로 삼아서 햇무리[日暈]와 달무리[月暈] 같은 것은 자세하게 그 빛깔을 살피고,
일훈   월훈
무지개는 색깔과 나타난 방향을 아울러 살펴서 아뢰라."

을사일(乙巳日-14일)에 의정부·육조·대간(臺諫)에 명해 한재(旱災)를 구제하는 방책을 강구(講求)해 아뢰라고 했다. 바로 그날 백성을 편안하게 할 일곱 가지 일[便民七事]을 올렸다.
편민 칠사

'그 첫째, 경외(京外) 각 고을 감옥(監獄)의 죄수 가운데 자신이 죄를 범한 경우를 제외하고, 지증(支證-잡다한 증거)에 응해 추후로 불러서 구속한 자는 모두 석방해 내놓게 하되, 모름지기 대질(對質)에 변명하는 자는 그 책보(責保)[19]에 맡길 것.

그 둘째, 각 도 각 고을에서 해가 넘도록 미결한 의옥(疑獄)의 사연(辭緣)은 일찍이 내린 교지(敎旨)에 의거해 정도(程途)의 멀고 가까움을 헤아려서 날짜를 계산해 신문(申聞)할 것.

---

19 죄인을 책임 보증(保證)하는 연고자를 말한다. 책보(責保)에 맡기는 것을 보방(保放)이라
했다.

그 셋째, 쇄권색(刷卷色)[20]에서 추고(推考)한 공처노비(公處奴婢) 가운데 도망하거나 물고(物故-사망)한 자가 있어도 대신 세우지 못하게 할 것.

그 넷째, 추수할 동안에는 쇄권색을 정지시킬 것.

그 다섯째, 갑오년(甲午年)에 혁파한 군현(郡縣)을 모두 다시 세워서 사람과 물건이 옮겨 다니지 못하게 할 것.

그 여섯째, 장죄(杖罪)를 범해 직첩(職牒)을 회수한 가운데 사죄(私罪) 외에 공죄(公罪)를 범한 사람으로서 특별한 유지(宥旨)를 받아 일찍이 받은 과전(科田)을 환급(還給)한 경우에는 3분의 2를 감하지 말고 앞서 받았던 것을 전급(專給)할 것.

그 일곱째, 명산대천(名山大川) 가운데 구름과 비를 일으킬 수 있는 곳에는 소재관(所在官)으로 하여금 정성껏 기도하게 할 것.'

즉시 예조(禮曹)에 내려 중외(中外)에 포고(布告)하고, 석척기우제(蜥蜴祈雨祭)[21]를 광연루(廣延樓) 아래에서 행하고, 북교(北郊)에서 기도하고, 호두(虎頭)를 한강에 가라앉혔다.

○ 대사헌(大司憲) 김여지(金汝知), 우사간(右司諫) 박수기(朴竪基) 등에게 뜻을 전해 말했다.

"어찌해서 각각 너희들이 품은 생각을 말하지 않는가? 말하고자 하는 것이 있으면 의정부(議政府)와 육조(六曹)가 회합(會合)할 때 각

---

20 도망친 노비를 잡아 오는 관아다.
21 도마뱀[蜥蜴]을 병 속에 잡아넣고 지내던 제사다. 용의 응험(應驗)을 빌기 위해 용(龍)과
   비슷하게 생긴 도마뱀을 썼다.

각 말하라."

여지(汝知)가 아뢰어 말했다.

"신(臣)이 가만히 생각건대, 경기 안의 백성은 사시(四時)의 역사(役事)가 다른 도에 비해 몇 갑절[倍蓰]이나 돼 백성의 간고(艱苦)함이

배사
심합니다. 경기의 백성이 경작하는 전지는 모두 사처(私處)에 나눠주기 때문에 조세를 거두는 폐단이 또한 공처(公處)의 예보다 배나 돼 '풀'이라든가 '숯'이라든가 행전(行纏)·마량(馬糧) 등을 취하지 아니함이 없으니, 전수(轉輸)하는 폐단 또한 적지 않습니다. 바라건대 이제부터 경기 안의 과전(科田)을 경기 밖으로 옮겨준다면, 경기 백성의 폐단을 거의 조금이라도 덜 수 있어 사시의 역사도 지탱할 수 있을 것입니다."

상이 말했다.

"내가 다른 데서 들으니 역시 이런 말이 있었다. 그러나 이는 나라의 큰일이다."

의정부와 육조에 내려 그 가부를 토의하게 했다. 수기(竪基)가 아뢰어 말했다.

"바야흐로 이같이 농사일이 성한 달에 창적(蒼赤-노비)을 다투는 일로 인해 귀농하지 못하는 자가 많습니다. 창적의 다툼은 비록 농한기(農閒期)를 기다려도 가능하나, 농사는 때를 잃으면 미칠 수 없는 것입니다. 청컨대 형조 도관(都官)으로 하여금 청송(聽訟)을 제외하게 해서, 소송하는 자로 하여금 귀농(歸農)하게 하소서."

그것을 따랐다.

정미일(丁未日-16일)에 북두(北斗)에 비를 비는 초제(醮祭)를 소격전(昭格殿)에서 거행했다. 이에 앞서 공신들이 아뢰기를 탄일(誕日)을 축하하는 초제에 행향사(行香使)를 보내야 한다고 하자, 상이 말했다.

"내가 일찍이 비를 비는 초제(醮祭)를 거행하고자 했으니, 경들은 나를 축수(祝壽)하기 위해 초제를 지내지 말고 북두(北斗)에 비를 비는 것이 좋겠다."

그러고는 옥천부원군(玉川府院君) 유창(劉敞)을 행향사로 삼았다. 이날 잠깐[乍] 비가 내렸다.
사

○ 서천군(西川君) 한상경(韓尙敬)을 보내 흥복사(興福寺)에서 비를 빌었다. 계(戒)를 받은 승도(僧徒) 100명을 모아서 『대운륜청우경(大雲輪請雨經)』²²을 외우게 했는데, 개경사(開慶寺)의 중들이 아뢰었기 때문이다. 3일 만에 파하고, 승도에게 흰 저포(苧布)와 면포(綿布)와 정포(正布)를 차등 있게[有差] 내려주었다.
유차

기유일(己酉日-18일)에 큰바람이 불어 먼지를 드날리더니[揚塵], 날
양진
이 저물자 소나기가 오고 천둥과 번개가 쳤다. 외사복(外司僕)의 마구간 말목이 벼락을 맞았고, 징청방(澄淸坊)의 고(故) 검교 참의(檢校參議) 윤명(尹銘)의 집 서까래 및 개와(蓋瓦-지붕 기와)와, 호현방(好賢坊)의 내관(內官) 박흥복(朴興福)의 문 앞 버드나무와, 명례방(明禮坊)

---

22 6세기 말 인도 출신의 학승 나련제야사(那連提耶舍)가 번역했다. 2권으로 된 이 경은, 용들이 모든 고통을 없애주고 소원대로 비를 내려주게 하려면 자비심을 가지고 부처들의 이름이나 진언을 외우면서 기도를 드려야 한다는 것을 설법하고 있다.

의 첨지사역원사(僉知司譯院事-사역원 첨지사) 선존의(宣存義)의 집 기둥이 벼락을 맞았고, 광주(廣州) 남면(南面)의 암석(巖石)과 이안(利安) 길가의 상수리나무와 보령(保寧) 백성 박동량(朴同良)이 벼락을 맞아 불탔다[震燒].
진소

○ 경기 양주(楊州)에 우박(雨雹)이 내렸는데, 크기가 배나 밤과 같아서 보리와 콩의 싹을 손상시켰다.

○ 명해 저화(楮貨)를 사용하지 아니한 사람의 가산(家産)을 환급(還給)하게 했다. 지난[去] 을미년(乙未年-1415년) 6월 22일 이전에 금
거
법(禁法)을 범해 적몰(籍沒)되었던 자들이다.

경술일(庚戌日-19일)에 중외(中外)의 여러 신(神)에게 비를 빌었다. 무당들을 우사단(雩祀壇-기우제단)에 모아 삼각산(三角山)·목멱(木覓)·한강(漢江)·풍운뇌우(風雲雷雨)·산천(山川)·성황(城隍)의 신에게 비를 빌고 아울러 기도(祈禱)를 행했고, 향축(香祝)을 각 도의 악(嶽)·해(海)·독(瀆)·산천(山川)의 신에게 나눠 보냈다. 애초에 (상이) 뜻을 전해 말했다.

"토룡(土龍)²³을 갑을일(甲乙日)에 만드는 것은 옛 제도이니, 지난번에 예조에서 상정(詳定)해 갑을일에 토룡을 만들지 않고 곧바로 갑을일에 제사 지내게 한 것은 실로 고제(古制)에 어긋난다. 비록 관직을 옮겼다고 하더라도 모두 추가로 탄핵해 죄를 논하라."

---

23 흙으로 빚어 만든 용(龍)이다. 옛날에 서울의 5방위에 각각 5방 토룡(五方土龍)을 만들어 기우제(祈雨祭)를 지냈다.

이때 이르러 예조에서 『문헌통고(文獻通考)』·『산당고색(山堂考索)』
에 의거해 상정(詳定)해 계문(啓聞)하니 그것을 따랐다. 육조와 대간
에 가르침을 전해[傳敎] 말했다.
_{전교}

"가뭄의 연고를 깊이 생각해보니 그 까닭은 다름 아니라 다만 무
인(戊寅-1398년 1차 왕자의 난)·경진(庚辰-1400년 2차 왕자의 난)·임오
(壬午-1402년 조사의의 난)의 사건이 부자(父子)·형제(兄弟)의 도리에
어긋남이 있었기 때문이다. 하지만 그것은 실로 하늘이 그렇게 한 것
이지 내가 즐겨서 한 것은 아니다."

육조와 대간(臺諫)에서 모두 황송하고 두려워하며 말했다.

"상의 말씀은 신 등이 차마 들을 수 있는 것[所忍聞]이 아닙니다.
_{소인문}
청컨대 그 때문에 염려하지 마소서. 이는 곧 하늘에 응하고 사람의
도리를 따른 것[應天順人]인데, 어찌 천심(天心)에 부합하지 않을 리
_{응천 순인}
가 있겠습니까?"

신해일(辛亥日-20일)에 구언(求言-신하들에게 좋은 의견을 구함)했으니,
가뭄이 심한 것을 걱정했기 때문이다. 의정부(議政府)·육조(六曹)·삼
공신(三功臣)·삼군도총제(三軍都摠制)·예문관(藝文館)·대간(臺諫)에
명해 각각 한재(旱災)를 가라앉힐 대책을 진술하게 했다. 편전(便殿)
으로 나가 지신사(知申事) 조말생(趙末生)과 우대언(右代言) 이백지(李
伯持)를 인견(引見)하고 말했다.

"내가 부덕(否德)한 사람이라 하늘의 꺼림과 노여움을 만나서 가
뭄의 재이(災異)가 자주 견고(譴告)를 보여주니, 구제할 바를 알지 못
해 밤낮으로 걱정하고 두려워해서 하루라도 스스로 편안한 적이 없

고 하룻밤이라도 편안하게 잠잔 적이 없는 것을 그 누가 알겠는가? 내가 어찌 의복의 아름다움을 구해 임금이 됐겠으며, 음식의 진미(珍味)를 즐기고자 임금이 됐겠는가? 의복이 단벌이면 춥고 음식이 떨어지면 굶는 것이니, 이것이 가난한 것이다. 옷이 있어서 몸이 춥지 않고, 먹을 것이 있어서 배를 주리지 않고, 편안히 베개를 베고 뜻을 펴면서 평생을 지내는 사람이야 얼마나 다복(多福)한가? 흠선(欽羨-선망)해 마지않는다. 내가 하루아침에 아예 꼼짝 않고 잠이나 내내 들었으면 하는 마음이 벌써부터 많았으나, 감히 실행하지 못했을 뿐이다. 나의 이 말은 반드시 몸소 겪어본 자라야 이에 알 수 있다. 또 천둥이란 인군(人君)의 상징이나 평안하지 못하고 선(善)하지 않아서, 자주 사람과 물건에 벼락이 치니 그 변고가 심하다. 그러나 옛사람이 이르기를 '천심(天心)은 인군(人君)을 사랑하고 아껴서 먼저 재이(災異)를 내어 경고한다'[24]라고 했으니, 하늘이 어찌 나를 끊어버리겠는가? 이것은 마땅히 공구수성(恐懼修省)해서 시정(時政)을 개혁해야 할 때라는 것이니, 마땅히 대신(大臣)들로 하여금 각각 재이(災異)를 가라앉힐 대책을 진언(陳言)하게 하라."

상이 처음부터 끝까지 대언고성(大言高聲)으로 슬프게 우니, 눈물과 콧물이 턱 사이에 범벅돼 제대로 말을 하지 못했다. 마침내 두 대군(大君)에게 명해 여러 대신에게 뜻을 전해 말했다.

"대신들은 내가 들어주지 않는다[不聽]고 생각지 말고 모조리 품은 생각을 진달(陳達)하라. 비록 나더러 삭발(削髮)하라 해도 내가 마

---

24 한나라 학자 동중서(董仲舒)의 말이다. 그는 천인감응설을 내세웠다.

땅히 따르겠다."

좌의정 하륜(河崙) 등이 명(命)을 듣고 놀라고 두려워하며 "이게 무슨 말씀입니까?" 하고는 바로 함께 토의해 아뢰었다.

'하나, 결송관(決訟官)은 직책이 사송(詞訟)을 변정해 결단하는 데 있는데 그 세월을 지연시키고 즉시 청단(聽斷)하지 않아서 소송하는 자가 억울해 탄식하기에 이르는 경우가 있으니, 마땅히 헌사(憲司)로 하여금 계월(季月)마다 규찰해 다스리게 할 것.

하나, 유후사(留後司)와 전농시(典農寺)의 둔전(屯田) 경작은 근처의 백성을 역사하게 하고, 실농(失農)하는 탄식이 있게 되면 마땅히 전농시의 노비로 하여금 번상(番上)해 경작하게 할 것.

하나, 선군(船軍) 중에 익사(溺死)한 자는 그 집의 조세를 면제해 주는 것은 이미 일찍이 영이 있었으나 수령(守令)이 봉행(奉行)하기를 달갑게 여기지 않으니, 빌건대 다시 영을 내려 그 집의 조세를 면제해주고 수령으로서 어기는 자는 죄줄 것.

하나, 노비의 도망을 추고해 정장(呈狀)하는 경우에, 동류 일족(同類一族)이 없거나 증좌(證佐)가 명백한 것은 일절 금단할 것.

하나, 외방의 혁거(革去)한 사사노비(寺社奴婢)가 경작하는 것 중에 2결(結) 미만인 것은 (쌀 대신) 포공(布貢)을 거둘 것을 허락할 것.

하나, 십악(十惡)을 간범(干犯)한 외의 죄목으로 사죄(死罪)와 도형(徒刑)·유형(流刑)에 처해진 자들 가운데 원유장죄(原宥杖罪)[25] 이하로서 고신(告身)을 거두어들인 경우는 환급(還給)할 것.

---

25 무거운 죄를 용서하고 장형(杖刑)으로 가볍게 처벌하는 것을 가리킨다.

하나, 범죄인의 속공(屬公)한 노비는 원속노비(元屬奴婢)의 예에 의거해 봉족(奉足)을 주어 입역(立役)하게 해서 본주(本主)에게 피해를 주지 않게 할 것.

하나, 각 품(品)의 구종(丘從-몸종)을 품위(品位)에 따라 수를 정하고, 위반하는 자는 헌사(憲司)에서 규찰해 다스릴 것.

하나, 각사(各司)에 입번(立番)하는 노속(奴屬)은 일찍이 정한 수가 있는데, 관원이 마음대로 수를 늘려 1인의 양식을 2·3인에게 나눠주고 그들로 하여금 입역(立役)하게 하니 추고(推考)해 금지할 것.

하나, 기선군(騎船軍-배를 타는 선군)으로서 전망(戰亡)한 사람의 자식(子息)은 추고해 녹용(錄用)할 것.

하나, 저화(楮貨)는 찢어지거나 얇아진 것 2장(張)을 관가에 바치면 바로 새로 만든 것 1장을 바꿔주기 때문에 민간에서 저화를 좋은 것만 가리는 폐단을 금하기 어려우니, 바라건대 다시 준환(准換)의 법(法)[26]을 쓸 것.

하나, 별시위(別侍衛)·응양위(鷹揚衛) 등의 성중관(成衆官) 각관(各官)의 대소 전함(大小前銜)으로서 출번일(出番日)에 귀농(歸農)하는 자를 금하지 말 것.

하나, 보충군(補充軍)을 나눠 3번(番)으로 해서 여섯 달에 서로 교대해 입번(立番)하게 하고, 그 일찍이 칭간칭척(稱干稱尺-신분은 양민인데 하는 일은 천역인 사람)하는 자의 모녀(母女)·자매로서 아직도 외관(外官)의 역사(役使)를 하는 자는 모두 역사에서 놓아주게 할 것.

---

26 새 돈과 헌 돈을 교환(交換)할 때 값에 따라 일정한 수수료(手數料)를 받는 법을 말한다.

하나, 소량(訴良)하는 원정(元呈-원고)으로서 송사를 보류하기를 자원하는 자가 있으면 청리(聽理)할 것.

하나, 부모(父母)가 모두 죽은 여자 중에 나이가 장년이 돼도 아직 시집가지 못한 자는 백숙(伯叔)·형제(兄弟)와 사촌(四寸) 이상의 일족으로 하여금 함께 자장(資粧-혼수 밑천)을 갖춰 사람을 골라 결혼시키게 하고, 위반하는 자는 논죄할 것.

하나, 부모에게 불효하고 백숙(伯叔)·형제(兄弟)에게 불목(不睦)하는 자는 동리 안의 색장(色掌)으로 하여금 진고(陳告)하게 해 추고하고 논죄해서 풍속을 두텁게 할 것.

하나, 신축한 제언(堤堰) 안에 물에 잠겨 경작하지 못하는 것은 그 제언 아래 묵은땅으로써 수에 준해 절급(折給)하고, 묵은땅이 없는 경우는 그전에 경작하던 자의 전지를 헤아려서 감해 나눠줄 것.

하나, 양반(兩班) 부모의 노비로서 공처(公處)에 투속(投屬)된 소생(所生)을 숨겨두어서 본주(本主)가 알지 못하다가 연한이 지난 뒤에 비로소 안 경우에는 새로 신정(申呈)하거든 청단(聽斷)하게 할 것.

하나, 각 고을에서 세공(歲貢)하는 저화를 감제(減除)할 것.

하나, 제색(諸色) 장인(匠人)의 월세(月稅)는 금년에 한해 감제(減除)할 것.

하나, 영길도(永吉道)에 새로 정한 어공(魚貢)은 마땅히 감제(減除)를 허락할 것.

하나, 경중(京中) 각호(各戶)의 지세(地稅)와 저화(楮貨)는 금년에 한해 견감(蠲減)할 것.

하나, 충신(忠臣)은 효자(孝子)의 문(門)에서 나오니, 여러 신하 가운데 부모가 외방에 있는 경우에는 고제(古制)에 의거해 정성(定省)[27]의 겨를을 주어 인륜(人倫)을 두텁게 할 것.

하나, 대소 신민(大小臣民)이 신정(申呈)한 소장[所志]을 승정원에서 여러 달 머물러 두는 일을 하문(下問)할 것.

(위 조항들같이 하는 것이) 어떠하겠습니까?'

그것을 따랐다. 또 대언(代言) 등에게 뜻을 전해 말했다.

"사전(史傳-역사서)을 상고하니 '가뭄의 이유가 후비(后妃)의 정(情)이 방자하거나 임금의 덕택이 백성에게 미치지 못함에 있다'라고 했고 '그 교사(驕奢-교만과 사치)를 제거하고 용비(冗費-쓸데없는 비용)를 생략하며 원옥(冤獄)을 살피는 것 같은 경우는 모두 신하를 가리켜 말함이다'라고 했다. 그러나 정(情)이 방자한 것은 여태후(呂太后)[28]같이 악해야 그렇다고 이를 만한데, 금세(今世)에는 있지 않다고 생각한다. 더군다나 공경(公卿)도 누가 불가(不可)한지 알지 못하겠다. 만약 그 불가한 것을 안다면 내가 어찌 그를 쓰겠는가? 가뭄의 재앙은 오로지 나의 부덕 때문이다. 세자에게 전위(傳位)하는 것도 어찌하고자 아니하겠는가만, 그러나 변란(變亂)의 생김은 이러한 때 일어나는 것이니 내가 두려워 능히 하지 못하고, 진퇴유곡(進退惟谷)하며 구차스럽게 이 자리에 있는 것이다."

○ 명해 공사(公私) 양맥전(兩麥田)에서는 통틀어 계산해서 조세(租

---

27 혼정신성(昏定晨省)의 준말로, 혼정은 밤에 부모의 침소에 가서 이부자리를 봐드리고 밤새 안녕하기를 여쭙는 것이고, 신성은 아침 일찍 일어나 부모의 침소에 가서 밤새의 안후(安候)를 살피는 것을 말한다.

28 한(漢)나라 고조(高祖)의 황후(皇后)를 말한다.

稅)를 거두지 말게 하고, 각 도에 더해서 배정한 공물(貢物)은 적당히 줄여 절용(節用-재용을 절약함)하게 하고, 경기 각호(各戶)의 차역(差役)은 적당히 줄여서 존휼(存恤)하게 했다. 또 명해 이제부터 글로 재주를 부리고[舞文] 법을 농간해서 기망(欺罔)하는 자 가운데 정상이 현저한 경우에는 이치상 마땅히 결절(決折)하고, 고의로 날짜를 끌어 100일이 차는 경우에는 율문에 의거해 논죄하고, 장물(贓物)도 없고 증현(證見-드러난 증거)도 없이 형을 가해서 추고(推考)한 경우에는 남이 진고(陳告-신고)하도록 허용해서 율문에 의거해 논죄하고, 이치상 마땅히 수리(受理)해야 할 일을 강제로 지송(止訟-소송을 정지시킴)하고자 격고(擊鼓)해서 신정(申呈)하기에 이른 경우에는 오결(誤決)로써 논죄하고, 범죄인의 형제로서 일찍이 부모(父母)로부터 노비를 전득(傳得)했으며 그 명문(明文-명백한 문서)이 있는 경우와, 범죄인이 그 수양부모(收養父母)로부터 노비를 전득했으나 그 명문이 없는 경우에 그 노비를 함부로 속공(屬公)한 것은 아울러 모두 환급(還給)하게 했다.

○ 예조에서 아뢰었다.

"『문헌통고(文獻通考)』「교사고(郊社考)·기양문(祈禳門)」에 '집사(執事)가 상하의 신기(神祇-귀신)에게 도사(禱祀-기도하고 제사 지냄)한다' 하고, 주(註)에 이르기를 '집사(執事)는 대축(大祝)과 남무(男巫)와 여무(女巫)이다'라고 했습니다. 이제 해마다 잇달아 가물고 뇌진(雷震)의 변고가 더했습니다. 빌건대 고제(古制)에 의거해 악(嶽)과 명산(名山)에 무당을 보내 기양(祈禳-기도)하소서."

그것을 따랐다. 또 아뢰어 말했다.

"삼가 『문헌통고』 「교사고·기양문」을 살펴보니, 이르기를 '무릇 천지(天地)의 큰 재이(災異)는 사직(社稷)과 종묘(宗廟)에 유제(類祭-제사의 일종)한다' 하고 주(註)에 이르기를 '유제(類祭)는 그 정례(正禮)에 의거해 제사를 지내는 것이다'라고 했습니다. 요즈음 해마다 잇달아 가물고 뇌진(雷震)이 더해 변고를 알리고 있습니다. 빌건대 고제(古制)에 의거해서 사직(社稷)에서는 춘추대제섭행례(春秋大祭攝行例)에 의해, 종묘(宗廟)에서는 사시대향섭행례(四時大享攝行例)에 의해 날을 골라 기양(祈禳)하는 것이 어떠하겠습니까?"

그것을 따랐다.

○ 종묘(宗廟)와 사직(社稷)과 우사단(雩祀壇)에 비를 빌었다.

○ 강무장(講武場)을 정해 세 곳으로 했다. 병조(兵曹)와 의정부(議政府)·삼공신(三功臣)·제조(諸曹)·삼군도총제(三軍都摠制)·예문관(芸文館)·대간(台諫)에서 의견을 모았다.

"충청도의 태안(泰安), 강원도의 횡천(橫川)·평강(平康) 등 세 곳으로 정해서 3소(三所)로 삼고, 그 나머지 각처는 백성이 밭 갈고 씨 뿌리는 것을 허락하소서."

그것을 따랐다.

○ 공신전(功臣田)·별사전(別賜田)·과전(科田)·사사전(寺社田) 절반을 (경기도에서) 옮겨 충청도·경상도·전라도에 절급(折給-나눠 지급)하도록 명하고, 20결(結) 이하는 예전대로 두었다. 박은(朴訔)이 글을 올려 말했다.

'전조(前朝-고려) 말년에 전제(田制)가 크게 무너졌으나 우리 태조(太祖)가 처음으로[首=初] 사전(私田)을 혁파하고 전제(田制)를 정해서, 과전(科田)과 공신전(功臣田)을 기내(畿內)에 한해서 주는 것이 『육전(六典)』에 실려 있어 영구한 항식(恒式)으로 삼았습니다. (그런데) 지금 의견을 내는 자들[議者]이 말하기를 "경기의 백성이 조세의 납부를 괴로워해 한재(旱災)를 불렀다"라고 하면서 위 항목의 전지(田地)의 절반을 경기 외에 옮겨주도록 청해 그 의견이 이미 정해졌는데, 신은 (그것에 대해) 가만히 의혹을 갖습니다.

경기 안에 과전(科田)을 둔 이래로 서울에 있으면서 조정을 모시는 집들이 모두 전조(田租)를 먹고 각각 그 집을 보전해왔고 소민(小民)까지도 서로 자뢰(資賴-의지)해 살아왔으며, 경기의 백성으로서 조세를 바치는 자들도 익숙해져 보통으로 여겨온 지도 오래됐습니다. 어찌 화기(和氣)를 상하게 해서 재앙을 부르기에 이를 도리가 있겠습니까? (그런데) 지금 만약 경기 밖으로 옮겨준다면 오로지 성헌(成憲-이뤄진 법)에 어그러짐이 있을 뿐 아니라 기외(畿外)의 공전(公田)도 앞으로 문란해질 것입니다. 또 그 왕래하면서 조세를 징수하고 수송하는 폐단과, 잡물(雜物)을 무역해 각종 사고를 내는 시끄러움이 장차 오늘날보다 심함이 있을 것이요, 서울에 있는 신민(臣民)의 집에서는 조석의 끼니거리[資]가 또한 그전과 같지 못할 것입니다.

또 수재(水災)와 한재(旱災)는 혹 기수(氣數)[29]로 인연하기도 하고 혹 인사(人事)로 인연하기도 하는데, 어느 세대마다 없었던 적이 없습니다. 옛날에 (은나라를 세운) 성탕(成湯)은 7년의 가뭄을 만나자 다만 여섯 가지 일[六事]을 자책(自責)하고 산천(山川)에 고했을 뿐

---

29 길흉화복의 운수를 말한다.

이요, 일을 변경한 것이 있었다고는 듣지 못했습니다. 이른바 기수(氣數)란 신(臣)이 아직 이해하지 못하는 바이나, 인사(人事)로써 본다면 이제 우리 전하께서 어질고 눈 밝고 효우(孝友)한 다움이 천고(千古)에 뛰어나며 하늘을 공경하고 백성의 일에 부지런한 정사가 지극한 열렬함에서 나오는데, 조금만 재변(災變)을 만나더라도 문득 스스로 경계하고 자책하니 바로 성탕이 한재를 만나 자신을 책하던 마음이므로 반드시 신(神)이 감격(感格)하는 반응이 있을 것입니다.

　신이 오늘날의 일을 가만히 생각건대, 오늘날의 재앙은 허물이 신 등의 염치(廉恥)가 지극하지 못한 때문일 뿐입니다. (그런데) 어찌해서 한때의 재앙으로 만세의 성헌(成憲)을 고치려 하십니까? 바라건대 전하께서는 이를 깊이 생각해주소서. 지금 장차 여러 신하가 받은 경기 안의 전지 절반을 경기 밖으로 옮겨 절급(折給)해서, 기외(畿外)의 백성이 이를 기뻐하고 전지를 받은 자도 이를 기뻐하고 서울에 사는 소민(小民)도 이를 기뻐하고 수재와 한재도 반드시 이로 말미암아 가라앉게 된다면 비록 성헌을 고치더라도 그렇게 하는 것이 가하겠으나, 만약 옮겨 절급(折給)해도 기외(畿外)의 백성이 기뻐하지 않고 전지를 받는 자도 기뻐하지 않고 서울에 사는 소민(小民)도 기뻐하지 않고 수재(水災)와 한재(旱災) 또한 반드시 가라앉힐 수 없다면, 무슨 까닭으로 가볍게 성헌을 고쳐서 중외의 신민(臣民)의 새 원망을 부르겠습니까? 경기 백성의 구습에 따라 수조(收租)의 법을 개정하기를 공전(公田)의 예같이 해서 거의 중외(中外)의 신민(臣民)의 소망을 잃지 않게 되는 것만 같지 못합니다. 가지고 있는 관견(管見) 한두 조건을 아울러 기록해 삼가 아룁니다.

하나, 우리 태조(太祖)께서 즉위한 처음에 가르침을 내려 이르기를 "기인(其人)을 설치함은 스스로 그 책임도 있으나, 법이 오래되고 폐단이 생겨서 노예와 같이 사역(使役)하니 그 괴로움을 이기지 못해 원수로 여김이 실로 많다. 금후로는 모두 혁파하라"라고 했습니다. 그 뒤에 기인을 다시 세우고 또 액수(額數)를 더해 오늘에 이르기까지 얽매어 역사시키니, 원망과 괴로움이 더욱 심합니다. 오늘날 공처노비(公處奴婢)를 10만으로 계산하는데, 어찌 양인(良人)을 가지고 강제로 천역(賤役)을 하게 하겠습니까? 바라건대 기인을 태조의 가르침에 의거해 영구히 혁파하소서.

하나, 노비 소송은 털끝만큼도 국가에 이익되는 것이 없으면서도 실로 마음을 다치게 하는 근본이 됩니다. 신이 갑오년(甲午年-1414년)에 변정(辨正)할 초기에 극력 진달(陳達)했고, 을미년(乙未年-1415년)에 가뭄을 걱정할 때도 거듭 고(告)했습니다. 엎드려 바라건대 전하께서는 국가의 여민(黎民-백성)을 위한 계책으로 크게 노비의 제도를 정해 마음을 다치게 하는 근원을 막는다면 만세에 심히 다행이겠습니다.

하나, 오늘날 신서(臣庶)가 노비로 인해 차원(嗟怨-한탄하고 원망함)하는 정(情)도 바라건대 하령(下令)해서 그것을 화해시켜주소서. 혹은 아비가 죽자 아비의 노비를 어미와 함께 다투는 자도 있으니, 분개하며 원망하며 서로 소송해서 상(上)의 교화에 누(累)를 끼치고 있습니다. 바라건대 율(律)에 의해 엄격히 금지시키고, 그 관사(官司)에서 정상을 알고도 심리 판결했다면 같이 죄를 주소서. 만약 망부(亡夫)나 망처(亡妻)의 노비를 자식에게 불균등(不均等)하게 분배해주었다가 부모가 죽은 뒤에 그 자식이 관가에 고하거든 평등하게 분배해주고, 부모 생전에 감히 쟁단(爭端)을 일으키는 자는 불효(不孝)로 논하소서. 혹 부모가 아직 분배하지 아니한 노비와 이미 분배한 노비를 합집(合執)³⁰하고 거집(據執)³¹해 있으면서, 연한 내에 신정(申呈)하지 못했다고 핑계하며 평등하게 분배해 환급(還給)하기를 기껍게 여기지 아니하니, 형제가 서로 시기함이 항상 여기에서 연유합니다. 바라건대 부모가 아직 분배하지 않은 노비와 이미 분배한 노비를 합집(合執)·거집(據執)하는 자는 연한에 구애하지 않고 심리 판결하도록 허락하소서.

하나, 속공(屬公)한 노비로서 이미 관적(官籍)에 실려서 입역(立役)하고 공물(貢物)을 바치면 본주(本主)에게 관계되는 바가 없는데, 혹은 도망하고 혹은 물고(物故)한들 무슨 명문(明文)이 본주(本主)에게 있겠습니까? 근래에 강제로 본주로 하여금 대신 입역(立役)하게 하니, 대단히 불법해 실로 화기(和氣)를 상하게 하는 일단(一端)입니다. 바라건대 속공한 노비를 그 본주(本主)가 용은(容隱-숨겨줌)해 사용하다가 도망(逃亡)하거나 신고(身故)한 것 외에 용은(容隱)한 흔적이 없는 경우는 도망하거나 신고(身故)³²하거나 명문(明文)이 있거나 없거나를 논하지 말고 본주(本主)로 하여금 대신 입역(立役)하게 하지 말아서 여러 사람의 바람을 위로하소서.

---

30 여러 사람이 나눠 가져야 할 노비(奴婢)를 한 사람이 모조리 차지하는 것을 말한다.
31 거짓 문서(文書)를 꾸며서 남의 노비를 강제로 차지해 사역시키는 것을 말한다.
32 물고(物故)와 같은 뜻으로, 사망이다.

하나, 노비는 본래 양민(良民)이었다가 혹은 공천(公賤)이 되고 혹은 사천(私賤)이 됐으니, 그 유래가 오래됩니다. 무릇 노비로서 공천(公賤)에 관계되는 자는 진실로 속공(屬公)하는 것이 마땅하겠지만, 그 공천(公賤)에 관계되지 않은 사천(私賤)을 역사(役使)한 지 이미 오래됐다 해서 혹은 온전히 빼앗거나 반탈(半奪)해서 갑오년(甲午年)에 새로 속공(屬公)한 경우는, 그 수가 많지 않으니 바라건대 모두 환급(還給)해서 잃어버린 자의 소망을 위로하소서.'

전 경기 도관찰사(京畿都觀察使) 구종지(具宗之, ?~1417년)[33]도 글을 올려 말했다.

'『서경(書經)』에 이르기를 "선왕(先王)의 성헌(成憲)을 살펴서 이에 영원히 허물이 없게 하라"[34]라고 했고, 『시경(詩經)』에 이르기를 "허물도 없고 실수도 없이 모두 옛 법을 따르라"[35]라고 했습니다. 이러한 까닭으로 창업(創業)하고 수통(垂統-계통을 처음 드리움)하는 임금이 제도를 세우고 기강을 펴면 세대(世代)를 이어 백성에게 임하는 인주(人主)는 영성(盈盛)을 지키고 수성(守成)했으며, 옛사람이 성법(成法)

---

33 1399년(정종 1년) 형조의랑에 이어 1407년 호조참의가 됐다. 이때 평소 친하게 지내던 민무질(閔無疾)이 왕족 간의 이간을 꾀했다고 해서 하옥되자 이와 관련돼 국문을 받았다. 그해에 1406년 이후 우리나라로 도망온 중국 사람의 쇄환상황(刷還狀況)을 알리기 위해 명나라에 사신으로 갔으며, 돌아올 때 명 황제가 태종에게 하사하는 서적을 받아왔다. 1416년 호조참판이 되었는데, 아우 구종수(具宗秀)가 왕명을 어기고 여색으로 세자를 자기 집에 유인해 향응을 베푸는 데 참석해서 갖은 방법으로 아첨하며 세 형제의 뒷날을 부탁한 사실이 발각돼 이듬해 아우 구종유(具宗猷)·구종수와 함께 대역죄인으로 참수당했다.

34 『상서(商書)』「열명(說命)」편에 나오는 구절이다.

35 『시경(詩經)』「대아(大雅)·가락(假樂)」편에 나오는 구절이다.

을 개혁함에는 이익이 100배가 아니면 감히 어지러이 고치지 않았습니다. (그런데) 지금 대소 인원(大小人員)이 받은 과전(科田)을 반감(半減)해 하삼도(下三道)에 옮겨주는데, 신이 가만히 생각건대 태조(太祖)의 성헌(成憲)을 다시 고치는 것일 뿐 아니라 폐단도 말할 수 없는 것이 있습니다. 대개 경기의 백성이 원망하는 것은 바로 전주(田主)의 간활(奸猾)한 종들이 조세(租稅)를 거둘 즈음에 손(損)을 실(實)로 해서 무겁게 거두고는 스스로 족하게 여기는 것인데, 공사(公私) 양편으로 계교하지 않으므로 백성의 수심과 원망이 끝이 없습니다. 이제 기강(紀綱)을 엄하게 세워 그 폐단을 혁거(革去)하지 아니하고 한갓 하도(下道)로 옮겨줌으로써 그 폐단을 혁거하고자 한다면, 전수(轉輸-수송)하는 괴로움이 경기의 백성보다도 배가 될 것이요 침어(侵漁)하는 폐단 또한 말로 다할 수 없을 것입니다. 이와 같다면 하도(下道)의 백성도 전하의 적자(赤子)이니 어찌 피차(彼此-너와 나)가 있겠습니까? 또 경기는 가까워서 보고 듣기가 쉬운데도 오히려 그 불법을 금할 수가 없는데, 하물며 멀리 떨어진 하도(下道)이겠습니까? 엎드려 바라건대, 전하께서는 태조(太祖)의 전제(田制)를 고치지 말고, 답험(踏驗)할 때마다 각각 그 수령(守令)으로 하여금 몸소 답험해서 손실(損實)을 분간(分揀)해 행심기(行審記)[36]를 성급(成給)하게 하소서. 수조(收租)하는 법도 아울러 일찍이 내린 교금(敎禁) 조건(條件)에 의해 시행한다면 거의 폐단이 없을 것입니다.

---

36 수령(守令)이 직접 전지(田地)의 연사(年事)를 손실답험(損實踏驗)해서 그 등급을 매긴 기록을 가리킨다.

갑오년(甲午年)에 변정도감(辨正都監)을 설치하니, 한년(限年)을 물론하고 쟁송(爭訟)이 벌떼처럼 일어나서 일득일실(一得一失)로 원망하는 자가 태반이었습니다. 무릇 인정(人情)은 얻은 경우의 기쁨은 얕고 잃은 경우의 원망은 깊은 법입니다. 신은 그윽이 갑오년(甲午年)과 을미년(乙未年)의 한재(旱災)가 혹시 여기에서 연유한 것일까 생각합니다. 이제 또 쇄권색(刷卷色)을 설치해 무진(戊辰) 연간에 주살(誅殺)당한 인원(人員)이 증여(贈與)받은 노비를 그 자손(子孫)으로 하여금 아울러 입역(立役)하게 했는데, 신이 가만히 그 형세를 관찰하건대 혹은 신고(身故)했는데도 명문(明文)이 없는 경우가 있으며 혹은 도망쳤는데도 아직 추고(推考)하지 못한 경우가 있습니다. 당자가 있어서 입역(立役)하는 것은 진실로 가하다고 하겠으나, 만약 당자가 사망하거나 도망 중이라서 남을 빌려 입역(立役)하게 된다면 그 원망을 이루 다 말할 수 있겠습니까? 또 무진 연간에 증여(贈與)한 노비 가운데 재주(財主-임자)로서 자식(子息)이 없이 이미 물고(物故)한 자의 노비를 아직 추고(推考)하지 못한 것은 모두 다른 노비를 전득(傳得)한 자로 하여금 대신 입역(立役)하게 했는데, 노비를 전득(傳得)한 자가 어찌 공력이 없이 이를 얻었겠습니까? 무진년(戊辰年) 이래로 단지 증여(贈與)한 명문(明文)만 있어서 당자가 입역(立役)하지 못할 경우에는 아울러 추고하지 말아서 원통하고 억울함을 펴게 하고, 또 쇄권색을 가을걷이를 기다리지 말고 풍년을 기다려서 백성의 소망을 이루게 하소서.'

상이 이를 읽어보고 말했다.

"박은(朴訔) 등이 올린 글은 이해(利害)를 극진히 진달(陳達)했으니, 바로 내 뜻에 합한다. 또 은(嚚)은 동맹(同盟)해 사직(社稷)과 휴척(休戚)을 같이하니,[37] 이를 말함이 당연하다. 종지(宗之)는 동맹하지 아니하고도 이를 말하니 가상하다 하겠다. 비록 말하지 않는다 하더라도 누가 '그르다'라고 하겠는가? 그가 말하는 것은 (임금인) 나를 사랑하는 까닭이다."

조말생(趙末生)에게 명해 의정부·육조(六曹)·대간(臺諫)에 뜻을 전해 말했다.

"경기 과전(科田)의 법은 태조의 성헌(成憲)이니 가볍게 고칠 수 없다."

○ 호조(戶曹)에서 아뢰었다.

"각 품(品) 과전(科田)·공신전(功臣田)·별사전(別賜田)[38]에서 수조(收租)할 때 무식한 노자(奴子)들이 여러 폐단을 일으켜 백성이 괴로움을 견디지 못합니다. 지금부터 일절 금지해 민생(民生)을 두텁게 하소서."

---

37 박은이 공신임을 밝힌 것이다. 1394년(태조 3년) 지영주사(知永州事)로 있을 때 태조의 다섯째 아들 이방원(李芳遠)에게 충성할 것을 약속했다. 1397년 사헌시사(司憲侍史)를 거쳐 이듬해 발생한 무인정사(戊寅靖社), 즉 1차 왕자의 난 때 지춘주사(知春州事)로서 이방원의 집권을 위해 지방 군사를 동원했다. 이어 사헌중승(司憲中丞)·판사수감사(判司水監事)를 지냈고, 1400년(정종 2년) 지형조사(知刑曹事)로 있을 때 발생한 2차 왕자의 난에서 역시 이방원을 도와 공을 세웠다. 그리하여 이방원이 왕세자가 된 1400년에는 세자좌보덕(世子左輔德)으로 그를 보필했다. 좌산기상시(左散騎常侍)에 오른 뒤 1401년, 태종의 즉위 후 중용되어 형조·호조·병조·이조의 4조 전서(典書)를 두루 역임하고 좌명공신(佐命功臣) 3등으로 반남군(潘南君·뒤에 潘城君)에 봉해졌다.

38 공신전(功臣田)에 준하는 일종의 사전(私田)이다. 별사전은 조선 초기에 삼공신(三功臣) 외에 소공(小功)이 있는 자에게 특별히 사여(賜與)했는데, 공신전(功臣田)과 합쳐 사전(賜田)이라 통칭하기도 한다.

그것을 따랐다.

○ 세자에게 명해 일을 아뢰는 자리에 참여하게 했다.

임자일(壬子日·21일)에 일본 구주도원수(九州都元帥) 우무위(右武衛) 원도진(源道鎭)의 사인(使人)이 와서 토산물을 바쳤다.

갑인일(甲寅日·23일)에 의정부(議政府), 육조판서(六曹判書), 대사헌 (大司憲), 삼군도진무(三軍都鎭撫), 각 위(衛)의 절제사(節制使)와 6대 언(六代言)에게 말을 내려주었다.

○ 외방(外方)에 부처(付處)한 죄인 권완(權緩)·유사눌(柳思訥)·황자 후(黃子厚)·이양수(李養修)를 용서해서 자원(自願)해 살게 하고, 이은 (李垠)·이유희(李有喜)·강종덕(姜宗德)·정지당(鄭之唐)·김익렴(金益 濂)·김일기(金一起) 등을 아울러 외방종편(外方從便)하게 하고, 수군 (水軍)에 충당한 자와 봉졸(烽卒·봉화 담당 군졸)에 소속한 자도 모두 놓아 보냈다.

○ 예조(禮曹)에서 제사 서례(諸祀序例)를 상정(詳定)해 올렸는데, 전조(前朝)의 8위(八位)를 줄여 다만 태조(太祖)·현종(顯宗)·공민왕 (恭愍王)의 3위(三位)만을 제사 지내게 했다. 상이 말했다.

"혜종(惠宗)·성종(成宗)·문종(文宗)·충경왕(忠敬王)·충렬왕(忠烈 王)도 모두 백성에게 공덕(功德)이 있으니, 『원전(元典)』에 실린 것에 의거해 아울러 제사 지내게 하라."

○ 동방토룡(東方土龍)을 흥인문(興仁門) 밖의 3리(里)쯤에 만들 게 하니 모두 생수(生數)와 성수(成數)를 취해 88장(丈)으로 만들었

고, 남(南)·서(西)·북(北)·중(中)의 토룡(土龍)도 이 예에 의거해 만들었다.

○ 예조에서 제의(祭儀)를 올렸다.

"소사 의식(小祀儀式)과 화룡제 규식(畫龍祭規式)을 가지고 참작해 상정하니, 행사(行事)는 집사관(執事官)과 노인(老人)이 아울러 산재(散齋) 2일과 치재(致齋) 1일을 하고, 3헌례(三獻禮)[39]를 행하소서."

그것을 따랐다.

○ 사헌부 대사헌(大司憲) 김여지(金汝知) 등이 소(疏)를 올렸다. 소는 이러했다.

'사람이 아래에서 움직이면 하늘이 위에서 응하는 것은 필연(必然)의 이치입니다. 예로부터 수재(水災)·한재(旱災)가 시대마다 없었던 적이 없었습니다만, 그러나 성제(聖帝-빼어난 제)와 명왕(明王-눈 밝은 임금)은 기수(氣數)라고 여겨 이를 소홀히 하지 않았습니다. 대순(大舜)은 "강수(降水)가 나를 경계한다"라고 했고, 성탕(成湯)은 여섯 가지 일[六事]로써 스스로를 꾸짖었으며, 주(周)나라 선왕(宣王)[40]은 재앙을 만나면 두려워했습니다. 지금 우리 성상이 가뭄을 시수(時數)로 돌리지 않고 허물을 끌어다 스스로 꾸짖어 눈물을 흘리기에 이르니, 전성(前聖)과 후성(後聖)이 그 법이 한가지인 것을 보겠습니다.

---

39 초헌례(初獻禮)·아헌례(亞獻禮)·종헌례(終獻禮)를 말한다.

40 주나라의 11대 왕이다. 국인(國人) 폭동으로 쫓겨난 부친 주나라 여왕의 뒤를 계승한 후 쇠락해가는 서주 왕실의 국운을 되살리기 위해 절치부심했으나 뜻을 이루지 못했다. 내치(內治)에서는 어느 정도 성과를 거두었으나, 동남방과 서북방의 이민족을 물리치기 위해 무리한 군사원정을 강행했다가 실패함으로써 주의 몰락을 부추기게 됐다.

신 등은 진실로 성상(聖上)의 일념(一念)의 정성이 마땅히 하늘에 이르러 마침내 풍년의 경사를 보게 되리라 믿습니다. 전하께서 날마다 여러 신하를 인견(引見)해 치도(治道)를 잇달아 물으시니, 정사(政事)의 하자(瑕疵)와 민사(民事)의 잘못은 진실로 일사(一事)라도 말할 만한 것이 없습니다. 그러나 직책이 언로(言路)에 있으므로 끝까지 잠자코 있을 수 없어 감히 진설(陳說)해 뒤에다 조목별로 열거하오니, 엎드려 바라건대 상께서 재결(裁決)하소서.

하나, 강무(講武-사냥)에 일정한 장소가 없으면 아래에서 혹은 폐(弊)를 당하게 됩니다. 전하께서 그 까닭을 환하게 아시어 정부와 육조에 명해 상소(常所-일정한 장소)를 골라 아뢰게 하니, 진실로 고제(古制)에 부합합니다. 신 등이 듣건대, 강무는 다만 말 달리고 활 쏘고 치고 찌르는 것만을 급무로 삼는 것이 아니라 거도(車徒)를 점고(點考)하고 기계(器械-무기)를 검열해서 백성으로 하여금 좌작진퇴(坐作進退)[41]의 절차를 알게 하는 것입니다. 바라건대 이제부터 강무할 장소와 사지(舍止-유숙)할 장소를 변경하게 하지 말아서 창졸(倉卒)간에 전수(轉輸)하는 폐단을 없게 하소서. 또 조신(朝臣) 가운데 강정(剛正)한 자로 하여금 그 사막(司幕)과 사옹(司饔)과 사복(司僕)에서 침요(侵擾)하는 폐단을 고찰하게 하고, 그 공응(供應)하는 물건(物件)과 기명(器皿)을 평가해 계산해서 돌려주소서.

하나, 국가에서 정축년(丁丑年)과 무인년(戊寅年) 연간에 변정도감

---

41 군사를 훈련하는 모든 행동 동작을 일컫는 말이다. 좌(坐)는 앉는 동작, 작(作)은 일어서는 동작, 진(進)은 앞으로 나아가는 동작, 퇴(退)는 뒤로 물러가는 동작이다.

(辨正都監)을 설치해서 사람들이 서로 소송하는 노비(奴婢)를 한년(限年)해 판결하게 하니, 그때 미결(未決)한 것은 다만 10에 2·3뿐이었습니다. (이후) 특별히 교지(敎旨)를 내려 계사년(癸巳年) 9월에 모두 중분(中分)⁴²하고 그 소송을 그치게 하니, 인심이 흡족해했습니다. 갑오년(甲午年)에 정부에서 몇 가지 일을 가지고 계문(啓聞)해서 변정도감을 설치하니, 중외(中外)에서 소장을 접수한 것이 1만을 헤아리게 됐습니다. 이미 그쳤던 소송이 다시 일어나 인심이 시끄럽게 들끓었으므로[喧騰] 을미년(乙未年)에 이르러 시비를 묻지 않고 모조리
    훤등
중분(中分)하게 했습니다. 이에 오로지 잃은 자만 원망할 뿐 아니라 그 노비가 된 자도 부모처자가 동서로 이산(離散)하게 되니, 그 사이에 원망과 한탄이 일어나 화기(和氣)를 상하는 일이 어찌 없었겠습니까? 그때 끝마치지 못한 것과 오결(誤決)이라고 정장(呈狀)한 것도 혹은 있을 것이니, 바라건대 현재 결절(決絶)한 것으로 주어서 새로운 원망을 그치게 하소서.

하나, 무자년(戊子年)에 공처노비(公處奴婢)로서 도망 중에 있는 자에게 진고(陳告)하는 법을 세웠는데, 이를 시행한 지 9년 동안에 거의 다 나타났습니다. 그러나 탐오(貪汚)하는 무리가 상(賞)을 받는 것을 종요(宗要)롭게 여겨 진고(陳告)하는데, 변정(辨正)할 즈음에 혹은 본래 양민(良民)인데도 사재감(司宰監)에 소속되는 경우가 있고 혹은 사천(私賤)으로서 속공(屬公)되는 자도 있으니 그 사이에 어찌 원망과 탄식이 없겠습니까? 바라건대 우선 진고(陳告)하는 법을 정지함

---

42 소송 중에 있는 노비를 원고와 피고에게 반분(半分)하는 제도를 가리킨다.

으로써 원망과 비방을 그치게 하소서.

하나, 우리 조정에서는 편안할 때 위태로움을 잊지 아니하므로 병기(兵器)를 갖추기에 힘쓴 지가 이미 여러 해가 되니 경외(京外)의 공처(公處)에 군기(軍器)의 수가 많다고 하지 않을 수 없고, 각호(各戶)로 하여금 모두 스스로 사사로이 준비하게 해서 때 없이 점고(點考)하니 충실하다고 아니할 수 없습니다. 엎드려 바라건대 중외(中外)의 월과(月課)를 한년(限年)해 정파(停罷)하소서.

하나, 전(傳)에 이르기를 "요(堯)임금과 탕왕(湯王)이 수재(水災)·한재(旱災)를 만나 백성이 굶주리는 기색[菜色]이 없었던 것은 축적(蓄積)이 많고 먼저 갖춰 대비한 까닭이다"라고 했습니다. 국가에서 해마다 잇달아 가무니 축적하는 방도를 갖추지 않을 수 없습니다. 신등은 각 품(品) 녹과(祿科)의 수를 헤아려서 (녹과를) 감축하기를 바랍니다. 또 검교(檢校)의 각 품(品)도 할 일 없이 앉아서 천록(天祿)을 누리니, 이것이 비록 전하께서 우대하는 은혜라고 하겠으나 절용(節用)하는 방도를 생각하지 않을 수 없으므로 한년(限年)해 정지하는 것이 마땅합니다.'

을묘일(乙卯日-24일)에 가벼운 죄를 용서했다. 장죄(杖罪)를 범했으나 고신(告身)을 도로 준 자가 48인이고, 십악(十惡)을 간범(干犯)했거나 모고살인(謀故殺人-고의로 모의해서 한 살인)한 외에는 석방하니 용서받은 자가 24인이었다.

○ 명해 한상환(韓尙桓)·원순(元恂)·신유현(辛有賢)의 아내, 이사치(李思恥)의 아내, 김사지(金四知)의 아내 등으로부터 속공(屬公)한 노

비를 모두 본주(本主)에게 돌려주고, 관천(官賤)으로 정속(定屬)한 이무(李茂)의 아내 금장(金藏)과 이빈(李彬)의 아내 수청(水淸)과 강사덕(姜思德)의 아내 덕중(德重) 및 첩 소사(召史)와 유기(柳沂)의 아내 보인(寶印)과 윤목(尹穆)의 아내 소사(召史)와 조희민(趙希閔)의 아내 춘금(春今) 및 첩 연장(延庄)·분가이(粉加伊)는 입역(立役)시키지 말고 공비(貢婢)⁴³로 정해서 자원(自願)해 거주해 살게 했다. 강원도 김화(金化)에 안치(安置)한 황거정(黃居正)은 외방종편(外方從便)⁴⁴하게 하고, 박동미(朴東美)·안승경(安升慶) 등의 속공 노비도 모두 환급(還給)했다. 또 명해 공사(公私)에 추징(推徵)하는 것을 일체 폐지하고 가을걷이를 기다리게 했다.

상이 말했다.

"내가 선정(善政)을 못 해 가뭄이 너무 심하다. 만약 비가 오지 않는 것이 오는 달 10일까지 이르게 되면 농사를 지을 수 없어 백성은 먹을 것이 없어질 것이다. 마땅히 속히 영(令)을 내려 먼 곳의 미곡(米穀)을 조운(漕運)해 진제(賑濟)의 용도에 대비하게 하라."

병조판서 박신(朴信)과 이조판서 황희(黃喜)와 의정부참찬(議政府參贊) 이원(李原) 등이 아뢰어 말했다.

"금년이 비록 가물더라도 지난해와 같이 심하지 않고 때도 아직 늦지 않으니, 청컨대 우선 (미곡의 조운을) 정지하고 비가 내리기를 기다리소서."

---

43 직접 입역(立役)하지 않고 신공(身貢)만 해마다 나라에 바치는 관비(官婢)를 말한다.
44 죄인을 외방(外方)의 일정한 곳에 유배하는 제도를 말한다.

그것을 따랐다.

이윽고 또 가르쳐 말했다.

"군사(軍事)와 사람을 등용하는 것은 오직 내가 이를 하고, 무릇 호령(號令)을 내려 정령(政令)을 시행하는 것은 세자와 같이 토의하라."

여러 신하가 모두 말했다.

"가뭄은 기수(氣數)에 말미암은 것이요, 우리 전하께서 정치한 결과로 그러한 것은 아닙니다. 전하께서 어찌 이런 말씀을 하십니까?"

눈물 흘리지 않는 사람이 없자 상이 말했다.

"여러 신하는 내 말을 알지 못한다. 내가 하지 않으려는 것은 아니지만 이런 말이 있게 될 것이다."

병진일(丙辰日-25일)에 세자가 병조의 정청(政廳)으로 나와 육조(六曹)와 계사(啓事-임금에게 아뢸 일)를 토의했다. 상이 가뭄을 근심해 정사를 보지 않고 세자에게 명해서 계사에 참여하게 했기 때문이다. 예조에 명해 계사할 때 세자의 좌차(坐次)를 상정(詳定)하게 했다. 예조에서 아뢰어 말했다.

"왕세자(王世子)의 조계청(朝啓廳)의 좌차(坐次)는, 내조계청(內朝啓廳)인 경우에는 의정(議政) 이하가 먼저 청(廳)으로 나아갔다가 왕세자가 나오면 의정 이하가 뜰로 내려가 공립(拱立-손을 모으고 섬)합니다. 왕세자가 동쪽 벽에 앉아 서향하면 의정 이하는 앞으로 나아가 평상시의 의식과 같이 습례(揖禮)한 뒤 사이를 달리해서 남쪽 벽에 차례로 앉으며, 참의(參議) 이하는 중계(中階) 위에 동쪽을 상(上)

으로 해서 차례로 앉습니다. 물러감에 이르러서도, 왕세자가 서면 의정 이하가 뜰로 내려가 공립(拱立)하기를 처음같이 합니다. 외조계청(外朝啓廳)은 왕세자가 북쪽 벽의 서쪽 가까운 데 앉으면 의정 이하는 사이를 달리해서 동향해 차례로 앉고, 참의 이하는 중계(中階) 위에 북쪽을 상으로 해서 차례로 앉습니다.”

내조계청은 지금의 병조 정청(兵曹政廳)이며, 외조계청(外朝啓廳)은 지금의 육조청(六曹廳)이다.

○ 하륜(河崙)을 진산부원군(晉山府院君), 남재(南在)를 영의정부사(領議政府事), 유정현(柳廷顯)을 좌의정(左議政), 박은(朴訔)을 우의정(右議政), 박신(朴信)을 의정부찬성(議政府贊成), 윤향(尹向)·심온(沈溫)을 의정부참찬(議政府參贊), 민여익(閔汝翼)을 공조판서(工曹判書), 이원(李原)을 병조판서(兵曹判書), 구종지(具宗之)를 한성부윤(漢城府尹)으로 삼았다. 애초에 상이 지신사(知申事) 조말생(趙末生)에게 일러 말했다.

“좌의정 하륜이 70에 치사(致仕-벼슬에서 물러남)하는 법을 시행할 것을 청했는데, 이는 곧 자신이 치사하고자 함인가?”

말생(末生)이 대답했다.

“륜(崙)이 이에 앞서 아뢰기를 ‘신자(臣子-신하)가 왕사(王事-나랏일)에 근로하다가 나이 70세에 이르러 치사(致仕)하고 한가함을 얻어서 여생(餘生)을 마치는 것은 옛날의 양법(良法)입니다’라고 했습니다. 사람이 70에 이르면 여생이 얼마나 되겠습니까? 바라건대 전하께서는 70이 된 자로 하여금 모두 치사하도록 하소서. 만약에 전하께서 그들이 노성(老成)하다 해서 물을 일이 있으면 (그때마다) 그들을 부르면 좋겠습니다. 그가 어찌 스스로 치사하고자 해서 이러한 청을 부지런히 했겠습니까?"

상이 말했다.

"륜은 나라를 자기 집같이 걱정해 계책을 드릴 것이 있으면 문득 진언(進言)했다. 지금 국가가 편안한 것도 돌아보건대 륜이 유지(維持)한 힘이 아닌가? 내가 장차 들어주려 한다."

륜이 이때에 이르러 의정(議政)의 직책이 해면되자 대궐로 나아가 사은(謝恩)하니, 상이 인견(引見)하고 위로하며 타일렀다[慰諭].
위유

○ 국무당(國巫堂)과 감악산(紺岳山)·덕적산(德積山)·목멱산(木覓山)의 삼성(三聖)에 다시 기양제(祈禳祭)를 거행했다.

○ 명해 증여한 속공노비(屬公奴婢) 가운데 그 본주(本主)가 용은(容隱)한 형적이 있는 경우 이외에 도망(逃亡)치거나 물고(物故)한 경우는 대신 세우지 말게 했다.

정사일(丁巳日-26일)에 예조에서 아뢰었다. "다시 악(嶽)·해(海)·독(瀆)에 나가서 기우제(祈雨祭)를 처음과 같이 지내소서." 그것을 따랐다.

○ 잠실채방사(蠶室採訪使) 이적(李迹)과 별감(別監) 이사흠(李士欽)이 복명(復命)했다. 적(迹)이 누에 친 생견(生繭-생고치) 98석(石) 10두(斗)와, 소사(繰絲-생사) 22근(斤)과, 종련(種連-누에의 씨받이) 200장(張)을 바쳤다. 사흠(士欽)이 누에 친 숙견(熟繭-삶은 고치) 24석과, 소사 10근과, 종련 140장을 바쳤다.

무오일(戊午日·27일)에 중외(中外)에 월과 군기(月課軍器)⁴⁵를 정지시켰다.

○ 궁중(宮中)의 시녀(侍女)와 방자(房子-궁중에서 잔심부름하는 사람) 중에서 나이가 장성한 자를 골라서 내보냈다.

기미일(己未日·28일)에 세자가 내조계청(內朝啓廳)으로 나와 계사(啓事)에 참여했다. 병조판서 이원(李原)이 아뢰어 말했다.

"지난번에 뜻을 전해 말씀하시기를 '나의 명(命)을 출납(出納)할 때 승전(承傳)하는 자가 간혹 잊어버리므로, 세자로 하여금 계사(啓事)에 참여시켜서 출납하는 말을 살피게 하고자 한다'라고 하셨습니다. 신이 생각건대 세자가 국정에 참여해 듣는 것은 진실로 양법(良法)인지라 사사로이 스스로 기뻐하고 다행하게 여겼습니다. (그런데) 전일에 또 뜻을 전해 말씀하시기를 '모든 온갖 공사(公事)를 너희들은 세자와 같이 토의해 재단(裁斷)해서 아뢰라'라고 하셨는데, 어찌 임금은 정사를 보지 않고 신하만이 스스로 천단(擅斷-독단적 결정)하는 도리가 있겠습니까? 심히 신하에게 명하는 도리가 아닙니다."

대사헌 김여지(金汝知)도 아뢰어 말했다.

"신하의 도리에는 이루는 공로가 없으니[臣道無成]⁴⁶, 결코 재단(裁
신도 무성

---

45 나라에서 각 지방 관아(官衙)나 군영(軍營)에 매달 제조(製造)해서 공물(貢物)로 바치게 한 군기(軍器-무기류)를 말한다.
46 『주역(周易)』 곤괘(坤卦)를 풀이한 공자의 「문언전(文言傳)」에서 이렇게 말했다. "땅의 도리에는 이루는 공로는 없고, 대신 잘 마침이 있다." 즉 신하가 공로를 이루는 것은 모두 임금에게 돌아간다는 말이다.

斷-결단)하는 도리가 없습니다. 바라건대 전하께서 모든 온갖 공사(公事)를 신충(宸衷-임금의 마음)에서 결단하시어, 만약에 토의할 일이 있으면 의정부와 육조(六曹)에 내리는 것이 좋겠습니다."

상이 이를 옳게 여겼다.

○ 명해 각 전(殿)에 공상(供上)하는 두부[豆泡]를 없애게 했으니, 가뭄으로 인해 반찬을 줄인 것[省膳]이다. 유정현(柳廷顯)과 박은(朴訔)이 다시 기우정근(祈雨精勤)⁴⁷을 행할 것을 청하니 상이 말했다.

"부처에게 빈다고 해서 비를 얻을 수 있는지의 여부는 알지 못하겠다. 전일에 중들을 흥복사(興福寺)에 모아 비를 빌었는데, 하늘이 노해 갑자기 비가 오고 천둥과 벼락이 쳐서 여섯 곳에 상서롭지 못한 변고가 막심했다. 조용함을 지켜 하늘의 아름다움[天休]을 기다리는 것이 좋겠다. 그러나 사람들의 청을 막을 수 없으니, 일단은 그것을 따르겠다."

○ 평안도 평양부(平壤府)의 영녕(永寧)·순안현(順安縣)에 황충(蝗蟲)이 일었다.

○ (일본의) 비주태수(肥州太守) 좌장군(左將軍) 원창청(源昌淸)의 사인(使人)이 예물(禮物)을 바치고 백저포(白苧布)를 구했다.

---

47 비를 얻기 위해 무당(巫堂)이나 중을 모아서 정성을 다해 비는 일을 말한다.

壬辰朔 上詣仁德宮設享.
임진 삭 상예 인덕궁 설향

對馬島 近江守宗茂世使人請糧.
대마도 근강 수 종무세 사인 청량

賑京中飢民 用軍資監陳米豆七十石也.
진 경중 기민 용 군자감 진미 두 칠십 석 야

命囚尙衣院提擧沈舒 俄而止之. 院進細布襪 上怒欲下舒于獄
명수 상의원 제거 심서 아이 지지 원진 세포 말 상노 욕하 서 우옥

不果曰: "自今毋用細布."
불과 왈 자금 무용 세포

上曰: "用麤紬爲席子緣 已有命矣 何以尙用細紬? 蠶織之功甚艱
상왈 용 추주 위 석자 연 이 유명 의 하이 상용 세주 잠직 지공 심간

自今代以木綿." 戶曹啓: "各殿席緣 除紫紬 用鴨頭綠七升木綿;
자금 대이 목면 호조 계 각전 석연 제 자주 용 압두록 칠승 목면

遮日及多人席緣 用靑染正五升布; 京中各司外方各官席緣並用
차일 급 다인 석연 용 청염 정오승 포 경중 각사 외방 각관 석연 병용

五升布; 關內御褥外 紫紬褥一禁." 從之.
오승포 관내 어욕 외 자주 욕 일금 종지

司憲府請濟用監貿易不緊之物之罪 上曰: "是則戶曹慢令之所致
사헌부 청 제용감 무역 불긴 지 물 지죄 상왈 시즉 호조 만령 지 소치

也." 因論節儉之義曰: "往者見濟用監所進席子 四隅皆用金線.
야 인 논 절검 지의 왈 왕자 견 제용감 소진 석자 사우 개용 금선

金線元非本國之産 是亦不緊之費也 卽令禁用. 中宮云: '以細紬緣
금선 원비 본국 지산 시역 불긴 지비 야 즉령 금용 중궁 운 이 세주 연

地衣.' 是亦妄費 卽令代以木綿. 凡予之所以節用者 非爲宦官 宮妾
지의 시역 망비 즉령 대이 목면 범 여지 소이 절용 자 비위 환관 궁첩

亦非爲子孫計也 將以待勤勞者也."
역 비위 자손 계 야 장 이대 근로자 야

癸巳 忠淸道懷仁 文義 定山等縣隕霜.
계사 충청도 회인 문의 정산 등 현 운상

禮曹上健元陵別祭儀. 啓曰: "親幸別祭儀注內 奠爵後上香 獻酌
예조 상 건원릉 별제 의 계왈 친행 별제 의주 내 전작 후 상향 헌작

後無拜未便. 依文昭殿親幸儀注例 上香後奠爵 獻爵後再拜." 從之.

司憲府啓: "齊陵 厚陵祭監監察以私馬往返未便 請給鋪馬." 上曰:

"今後祭監監察及內侍別監等 勿令差遣."

命濟州官員遞任解由 一依他例 從吏曹之啓也. 但新舊交代間

風變艱期之處 令牧使判官互相成給 等內各屯馬匹息 故失之數

錢糧軍器等物 備悉施行 呈報監司 監司移關本曹 解由成給 依允.

甲午 雨.

丹陽郡雨雹.

震別軍金佛生.

震忠淸道扶餘縣牛二.

京畿賑濟使李明德復命. 啓曰: "畿甸之田 其立苗之勢似矣. 然以

旱氣 麰麥則恐不得大熟 今日之雨 甚可喜也.

司憲府請江原道軍器不鍊守令與軍官之罪 上曰: "罪之以律 則

必當遞代 農月送迎之弊匪輕. 軍官則色掌 守令則掌吏姑罪之."

司憲府請判左軍都摠制府事朴訔 軍器判官尹敷 議政府舍人鄭村

及軍器寺官金成美 崔海山 崔自海等罪. 敷 訔之壻也. 納其妻父

家熟銅九斤于軍器監 換生銅九斤. 村前爲軍器副正 將鑄鐵用餘

燒木四千五百斤 托言還充 而私以燔瓦 成美 海山 自海等聽從其請

故也.

上王拜健元陵.

上詣文昭殿 行端午別祭. 命囚書雲副正金候 掌漏朴英生等于
상 예 문소전 행 단오 별제 명수 서운 부정 김후 장루 박영생 등 우

義禁府 以誤報行祭時刻也.
의금부 이 오보 행제 시각 야

尙衣院進佩玉 以永吉道預原 平安道義州所産靑玉磨造者也.
상의원 진 패옥 이 영길도 예원 평안도 의주 소산 청옥 마조 자 야

千秋使孔俯之行 齎易換佩玉麻布四十六匹以去. 上曰: "此玉甚美
천추사 공부 지행 재 역환 패옥 마포 사십 육필 이거 상왈 차옥 심미

何必求諸中原?" 卽遣知印 諭俯勿貿佩玉.
하필 구 저 중원 즉견 지인 유부 물무 패옥

丁酉 濟州都安撫使吳湜 前判官張合等上其土事宜. 啓曰:
정유 제주 도안무사 오식 전 판관 장합 등 상 기토 사의 계왈

"濟州置郡之初 漢拏山四面凡十七縣. 北面大村縣築城 以爲
제주 치군 지초 한라산 사면 범 십칠 현 북면 대촌현 축성 이위

本邑; 東西道置靜海鎭 聚軍馬沿邊防禦 而東西道都司守 各以附近
본읍 동서도 치 정해진 취 군마 연변 방어 이 동서도 도사수 각 이 부근

軍馬考察 兼任牧場. 然地大民稠 訴訟煩多 東西道山南接人往來
군마 고찰 겸임 목장 연 지대 민조 소송 번다 동서도 산남 접인 왕래

牧使所在本邑 非徒辛艱 農時往返 其弊不小.
목사 소재 본읍 비도 신간 농시 왕반 기폐 불소

又靜海鎭軍馬及牧場兼任數多職員 率其無知之輩 軍馬考察
우 정해진 군마 급 목장 겸임 수다 직원 솔 기 무지 지배 군마 고찰

依憑 侵民作弊 或無時畋獵 搔擾殘民. 牧使判官亦未知其故 豈得
의빙 침민 작폐 혹 무시 전렵 소요 잔민 목사 판관 역 미지 기고 기득

考察? 是積年巨弊 宜於東西道各置縣監 以才兼文武 公廉正直者
고찰 시 적년 거폐 의어 동서도 각치 현감 이재 겸 문무 공렴 정직 자

差下 牧場兼任 使之東西靜海鎭軍馬考察固守 亦察其所管牧場內
차하 목장 겸임 사지 동서 정해진 군마 고찰 고수 역 찰 기 소관 목장 내

馬匹孳長 數多職員 牧子看養能否. 以判官兼差安撫使 道首領官
마필 자장 수다 직원 목자 간양 능부 이 판관 겸차 안무사 도 수령관

安撫使 同首領官 依他道監司例巡行 守令勤慢考察 褒貶施行 移報
안무사 동 수령관 의 타도 감사 예 순행 수령 근만 고찰 포폄 시행 이보

吏曹 則是長治久安之策也. 願自今本邑則屬以東道新村縣 咸德縣
이조 즉시 장치 구안 지책 야 원 자금 본읍 즉 속이 동도 신촌현 함덕현

金寧縣 西道 貴日縣 高內縣 涯月縣 郭支縣 歸德縣 明月縣. 東道
김녕현 서도 귀일현 고내현 애월현 곽지현 귀덕현 명월현 동도

縣監以旌義縣爲本邑 屬以兎山縣 狐兒縣 洪爐縣等三縣; 西道縣監
현감 이 정의현 위 본읍 속이 토산현 호아현 홍로현 등 삼현 서도 현감

以大靜縣爲本邑 屬以猊來縣 遮歸縣等二縣 而兩處縣監 如有 公事
이 대정현 위 본읍 속이 예래현 차귀현 등 이현 이 양처 현감 여유 공사

不敢獨斷 則以安撫使議送決絶後 辭緣略擧呈報 以憑黜陟. 若
불감 독단 즉이 안무사 의송 결절 후 사연 약거 정보 이빙 출척 약

進上馬匹刷出及年例馬籍等事 縣監以所管馬匹齒毛色呈報 安撫使
진상 마필 쇄출 급 연례 마적 등사 현감 이 소관 마필 치 모색 정보 안무사

巡行親監 考察施行. 所管軍官軍人內 千戶 百戶則以差定年月久近
순행 친감 고찰 시행 소관 군관 군인 내 천호 백호 즉이 차정 연월 구근

差等 縣監分揀呈報安撫使 相考依舊差下 以爲恒式如何?"
차등 현감 분간 정보 안무사 상고 의구 차하 이위 항식 여하

下六曹 與議政府擬議啓聞. 吏曹與議政府 諸曹同議: "濟州
하 육조 여 의정부 의의 계문 이조 여 의정부 제조 동의 제주

東西道縣監新設 牧場兼任事 新縣合屬各縣事 馬匹孶息巡行考察
동서도 현감 신설 목장 겸임 사 신현 합속 각현 사 마필 자식 순행 고찰

事 千戶百戶差定事 依啓本施行. 其新設縣監政績殿最 都安撫使依
사 천호 백호 차정 사 의 계본 시행 기 신설 현감 정적 전최 도안무사 의

他領內官例 以時考察 傳報都觀察使 都觀察使竝考牧使判官政績
타 영내 관예 이시 고찰 전보 도관찰사 도관찰사 병고 목사 판관 정적

褒貶施行. 凡刑獄決訟 錢糧等事 因隔海不可以時而報 施行後辭緣
포폄 시행 범 형옥 결송 전량 등사 인 격해 불가 이시 이보 시행 후 사연

略擧 一年兩次呈報監司 國屯馬匹孶息多少 故失之數 幷錄呈報
약거 일년 양차 정보 감사 국둔 마필 자식 다소 고 실지수 병록 정보

以憑黜陟." 從之.
이빙 출척 종지

命自今 禁濟州私進上馬匹 如有誠心進上者 不過一匹.
명 자금 금 제주 사진상 마필 여유 성심 진상 자 불과 일필

司憲府啓誤決員吏決罪之法. 啓曰: "乙酉年永爲遵守敎旨內:
사헌부 계 오결 원리 결죄 지법 계왈 을유년 영위 준수 교지 내

'奴婢誤決員吏 職牒收取 決杖八十 身充水軍: 受贈誤決情狀
노비 오결 원리 직첩 수취 결장 팔십 신 충 수군 수증 오결 정상

現著 職牒收取 決杖一百 身充水軍 永不敍用.' 續六典內: '偏聽
현저 직첩 수취 결장 일백 신 충 수군 영 불서용 속육전 내 편청

飾辭 不察情僞 昏迷誤決者 標付過名 永不敍用. 人情好惡 受贓
식사 불찰 정위 혼미 오결 자 표부과명 영 불서용 인정 호오 수장

誤決 情狀現著者 職牒收取 決杖一百 身充水軍.' 乙未年吏曹受敎
오결 정상 현저 자 직첩 수취 결장 일백 신 충 수군 을미년 이조 수교

內: '眞犯十惡 監守自盜 非法 殺人 枉法受財等 已坐杖一百已上者
내 진범 십악 감수자도 비법 살인 왕법 수재 등 이좌 장 일백 이상 자

依律不敍.' 若從乙未年敎旨 則昏迷誤決者 不在永不敍用之例 但
의율 불서 약종 을미년 교지 즉 혼미 오결 자 부재 영 불서용 지례 단

標付過名而已 略不受罪. 前後敎旨 如此不同 未審何從?"
표부과명 이이 약불 수죄 전후 교지 여차 부동 미심 하종

上曰: "材不可以求備 雖迷於此 必通於彼 天下豈有不可用者哉?
永不敍用之法 非經久之道也." 命六曹擬議. 六曹啓: 受贈誤決情狀
現著者及以人情好惡 知非誤決者 依乙酉年永爲遵守敎旨 職牒
收取 決杖一百 身充水軍 永不敍用; 昏迷誤決官吏 解見任 決笞
五十 若宥前所犯勿論." 從之.

戊戌 以旱宥中外二罪以下囚.

命停各道上供 以時當農月 驛路有弊也. 且停慣習都監習樂.

命典廐署及禮賓寺所畜羔羊 唐猪 雁鴨 雞所飼米豆甚多 自今
一依農蠶輯要之法養飼. 且唐猪量宜留養 餘送外方各道 孶息料
米豆 亦依京中例養飼.

上見漢宣帝時 橫水爲災 五穀不登 令所傷郡國 皆種蔓菁 以助
民食 此可以度凶年救飢饉 乾而蒸食 旣甘且美之說 下承政院 令書
而常見之.

兵曹判書朴信啓: "臣前日掃墳于童城 見村民皆曰: '凶荒無如
去今年 苟非聖上賑濟之澤 焉得活命?' 其感聖恩至矣." 上曰: "予雖
不德 豈不欲使民得所乎? 然欲賑恤而無米 烏得而施諸? 今其能濟
者 有粟故也." 信曰: "臣聞 前朝己酉歲中 民多餓死 由其無粟也①."

原平 交河等地老人前典書尹緯 金敬義等十餘人詣闕曰: "近年
水旱不調 農失其業 至于今年 幾乎殞命 實賴聖上發倉賑救 得免
飢饉 以至復蘇." 稽顙而謝 漏隨言出 命中官饋之. 京畿都觀察使

禹希烈上箋言: "畿甸諸倉米穀 不足賑貸貧民. 頃者謹具啓聞 陳乞
우희열 상전 언 기전 제창 미곡 부족 진대 빈민 경자 근구 계문 진걸

輸粟 得蒙兪允 發十五萬石 輸來京畿 以活民生 不勝感激 謹奉箋
수속 득몽 유윤 발 십오 만석 수래 경기 이활 민생 불승 감격 근봉전

稱謝." 其箋有: '三五萬石之轉輸 迺倉迺積; 幾千餘戶之飢饉 載育
칭사 기전 유 삼오 만석 지 전수 내창 내적 기천 여호 지 기근 재육

載生. 況遣喉舌之臣 尤恤疲癃之類? 等語.
재생 황견 후설 지신 우휼 피륭 지류 등어

己亥 御廣延樓 宴光祿卿權永均 少卿鄭允厚 李茂昌 鴻臚卿
기해 어 광연루 연 광록경 권영균 소경 정윤후 이무창 홍려경

任添年 少卿崔得罪 仍賜馬各一匹 以其如京師也. 初 永均等欲
임첨년 소경 최득비 잉사마 각 일필 이기 여 경사 야 초 영균 등 욕

赴京朝見 呈書政府 政府以聞 上許之. 司憲府上疏曰:
부경 조현 정서 정부 정부 이문 상 허지 사헌부 상소 왈

'臣等聞 禮煩則瀆 瀆則生厭 此人之常情也. 任添年等今將赴京
신등 문 예번 즉독 독즉 생염 차 인지상정 야 임첨년 등 금장 부경

若曰奔問起居 則帝未有幸行之擧; 若曰椒房之親 禮當朝見 則自
약왈 분문 기거 즉 제 미유 행행 지거 약왈 초방 지친 예당 조현 즉자

移御北京之後 嘗再朝矣. 今雖不往 朝廷其肯以爲慢而責之哉?
이어 북경 지후 상재조 의 금수 불왕 조정 기긍 이위 만 이 책지 재

添年等雖受上國之爵 實爲本朝之臣. 殿下未有差遣之命 而敢求
첨년 등 수수 상국 지작 실위 본조 지신 전하 미유 차견 지명 이 감구

赴京 其心之自恣 從可知矣. 且本朝一介使臣之行 平安道護送軍民
부경 기심 지 자자 종 가지 의 차 본조 일개 사신 지행 평안도 호송 군민

馬匹 數至三十. 是行也 殆將 百數 其妨農害民 亦可審矣. 願命停之
마필 수지 삼십 시행 야 태장 백수 기 방농 해민 역 가심 의 원명 정지

一以杜添年等懷利之心; 一依除西土人民妨農之害. 伏惟上裁.'
일이 두 첨년 등 회리 지심 일의 제 서토 인민 방농 지해 복유 상재

疏上留中. 添年詣闕啓: "驛路煩弊 請待秋赴京." 上曰: "卿等欲
소상 유중 첨년 예궐 계 역로 번폐 청 대추 부경 상왈 경 등 욕

朝見 故予已於孔俯之行 聞於帝所. 如予者尚不敢給 況敢給乎?"
조현 고 여 이어 공부 지행 문어 제소 여 여자 상 불감 태 황 감태 호

添年 無以對.
첨년 무이 대

命軍器監放火桶 闢厲氣也.
명 군기감 방 화통 벽 여기 야

始置段子織造色 以前掌令郭存中 前少尹吳先敬 前正郎吳乙濟
시치 단자 직조색 이 전 장령 곽존중 전 소윤 오선경 전 정랑 오을제

爲別監.
위 별감

對馬州唯宗 信濃守滿茂使人獻禮物 求般若經.
대마주 유종 신농수 만무 사인 헌 예물 구 반야경

庚子 命 禱雨. 上曰: "所戒在潔粢盛 盡誠敬而已."
경자 명 도우 상왈 소계 재결 자성 진 성경 이이

命宮女繰絲.
명 궁녀 소사

壬寅 命詳定入朝人員私齎布物之數.
임인 명 상정 입조 인원 사재 포물 지수

癸卯 命仁德宮外 除各殿供上藥酒 停冠服色 放匠人 徙市于
계묘 명 인덕궁 외 제 각전 공상 약주 정 관복 색 방 장인 사시 우

仇里古介. 上曰: "掩骼埋胔 月令所載 令中外官司擧行."
구리고개 상왈 엄격 매자 월령 소재 영 중외 관사 거행

傳旨承政院曰: "予雖不德 凡所施爲 政府六曹承政院皆議其可否
전지 승정원 왈 여 수 부덕 범 소시위 정부 육조 승정원 개 의 기 가부

而後行. 卽位以來 旱乾之災比年有之 思厥咎愆 中心是瘁 乃欲行
이후 행 즉위 이래 한건 지재 비년 유지 사궐 구건 중심 시췌 내 욕행

前日之所欲爲【嘗欲傳位於世子 群臣涕泣 竟不行 故及此言.】然
전일 지 소욕위 상 욕 전위 어 세자 군신 체읍 경 불행 고 급 차언 연

爲之後者 亦無轉災爲福者也. 安知不有如李茂者誹謗一方哉? 安
위지 후자 역무 전재위복 자야 안지 불유 여 이무 자 비방 일방 재 안

固慮危 祇增戰慄耳." 知申事趙末生啓云: "殿下人君之道盡矣 今方
고 여위 기증 전율 이 지신사 조말생 계운 전하 인군 지도 진의 금방

憂旱. 臣等思所以致災之由 未知某事之失當. 思所以弭災之方 亦
우한 신등 사 소이 치재 지유 미지 모사 지 실당 사 소이 미재 지방 역

殿下之敎無遺 減膳徹樂 禁侈靡 崇節儉 除食粟之獸 汰不急之務
전하 지교 무유 감선 철악 금 치미 숭 절검 제 식속 지수 태 불급 지무

二罪以下悉皆放出 暴露骸骼 申命掩埋 又何臣等之有可言哉?"
이죄 이하 실개 방출 폭로 자격 신명 엄매 우 하 신등 지유 가언 재

上乃出古先帝王弭災憂旱之書 俾陳可行之事. 上命承政院曰:
상 내출 고선 제왕 미재 우한 지서 비진 가행 지사 상명 승정원 왈

"予見冊府元龜 古先聖王之時 猶有旱災 其所行弭災之方 若放出
여견 책부원구 고선 성왕 지시 유유 한재 기 소행 미재 지방 약 방출

囚人 汰去鷹犬 凡除冗費之類 予所曾行. 方今可除不急之務 卿等
수인 태거 응견 범제 용비 지류 여 소증행 방금 가제 불급 지무 경등

更悉言之."
갱 실 언지

左副代言洪汝方對曰: "號牌之設 初爲人民之不得流移 又謂
좌부대언 홍여방 대왈 호패 지설 초위 인민 지 부득 유이 우위

流亡之庶易得也. 今流亡者旣不能得獲; 逃匿者又不減於前日. 臣
유망 지서 이득 야 금 유망자 기 불능 득획 도닉자 우 불감 어 전일 신

觀京外犯罪者 多由號牌 曰無牌 曰不改牌 曰不刻牌 曰僞造牌 曰
失牌 曰換牌 刑獄煩而民庶怨咨 祇自增其罪目 實無補於國家 請
罷之."

上曰: "予聞有害於民 然亦大事." 下政府 六曹 僉議可否 皆曰:
"但減僞造之罪 則民不病之." 大司憲金汝知獨曰: "不爲則已 若爲
號牌之法 則僞造之罪 不可減也." 上然其言.

以戶曹啓 除各司點心 仍令吏曹憲府 姑停各司官吏卯仕酉罷之
考. 戶曹 又啓: "明年不可不慮 請除兀狄哈 兀良哈 倭人 回回等人
受祿而有居室者之月料 以省費." 從之.

甲辰 權永均 任添年 李茂昌 鄭允厚 崔得霏等如京師 命大君及諸
宗親 餞于宗簿寺.

命書雲觀 預錄一年氣候以聞: "自今每年正月初一日至十二月
晦日 各日氣候 占察開寫申聞 且書於冊 以爲後日憑驗. 今年自
夏至日爲始 若日暈月暈 詳察其色; 虹蜺則色與所見方面 幷察
以聞."

乙巳 命議政府 六曹 臺諫 請求救旱之策以聞. 卽日上便民七事:
'其一 京外各官獄囚內 除身犯罪外 應支證 追呼禁繫者 竝令放出
須辨對者 任其責保.

其二 各道各官經年未決疑獄辭緣 依曾降敎旨 以程途遐近 計日
申聞.

其三 刷卷色推考公處奴婢內 有逃亡 物故 勿令代立.
기삼 쇄권색 추고 공처노비 내 유 도망 물고 물령 대립

其四 刷卷色秋成間停寢.
기사 쇄권색 추성 간 정침

其五 甲午年所革郡縣 竝令復立 毋使人物遷移.
기오 갑오년 소혁 군현 병령 부립 무사 인물 천이

其六 犯杖罪 收職牒內私罪外 犯公罪人 曾受科田 特蒙宥旨還給
기육 범 장죄 수 직첩 내 사죄 외 범 공죄 인 증수 과전 특몽 유지 환급

者 勿減三分之二 專給前受.
자 물감 삼분 지 이 전급 전수

其七 名山大川能興雲雨處 令所在官精誠祈禱.'
기칠 명산대천 능흥 운우 처 영 소재관 정성 기도

卽下禮曹 布告中外. 行蜥蜴祈雨于廣延樓 禱于北郊 沈虎頭於
즉 하 예조 포고 중외 행 석척기우 우 광연루 도우 북교 침 호두 어

漢江.
한강

傳旨大司憲金汝知 右司諫朴竪基等曰: "盍各言爾所懷? 欲有
전지 대사헌 김여지 우사간 박수기 등왈 합각언이소회 욕유

所言 則議政府 六曹會合時 各言之." 汝知啓曰: "臣竊謂 圻甸之
소언 즉 의정부 육조 회합 시 각 언지 여지 계왈 신 절위 기전 지

內四時之役 倍蓰他道 民之艱苦甚矣. 且畿民所耕之田 皆爲私處
내 사시 지 역 배사 타도 민 지 간고 심의 차 기민 소경 지 전 개위 사처

折受 收租之弊 又倍公例. 曰草 曰炭 行纏馬糧 無所不取 輸轉之弊
절수 수조 지 폐 우배 공례 왈초 왈탄 행전 마량 무 소불취 수전 지 폐

亦不細矣. 願自今將畿內科田 移給畿外 則畿民之弊 庶可小減 而
역 불세 의 원 자금 장 기내 과전 이급 기외 즉 기민 지 폐 서가 소감 이

四時之役 亦可支矣." 上曰: "予聞之於他亦有是說 然是國之大事."
사시 지 역 역 가지 의 상왈 여 문지 어타 역유 시설 연 시 국 지 대사

下議政府 六曹 議其可否. 竪基啓曰: "方玆盛農之月 以爭蒼赤
하 의정부 육조 의 기 가부 수기 계왈 방자 성농 지 월 이쟁 창적

不得歸農者衆矣. 蒼赤之爭 雖待農隙 亦可爲也 農事失時 不可及
부득 귀농 자 중의 창적 지 쟁 수대 농극 역 가위 야 농사 실시 불가 급

已. 請令刑曹 都官 除聽訟 使訟者歸農." 從之.
이 청령 형조 도관 제 청송 사 송자 귀농 종지

丁未 行北斗祈雨醮于昭格殿. 先是 功臣等啓誕日祝壽 醮 行香使
정미 행 북두 기우 초우 소격전 선시 공신 등계 탄일 축수 초 행향사

上曰: "予嘗欲行祈雨醮 卿等毋以祝我爲醮 可祈雨于北斗." 仍以
상왈 여 상 욕행 기우 초 경 등 무이 축아 위초 가 기우 우 북두 잉이

玉川府院君劉敞爲行香使 是日乍雨.
옥천부원군 유창 위 행향사 시일 사우

遣西川君韓尙敬 禱雨于興福寺. 聚持戒僧徒一百 誦
견 서천군 한상경 도우 우 흥복사 취 지계 승도 일백 송

大雲輪請雨經 因開慶寺僧之啓也. 三日而罷 賜僧徒白苧布 綿布
대운륜청우경 인 개경사 승지계야 삼일 이 파 사 승도 백저포 면포

正布有差.
정포 유차

己酉 大風揚塵 日暮驟雨 雷電 震外司僕馬欄木 又震澄淸坊故
기유 대풍 양진 일모 취우 뇌전 진 외사복 마란목 우진 징청방 고

檢校參議尹銘家橡木及蓋瓦 好賢坊內官朴興福門前柳木 明禮坊
검교 참의 윤명 가 연목 급 개와 호현방 내관 박흥복 문전 유목 명례방

僉知司譯院事宣存義家柱. 又震燒廣州南面巖石 利安路邊橡木
첨지사역원사 선존의 가주 우 진소 광주 남면 암석 이안 노변 상목

保寧民朴同良.
보령 민 박동량

京畿楊州雨雹 大如梨栗 損麥豆苗.
경기 양주 우박 대여 이율 손 맥두 묘

命還給不用楮貨人家産. 去乙未年六月二十二日以前犯禁籍沒者
명 환급 불용 저화 인 가산 거 을미년 육월 이십 이일 이전 범금 적몰 자

也.
야

庚戌 禱雨于中外諸神. 聚巫于雩祀壇祈雨 三角山 木覓 漢江
경술 도우 우 중외 제신 취무 우 우사단 기우 삼각산 목멱 한강

風雲雷雨 山川城隍之神 竝行祈禱 又分遣香祝于各道嶽海瀆山川
풍운뇌우 산천 성황 지신 병행 기도 우 분견 향축 우 각도 악해독 산천

之神. 初 傳旨曰: "土龍造於甲乙日 古制也. 往者 禮曹詳定 不以
지신 초 전지왈 토룡 조어 갑을일 고제 야 왕자 예조 상정 불이

甲乙日造龍 乃祭於甲乙日 實違古制. 雖是遷官 竝追劾論罪." 至是
갑을일 조룡 내 제어 갑을일 실위 고제 수시 천관 병 추핵 논죄 지시

禮曹依文獻通考 山堂考索 詳定啓聞 從之. 傳敎六曹 臺諫曰:
예조 의 문헌통고 산당고색 상정 계문 종지 전교 육조 대간 왈

"旱乾之故 深思所以 無他 但戊寅 庚辰 壬午之事 有乖於父子兄弟
한건 지고 심사 소이 무타 단 무인 경진 임오 지사 유괴 어 부자 형제

之道 然亦天使然也 非予之所樂爲也." 六曹 臺諫皆惶懼曰: "上敎
지도 연역 천사연 야 비여지 소락위 야 육조 대간 개 황구 왈 상교

非臣等 之所忍聞 請勿以此爲慮. 是乃應天順人也 何不合天心之
비 신등 지 소인문 청물 이차 위려 시내 응천 순인 야 하 불합 천심 지

有?"
유

辛亥 求言 憂旱之甚也. 命議政府 六曹 三功臣 三軍都摠制
신해 구언 우한 지 심야 명 의정부 육조 삼공신 삼군도총제

268

藝文館 臺諫 各陳弭災之策. 御便殿 引見知申事趙末生 右代言

李伯持曰: "予以否德 逢天殫怒 旱乾災異 屢示 譴告 夙夜憂懼

罔知攸濟 無一日之自逸; 無一夜之安寢 其誰知之? 我豈求衣之美

而爲之君; 嗜食之珍而爲之君乎? 衣單則寒 食乏而飢 是則艱矣.

有衣而身不寒; 有食而腹不飢 安枕肆志 以過平生者 何其多福乎?

羨之無已. 予欲一朝尙寐 無訛之心已多 而不敢果爾. 予之此言 必

身親蹈之者 乃能知也. 且雷者人君之象也 而不寧不令 屢震人物

其變甚矣. 然古之人曰: '天心仁愛人君 先出災異以警告之.' 天豈絶

我哉? 是宜恐懼修省 改紀時政 宜令大臣 各陳弭災之策."

上自始至終 大言高聲 痛泣涕泗交頤 間或有不能言者. 乃命兩

大君 傳旨諸大臣曰: "大臣等無謂我不聽 悉陳所懷. 雖謂我削髮 我

當從之." 左議政河崙等聞命驚懼曰: "是何言歟?" 乃同議以聞:

'一 決訟官職 在辨斷詞訟 其有淹延日月 未卽聽斷 以致訟者鬱抑

愁嘆者 宜令憲司 每季月糾理.

一 留後司 典農寺屯田耕作 以近處之民役使 致有失農之嘆 宜令

典農寺奴婢 番上耕作.

一 船軍溺死者 給復其家 已曾有令 守令不肯奉行. 乞更下令

給復其家 守令違者罪之.

一 奴婢逃亡 推考呈狀者 無同類一族及證佐明白者 一皆禁斷.

一 外方革去寺社奴婢所耕未滿二結者 許收布貢.

一 干犯十惡外 死罪及徒流者 原宥杖罪以下 告身收取者還給.

一 犯罪人屬公奴婢 依元屬奴婢例 給奉足立役 勿令侵逼本主.

一 各品丘從 隨品定數 違者憲司糾理.

一 各司立番奴屬 曾有 定數 官員擅自增數 以一人糧 分給二三人
使之立役者 推考禁止.

一 騎船軍戰亡人子息 推考錄用.

一 楮貨以破軟二張納官 乃換新造一張. 民間楮貨擇善之弊難禁
乞 復用準換之法.

一 別侍衛 鷹揚衛等成衆 各官大小前衛 出番日歸農者勿禁.

一 補充軍分爲三番 六朔相遞立番 其嘗稱干稱尺者 母女姊妹 尙
爲外官役使者 皆令放役.

一 訴良元呈 有自願留訟者聽理.

一 父母俱歿之女 年壯未嫁者 令伯叔兄弟及四寸以上一族 共備
資粧 擇人合婚 違者 論罪.

一 不孝父母 不睦伯叔兄弟者 令里內色掌陳告 推考論罪 以厚
風俗.

一 新築堤堰內 水沒未耕者 以其堤堰下陳地 準數折給 無陳地處
以其在前作者之田 量減分給.

一 兩班父母奴婢 公處投屬所生隱置 本主不知 限年後始知者 以
新呈聽斷.

270

一 各官歲貢楮貨減除.

一 諸色匠人月稅 限今年減除.

一 永吉道新定魚貢 宜許減除.

一 京中各戶地稅楮貨 限今年蠲減.

一 忠臣出於孝子之門. 群臣父母在外方者 依古制給定省暇 以厚人倫.

一 大小臣民申呈所志 承政院累朔留置事 下問何如?'

從之.

又傳旨代言等曰: "考諸史傳 旱乾之由 在后妃之情恣與人君之澤不及於民 若其去驕奢 省冗費 審冤獄 則皆指人臣而言也. 然情恣者 如呂太后之惡而後 云然耳 意今無有也. 況公卿亦不知誰爲不可 如知其不可 予何用之? 旱乾之災 專是予之不德. 傳位世子 豈無欲之 者? 然變亂之作 起於此際 是予之恐懼而不能 進退惟谷 苟在此位也."

命公私兩麥田 毋得通計收租: 各道加定貢物 量減節用: 京畿各戶差役 量減存恤. 又命自今舞文弄法欺罔者 情狀現著 理當決折; 故爲延留 滿百日者 依律論罪; 無臟物 無證見 加刑推考者 許人陳告 依律論罪; 理當受理事 勒令止訟 以致擊鼓申呈者 以誤決論罪; 犯罪人兄弟 曾於父母處傳得 有明文奴婢及犯罪人於收養父母處傳得 無明文奴婢 汎濫屬公者 竝皆還給.

禮曹啓: "文獻通考郊社祈禳門: '執事禱祀于上下神祇.' 註曰:

'執事 大祝及男巫女巫也.' 今連年旱乾 加以雷震之變 乞依古制 於

嶽及名山 遣巫祈禳." 從之.

又啓: "謹按 文獻通考郊社祈禳門云: '凡天地之大災 類社稷

宗廟.' 註曰: '類者 依其正禮爲之.' 比者連年旱乾 加以雷震告變.

乞依古制 於社稷依春秋大祭攝行例; 於宗廟依四時大享攝行例

擇日祈禳何如?" 從之.

祈雨於宗廟 社稷 雩祀壇.

定講武場爲三所. 兵曹與議政府 三功臣 諸曹 三軍都摠制

藝文館 臺諫同議: "忠淸道泰安 江原道橫川 平康等三處 定爲三所

其餘各處 聽民耕種."

命以功臣田 別賜田 科田 寺社田爲半 移折給於忠淸 慶尙 全羅道

二十結以下仍舊. 朴訔上書 曰:

'前朝之季 田制大壞 我太祖首革私田 以定田制 科田 功臣田

止於畿內給之 載在六典 永爲恒式. 今議者曰: "京圻之民苦於納租

以致旱災." 請將上項田一半 移給圻外 其議已定 臣竊惑焉. 自置

圻內科田以來 在京侍朝之家 皆食田租 各保其家 至於小民 亦得

相資以生 而圻民之納租者 習以爲常久矣. 何至有傷和致災之道

乎? 今若移給畿外 則非唯有虧於成憲 畿外公田 亦將紊亂矣. 又其

往來徵租輪轉之弊 雜物貿易生事之擾 將有甚於今日 而在京臣民

之家朝夕之資 又不如舊矣.

　且水旱之災 或因氣數 或因人事 無世無之. 昔成湯遇七年之旱 唯以六事自責 告于山川而已 未聞有所變更之事也. 所謂氣數 則臣所未解. 以人事觀之 則今我殿下仁明孝友之德 卓冠千古 而敬天勤民之政 出於至誠 少遇災變 輒自警責 卽成湯遇旱責躬之心也 必有感格之應矣.

　臣竊意 今日之事 今日之災 咎在臣等廉恥不至故耳. 奈何以一時之災 欲改萬世之成憲哉? 願殿下深思之. 今將群臣所受畿內之田 一半移給畿外 而畿外之民悅之 受田者又悅之 居京小民又悅之 水旱之災 必由此而弭 則雖改成憲而爲之可也 若移給之而畿外之民不悅 受田者又不悅 居京小民又不悅 而水旱之災 亦未可必弭 則何由而輕改成憲 以召中外臣民之新怨乎? 不如因畿民之舊習 而更定收租之法如公田例 則庶不失中外臣民之望矣. 所有管見一二條件 竝錄謹啓.

　一 我太祖卽位之初 下敎謂: "其人之設 自有其任 法久弊生 役使如奴隷 不堪其苦 怨讎實多. 今後一皆罷去." 厥後復立其人 又加其額 迄今拘役 怨苦尤甚. 今公處奴婢計以十萬 何用良人勒令賤役乎? 願其人依太祖之敎 永罷之.

　一 奴婢之訟 無毫髮之益於國家 而實爲感傷之本也. 臣於甲午年辨正之初極陳之 又於乙未年 憂旱之時再告之 伏望殿下 爲國家

黎民之計 大定奴婢之制 以塞感傷之源 萬世幸甚.
여민 지계 대정 노비 지제 이색 감상 지원 만세 행심

一 今日臣庶因奴婢嗟怨之情 亦望下令和解之. 或有父亡而與母
일 금일 신서 인 노비 차원 지정 역망 하령 화해 지 혹유 부망 이여 모

爭父之奴婢者 憤怨相訟 有累聖化. 願依律痛禁 其官司知情聽決者
쟁 부지노비 자 분원 상송 유누 성화 원 의율 통금 기 관사 지정 청결 자

與同罪. 若將亡夫 亡妻奴婢 於子息不均分給者 父母身後 其子息
여 동죄 약장 망부 망처 노비 어 자식 불균 분급 자 부모 신후 기 자식

告官平分 父母生前 敢生爭端者 以不孝論. 或有父母未分奴婢及
고관 평분 부모 생전 감생 쟁단 자 이불효 논 혹유 부모 미분 노비 급

分奴婢 合執據執 以年限未呈爲辭 而不肯平分還給 兄弟相猜 恒
분 노비 합집 거집 이연한 미정 위사 이불긍 평분 환급 형제 상시 항

由於此. 願父母未分奴婢及已分奴婢 合執據執者 不拘年限 許令
유 어차 원 부모 미분 노비 급 이분 노비 합집 거집 자 불구 연한 허령

聽決.
청결

一 屬公奴婢 旣載官籍 而立役納貢 則於本主無所干攝矣. 或逃
일 속공노비 기재 관적 이입역 납공 즉 어 본주 무 소간섭 의 혹도

或故 有何明文於本主乎? 近來勒令本主代立 甚爲無法 實感傷
혹고 유하 명문 어 본주호 근래 늑령 본주 대립 심위 무법 실 감상

和氣之一端也. 願屬公奴婢 其本主容隱使用 而逃亡身故者外 無
화기 지 일단 야 원 속공노비 기 본주 용은 사용 이 도망 신고 자외 무

容隱之跡者 不論逃亡 身故明文有無 勿令本主代立 以慰衆望.
용은 지적 자 불론 도망 신고 명문 유무 물령 본주 대립 이위 중망

一 奴婢本是 良民 或爲公賤 或爲私賤 其來久矣. 凡奴婢干於
일 노비 본시 양민 혹위 공천 혹위 사천 기래 구의 범 노비 간어

公賤者 固宜屬公也 其不干於公賤 而役使已久私賤 或專奪或半奪
공천 자 고의 속공 야 기 불간 어 공천 이 역사 이구 사천 혹 전탈 혹 반탈

甲午年新屬公者 其數不多 願皆還給 以慰失者之望.'
갑오년 신 속공 자 기수 부다 원개 환급 이위 실자 지망

前京畿都觀察使具宗之亦上書曰:
전 경기 도관찰사 구종지 역 상서 왈

‘書曰: “監于先王成憲 其永無愆.” 詩曰: “不愆不忘 率由舊章.”
서왈 감우 선왕 성헌 기영 무건 시왈 불건 불망 솔유 구장

是故 創業垂統之君 立經陳紀; 繼世莅民之主 持盈守成. 且古人
시고 창업 수통 지군 입경진기 계세 이민 지주 지영 수성 차 고인

革成法 利非百倍 不敢紛更. 今也大小人員所受科田 減半移給於
혁 성법 이비 백배 불감 분경 금야 대소 인원 소수 과전 감반 이급 어

下三道 臣竊惟不唯更改太祖之成憲 弊有可言者矣. 夫畿民致怨者
하삼도 신 절유 불유 경개 태조 지 성헌 폐유 가언 자의 부 기민 치원 자

正由田主奸猾之奴收租之際 以損爲實 重斂而自足 不以公私兩便
爲計 民之愁怨 無有紀極.

今不嚴立紀綱 以革其弊 而徒移給 於下道 欲革其弊 則轉輸之苦
倍於畿民; 侵漁之弊 亦不可勝言. 如是則下道之民亦殿下之赤子也
豈有彼此哉? 且京畿近而易於視聽 尚不能禁其不法 況下道之遐隔
乎? 伏望殿下 毋更太祖田制 每於踏驗之際 各其守令 身親踏驗
損實分揀 行審記成給. 且收租之法 竝依曾降敎禁條件施行 則庶幾
無弊矣.

去甲午年 設辨正都監 勿論限年 而爭訟蜂起 一得一失 怨者
太半. 凡人情得之者喜淺 失之者怨深 臣竊恐甲午 乙未之旱 或由
於此. 今又設刷卷色 於戊辰年間被誅人員贈奴婢 使其子孫竝令
立役. 臣竊觀其勢 或有身故而無文明者 或有在逃而未推焉. 身在
而立役 則誠云可也 儻有身死 在逃 而借人立役 則其怨可勝言哉?
且戊辰年間贈與奴婢內 財主無子息 已曾物故者之奴婢未推 則皆
令他奴婢傳得者代立 奴婢傳得者 豈無功而得之歟?

戊辰年以來 只有贈與明文 而身不立役者 竝令勿推 以伸冤抑.
且刷卷色勿待秋成 以俟年豐 以孚民望.'

上覽之曰: "爾等所上書 極陳利害 正合予意. 且爾同盟 與社稷
同休戚 言之當矣; 宗之非同盟 亦言之可喜. 雖勿言 孰曰非乎? 其
言之 所以愛予也." 命趙末生傳旨于議政府 六曹 臺諫曰: "京畿

科田之法 太祖成憲 不可輕改."
과전 지법 태조 성헌 불가 경개

戶曹啓:"各品科田 功臣田 別賜田收租時 無職奴子多端作弊 民
호조 계 각품 과전 공신전 별사전 수조 시 무직 노자 다단 작폐 민

不堪苦. 自今一禁 以厚民生." 從之.
불감 고 자금 일금 이후 민생 종지

命世子參啓事.
명 세자 참 계사

壬子 日本九州都元帥右武衛源道鎭使人來獻土物.
임자 일본 구주도원수 우무위 원도진 사인 내헌 토물

甲寅 賜議政府 六曹判書 大司憲 三軍都鎭撫 各衛節制使及
갑인 사 의정부 육조판서 대사헌 삼군도진무 각위 절제사 급

六代言馬.
육대언 마

宥外方付處罪人權緩 柳思訥 黃子厚 李養修 自願居住; 李垠
유 외방부처 죄인 권완 유사눌 황자후 이양수 자원 거주 이은

李有喜 姜宗德 鄭之唐 金益濂 金一起等 竝令外方從便; 充水軍 及
이유희 강종덕 정지당 김익렴 김일기 등 병령 외방 종편 충 수군 급

屬烽卒者 亦皆宥遣.
속 봉졸 자 역개 유견

禮曹上詳定諸祀序例 減前朝八位 只祀太祖 顯宗 恭愍王三位.
예조 상 상정 제사 서례 감 전조 팔위 지사 태조 현종 공민왕 삼위

上曰:"惠宗 成宗 文宗 忠敬王 忠烈王 俱有功德於民 從元典所載
상 왈 혜종 성종 문종 충경왕 충렬왕 구유 공덕 어민 종 원전 소재

竝祀之."
병 사지

造 東方土龍于興仁門外三里許 皆取生成之數 爲之八十八丈
조 동방토룡 우 흥인문 외 삼리 허 개취 생성 지수 위지 팔십 팔장

南西北中土龍 亦倣此例造焉.
남서북중 토룡 역방 차례 조언

禮曹上祭儀:"以小祀儀式及畫龍祭規式 參酌詳定. 行事執事官
예조 상 제의 이 소사 의식 급 화룡 제 규식 참작 상정 행사 집사관

及老人 竝散齋二日 致齋一日 行三獻禮." 從之.
급 노인 병 산재 이일 치재 일일 행 삼헌 례 종지

司憲府大司憲金汝知等上疏. 疏曰:
사헌부 대사헌 김여지 등 상소 소왈

'人感於下 則天應於上 必然之理也. 自古水旱之災 無世無之 然
인 감 어하 즉 천응 어상 필연 지리 야 자고 수한 지재 무세 무지 연

聖帝明王不以爲氣數而忽之. 大舜則曰:"洚水警予." 成湯則以六事
성제 명왕 불 이위 기수 이 홀지 대순 즉왈 홍수 경여 성탕 즉 이 육사

自責 周宣則遇災而懼 今我聖上亦不以旱乾歸於時數 而引咎自責
자책 주선 즉 우재 이구 금아 성상 역불이 한건 귀어 시수 이 인구 자책

至于涕泗 可以見前聖後聖其揆一也. 臣等固知聖上一念之誠 當格
지우 체사 가이 견 전성 후성 기규 일야 신등 고지 성상 일념 지성 당격

于天 終見豐穰之慶矣. 殿下日引群臣 延訪治道 政事之疵 民事之
우천 종견 풍양 지경 의 전하 일인 군신 연방 치도 정사 지자 민사 지

差 固無一事之可言者. 然職在言路 不可終默 敢以陳說條列于後
차 고무 일사 지 가언 자 연 직재 언로 불가 종묵 감이 진설 조열 우후

伏惟上裁.
복유 상재

　一 講武無常所 則下或受弊. 殿下灼知其故 命政府 六曹 擇 常所
일 강무 무상소 즉하 혹 수폐 전하 작지 기고 명 정부 육조 택 상소

以聞 誠有合於古制矣. 臣等聞 講武非徒馳射擊刺之爲急 所以簡
이문 성유 합어 고제 의 신등 문 강무 비도 치사 격자 지위급 소이 간

車徒 閱器械 使民知坐作進退之節也. 願自今 講武之場 舍止之所
거도 열 기계 사민지 좌작진퇴 지 절야 원 자금 강무 지장 사지 지소

勿令中變 使無倉卒轉輸之弊 又令朝臣之剛正者 考其司幕 司饔
물령 중변 사무 창졸 전수 지폐 우령 조신 지 강정 자 고기 사막 사옹

司僕侵擾之弊 其供應物件器皿 磨勘計還.
사복 침요 지폐 기 공용 물건 기명 마감 계환

　一 國家於丁丑 戊寅年間 設辨定都監 人之相訟奴婢 限年以決 其
일 국가 어 정축 무인 연간 설 변정도감 인지 상송 노비 한년 이결 기

所未決者 特十之二三耳. 特降教旨 癸巳九月 皆令中分 以止其訟
소미결 자 특십 지 이삼 이 특강 교지 계사 구월 개령 중분 이지 기송

人心翕然矣. 歲於甲午 政府以數事啓聞 又設辨正都監 中外接狀
인심 흡연 의 세어 갑오 정부 이 수사 계문 우 설 변정도감 중외 접장

者 以萬計 已息之訟再興 人心喧騰. 至于乙未 無問是非 悉令中分
자 이만 계 이식 지송 재흥 인심 훤등 지우 을미 무문 시비 실령 중분

非唯失者之怨 其爲奴婢者 父母妻子東西離散 其間豈無起怨咨 傷
비유 실자 지원 기위 노비 자 부모 처자 동서 이산 기간 기무 기원자 상

和氣者乎? 其時未畢及呈誤決者或有之 乞令時得決者給之 以止
화기 자호 기시 미필 급정 오결 자 혹유지 걸령 시 득결 자 급지 이지

新怨.
신원

　一 在戊子年公處奴婢在逃者 立爲陳告之法 行之九年 庶幾盡見
일 재 무자년 공처노비 재도 자 입위 진고 지법 행지 구년 서기 진현

矣. 然貪汚之輩 受賞爲要 陳告辨正之際 有或本良而屬司宰者 或
의 연 탐오 지배 수상 위요 진고 변정 지제 유혹 본량 이속 사재 자 혹

以私賤而屬公者 其間豈無怨咨! 願姑停陳告之法 以止怨謗.
이 사천 이 속공 자 기간 기무 원자 원 고정 진고 지법 이지 원방

一 我朝安不忘危 務爲兵備 已有年矣. 京外公處軍器之數 不爲
　일　아조안불망위　무위병비　이유년의　경외공처군기지수　불위

不多 且 令各戶皆自私備 無時點考 不爲不實. 伏望中外月課 限年
부다　차　령각호개자사비　무시점고　불위불실　복망중외월과　한년

停罷.
정파

一 傳曰: "堯湯遇水旱之災 民無菜色者 蓄積多而備先具也."
　일　전왈　요탕우수한지재　민무채색자　축적다이비선구야

國家連年旱暵 蓄積之道 不可不備也. 臣等願各品祿科 量數以減.
국가연년한한　축적지도　불가불비야　신등원각품녹과　양수이감

且檢校各品 無所事而坐享天祿. 此雖殿下優待之恩 然節用之方
차검교각품　무소사이좌향천록　차수전하우대지은　연절용지방

不可不慮也 宜限年以停.'
불가불려야　의한년이정

乙卯 宥輕罪. 犯杖罪 告身還給者四十八人; 干犯十惡及
　을묘　유경죄　범장죄　고신환급자사십팔인　간범십악급

謀故殺人外 放宥者二十四人.
모고살인외　방유자이십사인

命韓尙桓 元恂及 辛有賢妻 李思恥妻 金四知妻等屬公奴婢
　명한상환　원순급　신유현처　이사치처　김사지처등속공노비

竝還本主; 官賤定屬李茂妻金藏 李彬妻水淸 姜思德妻德重 妾
병환본주　관천정속이무처금장　이빈처수청　강사덕처덕중　첩

召史 柳沂妻寶印 尹穆妻召史 趙希閔妻春今 妾延庄 粉加伊 勿令
소사　유기처보인　윤목처소사　조희민처춘금　첩연장　분가이　물령

立役 定爲貢婢 自願居生. 江原道金化安置黃居正外方從便 朴東美
입역　정위공비　자원거생　강원도김화안치황거정외방종편　박동미

安升慶等屬公奴婢 亦皆還給. 且命公私推徵 一皆停罷 以待秋成.
안승경등속공노비　역개환급　차명공사추징　일개정파　이대추성

上曰: "予無善政 旱乾太甚 若不雨以至來月十日 則農事無成 民
　상왈　여무선정　한건태심　약불우이지내월십일　즉농사무성　민

無所食 宜速出令 漕運遠方米穀 以備賑濟之用."
무소식　의속출령　조운원방미곡　이비진제지용

兵曹判書朴信 吏曹判書黃喜 議政府參贊李原等啓曰: "今年雖旱
　병조판서박신　이조판서황희　의정부참찬　이원등계왈　금년수한

未若去年之甚 時亦未晩 請姑停之 以待下雨." 從之. 旣而又敎曰:
미약거년지심　시역미만　청고정지　이대하우　종지　기이우교왈

"軍事與用人 惟我爲之 凡發號施令 與世子同議." 群臣僉曰: "旱乾
군사여용인　유아위지　범발호시령　여세자동의　군신첨왈　한건

由氣數 非我殿下政治之致然也. 殿下何以有是言也?" 莫不流涕 上
유기수　비아전하정치지치연야　전하하이유시언야　막불유체　상

曰:
왈

"群臣不知我言也. 我非欲不爲 而有是說也."
군신 부지 아언 야 아 비욕 불위 이유 시설 야

丙辰 世子出兵曹政廳 與六曹議 啓事. 上憂旱不視事 命世子參
병진 세자 출 병조 정청 여 육조 의 계사 상 우한 불시사 명 세자 참

啓事故也. 命禮曹 詳定啓事時世子坐次. 禮曹啓目: "王世子朝啓廳
계사 고야 명 예조 상정 계사 시 세자 좌차 예조 계목 왕세자 조계청

坐次 若內朝啓廳 則議政以下先詣廳 王世子出 議政以下下庭拱立.
좌차 약 내 조계청 즉 의정 이하 선예청 왕세자 출 의정 이하 하정 공립

王世子坐東壁向西 議政以下就前揖禮如常儀 異間南壁序坐 參議
왕세자 좌 동벽 향서 의정 이하 취전 읍례 여 상의 이간 남벽 서좌 참의

以下中階上東上序坐. 及退 王世子立 議政以下下庭拱立如初. 若
이하 중계 상 동상 서좌 급 퇴 왕세자 립 의정 이하 하정 공립 여초 약

外朝啓廳 則王世子北壁近西坐議政以下異間東向序坐 參議以下
외 조계청 즉 왕세자 북벽 근서 좌 의정 이하 이간 동향 서좌 참의 이하

中階上北上序坐."
중계 상 북상 서좌

內朝啓廳 卽今兵曹政廳 外朝啓廳 卽今六曹廳也.
내 조계청 즉금 병조 정청 외 조계청 즉금 육조청 야

以河崙爲晉山府院君 南在領議政府事 柳廷顯左議政 朴訔
이 하륜 위 진산부원군 남재 영의정부사 유정현 좌의정 박은

右議政 朴信議政府贊成 尹向 沈溫議政府參贊 閔汝翼工曹判書
우의정 박신 의정부찬성 윤향 심온 의정부참찬 민여익 공조판서

李原兵曹判書 具宗之漢城府尹. 初 上謂知申事趙末生曰: "左議政
이원 병조판서 구종지 한성부윤 초 상 위 지신사 조말생 왈 좌의정

河崙請行七十致仕之法 乃欲自致仕歟?" 末生對曰: "崙 先是啓曰:
하륜 청행 칠십 치사 지법 내욕 자 치사 여 말생 대왈 륜 선시 계왈

'臣子勤勞王事 年至七十 則致仕得閑 以終餘生 古之良法.' 人至
신자 근로 왕사 연지 칠십 즉 치사 득한 이종 여생 고지 양법 인지

七十 餘生幾何? 願殿下 令七十者皆得致仕. 若殿下謂其老成而有
칠십 여생 기하 원 전하 령 칠십자 개 득 치사 약 전하 위기 노성 이유

所問 召之可也. 彼豈自欲致仕 而勤是請歟?" 上曰: "崙憂國如家
소문 소지 가야 피기 자욕 치사 이근 시청 여 상 왈 륜 우국 여가

有所獻策輒進. 今國家之安 顧非崙維持之力歟? 予將聽之." 崙
유 소헌 책 첩진 금 국가 지안 고비 륜 유지 지력 여 여장 청지 륜

至是解議政 詣闕謝恩 上引見慰諭之.
지시 해 의정 예궐 사은 상 인견 위유 지

復行國巫堂與紺岳 德積 木覓 三聖祈禳祭.
부행 국무당 여 감악 덕적 목멱 삼성 기양제

命贈與屬公奴婢 其本主容隱 有形跡者外 逃亡 物故 勿令代立.

丁巳 禮曹啓:"還從嶽海瀆祈雨如初." 從之.

蠶室採訪使李迹 別監李士欽復命. 迹獻所養生繭九十八石十斗 繰絲二十二斤 種連二百張; 士欽獻所養熟繭二十四石 繰絲一十斤 種連一百四十張.

戊午 命停中外月課軍器.

揀出宮中侍女 房子之年壯者.

己未 世子出內朝啓廳 參啓事. 兵曹判書李原啓曰:"向者傳旨曰:'出納予命 承傳者間或遺忘 欲令世子參啓事 以審出納之言.' 臣謂世子與聞國政 固良法也. 私自喜幸. 前日又傳旨曰:'凡百公事 爾等與世子同議裁斷以啓.' 安有君不視事 而臣自擅斷之理乎? 甚非命臣之道也." 大司憲金汝知亦啓曰:"臣道無成 萬無裁斷之理. 願殿下凡百公事 斷自宸衷 如有擬議之事 則下議政府與六曹可也."

上然之.

命除各殿供上豆泡 因旱省膳也. 柳廷顯 朴訔請復行祈雨精勤 上曰:"祈佛而得雨與否 未可知也. 前日聚僧于興福寺祈雨 而天怒驟雨 雷震六處 不祥之變莫甚焉 守靜以俟天休可也. 然不可止人之請 姑從之."

平安道平壤府 永寧 順安縣蝗.

肥州太守左將軍源昌清使人 獻禮物 求白苧布.

① 由其無粟也: 由~ 也는 以~ 也와 같은 구문으로, '왜냐하면 ~하기 때문
유 기 무속 야   유   야   이   야
이다'라는 말이다.

태종 16년 병신년
6월

六月

　신유일(辛酉日) 초하루에 세자(世子)가 내조계청(內朝啓廳)에 나와
계사(啓事)에 참여했다.

　○ 경승부윤(敬承府尹)¹ 변계량(卞季良)이 글을 올렸다. 글은 이러
했다.

　'전하께서 재앙을 만나 두려워하고 몸을 닦고 반성하고 경계하고
조심함이 날로 깊으시니, 하늘을 공경하는 열렬함이 지극하고 백성
을 부지런히 돌보는 의리가 극진합니다. 신과 같은 자는 다른 재능
이 없고 오직 문묵(文墨-글쓰기)의 소기(小技-작은 기예)를 가지고 지
나치게 지우(知遇-임금이 알아줌)를 입어서 몸이 양부(兩府)에 이르
러, 앉아서 두터운 녹(祿)이나 허비하면서 임금을 제대로 보필하거나
도움을 주는 바가 없습니다. 지금 나쁜 징조(徵兆)로 견책(譴責)을 보
이자 전하께서 진념(軫念)하시니, 일을 논하고 말씀을 올려 성람(省
覽)에 대비하는 것이 마땅할 것입니다. 그러나 말을 내어 전하의 성
신(省愼)과 미재(弭災-재앙을 줄임)를 권하고자 한다면 전하의 우근(憂
勤)하심이 전에 없이 깊어질 것입니다.

　전하께서 걱정하고 살피는 것은 대개 억조(億兆)의 인민(人民)이 옷
이 없고 먹을 것이 없어 혹시 얼거나 굶주리는 데까지 이를까 염려

1　경승부는 세자의 교육을 전담하는 부서다.

하는 것입니다. (하지만) 신이 염려하는 것은 또 전하께서 걱정과 두려움이 지나쳐 잠을 잃고 음식을 잊어 혹시 위예(違豫-건강을 해침)에 이를까 두렵습니다. 신이 지난해 여름에 삼가 6개 조문을 올릴 때 첫머리에 조섭(調攝)을 삼가라는 한 구절을 가지고 정성스레 세 번이나 뜻을 말씀드린 것도 대개 이 때문입니다. 전하께서 그것을 실로 깊이 생각하셨습니까? 신이 아첨하는 것이 아니라 신의 마음에 품은 것이 바로 이와 같았을 뿐입니다. 비록 말을 내어 정치의 잘못과 생민(生民)의 폐단을 진달한다 하더라도, 여러 신하의 진언(進言)한 것이 진실로 이미 낱낱이 거론해 빠진 것이 없습니다. (그런데) 신이 또 어찌 감히 진부(陳腐)한 것을 주워 모아 천청(天聽-임금의 듣기)을 번거롭게 하겠습니까? 만약 남이 보지 못하는 것을 보고, 남이 아직 말하지 못한 것을 말하는 것이라면, 어찌 신과 같은 자가 능히 할 수 있는 바이겠습니까? 그러나 지금 천재(天災)가 바야흐로 성대해 인심이 크게 두려워하니, 다른 고담(高談)과 이론(異論)은 할 것이 없고 목전(目前)의 비를 비는 한 가지 일에 대해서만 말하겠습니다.

지금 비를 빌면서도 하늘에는 제사를 지내지 아니하는데, 신은 그것이 옳은 것인지를 알지 못하겠습니다. 무릇 비가 오고 날이 개고 춥고 덥고 바람 부는 것은 모두 하늘이 하는 것인데, 그것이 제때에 하는 것과 항시 하는 것은 사람이 아래에서 움직이면 하늘이 위에서 응하는 것입니다. 그러나 또 기수(氣數)가 때맞춰 그렇게 하는 경우도 있을 것입니다. 지금의 한재(旱災)는 기수(氣數)가 때맞춰 그렇게 하는 것인지 인사(人事)가 부른 것인지, 기수와 인사가 서로 아울러서 그렇게 하는 것인지 신은 모두 알 수 없습니다. 그러나 그 감통

(感通)하는 계기는 실로 하늘에 있는 것이요, 다른 데서 구한다고 해서 할 수는 없을 것입니다. 선유(先儒)로서 『노론(魯論)』²을 전한 자가 이르기를 "무우(舞雩)는 하늘에 제사해 비를 비는 곳이다"라고 했으니 옛사람이 비를 빌 적에는 반드시 하늘에 제사한 것이 분명한데, 이제 비를 빌면서 하늘에 제사하지 않음이 옳겠습니까? 혹은 말하기를 "누가 하늘에 비를 비는 것이 옳은지를 알지 못하는가? 그러나 천자(天子)가 천지(天地)에 제사를 지내고 제후(諸侯)가 산천(山川)에 제사 지내는 것이 제도이니, 비를 하늘에 비는 것은 참람(僭濫)하지 않은가?"라고 하나, 신은 말하기를 "천자(天子)가 천지(天地)에 제사 지내는 것은 상경(常經)이요, 하늘에 비를 비는 것은 비상(非常)의 변(變)에 대처하는 것이다"라고 하겠습니다. 옛사람이 말하기를 "하늘을 좋게 말하는 경우에는 사람에게 징험이 있다"라고 했으니, 신은 인사(人事)로써 이를 밝혀서 사람을 여기에 두도록 청합니다. 그 일을 소송하고자 할 때 형조(刑曹)에 가지 않으면 반드시 헌사(憲司)에 가게 되니, 형조와 헌사에서 그 일을 올리는 것이 나라의 제도이지만 일이 급하고 사정이 지극할 경우에는 직접 와서 격고(擊鼓)해 천총(天聰)에 아뢰는 자도 있습니다. 무엇이 이와 다르겠습니까? 대개 5일 동안 비가 오지 않으면 보리가 없어지고, 10일 동안 비가 오지 않으면 벼가 없어집니다. 그런데 이제 10여 일[浹旬]이 돼도 비가 내리지 않는데, 아직도 하늘에 제사 지내는 것을 의심하는 것이 옳겠습니까? 비록 하늘에 비를 빈다 하더라도 기필할 수가 없는데, 하물

---

2 노나라 『논어』를 가리킨다.

며 이제 빌지도 아니하고 우택(雨澤)이 내리기를 바라는 것은 어려울 것입니다. 또 나라의 제도가 예문(禮文)에 의거해 교사(郊祀)³를 폐지한 지가 지금까지 몇 년이 됐습니다만, 우리 동방(東方)에서는 하늘에 제사 지내는 도리가 있었으니 폐지할 수 없습니다. 신은 청컨대 그 설(說)을 조목별로 말할 수 있으니, 전하께서 청감(淸鑑-맑게 보는 것)하기를 바랍니다.

우리 동방은 단군(檀君)이 시조인데, 대개 하늘에서 내려왔고 천자가 분봉(分封)한 나라가 아닙니다. 단군이 내려온 것이 당요(唐堯-요임금)의 무진년(戊辰年)에 있었으니, 오늘에 이르기까지 3,000여 년이 됩니다. 하늘에 제사하는 예가 어느 시대에 시작했는지는 알지 못하겠습니다만, 그러나 또한 1,000여 년이 되도록 이를 혹은 고친 적이 아직 없습니다. 태조 강헌대왕(太祖康憲大王)께서도 이를 따라 더욱 공근(恭謹)하셨으니, 신은 하늘에 제사하는 예를 폐지할 수 없다고 생각합니다. 혹은 말하기를 "단군은 해외에 나라를 세우다 보니 바탕이 소략하고 문화가 떨어져[朴略少文=質略少文] 중국과 통
<small>박략소문   질략 소문</small>
하지 못했으므로 일찍이 군신(君臣)의 예를 차리지 않았다. 주(周)나라 무왕(武王)에 이르러서 은(殷)나라의 태사(太師-기자)를 신하로 삼지 않고 조선에 봉했으니 그 뜻을 알 수가 있다. 이로써 하늘에 제사하는 예를 행할 수 있었다. 그 뒤에 중국과 통하자 임금과 신하의 분수에 찬연(燦然)하게 질서가 있게 되었으니, 법도를 넘을 수가 없

---

3 임금이 교외(郊外-서울에서 100리 밖)에서 하늘과 땅에 지내는 제사를 말한다. 동지(冬至) 때는 남쪽 교외에서 하늘에 제사 지내고 하지(夏至) 때는 북쪽 교외에서 땅에 제사 지냈는데, 원구(圜丘)를 쌓기 때문에 원구제(圜丘祭)라고도 한다.

었다"라고 합니다. 신은 말하기를 "천자(天子)는 천지(天地)에 제사하고 제후(諸侯)는 산천(山川)에 제사하는 이것은 예(礼)의 대체(大体)가 그러한 것이다. 그러나 제후로서 하늘에 제사한 경우도 있었다. 노(魯)나라에서 교천(郊天-하늘에 제사를 지냄)한 것은 성왕(成王)이 주공(周公)에게 큰 공훈(功勳)이 있다 해서 내린 것이고, 기(杞)·송(宋)이 교천(郊天)한 것은 그 선세조종(先世祖宗)의 기운이 일찍이 하늘과 통했기 때문이다. 기(杞)나라가 기(杞)나라 됨은 미미한 것이지만 선세 때문에 하늘에 제사 지냈고, 노(魯)나라는 비록 제후(諸侯)의 나라라 하더라도 천자가 이를 허락해 하늘에 제사를 지냈다. 이것은 예의 곡절(曲折)이 그러한 것이다"라고 하겠습니다.

신이 일찍이 생각건대, 고황제(高皇帝-명나라 주원장)가 참란(僭亂)을 삭평(削平)해서 이하(夷夏-오랑캐와 중국)를 혼일(混一)하고 제도를 창시하며 법을 세울 때, 옛것을 혁파하고 새로운 것을 취했습니다. 이에 현릉(玄陵-공민왕)이 귀부(歸付)한 정성을 아름답게 여겨 특별히 밝은 조서(詔書)를 내려서 우리 조정(朝廷)의 일을 두루 말하기를 손바닥을 가리키는 것과 같이 자세하게 갖춰 말했으니, 참으로 이른바 만 리 밖을 밝게 내다보는 것이 일월(日月)이 조림(照臨)하는 것과 같았다고 하겠습니다. 우리 조정에서 하늘에 제사하는 일도 반드시 알고 있었을 것은 의심할 바가 없습니다. 그 뒤로 곧 의식은 본속(本俗-본래의 풍속)을 따르고 법은 구장(旧章-옛 법도)을 지키도록 허락했으니, 그 뜻은 대개 해외(海外)의 나라이므로 처음에 하늘에서 명(命)을 받았음을 이르는 것입니다. 그 하늘에 제사하는 예법은 심히 오래돼 변경할 수가 없습니다. 국가의 법은 제사(祭祀)보다 더 큰 것이 없고, 제사의 예법은 교천(郊天)보다 더 큰 것이 없는데, 법은 옛 전장(典章)을 지키는 것이니 이것이 그 먼저 힘써야 할 일입니다. 이 것으로 말미암아 말한다면 우리 조정에서 하늘에 제사하는 것은 선세(先世)에서 찾게 되니, 1,000여 년이 지나도록 기운이 하늘과 통한 지 오래됐습니다. 고황제(高皇帝)가 또 이미 이를 허락했고 또 우리 태조(太祖)께서 일찍이 이에 따라서 더욱 공근(恭謹)하셨으니, 신이 이른바 우리 동방에서 하늘에 제사하는 이치가 있어 폐지할 수 없다는 것은 이 때문입니다.

혹자는 말하기를 "인용한 이 말은 그럴듯하다. 그러나 노(魯)나라의 교사(郊祀)는 예가 아님을 공자(孔子)가 말했고 성왕(成王)이 그렇게 한 것을 정자(程子-정호와 정이)가 그르다고 했으니, 이제 바로 끌어다가 예로 삼는 것은 불가하지 않은가?"라고 합니다. (이에 대해) 신은 말하기를 "성현(聖賢)이 논한 것을 알지 못하는 바가 아니나, 성왕(成王) 때는 주공(周公)이 죽은 뒤이므로 대경(大経)과 대법(大法)이 모두 소공(召公-문왕의 아들이자 주공의 동생)에게서 나왔고, 노(魯)나라에 교체(郊禘-교제사)를 내린 것은 작은 일이 아니니 반드시 소공에게 물어서 행했을 것임은 의심할 바가 없다. 무릇 어찌 마땅하지 않은데 소공이 이를 했겠는가? 이 또한 하나의 도리일 것이다"라고 하겠습니다. 혹자는 말하기를 "소공(召公)이 강왕(康王)을 도울 때왕(王)이 면복(冕服)을 벗고 상복(喪服)을 다시 입었는데, 소씨(蘇氏-소식)는 그 실례됨을 비웃어서 이르기를 '주공(周公)이 있었으면 반드시 이렇게 하지 않았을 것이다'라고 했는데, 채씨(蔡氏-주희의 제자 채침)가 이를 취한 것이 전(伝)에 보인다. 이로써 논한다면 소공(召公)

이 성왕(成王)을 도운 것이 또한 모두 도리에 합당한지를 알지 못하겠다"라고 합니다. 신은 말하기를 "그렇지 않다. 강왕(康王)이 복(服)을 벗은 것은 반드시 한때의 적의(適宜-마땅함)를 저울질해 그만둘 수가 없었던 것이다. 이윤(伊尹) 같은 이도 사왕(嗣王)을 받들고 삼가 그 조상을 알현(謁見)했을 때는 또한 초상(初喪) 중에 있었다. 그러나 상복(喪服)으로 묘실(廟室)에 들어가지 아니한 것이 분명한데, 소공(召公)은 4대(四代)의 원로대신으로서 사리를 짐작해 이를 행했을 것이니 천견(淺見)하고 과문(寡聞)한 자가 가볍게 의견을 낼 수 있는 것이 아니다. 이러한 뜻을 주자(朱子)도 일찍이 말했다. 다만 변(變)에 통하고 권도(權道)에 숙달해[通變達權]⁴ 그때 적당하게 조치하기를 맞게 하는 것은 세상을 경륜하는 상도(常道)가 아니기에, 채씨(蔡氏)는 소씨(蘇氏)의 설을 취해서 우선 그 바른 것을 보존했을 뿐이다. 이것으로 논한다면, 소공이 성왕(成王)을 도와 노(魯)나라에 교체(郊禘)를 내린 것은 대개 또한 당세의 마땅함을 저울질했을[權] 것이다. 만약에 한갓 허물을 소공(召公)이 성왕(成王)을 도와서 노(魯)나라에 교체(郊禘)를 내려주고 강왕(康王)을 도와서 상복을 벗게 한 데로만 돌리고 그때의 조처가 적의함을 따랐다는 사실을 살피지 아니한다면, 이는 소공(召公)이 천하의 군신(君臣)의 큰 분수를 어둡게 하고 예악의 질서를 어지럽게 하고 인도(人道)의 종시(終始)의 큰 변(變)을 소홀히 하고 길흉(吉凶)의 절차를 어지럽게 한 것이니, 어찌 그가 소공(召公)이 될 수 있겠는가? 공자(孔子)도 오히려 즐겨 취해 「주남(周

---

4 이는 고스란히 『주역(周易)』의 핵심 사상이다.

南)」과「소남(召南)」을『시경(詩經)』300편의 수장(首章)에다 놓을 수 있었겠는가? 주자(朱子)도 오히려 즐겨 이를 높이고 도통(道統)의 전(傳)함을 얻었다고 일컬어서『중용(中庸)』의 서문(序文)에다 나타냈겠는가? 그것이 불가한 것은 실로 명백하다. 말한 것은 예법(礼法)의 상도(常道)가 아님을 일컬은 것일 뿐이요, 정자(程子)의 말은 공자의 뜻을 그대로 이어받았을[述=祖述] 뿐이다. 공자는 항상 일컫기를 '무왕(武王)의 악(樂)은 진선(尽善)하지 못하다'[5]라고 했고, 맹자(孟子)는 일컫기를 '우(禹)임금의 공법(貢法)은 가장 불선(不善)하다'라고 했다. 무왕의 악(樂)이 진선(尽善)하지 못한 것이 되고 노(魯)나라의 교체(交禘)가 예의(礼義)가 아닌 것이 됨은, 대개 가까운 것을 인용해서 예로 삼은 것이니 어찌 불가(不可)함이 있겠는가? 이제 비를 빌고자 한다면, 마땅히 중신(重臣)을 보내 남교(南郊)에서 하늘에 제사하는 것이 그 가운데 큰 것이요, 종묘사직과 산천(山川)은 그다음이다'라고 하겠습니다.

신이 또 살펴보건대 (『시경』)「대아(大雅)·운한(雲漢)」에 있기를 "모든 신(神)에게 제사드리지 아니함이 없다'라고 했고 (『서경』)「주서(周書)·낙고(洛誥)」에 있기를 "모두 질서를 따라 문란하지 않게 한다'라고 했으니, 비록 예문(礼文)에 실려 있지 않다 하더라도 무릇 세속(世俗)에서 전하는 기우(祈雨)의 일을 모두 거행하소서. 5도(五道)와 양계(兩界)도 모두 그러하지 아니함이 없게 하고, 비가 내리기를 기필

5　『논어(論語)』「팔일(八佾)」편에서 공자가 말했다. "순임금의 음악은 지극히 아름답고 또 지극히 좋다. (반면에) 무왕의 음악은 지극히 아름답기는 하지만 지극히 좋지는 않다[未盡善]."

한 뒤에 그만두는 것이 좋겠습니다.

또 구언(求言)하는 교지를 내렸으니, 품관(品官)에 한하지 말고 시산(時散)을 논함이 없이 모두 실봉(実封)해 아뢰게 하고, 또 여러 도(道)의 감사(監司)와 여러 주(州)의 수령(守令)으로 하여금 한량(閑良-양반 출신으로 무과에 급제하지 못한 자)과 고로(故老)와 대소 양반(大小両班)까지 진실로 말하고자 하는 것을 모조리 진달(陳達)하게 해서 숨김없이 천총(天聰)에 전달(轉達)하게 된다면, 하정(下情)이 상달(上達)돼 막히거나 가리는 근심이 없어질 것입니다.

삼가 생각건대 전하께서는 그 마음을 평안하게 하고 그 기분을 평소처럼 해서[易], 날마다 정전(正殿)에 앉아 경연(経筵)을 열어서 도리를 논하는 신하를 접하고 고금(古今)을 상확(商確-정확히 헤아림)하며 치도(治道)를 강명(講明-강론해 밝힘)함으로써 나라의 근본을 세우고, 무위(武威)를 떨치게 해 취각(吹角)의 영(令)을 거듭 밝혀서 군법을 엄하게 하고 인심을 엄숙하게 함으로써 불우(不虞)에 대비하는 것이 좋을 것입니다. 만약 한갓 수성공구(修省恐懼)하고 감선(減膳)하고 자책(自責)할 뿐이라면 일에 무익(無益)하고 기(氣)에 손실이 있을 것이므로, 신은 가만히 전하를 위해 실로 권권(拳拳-정성을 다하는 모습)합니다."

상이 자못 옳게 여기고, 곧 『책부원귀(冊府元龜)』를 조계청(朝啓庁)에 내어다가 거기에 실린 "천자(天子)는 천지(天地)에 제사하고, 제후(諸侯)는 산천(山川)에 제사한다"라는 말을 보여주었다. 육조판서와 대언(代言) 등이 아뢰어 말했다.

"이것은 예의 상전(常典)입니다. 한재(旱災)를 만나 하늘에 비는 것도 옳습니다."

이리하여 계량(季良)에게 명해 제천문(祭天文)을 짓게 하고, 자책(自責)하는 뜻을 가지고 매우 자세하게 유시(諭示)했다. 계량이 지어 바친 글이 (상의) 뜻에 맞으니, 구마(廐馬) 1필을 내려주었다.

계량이 부처에 혹(惑)하고 귀신에 아첨하며 하늘에 배례(拜礼)하고 별에 배례해 하지 못 하는 일이 없고 심지어 동국(東國)에서 하늘에 제사하자는 설(說)을 힘써 주장하니, 분수를 범하고 예를 잃었음을 알지 못하는 것이 아니면서도 한갓 억지스러운 글[强詞]로써 바른 이치를 빼앗으려 한 것일 뿐이다.

○ 사직(社稷)과 종묘(宗廟)에서 비를 빌었다.

○ 호조(戶曹)에서 재용을 아낄[節用] 조건을 올렸다. 아뢰어 말했다.

"각사(各司) 상직(上直-당직)의 선반(宣飯)[6]과 사역원(司譯院) 훈도관(訓導官)의 요(料)와 각 도의 도관찰사(都觀察使)·도절제사(都節制使)의 반미(飯米)[7]로 1일 3되[升]씩 주는 것과, 수배(隨陪)와 반당(伴儻)[8]에게 한 끼에 중미(中米) 1되씩 주는 것과, 각 고을의 교수관(教授官)·학장(學長)의 늠급(廩給-봉급)과, 각 주(州)의 판목사(判牧事) 및 반당(伴儻)에게 주는 요(料)를 모두 없애소서."

또 아뢰었다.

---

6 관아(官衙)에서 상직(上直)한 관원에게 제공하는 식사(食事)를 말한다.
7 나라에서 관리에게 식량(食糧)으로 지급하는 쌀을 말한다.
8 둘 다 관리들이 데리고 다니는 사람을 말한다.

"금년은 한기(旱氣)가 더욱 심하니 재용을 아껴 흉년을 구제하는 데 대비함이 마땅합니다. 입직(入直)하는 내금위(內禁衛)·내시위(內侍衛)·별시위(別侍衛)의 삼군진무(三軍鎭撫)와 상호군(上護軍)·대호군(大護軍)·호군(護軍)도 갑사(甲士)의 예에 의거해 식대(食代)⁹하는 것이 어떻겠습니까?"

그대로 윤허했다[依允=兪允]. 육조(六曹)에 뜻을 전해 말했다.
　　　　의윤　　유윤

"옛날에 수재(水災)와 한재(旱災)와 뇌전(雷電-천둥 벼락)을 만나게 되면 반드시 관대한 정사를 행했으니, 관대한 일을 행하기에 힘써야 할 때는 오로지 이때다."

육조와 대간(臺諫)에서 함께 글을 써서 아뢰어 말했다.

"비록 죽을죄를 범했더라도 전하께서 또한 모두 용서하셨으니, 관대한 정사에 더할 것이 없습니다. 이는 실로 아랫자리에 있는 자가 부른 것인데, 다만 신 등의 이목(耳目)이 아직 미치지 못한 것일 뿐이니 마땅히 물러가 생각하고서 아뢰겠습니다."

○ 중외(中外)에 명해 권계(勸戒-권장하고 경계함)가 될 만한 일을 써서 춘추관(春秋館)으로 보내는 것을 항식(恒式)을 삼도록 했으니. 춘추관의 아룀을 따른 것이다.

○ 도성위(都城衛)¹⁰를 보내 직숙(直宿-당직)하게 하던 것을 없앴다.

9　공역(公役)을 보는 사람들이 순서를 정해 번갈아 식사하는 일을 말한다. 나라에서 하급 관원이나 하례(下隸)에게 선반(宣飯)을 다 지급하지 않고 차례로 돌아가며 식사를 준비하게 시켰다.

10　태종 9년에 도성을 지키는 임무를 담당하기 위해 둔 군대다.

임술일(壬戌日-2일)에 세자가 내조계청(內朝啓廳)에 나와 계사(啓事)에 참여했다.

○ 검교관(檢校官)을 제배(除拜-임명)했다.

가뭄이 심하니 상이 이를 걱정해서 육조(六曹)에 물어 말했다.

"녹(祿)이 없는 검교(檢校)를 제배하고자 하는데, 사람들로 하여금 기뻐하게 할 수 있겠는가?"

모두 말했다.

"반드시 기뻐할 것입니다."

마침내 육조(六曹)·대간(台諫)·승정원과 2품 이상에게 뜻을 전해 각각 나이 60세 이상으로 검교 한성윤(檢校漢城尹)이 될 만한 사람을 천거하게 했다. 바로 검교 한성윤 134명, 공조참의(工曹參議) 47명, 판사재감사(判司宰監事-사재감 판사) 18명, 감정(監正-사재감정) 6명, 부정(副正) 20명, 한성소윤(漢城少尹) 13명, 한성판관(漢城判官) 10명, 사재주부(司宰注簿) 79명을 제수하니, 각사(各司)에서 개월(個月)이 이미 만기된 이전(吏典-관리) 중에 검교를 받은 자가 40명이었다. 이유(李愉)를 풍해도 병마도절제사(豐海道兵馬都節制使) 겸 판해주목사(判海州牧事-해주목 판사)로 삼았다.

○ 중앙과 지방의 호패를 없앴다.

○ 금년(今年)의 상고(商賈-상인)의 월세(月稅)를 면제했다. 상이 말했다.

"사복시(司僕寺)의 목장(牧場) 외에 각처의 목장도 농민으로 하여금 보수하게 하는 것은 실로 온당치 않다. 이제부터 각각 그 경내의 수령(守令)이 그 무너진 곳의 길이와 너비를 계산해 병조에 전보(伝報)하면, 병조에서 마필(馬匹)을 들여다가 방목할 인원의 직명(職名)과 마필의 다소를 요량해서 정부(丁夫)를 내게 하고 감독할 관원을 임명해서 보내어 보수하는 것을 항식(恒式)으로 삼으라."

○ 호조판서 성발도(成發道)가 국학 생도(国学生徒)들을 풀어줘 보낼 것을 청했는데, 이는 생원(生員)의 기재(寄齋-일종의 기숙사)에 공억(供億-지원)하는 비용을 덜고자 함이다.

갑자일(甲子日-4일)에 태백성(太白星)이 낮에 나타났다.

○ 세자가 내조계청(內朝啓廳)에 나와 계사(啓事)에 참여했다. 가르침을 내려[下敎] 말했다.

"세 번이나 간언했는데도 (임금이) 들어주지 않으면 떠나는 것이 옛날의 법이다. (그런데) 지금 대소 신료(大小臣僚)와 대간(台諫)과 형조에서 무릇 간언(諫言)과 상소(上疏)를 세 차례 외에 난잡하게 신청(申請)하는 것은 고제(古制)에 어긋남이 있다. 또 여러 사람이 보고 듣는 데도 이러니, 이 또한 심히 온당치 못하다. 이제부터 이와 같은 인원이 있으면 교지부종(敎旨不從-임금의 가르침을 따르지 않은 죄)으로 논죄(論罪)하라."

○ 국학 생도(国学生徒)를 회복시켰다.

의정부 참찬(參贊) 윤향(尹向)이 소(疏)를 올려 말했다.

'엎드려 보건대[伏觀] 전하께서 가뭄을 걱정하는 진념(軫念)이 지극하시어 한낮에야 식사하시고 이양(頤養-보양)할 겨를이 없으니, 바로 성체(聖体)가 부조(不調)할까 두려워 신은 식사를 대해도 먹기를 잊어버리고 눈물이 흘러내림을 깨닫지도 못해서, 감히 관견(管見)을 몇 조목 어리석게 진달(陳達)합니다.

하나, 바야흐로 지금 교화(教化)를 돈독하게 해서 다스림에 이르는 도리와 나라를 넉넉하게 해서 백성을 유족(裕足)하게 하는 방도를 거행하지 아니함이 없으니, 진실로 백성에게 폐단이 미치는 것이 있다면 모조리 견혁(蠲革-혁파)해 조금이라도 남김이 없습니다. 전하께서 하늘을 두려워하고 백성에게 부지런한 인정(仁政)이 지극하고 극진한데도 한발(旱魃)의 재해가 이같이 심하니, 신은 감사(監司)와 수령(守令)들이 소의간식(宵衣旰食)[11]하는 염려를 본받지 않거나 양민(養民)하는 방도에 어긋남이 있을까 합니다. (그런데) 어찌 한재(旱災)를 부름이 이것에 말미암지 않은지 알겠습니까? 빌건대 조정의 신하 가운데 어질고 덕이 있는 자를 골라서 제도(諸道)로 나눠 보내 재성보상(財成輔相)[12]하는 도리를 다하게 하며, 출척(黜陟) 전최(殿最)의 법을 엄격하게 밝히소서.

하나, 근일에 호조(戶曹)에서 재용을 아끼려고 국학(国学)을 혁파하도록 원했는데, 비록 이것이 비용을 줄이는 방법이기는 하나 그 인재를 기르는 도리에 있어 진실로 온당치 못합니다. 비록[縱] 액수(額數-인원수)를 능히 채워 기를 수 없다 하더라도, 바라건대 성균관(成均

---

11 날이 밝기도 전에 일어나 정복을 입고 해가 진 뒤에 저녁밥을 먹는다는 뜻으로, 임금이 정사(政事)에 부지런함을 비유한 말이다. 『당서(唐書)』에 나오는 말이다.

12 『주역(周易)』에 나오는 말로, 지나친 것을 억제하고 모자란 것을 채워 도와준다는 뜻이다.

館)으로 하여금 그전대로 양육하게 해서 성묘(聖廟)가 비어 폐함에 이르지 말게 함으로써 교화(敎化)의 근본을 돈독하게 하소서.

하나, 어려서 일을 겪지 않는 사람에게는 일을 맡길 수가 없는데 나이 어린 자제(子弟)로서 부형(父兄)의 음덕(蔭德)으로 인해 여러 관직에 충원되는[備員] 자가 있으니, 빌건대 모두 정파(停罷)해서 서무(庶務)를 소중히 하소서.'

상이 이를 읽어보고 생원(生員)을 도로 국학에 들어오게 해서 그전대로 공급(供給)하게 하라고 명했다.

○ 판좌군도총제부사(判左軍都摠制府事) 최이(崔迤)에게 명해 흥천사(興天寺)의 사리전(舍利殿)에서 비를 빌게 했다. 초룡(草龍-짚으로 만든 용)을 만들었는데, 한 몸에 머리가 아홉인 것으로서 모두 10여 개였다. 중 100명을 모아 기우정근(祈雨精勤)을 베푸니, 어떤 중 하나가 손가락을 불에 태우자[燒指] 상이 이르기를 "정성이 있다" 하고서 저마포(紵麻布) 각각 2필씩 내려주었다.

○ 안성부원군(安城府院君) 이숙번(李叔蕃)에게 명해 도성을 나가 농장(農庄)에 거주하게 했다. 애초에 상이 우의정 박은(朴訔)과 병조판서 이원(李原)을 불러 숙번이 범한 죄상을 일깨워주었다. 그때 상이 가뭄을 걱정하고 여러 대신이 날마다 나아가 다투어 미재(弭災-한재를 완화함)할 의견을 바치며 두려워하고 몸 둘 곳을 몰라[跼蹐=跼縮] 분주(奔走)했으나, 숙번은 병을 핑계로 여러 달 동안 대궐에 나아오지 않았다.

이날 승정원에 뜻을 전해 말했다.

"숙번은 근래에 어찌 출입하지 않는가?"

그러고는 불경(不敬)·무례(無礼) 등 여섯 가지 죄목을 꼽으며[數]
말했다.

"이따위 신하가 있으니 하늘이 어찌 비를 내리겠는가?"

좌대언(左代言) 서선(徐選)이 말했다.

"5월 25일에 신이 마침 강무(講武)의 상소(常所-일정한 곳)를 하나
로 정하는 일 때문에 명(命)을 받고 숙번의 집에 이르니, 숙번이 말하
기를 '오늘날의 정사는 어떠한가?' 하므로 대답하기를 '박은(朴訔)이
우의정이 됐다'라고 했습니다. 숙번이 불편한[不豫] 기색을 보이면서
말하기를 '은(訔)은 일찍이 내 밑에 있었는데 명이 통하는 자다'라고
했습니다. 그 마음은 분명히 '어찌 나를 버리고 은을 뽑았는가?' 하
는 것이었습니다."

마침 삼공신(三公臣)과 우의정 박은 등이 소(疏)를 올려 말했다.

'공자(孔子)가 말하기를 "임금을 섬길 때는 예를 다한다[事君盡禮]"
고 했고 또 말하기를 "신하가 임금을 섬길 때는 충(忠)으로 한다"
고 했습니다.[13] (그런데) 만일 인신(人臣)된 자가 무례(無礼)하고 불충
(不忠)하다면 죄가 이보다 클 수는 없습니다. 숙번이 상의 은혜를 치
우치게 입었으니[偏蒙] 마땅히 충을 다하고 예를 다함으로써 만에
하나라도 갚아야 합니다. 상께서 일찍이 칠성군(漆城君) 윤저(尹抵,
?~1412년)[14]를 불러 경계시키기를 "붕당(朋黨)을 짓지 말라"고 하셨는

---

13 『논어(論語)』 「팔일(八佾)」편에 나오는 공자의 말이다. "임금은 신하를 예로써 부리고, 신
하는 군주를 충으로 섬겨야 합니다."

14 고려 말기부터 이성계(李成桂)를 시종한 인연으로 조선 왕조가 건국되자 1392년(태조
1년) 상장군에 등용됐다. 1395년 형조전서가 돼 고려 왕족들을 강화나루에 잡아다가 수

데, 저(抵)가 권완(權緩)에게 전했고 숙번에게 그 말이 알려졌습니다. 완(緩)이 마침내 그 말을 통지하니, 숙번이 이를 듣고 마음으로 분개하고 원망함을 품어 내전(內殿)에 들어가 뵐 때 말과 안색에서 나타났습니다. 참찬의정부사(參贊議政府事)가 됐을 때도 정승(政丞) 하륜(河崙)과 상 앞에 들어가 앉았다가 숙번이 먼저 나오고 륜(崙)이 머물러 있으면서 국정을 아뢨는데, 숙번이 계단 아래에 몰래 숨어 엿듣고 의이(疑弐-의심해 딴마음을 품음)하는 마음을 가졌습니다. 상께서 장차 태안(泰安)에서 강무(講武)하려 할 때도 숙번이 정승 하륜의 말을 가지고 나아가 고하기를 "순제(蓴堤)에 운하[渠]를 파는 것
^거
은 중론(衆論)이 분분(紛紛)해 아직 가부(可否)를 정하지 못했으니, 상께서 친히 보시고 재단(裁斷)하면 다행이겠습니다"라고 했습니다. 그후 상께서 그 땅으로 행차하시어 여러 대신과 함께 이를 토의했으나[議之], 숙번은 옆에서 모시고 있으면서도 홀로 말을 하지 않았습
^{의지}
니다. 상께서 재삼 묻기에 이르러서도 대답하지 않았으니, 대개 반복(反覆)하는 마음을 품어서일 것입니다.

무구(無咎)와 무질(無疾)이 그 죄에 스스로 복죄한 것은 실로 신충(宸衷-임금의 마음)에 의해 결단된 것인데도 숙번은 들어가 고하기를 "세자가 신을 싫어하지 아니하겠습니까?"라고 했고, 그 뒤 며칠 만에

장(水葬)하는 데 앞장섰다. 1396년 상의중추원사(商議中枢院事)가 되었으며, 1397년 경상도절제사로 재직 중에 박자안(朴子安)의 옥사에 관련돼 한때 투옥됐다가 풀려났다. 1400년(정종 2년) 상진무(上鎮撫)가 됐으며, 다음해인 1401년(태종 1년) 이방간(李芳幹)의 난을 평정하고 태종이 왕위에 오르는 데 협력한 공으로 익대좌명공신(翊戴佐命功臣) 3등에 책록됐다. 같은 해 사평우사(司平右司)가 되고 칠원군(漆原君)에 봉해졌다. 1402년 참판승추부사(參判承枢府事)가 됐으며, 이조판서를 거쳐 1408년 찬성사에 이르렀다.

문성군(文城君) 유량(柳亮)과 모의해 함께 대궐로 나아가 이에 고하기를 "신 등은 이제부터 세자를 상견(常見)하기를 원합니다"라고 했으니, 금장(今將-미래를 도모함)의 마음이 있었지 않겠습니까? 그가 무례하고 불충함이 심합니다. 엎드려 바라건대 유사(攸司)에 내려 그 정상을 국문(鞫問)함으로써 그 죄를 밝게 결단하시어 뒤에 오는 무례하고 불충한 자들의 감계(鑑戒)로 삼으소서.'

상이 마침내 예조 우참의(礼曹右參議) 정효문(鄭孝文)으로 하여금 숙번에게 뜻을 전해 그 불경한 죄를 헤아리게 하고, 이어서 명해 자원(自願)에 따라 연안부(延安府)로 나가 살게 했다. 사헌부 대사헌 김여지(金汝知) 등이 소를 올렸는데 대략 이러했다.

'대신이 비록 자원(自願)한 것이라 하더라도 외방(外方)에 있게 하는 것은 관계되는 바가 가볍지 아니합니다. 바라건대 유사(攸司)로 하여금 범한 것을 국문해서 법대로 처치하소서.'

사간원(司諫院) 우사간 대부(右司諫大夫) 박수기(朴竪基) 등이 소를 올려 말했다.

'가만히 생각건대[竊惟] 훈구(勳旧)의 신하는 나라 사람들이 우러러보는 것이니, 무릇 출입이 있게 되면 이를 알지 못함이 없습니다. 이숙번은 성명(聖明-빼어나게 눈 밝은 임금)을 만나 지위가 1품에 이르렀는데, 갑자기 외방으로 추방하게 했으나 사람들은 그가 범한 것을 알지 못합니다. 엎드려 바라건대 전하께서는 유사(攸司)에 명해 그 이유를 국문하게 해서 사람마다 밝게 함께 알게 하소서.'

형조판서 안등(安騰) 등이 소를 올렸다.

'신 등이 듣건대 근일에 삼공신(三功臣)이 대궐로 나아가 글을 올

302

렸다고 하는데 아직 그 연고를 알지 못하다가, 이어서 이숙번이 성문 밖으로 나갔다는 말을 듣고서야 공신들이 말씀을 올린 내용이 숙번의 죄를 청한 것임을 알게 됐습니다. 숙번은 정사좌명공신(定社佐命功臣)으로 지위가 극품(極品)에 이르렀고 총권(寵眷-총애)도 더함이 있었으니, 만약 그 범한 것이 종묘와 사직에 관계되지 않는다면 삼공신이 어찌 감히 그 죄를 청했겠습니까? 그러나 전하께서 다만 외방에 나가 거주하도록 하니, 온 나라의 신하와 백성이 그가 범한 것을 알지 못해 놀라워하지 않음이 없습니다. 신 등이 생각하기를 "비록 선비로서 미미한 자라 하더라도 죄가 있으면 반드시 유사(攸司)에 내려 추국(推鞫)해서 죄를 정하는 것이 나라의 상전(常典)이다"라고 여기는데, 하물며 훈구(勳舊)의 대신으로서 숙번 같은 자이겠습니까? 바라건대 전하께서는 유사(攸司)에 명해 그 직첩을 거두고 실정과 이유를 국문해서 그 죄를 밝게 바로잡아 뒤에 오는 사람을 경계하게 하소서.'

들어주지 않았다[不聽=不從].
　　　　　　불청　부종

을축일(乙丑日-5일)에 태백성이 낮에 나타났다.

○ 예조에서 기우 계목(祈雨啓目)을 올렸다.

'하나, 『문헌통고(文獻通考)』 안에 "4월 이후에 가물면 사직(社稷)·산림(山林)·천택(川沢)에 두루 비는데, 연고 있는 곳[故處]에 나아가 대우(大雩)할 때 무동(舞童) 14인이 모두 현의(玄衣-검은 옷)를 입고 8렬(列)로 서서 각각 우예(羽翳-양산)를 잡고 열(列)마다 운한시(雲漢詩)를 노래한다"라고 했습니다. 본조(本曹)에서 일찍이 재랑(齋郎)으로 하여금 운한편(雲漢篇)을 외우고 익히게 했는데, 이제 우사(雩祀)¹⁵와 원단(圓壇)¹⁶에 이것을 부를 것을 청합니다. 또 북교(北郊)에 망기(望祈)할 때와 풍운뇌우(風雲雷雨)·삼각산(三角山)·한강(漢江)·목멱(木覓)·사직(社稷)·종묘(宗廟)·우사(雩祀)의 기우사(祈雨祀)에 나아갈 때도 모두 이를 부르게 하소서.

하나, 동중서(董仲舒)¹⁷가 기우(祈雨)하는 방법에 말하기를 "남문(南門)을 닫고 북문(北門)을 열어 놓는다"라고 했으니, 이는 대개 음(陰)을 뻗어나게 하려는 뜻입니다. 청컨대 도성(都城)의 남문을 닫고 북문을 여는 것이 어떠하겠습니까?

하나, 동중서가 말하기를 "가물면 군읍(郡邑)으로 하여금 수일(水日-한사리가 드는 음력 보름과 그믐)에 백성으로 하여금 사직(社稷)에 빌게 한다"라고 하고 또 말하기를 "가인(家人)은 호신(戶神)에 제사한다"라고 했으니, 또한 이 법에 의거해서 외방의 백성으로 하여금 이사(里社-마을의 사당)에 나아가 빌게 하고 중외의 가인(家人)으로

---

15 하늘에 비를 빌기 위해 지내던 제사를 말한다.

16 임금이 원구제(圓丘祭-천지에 비는 제사)를 지내는 단(壇)을 말한다.

17 중국 한나라 때의 대학자다. 젊어서 『춘추공양전(春秋公羊伝)』을 공부했고, 경제(景帝) 때 박사(博士)가 됐다. 무제(武帝) 때 현량대책(賢良対策)으로 백가(百家)를 몰아내고 유술(儒術-유학)만 존중할 것을 주장했는데, 무제가 받아들여 이후 2,000년 동안 유학(儒学)이 정통 학술로 자리하는 계기를 만들었다. 일찍이 강도상(江都相)과 교서왕상(膠西王相)을 지냈다. 나중에 병을 이유로 사직하고 학문 연구와 저술에만 힘썼다. 항상 장막을 치고 제자를 가르쳐서 그의 얼굴을 모르는 제자도 있었다. 학문은 유학을 중심으로 하면서도 음양오행(陰陽五行)이나 천인감응(天人感応) 같은 신비적 체계도 갖추고 있었다. 천도(天道)와 인사(人事)가 서로 부응하므로 군신(君臣)과 부자(父子), 부부(夫婦) 도리도 모두 천의(天意)에서 나온다고 하면서 "하늘이 바뀌지 않으면 도도 바뀌지 않는다"라고 주장했다. 나중에 자신의 학설로 말미암아 투옥되는 등 파란 많은 생애를 살았다.

하여금 호신(戶神)에 제사해 비를 빌게 하소서.'

그것을 따랐다.

○ 편전(便殿)에 나아가 한평군(漢平君) 조연(趙涓), 병조판서 이원(李原), 공조판서 민여익(閔汝翼), 대언 서선(徐選)·이명덕(李明德) 등을 인견(引見)해서, 상이 이숙번(李叔蕃)의 불경하고 무례한 죄를 일깨워주니 선(選)이 그 참에 아뢰었다.

"근래에 가뭄으로 인해 조계(朝啓)와 공사(公事)를 전하께서 스스로 청단(聽斷)하지 아니하고, 세자와 함께 토의해서 하나로 정한 뒤에 계문(啓聞)하라고 명하시니 실로 미편(未便)합니다. 청컨대 다시 예전대로 하소서."

들어주지 않았다.

병인일(丙寅日-6일)에 대간(臺諫)과 형조(刑曹)에서 교장(交章-공동 상소)해서 이숙번의 죄를 청하고, 저물녘이 되자 또 대궐로 나아와 청했다.

"삼공신(三功臣)이 봉장(封章)해서 숙번(叔蕃)의 죄를 청했으니, 이는 반드시 일이 종묘사직에 관계된 불충(不忠)·불경(不敬)의 죄일 것입니다. 그러나 대소 신료(大小臣僚)들이 아직 죄명(罪名)을 알지 못하니, 빌건대 유사(攸司)에 내려 그 죄를 밝게 바로잡으소서."

상이 말했다.

"숙번이 착오(錯誤)한 일이 있는 까닭에 내가 삼공신이 함께 토의해서 그를 내쫓아[放逐] 스스로 경계하도록 했다. 또 내가 공사(公事)를 보지 않으나, 이를 하고자 한다면 육조와 함께할 수 있다."

이때 상이 친히 일을 보지 않았던 까닭에 이런 말이 있었다. 다시 청해 말했다.

"비록 작은 일이라 하더라도 여러 사람이 전하의 재단(裁斷)을 바라는데, 하물며 이러한 대사(大事)이겠습니까? 육조에서 어찌 감히 이를 하겠습니까? 숙번이 불충하면 마땅히 법대로 처치해야 할 것이요, 만약 그 죄가 가볍다면 적당한 데 따라 구처(区処-조치)해야 할 것이니, 마땅히 유사(攸司)에 내려 그 죄를 밝게 바로잡으소서."

상이 말했다.

"내가 어찌 깊이 생각하지 않겠는가? 내가 들어주지 않는 것 또한 깊이 생각한 것이다."

안등(安騰)이 아뢰어 말했다.

"전하께서 숙번을 아들과 같이 보아[如子] 은악(恩渥-은혜)이 지중했으나 오히려 불충한 생각을 품었는데, 하물며 이제 도성 밖을 나가 농사(農舍)에 거주하게 됐으니 그 분분(憤憤)한 불충의 마음이 마땅히 더욱 깊어질 것입니다. 이와 같은 사람을 어찌 하루라도 연류(延留)하게 할 수 있겠습니까? 청컨대 집법(執法)에 내려 그 죄를 밝게 바로잡아서 나라 사람들로 하여금 뚜렷이 이를 알게 하소서."

상이 말했다.

"이미 외방으로 내보냈으니, 어찌 죄가 없을 수 있겠느냐? 내 장차 그 죄를 밝게 바로잡을 것이다."

정묘일(丁卯日-7일)에 다시 우사(雩祀)와 원단(圓壇)의 제사를 거행했다. 좌의정 유정현(柳廷顯)에게 명해 그를 헌관(獻官)으로 삼았는데, 이날 큰비가 내렸다.

○ 전 전라도 수군도절제사(全羅道水軍都節制使) 홍유룡(洪有龍)을 남원(南原)에 부처(付處-유배)하라고 명했다. 이에 앞서 청부녀(靑夫女)의 손녀 소사(召史)와 정향(丁香)을 의금부(義禁府)에 가두도록 명하고, 참찬(參贊) 윤향(尹向)과 대언 서선(徐選)에게 명해 위관(委官-재판관)으로 삼고 대간(台諫)과 더불어 그 소송한 노비의 근각(根脚)[18]을 핵문(覈問)하게 했다. 정향은 유룡(有竜)의 첩이다. 유룡이 억지로 변명해 오결(誤決)이라 일컬으니, 아울러 옥(獄)에 내렸다. 상이 육조(六曹)에 뜻을 전해 말했다.

"소사녀(召史女)의 소송은 마땅히 밝게 바로잡아서 뒷사람을 경계시켜야 한다."

또 말했다.

"정향의 노비 사건은 사헌부에 정장(呈狀)한 것도 아니요 격고(擊鼓)해 신문(申聞)한 것도 아니다. 다만 정향이 이조판서(吏曹判書) 황희(黃喜)가 근각이 없는 노비를 사용한다고 양언(揚言-큰소리로 떠듦)했으므로, 내가 이 말을 듣고 의금부에 내려 추국(推鞫)하게 했다. 정향은 이미 복죄(服罪)했으나 유룡이 오히려 두 조건을 상위(上位)가 알지 못한다고 했기 때문에, 유룡을 내려 빙문(憑問)하게 했더니 유룡도 공초(供招-조서)에 자복했다."

---

18 조선 시대의 신원 조사서다. 공물(貢物)이나 관수품(官需品)을 서울로 운반하는 선주(船主) 등의 신원을 조사해서 이름·생년월일·거주지·가족 사항 등을 적어 호조(戶曹)에 미리 등록했다. 죄를 범한 자의 죄상·이름·생년월일과 얼굴이나 몸의 특징, 조상에 관한 사항을 기록한 서류를 말하기도 한다.

마침내 (맞는 법률로) 조율(照律)하라고 명하고서 또 말했다.

"일이 종묘(宗廟)와 사직(社稷)에 관계되는 이외의 것은 마땅히 관전(寬典-관대한 처벌)을 따라야 한다."

병조판서 이원(李原)이 아뢰어 말했다.

"유룡이 비록 사리를 알지 못한다고 하나 이미 재상(宰相)이 됐으니 가뭄을 걱정하는 때를 만나 실로 마땅히 두려워하며 조심해야 하는데, 이에 잘못을 가지고 옳다고 하고자 했으니 마땅히 율문(律文)대로 시행해야 합니다."

의금부(義禁府)에서 아뢰어 말했다.

"유룡의 죄를 조율(照律)했더니 장(杖) 100대에 도(徒-징역형) 3년에 해당합니다."

상이 태조(太祖)의 원종공신(元從功臣)이라 해서 다만 자원부처(自願付處)에 따르도록 했다.

무진일(戊辰日-8일)에 편전(便殿)에 나아가 의정부(議政府)와 육조(六曹)를 인견(引見)하고 입직(入直)한 대소신료(大小臣僚)들에게 술을 내려주니, 비가 온 것을 기뻐했기[喜雨]¹⁹ 때문이다. 목멱(木覓)·한강(漢江)·풍운뇌우(風雲雷雨) 등의 제사를 다시 거행하는 것을 토의했다. 예조판서 조용(趙庸)이 아뢰어 말했다.

"지금 비가 내렸으니 '운예부작(雲霓不作)²⁰하고 초목고고(草木枯

---

19 오랜 가뭄 끝에 찾아온 반가운 비라고 옮겨도 된다.
20 구름이 한 점도 일어나지 않는 것을 말한다.

槁)하다'²¹라고 축판(祝版)에 써서 귀신(鬼神)들을 슬프게 하는 것은 불가합니다. 비가 만약 부족하면 다시 날짜를 점치고 축문을 고쳐야 합니다."

상이 그렇다고 여겼다.

기사일(己巳日-9일)에 공신(功臣) 창녕부원군(昌寧府院君) 성석린(成石璘) 등이 소를 올려 이숙번(李叔蕃)의 죄를 청하니, 지신사(知申事) 조말생(趙末生)으로 하여금 뜻을 전해 말했다.

"다시는 청하지 말라."

석린(石璘)이 또 말했다.

"하늘과 땅 사이에 다만 군신(君臣)과 부자(父子)만이 있을 뿐입니다. 신 등이 이 사람의 불충(不忠)하고 무례한 것을 보고서 어찌 감히 침묵해야 하겠습니까? 상께서 공신을 보전(保全)하고자 하는 것을 누가 감격해 떠받들지 않겠습니까? 그러나 이 사람이 범한 것은 작지 아니하니, 보전하는 것은 불가합니다."

진산부원군(晉山府院君) 하륜(河崙)이 말했다.

"이숙번의 불충하고 무례한 것이 언행(言行)에 나타난 지도 오래됐습니다. 이제 각각 본 것을 가지고 써 올렸으니, 신하답지 못한[不臣]
불신
실정이 더욱 명백해졌습니다. 마땅히 그 죄를 바로잡아 나라 사람들로 하여금 뚜렷이 함께 알게 해야 하는데, 하물며 원훈대신(元勳大臣)을 하루아침에 추방하면서 그 죄를 밝히지 아니한다면 나라 사람

---

21 초목이 말라서 비틀어지는 것을 말한다.

들이 이를 의심할 것이니 실로 온당치 않습니다."

우의정 박은(朴訔)이 또 말했다.

"일찍이 상의 가르침이 있기를 '이 사람의 죄가 어찌 이직(李稷)보다 더한 바가 있겠는가?'라고 하셨으나, 신 등의 소견(所見)으로는 더욱 심한 바가 있습니다."

상이 말했다.

"내선(內禪-선위)은 나의 마음에서부터요, 숙번의 음모는 아니다. 목인해(睦仁海)의 난(亂)에 나라 사람이 모두 놀랐는데, 어찌 홀로 숙번만이겠는가? 숙번은 천성이 본래 광망(狂妄)하고 일을 행함에 자주 차오(差誤)를 가져왔으나, 마음에 품고 있는 바가 있어서 그러한 것이 아니니 사람에게 신의를 잃는 것은 안 될 일이다."

경오일(庚午日-10일)에 의정부 좌의정 유정현(柳廷顯) 등이 글을 올렸다. 글은 이러했다.

'공신(功臣)이 사직(社稷)에 관계되는 죄를 범하면 마땅히 법으로써 논해야 함은 서문(誓文-공신의 맹세문)에 실려 있습니다. 이제 삼공신(三功臣)이 숙번이 범한 죄를 가지고 글을 올려 신청(申請)했습니다. 신 등이 가만히 생각건대 그 죄는 법으로써 논하는 것이 마땅한데도 외방에 안치하는 데 그쳤으니, 엎드려 바라건대 전하께서는 대의(大義)로써 결단하시어 그대로 윤허해 시행하소서.'

○ 사간원(司諫院)에서 소(疏)를 올려 말했다.

'신 등이 엎드려 왕지(王旨)를 보니 "세 번 간언해도 듣지 않으면 떠나갈 뿐이다. 세 번 간언한 뒤에 또다시 간언하는 자는 죄에 저촉 된다"라고 했습니다. 그러나 일에 말해야 할 것이 있으면 말하는 책임을 진 자는 마땅히 여러 번이라도 청해야 할 것이요, 또 종묘(宗廟)와 사직(社稷)에 관계될 것 같으면 어찌 세 번 간언하는 데 구애돼 그치겠습니까?'

사헌부에서도 소(疏)를 올렸다.

'가만히 듣건대, 성왕(聖王-빼어난 임금)은 간쟁(諫諍)에 의해 보치(輔治-통치를 보완함)하지 않음이 없는 까닭에 대간(台諫)을 일컬어 이목(耳目)이라고 한다고 했습니다. 지금 내리신 가르침에 "모든 진언(陳言)과 소(疏)는 세 번 간언하고 즉시 그친다"라고 했는데, 이는 성조(聖朝)에서 행할 만한 법이 아닙니다. 직책이 언로(言路)에 있다면 말할 것이 있을 경우에는 마땅히 말을 다해 연애(涓埃-물방울이나 티끌같이 아주 작은 것)라도 갚아야 합니다. (그런데 속으로) 씩씩거리고 [悻悻] 가버린다면 장차 어디로 가겠습니까? 그러므로 옛사람이 면절(面折-면전에서 옳지 못한 주장을 꺾음)[22]하고 정쟁(庭諍-뜰에 서서 간쟁함)하고 견거(牽裾-임금의 옷깃을 잡아당기며 간언함)하고 절함(折檻-난간이 부러짐)[23]한 것도 죽음으로써 간쟁(諫諍)한 것이었으니, 그 마음을 따져보면 모두 임금을 사랑한 것입니다. 아들이 아버지를 섬기다가 허물이 있으면 간언하고, 만약에 간(諫)함을 받아들이지 않

---

22 한(漢)나라 때 급암(汲黯)은 무제의 면전에서 곧장 간언한 것으로 유명하다.

23 한(漢)나라 성제(成帝) 때 괴리령(槐里令) 주운(朱雲)이 안창후(安昌侯) 장우(張禹)를 참(斬)할 것을 청했는데, 성제(成帝)가 대노해 주운을 죽이고자 어사(御史)로 하여금 끌어내리게 하니 주운이 전(殿)의 난간을 붙잡고 버티어 서서 계속 간언(諫言)하다가 난간이 부러져 아래로 굴러떨어졌기 때문에 목숨을 건질 수 있었다는 고사(故事)에서 나온 말이다.

는다 하더라도 거듭 공경하고 거듭 효도해야 합니다.[24] 신하가 임금에 대해서도 이와 같은데, 만약 세 번 간언하고 곧장 그만두는 것을 나라의 법으로 삼는다면 이는 신자(臣子)들이 녹을 유지하고 자신을 용납하는 계책이지 나라의 다행이 아닙니다. 또 신자들에게 아첨하는 풍습을 열어주는 것입니다.'

○ 명해 정도전(鄭道傳)과 황거정(黃居正)의 자손들에게 내린 금고(禁錮)를 해제하게 했다.

○ 한상환(韓尙桓)과 원순(元恂)의 직첩(職牒)을 돌려주고, 김훈(金訓)을 본향(本鄕)인 영동현(永同縣)에 옮겨두었다.

○ 육조에서 약주(藥酒)를 바치려고 청했으나 허락하지 않았다.

신미일(辛未日-11일)에 세자(世子)가 내조계청(內朝啓廳)으로 나와 계사(啓事)에 참여했다. 형조와 대간(臺諫)에서 세자에게 청했다.

"이숙번(李叔蕃)의 죄가 작지 않은데도 나라 사람 중에 아직 아는 자가 없습니다. 그 죄를 명시(明示)함이 마땅한 까닭에 신 등이 전정(殿庭)에서 해가 기울어질 때까지 머물러 있은 것이 이미 이틀이었으나, 아직 상달(上達)하지 못했습니다. 이는 신 등에게 격천(格天-하늘에 이름)의 정성이 없기 때문입니다. 그러나 언로(言路)를 틀어막는 것이 어찌 밝은 시대의 한 가지 흠이 아니겠습니까?"

---

24 『논어(論語)』「이인(里仁)」편에 나오는 공자의 말을 살짝 바꾼 것이다. 뉘앙스는 차이가 있다. "부모를 섬기되 (부모의 잘못이 있을 때) 조심스럽게 간언해야 하니[幾諫], 부모의 뜻이 내 말을 따르지 않음을 보더라도 더욱 공경하고 어기지 않으며 수고로워도 원망하지 않아야 한다."

세자가 제조(諸曹)에게 물었다.

"삼성(三省)의 말이 옳은가?"

모두 말했다.

"옳습니다."

세자가 말했다.

"간언(諫言)을 막는 것은 안 된다."

곧 들어가 아뢰니 상이 육조(六曹)에 물었다.

"간언(諫言)을 거부했다고 하는 것은 무슨 일을 가리키느냐?"

병조판서 이원(李原)이 대답했다.

"이번 일(-이숙번의 일)을 가리킵니다."

상이 말했다.

"내가 따르지 않을 것이니 번거롭게 하지 말라."

○ 상호군(上護軍) 이순몽(李順蒙)을 의금부(義禁府)에 내렸으니, 순몽(順蒙)이 대궐 안에서 술에 취해 총제(摠制) 최윤덕(崔閏德)과 사재감정(司宰監正) 조서로(趙瑞老)를 욕하고 꾸짖었기 때문이다. 얼마 후에 그를 풀어주었다.

임신일(壬申日-12일)에 형조와 대간(臺諫)에서 이숙번(李叔蕃)의 죄를 청했으나 윤허하지 않으니, 모두 사직하기를 빌었다. 조말생(趙末生)에게 명해 뜻을 전해 말했다.

"만약에 다른 나라로 떠나가지 못한다면 가소(可笑)롭도다."

계유일(癸酉日-13일)에 비가 내렸다.

갑술일(甲戌日-14일)에 형조와 대간(台諫)에 명해 직책에 나오게 했다. 상이 말했다.

"더 이상 떠나갈 만한 나라가 없다면 삼가고, 번거롭게 말하지 말라."

○ 개성유후사(開城留後司)의 4현(縣) 사람에게 교맥(蕎麥-메밀) 종자를 주니, 배천(白川)·평산(平山)·신은(新恩) 등의 고을에 저축한 것을 운반해서 준 것이다.

을해일(乙亥日-15일)에 큰비가 3일 동안 내리니, 약주(藥酒)를 올리라고 명했다.

○ 상이 말했다.

"고전(古典)을 상고해보니 '한재(旱災)를 불러들이는 것은 오로지 장빙(藏氷-얼음 보관)을 제때 하지 않고 봄에 뼈를 거두지 않기 때문이다'라고 했다. 이제부터 12월 안에 얼음을 저장하고 봄에 마른 뼈를 거두는 것을 항식(恒式)으로 삼으라. 또 살곶이[箭串] 목장 안에서 금년에 소와 말이 많이 죽었으니, 마땅히 해골(骸骨)을 주워 목장 밖의 외딴곳에다 깊이 파고 묻어주어야 한다. 후일 행행(行幸)할 때 만약 소나 말의 뼈가 드러나 있으면 맡아서 묻은 사람을 논죄하겠다."

병자일(丙子日-16일)에 세자가 내조계청(內朝啓廳)으로 나와 계사(啓事)에 참여했다.

○ 상왕(上王)이 창덕궁(昌德宮)에 이르니, 상이 편전(便殿)에 맞아

들여 술자리를 베풀고 한껏 즐기다가 날이 저물어서야 마침내 마쳤다.

○ 선군서용법(船軍敍用法)을 거듭 밝혔다. 상이 말했다.

"경기도·충청도 및 경상좌도(慶尙左道) 울산(蔚山)·남포(藍浦) 이남과 전라도의 선군(船軍) 등은 매년 행선(行船)하는 수고로움이 다른 곳의 배나 된다. 3년에 1차례 대선(大船)에는 5인씩, 소선(小船)에는 3인씩을 서용하고, 경상좌도(慶尙左道) 장기(長鬐) 이북과 다른 도의 선군은 하나같이 『속육전(續六典)』에 의해 서용하라."

정축일(丁丑日-17일)에 남대문(南大門)을 열고 북문(北門)을 닫았으며, 북방(北方)의 토룡(土龍)을 물속에 던졌다.

○ 형조와 대간(台諫)에서 대궐로 나아가 이숙번(李叔蕃)의 죄를 3일 동안 청했다.

무인일(戊寅日-18일)에 올곡식[早穀]을 거두라고 명했으니, 풍우(風雨) 때문에 손상될까 염려해서였다.
_{조곡}

○ 다시 검교관(檢校官)을 제배(除拜)했다.

이조(吏曹)에서 아뢰었다.

"각사(各司)의 이전(吏典)으로서 개월(箇月)이 이미 차서 9품 권무(權務)로 거관(去官)한 자는 검교(檢校) 7품을 제수하고, 7~8품으로 거관(去官)한 자는 검교 6품을 제수하고, 성중 애마(成衆愛馬)로서 차년(差年) 15년 안에 6품으로 거관(去官)한 사람 가운데 나이 50세 이상인 자는 동서 검교(東西檢校) 5품에 제수하고, 5품으로 거관(去官)한 사람 가운데 나이 60세 이상인 자는 각각 거관한 본품(本品)에 의해 검교에 제수하고, 그중에서 전직(前職)이 아직 거관(去官)에 미치지 못한 자도 이전(吏典)의 거관(去官)한 예에 의거해 서반(西班)의 검직(檢職)을 제수해 놓아 보내고, 4품으로 거관(去官)한 자는 검교 정종(正從) 4품으로 제수하소서. 위 조항의 사람들은 각각 자원에 따르게 하소서."

그것을 따랐다. 성중애마(成衆愛馬)와 각사(各司)의 이전(吏典), 군기감(軍器監)의 별군(別軍) 등에게는 검직(檢職)을 제수하되, 거관(去官)하는 자를 동반·서반 아울러 500여 인으로 했다.

○ 예조 우참의(禮曹右參議) 정효문(鄭孝文)을 불러서 직책에 나아오게 했다. 효문(孝文)은 숙번의 처제(妻弟-처남)였다. 헌부에서 숙번이 나가게 된 까닭을 핵문(劾問)했으나 효문이 감히 사실대로 대답하지 않아서 헌부에서 다시 탄핵했기 때문이다.

○ 지사역원사(知司譯院事-사역원 지사) 정교(鄭喬)를 보내 중국 사람[唐人] 이명(李名) 등 18명을 관압(管押)해 요동(遼東)으로 가게 하니, 왜인에게 붙잡혔다가 도망쳐 온 자들이다.

기묘일(己卯日-19일)에 큰비가 내렸다.
○ 봉서국(奉書局)을 혁파해 상의원(尚衣院)[25]에 합쳤다.

---

25 조선 시대 국왕과 왕비의 의복을 만들어 바치고 내부의 보화금보 등을 맡아보던 관아를 말한다.

○ 일본(日本) 지좌전(志佐殿)의 사인(使人)이 와서 토산물을 바쳤다.

경진일(庚辰日-20일)에 의정부·제조(諸曹)와 형조·대간(台諫)에서 소를 올려 이숙번(李叔蕃)의 죄를 청했으나, 상이 모두 읽어보지 않고 뜻을 전해 말했다.

"숙번은 두 번이나 사지(死地)를 (나와) 같이했으니 공이 이미 무겁다. 그러나 일에는 경중이 있으니, 내가 어찌 처리할 방도를 생각하지 않겠는가? (다만) 일단은 천천히 하겠다."

○ 사복시(司僕寺)의 마료(馬料-말 먹이)를 줄일 것을 명했다. 가을과 겨울이면 대소의 말에게 모두 황두(黃豆) 1두(斗)씩 주고, 봄과 여름이면 큰 말에게는 5되, 작은 말은 전량을 없애게 했다.

○ 영춘추관사(領春秋館事-춘추관 영사) 하륜(河崙)과 지관사(知館事-춘추관 지사) 한상경(韓尙敬)과 동지관사(同知館事-춘추관 동지사) 변계량(卞季良)이 『고려사(高麗史)』를 3분(三分)해 자기 집에서 개수(改修)했다.

륜(崙)이 춘추관의 장무(掌務) 김원로(金元老)를 불러서 말했다.

"더운 때 날마다 모여서 근무하는 것은 편하지 못하다. 전조(前朝)의 충정왕(忠定王) 이전의 역사를 마땅히 셋으로 나눠, 그 하나는 나에게 보내고 그 하나는 지관사(知館事)의 집에 보내고 그 하나는 동지관사(同知館事)의 집으로 보내면, 우리가 나눠 보고서 찬정(竄定)하겠다."

이해 겨울에 류이 졸(卒)하는 바람에 일은 끝내 이뤄지지 못했다.

신사일(辛巳日-21일)에 편전(便殿)에서 일을 보았다. 의정부(議政府)의 유정현(柳廷顯)·박은(朴訔)·박신(朴信)·윤향(尹向)·심온(沈溫)과 육조판서 이원(李原)·황희(黃喜)·안등(安騰)·민여익(閔汝翼)과 대사헌 김여지(金汝知)와 우사간(右司諫) 박수기(朴竪基) 등을 불러 보고서 관제(官制)를 늘일 것을 토의하니 모두가 말했다.

"용관(冗官-쓸데없는 관직)을 도태(陶汰)해야 하는데 (도리어) 늘이는 것은 불가(不可)합니다."

상이 말했다.

"내가 검교(檢校)의 녹을 받는 자들을 혁파하고자 한다. 그중에 나이 70에 이르고 공이 있는 자에게 치사(致仕)를 주고 녹을 받게 함이 어떠하겠는가?"

모두가 말했다.

"괜찮습니다."

그 참에 작은 술자리를 베풀었는데 여러 사람이 말했다.

"근일에 언로(言路)가 막혔습니다."

상이 말했다.

"숙번(叔蕃)은 천성이 본래 광망(狂妄)해 간혹 무례(無禮)하지만 마음이 실제로 그런 것은 아니다. 이제 외방으로 추방한 까닭은, 내가 이미 늙었고 뒤를 잇는 자손이 아비가 믿던 사람이라는 이유로 그에게 일을 맡겼다가 혹시 차실(差失)을 가져올까 해서다."

모두가 말했다.

"불충한 마음이 속에 쌓여 있는 까닭에 무례한 실수가 밖으로 나타나는 것입니다."

○ 이숙번의 공신녹권(功臣錄券)과 직첩(職牒)을 거둬들이라고 명했다.

의정부 좌의정 유정현(柳廷顯) 등이 소(疏)를 올려 말했다.

'신 등은 가만히 생각건대, 삼공신(三功臣)이 여러 번 이숙번이 범한 여섯 가지 일을 청했는데, 모두 불충한 마음으로 말미암아 분개하고 원망하는 기운이 가슴속에 쌓여 있다가 바깥으로 나타나서, 특히 신하 된 예절을 잃고 감히 금장(今將)의 계책을 꾸민 것이니 죄가 진실로 주살해도 용납하지 못할 바입니다. 본부(本府)와 대간(臺諫)에서 소장(疏章)을 연이어 올려 죄를 청했으나 전하께서 유윤(兪允)을 내리지 아니하시니, 신 등은 그윽이 미혹됩니다. 예로부터 간웅(姦雄)은 몰래 다른 마음을 품는데, 인주(人主)가 그 악함을 알면서도 토죄(討罪)하지 못하게 되면 그 변을 순치(馴致)[26]하는 경우가 많았습니다. 바라건대 전하께서는 대의(大義)로 결단하시어 밝게 법대로 처치해 뒤에 오는 사람을 경계하소서.'

병조판서 이원(李原) 등이 소를 올려 말했다.

'신 등이 가만히 듣건대, 『서경(書經)』에 이르기를 "하늘은 덕(德)이 있는 사람에게 명을 내리는 것이니 5복(五服)[27]으로 다섯 가지 등급

---

26 점점 변해 어떠한 상태에 이르게 하는 것을 말한다.
27 천자(天子)·제후(諸侯)·경대부(卿大夫)·사(士)·서민(庶民)의 등급을 말한다.

을 나타내고, 하늘은 죄 있는 사람에게 벌을 주는 것이니 5형(五刑)[28]으로 다섯 가지 형벌을 쓴다"라고 했습니다. 그렇다면 상벌(賞罰)은 인군(人君-임금)이 사사로이 할 수 있는 것이 아닙니다. 인신(人臣-신하)의 죄는 무례(無礼)한 것보다 큰 것이 없는데, 무례한 행동은 실로 불충에서 연유하는 것입니다. 숙번이 속으로 금장(今將)의 마음을 품고 감히 무례를 행한 까닭에 공신(功臣)·정부(政府)·형조(刑曹)·대간(臺諫)에서 누차에 걸쳐 죄를 청했으나, 아직도 윤허를 받지 못해 대소 신료(大小臣僚)가 실망하지 않음이 없습니다. 엎드려 바라건대, 전하께서 천명(天命)과 천토(天討)의 마땅함을 체화하시어 한결같이 공신·정부·형조·대간의 청을 따라서 뒤에 오는 사람들을 경계하소서.'

형조와 대간에서 교장(交章)해 청(請)했다.

'신 등이 가만히 생각건대, 상벌은 나라의 커다란 권병(權柄-권력의 자루)이요 공훈과 죄과는 서로 가릴 수 없는 것이니, 이것은 고금에 통하는 의리입니다. 숙번은 정사(定社佐命)의 공으로서 지위가 극품(極品)에 이르렀으니, 전하께서 특별히 대우한 은전(恩典)이 지극합니다. (그렇다면) 숙번으로서는 밤낮으로 충성을 다해도 오히려 그 은혜의 만에 하나를 갚을 수 없습니다. 이제 삼공신이 대궐로 나아가 죄를 청했으나 관문(關門) 밖으로 나가도록 하시니 신 등이 방헌(邦憲)의 직책을 맡고 있으면서도 아직 그 연고를 알지 못하는 까닭에 각각 봉장(封章)을 올렸으나, 유윤(兪允)을 내리지 아니하고 이어서 신 등을 회유해 말씀하기를 "숙번은 내가 자식같이 여긴다. 근래

---

28 묵형(墨刑)·의형(劓刑)·비형(剕刑)·궁형(宮刑)·대벽(大辟)의 형벌을 말한다.

에 과실이 있길래 그를 밖으로 내보냈다가 그가 개과(改過)하기를 기다려 장차 다시 소환하려 하니, 다시 죄를 청하지 말라"라고 하셨습니다. 신 등은 삼가 그 명을 듣고 측연(惻然)하게 유감(有憾)됩니다. 전하께서 그를 보기를 아들같이 하는데, 숙번은 어찌 어버이를 섬기는 도리로서 전하를 섬기지 아니합니까? 대소 신료가 비록 그 범한 것을 알지 못한다 하더라도, 반드시 죄가 종묘와 사직에 관계된 것이리라 생각합니다. 전하께서 그 죄를 다스리시지 아니하고 개과(改過)하게 하고자 하시니, 이것이 신 등이 실망하는 까닭입니다. 또 죄가 있어도 벌이 없다면 그는 반드시 반측(反側)하는 마음이 있을 것입니다. 대소 신료가 아직 그 죄를 알지 못해 분원(憤怨)함이 울결(鬱結-답답하게 맺힘)하니, 오로지 상벌이 분명하지 않을 뿐 아니라 기화(氣化-음양 변화)의 조화되지 아니함에도 관계됩니다. 엎드려 바라건대 전하께서는 유사(攸司)에 영(令)을 내려 그 직첩을 거두고, 그가 범한 죄를 물어서 율문에 의거해 시행하심으로써 방헌(邦憲)을 바로잡으소서.'

공신(功臣) 창녕부원군(昌寧府院君) 성석린(成石璘) 등이 소를 올려 말했다.

'신 등이 가만히 생각건대 인신(人臣)의 죄 중에 불충(不忠)한 것보다 더 큰 것이 없으니, 불충(不忠)한 마음이 속에 쌓이면 무례한 행동이 그 몸에 나타나게 되고 무례한 말이 입 밖으로 나오게 됩니다. 숙번은 일찍이 상의 은혜를 입어서 지위가 높은 품질에 이르렀으니, 진실로 마음을 다하고 예절을 다해 만에 하나라도 보답해야 합니다. (그러나) 상께서 내선(內禪)할 뜻을 가지고 숙번에게 교유

(敎諭)하자 숙번은 대의로써 그 불가함을 강력히 진달(陳達)하지 못하고 바로 말하기를 "하늘이 실로 이렇게 함이다" 하고는 마침내 민무구(閔無咎)와 함께 여러 대신에게 전해 알리고 힘써 이 일을 성취하고자 했습니다. 또 목인해(睦仁海)의 말을 가지고 평양군(平壤君)의 죄를 얽어매 거의 죽음에 이르게 했습니다. 또 상께서 일찍이 윤저(尹抵)를 불러서 붕당(朋黨)을 만들지 말라고 경고하자 숙번이 이를 전해 듣고 마침 부름을 받아 들어와 뵐 적에 분완(憤惋)하는 기색이 있었고, 상의 물으심이 있는데도 얼굴을 돌리고 대답하지 않았습니다. 또 상께서 대신과 같이 국정을 도모하고 토의할 때 숙번은 계단 아래에 숨어서 몰래 엿듣고 나갔습니다. 또 상께서 임실(任實)에 강무(講武)하실 때 숙번은 순제(蓴堤)로 행차해 운하 파는 것의 편리함의 여부를 보자고 청했으나 상께서 농사일이 장차 바쁘다고 해 돌아갔는데, 상께서 순제(蓴堤)에 강무(講武)하게 되어 여러 대신과 운하를 팔지를 토의하자 숙번이 얼굴을 돌리고 홀로 말하지 않았고 상이 재삼 묻기에 이르러서도 오히려 대답하지 않았습니다. 또 앞서 상께 고하기를 "무구 등이 죄를 받았으니 세자가 신에게 기뻐하지 않을까 두렵습니다"라고 하고는, 그 뒤에 유량(柳亮)과 같이 의논해서 전문(轉聞)하기를 "신 등은 이제부터 자주 세자에게 뵙기를 바랍니다"라고 했습니다.

이 여섯 가지 일로써 본다면, 그가 불충한 마음을 몰래 품고 감히 무례한 모양을 드러내어 금장(今將)의 계교를 가지는 데 이르렀음이 이와 같습니다. 빌건대 유사(攸司)에 내려 그 죄를 바로잡아서 뒤에 오는 사람들을 경계시킨다면 나라에 심히 다행하겠습니다.'

상이 말했다.

"숙번을 공신(功臣)의 반열에 두는 것은 옳지 못하니, 그의 녹권(錄券)을 거두어들이라."

형조와 대간(台諫)에서 다시 교장(交章)해 소를 올려 말했다.

'신 등이 가만히 삼공신(三功臣)의 상소한 것을 보건대 숙번이 범한 여섯 가지 일을 청했는데, 그것들은 모두 신하로서 할 수 있는 일이 아닙니다. 그가 불충한 마음을 품어 금장(今將)의 계교를 가졌음이 뚜렷합니다. 신 등과 정부(政府)·제조(諸曹)에서 서로 잇달아 죄를 청했으나 전하께서 즉시 유윤(兪允)하지 아니하고 다만 그 녹권(錄券)만을 거두도록 윤허하시니, 신 등은 실로 섭섭함이 있습니다. 대저 인신(人臣)이 되어 죄가 불충(不忠)에 있으면 천지(天地)에서도 용납하지 못하는 것이요 왕법(王法)에서도 용서하지 못하는 것인데, 어찌 마땅히 그 작위(爵位)를 보전해 전리(田里)에 편안하게 있겠습니까? 또 숙번은 계략이 없다고 일컬을 수도 없고 용맹이 없다고 일컬을 수도 없으니, 간웅(姦雄)으로서 이같이 주륙(誅戮)을 요행하게 면한다면 뒷날의 화(禍)도 알기가 어렵습니다. 엎드려 바라건대, 종묘와 사직을 위한 계책으로써 유사(攸司)에 내려 그가 범한 것을 국문(鞫問)하게 해서, 그 죄를 밝게 바로잡아 나라 사람에게 보여줌으로써 후세에 경계를 내리소서.'

마침내 명해 직첩(職牒)을 거두게 했다.

○ 경상도 관찰사 이은(李殷)이 전(箋-짧은 글)을 올려 반가운 비가 내린 것을 축하했다. 상이 읽어보고 말했다.

"겨우[才=纔] 이번 비를 얻었으나, 가을걷이[西成]할 때까지 기약
재 재   서성

할 수 있겠는가?"

임오일(壬午日·22일)에 세자가 내조계청(內朝啓廳)으로 나와 계사(啓事)에 참여했다. 이조에서 아뢰어 말했다.

"자기 일을 하는 자가 그 녹(祿)을 먹는 법인데, 이제 검교(檢校)의 각 품(品)은 자기 일이 없는데도 앉아서 천록(天祿)을 먹으니 매우 잘못된 것이므로 이를 없애기를 바랍니다. 종1품 판돈녕부사(判敦寧府事-돈녕부 판사) 1인과 정2품 삼군도총제(三軍都摠制) 각각 1인씩과 종2품 삼군총제(三軍摠制) 각각 1인씩을 더 두고, 육조(六曹)의 참의 (參議) 각각 1인씩을 없애고 참판(參判) 각각 1인씩을 두어서 품질(品秩)을 종2품으로 함으로써 그 일이 없이 천록(天祿)을 쓸데없이 먹는 자들을 근절하소서."

그것을 따랐다. 이에 앞서 조말생(趙末生)과 서선(徐選)을 하륜(河崙)의 집으로 보내 혁파할지의 가부를 토의하게 하고, 또 말했다.

"진산(晉山-하륜)이 만약 재상(宰相)을 더 두는 것에 대해 불가하다고 하면 고하기를 '만약에 더 두지 않는다면 재상의 직이 많지 않을 것이다. 지금 이성(異姓)의 봉군(封君)을 혁파한다면 이러한 무리를 둘 곳이 반드시 없어질 것이니, 모두 실망하는 마음을 가질 것이다. 용관(冗官)의 도태(陶汰)는 이러한 무리를 대접해 안심시킨 뒤에 잇달아 토의해 시행하고, 오늘의 계책은 반드시 이같이 해야 할 것이다'라고 하라."

말생(末生) 등이 륜(崙)의 집에 이르러 이런 가르침을 알리니 륜이 말했다.

"전조(前朝-고려)가 성대했을 때도 성(省) 다섯과 추(樞) 일곱으로 국사에 부족함이 없었다. 오늘날 재상(宰相)의 수가 100에 이르니, 만약에 또 더 설치한다면 특히 불가하다. 그러나 상께서 진념(軫念)함도 그럴 수 있다고 하겠다."

말생 등이 복명(復命)하니 상이 말했다.

"진산(晉山)의 말이 진실로 옳지만, 그러나 오늘날에는 모름지기 이렇게 해야 마땅하다."

마침내 이조(吏曹)로 하여금 상정(詳定)하게 했는데, 그 실상은 륜이 정한 것이다.

○ 의정부(議政府)·육조(六曹)·대간(台諫)에 명해 각각 현재(賢才-뛰어난 인재)를 천거하게 했다. 상이 말했다.

"수재(水災)와 한재(旱災)는 실로 과인의 몸에서 비롯하는데, 아무 죄 없는 백성이 또한 이 환난을 당하니 내가 매우 가슴 아파한다. 임직(任職)을 감당하고 섭리(燮理-재상의 직분)할 만한 자와 조사(朝士)에 마땅할 만한 자를 각각 천거하고, 또한 두루 찾아서 아뢰리라."

○ 진산부원군(晉山府院君) 하륜(河崙)이 실봉(實封)한 글을 올렸다. 상이 조말생(趙末生)을 인견(引見)하고 좌우(左右)를 물리친 다음에 륜(崙)의 실봉(實封)을 보여주었다. 대략은 이러했다.

'정치를 하는 도리 중에 사람을 쓰는 것보다 큰 것이 없으니, 한 사람의 군자(君子)를 쓰면 다스려지고 한 사람의 소인(小人)을 쓰면 어지러워지는 것을 상께서는 깊이 알고 계실 것입니다. 그러나 대간(大姦)이 겉을 꾸며대면[外飾] 비록 (임금의 보는 눈이) 지극히 밝다 하더라도 이를 알기 어렵습니다. 심온(沈溫)과 황희(黃喜)는 매우 간

악한 소인(小人)이니, 정부(政府)·육조(六曹)와 이조(吏曹)에 있는 것
도 마땅하지 못한 데다 직책이 전선(銓選-인사 담당)을 맡는 것은 더
욱 불가합니다.'

말생(末生)이 읽기를 끝마치자 상이 말했다.

"진산(晉山)은 충직한 신하이니, 내가 그 덕의(德義)를 높여 신하
라고 일컫지 않고 항상 빈사(賓師)로 대접했다. 그러나 이 실봉(實封)
에는 내가 심히 마음이 불편하다. 황희는 내가 일찍부터 한집안으로
대접해왔고, 더군다나 심온은 충녕대군(忠寧大君)의 장인이다. 이 두
사람이 무슨 불초(不肖)한 것이 있기에 비방하기를 이같이 심하게 하
는가? 옛사람이 이르기를 '임금이 치밀(緻密)하지 못하면 신하를 잃
고[失臣], 신하가 치밀하지 못하면 몸을 잃는다[失身]'²⁹라고 했다. 대
신의 실봉(實封)을 외부에 드러냄은 불가하다. 그러나 너는 글을 읽
어 사리를 아는[識理] 유생(儒生)이니, 어찌 내가 너에게 비밀리에 보
여준 뜻을 알지 못하겠는가? 너는 진산의 집으로 가서 그 까닭을 물
어서 아뢰라."

말생이 류의 집에 이르러 희(喜)와 온(溫)을 간악한 소인(小人)이라
고 지적한 실증을 물으니 류이 대답했다.

"희와 온은 본래 쇄쇄(瑣瑣)한 소인(小人)들입니다. 이에 앞서 희와
온이 통동(通同-공모)해 이중무(李仲茂)의 노비를 오결(誤決)했고, 희
는 또 홍유룡(洪有龍)의 첩의 노비를 다투어 얻었으니, 어찌 사람의

---

29 『주역(周易)』을 풀이한 공자의 「계사전(繫辭傳)」에 나오는 말이다. 이는 그만큼 신하의 주
도면밀함이 중요함을 드러낸 말이라고 할 것이다.

마음이 있고서야 남의 자식과 더불어 그 아비의 노비를 다툴 리가 있겠습니까? 이것은 다만 한 가지 일일 뿐이요, 간악하고 불초(不肖)한 일이 아직도 많이 있습니다. 신이 어찌 그 사실을 알지 못한 채 망령되게 아뢰었겠습니까? 희는 옛 공로가 있고 온은 종실(宗室)과 관련된 사람이니, 폐기(廢棄)하기는 불가하지만, 추기(樞機)에 쓴다면 진실로 불가합니다."

말생이 돌아와 아뢰니 상이 말했다.

"뒤에 마땅히 친히 진산(晉山)을 만나보고서 다시 말하겠다."

계미일(癸未日-23일)에 비가 내렸다.

갑신일(甲申日-24일)에 민여익(閔汝翼)을 의정부참찬(議政府參贊), 이지숭(李之崇)을 판돈녕부사(判敦寧府事-돈녕부 판사), 정구(鄭矩)를 공조판서(工曹判書), 심온(沈溫)을 좌군도총제(左軍都摠制)로 삼고, 검교관(檢校官)으로서 녹(祿)을 받는 것을 파(罷)하고, 70세 이상의 기로(耆老)로서 치사(致仕)한 자에게 녹을 주는 것을 없앴다. 처음으로 육조(六曹)에 참판(參判)을 두었는데, 이귀령(李貴齡)을 좌의정(左議政)으로, 한검(韓劍)을 우의정(右議政)으로, 강서(姜筮)를 찬성(贊成)으로, 권유(權維)를 참찬(參贊)으로 치사하게 하고, 맹사성(孟思誠)을 이조참판(吏曹參判), 이춘생(李春生)을 병조참판(兵曹參判), 박습(朴習)을 호조참판(戶曹參判), 구종지(具宗之)를 형조참판(刑曹參判), 허조(許稠)를 예조참판(禮曹參判), 이안우(李安愚)를 공조참판(工曹參判)으로 삼았다.

○ 이조(吏曹)에서 아뢰었다.

"각 품(品)으로 치사(致仕)한 녹과(祿科)는 종전의 각 품 검교(檢校)[30]의 녹과에 의하소서."

그것을 따랐다.

○ 형조와 대간(台諫)에서 교장(交章)해 이숙번(李叔蕃)의 죄를 청했다. 소는 이러했다.

'신 등이 여러 차례 숙번(叔蕃)의 죄를 바로잡을 것을 청했으나 그대로 윤허[兪允]를 내리지 않으시고 다만 녹권(錄券)과 직첩(職牒)을 거두게 하니, 신 등은 운월(隕越-간절함)의 지극함을 이기지 못하겠습니다. 반복해 이를 생각하니, 숙번이 범한 것은 전하께 불충하고 무례함이 지극합니다. 이것은 무군(無君)의 마음이 마음속에 쌓인 지 오래된 까닭에 밖으로 나오는 것이 이와 같은 것입니다. 신 등이 듣건대 아들의 불효(不孝)와 신하의 불충(不忠)은 부재(覆載-하늘과 땅)[31]에 용납하기가 어렵다고 하니, 이를 풀어주어 베지 않는다면 장차 무엇으로써 징계하겠습니까? 또 『서경』에 이르기를 "고의로 나쁜 짓을 하는 자는 사형(死刑)에 처한다[怙終賊刑]"고 했고 『춘추전(春秋傳-춘추공양전)』에 이르기를 "인신(人臣)은 장(將-장차 역란을 도모하는 마음)이 없어야 하는데, 장(將)이 있으면 반드시 벤다"라고 했으니, 이것이 신 등이 청해 마지않는 까닭입니다. 엎드려 바라건대 전하께

---

30 여말선초(麗末鮮初)에 정원(定員) 외에 임시로 녹봉(祿俸)을 주기 위해 설치한 허직(虛職)에 붙이던 칭호다. 주로 정부의 기구대신(耆舊大臣)을 대접하기 위해 마련된 제도였다.
31 하늘은 덮어주고 땅은 실어준다는 말에서 온 것이다.

서는 제순(帝舜-순임금)이 형벌을 쓰던 도리를 체화하고[體]『춘추(春秋)』에서 토적(討賊)하던 마땅함을 본받으시어[法] 신 등에게 명을 내려 국문(鞫問)해서 치죄(治罪)하게 함으로써 뒤에 오는 사람들을 경계시키소서.'

을유일(乙酉日-25일)에 비가 내렸다.

병술일(丙戌日-26일)에 세자가 내조계청(內朝啓廳)으로 나와 계사(啓事)에 참여했다. 상이 『개원점(開元占-개원점경)』을 보니 "근신(近臣)이 독(毒)을 행해서 청알(請謁-인사 청탁)해 벼슬을 삼으면 벽력(霹靂)이 있다"라는 말이 있었다. 이에 그 책을 세자에게 주어 이조판서 황희(黃喜)와 병조판서 이원(李原)에게 보여주게 하고, 또 뜻을 전해 말했다.

"방금 비록 사직(司直)·부사직(副司直)이라 하더라도 이같이 제수(除授)한 자는 없어야 할 것이다."

○ 명해 경중(京中)과 성저 10리(城底十里)에서 생긴 재이(災異)의 일을 직접 승정원에 고하게 하니, 뇌진(雷震)과 화재(火災)와 괴이(怪異)의 일과 같은 것들이었다.

○ 태안(泰安)의 강무소(講武所-사냥장)를 없앴다.

이원(李原)에게 명해 말했다.

"강무소는 횡천(橫川)·평강(平康)·평산(平山) 등지와 작천(鵲川) 동쪽을 영구히 상소(常所)로 삼으라. 무위(武威)를 빛내려는 것이 아니라 좌작(坐作-군대 훈련)과 행진(行陣)을 강(講)하려 함이다."

원(原)이 말했다.

"이 세 곳은 짐승들이 없는 곳이니, 바라건대 태안(泰安)과 해주 (海州)를 상소로 삼으소서."

상이 말했다.

"태안과 해주는 토지가 비옥해 농경(農耕)을 허용할 만하고, 도로 가 험하고 멀다. 내가 후세(後世)에 무예(武芸)를 좋아하는 임금이 짐 승 쫓기를 싫어하지 않아서 멀리 유일(遊逸)을 일삼을까 두려워한다. 이제부터 백성이 농사짓는 것을 들어주어서 한광(閑曠-묵은땅으로 비 워두는 것)하지 못하게 하고, 그 상소 외의 곳에서 사사로이 사냥하 는 것과 곡식을 가는 것을 함부로 금하는 수령은 논죄(論罪)하겠다."

○ 병조(兵曹)에서 아뢰었다.

"기인(其人)의 고(苦)·헐(歇)을 번(番)가는 법은, 각 도 각 고을 기 인의 원래 숫자 490명 안에서 고역처(苦役處-힘든 곳)의 기인 300여 명과 헐역처(歇役處-쉬운 곳)의 기인 100여 명을 매년 정월 초하루에 연말까지 입역(立役)할 것을 분정(分定)하는데, 고(苦)·헐(歇)이 같지 아니합니다. 기인의 원래 숫자를 4번(番)으로 나눠 3개월 만에 서로 교체하게 하면 고처(苦處)와 헐처(歇處)의 윤차(輪次)가 체제를 정하 게 될 것입니다."

그대로 윤허했다[依允].
_{의윤}

○ 정진(鄭津, 1361~1427년)[32]에게 직첩(職牒)을 주라고 명하니, 도전

---

32 1382년(우왕 8년) 낭장이 되고, 사재령(司宰令)·전농령(典農令)을 지냈다. 1391년(공양왕

(道傳)의 아들이다.

○ 형조와 대간(台諫)에서 이숙번의 죄를 청하니 상이 말했다. "더는 청하지 말라."

정해일(丁亥日-27일)에 편전(便殿)에 나아가 정사를 보았다. 육조와 대간(台諫)에 명해 말했다.

"유사눌(柳思訥)은 나에게는 충성했으나 남들에게 미움을 받았다[見惡]. 근일에 비록 죄를 범했다 하더라도 그의 본심이 아니라 마침내 권완(權緩)의 술책에 빠진 것이다. 내가 불러다 쓰려고 하니 이에 그것을 저지하지 말라."

대사헌(大司憲) 김여지(金汝知) 등이 소(疏)를 올려 말했다.

'신 등이 가만히 생각건대 신상필벌(信賞必罰)은 국가의 상경(常經)이요 격탁양청(激濁揚淸)[33]은 유사(攸司)의 직분인데, 신 등은 직책이 헌부(憲府)에 있으니 그 상벌이 밝지 못하고 청탁(淸濁)이 분별되지 못하면 모두 헌체(獻替-권선징악을 위해 임금을 돕는 일)해야 마땅한 것입니다. 근신(近臣) 유사눌은 천안(天顔-임금)의 지척(咫尺)에 있

3년) 정몽주(鄭夢周) 등 고려를 지키려는 구세력의 탄핵을 받아 아버지인 정도전과 함께 삭직됐다가, 1392년(태조 1년)에 조선이 개국되자 풀려나와 개국공신의 아들로서 연안부사로 등용됐다. 1393년 판사재감사(判司宰監事)를 거쳐 경흥부윤·영원주목사 등을 역임하고, 그 뒤 내직으로 들어와 공조전서와 형조전서를 지냈다. 1398년 중추원부사로 있을 때 1차 왕자의 난이 일어나 아버지 정도전이 주살되자, 그도 벼슬을 삭직당해 전라도 수군에 충군됐다. 이해인 1416년 인녕부윤(仁寧府尹)이 돼 크게 치적을 올렸다. 1419년(세종 1년) 충청도관찰사가 됐다가 1420년 판한성부사가 됐다. 그해 성절사(聖節使)가 돼 명나라에 다녀와서 평안도도관찰사가 됐다. 1423년 공조판서를 역임하고, 1424년 개성유후사유후(開城留後司留後)가 됐으며, 1425년 형조판서가 됐다.

33 탁류를 제치고 청류를 드높이는 것을 말한다.

으면서 이류(異類)와 사귀고 결탁해 이익을 도모하고 욕심을 부려서, 천총(天聰-임금의 귀 밝음)을 어둡게 가리고 선비의 기풍을 흐리고 어지럽게 했습니다. 율(律)에 이를 헤아린다면 마땅히 극형(極刑)에 둬야 하는데도 특별히 너그러운 은전에 따랐으니, 그것이 신상필벌(信賞必罰)의 마땅함에 어떠하겠습니까? 더군다나 이제 소환하고자 생각하신다니, 신 등은 아직 그것이 옳은지를 알지 못하겠습니다. 진신(縉紳)·조사(朝士)가 어찌 실망하지 아니하겠습니까? 그것이 또 군자(君子)를 쓰고 소인(小人)을 물리치는 마땅함에 어떠하겠습니까? 더군다나 사눌은 금년 3월에 죄를 받고 아직 수개월을 지나지 못했으니, 그가 천선(遷善)한 것이 얼마나 되겠습니까? 사눌은 이미 성은(聖恩)을 입어 천년(天年-수명)을 보전했으니, (그것만으로도) 사눌에게는 지극한 것입니다. 엎드려 바라건대 그를 변방[邊表]에 두어 선비의 기풍을 격려하소서.'

상이 이를 읽어보고 말했다.

"그렇다면 속히 부를 수는 없겠구나."[34]

○ 명해 전조(前朝-고려) 팔위(八位)의 수릉(守陵)을 각각 2호(二戶)씩 두게 했다.

예조에서 아뢰었다.

"삼가 고전(古典)을 상고해보니, 당(唐)나라에서는 고신씨(高辛氏)와 제요(帝堯)·제순(帝舜)·하우(夏禹)·은탕(殷湯)·주문왕(周文王)·주무

---

34 그러나 결국은 부르겠다는 뜻이 '속히'라는 말에 담겨 있다.

왕(周武王)·한고조(漢高祖)의 묘(廟-사당)를 세우고 춘추(春秋) 두 철에 제향을 드렸습니다. 송(宋)나라 건덕(乾德) 4년에는 태호(太昊)·염제(炎帝)·전욱(顓頊)·고신(高辛)·당요(唐堯)·우순(虞舜)·하우(夏禹)·은탕(殷湯)·주문왕(周文王)·주무왕(周武王)·한고조(漢高祖)·후한세조(後漢世祖-광무제)·당고조(唐高祖)·당태종(唐太宗)에게 각각 수릉(守陵) 5호(五戶)씩을 주어 그 밖의 역사를 면제하고 봄가을에 봉사(奉祀)하게 했으며, 역대 제왕(帝王)의 능(陵)에서 초채(樵採-나무하는 것)하는 것을 주(州)·현(縣)에서 항상 금지했습니다. 『홍무예제(洪武禮制)』에서는 역대 제왕의 능침(陵寢)에서 봄가을의 2중월(仲月-봄 2월과 가을 8월)에 제사를 드리게 했습니다. 빌건대 고제(古制)에 의거해 전조(前朝)의 팔위(八位)에 대해 이미 정해진 의식(儀式)에 따라 다만 봄가을의 2중월(仲月)에만 제사를 드리고, 그 능총(陵塚)에 수릉(守陵) 2호(二戶)를 주어 모두 다른 역사를 면제해주고 항상 초채(樵採)를 금하소서."

그것을 따랐다.

무자일(戊子日-28일)에 편전(便殿)에 나아가 일을 보았고, 세자가 계사(啓事)에 참여했다. 상이 여러 경(卿)에게 일러 말했다.

"수재(水災)와 한재(旱災)를 만날 때마다 상하(上下)에서 감히 수성(修省)하니, 모두 부끄러운 일이다. 심지어 죄가 있는 죄수를 용서해주고 시행해야 할 법을 제거하기까지 하는데, 이것이 어찌 이재(弭災)하는 도리이겠느냐? 옛사람이 이르기를 '근신(近臣)이 독(毒)을 행해, 청알(請謁)로써 벼슬을 삼으면 벽력(霹靂)이 있다'라고 했으니, 진실로 마음을 갈음해서 계구(戒懼)함으로써 화기(和氣)를 이르게 하는 것이 마땅하다."

또 말했다.

"전선(銓選-인사)하는 법은 실로 공정하게 하기가 어렵다. 공신(功臣)의 아들과 사위나 2품 이상의 아들과 사위는 이미 음직(蔭職)을 받았으나, 그 밖의 벼슬에 오를 만한 사람 중에서 학생(學生)과 같은 유(類)야 어찌 알겠는가? 문음(門蔭)의 법도 아직 공정을 다한다고 이를 수는 없다. 이조(吏曹)에서 그 행할 만한 법을 참작해서 아뢰라."

조말생(趙末生)이 아뢰었다.

"신이 생각건대 전선(銓選)하는 법은, 공신(功臣)의 자서(子壻)의 이름을 기재해 한 책으로 만들고 (또) 2품 이상의 자서(子壻)를 한 책으로 만들며 (또) 각 품(品)에서 보거(保擧-보증 천거)한 사람을 한 책으로 만들어서 이조(吏曹)에 갈무리했다가 전선(銓選)하는 때를 맞아 상 앞에 바치면, 상께서 임명할 만한 사람을 골라서 명해 서용(敍用)하게 한 뒤에 칭지(稱旨-임금의 뜻)로써 서용한다면 아래 있는 사람들이 환하게 상의 덕(德)을 알게 돼 청알(請謁)하는 풍조가 없어질 것입니다."

상이 매우 가상하게 여겼다.

○ 양부(兩府-의정부와 중추원)에 명해 70세 이상의 관리가 조계(朝啓)와 조아(朝衙)[35]에 참여하는 것과 헌관(獻官)에 충차(充差)하는 것

---

35 한 달에 여섯 차례씩 5일 간격으로 열던 대조회로, 육아일(六衙日)을 말한다.

을 면제하게 했다.

○ 경상도 용궁(龍宮) 사람 말응걸(末應乞)이 벼락에 맞았다.

○ 대마도(對馬島) 종정무(宗貞茂)의 사인(使人)이 탑(塔)을 만들 재료를 청구했다.

辛酉朔 世子出內朝啓廳 參啓事.
신유 삭 세자 출내 조계청 참 계사

敬承府尹卞季良上書. 書曰:
경승부 윤 변계량 상서 서왈

'殿下遇災而懼 修省戒謹 日深一日 敬天之誠至矣 勤民之義盡矣.
전하 우재 이구 수성 계근 일심 일일 경천 지성 지의 근민 지의 진의

如臣者無他才能 唯以文墨小技 過蒙知遇 致身兩府 坐費厚祿 無
여신 자 무타 재능 유이 문묵 소기 과몽 지우 치신 양부 좌비 후록 무

所裨益. 今玆咎徵示譴 殿下軫念 所宜論事獻言 以備省覽. 然欲
소비익 금자 구징 시견 전하 진념 소의 논사 헌언 이비 성람 연욕

出言 以勸殿下之省愼弭災 則殿下之憂勤 曠古而無有矣. 殿下
출언 이권 전하 지성신 미재 즉전하 지우근 광고 이무유 의 전하

所憂省 蓋慮億兆之人無衣無食 而或至於凍餒也; 臣之所慮者 又恐
소우성 개여 억조 지인 무의 무식 이혹 지어 동뇌 야 신지 소려 자 우공

殿下過於憂懼 失寐忘食 而或至於違豫也. 臣於往歲之下 謹上六條
전하 과어 우구 실매 망식 이혹 지어 위예 야 신어 왕세 지하 근상 육조

首之以愼調攝一節 而拳拳三致意焉者 蓋以此也. 殿下其亦深考之
수지 이신 조섭 일절 이권권 삼치 의언 자 개 이차 야 전하 기역 심고 지

耶? 臣非諛也 臣之所存 正如此耳. 雖欲出言 以陳政治之失 生民
야 신비 유야 신지 소존 정 여차 이 수욕 출언 이진 정치 지실 생민

之弊 則群臣之進言者 固已枚擧而無遺矣. 臣又豈敢掇拾陳腐 以煩
지폐 즉 군신 지진언 자 고이 매거 이무유 의 신우 기감 철습 진부 이번

天聰也哉? 若見人之所未見; 言人之所未言 又豈如臣者之所能
천총 야재 약견 인지 소미견 언인 지소미언 우기 여신 자지 소능

及哉? 然今天災方殷 人心大恐 無他高談異論 且就目前禱雨一事
급재 연금 천재 방은 인심 대공 무타 고담 이론 차취 목전 도우 일사

言之.
언지

今禱雨而不於天 臣未見其可也. 夫雨暘寒燠風 皆天之所爲也.
금 도우 이불 어천 신 미견 기가 야 부 우양 한욱 풍 개천 지소위 야

其時與恒 則人感於下 而天應於上者也 然又有氣數之適然者矣. 今
기시 여항 즉 인감 어하 이천응 어상 자야 연 우유 기수 지적연 자의 금

之旱災 氣數之適然歟？ 人事之所召歟？ 氣數人事相參而然歟？ 臣
지 한재 기수 지 적연 여 인사 지 소소 여 기수 인사 상참 이연여 신

皆不得而知也. 然其感通之機則實在乎天 而不可以他求爲也. 先儒
개 부득이 지야 연 기 감통 지기 즉 실재 호천 이 불가이 타구 위야 선유

傳魯論者謂 舞雩 祭天禱雨之處云爾 則古人之禱雨 祭天也明矣.
전 노론 자위 무우 제천 도우 지처 운이 즉 고인 지 도우 제천 야 명의

今禱雨而不於天可乎？
금 도우 이불 어천 가호

或曰: "誰不知禱雨於天之爲可乎 然天子祭天地 諸侯祭山川制也
혹왈 수 부지 도우 어천 지 위가 호 연 천자 제천지 제후 제 산천 제야

禱雨於天 非僭也歟?" 臣曰: "天子祭天地者常也 禱雨於天 處非常
도우 어천 비참 야여 신왈 천자 제천지 자 상야 도우 어천 처 비상

之變也." 古人有言曰: "善言天者 徵於人." 臣請以人事明之. 有人
지 변야 고인 유언 왈 선언 천자 징 어인 신청 이 인사 명지 유인

於此 欲訟其事 不之刑曹 則必之憲司 刑憲上其事國制也.
어차 욕송 기사 부지 형조 즉 필지 헌사 형헌 상기사 국제 야

事急情至 則直來擊鼓 以聞天聰者有之矣 何以異於是？ 夫五日
사급 정지 즉 직래 격고 이문 천총 자 유지 의 하이 이어 시 부 오일

不雨 則無麥; 十日不雨 則無禾 厥今浹旬不雨 而尙且疑於祭天
불우 즉 무맥 십일 불우 즉 무화 궐금 협순 불우 이 상차 의어 제천

可乎？ 雖禱雨於天 亦未可必 況今未嘗禱焉 而望雨澤之降 難矣哉!
가호 수 도우 어천 역 미가 필 황금 미상 도언 이 망 우택 지강 난의 재

且國制 據禮文廢郊祀 數年于玆矣. 然吾東方有祭天之理 而不可
차 국제 거 예문 폐 교사 수년 우자 의 연 오 동방 유 제천 지리 이 불가

廢 臣請得而條其說 願殿下淸鑑焉. 吾東方 檀君始祖也. 蓋自天而
폐 신청 득이 조 기설 원 전하 청감 언 오 동방 단군 시조 야 개 자천 이

降焉 非天子分封之也. 檀君之降 在唐堯之戊辰歲 迄今三千餘禩
강언 비 천자 분봉 지야 단군 지강 재 당요 지 무진세 흘금 삼천 여사

[=年]矣. 祀天之禮 不知始於何代 然亦千有餘年 未之或改也. 惟我
년 의 사천 지례 부지 시어 하대 연역 천유 여년 미지 혹개 야 유아

太祖康獻大王亦因之而益致謹焉 臣以爲 祀天之禮 不可廢也.
태조강헌대왕 역 인지 이 익 치근 언 신 이위 사천 지례 불가 폐야

或曰: "檀君國於海外 朴略少文 不與中國通焉 未嘗爲君臣之禮
혹왈 단군 국어 해외 박략 소문 불여 중국 통언 미상 위 군신 지례

矣. 至周武王 不臣殷太師 而封于朝鮮 意可見矣. 此其祀天之禮
의 지 주무왕 불신 은 태사 이 봉우 조선 의 가견 의 차기 사천 지례

得以行之也. 厥後通於中國 君臣之分粲然有倫 不可得而踰也." 臣
득이 행지 야 궐후 통어 중국 군신 지분 찬연 유륜 불 가득이 유야 신

曰: "天子祭天地 諸侯祭山川 此則禮 之大體然也. 然以諸侯而祭天
왈 천자 제천지 제후 제 산천 차즉 예 지 대체 연야 연 이 제후 이 제천

者 亦有之矣. 魯之郊天 成王以周公有大勳勞而賜之也; 杞宋之

자 역유지의 노지교천 성왕이주공유대훈로 이사지야 기송지

郊天 以其先世祖宗之氣 嘗與天通也. 杞之爲杞 微乎微者 以先世

교천 이기선세조종지기 상여천통야 기지위기 미호미자 이선세

而祭天矣; 魯雖侯國 以天子許之而祭天矣. 此則禮之曲折然也. 臣

이제천의 노수후국 이천자허지이제천의 차즉예지곡절연야 신

嘗思之 高皇帝削平僭亂 混一夷夏 創制立法 革故鼎新 乃嘉玄陵

상사지 고황제삭평참란 혼일이하 창제입법 혁고정신 내가현릉

歸附之誠 特降明詔 歷言我朝之事 如示諸掌 纖悉備具 眞所謂

귀부지성 특강명조 역언아조지사 여시저장 섬실비구 진소위

明見萬里之外 若日月之照臨也. 我朝祭天之事 亦必知之無疑矣.

명견만리지외 약일월지조림야 아조제천지사 역필지지무의의

厥後乃許儀從本俗 法守舊章 其意蓋謂海外之邦 始也受命於天 其

궐후내허의종본속 법수구장 기의개위해외지방 시야수명어천 기

祭天之禮甚久 而不可變也. 國家之法 莫大於祭祀 祭祀之禮 莫大

제천지례심구 이불가변야 국가지법 막대어제사 제사지례 막대

於郊天 法守 舊章 此其先務也. 由是言之 我朝祭天之禮 求之先世

어교천 법수 구장 차기선무야 유시언지 아조제천지례 구지선세

則歷千餘年而氣與天通也久矣. 高皇帝又已許之矣 我太祖又嘗

즉역천여년이기여천통야구의 고황제우이허지의 아태조우상

因之而益致謹矣. 臣所謂吾東方有祭天之理而不可廢者 以此也.

인지이익치근의 신소위오동방유제천지리이불가폐자 이차야

或曰: "所引此類似矣 然魯郊非禮 孔子言之; 成王之賜 程子非之

혹왈 소인차유사의 연노교비례 공자언지 성왕지사 정자비지

今乃援而爲例 無乃不可乎?" 臣曰: "非不知聖賢之論 但成王之

금내원이위례 무내불가호 신왈 비부지성현지론 단성왕지

時 周公沒後 大經大法 皆出召公 賜魯郊禘 非細事也. 必咨召公而

시 주공몰후 대경대법 개출소공 사노교체 비세사야 필자소공이

行之無疑矣. 夫豈不義 而召公爲之? 是或一道也."

행지무의의 부기불의 이소공위지 시혹일도야

或曰: "召公之相康王也 王釋冕反喪服 蘇氏譏其失禮謂 周公

혹왈 소공지상강왕야 왕석면반상복 소씨기기실례위 주공

在 必不爲此 蔡氏取之 見於傳矣. 以此論之 召公之相成王 吾又

재 필불위차 채씨취지 현어전의 이차논지 소공지상성왕 오우

未知其皆合於道也." 臣曰: "不然. 康王之釋服 必有權一時之宜 而

미지기개합어도야 신왈 불연 강왕지석복 필유권일시지의 이

不得已焉者 如伊尹奉嗣王 祗見厥祖 亦在初喪 然亦不以喪服入于

부득이언자 여이윤봉사왕 지현궐조 역재초상 연역불이상복입우

廟者的矣 召公以四世元老 斟酌事理而行之 有非淺見寡聞者 所

묘자적의 소공이사세원로 짐작사리이행지 유비천견과문자 소

可得而輕議也. 斯義也 朱子嘗言之 然通變 達權 以適于時措之者

非經世之常道也. 故蔡氏取蘇說 姑存其正者爾.

以此論之 其相成王賜魯郊禘 蓋亦權當世之宜也. 若徒歸咎召公

以相成王 而賜魯郊禘; 相康王而釋喪服 不察其時措從宜之實焉

則是召公昧天下君臣之大分 而紊禮樂之序矣; 忽人道終始之大變

而亂吉凶之節矣 又烏在其爲召公也哉? 孔子尙肯取之 以周南 召南

冠於三百篇之首乎? 朱子尙肯尊之謂 得道統之傳 而見於中庸之序

乎? 其不可也 亦明矣. 孔子所言謂 非禮之常也 程子之言則述孔子

之意而已. 孔子常謂 武王之樂爲未盡善矣 而孟子謂 禹之貢法爲

最不善. 武王之樂爲未盡善 魯之郊禘爲非禮義 蓋近之援以爲例

何不可之有哉? 今欲禱雨 宜遣重臣 祭天於南郊 此其大者 而宗社

山川其次也.

臣又按 大雅雲漢篇有曰:"靡神不擧," 周書洛誥有曰:"咸秩

無文." 則雖非禮文所載 凡世俗所傳祈雨之事 皆擧而行之. 五道

兩界莫不皆然 期於下雨而後已焉可也.

且下求言之敎 勿限官品 勿論時散 皆得實封以聞. 又令諸道監司

諸州守令 以至閑良 故老 大小兩班 苟欲言者 悉陳無隱 轉達天聰

則下情上達 而無壅蔽之患矣. 恭惟殿下 平其心 易其氣 日坐正殿

開經筵而接論道之臣 商確古今 講明治道 以植邦本; 奮武威 而申

吹角之令 以嚴軍法 以肅人心 以備不虞可也. 若徒修省恐懼 減膳

自責 則於事無益 於氣有損 臣竊爲殿下 實拳拳焉.
자책 즉 어사 무익 어기 유손 신 절위 전하 실 권권 언

上頗然之 乃出冊府元龜于朝啓廳 示以所載天子祭天地 諸侯祭
상 파 연지 내 출 책부원귀 우 조계청 시이 소재 천자 제 천지 제후 제

山川之語. 六曹判書及代言等啓曰: "此卽禮之常也. 遇旱而祈天
산천 지어 육조판서 급 대언 등 계왈 차즉 예지상 야 우한 이 기천

其亦可哉!" 於是 命季良製祭天文 諭以自責之意甚悉. 季良製進
기역 가재 어시 명 계량 제 제천문 유이 자책지 의 심실 계량 제진

稱旨 賜廄馬一匹. 季良惑佛諂神 拜天禮星 無所不爲 至於力主
칭지 사 구마 일필 계량 혹불 첨신 배천 예성 무소불위 지어 역주

東國祀天之說 非不知犯分失禮 徒欲以強詞 奪正理耳.
동국 사천 지설 비 부지 범분 실례 도 욕이 강사 탈 정리 이

祈雨於①社稷宗廟.
기우 어 사직 종묘

戶曹上節用條件. 啓曰: "各司上直宣飯及司譯院訓導官料 各道
호조 상 절용 조건 계왈 각사 상직 선반 급 사역원 훈도관 요 각도

都觀察使 都節制使飯米 每一日三升; 隨陪伴黨一時中米一升.
도관찰사 도절제사 반미 매 일일 삼승 수배 반당 일시 중미 일승

各官教授官 學長廩給 各州判牧事 伴黨料皆除之." 又啓: "今年
각관 교수관 학장 늠급 각주 판목사 반당 요 개 제지 우계 금년

旱氣尤甚 宜節用 以備救荒. 入直內禁衛 內侍衛 別侍衛 三軍鎮撫
한기 우심 의 절용 이비 구황 입직 내금위 내시위 별시위 삼군진무

及上大護軍 護軍亦以甲士例 食代何如?" 依允.
급 상 대호군 호군 역 이 갑사 예 식대 하여 의윤

傳旨六曹曰: "古者遇水旱雷電 則必行寬大之政 務行寬大 惟
전지 육조 왈 고자 우 수한 뇌전 즉 필행 관대 지정 무행 관대 유

其時矣."
기시 의

六曹臺諫同辭啓曰: "雖犯死罪 殿下亦皆宥之 寬大之政 無以
육조 대간 동사 계왈 수범 사죄 전하 역개 유지 관대 지정 무이

加矣. 是實在下之所召 但臣等耳目有所未逮耳 當退思以聞."
가의 시실 재하 지 소소 단 신등 이목 유 소미체 이 당 퇴사 이문

命中外可爲勸戒之事 書送春秋館 以爲恒式 從春秋館之啓也.
명 중외 가위 권계 지사 서송 춘추관 이위 항식 종 춘추관 지계야

罷遣都城衛直宿.
파견 도성위 직숙

壬戌 世子出內朝啓廳 參啓事.
임술 세자 출내 조계청 참 계사

除拜檢校官. 旱甚 上憂之 問六曹曰: "欲除拜無祿檢校 可使
제배 검교관 한심 상 우지 문 육조 왈 욕 제배 무록 검교 가사

人人喜悅乎?" 僉曰: "必 喜之矣." 乃傳旨六曹 臺諫 承政院及二品
인인 희열 호   첨왈   필 희지의   내 전지 육조 대간 승정원 급 이품

以上 各擧年六十歲已上 可爲檢校漢城尹者 乃除檢校漢城尹
이상 각거연육십세이상 가위 검교 한성윤 자 내제 검교 한성윤

一百三十四 工曹參議四十七 判司宰監事十八 監正六 副正二十
일백 삼십 사 공조참의 사십 칠 판사재감사 십팔 감정 육 부정 이십

漢城少尹十三 漢城判官十 司宰注簿七十九. 以各司箇月已滿
한성 소윤 십삼 한성 판관 십 사재 주부 칠십 구 이 각사 개월 이만

吏典 授檢校注簿者四十. 又以李愉爲豐海道兵馬都節制使兼
이전 수검교 주부 자 사십 우이 이유 위 풍해도   병마도절제사   겸

判海州牧使.
판해주목사

罷中外號牌.
파 중외 호패

除今年商賈月稅. 上曰: "司僕寺牧場外 各處牧場 亦使農民修補
제 금년 상고 월세 상왈 사복시 목장 외 각처 목장 역사 농민 수보

實爲未便. 自今各其境內守令 計其頹落處長廣 傳報兵曹 兵曹以
실위 미편 자금 각기 경내 수령 계 기 퇴락 처 장광 전보 병조 병조 이

馬匹入放人員職名及馬匹多少 量宜計出丁夫 差官監督修補 以爲
마필 입방 인원 직명 급 마필 다소   양의 계출 정부 차관 감독 수보 이위

恒式."
항식

戶曹判書成發道 請罷遣國學生徒 欲省生員寄齋供億之費也.
호조판서 성발도 청 파견 국학 생도 욕생 생원 기재 공억 지 비야

甲子 太白晝見.
갑자 태백 주현

世子出內朝啓廳 參啓事.
세자 출내 조계청 참 계사

下敎曰: "三諫不聽則去. 今大小臣僚及臺諫 刑曹 凡諫言 上疏
하교왈 삼간 불청 즉거 금 대소 신료 급 대간 형조 범 간언 상소

三度外 亂雜申請 有違古制 且於衆所見聞 亦甚未便. 自今有如此
삼도 외 난잡 신청 유위 고제 차 어중 소견문 역심 미편 자금 유 여차

人員 則以敎旨不從 論罪."
인원 즉 이 교지 부종 논죄

復國學生徒. 議政府參贊尹向上疏曰:
복 국학 생도 의정부 참찬 윤향 상소 왈

'伏觀 殿下憂旱軫慮之至 日中乃食 不遑頤養 正恐聖體不調 臣
복관 전하 우한 진려 지지 일중 내식 불황 이양 정공 성체 부조 신

對食忘食 不覺涕零 敢以管見 庸陳數條.
대식 망식 불각 체령 감 이 관견 용진 수조

一 方今敦化致治之道 裕國足民之具 靡不擧行 苟有及民之弊
일 방금 돈화 치치 지도 유국족민 지구 미불 거행 구유 급민 지폐

悉皆蠲革 纖毫無遺焉. 殿下畏天勤民之仁 至矣盡矣 而旱魃之災
실개 견혁 섬호 무유 언 전하 외천 근민 지인 지의 진의 이 한발 지재

若此之甚 臣恐監司守令不體宵衣旰食之慮 或有乖於養民之方也.
약차 지심 신공 감사 수령 불체 소의 간식 지려 혹유 괴어 양민 지방야

焉知旱災之致 不由此者乎? 乞於廷臣 擇賢有德者 分遣諸道 俾盡
언지 한재 지치 불유차 자호 걸어 정신 택현 유덕 자 분견 제도 비진

財成輔相之道 嚴明黜陟殿最之法.
재성보상 지도 엄명 출척 전최 지법

一 近日戶曹以節用 乞罷國學 雖是省費之道 其於育才之義 誠爲
일 근일 호조 이절용 걸파 국학 수시 성비 지도 기어 육재 지의 성위

未便. 縱未能充養額數 願令成均仍舊養育 毋致聖廟空廢 以敦敎化
미편 종 미능 충양 액수 원령 성균 잉구 양육 무치 성묘 공폐 이돈 교화

之本.
지본

一 少不更事之人 不可授之以事 而年幼子弟 因父母之蔭 備員
일 소불 경사 지인 불가 수지 이사 이 연유 자제 인 부모 지음 비원

庶官者有之 乞皆停罷 以重庶務.'
서관 자 유지 걸개 정파 이중 서무

上覽之 命生員還入學 依舊供給.
상 람지 명 생원 환 입학 의구 공급

命判左軍都摠制府事崔迤 祈雨於興天寺舍利殿. 造草龍一身
명 판좌군도총제부사 최이 기우 어 홍천사 사리전 조 초룡 일신

九頭十餘 聚僧一百 設祈雨精勤 有一僧燒指 上謂有誠 賜紵麻布各
구두 십여 취승 일백 설 기우 정근 유 일승 소지 상위 유성 사 저마포 각

二匹.
이필

命安城府院君李叔蕃出居農庄. 初 上召右議政朴訔 兵曹判書
명 안성부원군 이숙번 출거 농장 초 상소 우의정 박은 병조판서

李原 諭李叔蕃所犯之罪. 時 上憂旱 諸大臣日進爭獻弭災之議
이원 유 이숙번 소범 지죄 시 상 우한 재대신 일진 쟁헌 미재 지의

踘踖奔走 叔蕃托疾 累月不詣闕. 是日傳旨承政院曰: "叔蕃近來
국척 분주 숙번 탁질 누월 불 예궐 시일 전지 승정원 왈 숙번 근래

何不出入乎?" 因數不敬無禮六事曰: "有如此之臣矣 天何雨乎?"
하불 출입 호 인수 불경 무례 육사 왈 유 여차 지신 의 천 하우 호

左代言徐選曰: "去五月二十五日 臣適以講武常所一定 承命至叔蕃
좌대언 서선 왈 거 오월 이십오 일 신적 이 강무 상소 일정 승명 지 숙번

第 叔蕃曰: '今日政事何如?' 答曰: '朴訔爲右議政.' 叔蕃有不豫
제 숙번 왈 금일 정사 하여 답왈 박은 위 우의정 숙번 유 불예

色然曰: '嘗嘗在吾下 命通者也.' 其心必以謂 何捨我而擧嘗也." 會
색연 왈 은상 재오하 명통 자야 기심 필 이위 하 사아 이 거은 야 회

三功臣 右議政朴訔等上疏曰:
삼공신 우의정 박은 등 상소 왈

'孔子曰: "事君盡禮." 又曰: "臣事君以忠." 若爲人臣而無禮不忠
공자왈 사군 진례 우왈 신 사군 이충 약위 인신 이 무례 불충

則罪莫大焉. 叔蕃偏蒙上恩 宜盡忠盡禮 以報萬一. 上嘗召漆城君
즉 죄 막대 연 숙번 편몽 상은 의 진충 진례 이보 만일 상 상소 칠성군

尹柢 戒以毋爲朋黨 而抵傳於權緩 辭連叔蕃. 緩遂通其言 叔蕃
윤저 계이 무위 붕당 이저 전어 권완 사연 숙번 완수 통 기언 숙번

聞之 心懷憤怨 入覲內殿 見于辭色. 爲參贊議政府時 與政丞河崙
문지 심회 분원 입근 내전 현우 사색 위 참찬 의정부 시 여 정승 하륜

入坐上前 叔蕃先出 崙留啓國政 叔蕃潛伏階下竊聽 以有疑貳之 心
입좌 상전 숙번 선출 륜유 계 국정 숙번 잠복 계하 절청 이유 의이 지심

也. 上將講武于泰安之時 叔蕃以政丞河崙之言進告曰: "濬堤鑿渠
야 상장 강무 우 태안 지시 숙번 이 정승 하륜 지언 진고 왈 준제 착거

衆論紛紜 可否未決 幸上親監裁斷." 其後上幸其地 與諸大臣議之
중론 분운 가부 미결 행상 친감 재단 기후 상 행 기지 여 제 대신 의지

叔蕃侍側獨不言 上問至再三 亦不對焉 蓋懷反覆之心也.
숙번 시측 독 불언 상문 지 재삼 역 부대 언 개 회 반복 지심 야

無咎 無疾自伏其辜 實由宸衷所斷 叔蕃入告曰: "世子其不厭臣
무구 무질 자복 기고 실유 신충 소단 숙번 입고 왈 세자 기 불염 신

乎?" 厥後數日 謀於文城君柳亮 俱詣闕乃告曰: "臣等自今願常見
호 궐후 수일 모어 문성군 유량 구 예궐 내 고왈 신등 자금 원 상견

於世子." 無乃有今將之心乎? 其爲無禮不忠甚矣. 伏望命下攸司
어 세자 무내 유 금장 지심 호 기위 무례 불충 심의 복망 명하 유사

鞫問其情 明斷其罪 以爲後來無禮不忠者之戒.'
국문 기정 명단 기죄 이위 후래 무례 불충 자 지계

上乃使禮曹右參議鄭孝文傳旨于叔蕃 數其不敬之罪 仍命從自願
상 내사 예조 우참의 정효문 전지 우 숙번 수기 불경 지죄 잉명 종 자원

出居于延安府. 司憲府大司憲金汝知等上疏 略曰:
출거 우 연안부 사헌부 대사헌 김여지 등 상소 약왈

'大臣雖自願之處 居于外方 則所係匪輕. 願令攸司鞫問所犯 以置
대신 수 자원 지처 거우 외방 즉 소계 비경 원령 유사 국문 소범 이치

於法.'
어법

司諫院右司諫大夫朴竪基等上疏曰:
사간원 우사간대부 박수기 등 상소 왈

'竊惟 勳舊之臣國人所瞻 凡有出入莫不知之. 李叔蕃遭遇聖明
절유 훈구 지신 국인 소첨 범유 출입 막 부지 지 이숙번 조우 성명

位至一品 遽令放于外方 而人莫知其所犯. 伏望殿下 命攸司鞫問
其由 使人人曉然共知.'

刑曹判書安騰等上疏曰:

'臣等聞 近日三功臣詣闕上書 未知其故 繼而聞 李叔蕃出于
門外 乃知功臣上言請叔蕃之罪也. 叔蕃以定社佐命功臣 位至極品
寵眷有加 若其所犯 不干宗社 三功臣焉敢請其罪乎? 然而殿下只
令出居于外 一國臣民罔知所犯 無不驚駭. 臣等以謂 雖士之微者
有罪則必下攸司 推鞫定罪 國之常典也. 況勳舊大臣如 叔蕃者乎?
願殿下 命攸司收其職牒 鞫問情由 明正其罪 以戒後來.'

不聽.

乙丑 太白晝見.

禮曹上祈雨啓目: '一 文獻通考內: "四月後旱 則徧祈社稷 山林
川澤. 就故處大雩 舞童十四人皆服玄衣 爲八列 各執羽翳 每列歌
雲漢詩." 曹曾使齋郎習誦雲漢篇 今雩祀圓壇請歌之. 且於望祈
北郊及就風雲雷雨 三角山 漢江 木覓 社稷 宗廟 雩祀 祈雨祀亦皆
歌之. 一 董仲舒祈雨之術曰: "閉南門縱北門." 蓋亦達陰之意. 請
廢都城南門 開北門何如? 一 董仲舒曰: "旱則令郡邑 以水日令民
禱社稷." 又曰: "家人祠戶." 且將此法 令外方民就祈里社 亦令中外
家人祠戶祈雨.' 從之.

御便殿 引見漢平君趙狷 兵曹判書李原 工曹判書閔汝翼及代言

徐選 李明德等 上諭以李叔蕃不敬無禮之罪 選因啓曰:“近因旱乾
서선 이명덕 등 상유이 이숙번 불경 무례 지죄 선인 계왈 근인 한건

朝啓公事 殿下不自聽斷 命與世子同議一定啓聞 實爲未便 請復
조계 공사 전하 부자 청단 명 여세자 동의 일정 계문 실위 미편 청복

如故.”不聽.
여고 불청

丙寅 臺諫 刑曹交章 請李叔蕃之罪 至暮又詣闕請曰:“三功臣
병인 대간 형조 교장 청 이숙번 지죄 지모 우 예궐 청왈 삼공신

封章 請叔蕃之罪 是必事關宗社不忠不敬之罪. 然大小臣僚未知
봉장 청 숙번 지죄 시필 사관 종사 불충 불경 지죄 연 대소 신료 미지

罪名 乞下攸司 明正其罪.” 上曰:“叔蕃 有錯誤事 故我與三功臣
죄명 걸하 유사 명정 기죄 상왈 숙번 유 착오 사 고 아여 삼공신

共議而放逐之. 使自警戒. 且予不爲公事 欲爲之 則可與六曹共
공의 이 방축 지 사자 경계 차 여불위 공사 욕위지 즉가 여육조 공

爲之.” 時上不親視事 故有是語. 再請曰:“雖小事 僉望殿下裁斷
위지 시상 불친 시사 고유 시어 재청왈 수 소사 첨망 전하 재단

況此大事 六曹安敢爲之? 叔蕃不忠 則當置於法 若其罪輕 則隨宜
황차 대사 육조 안감 위지 숙번 불충 즉당 치어법 약 기죄 경 즉 수의

區處 宜下攸司 明正其罪.” 上曰:“予豈不慮此? 予之不聽 亦慮之
구처 의하 유사 명정 기죄 상왈 여 기불 여차 여지 불청 역 여지

熟也.” 安騰啓曰:“殿下親叔蕃如子 恩渥至重也 尙懷不忠之念 況
숙야 안등 계왈 전하 친 숙번 여자 은악 지중 야 상회 불충 지념 황

今出居農舍 其憤憤不忠之心 宜益深矣. 如此之人 豈可使一日延留
금 출거 농사 기 분분 불충 지심 의 익심 의 여차 지인 기가 사 일일 연류

乎? 請下執法 明正其罪 使國人曉然知之.” 上曰:“旣出于外 烏得
호 청하 집법 명정 기죄 사 국인 효연 지지 상왈 기출 우외 오득

無罪? 予將明正其罪.”
무죄 여 장 명정 기죄

丁卯 復行雩祀圓壇祭. 命左議政柳廷顯爲獻官 是日大雨.
정묘 부행 우사 원단 제 명 좌의정 유정현 위 헌관 시일 대우

命前全羅道水軍都節制使洪有龍南原付處. 先是 命囚靑夫女之
명 전 전라도 수군도절제사 홍유룡 남원 부처 선시 명수 청부녀 지

孫女召史及丁香于義禁府 命參贊尹向 代言徐選爲委官 與臺諫覈
손녀 소사 급 정향 우 의금부 명 참찬 윤향 대언 서선 위 위관 여 대간 핵

其所訟奴婢根脚. 丁香 有龍之妾也. 以有龍强辨 稱爲誤決 竝下獄.
기 소송 노비 근각 정향 유룡 지첩 야 이 유룡 강변 칭위 오결 병 하옥

上傳旨六曹曰:“召史女所訟宜當明正 戒後.” 且曰:“丁香奴婢之
상 전지 육조 왈 소사 녀 소송 의당 명정 계후 차왈 정향 노비 지

事 非呈狀於司憲府 亦非擊鼓申聞也. 但丁香揚言:‘黃判書使用
사 비 정장 어 사헌부 역비 격고 신문 야 단 정향 양언 황 판서 사용

無根奴婢.' 予聞此語 下義禁府推之. 丁香已服罪 而有龍猶以爲
무근 노비　여문 차어 하 의금부 추지　정향 이 복죄 이 유룡 유 이위

二條上位不知 故下有龍憑問 有龍亦已服招矣." 乃命照律 且曰:
이조 상위 부지 고 하 유룡 빙문 유룡 역이 복초 의　내명 조율 차왈

"事關宗社外 宜從寬典." 兵曹判書李原啓曰:"有龍雖不識理 已爲
사관 종사 외 의종 관전　병조판서 이원 계왈　유룡 수불 식리 이위

宰相 値憂旱之時 亦宜恐懼 乃欲以非爲是 當如律施行." 義禁府
재상 치 우한 지시 역의 공구 내욕 이비 위시 당여율 시행　의금부

啓:"有龍罪照律 當杖一百 徒三年." 上以太祖元從功臣 只令從
계 유룡 죄조율 당장 일백 도삼년 상이 태조 원종공신 지령종

自願付處.
자원부처

戊辰 御便殿 引見議政府 六曹賜酒入直大小臣僚 以 喜雨也.
무진 어 편전 인견 의정부 육조 사주 입직 대소 신료 이 희우 야

議復行木覓 漢江 風雲雷雨等祭. 禮曹判書趙庸啓曰:"時方有雨
의 부행 목멱 한강 풍운 뇌우 등제　예조판서 조용 계왈　시방 유우

不可以雲霓不作 草木枯槁書于祝板 戚諸鬼神. 雨如不足 則更卜日
불가이 운예 부작 초목 고고 서우 축판 척제 귀신　우 여부족 즉갱 복일

改祝文." 上然之.
개 축문 상 연지

己巳 功臣昌寧府院君成石璘上疏請李叔蕃之罪 使知申事趙末生
기사 공신 창녕부원군 성석린 상소 청 이숙번 지죄 사 지신사 조말생

傳旨曰:"勿復有請." 石璘曰:"天地間 只有君臣父子耳. 臣等見
전지 왈 물부 유청 석린 왈 천지간 지유 군신 부자 이 신등 견

此人不忠無禮 安敢默默? 上之欲保全功臣 孰不感戴? 然此人所犯
차인 불충 무례 안감 묵묵 상지욕 보전 공신 숙불 감대 연 차인 소범

不小 不可保全." 晉山府院君河崙曰:"叔蕃不忠無禮 見於言行
불소 불가 보전　진산부원군 하륜 왈　숙번 불충 무례 현어 언행

久矣. 今各以所見書上 不臣之實 尤爲明白 宜正其罪 俾國人曉然
구의 금각 이소견 서상 불신 지실 우위 명백 의정 기죄 비 국인 효연

共知. 況元勳大臣 一朝放逐 而不明其罪 則國人疑之 實爲未便."
공지 황 원훈 대신 일조 방축 이불명 기죄 즉 국인 의지 실위 미편

右議政朴訔曰:"曾有上教: '此人之罪 豈有加於李稷乎?' 然臣等
우의정 박은 왈 증유 상교 차인 지죄 기유 가어 이직 호 연 신등

所見 殆有甚焉." 上曰:"內禪 予心也 非叔蕃之謀也. 國人皆駭
소견 태유 심언 상왈 내선 여심 야 비 숙번 지모 야 국인 개해

豈獨叔蕃? 叔蕃性本狂妄 行事屢致差誤 非心有所衒而然也 不可
기독 숙번 숙번 성본 광망 행사 누치 차오 비심유 소함 이 연야 불가

失信於人也."
실신 어인 야

庚午 議政府左議政柳廷顯等上書. 書曰:
경오 의정부좌의정 유정현 등 상서 서왈

'功臣有犯 關係社稷 當以法論 載諸誓文. 今三功臣將叔蕃所犯
공신 유범 관계 사직 당 이법 논 재저 서문 금 삼공신 장 숙번 소범

上書申請 臣等竊謂 其罪當以法論 止令置之於外 伏望殿下 斷以
상서 신청 신등 절위 기죄 당 이법 논 지령 치지 어외 복망 전하 단이

大義 依允施行.'
대의 의윤 시행

司諫院上疏曰:
사간원 상소 왈

'臣等伏覩王旨: "三諫不聽則去. 三諫之後 更諫者抵罪." 然事有
신등 복도 왕지 삼간 불청 즉거 삼간 지후 갱간 자 저죄 연 사유

可言 有言責者所當累請. 又如關係宗社 則豈可拘於三諫而止哉?'
가언 유 언책 자 소당 누청 우 여 관계 종사 즉 기가 구어 삼간 이지재

司憲府亦上疏曰:
사헌부 역 상소 왈

'竊聞 聖王莫不倚諫諍爲補治 故爲臺諫爲耳目. 今降敎旨: "凡
절문 성왕 막불 의 간쟁 위 보치 고위 대간 위 이목 금강 교지 범

陳言上疏 三諫卽止." 此非聖朝可行之法也. 職在言路 而儻有可言
진언 상소 삼간 즉지 차비 성조 가행 지법 야 직재 언로 이 당유 가언

者 宜盡言以效涓埃. 悻悻而去 將何適哉? 故人有面折庭諍 牽裾
자 의 진언 이효 연애 행행 이거 장 하적재 고인 유 면절 정쟁 견거

折檻 亦有以死諍者 原其心則皆愛君者也. 子之事父 有過則諫 諫
절함 역유 이사 쟁자 원 기심 즉 개 애군 자야 자지 사부 유과 즉간 간

若不入 起敬起孝 臣之於君 亦猶是也. 若以三諫卽止 爲國之典 則
약 불입 기경 기효 신 지어 군 역 유시 야 약 이 삼간 즉지 위 국지전 즉

臣子持祿容身之計 非國家之幸也 且開臣子諛佞之風也.
신자 지록 용신 지계 비 국가 지행 야 차개 신자 유녕 지풍 야

命除鄭道傳 黃居正子孫禁錮.
명제 정도전 황거정 자손 금고

還給韓尙桓 元恂職牒 移置金訓于本鄕永同縣.
환급 한상환 원순 직첩 이치 김훈 우 본향 영동현

六曹請進藥酒 不許.
육조 청진 약주 불허

辛未 世子出內朝啓廳 參啓事. 刑曹臺諫請於世子曰: "叔蕃之罪
신미 세자 출 내조 계청 참 계사 형조 대간 청어 세자 왈 숙번 지죄

不細 而國人未有知者 當明示其罪 故臣等立殿庭至日昃者 已二日
불세 이 국인 미유 지자 당 명시 기죄 고 신등 입 전정 지 일측 자 이 이일

未能上達 是則臣等無格天之誠也. 然閉塞言路 豈非明時之一欠
미능 상달 시즉 신등 무 격천 지성 야 연 폐색 언로 기비 명시 지 일흠

乎?” 世子問諸曹曰: “三省之言然乎?” 皆曰: “然.” 世子曰: “不可
호   세자문제조왈   삼성지언연호   개왈   연   세자왈   불가

拒諫也.” 卽入啓 上問六曹曰: “拒諫云者 指何事歟?” 兵曹判書李原
거간 야   즉입계 상문육조왈   거간운자 지하사여   병조판서 이원

對曰: “指此事也.” 上曰: “予不從也 勿煩.”
대왈   지차사야   상왈   여부종야 물번

　下上護軍李順蒙于義禁府 以順蒙使酒於闕內 辱罵摠制崔閏德
　하 상호군 이순몽 우 의금부 이순몽 사주 어 궐내 욕매 총제 최윤덕

司宰監正趙瑞老也. 旣而釋之.
사재감정 조서로 야 기이 석지

　壬申 刑曹 臺諫請李叔蕃之罪 不允 皆乞辭. 命趙末生傳旨曰:
　임신 형조 대간청 이숙번 지죄 불윤 개걸사 명 조말생 전지왈

“若不去他國 則可笑也.”
약 불거 타국 즉 가소 야

　癸酉 雨.
　계유 우

　甲戌 命刑曹 臺諫就職. 上曰: “更無可去之國 愼勿煩言.”
　갑술 명 형조 대간취직 상왈   갱무 가거 지국 신물 번언

　命給開城留後司四縣人蕎麥種 輸白川 平山 新恩等官所儲而
　명급 개성유후사 사현 인 교맥종 수 배천 평산 신은 등 관 소저 이

給之.
급지

　乙亥 大雨凡三日 命進藥酒.
　을해 대우 범 삼일 명진 약주

　上曰: “稽諸古典 召致旱災 專是藏氷不以時 春不收骨. 自今
　상왈   계저 고전 소치 한재 전시 장빙 불이시 춘불 수골 자금

十二月內藏氷 春收枯骨 永爲恒式. 且箭串牧場內 今年牛馬多死
십이월 내 장빙 춘수 고골 영위 항식 차 전곶 목장 내 금년 우마 다사

宜拾骸骨 於場外僻處 深掘而埋置. 後日行幸時 若有牛馬骨暴露
의 습 해골 어 장외 벽처 심굴 이 매치 후일 행행 시 약유 우마 골 폭로

則所掌埋置人論罪.”
즉 소장 매치 인 논죄

　丙子 世子出內朝啓廳 參啓事.
　병자 세자 출내 조계청 참 계사

　上王至昌德宮 上迎入便殿 置酒極懽 日暮乃罷.
　상왕 지 창덕궁 상 영입 편전 치주 극환 일모 내파

　申船軍敍用法. 上曰: “京畿 忠淸及慶尙左道蔚山 藍浦以南與
　신 선군 서용법 상왈   경기 충청 급 경상좌도 울산 남포 이남 여

全羅道船軍等 每年行船 勞苦倍他. 三年一次 大船五人 小船三人
전라도 선군 등 매년 행선 노고 배타 삼년 일차 대선 오인 소선 삼인

敍用. 慶尙左道長鬐以北及他道船軍 一依續六典敍用."
서용 경상좌도 장기 이북 급 타도 선군 일의 속육전 서용

丁丑 開南大門閉北門 北方土龍 投諸水中.
정축 개 남대문 폐 북문 북방 토룡 투 저 수중

刑曹 臺諫詣闕請李叔蕃之罪三日.
형조 대간 예궐 청 이숙번 지죄 삼일

戊寅 命收早穀 慮爲風雨損傷.
무인 명수 조곡 여위 풍우 손상

復除拜檢校官. 吏曹啓: "各司吏典 箇月已滿 九品權務去官者 授
부 제배 검교관 이조 계 각사 이전 개월 이만 구품 권무 거관 자 수

檢校七品; 七八品去官者 授檢校六品. 成衆愛馬差十五年內 六品
검교 칠품 칠팔 품 거관 자 수 검교 육품 성중애마 차 십오 년 내 육품

去官人年五十以上者 東西檢校五品; 五品去官人年六十以上者 各
거관인 연 오십 이상 자 동서 검교 오품 오품 거관인 연 육십 이상 자 각

依去官本品檢校. 其中前職未及去官者 亦依吏典去官例 西班檢職
의 거관 본품 검교 기중 전직 미급 거관 자 역 의 이전 거관 예 서반 검직

除授放遣 四品去官者 檢校正從 四品. 上項人等 各從自願." 從之.
제수 방견 사품 거관 자 검교 정종 사품 상항 인등 각종 자원 종지

成衆愛馬及各司吏典 軍器監別軍等檢職除授 去官者東西班幷五百
성중애마 급 각사 이전 군기감 별군 등 검직 제수 거관 자 동서반 병 오백

餘人.
여인

召禮曹右參議鄭孝文就職. 孝文 叔蕃之妻弟也. 憲府劾問叔蕃之
소 예조 우참의 정효문 취직 효문 숙번 지처제 야 헌부 핵문 숙번 지

所以出之故 孝文不敢以實答 爲憲府再劾故也.
소이 출지고 효문 불감 이실 답 위 헌부 재핵 고야

遣知司譯院事鄭喬 管押唐人李名等十八名 赴遼東 被倭攎掠
견 지사역원사 정교 관압 당인 이명 등 십팔 명 부 요동 피 왜 노략

逃來者也.
도래 자야

己卯 大雨.
기묘 대우

革奉書局 幷於尙衣院.
혁 봉서국 병어 상의원

日本志佐殿使人來獻土物.
일본 지좌전 사인 내헌 토물

庚辰 議政府 諸曹及刑曹 臺諫上疏 請李叔蕃之罪 上皆不覽
경진 의정부 제조 급 형조 대간 상소 청 이숙번 지죄 상개 불람

傳旨曰: "叔蕃再同死地 功旣重矣. 然事有輕重 予豈不思所以處之
전지 왈 숙번 재동 사지 공기 중의 연 사유 경중 여 기 불사 소이 처지

乎? 姑徐之."
호 고 서지

命減司僕馬料. 秋冬則大小馬 皆黃豆一斗; 春夏則大馬五升 小馬
명감 사복 마료 추동 즉 대소마 개 황두 일두 춘하 즉 대마 오승 소마

全除.
전제

領春秋館事河崙與知館事韓尙敬 同知館事卞季良三分高麗史
영춘추관사 하륜 여 지관사 한상경 동지관사 변계량 삼분 고려사

修改于其家. 崙招春秋館掌務金元老曰: "熱時每日會仕未便. 前朝
수개 우 기가 륜 초 춘추관 장무 김원로 왈 열시 매일 회사 미편 전조

忠定王以上史 宜分爲三 其一送我 其一送知館事家 其一同知館事
충정왕 이상 사 의분 위삼 기일 송아 기일 송 지관사 가 기일 동지관사

家 則我等分覽竄定." 是年冬 崙卒 事竟未就.
가 즉 아등 분람 찬정 시년 동 륜졸 사경 미취

辛巳 視事于便殿. 召見議政府柳廷顯 朴訔 朴信 尹向 沈溫
신사 시사 우 편전 소견 의정부 유정현 박은 박신 윤향 심온

六曹判書李原 黃喜 安騰 閔汝翼 大司憲金汝知 右司諫朴堅基等
육조판서 이원 황희 안등 민여익 대사헌 김여지 우사간 박수기 등

議增官制 僉曰: "冗官可汰 而不可增也." 上曰: "吾欲革檢校之受祿
의증 관제 첨왈 용관 가태 이 불가 증야 상왈 오 욕혁 검교 지 수록

者 然其中年至七十而有功者 授致仕 俾受祿何如?" 僉曰: "可." 仍
자 연 기중 년지 칠십 이 유공자 수 지사 비 수록 하여 첨왈 가 잉

設小酌 僉曰: "近日塞言路." 上曰: "叔蕃性 本狂妄 間或無禮 非心
설 소작 첨왈 근일 색 언로 상왈 숙번 성 본 광망 간혹 무례 비심

實然也. 今所以放之于外者 予旣老矣 後嗣子孫以爲 父信用之人而
실연 야 금 소이 방지 우외 자 여 기로 의 후사 자손 이위 부 신용 지인 이

任之 或致差失也." 僉曰: "不忠之心 蘊於中 故無禮之失 著於外."
임지 혹 치 차실 야 첨왈 불충 지심 온어 중 고 무례 지실 저어 외

命收取李叔蕃功臣錄券及職牒. 議政府左議政柳廷顯等上疏曰:
명 수취 이숙번 공신 녹권 급 직첩 의정부좌의정 유정현 등 상소 왈

'臣等竊謂 三功臣累請李叔蕃所犯六事 皆由不忠之心蘊於中;
신등 절위 삼공신 누청 이숙번 소범 육사 개 유 불충 지심 온어 중

憤怨之氣著於外 殊失爲臣之禮 敢爲今將之計 罪固不容誅矣. 本府
분원 지기 저어 외 수실 위신 지례 감위 금장 지계 죄고 불용 주의 본부

臺諫連章請罪 而殿下不賜兪允 臣等竊惑焉. 自古姦雄陰畜異志
대간 연장 청죄 이 전하 불사 유윤 신등 절혹 언 자고 간웅 음축 이지

人主知其惡而不能討 則馴致其變者多矣. 願殿下斷以大義 明置
인주 지 기악 이 불능 토 즉 순치 기변 자 다의 원 전하 단이 대의 명치

於法 以戒後來.'
어법 이계 후래

350

諸曹判書李原等上疏曰:

'臣等竊聞 書曰: "天命有德 五服五章哉; 天討有罪五刑五庸哉."

然則賞罰非人君之所得而私也. 夫人臣之罪 莫大於無禮 無禮之動 實由於不忠. 李叔蕃內懷今將之心 敢行無禮 故功臣 政府 刑曹 臺諫累次請罪 尙未蒙允 大小臣僚罔不缺望. 伏望殿下 體天命天討之義 一依功臣 政府 刑曹 臺諫之請 以戒後來.'

刑曹 臺諫交章請曰:

'臣等竊謂 賞罰國之大柄 而功過不相掩 此古今之通義也. 李叔蕃以定社佐命之功 位至極品 殿下殊待之恩至矣 爲叔蕃者 夙夜盡忠 尙不能報其萬一也. 今三功臣詣闕請罪 而俾出關外 臣等職掌邦憲 未知其故 各上封章 不賜俞允 仍諭臣等曰: "叔蕃予視之如子. 近有過失 遣之于外 待其改過 將復召還 更勿請罪." 臣等敬聞其命 惻然有憾矣. 殿下視之猶子 叔蕃何不以事親之道 事殿下乎? 是則大小臣僚 雖未知其所犯 恐必罪干于宗社也. 殿下不治其罪 而欲使改過 此臣等所以缺望. 且有罪而無罰 則彼必有反側之心矣. 大小臣僚未知其罪 憤怨鬱結 則非獨賞罰之不明 氣化之不調亦係焉. 伏望殿下 下令攸司 收其職牒 問其所犯依律施行 以正邦憲.'

功臣昌寧府院君成石璘等上疏曰:

'臣等竊謂 人臣之罪 莫大於不忠. 不忠之心積於中 則非禮之動著於身 而非禮之言出諸口. 李叔蕃早蒙上恩 位至峻秩 誠宜盡心

盡禮 以報萬一. 上嘗以內禪之意 諭及叔蕃 叔蕃不以大義力陳
진례 이보 만일 상상이 내선 지의 유급 숙번 숙번 불이 대의 역진

不可 乃曰: "天實爲之." 遂與無咎傳告諸大臣 務欲成之. 雨以仁海
불가 내왈 천실 위지 수여 무구 전고 제 대신 무욕 성지 우이 인해

之言 搆成平壤君之罪 幾至於死. 又上嘗召尹柢 戒以毋爲朋黨
지언 구성 평양군 지죄 기지 어사 우상상소 윤저 계이 무위 붕당

叔蕃傳聞之 適被召入見 有憤惋之色 上有所問 側面而不對. 上
숙번 전문 지적 피소 입현 유분완 지색 상유 소문 측면 이부대 상

與大臣圖議國政 叔蕃隱伏階下 潛聽乃出. 又上講武于任實 叔蕃
여 대신 도의 국정 숙번 은복 계하 잠청 내출 우상 강무 우 임실 숙번

請幸蕈堤 觀開渠便否 上以農務將殷 不聽而 還. 及上講武蕈堤 與
청행 순제 관 개거 편부 상이 농무 장은 불청 이환 급상 강무 순제 여

諸大臣議開渠 叔蕃側面獨不言 上問至再三. 猶不對. 又告上前曰:
제 대신 의 개거 숙번 측면 독 불언 상문 지재삼 유부대 우고 상전왈

"無咎等被罪 恐世子不悅於臣." 其後與柳亮同議轉聞曰: "臣等願
무구 등 피죄 공 세자 불열 어신 기후 여 유량 동의 전문 왈 신등 원

自今數見於世子." 以此六事觀之 其潛畜不忠之心 敢爲無禮之狀
자금 수현 어세자 이차 육사 관지 기 잠축 불충 지심 감위 무례 지상

至有今將之計者如此. 乞下攸司 明正其罪 以戒後來 國家幸甚.'
지유 금장 지계자 여차 걸하 유사 명정 기죄 이계 후래 국가 행심

　　上曰: "叔蕃不宜置於功臣之列 其收取錄券." 刑曹臺諫復交章
　　상왈 숙번 불의 치어 공신 지열 기 수취 녹권 형조 대간 부 교장

上疏曰:
상소 왈

　　'臣等竊觀 三功臣上疏 請叔蕃所犯六事 皆非人臣所得爲也. 其懷
　　신등 절관 삼공신 상소 청 숙번 소범 육사 개비 인신 소득위 야 기회

不忠之心 而有今將之計著矣. 臣等及政府 諸曹相繼請罪 殿下不卽
불충 지심 이유 금장 지계 저의 신등 급 정부 제조 상계 청죄 전하 부즉

兪允 只許收其錄券 臣等實有憾焉. 大抵爲人臣而罪在不忠 則天地
유윤 지허 수기 녹권 신등 실유 감언 대저 위 인신 이죄 재 불충 즉 천지

所不容 王法所不赦 豈宜保其爵位 安於田里乎? 且叔蕃不可謂之
소불용 왕법 소불사 기의 보기 작위 안어 전리 호 차 숙번 불가 위지

無略; 不可謂之無勇. 以姦雄之如此 幸免誅戮 則後日之禍 亦難知
무략 불가 위지 무용 이 간웅 지 여차 행면 주륙 즉 후일 지화 역 난지

也. 伏望以宗社爲計 令下攸司 鞠問所犯 明正其罪 以示國人 垂戒
야 복망 이 종사 위계 영하 유사 국문 소범 명정 기죄 이시 국인 수계

後世.'
후세

　　乃命收其職牒.
　　내 명수 기 직첩

慶尙道都觀察使李殷上箋賀喜雨. 上覽之曰: "才得此雨 而可期
경상도 도관찰사 이은 상전 하 희우 상 람지 왈 재득 차우 이 가기

西成乎?"
서성 호

壬午 世子出內朝啓廳 參啓事. 吏曹啓曰: "事其事者 食其祿
임오 세자 출내 조계청 참 계사 이조 계왈 사 기사 자 식 기록

今檢校各品 無其事而坐食天祿 深爲未便 乞罷之. 加設從一品
금 검교 각품 무 기사 이 좌식 천록 심위 미편 걸 파지 가설 종일품

判敦寧府事一 正二品三軍都摠制各一 從二品三軍摠制各一 罷
판돈녕부사 일 정이품 삼군도총제 각일 종이품 삼군총제 각일 파

六曹參議各一 置參判各一 秩從二品 以絶無其事 而冗食天祿
육조 참의 각일 치 참판 각일 질 종이품 이절 무 기사 이 용식 천록

者." 從之. 先是 遣趙末生 徐選于河崙第 議罷置可否 且曰: "晋山
자 종지 선시 견 조말생 서선 우 하륜 제 의 파치 가부 차왈 진산

若以宰相加設爲不可 則告之曰: '若不加設 則相職不多 如今革
약 이 재상 가설 위불가 즉 고지왈 약불 가설 즉 상직 부다 여금 혁

異姓封君 而此輩必無置處 皆有缺望之心. 冗官之汰 待此輩安心
이성봉군 이 차배 필무 치처 개유 결망 지심 용관 지태 대 차배 안심

之後 續議施行. 今日之計 必須如此.'" 末生等至崙第宣旨 崙曰:
지후 속의 시행 금일 지계 필수 여차 말생 등 지륜제 선지 륜왈

"前朝盛時 以省五樞七 於國事無不足. 今宰相數至於百 若又加設
전조 성시 이성 오추 칠 어 국사 무 부족 금 재상 수 지어 백 약우 가설

殊爲不可. 然上之軫慮 亦云可矣." 末生等復命 上曰: "晋山之言
수위 불가 연 상지 진려 역운 가의 말생 등 복명 상왈 진산 지언

固是 然當今之日 須要如此." 乃令吏曹詳定 其實崙之所定也.
고시 연 당금 지일 수요 여차 내령 이조 상정 기실 륜지 소정 야

命議政府 六曹 臺諫 各擧賢才. 上曰: "水旱之災 實由寡躬 無罪
명 의정부 육조 대간 각거 현재 상왈 수한 지재 실유 과궁 무죄

黎民 亦罹此患 予甚痛之. 各擧堪任燮理者 其可當朝士者 亦搜訪
여민 역 이 차환 여 심통 지 각거 감임 섭리 자 기 가당 조사 자 역 수방

以聞."
이문

晋山府院君河崙上實封書. 上引見趙末生 屛左右 示以崙實封
진산부원군 하륜 상 실봉 서 상 인견 조말생 병 좌우 시이 륜 실봉

略曰:
약왈

'爲政之道 莫大於用人 用一君子則治; 用一小人則亂 上深知之.
위정 지도 막대 어 용인 용일 군자 즉치 용일 소인 즉난 상 심지 지

然大姦外飾 則雖至明 亦難知之. 沈溫 黃喜甚姦小人也 不宜在
연 대간 외식 즉 수 지명 역 난지 지 심온 황희 심간 소인 야 불의 재

政府與六曹 且吏曹職掌銓選 尤不可也.'
정부 여 육조 차 이조 직장 전선 우 불가 야

末生讀畢 上曰: "晉山 忠直之臣 予尊其德義 不謂臣下 常以
말생 독필 상왈 진산 충직 지신 여존 기덕의 불위 신하 상이

賓師待之. 然此實封 予甚未便. 黃喜予嘗以一門待之 況沈溫則
빈사 대지 연차 실봉 여심 미편 황희 여상 이일문 대지 황 심온 즉

忠寧大君之舅也. 此二人有何不肖 而詆之如此之甚? 古人云: '君
충녕대군 지구 야 차 이인 유하 불초 이 저지 여차 지심 고인 운 군

不密則失臣 臣不密則失身.' 大臣實封 不可外揚 然汝讀書識理儒生
불밀 즉 실신 신 불밀 즉 실신 대신 실봉 불가 외양 연 여 독서 식리 유생

豈不知予密示汝之意乎? 汝往晉山之第 問其故以聞."
기 부지 여 밀시 여지 의호 여왕 진산 지제 문 기고 이문

末生至崙第 問指黃喜 沈溫爲姦小人之實 崙對曰: "喜與溫本
말생 지 륜제 문지 황희 심온 위간 소인 지실 륜 대왈 희여온 본

刌刌小人也. 前此 喜與溫通同 誤決李仲茂之奴婢. 喜又與洪有龍
쇄쇄 소인 야 전차 희여온 통동 오결 이중무 지노비 희 우 여 홍유룡

妾奴婢爭得 安有人心而與人子爭其父奴婢之理乎? 此特一事耳 姦
첩 노비 쟁득 안유 인심 이 여인자 쟁 기부 노비 지리 호 차 특 일사 이 간

不肖之事尙多. 臣豈不知其實 而妄啓乎? 喜有舊勞 溫是宗室干連
불초 지사 상다 신 기 부지 기실 이 망계 호 희 유 구로 온 시 종실 간련

人 廢棄則不可 用於樞機 則實不可." 末生還啓 上曰: "後當親見
인 폐기 즉 불가 용어 추기 즉 실 불가 말생 환계 상왈 후 당 친견

晉山更言."
진산 갱언

癸未 雨.
계미 우

甲申 以閔汝翼爲議政府參判 李之崇判敦寧府事 鄭矩工曹判書
갑신 이 민여익 위 의정부 참판 이지숭 판돈녕부사 정구 공조판서

沈溫左軍都摠制. 罷檢校官之受祿者 除七十以上耆老爲致仕
심온 좌군도총제 파 검교관 지 수록 자 제 칠십 이상 기로 위 치사

給祿. 初置六曹參判 以李貴齡爲左議政致仕 韓劍右議政致仕 姜筮
급록 초 치 육조 참판 이 이귀령 위 좌의정 치사 한검 우의정 치사 강서

贊成致仕 權維參贊致仕 孟思誠吏曹參判 李春生兵曹參判 朴習
찬성 치사 권유 참찬 치사 맹사성 이조참판 이춘생 병조참판 박습

戶曹參判 具宗之刑曹參判 許稠禮曹參判 李安愚工曹參判.
호조참판 구종지 형조참판 허조 예조참판 이안우 공조참판

吏曹啓: "各品致仕祿科 依從前各品檢校祿科." 從之.
이조 계 각품 치사 녹과 의 종전 각품 검교 녹과 종지

刑曹 臺諫交章請李叔蕃之罪. 疏曰:
형조 대간 교장 청 이숙번 지죄 소왈

‘臣等累次請正叔蕃之罪 不賜俞允 只令收還錄券 職牒 臣等不勝

隕越之至. 反復思之 叔蕃所犯 不忠無禮於殿下至矣. 是則無君之

心 積於中者久 故發於外者如此. 臣等聞 子之不孝 臣之不忠 容於

覆載者難矣. 釋此不誅 將何以誡? 且書云: “怙終賊刑.” 春秋傳曰:

“人臣無將 將而必誅,” 此臣等所以請之不已者也. 伏望殿下 體帝舜

用刑之道; 法春秋討賊之義 下令臣等 鞫問治罪 以戒後來.’

乙酉 雨.

丙戌 世子出內朝啓廳 參啓事. 上見開元占 有近臣行毒 以請謁

爲官 則有霹靂之語. 乃授其書于世子 以示吏曹判書黃喜 兵曹判書

李原 且使傳旨曰: “方今雖司直 副司直 如此除授 者無之.”

命京中及城底十里災異之事 直告承政院 如雷震 火災 怪異之事.

罷泰安講武所. 命李原曰: “講武所以橫川 平康 平山等處 鵲川

以東 永爲常所. 非以耀武 乃講坐作行陳也.” 原曰: “此三所無禽獸

之地 願以泰安 海州爲常所.” 上曰: “泰安 海州土地沃饒 可許耕農

且道路阻隔 予恐後世好武之君 從獸無厭 遠事遊逸也. 自今聽民

耕稼 俾不閑曠 其常所外 私獵耕稼濫禁守令論罪.”

兵曹啓其人苦歇輪番之法: “各道各官其人元數 四百九十名內

苦役處其人三百餘名 歇處其人一百餘名. 每年正月初一日分定

終年立役 苦歇不同. 以其人元數 分爲四番 三朔相遞 苦歇處輪次

定體.” 依允.

命給鄭津職牒 道傳之子也.
명급 정진 직첩 도전 지자야

丁亥 御便殿視事. 命六曹 臺諫曰: "柳思訥忠於我 而見惡於人.
정해 어 편전 시사 명육조 대간왈 유사눌 충어아 이견오 어인

近日雖犯罪 非其本心 乃陷權緩之術中. 予欲召用 其勿沮之."
근일 수 범죄 비기 본심 내함 권완 지 술중 여욕 소용 기물 저지

大司憲金汝知等上疏曰:
대사헌 김여지 등 상소 왈

'臣等竊謂 信賞必罰 有國之常經; 激濁揚淸 攸司之職分. 臣等
신등 절위 신상필벌 유국 지 상경 격탁양청 유사 지 직분 신등

職在憲府 其賞罰不明 淸濁不分 皆所當獻替者也. 近臣柳思訥在
직재 헌부 기 상벌 불명 청탁 불분 개 소당 헌체 자야 근신 유사눌 재

天顏咫尺 交結異類 謀利恣欲 蒙蔽天聰 濁亂士風. 揆之于律 則
천안 지척 교결 이류 모리 자욕 몽폐 천총 탁란 사풍 규지 우율 즉

當置極刑 特從寬典 其於信賞必罰之義何如? 況今思欲召還 臣等
당치 극형 특종 관전 기어 신상필벌 지 의 하여 황금 사욕 소환 신등

未審其可也. 縉紳朝士 豈不缺望? 其於進君子 退小人之義何如?
미심 기가 야 진신 조사 기불 결망 기어 진군자 퇴소인 지 의 하여

況思訥於今年三月被罪 未閱數月 其 遷善幾許? 思訥旣蒙聖恩
황 사눌 어 금년 삼월 피죄 미열 수월 기 천선 기허 사눌 기몽 성은

得保天年 於思訥至矣. 伏望置之邊表 以勵士風.'
득보 천년 어 사눌 지의 복망 치지 변표 이려 사풍

上覽之曰: "然則不可速召."
상 람지왈 연즉 불가 속소

命置前朝八位守陵各二戶. 禮曹啓: "謹稽古典 唐立 高辛氏 帝堯
명치 전조 팔위 수릉 각 이호 예조 계 근계 고전 당립 고신씨 제요

帝舜 夏禹 殷湯 周文王 武王 漢高祖之廟 以春秋二時致享. 宋
제순 하우 은탕 주문왕 무왕 한고조 지묘 이 춘추 이시 치향 송

乾德四年 太昊 炎帝 顓頊 高辛 唐堯 虞舜 夏禹 殷湯 周文王 武王
건덕 사년 태호 염제 전욱 고신 당요 우순 하우 은탕 주문왕 무왕

漢高祖 後漢世祖 唐高祖 太宗 各給守陵五戶 蠲其他役 春秋奉祀
한고조 후한 세조 당고조 태종 각급 수릉 오호 견기 타역 춘추 봉사

歷代帝王陵 州縣常禁樵採. 洪武禮制 歷代帝王陵寢 以春秋二仲
역대 제왕릉 주현 상금 초채 홍무예제 역대제왕 능침 이 춘추 이중

致祭. 乞依古制 前朝八位 依已定儀式 只於春秋二仲致祭 又於其
치제 걸의 고제 전조 팔위 의 이정 의식 지어 춘추 이중 치제 우어기

陵塚 給守陵二戶 皆免他役 常禁樵採." 從之.
능총 급 수릉 이호 개면 타역 상금 초채 종지

戊子 御便殿視事 世子參啓事. 上謂諸卿曰: "每遇水旱之災 上下
무자 어 편전 시사 세자 참 계사 상위 제경 왈 매우 수한 지재 상하

敢爲修省 悉爲可戢. 至於原有罪之囚 除可行之法 是豈弭災之道
감위 수성 실위 가창 지어 원 유죄 지수 제 가행 지법 시기 미재 지도

也? 古人云: '近臣行毒 以請謁爲官 則有霹靂.' 誠宜同心戒懼 以致
야 고인 운 근신 행독 이 청알 위관 즉 유 벽력   성의 동심 계구 이치

和氣."
화기

又曰: "銓選之法 實難以公. 功臣子壻二品以上子壻 則已蒙蔭職
우왈 전선 지법 실 난이 공 공신 자서 이품 이상 자서 즉 이 몽음직

其他可爲登仕者 若學生之類 何以知之? 門蔭之法 亦未可謂之盡公
기타 가위 등사 자 약 학생 지류 하이 지지 문음 지법 역 미가 위지 진공

吏曹酌其可行之法以聞." 趙末生啓曰: "臣謂銓選之法 記功臣子壻
이조 작기 가행 지법 이문 조말생 계왈 신위 전선 지법 기 공신 자서

之名爲一冊 二品以上子壻爲一冊 各品保擧爲一冊 藏之吏曹 當
지명 위 일책 이품 이상 자서 위 일책 각품 보거 위 일책 장지 이조 당

銓選之時進上前 上擇可任者命敍用 然後稱旨敍用 則在下曉然
전선 지시 진 상전 상택 가임 자명 서용 연후 칭지 서용 즉 재하 효연

共知上德 而無請謁之風." 上甚嘉之.
공지 상덕 이무 청알 지풍 상 심 가지

命七十以上 兩府除參朝啓 朝衙及差充獻官.
명 칠십 이상 양부 제참 조계 조아 급 차충 헌관

震慶尙道龍宮人末應乞.
진 경상도 용궁 인 말응걸

對馬島宗貞茂使人請造塔之資.
대마도 종정무 사인 청 조탑 지 자

| 원문 읽기를 위한 도움말 |

① 祈雨於社稷宗廟: 이때 '於'에 주목해야 한다. 이를 사직과 종묘'에'라고
   기우 어 사직 종묘   어
해서는 안 된다. 그냥 사직과 종묘'에서' (하늘을 향해) 비를 빈 것이기 때문
이다.

태종 16년 병신년
7월

七月

경인일(庚寅日) 초하루에 상이 상왕(上王)을 경회루(慶會樓)에서 받들어 맞이해[奉迎] 헌수(獻壽)하고, 노래 부르고 화답하며 지극히 즐겼다. 상왕의 탄신(誕辰) 때문이다. 세자와 여러 종친(宗親)이 모두 시연(侍宴)했고, 이어 입직(入直)한 대소신료(大小臣僚)에게도 술을 주었으며, 갑사(甲士)와 방패군(防牌軍)으로 하여금 막대[挺]로 각투(角鬪-막대로 싸움)하게 하고 수박희(手搏戲)¹를 하게 해 이를 구경했다.

신묘일(辛卯日-2일)에 담백색(淡白色) 기운이 목성(木星) 주위(周圍)에 혹 나타났다가 혹 없어졌다가 했다[或現或無].

임진일(壬辰日-3일)에 성균관(成均館)에서 새 잣을 바치니 술과 건어육(乾魚肉)을 내려주었다.

○ 형조(刑曹)와 대간(臺諫)에서 교장(交章)해, 졸한 문성부원군(文城府院君) 유량(柳亮)의 죄를 청했다. 소를 올려 말했다.

'신 등이 듣건대 "불충(不忠)한 신하는 (처벌함에 있어) 몸의 존몰(存沒)이 없고² 때의 고금(古今)이 없이 모두 토벌할 수 있다"라고 합

---

1   힘이 센 장사(壯士)나 역사(力士)가 손과 손으로 쳐서 서로 승부를 내는 놀이를 말한다.
2   살아 있든 죽었든 관계없이 처벌한다는 뜻이다.

니다. 유량과 이숙번(李叔蕃)이 상에게 전문(轉聞)하기를 "민무구(閔無咎)의 연고로 세자가 신(臣)을 좋아하지 않는다고 하니, 바라건대 이제부터 세자를 자주 뵙겠습니다"라고 했으니, 이것이 무슨 마음입니까? 전하의 신하 된 자라면 마땅히 전하에게 충성해야 하고 달리 구할 수 없으니, 속으로 불충(不忠)한 마음을 가졌다는 것을 따라서 [從] 알 수 있습니다. 바라건대 전일(前日)에 아뢴 숙번의 죄와 함께 법대로 처치해 후세에 두 마음을 품는 자의 경계를 삼으소서.'

상이 말했다.

"량(亮)은 숙번(叔蕃)에게 비할 바가 아니다. 성품이 강직하고 말이 곧았으니 죄가 없다. 만일 량에게 죄가 있다고 한다면 비록 그의 혼령이라도 어찌 몹시 측은하지 않겠는가? 이것을 가지고 죄를 준다면 반드시 화기(和氣)를 상할 것이니, 수재(水災)와 한재(旱災)의 흉재(凶災)는 바로 이러한 일로 말미암은 것이다."

안등(安騰)이 말했다.

"량에게 죄가 없다고 하시는데, 신 등은 그것이 옳다는 것을 알지 못하겠습니다. 인신(人臣)으로서 두 마음이 있는 자가 어찌 죄가 없겠습니까?"

상이 말했다.

"량은 숙번과 같지 않으니, 량은 단지 이 한 가지일 뿐이다. 량이 죄가 없다는 것은 결단코[斷] 의심할 바가 없다. 량의 마음은 내가 진실로 안다. 숙번 또한 두 마음이 있는 자가 아니다. 연소(年少)했을 때는 그 지조(志操)를 굳게 가졌는데, 근자(近者)에 성질이 미치고 교활하므로 이 때문에 방축(放逐)한 것이다. 량과 더불어 세자를 따르

362

고자 한 계교는 또한 먹은 마음이 있는 것이 아니다. 일찍이 민씨(閔氏)와 더불어 특립(特立)했었다가, 민씨가 이미 망했으므로 스스로 편안할 계책을 위해 내게 말했으나 내가 진실로 이를 저지했다. 숙번과 량이 비록 세자를 따르더라도 자식을 따르는 것을 또 어찌 의심하겠는가?"

김여지(金汝知)가 말했다.

"두 마음이 있는 자를 법으로 처단하지 않으니, 심히 애석한 일입니다."

상이 말했다.

"죄가 있고 없는 것을 이미 자세히 말했는데도 경(卿)들이 오히려 감히 말하니, 이것은 집법(執法)한 관원이기 때문인가? 들어주지 않을 것을 알면서 두세 번 말하니, 이것은 무슨 뜻인가? 숙번은 파직(罷職)해 밖에 내치고 직첩(職牒)과 녹권(錄券)을 회수했으니, 숙번의 죄 또한 실로 말한 바대로 충분하다고 하겠다."

○ 행대감찰(行台監察)[3]을 경기 좌우도(京畿左右道)에 나눠 보내 사사로이 소와 말을 방목(放牧)하는 것을 금지했다.

○ 사람을 보내 악(嶽)·해(海)·독(瀆)·제산천(諸山川)에서 입추(立秋) 후의 보사제(報祀祭)를 거행했다.

○ 종묘(宗廟)의 축문 규식(祝文規式)을 고쳤다.

---

3 조선조 초엽에 민간의 이해(利害), 수령(守令)의 치적(治績)·근만(勤慢), 향리(鄕吏)의 횡포를 조사하기 위해 지방에 파견하던 사헌부 감찰(司憲府監察)을 말한다. 분대(分臺)라고 한다.

예조에서 아뢰어 말했다.

"축문이 전조(前朝)의 제도를 승습해 '모시대왕(某諡大王)·모시왕후(某諡王后)의 영(靈)'이라 해서 왕후에게 씨(氏)를 칭하지 않고 있습니다. (그런데) 삼가 고전(古典)에 상고하면 『의례(儀礼)』 「소뢰궤식(小牢饋食)」의 축문에 이르기를 '세사(歲事)를 황조백모(皇祖伯某)에게 드리고 모비모씨(某妃某氏)로 배향한다'라고 했고, 『개원례(開元礼)』의 태묘(太廟)에 제사하는 축문(祝文)에 이르기를 '황고대성진황제(皇考大聖眞皇帝)·황비소성황후두씨(皇妃昭成皇后竇氏)에게 감히 밝게 고한다'라고 했고, 『주문공가례(朱文公家禮)』 축문에 이르기를 '감히 황고조고모관부군(皇高祖考某官府君)·황고조비모봉모씨(皇高祖妣某封某氏)에게 밝게 고한다'라고 했습니다. 빌건대, 예전 제도에 의거해 선왕(先王)·선후(先后)에게 '지령(之靈)' 두 글자를 쓰지 말고, 선후(先后)에게는 모씨(某氏)라고 칭하소서.

또 상고하건대 「소뢰궤식(小牢饋食)」의 축문에 이르기를 '감히 유모(柔毛-양)·강렵(剛鬣-돼지)·가천(嘉薦-젓갈)·보뇨(普淖-기장)를 쓴다'라고 했고, 『개원례(開元礼)』 태묘(太廟)에 제사하는 축문에 이르기를 '일원대무(一元大武-소)·유모·강렵·명자(明粢-黍稷)·향합(薌合-기장)·향기(薌箕-수수)·가소(嘉蔬)·가천(嘉薦)·예제(醴齊-단술)를 쓴다'라고 했고, 『주문공가례』 축문에 이르기를 '감히 결생(潔牲)·유모(柔毛)·자성(粢盛-서직)·예제(醴齊)를 쓴다'라고 하고 그 주(註)에서 '청작서수(淸酌庶羞)'라 했고, 『홍무예제(洪武禮制)』의 사직제(社稷祭) 축문에 이르기를 '삼가 생(牲)·백(帛)·예제(醴齊)·자성(粢盛)·서품(庶品)으로써 한다'라고 했는데, 지금 생(牲)·폐(幣)를 쓰는 제사에 '청

364

작서수(淸酌庶羞)"라고 통칭하니 그 실상에 어긋나는 것 같습니다. 빌건대 고례(古礼)와 시왕(時王-현재의 천자)의 제도에 의해 모든 생(牲)·폐(幣)를 쓰는 제사에는 '생·폐·예제·자성·서품(庶品)'이라 이르고, 폐를 쓰지 않으면 '생·예(醴)·서품'이라 이르고, 생·폐를 쓰지 않으면 '청작서수'라 이르소서. 축문(祝文) 안에 말뜻이 중첩되고 미비한 것도 고쳐서 찬술(撰述)하는 것을 허락하소서. 종묘(宗廟)의 제사는 나라의 대사(大事)여서 그 예문(礼文)을 자손만세에 준수(遵守)하는 것이니, 반드시 고금(古今)을 참작해 힘써 중도(中道)에 부합하도록 해야 합니다.

지금 오실(五室)에 작헌(酌獻)한 뒤에 태계(泰階-종묘의 중앙 계단)에서 재배(再拜)하는데, 당(唐)·송(宋)의 예(礼)에 어긋남이 있고 시왕(時王)의 제도에도 어긋납니다. 『홍무예문(洪武禮文-홍무예제)』에 비록 종묘의 예는 없으나, 사직(社稷)·산천(山川)·문선왕(文宣王-공자)에 모두 작헌(酌獻)한 후 절하는 절차가 없으니 어찌 종묘 작헌에만 절이 있겠습니까? 빌건대, 태계(泰階)에서 재배(再拜)하는 예를 없애고 한결같이 시왕(時王)의 제도에 의하소서."

상이 봉교의윤(奉教依允-임금이 윤허한 것을 받듦)해 말했다.

"종묘 오실(五室)에 작헌한 후 태계에서 재배하는 것은 이미 정해져 있는 의식(儀式)에 따라서 하라."

○ 의정부(議政府)·육조(六曹)에 명해 통신관(通信官)을 일본(日本)

---

4   청작(淸酌)은 제사에 쓰는 맑은 술을, 서수(庶羞)는 제사에 쓰는 온갖 찬수(饌羞)를 말한다.

에 보내는 편부(便否)를 토의했다.

지좌전(志佐殿)의 사인(使人)이 통신관을 보내주기를 청하니 상이
말했다.

"옛날에 저들이 본토(本土)에서 잡아간 사람들을 돌려보내겠다는
말을 듣고 중국 배[唐艦] 두세 척을 갖춰 보냈는데, 저들이 다만 남
  당함
녀 합쳐 7인만 보내 우리나라가 그들의 술책에 빠진 일이 있었다. 지
금 또한 '잡혀간 사람이 있다' 하고 이어서 통신관을 구(求)하니, 그
까닭을 모르겠다. 마땅히 말하기를 '너희가 잡아간 사람을 보낸다면
우리가 양식(糧食)을 준비하고 배를 수리해 보내겠다. 어찌 많고 적
은 것을 알지도 못한 채 함부로 통신선(通信船)을 보낼 수 있겠느냐?
네가 돌아가서 잡아간 사람의 많고 적은 것을 통보한 연후에 통신관
(通信官)을 보내겠다'라고 하라."

이어서 정부·육조로 하여금 토의하게 하니, 찬성(贊成) 박신(朴信)
등이 모두 말했다.

"상의 가르침이 옳습니다."

○ 종정무(宗貞茂)에게 쌀·콩 각각 100석을 주었다.

정무(貞茂)가 평도전(平道全)에게 글을 보내 말했다.

'힘써 적선(賊船)을 금지해 조선 국경(国境)을 범하지 못하게 했다.'

이어서 쌀을 줄 것을 구했다. 조정 의견이 논공(論功)하며 쌀을 요
구하는 것을 심히 불가하게 여기니, 조말생(趙末生)이 아뢰어 말했다.

"평도전이 또한 말하기를 '정무의 편지는 말이 심히 불공(不恭)하

므로 감히 아뢰지 못하고, 다만 쌀을 청구하는 말만 아룁니다'라고
했습니다."

상이 말했다.

"허락하는 것이 어떠한가?"

이어서 육조로 하여금 많고 적은 것을 토의하게 하니 김여지(金汝
知)가 말했다.

"100석을 주는 것이 마땅합니다."

이원(李原)이 말했다.

"200석은 주어야 합니다."

나머지는 모두 150석을 말했다. 상이 원의 의견을 따랐다.

○ 노루와 사슴을 경복궁(景福宮) 후원(後園)에서 길렀다. 광주목사
(廣州牧使)에게 뜻을 전해 재인(才人-광대) 장선(張先)으로 하여금 그
무리를 거느리고 생포(生捕)해 바치게 한 것이다.

○ 유성(流星)이 관색(貫索)[5]에서 나와서 저성(氐星)[6]으로 들어갔는
데, 모양이 배[梨]와 같았다.
　　　　　　　　　　　　　　　　　이

갑오일(甲午日-5일)에 편전(便殿)에 나아가 일을 보았다. 계사(啓事)
를 마친 뒤 육조·대간이 모두 나가고 대언(代言)이 뒤에 남게 되자
[後=殿], 상이 조말생(趙末生)에게 일러 말했다.
후　　전

5　현대에는 왕관자리라고 부르는데, 7개의 크지 않은 별이 반달 모양을 하고 있다. 고대 중
　국에서는 이를 감옥으로 보았다.
6　고대 중국의 28별자리 중 세 번째 별이다. 고대 중국에서는 역병을 주관한다고 보았다.

"빨리 충청도 태안곶(泰安串)에 나무를 베게 하고, 백성이 들어가 살면서 개간하는 것을 허락하라."

이어서 강무(講武)를 멀리 갈 수 없는 폐단을 극론(極論)해 말했다.

"만일 임금이 멀리까지 가서 강무하면 신하가 비록 그르게 여기더라도 어찌 말릴 수 있겠는가?"

이백지(李伯持, 1361~1419년)[7]가 말했다.

"신이 여흥왕(驪興王)[8]에게서 친히 보았습니다."

상이 말했다.

"바야흐로 지금은[方今] 신하 중에 간사하고 교활한 자가 없으니까 망정이지, 만일 무지한 무인(武人)이 틈을 타서 일을 꾸민다면 화(禍)가 불측(不測)한 데 있을 것이다. 내가 전일(前日)에 해주(海州)·임실(任實)·태안(泰安)에 간 것을 후회한다."

이어서 경기(京圻) 안에 강무할 일정한 장소를 다시 정하라고 명했다. 병조에 명해 말했다.

"강무는 폐지할 수 없다. 나라에 원유(苑囿-황제 전용 사냥터)가 없기 때문에 근래에 어쩔 수 없이 원지(遠地)에서 강무했다. 고전(古典)을 상고하면 역대(歷代)의 강무한 장소가 모두 근지(近地)에 있다. 미원(迷原)·양주(楊州)·가평(加平)·조종(朝宗)·영평(永平) 등지 중에서

---

7 1385년(우왕 11년) 문과에 급제했다. 1409년(태종 9년) 성주목사로 재직하면서 백성을 동원해 관둔전(官屯田)을 경작하도록 했다가 경차관(敬差官)에게 적발돼 중도부처(中途付処)됐다. 1419년 전라도관찰사로 재직하던 중 병으로 사임한 뒤 그해 12월에 죽었다.

8 고려 우왕(禑王)을 말한다. 우왕이 폐위(廢位)돼 강화(江華)에 유배됐다가 여흥(驪興-여주)에 옮겨져 있어서 생겨난 이름이다. 뒤에 강릉(江陵)에 옮겨 처형됐다.

한 곳을 삼고, 평강(平康)·철원(鐵原)·안삭(安朔) 등지 중에서 한 곳을 삼고, 임강(臨江)·우봉(牛峰)·송림(松林)·개성(開城)·해풍(海豐)·강음(江陰) 등지 중에서 한 곳을 삼고, 횡성(橫城) 등지 중에서 한 곳을 삼아 일정한 장소로 정해서 해의 풍흉(豐凶-豐歉_{풍겸})에 따라 서로 강무하고, 사렵(私獵)은 한결같이 금지하라. 광주(廣州)·양근(楊根) 등지도 전례(前例)에 의거해 사렵(私獵)은 엄격하게 금지하라. 종전에 이미 경작한 전지는 금하지 말고, 다만 새롭게 개간하고 나무를 베는 것만 금지하라."

○ 응패(鷹牌)[9]를 거둬들였는데, 방응(放鷹-매사냥)으로 인해 전곡(田穀)이 많이 손상됐기 때문이다.

○ 승문원 교리(承文院校理) 조숭덕(曹崇德)을 평안도(平安道)에 보내 중국(中國)에서 유이(流移-유망)해 온 사람들을 추쇄(推刷-체포)해 요동(遼東)으로 돌려보냈다.

○ 유사눌(柳思訥)을 불러 서울로 돌아오게 했다.

을미일(乙未日-6일)에 세자가 내조계청(內朝啓庁)에 나와 계사(啓事)에 참여했다.

정유일(丁酉日-8일)에 조신언(趙愼言)에게 쌀과 콩 각각 5석을 내려주었다.

---

9 매를 놓아 사냥할 수 있는 왕패(王牌)다. 일종의 허가증으로, 공신(功臣)이나 특별한 신분에 있는 사람에게만 주었다.

상이 좌우에 일러 말했다.

"조박(趙璞)의 아들 신언(愼言)의 처는 회안(懷安)의 딸[10]이다. 생활이 몹시 어렵다니, 만일 굶어 죽게 되면 내가 비록 구제하지 않더라도 국가(国家)가 어찌 구제하지 않겠는가? 상왕(上王)은 아들[繼嗣]계사이 없었는데, 불로(仏老)를 상왕이 아들이라고 하지도 않고 아들이 아니라고도 하지 않았지만, 박(璞)이 상왕의 신하가 됐으니 어찌 아들이 아니라고 말할 수 있겠는가? 다만 그 불로의 어미가 박의 일가였을 뿐이다. 상왕이 나를 봉(封)해 세자를 삼은 뒤에 불로는 중이돼서 이미 천년(天年-수명)을 마쳤으니, 박의 자손을 금고(禁錮-벼슬길을 막음)하는 것이 옳은지 옳지 않은지 각각 뜻을 말하라."

이원(李原)·황희(黃喜) 등이 대답했다.

"박이 천명(天命)이 돌아가는 것을 알지 못하고, 상왕이 아들이라고 하지 않았는데 박이 먼저 아들이라고 했으니 잘못한 것입니다."

상이 말했다.

"박이 먼저 아들이라고 한 것이 아니라 아들이 아니라고 고하지 않은 것이 잘못이다. 이와 같은 일은 내가 음덕(陰德)을 베풀겠다."

날이 저물자 승정원에 뜻을 전해 말했다.

"신언(愼言)이 살기가 어려우니 쌀과 콩 각각 5석을 주라."

조금 뒤에 또 말했다.

"경들이 조박과 신언에게 죄가 있다고 하는 것을 나 또한 알고 있다. 내가 조신언을 보아서가 아니라 곧 질녀(姪女)를 보아서다. 그

---

10 이방간의 딸 성혜옹주(誠惠翁主)다.

370

아비의 과전(科田)을 도로 받게 하고, 돈녕부(敦寧府) 관원이 되게 해서 녹을 받고 살게 하고자 한다."

그러고는 조말생(趙末生)을 성석린(成石璘)·하륜(河崙)·유정현(柳廷顯)의 집에 보내고 홍여방(洪汝方)을 남재(南在)·박은(朴訔)의 집에 보내서 그 가부를 토의하게 했다. 석린(石璘)이 말했다.

"신언은 회안(懷安)의 죄뿐 아니라 아비 박의 죄가 종사(宗社)에 관계되니, 감히 제수(除授)하시라고 아뢸 수 없습니다."

륜(崙)과 정현(廷顯)도 불가하다 했다. 륜이 말했다.

"박의 죄가 종사에 누(累)가 되니, 신언의 경우 그 머리를 보전한 것만으로도 충분합니다. 어찌 진신(縉紳-고위 관리)·조사(朝士-조정 선비)의 사이에 낄 수 있겠습니까? 회안의 죄가 저와 같으니, 상께서는 우애하는 마음[友于之心]으로 비록 그 사위에게 벼슬을 주시고자 하더라도 신의 마음은 법대로 처치하고자 하는 쪽입니다."

남재 홀로 괜찮다고 했다. 이날 그 말을 갖춰 아뢰자 상이 말했다.

"여러 사람이 모두 불가하다 하니 어찌 제수(除授)할 수 있겠는가?"

○ 박신(朴信)·황희(黃喜) 등이 아뢰어 말했다.

"금년 화곡(禾穀-곡식)의 풍성함은 근래에 없는 것입니다."

안등(安騰)이 아뢰어 말했다.

"금년에는 상수리나무[橡木]도 정말 결실이 많습니다."

상이 말했다.

"비록 풍성하다고 말하지만, 경기(京圻)는 내가 아는 바다. 내가 『주례(周礼)』를 보니 '풍년(豐年)에 넉넉하다고 사치하지 않고, 흉년

(凶年)에 부족해도 괴롭게 여기지 않는다'는 말이 있었다. 이는 들어오는 것을 헤아려 지출함으로써 용도를 절약하는 것이다. 그러나 나라에 저축이 있으려면 다만 술을 마시거나 풍악(風樂)을 벌이지 않을 뿐이요, 의례히 하는 일은 반드시 줄여야 할 것이 없다."

○ 문소전(文昭殿)·준원전(濬源殿)·건원릉(健元陵)·제릉(齊陵)의 사시대향제(四時大享祭)를 회복했다.

상이 말했다.

"사시대향을 종묘에만 행하는 것은 불가하고, 건원릉·문소전·준원전·제릉에도 행하고자 하는데 어떠한가?"

하륜(河崙)이 말했다.

"정법(正法)으로는 단지 종묘(宗廟)에만 제사할 수 있습니다만, 만일 두루 행하고자 하신다면 차라리[寧] 두터운 데서 잃는 것이 낫고, 큰 잘못도 아닙니다. 종묘의 제사는 5실(室)에 그치고 할아버지와 아버지는 상복(喪服)의 제도가 다르니, 이것이 곧 친친(親親-혈친을 내 몸과 같이 여기는 도리)의 강쇄(降殺-등급을 낮춤)입니다."

드디어 다시 행하라고 명했다.

○ 사간원(司諫院)에서 소를 올렸다.

소는 이러했다.

'신 등이 가만히 생각건대 인신(人臣)의 죄 중에 임금을 속이고 사(私)를 행하는 것보다 더 큰 것이 없습니다. 유사눌(柳思訥)이 다행히 성은(聖恩)을 입어 가까운 직책에 있어 의식(衣食)을 자봉(自奉)한 것이 부족하지 않음에도 천총(天聰-임금의 귀 밝음)을 가리고 제 사리

(私利)를 이뤄, 그 심술(心術)의 더러운 것을 캐어보면 시정(市井)의 사람도 침을 뱉게 되었으니 마땅히 법대로 처치해 사부(士夫)의 바라는 것을 쾌하게 해야 할 것입니다. (그런데) 전하께서 살리기를 좋아하는 다움[好生之德]으로 특별히 관대한 법전(法典)을 베풀어 다만 직첩(職牒)만 거두고 외방(外方)에 방축(放逐-유배)하셨으니, 신료(臣僚)의 마음에는 오히려 부족하게 여겼습니다. 두어 달이 되지 못해 신 등에게 소환할 뜻을 말씀하시니 헌부(憲府)에서 상소해 불가함을 진달했는데, 전하께서 곧 유음(兪音-허락)을 내리니 신 등이 깊이 기뻐했습니다. (그런데) 얼마 안 돼 소환해서 도성(都城) 사람 가운데 뻔뻔스러운 얼굴을 들게 하시니, 신 등은 유감으로 여기지 않을 수 없습니다. 엎드려 바라건대 전하께서는 한결같이 전날 헌부의 청에 의거해 다시 먼 지방으로 쫓아 후래(後來)를 경계하소서.'

상이 말했다.

"간관(諫官)은 중국 조정의 신하가 아니고 역시 이 나라의 신하다. 내가 누구를 친히 하고 누구를 소활(疏闊)히 하겠는가? 사눌이 제 쌀로 나라 쌀과 바꾸고 또 권완의 말을 들어주었으니 그 일이 비록 잘못이기는 하나, 그 사람됨이 말이 곧은데[言直] 나와의 연고 때문에 책하는 말이 많이 집중됐다. 큰 죄를 진 사람은 진실로 쓸 수가 없지마는, 이와 같이 죄가 가벼운 사람도 쓰지 않는 것이 될 일인가? 예전에 어찌 이런 죄인을 쓴 일이 없겠는가? 내가 일찍이 부르자 헌사(憲司)에서 봉장(封章)해 빨리 부르라고 했으므로 그 봉장(封章)을 승정원에 머물러 두었다. 사눌이 이미 왔는데도 내가 임용(任用)하지 않아서 다만 집에 있다. 나는 사눌에게 실로 사사로운 정[私情]이 없다."

○ 예조 낭관(禮曹郎官) 한 사람으로 하여금 검상조례사(檢詳條例司)[11] 검상관(檢詳官)을 겸하게 했다.

예조에서 아뢰어 말했다.

"검상조례사는 문서(文書)를 등록(謄錄)하는데, 그 소임이 가볍지 않습니다. 의정부(議政府)에 있을 때는 사람을 골라 맡겼었는데, 본조(本曹)에 이속(移屬)한 뒤로부터는 오직 녹사(錄事)만 차정(差定)해 소임이 소홀해졌습니다. 빌건대 본조 낭청(郎廳) 한 사람으로 검상(檢詳)을 겸해 그 소임을 전담하게 하소서."

상이 말했다.

"낙점(落点)을 받아서 차임(差任-임명)하도록 하라."

○ 승려로서 자기비첩(自己婢妾) 소생인 자들을 보충군(補充軍)에 소속시켰다. 형조(刑曹)의 계문(啓聞)에 따른 것이다.

○ 이조(吏曹)·병조(兵曹)에서 (공신 및 2품 이상) 자제(子弟)를 서용(敍用)하는 법을 올렸다.

상이 말했다.

"공신(功臣)과 2품 이상이 아들·사위·아우·조카 및 아는 일가 사람을 천거하는 것은 가능하고, 알지 못하는 사람을 천거하는 것은

---

11 조선 초 법률의 제정을 맡아보던 관청이다. 태조 때 고려 말 이래의 조례(条例)를 모아 『경제육전(経済六典)』을 반포한 바 있다.

청탁과 같다. 한 사람의 단자(單子)¹²로써 서용할 수는 없으나 벼슬길이 통하지 않게 되기 때문에 일찍이 이조·병조에 정(呈)하라고 명했는데, 만일 취재(取才)한다 해도 벼슬길이 통하지 않을 것이니 반드시 취재(取才)할 필요는 없을 것 같다."

김여지(金汝知)가 아뢰어 말했다.

"각각 아들과 아우를 천거하면 혹은 재주가 없는 사람이 있을 것입니다. 청컨대, 태조(太祖)의 성헌(成憲-이뤄진 법)에 의거해 칠사(七事)¹³로써 취재(取才)해 서용하소서."

상이 말했다.

"써보아서 능하지 못하면 그만두게 하고, 재주가 없는 자는 대간(臺諫)에서 고신을 서경(署経)하지 않으면 된다."

이조·병조에 명해 다시 토의하게 했다. 이조에서 아뢰었다.

"2품 이상의 자손과 사위를 나이와 재간(才幹)을 자세히 써서 본조(本曹)에 바치면 성명을 등록(謄錄)해서, 그 나이의 장성하고 어린 것을 상고해 문무(文武)의 적의(適宜-마땅함)한 곳에 따라 계문(啓聞)해서 서용하고, 그 외의 2품 이상의 칭신단자(稱臣單子)¹⁴는 일절 금하소서. 3품 이상과 일찍이 대간(臺諫)·정조(政曹-인사를 행하는 이조

---

12 사람이나 물건의 이름 또는 수량을 적은 종이쪽지를 가리키는데, 여기서는 사람을 천거(薦擧)하는 추천서를 말한다.

13 수령(守令)의 전최(殿最)에 평가 기준이 되는 일곱 가지 일을 말한다. 농상(農桑)이 성(盛)한가, 호구(戶口)가 불었는가, 학교(学校)가 흥(興)한가, 군정(軍政)을 닦았는가, 부역(賦役)이 고른가, 사송(詞訟)이 간결한가, 간활(奸猾)이 끊어졌는가의 일곱 조항이다.

14 2품 이상의 관리가 자기의 이름을 칭(称)한 뒤 그 아들·사위·아우·조카의 관리 임명을 추천하는 종이쪽지를 말한다.

와 병조)를 지낸 사람의 자제는 한결같이 『속전(續典)』에 실린 것에 의거해서 나이 18세 이상이고 재간이 있는 자는 대소 관원으로 하여금 천거하게 하되, 내외조부(內外祖父)의 직명(職名)을 아울러 기록해 본조(本曹)에 바치면 본조에서 서(書)·산(算)·율(律)로써 그 능하고 능하지 못한 것을 시험해 바야흐로 서용하도록 허락함으로써 청탁의 문을 막으소서. 서·산·율을 모두 통한 자는 1등으로 하고, 두 가지 재주를 통한 자는 2등으로 하고, 다만 한 가지 재주만 통(通)한 자는 3등으로 하되, 또한 서용하도록 허락하소서."

병조에서도 아뢰었다.

"공신(功臣)과 2품 이상의 자손 및 사위로서 무재(武才)가 있는 자는 단자를 바치게 해 성명을 등록한 뒤 계문(啓聞)해 서용하고, 3품 이하 각 품의 자제는 나이가 18세 이상이고 무재(武才)가 있는 자는 또한 대소 관원으로 하여금 천거하게 하소서. 이때 내외조부의 직명을 아울러 기록해서 본조에 바치면 기사(騎射)·보사(步射)·농창(弄槍)·무경(武經)으로써 그 능부(能否)를 시험해, 모두 능한 자는 1등으로 하고 두 가지 재주가 능한 자는 2등으로 하고 한 가지 재주가 능한 자는 3등으로 해서, 매년 춘추(春秋)에 취재해 성명을 등록하고서 군직(軍職)에 궐(闕)이 있으면 계문(啓聞)해 서용하고 2품 이상의 '칭신단자'는 일절 금하소서."

모두 그것을 따르고 그 참에 이조판서 황희(黃喜)에게 명했다.

"이조(吏曹)에서 수교(受敎)하기를 '공신과 2품 이상이 제질(弟姪)이 없으면, 동생제(同生弟)와 삼촌질(三寸姪)을 아울러 단자에 기록하게 하라'고 했으니, 전에 수교한 것에 '제질(弟姪)' 두 글자를 첨가하라."

○ 이조에서 또 아뢰었다.

"이제부터 전함 참외(前衛參外)[15]도 직명(職名)을 기록해 장부를 비치하되, 전함 참외는 일을 경험한 것이 오래지 않아서 능하고 능하지 못한 것을 알기가 어렵습니다. 반드시 6품 이상이 수시로 천거하는 것을 기다려서 빙고(憑考)해 서용하고, 만일 직에 맞지 않는[不稱=不副^{불칭}] 자가 있으면 본인 자신과 천거한 주인을 논죄하는 것이 어떠합니까?"
_{불부}

그것을 따랐다.

무술일(戊戌日-9일)에 세자가 내조계청(內朝啓庁)에 나와 계사(啓事)에 2일간 참여했다.

○ 광연루(広延楼)에 나아가 술을 베풀어 지돈녕부사(知敦寧府事-돈녕부 지사) 한장수(韓長壽)[16]를 위로했는데, 북경(北京)에서 돌아온 때문이다. 세자·종친이 시연(侍宴)했다. 술이 취하자 상이 풍악을 그만두게 하고, 조말생(趙末生)을 불러 「홍범(洪範)」[17]에 나오는 음양(陰陽)의 이치를 강론했다.

경자일(庚子日-11일)에 각사(各司)의 노비 쇄권색(刷卷色)을 부활하

---

15 전함은 전직이란 뜻이다. 참외란 약식 조회인 상참(常参)에 참여할 수 없는 벼슬을 이르는 말인데, 관직의 종류에 따라서 다르나 대개 7품 이하를 이르며, 참하(参下)라고도 한다.

16 신의왕후 한씨의 친족이다.

17 『서경(書経)』의 편 이름이다. 제왕의 도리를 담고 있다.

고, 좌의정(左議政) 유정현(柳廷顯), 찬성(贊成) 박신(朴信), 공안부윤
(恭安府尹) 이발(李潑), 한성부윤(漢城府尹) 이지강(李之剛)을 제조(提
調)로 삼았다.

○ 조호(趙瑚)의 속공(屬公)한 노비를 환급(還給)하라고 명했으니,
호(瑚)의 아내 노씨(盧氏)가 올린 글로 인한 것이다.

○ 굶주리는 백성에게 쌀을 내려주었다.

서부(西部)에 사는 나이 80여 세인 독녀(独女-혼자 사는 여인) 3인
과 중부(中部)에 사는 독녀 3인이 신정(申呈)해 말했다.

"남편도 없고, 자식도 없고, 다만 진제(賑濟)로 인해 생명을 연장
하는데, 이제 진제하는 것이 없으니 굶어 죽게 됐습니다."

명해 쌀 각각 1석을 내려주었다.

신축일(辛丑日-12일)에 편전(便殿)에서 일을 보았다. 전 지양산군사
(知梁山郡事-양산군 지사) 조유인(曹由仁)이 자기 노비의 일로 글을 올
려 자신의 죄를 면하려 하니, 상이 읽어보고 대언(代言)을 가르쳐 말
했다.

"경 등이 갑자기 이런 글을 아뢰는 것은 어째서인가? 예전의 실봉
(實封)[18]이라는 것이 이런 글을 말한 것이었느냐? 백성의 이해(利害)
와 사직(社稷)의 안위(安危) 같은 것은 실봉하는 것이 괜찮다. 예전

---

18 신하가 임금에게 생민(生民)의 이해와 사직(社稷)의 안위(安危)에 관한 중대사를 밀계(密
啓)하면서 다른 사람이 소장의 내용을 보지 못하도록 봉(封)하는 일을 가리킨다.

의 실봉은 비밀스러운 일이 있으면 황후(皇后)·태자(太子)의 일까지 도 말하지 않는 것이 없었으니, 국가의 계책을 위한 것이었다. 근래에 는 늘 죄를 면하는 것 때문에 글을 올리는데, 이는 다른 까닭이 아 니라 격고(擊鼓)했는데 일이 사실이 아니면 그 죄가 가볍지 않기 때 문에 간사한 자들이 자기의 죄를 면하고자 하는 계책이다. 이제부터 이러한 글은 아뢰지 말고, 그 법을 엄하게 세우되 육조(六曹)로 하여 금 토의해 결론을 얻게 하라."

또 집의(執義) 하연(河演)에게 명해 입법(立法)해 아뢰게 하고 다시 가르쳐 말했다.

"원통하고 잘못된 것[冤枉]을 변명하려는 자는 신문고(申聞鼓)를
_{원왕}
치게 하고, 민생(民生)과 사직에 관계되는 일이 있으면 모두 실봉(実 封)해서 아뢰고 진언(陳言)하는 것을 또한 이것과 같이 하라."

계사(啓事)가 끝나고 조말생(趙末生)이 뒤에 남으니 상이 말했다.

"회안(懷安)에게 딸이 있는데 사람을 골라 시집을 보내고자 한다. 경은 마땅히 골라보라."

또 말했다.

"조신언(趙愼言)을 만일 (관직에) 쓰지 못한다면 쌀이라도 주고자 하는데 어떠하겠는가?"

말생(末生)이 대답했다.

"(회안의) 딸을 위해 사위를 고르는 것은 명을 듣겠습니다만, 신언 (愼言) 같은 자는 회안의 연고일 뿐 아니라 그 아비 조박(趙璞)이 감 히 불충(不忠)한 말을 내었기 때문에 종신토록 쓸 수 없는 것입니다. 사사로운 은혜로 쌀을 주는 것은 가하지만, 쓴다면 공의(公義)에 어

떠하겠습니까?"

상이 말했다.

"박(璞)의 일을 경은 참으로 알지 못하는구나. 박은 불충한 말을 한 것이 아니라 어떤 사람이 타인의 아들을 상왕(上王)의 아들이라 했는데 박이 이 말을 듣고 곧 변명하지 않았다. 이것이 죄이지, 박이 상왕의 아들이라고 떠들어 말한 것은 아니다."

말생이 말했다.

"비록 그렇다 해도, 신언은 마땅히 죽어야 하는데도 죽지 않았건만 어찌 다시 쓸 이치가 있습니까?"

상이 말했다.

"내가 굳이 쓰지는 않겠다. 회안의 일도 역시 두세 사람이 잡고 농락해서 잘못 인도한 것이지 본심은 아니었다."

말생이 말했다.

"비록 천 명 백 명의 사람이 말하더라도 어찌 경솔히 허락해 이를 할 수 있겠습니까? 지금까지 머리를 보전한 것은 상의 은혜입니다. 옛날에 주공(周公)이 관숙(管叔)·채숙(蔡叔)을 죽인 것이 어찌 사사로운 정 때문이겠습니까? 천하 사직의 계책을 위한 것이었습니다. 전하께서는 어째서 주공의 일로 처리하지 않으십니까?"

상이 말했다.

"주공(周公)의 일은 내가 이미 알고 있고 경의 말이 옳다."

말생이 다시 청하자 상이 빙긋이 웃으며 말했다.

"이미 알고 있다."

○ 사헌부에서 아뢰었다.

"애초에 신문고(申聞鼓)를 둔 것은 시정(時政)의 득실(得失)과 민간의 이해와 자기의 원통한 것을 모두 상언(上言)하게 하려고 한 것입니다. (그런데) 지금은 대소 인원이 긴요하지 않은 사사로운 송사도 신문고를 치지 않고 실봉(實封)해 신문(申聞)하니, 성전(盛典)에 어그러짐이 있습니다[有乖]유괴. 앞으로는 국가에 관한 말할 일이 있으면 전례(前例)에 의거해 혹은 격고(擊鼓)하거나 혹 실봉(実封)해 모두 신문하게 하고, 자기 소송의 일은 실봉하는 것을 없애고 일찍이 내린 교지에 의거해서 격고신정(擊鼓申呈)하되 어기는 자는 본부로 하여금 규리(糾理)하게 하소서."

그것을 따랐다.

○ 사헌부에서 또 아뢰었다.

"외방(外方)의 인리(人吏-관리)가 매년 정조(正朝-새해 첫날)에 진봉(進奉)하는데, 이는 사방(四方)에서 조하(朝賀)하는 예(礼)입니다. (그런데 이때) 바치는 종이를 예조(礼曹)에서 공공연히 받아서 쓰니, 집지수례(執贄修礼)[19]의 마땅함에 어그러짐이 있습니다. 바라건대 이제부터는 그것을 국용(国用)에 채워 넣어야 할 것입니다."

상이 말했다.

"바친 종이를 예조에서 1년 공사(公事)에 쓰는 것을 계산해[磨勘]마감 바치고, 바친 향리(鄕吏)의 성명을 매번 정조(正朝)에 일일이 써서 계문(啓聞-伏복)하라."

○ 평안도 도안무사(平安道都安撫使)가 새매[鸇]전 3련(連)을 바쳤다.

---

19 예물을 바치고 예를 행한다는 말이다.

○ 이조(吏曹)에서 추증(追贈)하는 법을 다시 아뢰었다.

"전에 수교(受敎)한 내용에 '양부(両府) 이상은 고비(考妣-돌아가신 부모)를 추증하되 아비는 본인의 품계와 같게 하고, 조(祖)·증조(曾祖)는 각각 한 등을 체강(遞降-강등)하고 비(妣)도 같게 하라'라고 했는데, 체강하는 등차(等次-등급)가 정해지지 않았으니 금후로 추증 시에 체강하는 것을 매 품(品)마다 강등(降等)하도록 하소서. 또 영락(永樂) 원년(元年)의 수교(受敎)에서는 6품 이상 중에서 국가에 공이 있는 사람은 조·부를 추증하는 것을 허락했을 뿐 증조고비(曾祖考妣)에는 미치지 않았습니다.

빌건대 삼대(三代)를 제사하는 예에 의거해 증조고비도 아울러 추증하소서."

그것을 따랐다.

임인일(壬寅日-13일)에 경상도(慶尙道) 안정현(安貞縣) 아전 임말(林抹)이 벼락을 맞았다.

○ 세자가 내조계청(內朝啓庁)에 나와 계사(啓事)에 3일 동안 참여했다.

○ 일본국(日本國) 구주절도사(九州節度使)가 사인(使人)을 보내와 토산물을 바쳤다.

갑진일(甲辰日-15일)에 우의정(右議政) 박은(朴訔)에게 명해 원단(圓壇-하늘에 기우제를 지내던 제단)에 제사를 지냈으니, 비를 얻은 것에 보사(報祀)한 것이다. 구례(舊例)에 기우(祈雨)하고 보사하는 것을 모두 소사(小祀)[20]에 넣었었는데, 이때에 이르러 기우할 때도 성악(盛樂-성대한 음악 구성)을 썼으므로 보사할 때도 그와 같이 해서 대뢰(大牢)[21]를 썼다.

을사일(乙巳日-16일)에 풍해도(豊海道) 수안(遂安) 사람 김원길(金元吉)이 독수리[鷲] 1쌍을 바치니, 받지 않고 저화(楮貨) 15장을 내려주어 돌려보냈다.

○ 태평소(太平簫)를 익히는 사람을 줄였다. 애초에 29인이었는데 19명을 줄였다.

○ 명해 충청도·강원도·풍해도에서 바치는 진맥(眞麥-참밀)을 8월에 조운(漕運)하는 것을 항식(恒式)으로 삼았다.

○ 병조판서 이원(李原)이 사청(射廳)[22]을 지을 것을 청하니, 상이 말했다.

"내가 『문헌통고(文獻通考)』를 살펴보니, 예전의 강무(講武)는 무비(武備)를 익히기[肄=習] 위함이었다가 이어서 춘수(春蒐-봄 사냥)·하묘(夏苗-여름 사냥)·추미(秋獮-가을 사냥)·동수(冬狩-겨울 사냥) 사시(四時)의 사냥으로 됐다. 지금 『책부원귀(冊府元龜)』를 보면, '크게 열병(閱兵)하면, 집을 짓고 군왕이 친히 가는데 공경대부(公卿大夫)에서

---

20 나라의 사전(祀典)에 실린 작은 제사를 말한다.
21 나라 제사에 소를 통째로 바치는 일이다. 원래 소·양·돼지를 아울러 바치는 것을 대뢰(大牢)라 했으나 뒤에 소만 바치는 것을 일컫게 됐다.
22 궁궐 안에 군사들이 활 쏘는 것을 연습하기 위해 짓는 집이다. 세종 6년(1424년) 2월에 서장문(西牆門) 안에 사청을 짓고 입직(入直)하는 상호군(上護軍)·대호군(大護軍)·삼군진무(三軍鎭撫)로 하여금 활 쏘는 것을 연습하게 했다.

서인(庶人)까지 모두 시위(侍衛)해 모구(毛毬)[23]를 쏜다'라고 했다."

그 참에 사청 터를 상지(相地-땅을 살펴봄)하라고 명했다.

병오일(丙午日-17일)에 경기 도관찰사(京畿都觀察使) 우희열(禹希烈)에게 약과 술을 주었으니, 풍질(風疾)이 있기 때문이다. 희열이 전(箋-짧은 글)을 올려 사례했다.

○ 6대언(代言)에게 백저포(白苧布) 각각 2필을 내려주었다. 여름철에 입는 것은 오로지 마포(麻布)를 쓰고 다른 색이 없기에 이러한 하사가 있었다. 염색(染色)해서 입게 하고, 그 참에 명해 여러 신하의 옷은 혹은 짙은 남색(藍色)이나 혹은 붉고 검은빛[紅黑色]을 쓰게 하
<small>홍흑색</small>
고 저마교직(苧麻交織)과 마포는 각각 자원(自願)에 따르되 모름지기 내월 초하루가 되면 입도록 했다.

○ 대간(台諫)과 형조에서 이숙번(李叔蕃)의 죄를 청했다. 삼성(三省-대간 및 형조)에서 숙번(叔蕃)의 죄를 청한 것이 이달에만 무릇 다섯 차례였는데, 상이 대언(代言) 홍여방(洪汝方)에게 일러 말했다.

"한마디 말로 그치게 할 수가 있다."

그 참에 가르쳐 말했다.

"숙번의 다른 죄는 논할 것이 없고, 그 한 가지 일은 성질이 본래 너무 솔직한 때문이다. 그러나 폐(廢)해 서인(庶人)을 삼았으니 충분하다."

곧 평양군(平壤君) 조대림(趙大臨)의 사건을 꾸며서 만든 것을 가리

---

23 사구(射毬)에 쓰는 공을 가리킨다.

킨 것이다. 숙번의 처제(妻弟-처남) 사섬 직장(司贍直長) 정효충(鄭孝忠)을 불러 말했다.

"숙번이 혼자 있기가 어려울 것이니, 가속(家屬)으로 하여금 함께 연안부(延安府) 농사(農舍)에 가서 살게 하라."

풍해도 도관찰사에게 명했다.

"내가 듣건대 사람을 시켜 숙번을 안치한 곳을 지킨다고 하는데, 이에 없애도록 하라."

○축문(祝文)을 등사(謄写)하는 데 종이를 쓰라고 명했다. 상이 말했다.

"축문을 판본(板本)과 종이에 쓰는 것이 큰 득실이 없는데, 내 생각에는 판본의 제공이 어려울 것 같다. 예조참판 허조(許稠)가 판본을 쓰는 것이 마땅하다고 우기기[强] 때문에 그대로 따른 것이다."

옥천부원군(玉川府院君) 유창(劉敞)이 대답해 말했다.

"『가례(家礼)』에 이르기를 '집에 판(板)이 없으면 종이를 쓰라'고 했고,『홍무예제(洪武礼制)』에 이르기를 '종이를 쓰라'고 했습니다."

상이 말했다.

"그렇다면 이는 어렵지 않다. 옛날부터 시왕(時王)의 제도가 있으니, 이제부터 축문을 종이에 써서 판에 붙이고 제사가 끝나면 그 종이만 불태우라."

○사람을 사형하는 장소를 정했다. 예조(礼曹)에서 아뢰었다.

"사람을 동대문(東大門) 밖에서 사형하는 것은 실로 미편합니다. 『서경(書経)』에 말하기를 '사(社-신을 모시던 사당)에서 죽인다'고 했는데, 사(社)는 오른쪽에 있습니다. 빌건대 예전 제도에 의거해 서소문

(西小門) 밖의 성 밑 10리쯤에 있는 양천(陽川) 지방, 예전 공암(孔巖) 북쪽으로 다시 장소를 정하소서."

그것을 따랐다.

정미일(丁未日-18일)에 경복궁(景福宮)에 행차해 상왕(上王)을 받들어 맞이해서 경회루(慶會樓)에서 술자리를 베풀었는데, 세자·종친이 잔치를 모셨다. 갑사(甲士)와 방패(防牌)로 하여금 막대기를 가지고 서로 싸우게 하니 방패가 이기지 못했다. 또 혹은 수박(手搏-손으로 쳐서 승부를 냄)하고 혹은 경주하며 혹은 말 타고 활 쏘도록 명해 능하고 능하지 못한 것을 살펴보았다. 상으로 정포(正布)·면포(綿布)· 저화(楮貨)를 차등(差等) 있게 내려주었고, 그 참에 재보(宰輔) 여러 신하에게 잔치를 베푸니 다투어 연구(聯句)를 바치며 심히 즐겼다. 노성(老成)한 사람을 버릴 수 없다는 데 말이 미치자 충녕대군(忠寧 大君)이 말했다.

"『서경(書経)』에 이르기를 '기수준(耆壽俊-나이 들고 경험이 풍부한 뛰어난 인재)이 궐복(厥服-그 직무)에 있다'²⁴라고 했습니다."

상이 그 학문이 방향을 통한 것[通方]을 감탄하고 세자를 돌아보며 말했다.

"너는 학문이 어찌 이만 못하냐?"

대가(大駕)를 따르는 신료(臣僚)들에게 술을 내려주고, 어두워지자 마침내 마쳤다.

---

24 「주서(周書)·문후지명(文侯之命)」에 나오는 말이다.

경술일(庚戌日-21일)에 세자가 내조계청(內朝啓庁)에 나와 계사(啓事)에 참여했다. 조말생(趙末生)에게 명해 육조(六曹)에 뜻을 전해 말했다.

"일본(日本) 중 원지(圓持)가 탑(塔)을 만들고자 해 원문(願文)[25]을 싸 와서 권선(勸善)[26]을 청한다. 내가 면주(綿紬) 25필과 저포(苧布) 25필을 주고자 한다. 또 쌀을 주려고 하는데 어떠하겠는가?"

이원(李原) 등이 모두 마땅하다고 했는데, 박신(朴信)이 (따로) 말했다.

"만일 지금 많이 주면 후일에 원문을 가지고 오는 자가 많아질 것입니다. 50필만 주어도 충분합니다."

상이 말했다.

"종정무(宗貞茂)가 현재 이미 두 번 청했다. 찬성(贊成)의 말이 옳다."

마침내 면주·저포를 아울러 50필을 주라고 명했다.

○ 동부대언(同副代言) 이명덕(李明德)에게 명해 춘추관(春秋館)에 술을 내려주었는데, 구례(旧例)에 따라 국사(国史)를 포쇄(曝曬-사고의 책을 햇볕에 말리는 일)하기 때문이다.

신해일(辛亥日-22일)에 기신재(忌晨齋)를 흥천사(興天寺)·흥복사(興福寺)에서 베풀라고 명했다. 상이 말했다.

---

25 불사(仏事)를 일으킬 때 여러 사람에게 보시(布施)를 청하는 글을 가리킨다.
26 불가(仏家)에서 선심(善心)이 있는 신도(信徒)에게 보시(布施)를 청하는 일을 가리킨다.

"전에는 선후(先后)의 기신재를 장의사(藏義寺)에서 거행했으나, 지금은 장의동(藏義洞) 문이 폐쇄돼서 쌀을 운반하는 것과 왕래하는 것에 폐단이 있다. 성내(城內) 두 절에서 서로 번갈아 베풀어 행하는 것을 항식(恒式)으로 삼으라."

임자일(壬子日-23일)에 유구국(琉球国-오키나와) 통신관(通信官) 전호군(護軍) 이예(李芸)가 돌아왔는데, 우리나라 사람으로서 왜구(倭寇)에 잡혀가 유구국에 팔려 넘어간 44인을 추쇄(推刷)해 왔다. 전언충(全彦忠)이라는 자는 경상도(慶尙道) 함창현(咸昌県) 사람이다. 을해년(乙亥年)에 나이 14세에 잡혀 팔려갔다가 지금 예(芸)를 따라 돌아왔는데, 부모가 이미 모두 죽어 그 부모의 상(喪)을 추후(追後)해 입으려 했다. 상이 불쌍히 여겨 겹옷 두 벌, 홑옷 한 벌, 정오승포(正五升布) 10필과 쌀·콩 아울러 15석을 내려주어 보냈다.

갑인일(甲寅日-25일)에 영길도(永吉道-함길도, 함경도) 여안부(汝安府)를 고쳐 여연군(閭延郡)으로 만들고, 비로소 지군사(知郡事)를 두었다.
○ 명해 정도전(鄭道傳)의 손자 래(來)와 속(束)[27], 황거정(黃居正)의 아들 효신(孝信) 등에게 직첩(職牒)을 주었다.
○ 군자 주부(軍資注簿) 안철산(安鐵山)을 파직했다. 철산(鐵山)이

---

27 둘 다 정도전의 맏아들 정진의 아들들이다. 속의 아들 문형(文炯)은 연산군 때 우의정에 올랐다.

권지전의조교(權知典醫助教) 문전(文典)의 아내 보배(宝排)와 간통했으므로 형조(刑曹)에서 죄를 청한 때문이다.

을묘일(乙卯日-26일)에 달이 정성(井星) 동번(東蕃)의 남쪽 제2성(第二星)을 범했다.

○ 세자가 내조계청에 나와 계사(啓事)에 참여했다.

○ 큰바람이 불어 곡식이 상했다. 사람을 보내 살곶이 등지에 화곡(禾穀)이 바람에 손상된 여부를 살펴보았다. 호조(戶曹)에 뜻을 전해 말했다.

"다 익은 화곡을 일찍 베어 수확하지 않아 풍우(風雨)에 상하게 한 수령(守令)은 '왕지(王旨)를 따르지 않은 것'으로 논죄하라는 것을 이미 일찍이 하교(下敎)했다. (그런데) 지금 들으니 경기(京畿) 각 고을의 수령이 받들어 행하기를 삼가지 않아서 손상된 것이 많다 하니, 추고(推考)해 아뢰어라. 오는 8월 10일에 행대감찰(行臺監察)을 위임해 보내어 척간(擲奸-간사한 자를 골라냄)해서, 이미 익은 서직(黍稷-기장)과 이른 벼를 여전히 수확하지 않아서 풍우에 손상되게 한 수령은 중한 죄에 따라[隨重=從重] 논죄(論罪)하라. 또 먼 지방에는 8월 보름 뒤에 경차관(敬差官)을 나눠 보내어 척간해서, 상항(上項)과 같은 수령이 있으면 아울러 중한 쪽에 따라서 논죄하라. 이 뜻을 각 도에 이문(移文)해 알리라."

그 참에 승정원에 명해 말했다.

"내가 백성에게 믿음을 잃지 않고자 하니, 행대감찰을 보낼 날이 가까워지거든 잊지 말고 아뢰어라."

병진일(丙辰日-27일)에 종묘(宗廟)의 제기고(祭器庫)와 재생방(宰牲房-희생을 장만하던 방)을 지었다.

○ 병조(兵曹)에서 사복(司僕)을 고찰하는 사의(事宜-일의 마땅함)를 아뢰었다. 아뢰어 말했다.

"사복에서 기르는 말이 죽거나 야위고 약해져서 병이 날 경우에는 주장(主掌-담당)하는 관원을 외방(外方-지방)의 예(例)에 의거해 논죄하소서."

그것을 따랐다.

병사일(丁巳日-28일)에 학생(學生) 김경(金敬)에게 장(杖) 100대를 때리고, 그 아내 소사(召史)는 장(杖) 60대, 도(徒) 3년에 처해 원평(原平)의 관노비(官奴婢)에 소속시켰다. 애초에 의금부(義禁府)·대간(台諫)·대언(代言)에게 명해 함께 소사의 노비 사건을 청리(聽理-들어서 다스림)했는데, 소사가 오결(誤決)이라고 해서 그 남편 경(敬)을 시켜 소지(所志)를 써서 스스로 크게 부르짖으며 의장(儀仗)에 충돌해 대가(大駕) 앞에서 호소했다. 상이 승정원에 가르쳐 말했다.

"소사는 심히 악하다. 비록 죽인다 한들 천심(天心)이 어찌 죄 없는 사람을 죽였다고 하겠느냐?"

이어서 승정원에 명해 신문하니 소사가 말했다.

"황희(黃喜) 판서(判書)의 단자(單子) 때문에 오결(誤決)한 것입니다."

승정원에서 공사(供辭)를 받아내 아뢰니, 뜻을 전해 말했다.

"그 일이 옳다면 이는 청리(聽理)한 관원이 나를 속인 것이니 될 일이냐? 그 일이 그르다면 장죄(杖罪)뿐 아니라 의장(儀仗)과 충돌했으니 장차 사죄(死罪)로 처치하겠다."

의정부·의금부·한성부·형조·도관(都官)·대언에 명해 함께 핵실(覈實)하게 했다. 옥(獄)이 이뤄지자[獄成-조사가 끝남], 아뢰어 말했다.

"신소(申訴)한 것이 본래 실답지 못했으니, 황희의 단자 때문에 오결(誤決)했다는 것은 거짓이었습니다. 의장과 충돌한 죄는 교형(絞刑)에 해당합니다."

감등(減等)하도록 명하고, 다만 일이 원통하고 억울한 것이 없는데도 몽롱하게 변명했다는 죄로 좌죄(坐罪-죄에 연루됨)하게 했다.

○ 이조(吏曹)에서 여러 도감별좌(都監別坐)를 서용(敍用)하는 법을 아뢰었다.

"혁거(革去-혁파)한 지 오래된 여러 도감의 지색별좌(枝色別坐)[28] 가운데 공상(功賞-공로에 따른 상)을 받지 못해 스스로 호소하는 자가 매우 많습니다. (그러나) 일시(一時)의 공로로써 재품(才品)을 논하지 않고 서용하면 그 직책에 맞지 않아 백성 중에 폐해를 받는 자가 혹 있을 것입니다. 성중관(成衆官)에 속한 자는, 각각 속한 곳에서 그 당시 사진(仕進)한 일수(日數)에다가 별도로 사진한 것을 더 주어서 자질(資秩)에 따라 서용하게 하소서."

그것을 따랐다.

---

28 별좌란 여러 관서의 5품 관직이다.

무오일(戊午日·29일)에 풍저창 부사(豊儲倉副使) 유언강(庾彦剛), 부승(副丞) 김치당(金致唐)을 파직했다. 창리(倉里-풍저창 마을)에 이름이 석비(釈婢)라는 여자가 있었는데, 자색(姿色)이 아름다워 창관(倉官)들이 모두 사통(私通)하고자 했다. 언강(彦剛)이 구사(丘史-심부름꾼)를 시켜 중매하게 해 먼저 간통하니 동료들이 시기했는데, 뒤에 치당(致唐)이 작은 연고로 인해 주먹으로 언강의 귀때기[鬢]를 때리고 또 머리털을 잡아채며[扶髮] 욕을 보였다. 형조(刑曹)에서 추핵(推覈)해 아뢰어 두 사람 모두 파직(罷職)시켰다.

빈

부발

기미일(己未日·30일)에 조질(趙秩)²⁹을 좌군도총제(左軍都摠制)로 삼았다. 이날 청평군(清平君) 이백강(李伯剛)의 사위 이계린(李季瞵)이 나이 16살에 돈녕부 판관(敦寧府判官)에 제수되자, 상이 그 나이가 어린 것을 꺼려 말했다.

"이는 법을 허물어뜨리는 것[毁法]이다."

훼법

대언(代言) 서선(徐選)이 대답했다.

"이는 특별한 예(例)가 아닙니다."

이조판서(吏曹判書) 황희(黃喜)에게 명해 말했다.

"이제부터 원윤(元尹)·정윤(正尹)을 봉하는 것과 돈녕부(敦寧府) 관원을 제수할 때는 나이 15살 이상이 되기를 기다리도록 하라."

○ 합병한 군현(郡縣)을 다시 나눠 예전대로 했다. 경기(京畿)의 금천(衿川)·양천(陽川)·삭녕(朔寧)·안협(安峽)·마전(麻田)·연천(漣川)·

---

29 조영무의 아들이다.

김포(金浦), 충청도(忠淸道)의 온수(溫水)·신창(新昌)·전의(全義)·연기(燕岐)·황간(黃澗)·청산(靑山), 전라도(全羅道)의 부령(扶寧)·보안(保安)을 모두 복구했다.

○ (제주도) 대정(大靜)·정의(旌義) 두 현(縣)의 수령을 새로 두었다.

○ 경상도(慶尙道) 고성(固城)과 진해(鎭海)의 바닷물이 변해 누렇게 흐려지기[黃濁]를 무릇 닷새 동안 했다.
황탁

庚寅朔 上奉迎上王于慶會樓 獻壽 唱和極懽. 以上王誕辰也.
경인 삭 상봉영 상왕 우 경회루 헌수 창화 극환 이 상왕 탄신 야

世子 諸宗親皆侍宴 仍賜酒入直大小臣僚. 令甲士及防牌軍角鬪
세자 제 종친 개 시연 잉 사주 입직 대소 신료 영 갑사 급 방패군 각부

以挺 又使爲手搏戲而觀之.
이정 우 사위 수박희 이 관지

辛卯 淡白氣周圍木星 或現或無.
신묘 담백 기 주위 목성 혹현 혹무

壬辰 成均館進新松子 賜酒及乾魚肉.
임진 성균관 진신 송자 사주 급 건어육

刑曹 臺諫交章請卒文城府院君柳亮之罪. 疏曰:
형조 대간 교장 청졸 문성부원군 유량 지죄 소왈

'臣等聞 不忠之臣 身無存歿 時無古今 皆得而致討也. 亮與
신등 문 불충 지신 신무 존몰 시무 고금 개 득이 치토 야 량여

李叔蕃轉聞于上曰: "以無咎之故 世子不悅於臣 願自今數見於
이숙번 전문 우상왈 이 무구 지고 세자 불열 어신 원 자금 수현 어

世子." 此何心哉? 爲殿下之臣者 當忠於殿下 不可他求也. 其潛畜
세자 차 하심 재 위 전하 지신자 당 충어 전하 불가 타구 야 기 잠축

不忠之心 從可知矣. 願與前日所申叔蕃之罪 俱置於法 以爲後世懷
불충 지심 종 가지 의 원여 전일 소신 숙번 지죄 구 치어 법 이위 후세 회

貳心者之戒.'
이심 자 지계

上曰: "亮不可比於叔蕃 爲人性勁而言直 無罪也. 若以亮爲有罪
상왈 량 불가 비어 숙번 위인 성경 이언직 무죄 야 약 이량 위 유죄

則雖彼神魂 豈不痛惻? 以此罪之 必傷和氣 水旱凶災 正由此等之
즉 수 피 신혼 기불 통측 이차 죄지 필상 화기 수한 흉재 정유 차등 지

事." 安騰曰: "謂亮爲無罪 臣等未知其可也. 人臣而有貳心者 烏得
사 안등 왈 위량 위 무죄 신등 미지 기가 야 인신 이유 이심 자 오득

無罪?" 上曰: "亮不如叔蕃 亮止此一事耳. 亮之無罪 斷無疑也. 亮
무죄 상왈 량 불여 숙번 량 지차 일사 이 량지 무죄 단 무의 야 량

之心 予固知之 叔蕃亦非有貳心者也. 年少之時 堅持其操 近者性
지심 여 고지 지 숙번 역비 유 이심 자야 연소 지시 견지 기조 근자 성

狂而闊 用是放逐. 與亮欲終世子之計 亦非有心也. 曾與閔氏特立
광이활 용시 방축 여량욕종 세자 지계 역비 유심 야 증여 민씨 특립

閔氏已亡 故爲自安之計言於予 予固沮之. 叔蕃與亮 雖從世子
민씨 이망 고위 자안 지계 언어여 여고 저지 숙번 여량 수종 세자

從子又何疑哉?" 金汝知曰: "有貳心者 不以法斷之 竊爲惜之." 上
종자 우 하의 재 김여지 왈 유 이심 자 불이법 단지 절위 석지 상

曰: "罪之有無 言之已詳 卿等尙敢言之 是執法官故也. 知其不聽
왈 죄지유무 언지 이상 경등 상감 언지 시 집법관 고야 지기 불청

而再三言之 是何意歟? 叔蕃罷職黜外 收職牒 錄券 叔蕃之罪 亦云
이 재삼 언지 시 하의 여 숙번 파직 출외 수 직첩 녹권 숙번 지 죄 역 운

足矣."
족의

分遣行臺監察於京畿左右道 禁私放牛馬也.
분견 행대감찰 어 경기좌우도 금 사방 우마 야

遣人 行嶽海瀆 諸山川立秋後報祀祭.
견인 행 악해독 제 산천 입추 후 보사제

改宗廟祝文規式. 禮曹啓曰: "祝文承前朝之制 稱某諡大王
개 종묘 축문 규식 예조 계왈 축문 승 전조 지제 칭 모시대왕

某諡王后之靈 於王后不稱氏. 謹稽古典 儀禮 小牢饋食 祝文云:
모시왕후 지령 어 왕후 불칭씨 근계 고전 의례 소뢰 궤식 축문 운

'用薦歲事于皇祖伯某 以某妃某氏 配.' 開元禮享太廟祝文云: '敢
용 천 세사 우 황조 백모 이 모비 모씨 배 개원례 향 태묘 축문 운 감

昭告于皇考大聖眞皇帝 皇妃昭成皇后竇氏.' 朱文公家禮 祝文云:
소고 우 황고 대성 진 황제 황비 소성 황후 두씨 주문공가례 축문 운

'昭告于皇高祖考某官府君皇高祖妣某封某氏.' 乞依古制 先王先后
소고 우 황고조고 모관 부군 황고조비 모봉 모씨 걸의 고제 선왕 선후

不用之靈二字 於先后稱某氏. 又按小牢饋食 祝文云: '取用柔毛
불용 지령 이자 어 선후 칭 모씨 우안 소뢰 궤식 축문 운 취용 유모

剛鬣 嘉薦普淖.' 開元禮 享太廟祝文云: '以一元大武柔毛剛鬣明粢
강렵 가천 보뇨 개원례 향 태묘 축문 운 이 일원대무 유모 강렵 명자

薌合薌其嘉蔬嘉薦醴齊.' 朱文公家禮 祝文云: '敢以潔牲柔毛 粢盛
향합 향기 가소 가천 예제 주문공가례 축문 운 감이 결생 유모 자성

醴齊.' 註曰: '淸酌庶羞.' 洪武禮制 社稷祭祝文云: '謹以牲帛醴齊
예제 주왈 청작 서수 홍무예제 사직제 축문 운 근이 생백 예제

粢盛庶品.' 今於用牲幣之祭 汎稱淸酌庶羞 似違其實. 乞依古禮
자성 서품 금 어용 생폐 지제 범칭 청작 서수 사위 기실 걸의 고례

及時王之制 凡祭用牲幣 則云: '牲幣醴齊粢盛庶品.' 不用幣則云:
급 시왕 지제 범제 용 생폐 즉운 생폐 예제 자성 서품 불용 폐 즉운

'牲醴庶品.' 不用牲幣 則云: '淸酌庶羞.' 祝文內辭意重疊及未備者
생례 서품 불용 생폐 즉운 청작 서수 축문 내 사의 중첩 급 미비 자

亦許更改撰述. 宗廟之祭 國之大事 其禮文 子孫萬世所當遵守 必
역 허 경개 찬술　종묘 지제 국지 대사　기 예문　자손 만세 소당 준수　필

參酌古今 務合乎中. 今五室酌獻後 泰階再拜 有乖於唐宋之禮 又
참작 고금　무 합호 중　금 오실 작헌 후　태계 재배　유괴 어 당송 지례　우

乖於時王之制. 洪武禮 雖無宗廟之禮 然於社稷 山川 文宣王 皆
괴어 시왕 지제　홍무 례　수무 종묘 지례　연어 사직　산천　문선왕　개

無酌獻後拜 則豈於宗廟酌獻 獨有拜乎? 乞除泰階再拜之禮 一依
무 작헌 후배　즉 기어 종묘 작헌　독 유배 호　걸제 태계 재배 지례　일의

時王之制."
시왕 지제

奉敎依允 其宗廟五室酌獻後 泰階再拜 依已定儀式.
봉교의윤　기 종묘 오실 작헌 후　태계 재배　의 이정 의식

命議政府 六曹 議送通信官於日本便否. 志佐殿使人請遣通信官
명 의정부　육조　의송 통신관 어 일본 편부　지좌전 사인 청견 통신관

上曰: "昔聞 彼有送還本土被擄人之語 備送唐艦二三艘 彼只送
상 왈　석문　피유 송환 본토 피로인 지어　비송 당함 이삼 소　피지송

男女幷七人 我國墮其術中. 今亦曰: '有被擄人.' 仍求通信官 未知
남녀 병 칠인　아국 타 기술 중　금 역왈　유 피로인　잉구 통신관　미지

所以. 宜語之曰: '爾送被擄人 則我當備糧修艦以送 豈可未知多少
소이　의 어지왈　이송 피로인　즉 아 당 비량 수함 이송　기가 미지 다소

妄遣通信船乎? 爾還而報以被擄人多少 然後當遣通信官.'" 仍令
망견 통신선 호　이환 이 보이 피로인 다소　연후 당견 통신관　잉령

政府 六曹議得 贊成朴信等皆曰: "上敎是矣."
정부　육조 의득　찬성 박신 등 개왈　상교 시의

賜宗貞茂米豆各百石. 貞茂遣平道全 書曰: '力禁賊船 毋犯朝鮮
사 종정무 미두 각 백석　정무 견 평도전　서왈　역금 적선　무범 조선

之境.' 仍求給米 朝議以論功求米 甚爲不可. 趙末生啓曰: "道全亦
지경　잉구 급미　조의 이 논공 구미　심위 불가　조말생 계왈　도전 역

云: '貞茂之書 辭甚不恭 不敢以聞 只啓其求米之語.'" 上曰: "許之
운　정무 지서　사심 불공　불감 이문　지계 기 구미 지어　상왈　허지

如何?" 仍令六曹議其多少 金汝知曰: "宜與百石." 李原曰: "宜與
여하　잉령 육조 의기 다소　김여지 왈　의여 백석　이원 왈　의여

二百石." 餘皆曰: "百五十石." 上從原議.
이백석　여개 왈　백 오십 석　상종 원의

養獐鹿于景福宮後園. 傳旨廣州牧使 令才人張先率其徒生獲
양 장록 우 경복궁 후원　전지 광주목사　영 재인 장선 솔 기도 생획

以進.
이진

流星出貫索入氐 狀如梨.
유성 출 관색 입저 상여 이

甲午 御便殿視事. 啓事畢 六曹 臺諫皆出 代言後 上謂趙末生曰:

"速令伐木于忠淸道泰安串 聽人民入居耕墾." 因極論講武不可遠行

之弊曰: "君若遠行講武 則臣下雖非之 豈得而止之哉?" 李伯持曰:

"臣於驪興王親見之." 上曰: "方今臣下無奸猾者 若無知武人乘間

作事 則禍在不測. 悔予前日 海州 任實 泰安之行." 因命於圻內

更定講武常所. 命兵曹曰: "講武不可廢 以國無苑囿 近來不得已

講武於遠地. 稽諸古典 歷代講武之所 皆在近地. 以迷原 楊州 加平

朝宗 永平 等處爲一所 平康 鐵原 安朔 等處爲一所 臨江 牛峰 松林

開城 海豊 江陰 等處爲一所 橫城 等處爲一所 定爲常所 隨歲豊歉

相爲講武 私獵一禁 廣州 楊根 等處 亦依前例 堅禁私獵. 從前已耕

之田 勿禁 只禁新墾 伐木."

收鷹牌 以其因放鷹 多傷田穀也.

遣承文院校理曹崇德于平安道 推刷上國流移人 遣還遼東.

召柳思訥還京.

乙未 世子出內朝啓廳 參啓事.

丁酉 賜趙愼言米豆各五石. 上謂左右曰: "趙璞子愼言之妻 懷安

之女也. 其生甚艱 若飢死 則予雖不救 國家豈不救乎? 上王無繼嗣

而佛老 上王不謂之子 亦不謂之非子. 璞爲上王之臣 何以謂之非子

乎? 但其母 璞之一族耳. 上王封予爲世子後 佛老爲僧 已終天年.

趙璞子孫禁錮可否 各言其志." 李原 黃喜等對曰: "璞不知天命所歸

上王不謂之子 璞先謂之子非矣." 上曰: "非璞先謂之子 不告以非子

過矣. 如此之事 予垂陰德." 至暮 傳旨承政院曰: "愼言艱難 給米豆

各五石." 旣而又曰: "卿等以爲 趙璞 愼言有罪 予亦知之. 予非見

愼言也 乃見姪女 欲令還受其父科田 而爲敦寧府官受祿而生." 仍

遣趙末生于成石璘 河崙 柳廷顯第 洪汝方于南在 朴訔第 議其

可否. 石璘曰: "愼言非獨懷安之罪 父璞罪于宗社 臣不敢以除授

聞." 崙 廷顯等亦以爲不可. 崙曰: "璞罪累宗社 愼言保其首領足矣

豈可列於縉紳朝士之間哉? 懷安之罪如彼 上以友于之心 雖授其壻

以官 臣心以爲欲置於法." 獨南在以爲可. 是日俱啓其言 上曰: "衆

皆不可 焉得除授?"

朴信 黃喜等啓曰: "今年禾穀之盛 近來所無." 安騰啓曰: "今年

橡木 亦多結實." 上曰: "雖云盛矣 京圻 予所知也. 予見周禮有曰:

'豐年不侈有餘 凶年不苦不足.' 是量入爲出而節用也. 然國有積蓄

則但不飮酒爲樂耳 其依例事 不必減也."

復文昭殿 璿源殿 健元陵 齊陵四時大享祭. 上曰: "四時大享 獨

於宗廟行之不可 亦欲行於健元陵 文昭殿 璿源殿 齊陵 何如?"

河崙啓曰: "以正法 止祭宗廟可也. 若欲徧行 寧失於厚 亦非大失

也. 宗廟祭止五室 祖父喪服異制 此乃親親之殺." 遂命復行.

司諫院上疏. 疏曰:

'臣等竊惟 人臣之罪 莫大於誣上行私. 柳思訥幸蒙聖恩 得居近職

衣食之奉 不爲不足 而蒙蔽天聰 以濟己私. 原其心術之陋 猶見唾
의식 지봉 불위 부족 이 몽폐 천총 이제 기사 원 기 심술 지누 유 견타

於市井之人 宜置於法 以快士夫之望. 殿下以好生之德 特垂寬典
어 시정 지인 의치 여법 이쾌 사부 지망 전하 이 호생지덕 특수 관전

只收職牒 放逐于外 臣僚之心 猶以爲嫌. 曾未數月 諭臣等以召還
지수 직첩 방축 우외 신료 지심 유 이위 혐 증미 수월 유 신등 이 소환

之意 憲府上疏 陳其不可 而殿下輒降兪音 臣等深以爲喜. 未幾
지 의 헌부 상소 진기 불가 이 전하 첩강 유음 신등 심이 위희 미기

召還 俾覿面於都人之中 臣等不得不爲之憾焉. 伏望殿下 一依前日
소환 비 전면 어 도인 지중 신등 부득 불위 지감언 복망 전하 일의 전일

憲府之請 復逐遐方 以戒後來.'
헌부 지 청 부축 하방 이계 후래

上曰: "諫官非中朝之臣 亦此國之臣也. 予誰親誰疎? 思訥以
상왈 간관 비 중조 지신 역 차국 지신야 여 수친 수소 사눌 이

其米易換國米 又聽權緩之言 其事雖非 然其爲人言直 以予之故
기미 역환 국미 우청 권완 지언 기사 수비 연기 위인 언직 이 여지고

多聚訟言. 負大罪之人 固不可用 而如此輕罪人 亦不可用乎? 古者
다취 송언 부 대죄 지인 고 불가용 이 여차 경죄 인 역 불가용호 고자

豈無用如此罪人耶? 予嘗召來 憲司封章以爲速召 故留其章於
기무 용 여차 죄인 야 여상 소래 헌사 봉장 이위 속소 고유 기장 어

承政院. 思訥其來 予不任用 但在於家 予於思訥 實無私情."
승정원 사눌 기래 여불 임용 단재 어가 여어 사눌 실무 사정

以禮曹郞官一員 兼檢詳條例司檢詳官. 禮曹啓: "檢詳條例司
이 예조낭관 일원 겸 검상조례사 검상관 예조 계 검상조례사

文書謄錄 其任匪輕. 其在議政府 擇人授任 自移屬本曹之後 惟差
문서 등록 기임 비경 기재 의정부 택인 수임 자 이속 본조 지후 유차

錄事 所任陵夷. 乞以本曹郞廳一員兼檢詳 以專其任." 上曰: "可
녹사 소임 능이 걸이 본조 낭청 일원 겸 검상 이전 기임 상왈 가

受點差任."
수점 차임

以僧人自己婢妾所生 屬補充軍 從刑曹之啓也.
이 승인 자기비첩 소생 속 보충군 종 형조 지 계야

吏兵曹上子弟敍用之法. 上曰: "功臣與二品以上 以子壻弟姪及
이병조 상 자제 서용 지법 상왈 공신 여 이품 이상 이 자서 제질 급

所知一族 薦擧 則可矣 以其非所知人薦擧 則是有似請謁. 不可以
소지 일족 천거 즉 가의 이기 비 소지 인 천거 즉 시 유사 청알 불가 이

一人單子敍用 然仕路不通 故曾命呈于吏兵曹 若取才則仕路不通
일인 단자 서용 연 사로 불통 고증 명정 우 이병조 약 취재 즉 사로 불통

似不必取才也."
사 불필 취재 야

金汝知啓曰: "各以子弟薦擧 則或有不才者. 請依太祖成憲 以
김여지 계왈 각이자제 천거 즉혹유 부재 자 청의 태조 성헌 이

七事取才敍用."
칠사 취재 서용

上曰: "用之而不能 則已之. 且其不才者 臺諫不署告身可也."
상왈 용지이불능 즉이지 차기부재자 대간 불서 고신 가야

乃命吏兵曹更議之. 吏曹啓: "二品以上子孫及壻 詳書年甲 才幹
내명 이병조 갱 의지 이조 계 이품 이상 자손 급서 상서 연갑 재간

呈本曹 謄錄姓名 考其年之壯弱 隨其文武所宜 啓聞敍用外 二品
정 본조 등록 성명 고 기년 지 장약 수기 문무 소의 계문 서용 외 이품

以上稱臣單子一禁. 三品以上及曾經臺諫 政曹子弟 一依續典 年
이상 칭신단자 일금 삼품 이상 급 증경 대간 정조 자제 일의 속전 연

十八歲以上有才幹者 令大小官薦擧 幷錄內外祖父職名 呈本曹 以
십팔 세 이상 유 재간 자 영 대소 관 천거 병록 내외 조부 직명 정 본조 이

書算律 試其能否 方許敍用 以杜請謁之門. 俱通書算律者爲一等
서산율 시기 능부 방허 서용 이두 청알 지문 구통 서산율 자위 일등

通二藝者爲二等 只通一藝者爲三等 亦許敍用."
통 이예 자위 이등 지통 일예 자위 삼등 역허 서용

兵曹亦啓: "功臣及二品以上子孫及壻有武才者 令單子進呈 謄錄
병조 역계 공신 급 이품 이상 자손 급서 유 무재 자 영 단자 진정 등록

姓名 啓聞敍用 三品以下 各品子弟 年十八以上有武才者 亦令大小
성명 계문 서용 삼품 이하 각품 자제 연 십팔 이상 유 무재 자 역 영 대소

官薦擧 幷錄內外祖父職名 呈本曹 以騎步射 弄槍 武經 試其能否
관 천거 병록 내외 조부 직명 정 본조 이 기보사 농창 무경 시기 능부

俱能者爲一等 能二藝者爲二等 能一藝者爲三等. 每年春秋取才
구 능자 위 일등 능 이예 자위 이등 능 일예 자위 삼등 매년 춘추 취재

謄錄姓名 軍職有闕 則啓聞敍用 二品以上稱臣單子一禁."
등록 성명 군직 유궐 즉 계문 서용 이품 이상 칭신단자 일금

皆從之. 仍命吏曹判書黃喜曰: "吏曹受敎: '功臣及二品以上無
개 종지 잉명 이조 판서 황희 왈 이조 수교 공신 급 이품 이상 무

弟姪 其同生弟與三寸姪 可令幷錄于單子.' 於前受敎 添弟姪二字."
제질 기 동생제 여 삼촌 질 가령 병록 우 단자 어전 수교 첨 제질 이자

吏曹又啓: "自今前銜參外 亦錄職名置簿 然前銜參外 更事未久
이조 우계 자금 전함 참외 역녹 직명 치부 연 전함 참외 경사 미구

能否難知. 必待六品以上 無時薦擧 憑考敍用 如有不稱職者 當身
능부 난지 필대 육품 이상 무시 천거 빙고 서용 여유 불칭 직자 당신

與擧主論罪何如?" 從之.
여 거주 논죄 하여 종지

戊戌 世子出內朝啓廳 參啓事二日.
무술 세자 출내 조계청 참 계사 이일

御廣延樓置酒 慰知敦寧府事韓長壽 以還自北京也. 世子 宗親
侍宴. 酒酣 上令止樂 召趙末生 講論洪範陰陽之理.

庚子 復各司奴婢刷卷色 以左議政柳廷顯 贊成朴信 恭安府尹
李澄 漢城府尹李之剛爲提調.

命換給趙瑚屬公奴婢 因瑚妻盧氏上書也.

賜米飢民. 西部住年八十餘獨女三人及中部住獨女三人申呈曰:
"無夫無子息 但因賑濟 以延性命. 今無賑濟 濱於飢死." 命賜米各
一石.

辛丑 視事于便殿. 前知梁山郡事曹由仁 以其奴婢事 上書求免
己罪 上覽之 敎代言曰: "卿等輒啓此等書何也? 古之實封 如此書
云乎哉? 若生民利害 社稷安危 則實封可也. 古之實封 有密事則
至於皇后 太子之事 無不言之 爲國家計也. 近者每以免罪上書 是
無他 擊鼓而事不實 則其罪匪輕 故姦人欲免己罪之計也. 自今勿啓
如此書 嚴立其法 令六曹議得."

又命執義河演立法以聞 且敎曰: "欲辨冤枉者擊鼓; 有關於民生
社稷之事 皆 實封以聞. 陳言倣此." 啓事畢 趙末生後 上曰: "懷安
有女 欲擇人嫁之 卿宜擇之." 且曰: "趙愼言 如不可用 則欲賜米
何如?" 末生對曰: "爲女擇壻 則聞命矣. 若愼言者 非獨懷安之故
其父璞敢發不忠之言 雖終身不可用也. 以私恩賜米則可矣 用之則
於公義何如?" 上曰: "璞之事 卿固不知耶! 非璞出不忠之言 有人以

他人之子爲上王之子① 璞聞是語 不卽辨焉罪也 非璞揚言上王之
타인 지자위 상왕 지자　　박문 시어　부즉 변언 죄야　비박 양언 상왕 지

子也."
자 야

末生曰: "雖然 愼言當死而不死 豈有復用之理乎?" 上曰: "予
말생 왈　수연 신언 당사 이불사 기유 부용 지리호　상왈　여

固不用. 且懷安之事 亦二三人操弄誤導也 非本心也." 末生對曰:
고 불용　차 회안 지사 역 이삼 인 조롱 오도 야 비 본심 야　말생 대왈

"雖千百人言之 豈可輕許以爲之? 到今得保首領 上恩也. 昔周公
수 천백 인 언지 기가 경허 이 위지　도금 득보 수령 상은 야　석 주공

誅管蔡 豈其私耶? 爲天下社稷計也. 殿下何不以周公之事處之
주 관채 기 기사 야　위 천하 사직 계야　전하 하불이 주공 지사 처지

乎?" 上曰: "周公之事 予知之矣 卿之言是也." 末生再請 上哂之曰:
호　상왈　주공 지사 여 지지 의 경지언 시야　말생 재청 상신지왈

"已知矣."
이지 의

司憲府啓: "初設申聞鼓 欲令時政得失 民間利害與自己訴冤者
사헌부 계　초설 신문고 욕령 시정 득실 민간 이해 여 자기 소원 자

亦皆得上言. 今大小人員 其不緊私訟 亦不擊鼓 而實封申聞 有乖
역개 득 상언　금 대소 인원 기 불긴 사송 역불 격고 이 실봉 신문 유괴

盛典. 今後有國家可言事 依前例 或擊鼓或實封 皆令申聞; 自己
성전　금후 유 국가 가 언사 의 전례 혹 격고 혹 실봉 개령 신문　자기

訴訟事 除實封 依曾降敎旨 擊鼓申呈 違者令本府糾理." 從之.
소송 사 제 실봉 의 증강 교지 격고 신정 위자 영 본부 규리　종지

司憲府又啓: "外方人吏 每年正朝進奉 是四方朝賀之禮. 其所納
사헌부 우계　외방 인리 매년 정조 진봉 시 사방 조하 지례 기 소납

紙 禮曹公然受用 有乖執贄修禮之義 願自今以供國用." 上曰:
지 예조 공연 수용 유괴 집지 수례 지의 원 자금 이공 국용　상왈

"所納紙 磨勘禮曹一年公事所用而納之 其鄕吏姓名 每正朝開寫
소납 지 마감 예조 일년 공사 소용 이 납지 기 향리 성명 매 정조 개사

啓聞."
계문

平安道都安撫使獻鷗三連.
평안도 도안무사 헌구 삼련

吏曹復啓追贈法: "前受敎內: '兩府以上追贈考妣 父對品 祖曾祖
이조 부계 추증 법　전 수교 내　양부 이상 추증 고비 부 대품 조 증조

各遞降一等 妣竝同.' 然遞降等次未定 今後追贈遞降 每品降等. 又
각 체강 일등 비 병동　연 체강 등차 미정 금후 추증 체강 매품 강등　우

永樂元年受敎: '六品以上有功國家 許追贈祖父 不及曾祖考妣.'
영락 원년 수교　육품 이상 유공 국가 허 추증 조부 불급 증조 고비

乞依祭三代禮 曾祖考妣竝追贈." 從之.

壬寅 震慶尙道安貞縣吏林抹.

世子出內朝啓廳 參啓事三日.

日本國九州節度使使人來獻土物.

甲辰 命右議政朴訔祭圓壇 報得雨也. 舊例 祈報皆序於小祀

至是以祈用盛樂 報亦如之 用太牢.

乙巳 豐海道逐安人金元吉獻鷙鳥一雙 不受 賜楮貨十五張而

遣之.

減習太平簫人. 初 二十九人 減省十九名.

命忠淸 江原 豐海道所貢眞麥 八月漕運 以爲恒式.

兵曹判書李原請造射廳 上曰: "予觀文獻通考 古者講武 所以肄

武備 因以爲春蒐 夏苗 秋獮 冬狩四時之田. 今觀冊府元龜 大閱則

造家而君王親往 公卿大夫以至庶人 皆侍衛而射毛毬." 仍命相射廳

基.

丙午 賜藥及酒于京畿都觀察使禹希烈 以有風疾也. 希烈上箋謝.

賜白苧布于六代言各二匹. 以夏月所服 專用麻布 而無他色 故有

是賜. 使之染彩以服之 仍命群臣之服 或用深藍色 或紅黑色 苧麻

交織 麻布 各從自願 須及來月初一日服之.

臺諫 刑曹請李叔蕃之罪. 三省請叔蕃之罪 是月凡五次 上謂代言

洪汝方曰: "可一言而止之." 仍敎曰: "叔蕃他罪 可以勿論 其一事則

由性本狂直 之致 然廢爲庶人足矣." 乃指構成平壤君趙大臨之事
也. 召叔蕃妻弟司贍直長鄭孝忠曰: "叔蕃不可獨居 可使家屬同居
于延安府農舍." 命豐海道都觀察使曰: "予聞 使人守叔蕃安置之所
其除之."

　命祝文謄寫用紙. 上曰: "祝文用板用紙 無大得失 而予心
以爲 板本之供爲難. 禮曹參判許稠强以用板爲宜 故從之耳."
玉川府院君劉敞對曰: "家禮云: '家無板 用紙.' 洪武禮制云:
'用紙.'" 上曰: "然則是不難. 自古有時王之制 自今祝文書於紙 而
貼於板 乞訖只焚其紙."

　定刑人之所. 禮曹啓: "刑人於東大門外 實爲未便. 書曰: '戮于社
社在右.' 乞依古制 以西小門外城底十里 陽川地之 古孔巖北便
更定常所." 從之.

　丁未 幸景福宮 奉迎上王 置酒于慶會樓 世子宗親侍宴. 令甲士
及防牌 相鬪以挺 防牌不勝 又命或手搏 或爭走 或騎射 以觀能否.
賞賜正布 綿布 楮貨有差 仍宴宰輔 群臣爭獻聯句懽甚. 語及老成
之人不可 棄也 忠寧大君曰: "書云: '耈壽俊在厥服.'" 上歎其學問
通方 顧謂世子曰: "汝學問 何不如是?" 賜酒隨駕臣僚 至昏乃罷.

　庚戌 世子出內朝啓廳 參啓事. 命趙末生傳旨六曹曰: "日本僧
圓持欲造塔齋願文來請勸善 予欲賜綿紬二十五匹 苧布二十五匹
又欲給米何如?" 李原等皆爲宜 朴信曰: "今若多與之 後日持願文

來者衆矣 雖給五十匹足矣." 上曰："宗貞茂今已再請 贊成之言然."
내자 중의 수급 오십 필 족의 　 상 왈 　 종정무 금이 재청 찬성 지 언 연

乃命賜縣紬苧布并五十匹.
내 명사 면주 저포 병 오십 필

命同副代言李明德 賜醞于春秋館 循舊例曝曬國史也.
명 동부대언 이명덕 사온 우 춘추관 순 구례 포쇄 국사 야

辛亥 命設忌辰齋於興天 興福寺. 上曰："前此行先后忌辰齋於
신해 명설 기신재 어 흥천 홍복사 　 상 왈 　 전차 행 선후 기신재 어

藏義寺 然今閉藏義洞門 輸米及往來有弊. 可於城內二寺 互相設行
장의사 연 금폐 장의동문 수미 급 왕래 유폐 가 어 성내 이사 호상 설행

以爲恒式."
이위 항식

壬子 琉球國通信官前護軍李藝還. 推刷國人爲倭寇所擄 轉賣于
임자 유구국 통신관 전 호군 이예 환 추쇄 국인 위 왜구 소로 전매 우

琉球國者四十四人以來. 有全彦忠者 慶尙道咸昌縣人也. 歲乙亥年
유구국 자 사십 사인 이래 유 전언충 자 경상도 함창현 인 야 세 을해년

十四被擄轉賣 今隨藝還 父母已俱歿 欲追喪其親 上憫之 賜裌衣二
십사 피로 전매 금수 예환 부모 이 구몰 욕 추상 기친 상 민지 사 겹의 이

單衣一 正五升布十匹 米豆并十五石以遣之.
단의 일 정오승포 십필 미두 병 십오 석 이 견지

甲寅 改永吉道汝安府爲閭延郡 始置知郡事.
갑인 개 영길도 여안부 위 여연군 시치 지군사

命給鄭道傳孫來及束 黃居正子孝信等職牒.
명급 정도전 손 래급 속 황거정 자 효신 등 직첩

罷軍資主簿安鐵山職. 鐵山姦權知典醫助敎文典妻寶排 刑曹
파 군자주부 안철산 직 철산 간 권지 전의 조교 문전 처 보배 형조

請罪故也.
청죄 고야

乙卯 月犯井星東蕃南第二星.
을묘 월범 정성 동번 남 제이 성

世子出內朝啓廳 參啓事.
세자 출내 조계청 참 계사

大風損穀 遣人省視箭串等處禾穀風損與否. 傳旨戶曹曰："成熟
대풍 손곡 견인 성시 전곶 등처 화곡 풍손 여부 전지 호조 왈 성숙

禾穀 不早刈穫 致令風雨損傷守令 以王旨不從論罪 已曾下敎.
화곡 부조 예확 치령 풍우 손상 수령 이 왕지 부종 논죄 이증 하교

今聞 京畿各官守令奉行不謹 多有損傷 推考啓聞. 來八月十日
금문 경기 각관 수령 봉행 불근 다유 손상 추고 계문 내 팔월 십일

委送行臺監察擲奸 如有已熟黍稷與早稻 如前不穫 風雨損傷 守令
위송 행대감찰 척간 여유 이숙 서직 여 조도 여전 불확 풍우 손상 수령

隨重論罪. 又於遠方 八月望後 分遣敬差官擲奸 有如上項守令 竝

從重論. 將此意 行移各道知會." 仍命承政院曰: "予欲不失信於民

遣行臺之日已近 毋忘啓聞."

丙辰 作宗廟祭器庫及宰牲房.

兵曹啓考察司僕事宜. 啓曰: "司僕所養馬匹 其致死及瘦弱生病

者 主掌官員 依外方例論罪." 從之.

丁巳 杖學生金敬一百 其妻召史杖六十 徒三年 屬原平官奴婢. 初

命義禁府 臺諫 代言 同聽理召史奴婢事 召史以爲誤決 令其夫金敬

書所志而自大叫 衝突儀仗 駕前申訴. 上教承政院曰: "召史甚惡

雖殺之 天心豈謂殺無辜乎?" 仍命承政院訊之. 召史曰: "以黃喜

判書單子誤決." 承政院取辭以聞 傳旨曰: "其事是則聽理官員欺我

其可乎? 其事非則不唯杖罪 以衝突儀仗 將置死罪." 仍命議政府

義禁府 漢城府 刑曹都官 代言 共鞫之. 獄成啓曰: "申訴則本不實

其謂以黃喜單子而誤決則誣妄 其衝突儀仗之罪則當絞." 命減等 只

坐以事無冤枉 朦朧辨明之罪.

吏曹啓諸都監別坐敍用之法. 啓曰: "革去年久諸都監枝色別坐

功賞未蒙 自訴者頗多. 然以一時功勞 不論才品而敍用 則不稱其職

民受其弊者或有之. 其屬成衆官者 各於屬處 將其時仕日數 別仕

加給 循資敍用." 從之.

戊午 罷豐儲倉副使庾彦剛 副丞金致唐職. 倉里有女名釋婢美

姿色 倉官皆欲私之 彦剛媒以丘史先焉 同僚猜之. 後致唐因小故
자색 창관 개욕 사지 언강 매이 구사 선언 동료 시지 후 치당 인 소고

拳歐彦剛鬢 又扶髮辱之 刑曹推覈以聞 兩罷之.
권구 언강 빈 우 부발 욕지 형조 추핵 이문 양 파지

己未 以趙秩爲左軍都摠制. 是日 淸平君李伯剛之壻李季疄年
기미 이 조질 위 좌군도총제 시일 청평군 이백강 지 서 이계린 연

十六 拜敦寧府判官 上嫌其年少曰:"是毁法也." 代言徐選對曰:"此
십육 배 돈녕부판관 상 혐 기년 소왈 시 훼법 야 대언 서선 대왈 차

非他例." 乃命吏曹判書黃喜曰:"自今封元尹正尹及除敦寧府官 待
비 타례 내명 이조판서 황희 왈 자금 봉 원윤 정윤 급제 돈녕부 관 대

年十五以上者."
연 십오 이상 자

復分倂合郡縣仍舊. 京畿衿川 陽川 朔寧 安峽 麻田 漣川 金浦
부분 병합 군현 잉구 경기 금천 양천 삭녕 안협 마전 연천 김포

忠淸道溫水 新昌 全義 燕岐 黃澗 靑山 全羅道扶寧 保安皆復舊.
충청도 온수 신창 전의 연기 황간 청산 전라도 부령 보안 개 복구

新置大靜 旌義二縣守令.
신치 대정 정의 이현 수령

慶尙道固城 鎭海海水 變爲黃濁凡五日.
경상도 고성 진해 해수 변위 황탁 범 오일

| 원문 읽기를 위한 도움말 |

① 有人以他人之子爲上王之子: 이는 '以~ 爲…'의 구문으로, '~를 …라고
유인 이 타인 지 자위 상왕 지 자   이   위
여기다'라는 뜻이다.

태종 16년 병신년
8월

八月

신유일(辛酉日·2일)에 태백성(太白星)이 낮에 나타났다. 상이 말했다.

"근래에 천변지괴(天變地怪)가 있기에 내가 옛글을 보니 '부렴(賦斂)이 무거우면 천변지괴가 있다'라고 했다. 그러나 부렴이 무겁다면 어찌 언관(言官)이 말하지 않고 여러 신하가 모두 말하지 않겠는가? 다만 매년 경차관(敬差官)을 보내 전지(田地)의 손실(損實)을 답험(踏驗)하는데, 비록 옛 선인들의 법이기는 하나 옳지 못한 듯하다. 도관찰사(都觀察使)·도순문사(都巡問使)와 수령(守令)도 내 뜻과 같을 것이니, 경내(境內)의 화곡(禾穀)이 풍년 들면 어찌 기뻐하지 않겠으며, 또 풍년이 들면 어찌 반드시 백성을 위해 공정하게 하지 않겠는가? 비록 백성에게 이익됨이 있더라도 그 백성이 또한 다른 나라 사람이 아니다. 만일 흉년이 들면 반드시 경차관을 보내 분간(分揀)해야 하기 때문에 전년(前年)에도 역시 보냈었지만, 금년에는 화곡이 조금 풍성하니 내가 경차관을 보내지 않고 도관찰사·도순문사로 하여금 분간하게 하고자 한다."

이원(李原)이 대답했다.

"비록 경차관을 보내더라도 경차관이 모두 친히 살피는 것이 아니고 역시 수령과 품관(品官)을 시켜 답험합니다. 관찰사로 하여금 분간하더라도 어찌 전(前)의 수량(數量)보다 내려가겠습니까? 만일 불공평한 경우가 있다면 후에 경차관을 보내 고찰하는 것이 좋겠습니다."

황희(黃喜)가 대답했다.

"경차관이 (현지에) 도착하면 먼저 전의 수량을 물어서 상고(相考)하니, 이는 옳지 못합니다."

상이 말했다.

"중론(衆論)이 이와 같으니 내가 장차 조처하겠다. 금년은 조금 풍년이 들었으니[稍稔] 각 고을의 전답 손실을 경차관을 보내지 말고 수령을 시켜 답험한 뒤에, 관리를 보내 척간(擲奸)해서 만일 손(損)을 실(實)로 했거나 실을 손으로 했거나 황지(荒地-황무지)를 개간으로 한 수령이 있으면 『육전(六典)』에 의거해 엄하게 징계하라."

○ 예조(禮曹)·병조(兵曹)에 명해 문과(文科)·무과(武科)를 별시(別試)[1]했다.

상이 말했다.

"지난여름[過夏=去夏]에 가뭄을 근심했으니, 많은 사람이 함께 기뻐하는 일을 하고자 한다. 장차 경복궁(景福宮)에 행차해 문과·무과를 시험하겠다."

이어 주서(注書)에게 명해 하륜(河崙)에게 알리니, 륜(崙)이 말했다.

"내년이 식년(式年)[2]이고, 외방(外方) 사람이 시기에 맞춰 오지 못하면 실망할 것입니다. 청컨대 새 사람을 시험하지 말고 중시과(重試

---

1 나라의 경사(慶事)가 있을 때나 병년(丙年)마다 하던 문무(文武)의 과거를 말한다.
2 과거를 보기로 정한 해로, 태세(太歲)가 자(子)·오(午)·묘(卯)·유(酉)가 드는 해다.

科)³를 베푸소서."

상이 말했다.

"중시(重試)는 내가 옛날에 이미 했다. 외방 사람은 오는 식년이 또한 있으니, 지금 우선 서울 사람을 시취(試取)해 음덕(陰德)을 남기는 것이 좋겠다. 문과는 대책(對策-책문에 대한 답글)을 시험하고, 무과는 기사(騎射)·보사(步射)와 창을 쓰는 것[弄槍]을 시험하라."

_{농창}

이어서 말했다.

"이문(移文-문서이첩)해서 외방 사람이 오는 것을 금지하라."

서선(徐選)이 대답했다.

"다만 부르지 않으면 될 뿐이지, 반드시 금할 것은 없지 않겠습니까?"

서운관(書雲觀)에 명해 날을 고르니 서운관에서 18일, 22일로 아뢰었다. 상이 말했다.

"태조(太祖)께서 살아 계실 때는 삼명일(三名日)⁴을 만나면 헌수(獻壽)했는데, 이제 15일에 경복궁에 행차해 상왕(上王)을 받들어 맞아 헌수(獻壽)하고 이어서 문과·무과를 시험하고자 한다. 이날이 길하냐, 길하지 않으냐?"

서운관이 통길(通吉-모두 길함)이라고 답했다. 병조참판(兵曹參判) 이춘생(李春生)이 아뢰어 말했다.

---

3 이미 과거에 급제한 조정의 관리들에게 다시 보이던 시험으로. 이 시험에 합격한 사람은 정3품 당상관(堂上官)에 승진시켰다.

4 임금의 탄신(誕辰)과 정월 초하루 및 동지(冬至)의 세 명절을 말하는데 삼명절(三名節)이라고도 한다.

"신이 일찍이 무경칠서(武經七書)⁵를 강론해 벼슬이 2품에 이르렀으나, 아직도 병법을 알지 못합니다. 지금 만일 다만 기사(騎射)와 보사(步射), 창 쓰는 것만 시험하고 병서(兵書)를 시험하지 않는다면 갑사(甲士)가 모두 다투어 시험에 나올 것이니, 비록 사람을 얻더라도 어떻게 장수가 되겠습니까? 청컨대 무경칠서를 시험해서 삼경(三經) 이상에 미치거나 혹 문자를 아는 자들로써 부시(赴試-응시)하게 허락하소서."

상이 옳다고 여겼다. 이에 병조에서 계목(啓目)을 올렸다.

"지금 무과에 응시하는 인원은, 처음에는 8월 3일에 훈련관(訓鍊觀)과 함께 취재(取才)하되 병서(兵書)로 삼경(三經) 이상과 보사(步射) 150보, 기사(騎射) 3과녁[革], 창 쓰는 데 입격(入格)한 자로 하여금 응시하게 허락하소서."

그것을 따랐다. 춘생(春生)이 또 아뢰어 말했다.

"이전의 친시(親試)에는 3품 이하가 응시했고 식년(式年)에는 4품 이하가 응시했는데, 이번에는 어떤 것을 따르시렵니까?"

상이 말했다.

"식년의 예를 따르겠다."

---

5 무학칠서(武學七書)·칠서(七書)라고도 한다. 주나라 손무(孫武)가 쓴 『손자(孫子)』, 전국시대 위나라 오기(吳起)의 『오자(吳子)』, 제나라 사마양저(司馬穰苴)의 『사마법(司馬法)』, 주나라 위료(尉繚)의 『위료자(尉繚子)』, 당나라 이정(李靖)의 『이위공문대(李衛公問對)』, 한나라 황석공(黃石公)의 『삼략(三略)』, 주나라 여망(呂望)의 『육도(六韜)』를 일컫는 말로, 송나라 원풍 연간(元豐年間, 1078~1085년)에 이들 병서를 무학(武學)으로 지정, 칠서라고 호칭한 데서 비롯됐다. 우리나라에서도 이들 무경칠서는 훌륭한 무전(武典)으로 채택돼, 무과(武科)의 두 고시 과목인 강서(講書)와 무예(武藝) 중 강서의 주요한 부분을 차지했다.

예조(禮曹)에서 아뢰어 말했다.

"부시(赴試)하는 생도의 성명을 기록할 때를 맞아 『문공가례(文公家禮-주문공가례)』를 강(講)하는 것은 없애고, 시직(時職)과 산직(散職) 4품 이하는 전례에 의해 부시하는 것을 허락하되 모두 사모(紗帽)와 품대(品帶)를 착용하고, 경사(經史)·시무책(時務策)을 일도(一道)로 시취(試取)하는 여러 일은 전례에 의거해서 본조(本曹) 계제사(稽制司)⁶ 2원(員)으로 주관하고, 독권관(讀券官)은 양부(兩府) 이상 2원, 3품 이상 2원으로 하고, 거두어 관장하는 시권관(試券官)·봉미관(封彌官)⁷·대독관(對讀官)은 모두 전례에 의하고, 시권을 거두는 것은 유시(酉時-오후 5시부터 7시까지)까지로 한정하소서."

그것을 따랐다. 이조(吏曹)에 명해 각사(各司)의 원리(員吏)로서 문과·무과에 부시(赴試)하기를 자원하는 자는 시가(試暇-휴가)를 주게 했다. 병조(兵曹)에서 아뢰어 말했다.

"무과를 친시(親試)하는 여러 일은 전시례(殿試例)에 의거해 무선사(武選司)가 주관하고, 참고관(參考官)과 동참고관(同參考官)은 병조 당상관(兵曹堂上官) 및 훈련관 제조(訓鍊觀提調)로 하고, 봉전관(封箭官)은 훈련관 낭청(訓鍊觀郎廳)으로 하되, 부시하는 사람은 무경(武經-무경칠서) 중 3서(書) 이상을 통하면 시취(試取)하라는 것은 일

---

6 예조(禮曹)의 한 분장(分掌)으로, 의식(儀式)·제도(制度)·조회(朝會)·경연(經筵)·사관(史館)·학교(學校)·과거(科擧)·인신(印信)·표전(表箋)·책명(冊命)·천문(天文)·누각(漏刻)·국기(國忌)·묘휘(廟諱)·상장(喪葬) 등에 관한 일을 맡아보았다.

7 과거를 볼 때 답안지의 오른편 끝에 성명·생년월일·주소·사조(四祖)를 쓰고 봉(封)해 붙였는데, 이를 떼는 시관(試官)을 말한다.

찍이 하교(下敎)가 있었지만, 향공(鄕貢)으로서 무경칠서(武經七書)와 200보(步) 중에 능한 자가 있으면 바야흐로 부시하는 것을 허락하소서. 친시할 때는 보사(步射)의 3전(箭)은 200보·150보·70보에 각각 한 화살을 쏘는 것으로 하고, 기사(騎射) 3과녁을 1차(次)로, 농창(弄槍)을 1차(次)로 하되, 분수(分數)는 일찍이 내린 교지(敎旨)에 의하소서."

모두 그것을 따랐다. 예조(礼曹)에 명해 4품 이하와 생도들을 성균관(成均館)에 모아서 의(義) 1도(道)를 시험해 50인을 취하고, 병조에서 또한 50인을 취해 친시(親試)에 부시하게 했다.

○ 예조(禮曹)에 명해 승인(僧人-승려)들에게 도첩(度牒)을 주었다.

예조에서 아뢰어 말했다.

"병신년(丙申年-1416년) 7월 이후에 중이 되기를 자원한 자는 『육전(六典)』에 의거해 정전(丁錢)[8]을 받고 도첩을 주며, 7월 이전에 삭발한 각 종파 대선(大選)[9] 외의 승인은 오는 정유년(丁酉年-1417년) 3월 그믐날로 한정해서 양민(良民)과 천인(賤人)을 물론하고, 또 종전의 도첩이 있고 없고를 물론하고 정전을 받지 말고 도첩을 만들어주며, 정유년 4월 초하루 이후로는 대선 외의 도첩이 없는 승인은 소재 관사(官司)로 하여금 붙잡아 율에 따라 논죄하고, 나이 70 이상에 대해서는 도첩을 주지 마소서."

---

8   승려가 도첩(度牒)을 받을 때 바치는 군포(軍布)의 대납금(代納金)을 말한다.

9   고려와 조선조 때 승과(僧科)에 합격한 중의 법계(法階)를 말한다.

그것을 따랐다.

임술일(壬戌日-3일)에 경복궁(景福宮)에 행차해 상왕(上王)을 받들어 맞이해서 경회루(慶會樓)에 술자리를 베풀었는데, 세자와 종친이 시연(侍宴)했다. 갑사(甲士)와 방패군(防牌軍) 중에 힘이 있는 자를 모집해 수박희(手搏戲)를 하게 했다. 사직(司直) 윤인부(尹仁富)에게 쌀·콩 각각 5석을 내려주었으니, 수박(手搏)을 잘했기[善] 때문이다.

○ 군기감(軍器監)에 명해 큰 크기의 모구(毛毬)[10] 여섯을 만들어 바치게 했다.

갑자일(甲子日-5일)에 고려(高麗)의 마지막 임금[末君] 공양군(恭讓君)을 봉해 공양왕(恭讓王, 1345~1394년)[11]으로 삼고 사신을 보내 능

---

10 사구(射毬)에 쓰는 공이다. 사구란 한 사람이 말을 타고 모구를 끌면서 달려가면, 뒤에서 여러 사람이 쫓아가면서 화살촉이 없는 화살로 이를 쏘아 맞히는 운동이다.

11 신종(神宗)의 7대손으로, 정원부원군(定原府院君) 왕균(王鈞)의 아들이고 어머니는 국대비 왕씨(國大妃王氏)이며 비는 창성군(昌成君) 노진(盧稹)의 딸 순비 노씨(順妃盧氏)다. 1389년 이성계(李成桂)·심덕부(沈德符) 등에 의해 창왕이 폐위되자 왕위에 올랐다. 즉위 후 이성계 일파의 압력과 간섭을 받아 우왕을 강릉에서, 창왕을 강화에서 각각 살해했다. 재위 3년 동안 정치·경제·교육·문화 등 사회 전반에 걸친 몇 차례의 제도 개편을 단행했다. 그러나 그것은 이성계 등 신진사대부의 자기 세력 부식을 위한 사회개혁일 뿐이었다. 1390년 도선(道詵)의 비록(秘錄)에 의해 한양으로 천도했는데, 판삼사사(判三司事) 안종원(安宗源) 등으로 개성을 지키게 하고 백관을 분사(分司)하게 했으나 이듬해 민심의 동요로 다시 개성으로 환도했다. 1391년 광흥창(廣興倉)·풍저창(豊儲倉)을 서강(西江)에 세워 조운의 곡식을 비축하게 했으며, 개성 오부에는 의창(義倉)을 설치했다. 조준(趙浚)의 건의로 과전법을 실시해 녹제와 전제를 개혁했는데, 이것은 신흥 세력의 경제적 기반이 되었다. 또한 인물추고도감(人物推考都監)을 두어 노비결송법을 정했다. 이해 이성계 일파를 반대한 정몽주가 살해되자, 정세는 이성계의 독무대가 되었다. 이에 조준·정도전(鄭道傳)·남은(南誾) 등이 이성계를 왕으로 추대했다. 이로써 공양왕은 폐위됐고, 고려 왕조는 끝나고 말았다. 1392년 조선이 건국되자 원주로 방치됐다가 간성군(杆城郡)으

(陵) 아래에 치제(致祭)했으니, 예조의 아룀을 따른 것이다.

○ 각 도(道)에 뽕나무를 심으라고 명했다.

판통례문사(判通礼門事-통례문 판사) 이적(李迹)이 글을 올려 말했다.

'농사와 뽕나무는 입고 먹는 것의 근본이어서 천하고금이 함께 중하게 여기는 것입니다. 금년에 비로소 잠실(蠶室)을 설치해 조금 그 효과를 얻어서 잠종(蠶種)을 잇달아 300여 장(張)을 거두었습니다. 한곳에서 기르는 것이 20여 장을 넘지 않고, 양잠하는 일이 뽕나무 잎이 누르지 않은 때로부터 명년 3월까지 예전 법에 의거해 저장하면 효과를 얻을 수 있습니다. 바라건대 각 도(道)의 산뽕나무[桑柘]^{상자}가 무성한 땅에 각각 하나의 잠실을 설치해서 근처에 살고 있는 각사(各司)와 혁파한 사사(寺社)의 노비(奴婢)로써 삼정(三丁-세 사람)을 일호(一戶)로 만들어 역사에 예속시켜서 양잠하게 하고, 소재지의 수령(守令)이 염철(鹽鐵)의 예(例)에 의거해 관장(管掌)해서 일을 아는 사람을 보내 가르쳐 기른 뒤에 세공(歲貢)을 하게 하면, 각 도(道)의 인민들이 모두 보고 느껴 이익을 좇아서 양잠의 공적이 이뤄지고 세공(歲貢)이 풍족해질 것입니다.'

육조(六曹)에 내려 실상에 맞춰 토의케 하니[擬議]^{의의} 모두 말했다.

"만일 잠실을 산뽕나무가 무성한 땅에 설치한다면 백성의 이익을

로 추방되면서 공양군(恭讓君)으로 강등됐고, 1394년 삼척부(三陟府)로 옮겨졌다가 그곳에서 살해됐다.

빼앗게 되어 근심과 원망이 없지 않을 것입니다. 각 도의 산에 붙어 있는 놀고 빈 땅에 산뽕나무를 심어서 무성하기를 기다려서 잠실을 설치하소서."

그래서 이러한 명이 있었다.

○ 예조(禮曹)에서 여제발고제법(厲祭發告祭法)[12]을 아뢰었다.

"지난 3일의 성황발고제(城隍發告祭)를 이제부터는 풍운뇌우단(風雲雷雨壇)에 나가서 치제하소서."

그것을 따랐다.

○ 호조(戶曹)에서 군자(軍資) 의창(義倉)의 미곡을 수납하는 일의 마땅함[事宜]을 아뢰었다. 아뢰어 말했다.

"미곡과 잡물(雜物)을 대소 인원(大小人員)이 환상(還上)으로 받아 가고는 오랫동안 환납(還納)하지 않아서 혹은 20년에 이르니, 관물(官物)을 도둑질해 쓴 것이나 다름이 없습니다. 청컨대 한성부(漢城府)·의금부(義禁府)에 나눠 독촉해서 금년 12월 그믐날 안으로 다 거두어들이게 하고, 만일 바치지 않는 자가 있으면 '교지(教旨)를 따르지 않는 것'으로 논하소서."

그것을 따랐다. 이에 군자감(軍資監) 원리(員吏)가 네 곳으로 나눠서 청대(請臺)[13]해 수납했다.

---

12 여제란 나라에 역질이 돌 때 지내는 제사(祭祀)다. 봄철에는 청명(淸明)에, 가을철에는 7월 보름에, 겨울철에는 10월 초하루에 지냈다.

13 각 관아에서 섣달그믐께 사무를 그치고 창고(倉庫)를 봉한 뒤 사헌부(司憲府)의 관원을 불러 검사를 받는 일을 말한다.

을축일(乙丑日-6일)에 하륜(河崙)과 의정부(議政府)·육조(六曹)에 명해 각 도의 공물(貢物)을 상정(詳定)했다. 호조(戶曹)에서 아뢰었다.

"저포(紵布)·면주(綿紬)·목면(木綿)의 위전(位田)[14]을 고쳐 상정했는데, 10승(升) 저포 1필에는 밭[旱田]이 2결(結) 50복(卜), 논[水田]이 1결 25복입니다. 9승 면주, 7승 목면 1필에는 밭이 3결, 논이 1결 50복입니다. 면주와 목면이 아울러 1,041필인데 위전이 2,293결, 논이 293결입니다."

정묘일(丁卯日-8일)에 각 도의 수군첨절제사(水軍僉節制使)와 각 포(浦)의 만호(萬戶)·천호(千戶)를 실제로 벼슬살이한 것[實仕]에 따라 [從=隨] 서용(敍用)하라고 명했다.

병조(兵曹)에서 아뢰어 말했다.

"관교(官敎)[15]를 받은 뒤에 혹 연고를 칭탁해 사면(辭免)하는 자가 있으니, 이제부터 부임하지 않은 자는 관교를 회수해야 합니다. 또 수령의 예(例)에 의거해 실제 벼슬살이한 월수(月數)로써 서용하게 하소서."

그것을 따랐다.

---

14 관청의 경비나 제사의 비용을 충당하기 위해 설치된 토지를 가리킨다.
15 조선조 태조 때 관리를 임용할 때 3품 이상에 적용되던, 서경(署經)을 거치지 않고 임금이 곧바로 사령(辭令)을 내주던 제도다. 그 후 세조 때 4품 이상으로 하고 그 나머지는 서경을 거치도록 했다.

기사일(己巳日-10일)에 군현(郡縣)의 칭호를 고쳤다. 이조(吏曹)에서 소리가 서로 비슷한 각 고을의 칭호를 고치도록 청하니, 마침내 청주(靑州)를 북청(北靑)이라 하고, 양주(襄州)를 양양(襄陽)이라 하고, 영산(寧山)을 예전 이름대로 천안(天安)이라 하고, 보성(甫城)을 예전 이름대로 진보(眞寶)라 하고, 보천(甫川)을 예전 이름대로 예천(醴泉)이라 하고, 횡천(橫川)을 횡성(橫城)이라 하고, 보령(報令)을 보은(報恩)이라 했다.

또 아뢰었다. "문과(文科) 출신 6품 이상 교수관(敎授官)은 모관 유학교수관(某官儒学敎授官)이라 칭하고, 참외(參外)는 훈도관(訓導官)이라 칭하고, 생원(生員)과 진사(進士)는 교도(敎導)라 칭하고, 또 의학교수관(医学敎授官)은 모도 의학교유(某道医学敎諭)라고 고쳐 칭하소서."

그것을 따랐다.

○ 영길도 도순문사(永吉道都巡問使)에게 매[鷹子]를 바치라고 뜻을 전했다.
_{응자}

경오일(庚午日-11일)에 태백성(太白星)이 낮에 나타났다.

○ 세자가 세 대군(大君), 네 부마(駙馬), 두 원윤(元尹)과 더불어 양전(兩殿)에 연향(宴享)을 베풀고 입직(入直)한 대소 신료(臣僚)에게 술을 내려주었다.

○ 예조판서(禮曹判書) 조용(趙庸), 성균 대사성(成均大司成) 윤회종

(尹會宗, ?~?)[16] 등에게 명해 문과(文科) 관시(館試)한 사람을 뽑았다. 애초에 용(庸)이 명을 받고 제생(諸生-성균관 유생)에게 영(令)을 내려 말했다.

"오늘이 바로 백일장(白日場)[17]이다."

날이 어두워질 때까지 시권(試券)을 바치는 자가 100여 인이나 됐다. 삼관(三館)[18]에서 고해 말했다.

"백일(白日)이라고 영을 내렸는데, 지금은 이미 날이 어두워졌으니 청컨대 독촉해 (시권을) 내게 하소서."

용 등이 듣지 않았다. 마침 달이 밝자 제생이 모두 달그림자 아래에서 써서 이경[二鼓](이고)에 이르러 시권을 바친 자가 400여 인이고, 예

---

16 할아버지는 찬성사 윤택(尹澤)이고 아버지는 판전농시사(判典農寺事) 윤구생(尹龜生)이며, 동지춘추관사 윤소종(尹紹宗)의 아우다. 우왕 때 문과에 급제했고, 여러 관직을 거쳐 1389년(공양왕 1년) 사재부령(司宰副令)으로 있으면서 우왕·창왕의 주살(誅殺)을 상소, 실행에 옮기도록 했다. 1390년 세자시학(世子侍學)·형조총랑을 역임했다. 1392년 이성계를 도와 조선 왕조 개창에 기여했으나, 1395년(태조 4년) 의랑(議郞)으로서 급전(給田)을 잘못해 삭직, 유배됐다. 1407년(태종 7년) 사예로서 문과중시에 을과로 급제해 사성이 되고, 이해 처음 시행된 중월부시법(仲月賦詩法)에 2등으로 합격, 1414년 사간원우사간·좌사간, 변정도감사(辨正都監使)를 지냈다.

17 『태종실록』을 보면 1414년(태종 14년) 7월 17일에 "상께서 성균관에 가셔서 옛 성인과 옛 스승에게 헌작례(獻爵禮)를 행하고 곧 명륜당(明倫堂)에 드셨다. 관원(館員)이 모든 유생 500여 인을 거느리고 들어와 예를 마치니, 친히 시무책(時務策)을 물으셨다. … 하륜(河崙)·조용(趙庸)·변계량(卞季良)·탁신(卓愼)에게 명해 시권(試券)을 감수하게 했는데, 유시(酉時-오후 5시~7시) 중 첫째 시각으로 한정했다. 진시(辰時-오전 7시~9시)에 환궁했다. 대책자(對策者) 540여 인은 거자(擧子-향리에서 향시에 합격해 중앙에서 회시를 볼 자격을 가진 사람)로, 백일장은 이로부터 시작되었다"라는 기록이 있다. 이로 미뤄보면 백일장은 관리의 임용과는 관계없이 대낮(유시 이전까지)에 행해지던 문장 시험임을 알 수 있다. 이후 주로 과거 지망생이나 낙방생들의 학업 장려와 지방 유생의 기량을 견주고 명예욕을 충족시키는 방편으로 매우 성행했다.

18 성균관(成均館)·예문관(藝文館)·교서관(校書館)의 세 기관을 말한다.

백(曳白)[19]한 자가 20여 인이었다. 이 관시(館試)는 아침부터 날이 기울 때까지, 뛰어난 이를 잃을 수 있음[失賢]을 호소해서 부시(赴試)하게 된 자가 30여 인이었다. 3일 뒤에 생원(生員) 정지담(鄭之澹)[20] 등 50여 인이 외방에서 오느라고 미처 관시에 당도하지 못했다가 북을 쳐서 신문(申聞)하니, 한성부(漢城府)에 명해 시험을 치도록 해서 15인을 뽑아 아울러 부시하도록 허락했다.

○ 상왕(上王)이 건원릉(健元陵)에 참배했으니, 추석 별제(秋夕別祭)인 때문이다.

계유일(癸酉日-14일)에 경회루에 행차했다.

갑술일(甲戌日-15일)에 문과·무과를 경회루(慶會樓) 아래에서 친시(親試)하고, 상왕(上王)을 받들어 맞이해 구경했다. 진산부원군(晉山府院君) 하륜(河崙), 예조판서 조용(趙庸), 예문관 제학 변계량(卞季良), 지신사(知申事) 조말생(趙末生), 판통례문사(判通禮門事) 이적(李迹) 등에게 명해 문과시(文科試)를 관장하게 했다. 통훈(通訓-정3품 당상) 이하를 모두 부시(赴試)하게 했으니, 륜(崙)의 청을 따른 것이다.

○ 세자에게 명해 문소전(文昭殿)에서 추석제(秋夕祭)를 거행했다.

---

19 과거장(科擧場)에서 글을 짓지 못하고 흰 종이 그대로 내는 것을 말한다. 타백(拖白)이라고도 한다.

20 1405년(태종 5년) 진사시에 합격한 후 문과에 급제해 여러 고을 부사에 올라 선정을 베풀었다.

병자일(丙子日·17일)에 정전(正殿)에 나아가 문무과의 방(榜)을 내걸었다. 문과는 중시(重試)가 5인이고 친시(親試)가 9인이었으며, 무과도 이 수(數)에 의거했다. 중시 문과 제1등 이조정랑(吏曹正郎) 김자(金赭, ?~1428년)[21]를 직예문관(直藝文館), 제2등 예문 검열(藝文檢閱) 김빈(金鑌)을 인녕부승(仁寧府丞), 제3등 성균 학유(成均學諭) 정광원(鄭廣元)을 경승부승(敬承府丞), 제4등 종부판관(宗簿判官) 김타(金沱)를 이조정랑(吏曹正郎), 제5등 승문원 정자(承文院正字) 안지(安止, 1384~1464년)[22]를 사헌감찰(司憲監察)로 삼았다. 친시 제1등 정지담(鄭之澹)을 우정언(右正言), 제2등 김자돈(金自敦)을 승문원정자(承文院正字), 제3등 김구(金鉤, 1383~1462년)[23]를 사온직장(司醞直長)으

---

21 1408년(태종 8년) 생원으로 진사시에 급제, 부교리(副校理)를 제수받았고, 이때인 1416년 이조정랑으로 문과 중시에 장원, 직예문관(直藝文館)이 됐다. 1422년 부대언(副代言)이 되고, 다른 관직을 여러 차례 역임한 뒤 1426년 우대언(右代言)에 이르렀으며, 이듬해 인정전(仁政殿) 문과 전시 때 대독관(對讀官)이 됐다. 뒤에 관직이 좌대언에 이르렀다.

22 1414년(태종 14년) 친시문과(親試文科)에 을과로 급제해 성균관박사가 되고, 이때인 1416년 다시 문과 중시에 을과 2등으로 급제해 예문관의 수찬(修撰)·제학 등을 역임했다. 1445년(세종 27년) 공조참판으로 권제(權踶)·정인지(鄭麟趾) 등과 함께 「용비어천가」를 지어 바쳤다. 이듬해 호조참판으로 정조사(正朝使)가 돼 명나라에 다녀온 뒤 집현전부제학·이조참판을 거쳐 공조판서에 올랐으나, 사필(史筆)의 일로 고신(告身)을 환수당했다. 1455년(세조 1년)에 소환돼 지중추원사에 복관이 되고, 이어 영중추부사에 올랐다. 세조가 즉위한 뒤 관작을 주었는데, 그때 안지의 나이 80세가 넘었는데도 강건하므로 세조가 기뻐해 시를 지어 하사했다.

23 이때인 1416년(태종 16년) 친시 문과에 을과로 급제, 1435년(세종 17년)에 종학박사(宗學博士)에 제수됐다. 1439년 눈병으로 사직하자 종친인 경녕군(敬寧君) 이비(李裶) 등 19인이 상소해 한관(閒官)에 서용됐다. 1446년 사성으로 있으면서 종학교수들이 다른 직책을 겸하는 폐단을 시정하기 위해 소를 올렸다. 1448년에는 상주목사로 나갔다가, 판종부시사(判宗簿寺事)로 내직에 임명돼 사서언해(四書諺解)의 번역을 담당했다. 그해에 불당의 설립을 반대하는 소를 올렸고, 후에 사간이 되었으나 당성군(唐城君) 홍해(洪海)의 아들의 고신에 서명하지 않았다 해서 좌천됐다. 1450년(문종 즉위년) 집현전 부제학(集賢殿副提學)에 제수되고, 1454년(단종 2년)에 예문제학이 됐다. 그해에 다시 내불당(內佛堂)의 혁

로 삼았다. 무과 중시 제1등 부사직(副司直) 주맹인(周孟仁)을 호군(護軍)으로, 제2등 사복 소윤(司僕少尹) 이징석(李澄石, ?~1461년)[24]과 제3등 호군(護軍) 오익생(吳益生)을 모두 대호군(大護軍)으로 삼고, 친시 제1등 부사직(副司直) 이징옥(李澄玉, ?~1453년)[25]을 사복 소윤(司僕少

파를 건의하는 소를 올렸으나 허락되지 않았다. 1455년(세조 1년)에 중추원부사(中樞院副使)에 제수됐으며, 1458년 이승소(李承召)와 함께 최선복(崔善復) 등 12인을 거느리고 『초학자회(初學字會)』를 우리말로 번역했다. 1459년에는 군기부정(軍器副正) 김석제(金石梯)와 함께 새로운 진법(陣法)을 의논했다. 1461년 최항(崔恒)·정인지 등 9인과 함께 『손자주해(孫子註解)』를 바르게 고쳐 정리하는 등 한문 국역에 공이 컸다. 1462년 아산현을 회복하고자 도모하다가 사헌부의 탄핵으로 고신(告身)이 삭탈되었다. 죽은 후 성균생원 이극소(李克紹) 등의 상언(上言)으로 관직과 과전을 돌려받았다. 김말(金末)·김반(金泮)과 함께 경사(經史)에 널리 통하고, 특히 성리학에 정통했다. 이들 세 사람은 당시 성균관에서 후진에 전념해 학문 발전에 큰 성과가 있었으므로 '삼김(三金)'·'경학삼김(經學三金)'·'관중삼김(館中三金)'이라 불렸으며, 많은 명사를 배출했다.

24 아버지는 지중추원사 이전생(李全生)이며, 동생이 이징옥(李澄玉)이다. 무과에 장원급제했고, 이때인 1416년(태종 16년) 사복시소윤(司僕寺少尹)으로 무과 중시에 급제했다. 동생 이징옥이 청렴결백해 청백리(淸白吏)로 유명했던 것과는 대조적으로 "청렴결백은 복 없는 사람의 별호"라고 말하면서 지방에 나갈 때마다 많은 토지와 노비를 점탈해 탐관오리로 지탄받았다. 평소에 너무 탐욕해 동생 이징옥과 사이가 좋지 않았고, 아버지의 상중에 징옥을 구타해 비난을 받을 정도로 성질이 난폭했다. 1451년 문종이 즉위하자 다시 중추원부사에 임명되고, 이듬해 지중추원사에 제수되어 진하사(進賀使)로 명나라에 다녀왔다. 1453년(단종 1년) 수양대군(首陽大君)이 황보인(皇甫仁)·김종서(金宗瑞) 등을 죽이고 권력을 장악했을 때 당시 함길도도절제사로 있던 동생 징옥이 크게 분개해 병마를 이끌고 북으로 종성에 가서 대금황제(大金皇帝)라 자칭하며 두만강을 건너려다가 종성판관 정종(鄭種) 등의 반간계(反間計)에 걸려 피살됐을 때, 그 또한 아들과 함께 연좌됐으나 "평소에 동생과 사이가 나쁘고 내통이 없다" 해서 석방됐다. 이는 수양대군이 그의 무예를 아껴 포섭하려는 의도였다. 1455년(세조 1년) 좌익공신(佐翼功臣) 3등에 책록되고 양산군(梁山君)에 봉해졌으며, 판중추원사에 이르렀다.

25 1449년 20여 년간 오로지 4군의 설치와 6진의 개척 및 여진의 정복·회유·복속에 기여한 공으로 지중추원사에 승진했다. 1450년(문종 즉위년) 야선(也先)의 침입에 대비해 함길도도절제사로 임명, 10년 만에 다시 북방의 방위에 임했다. 1453년(단종 1년) 수양대군이 계유정난을 일으켜 집권한 뒤 김종서의 심복이라는 이유로 그를 파직하자, 후임자인 박호문(朴好問)을 죽인 뒤 병마를 이끌고 종성에 가서 '대금황제(大金皇帝)'라 자칭, 도읍을 오국성(五國城)에 정하고 격문을 돌려 여진족의 후원을 얻어서 반란을 일으켰다. 두만강을 건너려고 종성에서 밤을 새울 때, 종성판관 정종(鄭鐘)·이행검(李行儉) 등의 습격을

尹), 제2등 학생(學生) 허수강(許壽康)을 부사정(副同正), 제3등 부사정 (副同正) 배양덕(裵陽德)을 사정(司正)으로 삼았다. 또 윤인부(尹仁富) 를 호군(護軍)으로 삼았는데, 수박(手搏)을 잘해 상을 준 것이다.

정축일(丁丑日-18일)에 사헌부에서 우대언(右代言) 이백지(李伯持)를 탄핵했다. 애초에 상이 육조(六曹)와 대간(臺諫)에게 민간의 올 곡식 의 수확 상황을 물으니 백지(伯持)가 아뢰어 말했다.

"수령 중에 혹 익지 않은 곡식을 백성에게 독촉해 수확한 자가 있 습니다."

상이 누구냐고 묻자 백지가 대답하지 못하니, 상이 그에 대해 노 했다. 헌사(憲司)에서 그 까닭을 탄핵해 물으니, 백지가 대답하기를 취중에 들었기 때문에 말한 자가 누구인지를 기억하지 못한다고 했다.

무인일(戊寅日-19일)에 경원창(慶源倉)·덕은창(德恩倉) 두 창고를 넓 혀 지으라고 명했다.

○ 호조(戶曹)에 명해 여러 도(道)의 공물(貢物)을 줄였다.

기묘일(己卯日-20일)에 대마도(對馬島) 종정무(宗貞茂)와 대내(大內) 다다량도웅(多多良道雄)이 사자를 보내어 『대장경(大藏經)』을 청했다. 예조(礼曹)에서 아뢰었다.

받고 아들 3명과 함께 피살됐다.

"승록사(僧錄司)²⁶ 중에게 말을 주고 『대장경』이 있는 곳인 충청도(忠淸道)·경상도(慶尙道) 각 사찰에 나눠 보내서 골라 질(帙)을 만들어주소서."

그것을 따랐다.

○사간원(司諫院)에서 시무(時務) 여섯 가지 일을 올렸다.

'첫째, 각 도(道) 절제사(節制使)의 구전 진무(口傳鎭撫)가 많게는 10명이나 돼 각각 노복(奴僕)과 말을 거느리고 있으니 소비하는 것이 많아[糜費] 폐단이 있고, 영조(營造-토목이나 건축)로 인해 간혹[容或=間或] 사사로운 일을 경영하는 경우가 있으니, 이제부터는 예전과 같이 수령관(首領官)²⁷을 뽑아 정해서[差定] 월과군기(月課軍器)²⁸를 오로지 관장(管掌)하고 진무(鎭撫)는 오직 군졸만 다스릴 것. 또한 진무의 수를 줄여 그 늠록(廩祿)으로 수령관의 녹봉(祿俸)에 충당할 것.

둘째, 각 도 각 진(鎭)에서 군기(軍器)를 수련(修鍊)하지 않는 것은 감사(監司)가 포폄(褒貶)할 때 이것으로써 시행하지 않기 때문이니, 이제부터 도절제사가 수령(守令)이 수련에 능하고 능하지 못한 것을 고찰해 감사에게 이문(移文)하면 감사가 아울러 포폄장(褒貶狀)에 기록하고 빙고해서 서용(敍用)하고, 또 봄가을 농한기에 따로 공정(公

---

26 조선조 초기에 불교에 관한 일을 맡아보던 관아다. 예조(禮曹)에 소속해 절을 관리하고 중의 도첩(度牒)을 지급하며 승적(僧籍)을 성안했다. 세종 6년(1424년)에 전국의 사찰을 선종(禪宗)·교종(敎宗) 36사(寺)로 통합할 때 승록사를 혁파하고 모든 사무를 선종·교종의 도회소(都會所)로 넘겼다.

27 조선조 때 각 도 관찰사(觀察使)를 돕던 감영(監營)의 경력(經歷)과 도사(都事)를 말한다.

28 나라에서 각 지방 관아(官衙)나 군영(軍營)에 매달 군기(軍器)를 제조(製造)해서 공물(貢物)로 바치게 한 군수 물품을 말한다.

正)한 자를 보내 군기를 점고해서 만일 낡고 망가진 것이 있으면 그 죄가 수령관과 절제사에게 미치게 할 것.

셋째, 경상도(慶尙道)가 비록 땅이 넓다고는 하지만 한 도(道) 안에 5상(相-보좌역)을 나눠 보내는 것은 번거롭지 않은 것이 아니니, 이제부터 좌우도(左右道) 병마도절제사(兵馬都節制使)가 수군도절제사(水軍都節制使)를 겸하게 할 것.

넷째, 근래에 대소 관리가 부모의 질병이 있어 사직장(辭職狀)을 바치면 곧바로 아뢰지 않고 정사(政事)할 때를 기다려 아뢰는데, 신자(臣子)가 군부(君父)에게 마땅히 나갈 때 고하고 돌아와서 얼굴을 뵈어야 함에도 남의 신하 된 자가 군상(君上)에게 고하지 않은 채 사직하고 밖에 나가는 것은 참으로 옳지 않으니[未便], 이제부터 사직장을 승정원에 바치면 승정원에서 전과 같이 곧바로 아뢰어 명을 기다려서 시행할 것.

다섯째, 2품 이상 나이 70이 된 자는 아일(衙日-조정 근무일)과 조회(朝會-상참)에 나오지 말게 하는 것은 늙은 신하를 중하게 여기는 것인데, 생각건대 몸이 고되고 바쁜 것 중에는 감사의 임무와 같은 것이 없으니 이제부터는 나이 70이 된 자는 또한 감사의 직임에 임명하지 말 것.

여섯째, 부인(婦人)은 밖에 일이 없고 오직 중궤(中饋-집안 음식)를 주관할 뿐이며 사대부의 부인이 가마나 말을 타지 않고 도보로 길을 다니는 것은 특별히[殊] 부인의 마땅함을 잃는 것이므로, 이제부터는 부모와 서로 만나보는 외에는 출입하지 말고 또한 마을 거리를 도보로 다니지 못하게 해서 풍속을 바로잡고, 이를 어기는 자는 헌

사(憲司)에서 규리(糾理)하게 할 것.'

소(疏)가 올라오자, 상이 읽어보고 조말생(趙末生)에게 일러 말했다.

"부모가 병이 심하면 경각(頃刻)도 지체할 수 없으니, 사장(辭狀)을 비록 아뢰지 않았더라도 곧 가는 것이 좋다. 정사할 때를 기다려서 아뢰는 것과 같은 것은 내가 알지 못하는 일이다."

말생이 아뢰어 말했다.

"일찍이 명이 있기를 '사직장을 승정원에 바쳐 이조·병조에 내리면 각각 조(曹)에서 정사할 때를 맞아 아뢰라'라고 하셨습니다."

상이 말했다.

"이는 다만 허사(虛事)를 꾸미는 자를 위해 말한 것이다. 이제부터는 사직장을 곧 아뢴 뒤에 보내고, 만일 어두운 밤을 당하면 보낸 뒤에 이튿날 아뢰라."

나머지도 그대로 윤허했다. 다만 각 고을 각 진(鎭)의 군기를 고찰해서 출척(黜陟)에 빙고하는 것과, 경상도 수군도절제사를 혁파하고 병마도절제사로써 겸임하게 하는 것과, 부인의 출입을 금지하는 등의 일은 윤허하지 않았다.

경진일(庚辰日·21일)에 편전에서 일을 보았다. 상이 좌우에 일러 말했다.

"계모(繼母)란 무엇을 말하는 것인가[何謂]?"
하위

유정현(柳廷顯)이 대답했다.

"어머니가 죽은 뒤에 이를 잇는 자를 계모라고 합니다."

상이 말했다.

"그렇다면 정릉(貞陵)이 내게 계모가 되는가?"

대답해 말했다.

"그때는 신의왕후(神懿王后)께서 아직 훙(薨-승하)하지 않으셨으니 어찌 계모라고 할 수 있겠습니까?"

상이 말했다.

"정릉은 내게 조금도 은의(恩義)가 없었다. 내가 어머니 집에서 자라났고 장가를 들어 따로 살았으니 어찌 은의가 있겠는가? 다만 부왕(父王)이 아끼고 중하게 하시던 의리를 생각해 기신(忌晨)의 재제(齋祭)를 어머니와 다름없이 하는 것이다."

또 물었다.

"성비(誠妃)는 내게 계모인가?"

정현(廷顯) 등이 말했다.

"계모입니다."

상이 말했다.

"그렇다면 성비께서 내 궁(宮)에 오시면 중궁(中宮)은 남쪽을 향하고 성비는 동쪽에 있으니, 그 예(礼)가 잘못됐다."

조말생이 아뢰어 말했다.

"신이 일찍이 하륜(河崙)과 더불어 성비의 일을 토의했는데, 륜(崙)이 말하기를 '제후(諸侯)는 두 번 장가들지 않으니, 예(禮)에 두 적처(嫡妻)가 없다'라고 했습니다."

상이 말했다.

"이는 내가 알지 못하는 것이다."

예조참판(礼曹參判) 허조(許稠)와 말생(末生)에게 물었다.

"제후(諸侯)는 재취하지 않으니 예법에 두 적처가 없다는 것은, 이 것이 적비(嫡妃)의 생시(生時)를 말하는 것인가, 죽은 뒤를 말하는 것 인가? 만일 죽은 뒤를 말하는 것이라면 이는 부인(婦人)의 도리와 같 은 것이다."

조(稠)가 말했다.

"죽은 뒤에도 재취(再娶)하지 않아야 마땅합니다."

말생이 말했다.

"『춘추(春秋)』에 이르기를 '성자(聲子)²⁹를 계실(繼室)³⁰로 삼았다' 라고 했으니, 신은 적비가 죽은 뒤에는 재취해야 마땅하다고 생각합 니다."

상이 조에게 말했다.

"『춘추전(春秋伝)』의 주(註)에 이 일을 상세히 말했으니 경은 마땅 히 자세히 보아야 할 것이다."

○ 강무장(講武場)에 표(標)를 세울 것을 명했다.

유정현(柳廷顯)이 아뢰어 말했다.

"광주(廣州) 강무장 옆에 개초(蓋草-이엉)가 있는데, 백성이 베지 못해 원망합니다."

---

29 노(魯)나라 은공(隱公)의 생모(生母) 혜공(惠公)의 비첩(婢妾)이다.

30 두예(杜預)의 『춘추경전집해(春秋經傳集解)』에 보면, "원비(元妃)가 죽으면 차비(次妃)가 내 사(內事)를 대신해 다스리지만, 오히려 부인(夫人)이라 칭할 수 없는 까닭으로 이를 계실 (繼室)이라 이른다"라고 했다.

상이 승정원에 뜻을 전해 말했다.

"내가 강무하는 일정한 장소를 없애고자 한다."

여러 대언(代言)이 아뢰어 말했다.

"강무장을 경기(京畿)에 정한 것은 자손만세를 위한 계책입니다. 어떻게 폐지할 수 있겠습니까?"

가르쳐 말했다.

"경계를 정해 표(標)를 세우고, 표목 밖에는 금하지 말라."

바로 그날 사람을 보내 표를 세울 한계를 상지(相地-땅을 살펴봄)하게 했다.

○ 호조정랑(戶曹正郞) 유정(柳汀)을 충청도(忠淸道)·경상도(慶尙道) 경차관(敬差官)으로 삼아서, 돌아다니며 충주(忠州)의 경원창(慶源倉)·대림창(大臨倉) 두 창(倉)의 조운(漕運)이 잘되고 있는지의 여부를 살펴보게 했다.

신사일(辛巳日-22일)에 한성부(漢城府)에서 상인(商人)의 행장세(行狀稅)[31]를 줄이지 말 것을 청하니, 그것을 따랐다. 아뢰어 말했다.

"상인(商人)의 월세(月稅)는 이미 일찍이 줄이라고 명했는데, 상인의 행장세를 아울러 줄이면 농사[本]를 버리고 장사[末]를 하는 자가 많을 것입니다. 빌건대 전례에 따라 수납하게 하소서."

○ 상이 물었다.

---

31 먼 곳을 여행하는 사람에게 발급하는 문인(文引)에 매겨진 세금이다. 주로 상인에게 통행의 편의를 봐주는 대신 매달 거두는 세금을 말하는데, 잡물(雜物)이나 저화(楮貨)를 거두었다.

"정오승포(正五升布) 1필 값이 얼마인가?"

판서(判書) 황희(黃喜)가 대답해 말했다.

"초(鈔) 5장입니다."

상이 말했다.

"그러면 정포(正布) 1만 필이면 초 5만 장은 얻을 수 있다. 만일 초가 많아지면 비록 풍년이 들더라도 그 값이 심히 적어지니, 마땅히 회수할 방법을 마련해야 하겠다. 우리나라에서는 비록 『대명률(大明律)』을 쓰지만, 장(杖) 100과 교죄(絞罪)는 율(律)대로 시행하지 못하니, 이 같은 기강(紀綱)으로 초가 많아지면 어찌 초법(鈔法)³²을 행할 수 있겠는가? 사섬서(司贍署)로 하여금 새 초를 만들지 말고 이미 반포(頒布)한 수(數)를 계산해 아뢰라. 또 세공저화(歲貢楮貨)를 모두 없애야 한다고 말했기 때문에 그대로 따랐으나, 생산이 없는 작은 고을은 그만두더라도 어염(魚鹽)의 이득이 있는 큰 고을은 그대로 둔다고 해도 괜찮을 것이다."

○ 경기 도관찰사(京畿都觀察使) 우희열(禹希烈, 1354~1420년)³³이

---

32 동전(銅錢) 대신 지폐(紙幣)를 사용하는 법이다. 중국 송(宋)나라·원(元)나라의 교자(交子)·회자(會子)가 유명하며, 우리나라에서도 공양왕(恭讓王) 때부터 저화(楮貨)를 만들어 사용했다.

33 형은 우인열(禹仁烈)이며, 음서(蔭敍)로 관직에 나아갔다. 1408년(태종 8년)에 민무구(閔無咎)사건에 관련돼 하옥되기도 했으나 곧 풀려났다. 이듬해 3월에는 제언(堤堰) 수축을 통한 수리의 개발을 주장해 태종대의 수리 시설 확장 사업에 중심적인 역할을 했다. 1413년에는 충청도도관찰사의 직임을 띠고 조운(漕運)의 편의를 위해 시도된 태안반도 운하 개통 사업, 즉 축제(築堤-제방을 쌓는 일) 사업을 주관했다. 그 이듬해에는 경기·충청 양도의 권과농상사(勸課農桑使)로 나가 제언 수축과 식상(植桑-뽕나무를 심음)의 일을 권장했다. 1415년에 다시 충청도도관찰사, 같은 해 말에 경기도관찰사에 이어 판광주목사(判廣州牧事)가 됐다.

글을 올려 제언(堤堰)을 쌓아서 수리(水利)를 일으키도록 청하고, 자기의 일이 끝날 때까지 체임시키지 말아달라고 했다. 육조(六曹)에 내려 실상에 맞는지 토의하게 했다. 육조에서 아뢰어 말했다.

"수리(水利)가 두루 풍족한 곳을 골라서 적당한 데를 헤아려서 수축하고, 그 수원(水源)이 없고 관개(灌漑)할 것이 많지 않은 땅은 자원(自願)을 들어 쌓게 하소서."

그것을 따랐다. 이에 희열(希烈)이 병을 얻어서 소를 타고 부(部)에 돌아다니니, 당시의 의견이 이를 비웃었다. 상이 듣고 역시 웃으면서 말했다.

"한 도(道)의 감사가 되어서도 오히려 소를 타고[騎牛] 다니는가?"

임오일(壬午日-23일)에 서울에 머물러 있는 왜인(倭人)을 각 도에 나눠 두어 농업을 하게 했다.

상이 말했다.

"서울에 거주하고 있는 왜인이 100여 명이나 되니 이는 두려워할 만하다. 또 하늘이 수한(水旱)의 재앙을 내리면 구제하기가 어렵다."

○ 강원도 도관찰사(江原都觀察使)에게 명해 각림사(覺林寺)를 중창(重創)하는 재목(材木) 1,000주(株)를 주고 도내에 나눠 배정해서 폐단 없이 운반해 들이도록 했다. 또 승정원에 뜻을 전해 말했다.

"본궁(本宮)의 쌀·콩 도합 100석을 군자감(軍資監)에 바치고 충청도(忠淸道) 제천(堤川) 창고의 쌀·콩으로 바꾸어 각림사에 주라."

○ 개성유후사(開城留後司) 각사(各司)의 잡곡(雜穀)과 잡물(雜物)을 저화로 바꾸었으니, 호조의 아룀을 따른 것이다.

계미일(癸未日·24일)에 행대감찰(行台監察) 곽정(郭貞)을 충청도(忠淸道)에 보내서 돌아다니며 민간에서 익지 않은 곡식을 수확한 상황을 살펴보게 했다. 애초에 옥천부원군(玉川府院君) 유창(劉敞, ?~1421년)³⁴이 아뢰어 말했다.

"충청도 정산(定山) 등지의 수령 중에 혹 익지 않은 곡식을 백성에게 독촉해 수확한 자가 있다고 합니다."

사헌부에 명해 핵실(覈實)하게 하니, 헌부에서 창(敞)을 핵실했다. 창이 가노(家奴) 박철(朴哲)의 말이라고 대답하니 정(貞)이 철(哲)을 데리고 가서 보았으나, 철의 말은 사실이 아니어서[不實] 마침내 형조(刑曹)에 명해 논죄했다.

○ 우대언(右代言) 이백지(李伯持)를 불러 직무에 나오게 했다.

갑신일(甲申日·25일)에 정간(鄭幹)을 경상좌우도 수군도절제사(慶尚左右道水軍都節制使)로 삼고, 정경(鄭耕)을 전라도 병마도절제사(全羅

---

34 1392년 7월 태조가 조선을 세울 때 공을 세워 개국공신 2등으로 책록되고, 성균관대사성과 좌산기상시(左散騎常侍) 등을 역임했다. 1393년(태조 2년) 중추원좌부승지, 다음해 중추원부사를 지내고 옥성군(玉城君)에 봉해졌다. 1401년(태종 1년) 승녕부윤(承寧府尹)으로서 소요산에 들어간 태조를 찾아가 귀경을 권유했으며, 예문관대제학·세자우부빈객 등을 지냈다. 1408년 참지의정부사(參知議政府事)로서 태조가 죽자 수묘관(守墓官)이 돼 3년간 능을 지켰다. 1410년 길주도찰리사(吉州道察理使)로 나갔다가 참찬의정부사(參贊議政府事)·판공안부사(判恭安府事) 등을 지낸 뒤 1413년 세자이사(世子貳師)가 되고, 1416년 옥천부원군(玉川府院君)에 진봉됐으며, 1421년(세종 3년) 궤장(几杖)을 상으로 받았다. 이성계와 일찍부터 사귀어 이성계에게 경사(經史)를 강론했으며, 특히 송나라 진덕수(眞德秀)의 『대학연의(大學衍義)』를 즐겨 강론해 세도(世道)를 만회할 뜻을 품게 하였다. 개국 후에도 대사성에 있으면서 『대학연의』를 여러 차례 강의했다. 성격이 온유돈후(溫柔敦厚)하고 언행이 근독(謹篤)했으 지위가 높을수록 마음이 겸손해 사람들이 당나라의 누사덕(婁師德)에 비유했다.

道兵馬都節制使) 겸 수군도절제사로 삼았다. 또다시 각 도 도절제사
경력(經歷)을 두었다.

○ 대마도(對馬島) 종정무(宗貞茂)와 좌위문대랑(左衛門大郞)의 사인
(使人)이 예물을 바쳤다.

을유일(乙酉日-26일)에 사헌부에서 소를 올렸는데, 소는 이러했다.

'금년에 4월부터 비가 오지 않아 5월에 이르렀으므로 전하께서 깊
이 근심하고 지극히 염려하시어 해가 기울도록 수라를 들지 않고 혹
은 눈물을 흘리시니, 황천이 권고(眷顧)하시어 이 우택(雨澤)을 내려
서 수순(數旬)이 못돼 화가(禾稼-곡식)가 마침내 우뚝 일어났습니다.
이는 전하의 일념(一念)의 정성이 위로 하늘을 감동시킨 효험입니다.
그때 조정 신하들의 헌의(獻議)한 바가 재앙을 그치게 할 수 있는 것
이라면 편하고 편치 않은 것을 가리지 않고 모두 다 채납하셨으니,
이는 비록 전하가 가뭄을 근심하는 지극함이 이르지 않음이 없어서
그러한 것입니다. 그러나 법이라는 것은 신뢰로 행하는 바인데, 주
(州)·부(府)·군(郡)·현(縣)의 해마다 바치는 저화(楮貨)를 모두 감면
하게 했으니[蠲免] (이는) 신뢰를 보이는 것이 아닙니다. 경기(京畿)의
        견면
주(州)·군(郡)은 용도가 다른 곳보다 배가 되니 빌건대 모두 감면하
더라도, 그 나머지 외방의 주·군은 예전대로 수납하게 하고 호구 수
가 적고 조폐(凋弊)한 작은 고을은 반감(半減)하는 것을 허락하소서.'
그것을 따랐다.

정해일(丁亥日-28일)에 한성부(漢城府)에서 상고(商賈-상인)의 월세

(月稅)를 회복할 것을 청하니 그것을 따랐다.

　무자일(戊子日-29일)에 옥천부원군 유창을 불러 출사(出仕)하게
했다.

辛酉 太白晝見. 上曰: "近者有天變地怪 故予觀古書 賦斂重
신유 태백 주현 상왈 근자 유 천변 지괴 고여관 고서 부렴 중

則有天變地怪. 然賦斂重 則豈言官不言 而群臣亦皆不言乎? 但
즉유 천변 지괴 연 부렴 중 즉기 언관 불언 이 군신 역개 불언 호 단

每年遣敬差官 踏驗田地損實 雖古人之法 意其未便也. 都觀察使
매년 견 경차관 답험 전지 손실 수 고인 지법 의기 미편 야 도관찰사

都巡問使與守令 亦如予意 境內禾穀豐盛則胡不喜焉? 且年豐則
도순문사 여 수령 역여 여의 경내 화곡 풍성 즉호 불희 언 차 연풍 즉

何必爲民而不公乎? 縱有益於百姓 其百姓亦非他國之人也. 若
하필 위민 이불공 호 종 유익 어백성 기백성 역비 타국 지인 야 약

凶年則須遣敬差官分揀 故前年亦遣 今年則禾穀稍盛 故予欲毋遣
흉년 즉수 견 경차관 분간 고 전년 역견 금년 즉 화곡 초성 고여욕 무견

敬差官 令都觀察使 都巡問使分揀."
경차관 영 도관찰사 도순문사 분간

李原對曰: "雖遣敬差官 非敬差官悉皆親審 亦使守令與品官踏驗
이원 대왈 수견 경차관 비 경차관 실개 친심 역사 수령 여 품관 답험

令觀察使分揀 豈下前數乎? 如有不公者 而後遣敬差官考察可矣."
영 관찰사 분간 기하 전수 호 여유 불공 자 이후 견 경차관 고찰 가의

黃喜對曰: "敬差官至則先問前數而相考 是爲未便." 上曰: "衆論
황희 대왈 경차관 지즉 선문 전수 이 상고 시위 미편 상왈 중론

如此則予將區處. 今歲稍稔 各官田畓損實 毋遣敬差官 令守令踏驗
여차 즉여 장 구처 금세 초임 각관 전답 손실 무견 경차관 영 수령 답험

後差遣. 官吏擲奸 如有以損爲實 以實爲損 以荒爲墾 守令依六典
후 차견 관리 척간 여유 이손 위실 이실 위손 이황 위간 수령 의 육전

痛懲."
통징

命禮曹 兵曹別試 文武科. 上曰: "過夏憂旱 欲爲衆人所共喜之
명 예조 병조 별시 문무과 상왈 과하 우한 욕위 중인 소공희 지

事. 將幸景福宮 試文武科." 仍命注書 告于河崙. 崙曰: "明年是
사 장행 경복궁 시 문무과 잉명 주서 고우 하륜 륜왈 명년 시

式年 且外方之人不及來 則缺望. 請毋試新人 而設重試科." 上曰:
식년 차 외방 지인 불급 래 즉 결망 청 무시 신인 이설 중시과 상왈

“重試則予昔者已爲之矣. 其外方之人則來式年亦有之矣 今姑將
<small>중시 즉 여 석자 이 위지 의 기 외방 지인 즉 내 식년 역 유지 의 금고 장</small>

京中人試取 以垂陰德可也. 文科則試對策 武科騎步射 弄槍耳.”
<small>경중 인 시취 이수 음덕 가야 문과 즉시 대책 무과 기보사 농창 이</small>

仍曰: “移文禁外方人至.” 徐選對曰: “但不召之耳 不必禁之也.”
<small>잉왈 이문 금 외방 인지 서선 대왈 단 불 소지 이 불필 금지 야</small>

命書雲觀擇日 書雲觀以十八日 二十二日聞 上曰: “太祖生時 遇
<small>명 서운관 택일 서운관 이 십팔일 이십 이일 문 상왈 태조 생시 우</small>

三名日則獻壽 今欲以十五日幸景福宮 奉迎上王獻壽 仍試文武科
<small>삼명일 즉 헌수 금욕 이 십오일 행 경복궁 봉영 상왕 헌수 잉시 문무과</small>

是日吉乎否?” 書雲觀以通吉對.
<small>시일 길호 부 서운관 이 통길 대</small>

兵曹參判李春生啓: “臣嘗講武經七書 位至二品 尙不知兵. 今若
<small>병조참판 이춘생 계 신 상강 무경칠서 위지 이품 상 부 지병 금약</small>

但以騎步射 弄槍而不試兵書 則甲士皆爭赴試 雖得人 何以爲將帥
<small>단 이 기보사 농창 이 불시 병서 즉 갑사 개쟁 부시 수 득인 하이 위 장수</small>

乎? 請試武經七書 及三經以上 或以解文字者 許令赴試.” 上然之.
<small>호 청시 무경칠서 급 삼경 이상 혹 이해 문자 자 허령 부시 상 연지</small>

於是 兵曹進啓曰: “今武科赴試人員 始以八月初三日 同訓鍊觀
<small>어시 병조 진계 왈 금 무과 부시 인원 시 이 팔월 초삼일 동 훈련관</small>

取才 以兵書三經以上 步射一百五十步 騎射三革 弄槍入格者許令
<small>취재 이 병서 삼경 이상 보사 일백 오십 보 기사 삼혁 농창 입격자 허령</small>

赴試.” 從之.
<small>부시 종지</small>

春生又啓: “前此親試則三品以上赴試 式年則四品以下赴試 今將
<small>춘생 우계 전차 친시 즉 삼품 이상 부시 식년 즉 사품 이하 부시 금장</small>

何從?” 上曰: “依式年例.” 禮曹啓: “赴試生徒當姓名記錄之時 除
<small>하종 상왈 의 식년 예 예조 계 부시 생도 당 성명 기록 지시 제</small>

講文公家禮 時散四品以下 依前例許令赴試 竝着紗帽品帶. 經史
<small>강 문공 가례 시산 사품 이하 의 전례 허령 부시 병착 사모 품대 경사</small>

時務策一道試取 諸事依前例 令本曹稽制司二員主之. 讀券官兩府
<small>시무책 일도 시취 제사 의 전례 영 본조 계제사 이원 주지 독권관 양부</small>

以上二員 三品以上二員 其收掌試券官 封彌官 對讀官竝依前例
<small>이상 이원 삼품 이상 이원 기 수장 시권관 봉미관 대독관 병 의 전례</small>

收券限酉時.” 從之.
<small>수권 한 유시 종지</small>

命吏曹 各司員吏 自願赴文武科者 給試暇. 兵曹啓: “武科親試
<small>명 이조 각사 원리 자원 부 문무과 자 급 시가 병조 계 무과 친시</small>

諸事 依殿試例 武選司主之 參考官 同參考官以兵曹堂上官 訓鍊觀
<small>제사 의 전시 례 무선사 주지 참고관 동 참고관 이 병조 당상관 훈련관</small>

提調 封箭官以訓鍊觀郎廳爲之. 赴試人武經通三書以上試取 曾
제조 봉전관 이 훈련관 낭청 위지 부시인 무경 통 삼서 이상 시취 증

有敎 其鄕貢則七書 二百步中有能者 方許赴試. 親試之時 步射
유교 기 향공 즉 칠서 이백 보중 유능 자 방허 부시 친시 지시 보사

三箭 用二百步及一百五十步 七十步各一箭 騎射三革 一次弄槍
삼전 용 이백 보급 일백 오십 보 칠십 보각 일전 기사 삼혁 일차 농창

一次分數 依曾降敎旨.” 皆從之. 命禮曹聚四品以下及生徒等于
일차 분수 의 증강 교지 개 종지 명 예조 취 사품 이하 급 생도 등 우

成均館 試義一道 取五十人 兵曹亦取五十人 使赴親試.
성균관 시의 일도 취 오십 인 병조 역취 오십 인 사부 친시

命禮曹給僧人度牒. 禮曹啓曰:“丙申七月以後 自願爲僧者 依
명 예조 급 승인 도첩 예조 계왈 병신 칠월 이후 자원 위승 자 의

六典捧丁錢 給度牒 七月以前削髮各宗大選外僧人 來丁酉年三月
육전 봉 정전 급 도첩 칠월 이전 삭발 각종 대선 외 승인 내 정유 년 삼월

晦日爲限 良賤及在前度牒有無勿論 除丁錢 度牒成給 丁酉四月
회일 위한 양천 급 재전 도첩 유무 물론 제 정전 도첩 성급 정유 사월

初一日以後大選外 無度牒僧人 令所在官執捉 依律論罪 其年七十
초일일 이후 대선 외 무 도첩 승인 영 소재관 집착 의율 논죄 기년 칠십

以上 勿給度牒.” 從之.
이상 물급 도첩 종지

壬戌 幸景福宮 奉迎上王 置酒于慶會樓 世子宗親侍宴. 募甲士
임술 행 경복궁 봉영 상왕 치주 우 경회루 세자 종친 시연 모 갑사

及防牌軍中 有力者 爲手搏戲. 賜司直尹仁富米豆各五石 以善手搏
급 방패군 중 유력자 위 수박희 사 사직 윤인부 미두 각 오석 이선 수박

也.
야

命軍器監 造體大毛毬六以進.
명 군기감 조 체대 모구 육 이진

甲子 封高麗末君恭讓君爲恭讓王 遣使致祭于陵下 從禮曹之啓
갑자 봉 고려 말군 공양군 위 공양왕 견사 치제 우 능하 종 예조 지계

也.
야

命種桑于各道. 判通禮門事李迹上書曰:
명 종상 우 각도 판통례문사 이적 상서 왈

‘農桑 衣食之本 天下古今之所共重也. 今年始設蠶室 稍得其效
농상 의식 지본 천하 고금 지 소공중 야 금년 시설 잠실 초 득 기효

收蠶種連三百餘張 一處所養 不過二十餘張. 且蠶事 自桑葉未黃
수 잠종 연 삼백 여장 일처 소양 불과 이십 여장 차 잠사 자 상엽 미황

至明年三月 依古法藏蓄 可以得效. 願於各道桑柘茂盛之地 各置
지 명년 삼월 의 고법 장축 가이 득효 원 어 각도 상자 무성 지지 각치

一室 以近處居接各司及革寺奴婢三丁爲一戶 屬役養蠶 所在守令
依鹽鐵之例掌之 差曉事人 敎而養之後 爲歲貢則各道人民 皆觀感
趨利 蠶績成而歲貢足矣.'

下六曹擬議 僉曰: "若置蠶室於桑柘茂盛之地 奪民之利 不無
愁怨. 各道依山閑曠之地 栽種桑柘 待其茂盛 乃置蠶室." 故有
是命.

禮曹啓 厲祭發告祭法. "前三日城隍發告祭 自今就風雲雷雨壇
致祭." 從之.

戶曹啓軍資義倉米穀收納事宜. 啓曰: "米穀及雜物 大小人員以
還上受出 淹延不納 或至二十年 與盜用官物無異. 請分送漢城府
義禁府督納 今年十二月晦日內畢收 如有不納者 以敎旨不從論."
從之. 於是 軍資監員吏 分爲四處 請臺收納.

乙丑 命河崙及議政府 六曹 詳定各道貢物. 戶曹啓: "紵布 綿紬
木綿位田改詳定 十升紵布每一匹 旱田則二結五十卜; 水田則 一結
二十五卜. 九升綿紬 七升木綿每一匹 旱田則三結; 水田則一結
五十卜. 綿紬 木綿幷一千四十一匹 位田二千二百九十三結 水田
二百九十三結."

丁卯 命各道水軍僉節制使 各浦萬戶千戶從實仕敍用. 兵曹啓曰:
"受官敎後 或有托故辭免 自今未赴任者 收還官敎. 且依守令例 以
實仕月數敍用." 從之.

己巳 改郡縣之號. 吏曹請改音韻相近各官之號 乃以靑州爲北靑
기사 개 군현 지호 이조 청개 음운 상근 각관 지호 내이 청주 위 북청

襄州爲襄陽 寧山仍古號爲天安 甫城仍古號爲眞寶 甫川仍古號爲
양주 위 양양 영산 잉 고호 위 천안 보성 잉 고호 위 진보 보천 잉 고호 위

醴泉 橫川爲橫城 報令爲報恩. 又啓: "文科出身六品以上敎授官
예천 횡천 위 횡성 보령 위 보은 우계 문과 출신 육품 이상 교수관

稱某官儒學敎授官 參外稱訓導官 生員進士稱敎導. 又醫學敎授官
칭 모관 유학교수관 참외 칭 훈도관 생원 진사 칭 교도 우 의학교수관

改稱某道醫學敎諭." 從之.
개칭 모도 의학교유 종지

傳旨永吉道都巡問使 進鷹子.
전지 영길도 도순문사 진 응자

庚午 太白晝見.
경오 태백 주현

世子與三大君 四駙馬 兩元尹設享于兩殿 賜酒入直大小臣僚.
세자 여 삼 대군 사 부마 양 원윤 설향 우 양전 사주 입직 대소 신료

命 禮曹判書趙庸 成均大司成尹會宗等 取文科館試人. 初 庸
명 예조판서 조용 성균대사성 윤회종 등 취 문과 관시 인 초 용

承命 令諸生曰: "今日乃白日場." 至昏呈卷者百餘人 三館告曰: "令
승명 영 제생 왈 금일 내 백일장 지혼 정권 자 백여 인 삼관 고왈 영

以白日 今旣日昏 請督出之." 庸等不聽. 適月白諸生皆於月影下
이 백일 금기 일혼 청독 출지 용 등 불청 적 월백 제생 개 어 월영 하

書之 至二鼓呈卷者 四百餘人 曳白者二十餘人. 是試也 自朝至于
서지 지 이고 정권 자 사백 여인 예백 자 이십 여인 시시 야 자조 지우

日昃 呼失賢而赴試者 三十餘人. 後三日 生員鄭之澹等五十餘人
일측 호 실현 이 부시 자 삼십 여인 후 삼일 생원 정지담 등 오십 여인

來自外方 不及赴館試 擊鼓申聞. 命漢城府試之 取十五人 幷許
내자 외방 불급 부 관시 격고 신문 명 한성부 시지 취 십오 인 병 허

赴試.
부시

上王拜健元陵 秋夕別祭也.
상왕 배 건원릉 추석 별제 야

癸酉 幸慶會樓.
계유 행 경회루

甲戌 親試文武科于慶會樓下 奉迎上王以觀之. 命晉山府院君
갑술 친시 문무과 우 경회루 하 봉영 상왕 이 관지 명 진산부원군

河崙 禮曹判書趙庸 藝文館提學卞季良 知申事趙末生 判通禮門事
하륜 예조판서 조용 예문관제학 변계량 지신사 조말생 판통례문사

李迹等 掌文科試. 通訓以下皆令赴試 從崙之請也.
이적 등 장 문과 시 통훈 이하 개 령 부시 종 륜 지 청 야

442

命世子行秋夕祭于文昭殿.
명 세자 행 추석제 우 문소전

丙子 御正殿 放文武科榜. 文科重試五人 親試九人 武科亦
병자 어 정전 방 문무과 방 문과 중시 오인 친시 구인 무과 역

依此數. 以重試文科第一名吏曹正郎金赭爲直藝文館 第二名
의 차수 이 중시 문과 제일 명 이조 정랑 김자 위 직예문관 제이 명

藝文檢閱金鑌仁寧府丞 第三名成均學諭鄭廣元敬承府丞 第四名
예문검열 김빈 인녕부 승 제삼 명 성균학유 정광원 경승부 승 제사 명

宗簿判官金沱吏曹正郎 第五名承文院正字安止司憲監察. 親試
종부 판관 김타 이조정랑 제오 명 승문원정자 안지 사헌 감찰 친시

第一名鄭之澹爲右正言 第二名金自敦承文院正字 第三名金鉤
제일 명 정지담 위 우정언 제이 명 김자돈 승문원정자 제삼 명 김구

司醞直長. 以武科重試第一名副司直周孟仁爲護軍 第二名司僕
사온직장 이 무과 중시 제일 명 부사직 주맹인 위 호군 제이 명 사복

少尹李澄石 第三名護軍吳益生皆爲大護軍. 親試第一名副司直
소윤 이징석 제삼 명 호군 오익생 개 위 대호군 친시 제일 명 부사직

李澄玉爲司僕少尹 第二名學生許壽康副司正 第三名副司正裵陽德
이징옥 위 사복 소윤 제이 명 학생 허수강 부사정 제삼 명 부사정 배양덕

司正 又 以尹仁富爲護軍 賞其善手搏也.
사정 우 이 윤인부 위 호군 상 기선 수박 야

丁丑 司憲府劾右代言李伯持. 初 上問六曹臺諫以民間早穀收穫
정축 사헌부 핵 우대언 이백지 초 상문 육조 대간 이 민간 조곡 수확

之狀 伯持啓曰: "守令或有以未熟之穀 督民收穫者." 上問爲誰
지상 백지 계왈 수령 혹유 이 미숙 지곡 독민 수확 자 상문 위수

伯持不能對 上怒之. 憲司劾問其故 伯持對以醉中所聞 不記言者
백지 불능 대 상 노지 헌사 핵문 기고 백지 대이 취중 소문 불기 언자

爲誰.
위수

戊寅 命增造慶源 德恩兩倉.
무인 명 증조 경원 덕은 양창

命戶曹量減諸道貢物.
명 호조 양감 제도 공물

乙卯 對馬島 宗貞茂及大內多多良道雄遣使請大藏經. 禮曹啓:
을묘 대마도 종정무 급 대내 다다량 도웅 견사 청 대장경 예조 계

"給馬僧錄司僧 分遣大藏在處忠淸 慶尙道各寺 擇出成帙以給."
급마 승록사 승 분견 대장 재처 충청 경상도 각사 택출 성질 이급

從之.
종지

司諫院陳時務六事:
사간원 진 시무 육사

'一曰 各道節制使口傳鎭撫 多至十員 各率僕馬 糜費有弊 且因
일왈 각도 절제사 구전 진무 다지 십원 각솔 복마 미비 유폐 차인

營造 容或營私. 自今依舊 差首領官 專掌月課軍器 鎭撫唯治軍卒.
영조 용혹 영사 자금 의구 차 수령관 전장 월과군기 진무 유치 군졸

又減鎭撫數 而以其廩給 充首領官祿俸.
우감 진무 수 이이기 늠급 충 수령관 녹봉

二曰 各道各鎭軍器不鍊者 監司褒貶內 不以此施行故也. 自今
이왈 각도 각진 군기 불련 자 감사 포폄 내 불 이차 시행 고야 자금

都節制使考察守令修鍊能否 移文監司 監司幷錄於褒貶狀 憑考
도절제사 고찰 수령 수련 능부 이문 감사 감사 병록 어 포폄 장 빙고

敍用. 又於春秋農隙 別遣公正者 點視軍器 如有弊毀者 罪及
서용 우어 춘추 농극 별견 공정 자 점시 군기 여유 폐훼 자 죄급

首領官與節制使.
수령관 여 절제사

三曰 慶尙道雖云地廣 一道之內分遣五相 不爲不煩. 自今以
삼왈 경상도 수운 지광 일도 지내 분견 오상 불위 불번 자금 이

左右道兵馬都節制使 兼水軍都節制使.
좌우도 병마도절제사 겸 수군도절제사

四曰 近者大小官吏 父母疾病 呈辭職狀 不卽啓聞 而乃啓. 臣等
사왈 근자 대소관리 부모 질병 정 사직장 부즉 계문 이내 계 신등

以謂 臣子之於君父 當出告反面也. 爲人臣者 不告於上 而辭職出外
이위 신자 지어 군부 당 출고 반면 야 위인신자 불고 어상 이 사직 출외

誠爲未便. 自今辭狀呈承政院 承政院依舊輒聞 待命乃行.
성위 미편 자금 사장 정 승정원 승정원 의구 첩문 대명 내 행

五曰 二品以上年七十者 令勿詣衙日與朝會 所以重老臣也. 臣等
오왈 이품 이상 연 칠십 자 영물에 아일 여 조회 소이 중 노신 야 신등

以謂 身老煩劇 莫如監司之任. 自今年七十者 亦勿差監司之任.
이위 신로 번극 막여 감사 지임 자금 연 칠십 자 역 물차 감사 지임

六曰 婦人無外事 唯主中饋而已. 士大夫婦人不乘轎騎馬 而徒行
육왈 부인 무외사 유주 중궤 이이 사대부 부인 불 승교 기마 이 도행

於道路 殊失婦人之義. 自今父母相見外 毋得出入 亦不得徒行街里
어 도로 수실 부인 지의 자금 부모 상견 외 무득 출입 역 부득 도행 가리

以正風俗 違者憲司糾理.'
이정 풍속 위자 헌사 규리

疏上覽之 謂趙末生曰: "父母疾病 不可頃刻淹留 其辭狀 雖
소상 람지 위 조말생 왈 부모 질병 불가 경각 엄류 기 사장 수

未啓卽行可也. 若待政乃啓 予所不知." 末生啓曰: "曾有命辭狀呈
미계 즉행 가야 약 대정 내계 여 소부지 말생 계왈 증유 명 사장 정

承政院 下吏兵曹 各其曹 當政事時以聞." 上曰: "此但爲飾虛事者
승정원 하 이병조 각 기조 당 정사 시 이문 상왈 차 단위 식 허사 자

444

言之耳. 自今辭狀卽啓以遣. 若當暮夜 則遣之之後 翼日以啓." 餘亦
언지 이 자금 사장 즉계 이견 약당 모야 즉 견지 지후 익일 이계 여역

允兪. 唯各官各鎭軍器考察 以憑黜陟與革慶尙道水軍都節制使 而
윤유 유 각관 각진 군기 고찰 이빙 출척 여혁 경상도 수군도절제사 이

使兵馬都節制使兼任 婦人出入禁止等事 不允.
사 병마도절제사 겸임 부인 출입 금지 등사 불윤

庚辰 視事于便殿. 上謂左右曰: "繼母者 何謂也?" 柳廷顯對曰:
경진 시사 우 편전 상위 좌우 왈 계모 자 하위 야 유정현 대왈

"母歿而繼之者 謂之繼母." 曰: "然則貞陵於予爲繼母乎?" 對曰:
모몰 이계지자 위지 계모 왈 연즉 정릉 어여위 계모 호 대왈

"于時神懿未薨 豈得謂之繼母?" 上曰: "貞陵片無恩義於我. 我
우시 신의 미훙 기득 위지 계모 상왈 정릉 편무 은의 어아 아

長於母家 有室而居 豈有恩義哉? 但念父王愛重之義 忌辰齋祭
장어 모가 유실 이거 기유 은의 재 단념 부왕 애중 지의 기신 재제

無異於母也." 又問: "誠妃於予繼母乎?" 廷顯等曰: "繼母也." 曰:
무이 어모 야 우문 성비 어여 계모 호 정현 등왈 계모 야 왈

"然則誠妃來吾宮 中宮向南 誠妃在東 其禮失矣." 趙末生啓曰: "臣
연즉 성비 내오궁 중궁 향남 성비 재동 기례 실의 조말생 계왈 신

嘗與河崙議誠妃之事 崙言: '諸侯不再娶 於禮無二嫡.'" 上曰: "此
상여 하륜 의 성비 지사 륜언 제후 불재취 어례 무 이적 상왈 차

予所不知." 乃問禮曹參判許稠及末生曰: "諸侯不再娶 於禮無二嫡
여 소부지 내문 예조참판 허조 급 말생 왈 제후 불재취 어례 무 이적

是嫡妃生時之謂乎? 歿後之謂乎? 若謂歿後 則是如婦人之道也."
시 적비 생시 지위 호 몰후 지위 호 약위 몰후 즉 시여 부인 지도 야

稠曰: "歿後亦不宜再娶." 末生曰: "春秋云繼室以聲子 則臣謂歿後
조왈 몰후 역 불의 재취 말생 왈 춘추 운 계실 이성자 즉 신위 몰후

宜再娶." 上謂稠曰: "春秋傳註詳言此事 卿宜仔細看."
의 재취 상위 조왈 춘추전 주 상언 차사 경의 자세 간

命立標於講武場. 柳廷顯啓曰: "廣州講武場傍有蓋草 而民不得
명 입표 어 강무장 유정현 계왈 광주 강무장 방유 개초 이민 부득

刈 以致怨咨." 上傳旨承政院曰: "吾欲罷講武常所." 諸代言啓曰:
예 이치 원자 상 전지 승정원 왈 오욕 파 강무 상소 제 대언 계왈

"講武場定於京畿 爲子孫萬世計也 何可廢也?" 教曰: " 定界立標
강무장 정어 경기 위 자손 만세 계야 하가 폐야 교왈 정계 입표

標外勿禁." 卽日遣人 相立標之限.
표외 물금 즉일 견인 상 입표 지한

以戶曹正郎柳汀爲忠淸 慶尙道敬差官 行視忠州慶源 大臨二倉
이 호조정랑 유정 위 충청 경상도 경차관 행시 충주 경원 대림 이창

漕運便否也.
조운 편부 야

辛巳 漢城府請勿減商人行狀之稅 從之. 啓曰: "商買人月稅則
已曾命減 商人行狀之稅幷減 則棄本逐末者多. 乞依前例收納."
上問: "正五升布一匹價幾何?" 判書黃喜對曰: "鈔五張." 曰:
"然則正布一萬匹 可得鈔五萬張. 若鈔多則雖年豐 其價甚少 當爲
還收之術. 我國雖用大明律 杖一百與絞罪 不能如律施行. 以如此
紀綱 鈔多則豈能行鈔法乎? 令司贍署毋造新鈔 計已頒之數以聞.
且歲貢楮貨 皆曰可罷 故從之 然無所産小縣則已 其有魚鹽之利
大官 則雖存之亦可也."
京畿都觀察使禹希烈上書 請築堤堰 以興水利 期臣事畢 勿令
遞差. 下六曹擬議. 六曹啓曰: "擇水利周足處 量宜修築 其無水源
灌漑不多之地 則聽從自願以築." 從之. 於是 希烈得疾 騎牛行部
時議譏之. 上聞之 亦笑曰: "爲一道監司 尙可騎牛而行乎?"
壬午 分置住京倭人于各道 俾治農業. 上曰: "住京倭百有餘人 是
可畏也. 且天有水旱之災 則救濟難矣."
命江原道都觀察使 給覺林寺重創材木 以一千株道內分定 無弊
輸入. 又 傳旨承政院曰: "本宮米豆幷一百石 納于軍資監 換忠淸道
堤川倉米豆 給覺林寺."
以開城留後司各司雜穀及雜物 換楮貨 從戶曹之啓也.
癸未 遣行臺監察郭貞于忠淸道 行視民間收穫未熟之穀. 初
玉川府院君劉敞啓曰: "忠淸道定山等處守令 或有以未熟之穀 督民

收穫者." 命司憲府覈實. 憲府劾敞 敞答以家奴朴哲之言也. 貞率哲
往視之 哲言不實 乃命刑曹論罪.

召右代言李伯持就職.

甲申 以鄭幹爲慶尙左右道水軍都節制使 鄭耕爲全羅道
兵馬都節制使兼水軍都節制使. 又復置各道都節制使經歷.

對馬島宗貞茂及左衛門大郎使人 獻禮物.

乙酉 司憲府上疏 疏曰:

'今年自四月不雨 至于五月 殿下憂之深 慮之極 至于日昃不擧膳
或至涕泣 皇天乃眷 降此雨澤 不數旬而禾乃勃興. 此殿下一念之
誠 上格于天之效也. 其時廷臣所獻凡可以弭災者 不擇便否 而竝皆
採取 此雖殿下憂旱之極 靡所不至而爲之 然法者 所以行乎信也 而
州府郡縣歲貢楮貨 皆令蠲免 非所以示信也. 京畿州郡 調度倍他
乞皆蠲免 其餘外方州郡依舊收納 其戶口數少 凋弊小縣 則許減半.'

從之.

丁亥 漢城府復請商賈月稅 從之.

戊子 召玉川府院君劉敞 出仕.

태종 16년 병신년
9월

九月

　기축일(己丑日) 초하루에 이조(吏曹)에서 성균 교서관 권지(成均校書館權知)를 서용(敍用)하는 법을 아뢰었다. 아뢰어 말했다.

　"성균 교서관 학유(學諭)·정자(正字)가 입문허참(立門許參)[1]한 뒤에 모두 자신들의 시골에 돌아가서 한가하게 놀고 출근하지를 않습니다. 이로 인해 각각 사(司)에서 차임(差任)하는 것이 부족하고, 선비를 뽑아서 임용한 뜻에 어그러집니다. 청컨대 가까운 도(道)는 이달 20일까지, 먼 도는 그믐날까지 독촉해서 서울에 와 종사(從仕)하게 하고, 만일 이르지 않는 자가 있으면 모두 다 제록(除錄)하소서. 각 도 각 고을의 학장 정체(學長定體)는, 만일 종사하기를 자원하는 자가 있으면 신속례(新屬例)에 의거해 다시 입문허참(立門許參)해서 바야흐로 천전(遷轉)하도록 허락하소서.

　이제부터 위 항목의 권지(權知-인턴)는 성중관(成衆官)의 예에 의거해서, 연고가 있어 출근하지 않은 것이 100일이 찬 자와 연고 없이 출근하지 않은 것이 30일이 찬 자는 제록(除錄)하고 29일 이하는 율(律)에 의거해 논죄하되, 제록한 사람 중에 도로 출근하기를 자원하는 자는 반드시 다시 입문허참한 다음에야 바야흐로 서용(敍用)할

1　삼관(三館)에 처음 들어가게 되었을 때 구관(舊官)에게 음식을 마련해 대접하고 인사를 드리는 예(禮)다. 신구관(新舊官)의 친밀 도모와 위계질서를 바로잡는 데 목적이 있었다.

것을 허락하소서."

경인일(庚寅日-2일)에 김인우(金麟雨)를 무릉(武陵) 등지의 안무사(安撫使)로 삼았다.

호조참판(戶曹參判) 박습(朴習)이 아뢰어 말했다.

"신이 일찍이 강원도 도관찰사(江原道都觀察使)로 있을 때 듣건대 무릉도(武陵島-울릉도)의 주회(周回-주위 둘레)가 7식(息)으로서 곁에 소도(小島)가 있으며 전지가 50여 결(結)이 되는데,[2] 들어가는 길이 겨우 한 사람이 통행하고 나란히 가지는 못한다고 합니다. 옛날에 방지용(方之用)이란 자가 있어 15가(家)를 거느리고 입거(入居)해서 혹때로는 가왜(假倭)[3]로서 도둑질을 했다고 합니다. 그 섬을 아는 자가 삼척(三陟)에 있으니, 청컨대 그 사람을 시켜 가서 살펴보게 하소서."

상이 옳다고 여겨 삼척 사람 전 만호(萬戶) 김인우를 불러 무릉도의 일을 물으니, 인우(麟雨)가 말했다.

"삼척 사람 이만(李萬)이 일찍이 무릉에 갔다가 돌아왔으니 그 섬의 일을 자세히 압니다."

즉시 만을 불렀다.

인우가 또 아뢰었다.

---

2   울릉도(鬱陵島)를 말하는데, 그 옆의 소도(小島)는 분명히 독도(獨島)를 가리키는 사료(史料)다.

3   왜구(倭寇)를 가장해 중국이나 조선 해변을 약탈하던 가짜 왜구(倭寇)다. 당시 해변에 살던 불한당이 간혹 무리를 지어 가왜구(假倭寇) 행세를 했다.

"무릉도는 멀리 바다 가운데에 있어 사람이 서로 통하지 못하기 때문에 군역(軍役)을 피하는 자가 혹 도망쳐 들어갑니다. 만일 이 섬에 주접(住接-일시적인 거주)하는 사람이 많으면 왜적이 끝내는 반드시 들어와 도둑질해, 이로 인해 강원도를 침노할 것입니다."

상이 옳게 여겨 인우를 무릉 등지의 안무사로, 만(萬)을 반인(伴人-수행원)으로 삼아서 병선(兵船) 2척, 초공(抄工) 2명, 인해(引海) 2명에 화통(火通)·화약(火藥)과 양식을 주어 그 섬에 가서 그 두목(頭目)에게 일러서 오게 하고, 인우와 만에게 옷·입(笠-갓)·화(靴-가죽신)를 내려주었다.

○ 다시 침장고(沈藏庫)⁴를 두었다.

○ 각 도 부윤(府尹)·판대도호부사(判大都護府事-대도호부 판사)·판목사(判牧事)·판도호부사(判都護府事-도호부 판사)의 군관(軍官) 3인 가운데 각각 한 사람을 없앴으니, 병조의 계문을 따른 것이다.

신묘일(辛卯日-3일)에 예조(禮曹)에서 악독(嶽瀆)·산천(山川)에 제사를 행하는 의식을 올렸다.

"기내(畿內-경기)는 조관(朝官)을 차견(差遣)하고, 기외(畿外-경기 이외)는 소재지의 감사와 각 고을의 수령이 때에 맞게 제사해 고하게 하소서."

그것을 따랐다.

---

4 궁중에서 소요되는 김장을 담고 보관하는 창고(倉庫)를 말한다.

임진일(壬辰日-4일)에 화성(火星)이 남두(南斗) 제5성을 범했다.

계사일(癸巳日-5일)에 강무(講武)하는 상소(常所)에 곡식을 경작하는 것을 금하지 말도록 명했다.

갑오일(甲午日-6일)에 의정부(議政府)·육조(六曹)에서 각 도의 별선(別膳-특별한 진선(進膳))을 다시 두도록 청하니, 그것을 따랐다.

○ 문무과(文武科)의 은영연(恩榮宴)을 내려주었다.

을미일(乙未日-7일)에 예조(礼曹)에 명해, 왜사(倭使-일본 사신)가 바치는 것이 만일 그 나라의 소산(所産)이 아니거든 받지 말라고 했다. 이는 분명 중국(中国)의 물건을 도둑질한 것이라 생각한 때문이다. 예조에서 또 아뢰어 말했다.

"일본의 객인(客人)과 흥리왜인(興利倭人-일본인 장사꾼)이 파는 중국 물건을 무역하지 마소서."

그것을 따랐다. 이에 경상도 수군도절제사(慶尙道水軍都節制使) 정간(鄭幹)이 승정원에 글을 부쳐[寓書] 말했다.
우서

'왜사(倭使)가 본래 중국에서 훔친 물건을 우리나라에 팔아서 의식(衣食)을 자뢰(資賴-의지)하고 있었는데, 일찍이 교지(教旨)를 내려 왜사가 도둑질한 중국 물건을 서울과 외방(外方)에 팔지 못하게 하니 지금 왜사가 노기를 드러내 형세가 장차 변을 낼 것 같습니다.'

의정부·육조·대간에서 말씀을 올렸다.

"왜인의 성질이 본래 사납고 악해 기뻐하고 노하는 것이 일정하지

454

못한데, 지금 우리나라에서 의식을 얻지 못하면 반드시 반역하려는 마음을 품고 변경(邊境)을 침노해서 민명(民命-백성의 생명)을 살해할 것입니다. 빌건대, 전하께서는 모르는 체하시어[似若] 외방에서 매매하게 하고, 다만 서울 안에서 매매하는 것만 금하는 것이 어떠하겠습니까?"

상이 뜻을 전해 말했다.

"중국(中國)에 신(臣)이라고 일컬으면서 중국의 물건을 받아들이는 것이 옳겠는가?"

박은(朴訔)이 아뢰어 말했다.

"전하의 이 말씀은 지극합니다. 그러나 중국의 도적을 접대하는 것이 중국의 물건을 사는 것보다 무엇이 나을 것이 있겠습니까? 전하께서 왜사를 우대하시는 것은 다른 것이 아니라 연해(沿海)의 백성을 위하는 것입니다. 이미 중국의 도적을 접대했으니, 중국 물건을 외방에서 파는 것을 허락한다고 해서 무엇이 해롭겠습니까?"

그것을 따랐다.

○ 세자빈객(世子賓客) 변계량(卞季良) 등이 대궐에 나아와 『중용(中庸)』을 세자에게 진강(進講)하도록 청하니, 상이 말했다.

"옛날부터 자식을 바꿔서 가르쳤고, 또 그 나이가 이미 장성했으니 내가 가르칠 수 없다. 경 등이 『중용』을 가르쳐 그 뜻을 통하게 해서 마음을 한결같이 할 수 있게 하라."

하루는 필선(弼善) 정초(鄭招) 등이 세자전(世子殿)에 매[鷹子] 소리가 나는 것을 듣고서 내보낼 것을 청하니, 세자가 말했다.

"이는 작은 물건이다. 내가 이것을 가지고 말을 달려 다니는 것이 아니고, 다만 보기만 할 뿐이니 빈객(賓客)에게 고하지 말라."

이때 충녕대군(忠寧大君)【지금의 상이다】이 배우기를 좋아하니 [好學], 빈객 이래(李来), 변계량 등이 마음으로 꺼림칙하게 여겨서 여러 번 서연(書筵)에서 충녕대군을 칭찬함으로써 세자를 격동시켰다. 계량이 매번 대군의 시관(侍官)에게 "읽는 것이 무슨 글인가" 하고 묻고는 무슨 무슨 글을 읽는다고 대답하면 반드시 칭찬하고 탄성을 자아냈다.

병신일(丙申日-8일)에 유우소(乳牛所)에 다시 낙(酪)⁵을 바치라고 명했다.

정유일(丁酉日-9일)에 함주목(咸州牧)을 승격시켜 함흥부(咸興府)로 삼고, 영흥부(永興府)를 화주목(和州牧)으로 회복하고, 영길도(永吉道)를 고쳐 함길도(咸吉道)로 삼았다.

○ 함길도 도순문사(咸吉道都巡問使), 함길도 도안무사(咸吉道都安撫使), 강계 병마사(江界兵馬使)에게 매를 바치라고 뜻을 전했다.

---

5 우유가 우리나라에 전해진 것은 4세기 무렵이다. 조선 시대에는 젖소가 아닌 새끼를 낳은 어미 소의 젖을 짜서 진상했는데, 매우 귀해 임금 같은 특수 계층만이 먹을 수 있는 귀한 음식이었기에 타락색(駝酪色)이라는 관청을 두어 이를 관리했다. 지금의 동대문에서 동소문에 걸친 동산 일대의, 구가에서 운영하는 낙산(酪山) 목장이 왕실에 우유 보급을 책임졌다. 『동의보감』에 따르면 앵도창(櫻桃瘡)이라고 해서 목 위에 앵두만 한 창이 생겼을 때 날마다 우유를 마시면 저절로 낫는다고 했고, 『증류본초』에서도 대맥초 1근과 백복령 가루 4냥을 생우유에 개어 먹으면 100일 동안 배가 고프지 않아 구황에 도움을 준다고 적혀 있어, 우유를 약으로도 복용했음을 알 수 있다. 조선 시대 궁중의 대표적인 보양식으로 손꼽히는 음식이 타락죽(駝酪粥)으로, 쌀을 곱게 갈아서 물 대신 우유를 넣어 끓인 죽이다.

○ 전 현령(縣令) 양영발(楊英發), 전 감무(監務) 유식(柳植), 전 감찰(監察) 김사태(金斯汰) 등의 직첩을 거두고 율에 따라서 논죄했다. 영발(英發) 등이 삼촌질(三寸姪) 양용생(楊龍生)이 서얼(庶孼)이라 해서 노비를 줄여 지급한 때문이다.

기해일(己亥日-11일)에 상이 상왕(上王)을 받들어 동교(東郊)에서 매사냥을 구경했다.

경자일(庚子日-12일)에 쇄권색(刷卷色)이 아뢴 대로 공처공처(公處奴婢)를 각사(各司)에 나눠 보내서 기한을 정해 결절(決絶)하게 했다.
○ 원단(圓壇)·사직(社稷)·풍운뇌우(風雲雷雨)·선농(先農)의 여러 단(壇)에 재실(齋室)을 지었으니, 예조(禮曹)의 아룀에 따른 것이다. 또 아뢰었다.
"제삿날에 혹 비나 눈을 만나면 충호위(忠扈衛)로 하여금 악차(幄次-임시 장막)를 설치해 행제(行祭)하게 하소서."
또 아뢰었다.
"원단·풍운뇌우의 여러 단(壇)을 빌건대 예전 제도에 의거해 쌓아서, 담 밖[壝外] 사방에 나무를 심고 각각 인정(人丁-인원)을 정해 지키소서."
유외
그것을 모두 따랐다.

신축일(辛丑日-13일)에 풍저창 사(豐儲倉使) 이문간(李文幹)을 파직했다. 이에 앞서 문간(文幹)이 의금부 도사(義禁府都事)로 왜관 금란

관(倭館禁亂官)⁶이 됐는데, 한 왜인이 밤에 칼을 뽑아 소란을 부리다가 순관(巡官)에게 잡혔다. 헌사(憲司)에서 문간이 소란을 금지하지 못한 것을 논핵하니 파직시켰다.

임인일(壬寅日-14일)에 내섬시(內贍寺)에 명해 여흥부원군(驪興府院君)의 기일재(忌日齋)를 공급했다. 기일(忌日)이 곧 9월 15일이기 때문이다.

○ 검교 한성윤(檢校漢城尹) 조유(趙瑜)의 직첩을 거뒀다. 유(瑜)는 전라도(全羅道) 순천부(順天府)에 사는데, 금년의 가뭄으로 인해 검교(檢校)의 직(職)을 받았다. 도관찰사(都觀察使) 권진(權軫)이 외산(外山) 초제(初祭)의 향축(香祝)을 받들고 가는데 길에서 만난 유가 가선대부(嘉善大夫-종2품)가 귀한 것이라 자부하고서 말을 달려 지나갔고, 진(軫)이 그 불경(不敬)한 죄를 청했기 때문이다.

갑진일(甲辰日-16일)에 편전에 나아가 의정부(議政府)·육조(六曹)·대간(台諫)을 인견(引見)하고, 그 참에 소작(小酌-작은 술자리)을 베풀었다.

○ (제주도) 대정현감(大靜縣監) 박욱(朴彧), 정의현감(旌義縣監) 신치(申緻)에게 부임하지 말라고 명했다. 두 사람이 모두 노친(老親)이 있기 때문에 사람을 골라 대신하라고 명하고, 또 말했다.

---

6 조선조 때, 금란패(禁亂牌)를 가지고 다니면서 금제(禁制-금해 하지 못하게 함)를 위반한 사람을 더듬어 찾기도 하고 잡아들이기도 하던 임시 관원이다.

"이제부터 제주의 목사(牧使)·판관(判官)과 현감(縣監)에 노친이 있는 자는 차임(差任)하지 말라."

○ 내수(內竪-내시) 이세(李世)에게 장(杖) 100대를 때리고, 호군(護軍) 주맹인(周孟仁)과 내수 이수(李壽)와 기인(其人) 말을건(末乙巾)에게는 60대를 때리고, 사약(司鑰) 김사진(金思震)을 파직시켰다. 애초에 세(世)가 입직(入直)하는 밤에 환도(環刀)를 보자기에 싸가지고 궐문에 들어왔기에 사건을 아뢰니, 의금부(義禁府)에 내려 국문했다. 의금부에서 아뢰었다.

"이세 및 함께 숙직하면서 고하지 않은 이수·말을건은 죄가 교형(絞刑)에 해당하고, 돈화문 파직(敦化門把直) 주맹인은 장(杖) 100대와 유(流) 3,000리에 해당하고, 사약 김사진은 죄가 불응위율(不應爲律)[7] 가운데 사리(事理)가 무거운 장(杖) 80대에 해당합니다."

모두 감등(減等)해 논하라고 명했다.

정미일(丁未日-19일)에 권영균(權永均) 등 4인이 북경(北京)에서 돌아왔다.

황제가 영균(永均) 등을 특별히 두텁게 대접하고 마침내 말했다.
"원민생(元閔生)은 어째서 오지 않는가? 뒤에 꼭 들어오게 하라."
또 황엄(黃儼)이 뜻을 전해 말했다.

---

7 법률의 정조문(正條文)에 죄명이 규명돼 있지 않은 가벼운 잡죄(雜罪)를 다스리는 율(律)이다.

"옥등(玉燈) 중에 큰 것 10개를 뒤에 오는 사신 편에 부쳐 진헌하고, 이제부터 영균 등은 조서를 기다려서 와서 보도록 하라."

네 사람이 각각 하사받은 양(羊)·말·은정(銀錠)·채단(綵段)을 바쳤다.

○ 전라도 도관찰사(全羅道都觀察使) 권진(權軫)에게 명해 회안대군(懷安大君) 딸이 성혼(成婚)할 때 혼수를 주게 했다.

○ 선왕(先王)·선후(先后)의 기신재제(忌晨齋祭)에 술과 감주(甘酒)를 쓰라고 명했다.

예조(禮曹)에서 아뢰었다.

"『주서(周書)』에 '제사에는 이러한 술을 쓰라' 했으니, 예전부터 제사에 술을 쓰지 않는 일이 없었습니다. 본조(本朝)의 선왕·선후의 기신재에 모두 요전(澆奠)이 있는데, 홀로 태조강헌대왕(太祖康獻大王)·신의왕후(神懿王后)의 요전에만 술을 쓰고 그 나머지 요전에는 모두 다탕(茶湯)을 쓰니 대단히 예(禮)에 합당하지 못합니다. 빌건대, 태조 요전의 예(例)에 의거해서 기신마다 모두 술과 감주(甘酒)를 쓰소서."

그것을 따랐다.

○ 세자가 흥덕사(興德寺)에 가서 신의왕후(神懿王后) 기신(忌晨)에 소향(燒香)하고 난 뒤 바둑 두는 자 2·3인을 불러서 바둑을 두었다. 충녕대군(忠寧大君)이 말했다.

"세자의 지존(至尊)으로서 아래로 간사한 소인배와 놀음놀이를 하는 것도 이미 안 될 일인데, 하물며 기신에 있어서이겠습니까?"

세자가 말했다.

"너는 관음전(觀音殿)에 가서 좋아하는 잠이나 자라."

이는 대개 꺼려 한 때문이다. 대군이 항상 세자의 근신하지 못하는 것을 간언해 말했다.

"조물주가 이빨을 주거나 뿔을 없애거나, 날개를 붙이거나 두 발을 주는 다름이 있게 했고 성인군자(聖人君子)와 야인(野人)의 분수를 밝혔으니, 각각 당연한 법칙이 있지 않음이 없어서 어지럽힐 수 없는 것입니다. 어찌 미세(微細)한 사람과 더불어 시시한 오락을 즐길 수 있습니까?"

세자가 매우 불쾌해했다.

무신일(戊申日-20일)에 지배천군사(知白川郡事-배천군 지사) 한승순(韓承舜)을 파직했다. 애초에 배천 백성 중에 농사를 게을리해 그 생업을 잃은 자가 있어서 명해 그 까닭을 승순(承舜)에게 물으니, 승순이 사실대로 보고하지 않았다. 호조좌랑(戶曹佐郎) 김보중(金保重)을 보내어 가서 살펴보게 하니 승순이 보고한 것이 과연 사실이 아니었기에, 그래서 의금부(義禁府)에 내려 국문하고서 파직했다.

기유일(己酉日-21일)에 세자에게 명해 좌빈객(左賓客) 계성군(鷄城君) 이래(李來)와 우빈객(右賓客) 예조판서(禮曹判書) 조용(趙庸)의 병을 그 집에 가서 묻게 했다.

경술일(庚戌日-22일)에 개성유후사 경력(開城留後司經歷) 최도원(崔

道源), 정평부사(定平府使) 박미(朴楣)를 파직했다. 애초에 도원(道源)이 지보성군사(知寶城郡事-보성군 지사)이고 미(楣)가 판고흥현사(判高興縣事-고흥현 판사)일 때 국고의 쌀과 콩을 잘못 교부(交付)해서 손실을 본 바 있었는데, 이때에 이르러 모두 파직했다.

임자일(壬子日-24일)에 명해 선공부정(繕工副正) 구종수(具宗秀, ?~1417년)[8], 악공(樂工) 이오방(李五方) 등을 의금부(義禁府)에 가두었다.

상이 항상 세자를 마땅한 방도[義方]로 가르쳤는데 세자가 주색에 빠져 도리를 어지럽히며 가르치는 명에 고분고분하지 않으니, 갑사(甲士)를 시켜 문을 파수하게 해서 잡인(雜人)이 출입하는 것을 금했다. 종수(宗秀)가 세자에게 잘 보여 후일의 공(功)을 도모하고자 해서, 오방(五方)과 더불어 대나무다리[竹橋]를 만들어 밤마다 담을 넘어 궁에 들어가 술을 마시며 놀고, 혹 밤에 세자를 제집으로 맞아[邀=迎] 잔치를 베풀고, 혹 남모르게 여색(女色)을 바치거나 비밀리에 매를 바치곤 했다. 이때에 이르러 일이 발각돼 옥에 내려졌다.

---

8 1409년 순금사사직(巡禁司司直)으로 왕족 간의 이간을 꾀한 김첨(金瞻)을 체포했는데, 같은 죄목에 관련돼 조사를 받던 이무(李茂)에게 기밀을 누설한 죄로 관직을 삭탈당하고 울진으로 유배됐다. 그 뒤에 풀려나 이때인 1416년 선공감부정(繕工監副正)이 됐으나 자신의 뒷날을 생각해서, 왕명에 의해 연금 중인 세자의 궁에 야음을 틈타 월담해서 들어가 주연을 베풀었고 세자를 집에 여러 차례 초청, 두 형 구종지(具宗之)·구종유(具宗猷)와 함께 주색으로 향응하고 매와 비단 등을 뇌물로 바쳤는데, 이 사실이 탄로 나서 경성으로 유배됐다. 이듬해 연안부(延安府)에 유배된 이숙번에게 사람을 보내 세자에게 바치기 위해 활과 말을 요구한 사실이 드러나 참수당했다.

○ 병조(兵曹)에서 아뢰었다.

"각 영(領)의 섭대장(攝隊長)·섭대부(攝隊副)와 방패(防牌)를 모아 차년(差年)⁹이 가장 많은 자를 거관(去官)하게 하는 것을 항식(恒式)으로 삼으소서."

그것을 따랐다.

계축일(契軸日-25일)에 구종수(具宗秀)는 장 100대를 때려 경성군(鏡城郡)에 유배 보내고 이오방(李五方)은 100대를 때려 공주(公州) 관노(官奴)에 환속(還屬)시켰다. 상이 편전에 나아가 이원(李原)·황희(黃喜)를 불러 만나보고[引見]서 종수(宗秀)의 죄악과 세자의 행실을
인견
가르쳐 일깨워주니, 희(喜)가 대답해 말했다.

"종수가 한 짓은 응견(鷹犬)의 일에 불과할 뿐입니다."

다시 "세자는 나이가 어립니다. 세자는 어립니다"라고 두 번씩이나 말했다. 하륜(河崙)이 종수의 일을 듣고서 대궐에 나아오니, 상이 내전(內殿)에서 불러 만나보았다. 상이 아직 말을 하지 않았는데 그에 앞서 륜(崙)이 눈물을 흘리며[垂淚] 아뢰어 말했다.
수루

"세자의 직책이 장차 종사(宗社)를 주관할 터인데, 지금 거칠고 음란한 것이 이 지경에 이르렀습니다. 어찌하겠습니까, 어찌하겠습니까? 마땅히 종수를 베어 후래(後來-뒤에 오는 사람)를 경계하고, 더욱 방금(防禁)을 더해 난(亂)의 근원을 근절하소서."

상이 그 말에 감동했다. 의금부(義禁府)에서 아뢰었다.

---

9 벼슬에 임명된 햇수를 말한다.

"종수는 궁성(宮城)을 넘었으니 죄가 교형(絞刑)에 해당합니다."

상이 정부(政府)·육조(六曹)·대간(台諫)에 뜻을 전해 말했다.

"이 사람을 실로 삼복(三覆)[10]을 기다린 뒤에 형을 집행할 것인가?"

형조판서(刑曹判書) 안등(安騰)이 아뢰어 말했다.

"옥(獄)의 의심나는 것이야 삼복(三覆)을 기다려야겠지만, 궁성을 넘어 들어간 것은 죄가 이보다 더 큰 것이 없으니 무엇을 기다릴 것이 있겠습니까?"

여러 경(卿)이 모두 등(騰)의 말을 옳다고 하자 상이 그것을 따랐다. 조금 있다가 대사헌(大司憲) 김여지(金汝知)와 좌사간(左司諫) 박수기(朴豎基) 등이 아뢰어 말했다.

"종수의 죄는 다시 토의할 것이 없으나, 궁성을 넘어 들어간 것은 반드시 까닭이 있을 것입니다. 청컨대 그 까닭을 국문한 연후에 죽이소서."

마침내 의금부(義禁府)에 명해 함께 출입한 자를 물었으나, 말이 세자와 관련되므로 숨기고 더는 캐묻지 않았다. 그 어미가 신정(申呈)해 사형을 용서하도록[貸=宥] 청하니 상이 누(累)가 세자에게 미친다고 하면서 말감(末減-죄를 경감함)에 따라 단지 장(杖) 100대와 도(徒) 3년에 처해 경성(鏡城)으로 유배 보내고, 오방은 장 100대를 때려 본역(本役)에 따라 역(役)을 정했다.

---

10 사죄(死罪)에 해당하는 죄인을 신중히 처결하기 위해 세 차례나 거듭해 죄상을 조사하게 한 법을 가리킨다.

갑인일(甲寅日-26일)에 동교(東郊)에 행차해 매사냥을 구경했다.

○ 세자전(世子殿) 환자(宦者-환관) 우적(禹跡)과 사약(司鑰) 백순(白淳)·이우(李雨)를 내쫓았다.

을묘일(乙卯日-27일)에 큰바람이 불었다.

○ 정역(鄭易)을 호조판서, 맹사성(孟思誠)을 예조판서, 성발도(成發道)를 판한성부사(判漢城府事-한성부 판사), 탁신(卓愼)을 이조참판(吏曹參判)으로 삼았다.

병진일(丙辰日-28일)에 대간(台諫)에서 구종수(具宗秀) 등을 율(律)에 의거해 논죄할 것을 청했으나 윤허하지 않았다. 세자가 서연관(書筵官)에게 전해 말했다.

"근래의 일을 서연관이 어찌 알지 못하겠는가? 내가 서연관을 멀리하고 소인(小人)을 친히 접해 상위(上位)의 마음을 상하게 했으니, 불효가 이보다 클 수가 없다. 서연관과 공론(公論)이 어떻다고 하겠는가? 후일 조회에 어떻게 백관을 보겠는가? 내가 이제부터 서연에 부지런하고 불효의 일을 행하지 말고자 하나, 생각만 하고 조처를 어떻게 해야 할지를 알지 못하겠다."

빈객(賓客) 변계량(卞季良)이 말했다.

"이 마음을 잊지 말고 시종 한결같이 하면 됩니다. 옛사람이 말하기를 '사람이 비록 지극히 어리석으나, 남을 책망하는 데는 밝다'라고 했습니다. 우리는 비록 재주가 없으나 상께서 명해 서연관으로 삼았으니, 우리들의 말을 들으면 됩니다."

세자가 말했다.

"옛날부터 부모에게 불효하면서 선(善)한 일을 한 자는 없었다. 나도 글을 읽었으니 어찌 알지 못하겠는가? 내가 이제부터 불효하지 않고자 한다. 만일 불효를 한다면 비록 상께서는 자식이라 여겨 사랑한다 하더라도 하늘이 어찌 나를 아끼겠는가?"

이에 빈객과 서연관이 두세 번 강하기를 청하니, 세자가 오히려 나오지 않고 말했다.

"내일 강하겠다."

이튿날 계량(季良) 등이 서연관을 거느리고 대궐에 나아와 전일(前日)에 세자가 했던 말을 아뢰니, 뜻을 전해 말했다.

"내게도 허물을 뉘우치는 말을 했는데, 다만 이 말이 전에는 듣지 못하던 말이다. 내가 실로 기뻐한다. 경 등은 이로 인해 말을 다해 가르쳐야 할 것이다. 지금이라도 허물을 고치면 늦지 않다."

계량 등이 돌아가 세자에게 보고하고, 이어서 「자경잠(自警箴)」을 지어 세자에게 보이고 서연청(書筵廳)에 써두었는데, 그 글은 이러했다.

'「자경잠」은 왕세자가 스스로 인도하는 글이다. 옛날 이래로 그 어버이에게 불효하고서 능히 부귀를 누리는 사람을 보지 못했다. 이제 이후로 불효를 한다면, 부모는 비록 사랑할지라도 하늘이 반드시 싫어할 것이다.'

○ 세자전(世子殿) 서쪽 담장 문에 가서 담장을 쌓을 터를 보았다. 창덕궁(昌德宮) 동남 협문(夾門)부터 종묘(宗廟) 북쪽 담장까지 통하는 것이었다. 세자전 환자(宦者) 박영(朴穎)을 불러 말했다.

"제향(祭享) 때를 당해서 내가 치재(致齋)하고 종묘(宗廟)에 나갈 즈음에 범염(犯染)[11]을 할까 두려워서 담장을 쌓는 것이니, 너는 이 뜻을 세자와 서연관에게 말하라."

정사일(丁巳日·29일)에 사헌부(司憲府)·사간원(司諫院)이 소를 올려 구종수(具宗秀)의 죄를 청했다. 헌부의 소(疏)는 이러했다.

'신 등이 가만히 생각건대, 신상필벌(信賞必罰)은 왕법(王法)의 상경(常經-일정한 도리)입니다. 종수(宗秀)는 광망(狂妄)하고 아첨해서 예전 기축년(己丑年)에 죄를 범해 외방(外方)에 유배 갔다가 지금 다시 조정에 발을 붙여 외람되게 4품에 이르렀는데, 성은(聖恩)을 받아들이지 않고 세자의 춘추(春秋)가 장성하지 못해 추향(趨向-지향하는 바)이 정해지지도 않은 때에 용납받기를 몰래 꾀했습니다[私圖]. 드디어 시정천례(市井賤隷)의 무리와 더불어 어두운 틈을 엿보아 종묘 담 안에 잠복해 궁성을 넘어 들어갔으니, 그 실상이 개나 쥐와 같고 행실이 실로 부도(不道)합니다. 이는 세자에게 이롭지 못하고 전하에게 불충한 것이 분명합니다. 빌건대 율(律)에 의거해 과죄(科罪)함으로써 왕법(王法)을 바로잡고 후인(後人)을 경계하소서.'

간원(諫院)의 소는 이러했다.

'신 등이 가만히 생각건대, 형벌이 죄에 마땅하면 악한 짓을 하는 자가 두려워할 줄을 알고, 죄는 중한데 벌이 가벼우면 악한 짓을 하는 자를 징계할 것이 없습니다. 지금 종수가 궁성을 넘어 들어간 죄

---

11 부정 타는 일을 하는 것을 말한다. 예를 들면 초상집을 방문하는 등의 일을 가리킨다.

를 의금부(義禁府)에서 교살(絞殺)의 율에 의거해 아뢰었는데, 곧 그대로 윤허를 받았으니 신 등이 생각하기를 형벌이 그 죄에 적당하다 했으나 마침내 시행하지 않고 단지 장(杖) 100대를 때려 외방에 귀양 보내는 데 그쳤습니다. 전하께서 살리기를 좋아하는 마음[好生之心]은 두텁다고 할 수 있을 것이나, 우순(虞舜-요순)의 지극한 어짊으로도 죄가 의심스러운 것이 있은 뒤에야 가벼운 것에 따라서 다스렸지 의심할 바가 없는데도 가벼운 것을 따랐다는 말은 듣지 못했습니다. 종수가 간흉(姦譎)한 마음을 품고 밤에 궁성을 넘은 것이 4~5차례에 이르렀으나 꺼려 하는 것이 없었으니, 그 죄가 죽여야 할 것임은 우부우부(愚夫愚婦)라도 함께 아는 것입니다. 사형(死刑)에 의심할 것이 없는데도 경전(輕典-가벼운 법 적용)을 따르니, 신 등이 가만히 생각건대 유감(遺憾)이 있습니다. 몸으로 이러한 죄를 범하고도 머리를 보전하게 되면 악한 짓을 한 자가 어찌 경계하겠습니까? 후일에 불궤(不軌)한 일을 자행(恣行)할 것을 또한 알 수 없는 일입니다. 엎드려 바라건대 전하는 유사(攸司)로 하여금 율(律)에 의거해 시행하는 것을 허락함으로써 신민(臣民)이 바라는 것을 터주소서.'

상이 윤허하지 않고 말했다.

"내가 매번 죄를 결단할 때를 당하면 반드시 말감(末減)에 따른다. 이 사람은 마땅히 죽을죄 가운데 최말단이다."

명해 말했다.

"이제부터 대간(臺諫)의 일원은 부득이 원의(圓議)[12]할 공사(公事)

---

12 대간(台諫)에서 안건(案件)을 처리할 때 대간의 관원이 둥글게 둘러앉아 토의해서 그 가

가 있는 사람 외에는 본사(本司)에 근무하는 것을 그만두고 서연(書筵)에 근무하는 것을 항식(恒式)으로 삼으라."

○ 상주(尙州) 임내(任內)의 호계현(虎溪縣)을 문경현(聞慶縣)에 소속시켰다.

○ 예조(礼曹)에서 고려(高麗) 공양군(恭讓君)에게 능호(陵號)를 내려줄 것을 청했다. 아뢰어 말했다.

"『속자치통감(續資治通鑑)』에 따르면 송(宋) 태조(太祖)가 주(周)나라의 선위(禪位)를 받았는데, 주제(周帝)를 받들어 정왕(鄭王)으로 삼고 태후(太后)를 주 태후(周太后)로 삼았습니다. 개보(開宝) 6년에 주 정왕(周鄭王)이 방주(房州)에서 죽자[殂] 돌아와 도릉(度陵) 옆에 장사하고 순릉(順陵)이라 이름했습니다. 빌건대 이 제도에 의거해 공양군에게 능호를 내려주고, 그 비(妃)를 봉하소서."

그것을 따랐다.[13]

○ 예조(礼曹)에서 또 아뢰었다.

"육조(六曹)가 각각 소속을 거느려 그 직책을 분장(分掌)해서 대사(大事)는 취지(取旨)하고 소사(小事)는 전단(專斷-전결)하는 것은 곧 주관(周官) 육경(六卿)의 유제(遺制)이니, 잡다한 사무를 친히 집행할 것이 없습니다. 본조(本朝)에서 아직도 전조(前朝) 말년의 폐습을 이어받아서 대소 조회(大小朝會)의 각사(各司)의 거동(擧動)을 친히 알리게 하니, 관사를 설치하고 직책을 나눈 뜻에 어그러짐이 있습니다.

부를 서결(署決)하는 제도를 말한다.
13 이렇게 해서 순릉(順陵)이라는 능호를 받았다.

빌건대 통례문(通禮門)으로 하여금 본조(本曹)의 행이(行移)[14]를 받아 각사에 전달해 일깨우게 하소서."

그것을 따랐다.

○ 유사눌(柳思訥)을 판상주목사(判尙州牧事-상주목 판사)로 삼았다가 조금 뒤[旣而=俄而]에 취소했다.
_{기이   아이}

헌사(憲司)에서 탄핵해 아뢰어 말했다.

"그 몸가짐이 바르지 못하니, 백성에게 임하는 것[臨民][15]은 마땅치 않습니다."
_{임민}

상이 말했다.

"사눌(思訥)의 죄가 작고 또 일찍이 근시(近侍)한 사람인데, 그 직책을 파면시킬 것을 청하기를 이렇게 부지런히 하는 것은 무슨 까닭인가?"

대사헌(大司憲) 김여지(金汝知)가 말했다.

"사눌의 죄가 율에 따르면 작다고 할 수 없고 또 전에 회수한 직첩(職牒)을 아직 환수(還受)하지 못했는데, 갑자기 판목(判牧)을 제수하니 신의 어리석은 생각으로는 부적절하다[未便]고 여깁니다."
_{미편}

그것을 따랐다.

---

14 행문이첩(行文移牒)의 준말로 관사(官司) 간에 왕복하는 공문서 또는 공문서를 전달하는 행위를 말한다.

15 백성을 직접 다스리는 지방관직을 말한다.

己丑朔 吏曹啓成均校書館權知敍用法. 啓曰:

"成均校書館學諭 正字立門許參後 竝還其鄕 閑遊不仕. 因此 各

其司差任不足 且乖於取士任用之意. 請近道今月二十日 遐道晦日

督令赴京從仕 如有不到者 竝皆除錄. 各道各官學長定體 如有

自願從仕者 依新屬例 更爲立門許參 方許遷轉. 自今上項權知 依

成衆官例 有緣故不仕滿百日者及無緣故不仕滿三十日者 除錄

二十九日以下 依律論罪 除錄人內自願還仕者 必更立門許參 方許

敍用."

庚寅 以金麟雨爲武陵等處安撫使. 戶曹參判朴習啓:"臣嘗爲

江原道都觀察使聞 武陵島周回七息 傍有小島 其田可五十餘結.

所入之路 纔通一人 不可竝行. 昔有方之用者率十五家入居 時或

假倭爲寇. 知其島者 在三陟 請使之往見." 上可之 乃召三陟人前

萬戶金麟雨 問武陵島事 麟雨言:"三陟人李萬嘗往武陵而還 詳知

其島之事." 卽召李萬. 麟雨又啓:"武陵島遙在海中 人不相通 故避

軍役者 或逃入焉. 若此島多接人 則倭終必入寇 因此而浸於江原道

矣." 上然之 以麟雨爲武陵等處安撫使 以萬爲伴人 給兵船二隻

抄工二名 引海二名 火熥火藥及 量 往其島 諭其頭目人以來. 賜
초공 이명 인해 이명 화통 화약 급 량 왕 기도 유 기 두목 인 이래 사

麟雨及萬衣笠靴.
인우 급 만의 립화

復置沈藏庫.
부치 침장고

各道府尹 判大都護府事 判牧事 判都護府事軍官三人 各除其一
각도 부윤 판대도호부사 판목사 판도호부사 군관 삼인 각 제 기일

從兵曹之啓也.
종 병조 지 계야

辛卯 禮曹上嶽瀆山川行祭之式. 畿內則朝官差遣 畿外則所在
신묘 예조 상 악독 산천 행제 지 식 기내 즉 조관 차견 기외 즉 소재

監司與各官守令以時祭告 從之.
감사 여 각관 수령 이시 제고 종지

壬辰 火星犯南斗第五星.
임진 화성 범 남두 제오 성

癸巳 命講武常所勿禁耕稼.
계사 명 강무 상소 물금 경가

甲午 議政府 六曹請復各道別膳 從之.
갑오 의정부 육조 청복 각도 별선 종지

賜文武科恩榮宴.
사 문무과 은영연

乙未 命禮曹 倭使所進 若非其國所産勿受. 謂是必盜竊上國之
을미 명 예조 왜사 소진 약비 기국 소산 물수 위시 필 도절 상국 지

物也. 禮曹又啓: "日本客人及興利倭人所賣中國物色 勿許貿易."
물야 예조 우계 일본 객인 급 흥리왜인 소매 중국 물색 물허 무역

從之. 於是 慶尙道水軍都節制使鄭幹寓書于承政院曰: "倭使
종지 어시 경상도 수군도절제사 정간 우서 우 승정원 왈 왜사

本以中國盜物 賣諸我國 以資衣食. 曾降敎旨 令倭使所盜中國之
본이 중국 도물 매저 아국 이자 의식 증강 교지 영 왜사 소도 중국 지

物 不得賣諸中外 今倭使發怒 勢將生變." 議政府 六曹 臺諫上言
물 부득 매저 중외 금 왜사 발노 세 장 생변 의정부 육조 대간 상언

曰: "倭性本狠惡 喜怒無常 今不得衣食於我國 則必懷叛逆 侵竊
왈 왜성 본 한악 희노 무상 금 부득 의식 어 아국 즉 필 회 반역 침절

邊境 殺害民命矣. 乞殿下似若不知 許令買賣於外方 但禁買賣國中
변경 살해 민명 의 걸 전하 사약 부지 허령 매매 어 외방 단금 매매 국중

何如?" 上傳旨曰: "稱臣於上國而許納中國之物可乎?" 朴訔啓曰:
하여 상 전지 왈 칭신 어 상국 이 허납 중국 지물 가호 박은 계왈

"殿下是言至矣. 然接中國之盜與買中國之物 何擇焉? 殿下優接
전하 시언 지의 연 접 중국 지도 여 매 중국 지물 하택 언 전하 우접

倭使 無他 爲沿海民也. 旣接中國之盜 許買中國之物於外方 何害?"
왜사 무타 위연해민야 기접 중국 지도 허매 중국 지물어 외방 하해

從之.
종지

世子賓客卞季良等詣闕請進講中庸於世子 上曰: "自古易子而教
세자 빈객 변계량 등 예궐 청 진강 중용 어 세자 상왈 자고 역자 이교

且年旣壯矣 予不能教也. 卿等教以中庸 使通其義 與心爲一." 一日
차 연기장의 여 불능교야 경등 교이 중용 사 통기의 여심위일 일일

弼善鄭招等聞世子殿有鷹子聲 請出之 世子曰: "此小物也 予非
필선 정초 등 문 세자전 유 응자성 청 출지 세자왈 차 소물야 여비

以此馳騁也 但見之而已 幸毋告于賓客." 是時忠寧大君【今上】好學
이차 치빙 야 단 견지 이이 행무 고우 빈객 시시 충녕대군 금상 호학

賓客李來 季良等心忌之 屢於書筵稱美 以激世子. 季良每問大君
빈객 이래 계량 등 심 기지 누어 서연 칭미 이격 세자 계량 매문 대군

侍官云: "所讀 何書?" 對曰: "讀某書." 必稱歎之.
시관 운 소독 하서 대왈 독 모서 필 칭 탄지

丙申 命乳牛所復進酪.
병신 명 유우소 부 진락

丁酉 陞咸州牧爲咸興府 復以永興府爲和州牧 改永吉道爲
정유 승 함주목 위 함흥부 복이 영흥부 위 화주목 개 영길도 위

咸吉道.
함길도

傳旨咸吉道都巡問使 都安撫使 江界兵馬使 進鷹子.
전지 함길도 도순문사 도안무사 강계 병마사 진 응자

收前縣令楊英發 前監務柳植 前監察金斯汰等職牒 照律論罪.
수 전 현령 양영발 전 감무 유식 전 감찰 김사태 등 직첩 조율 논죄

英發等以三寸姪楊龍生爲庶孼 減給奴婢故也.
영발 등 이 삼촌 질 양용생 위 서얼 감급 노비 고야

己亥 上奉上王 觀放鷹于東郊.
기해 상 봉 상왕 관 방응 우 동교

庚子 以刷卷色啓 公處奴婢分送各司 定限決絶.
경자 이 쇄권색 계 공처노비 분송 각사 정한 결절

營齋室于圓壇 社稷 風雲雷雨 先農諸壇 從禮曹之啓也. 又啓:
영 제실 우 원단 사직 풍운뇌우 선농 제단 종 예조 지계야 우계

"祭日或値雨雪 則令忠扈衛 設幄行祭." 又啓: "圓壇 風雲雷雨諸壇
제일 혹 치 우설 즉 영 충호위 설악 행제 우계 원단 풍운뇌우 제단

乞依古制築之 壇外四方種木 各定人丁守之." 皆從之.
걸의 고제 축지 단외 사방 종목 각정 인정 수지 개종지

辛丑 罷豐儲倉使李文幹職. 先是 文幹以義禁府都事 爲
신축 파 풍저창 사 이문간 직 선시 문간 이 의금부도사 위

倭館禁亂官 有一倭於夜拔劍作亂 爲巡官所獲. 憲司以文幹不能
禁亂 劾罷之.

壬寅 命內贍寺 供驪興府院君忌日齋. 忌日乃九月十五日也.

收檢校漢城尹趙瑜職牒. 瑜居全羅道順天府 因今年之旱 得受
檢校之職. 都巡察使權軫奉外山初祭香祝而去 瑜遇諸途 自負嘉善
之貴 馳馬過行 軫請其不敬之罪故也.

甲辰 御便殿 引見議政府 六曹 臺諫 仍設小酌.

命大靜縣監朴彧 旌義縣監申緻勿赴任. 以二人皆有老親 故命
選人代之. 且曰: "自今濟州牧使 判官及縣監有老親者勿差."

杖內竪李世一百 護軍周孟仁 內竪李壽 其人末乙巾六十 罷司鑰
金思震職. 初 世於入直之夜 於鋪蓋齋環刀入闕門. 事聞 下義禁府
鞫問. 義禁府啓: "李世及同直不告者李壽 末乙巾罪應絞; 敦化門
把直周孟仁當杖一百 流三千里; 司鑰金思震罪當不應爲事理重 杖
八十." 命皆減等論.

丁未 權永均等四人回自北京. 帝待永均等特厚 乃曰: "元閔生何
不來? 後須入來." 又黃儼傳旨曰: "玉燈大者十事 付後來使臣以獻.
自今永均等待詔乃來見." 四人各獻受賜羊馬銀錠綵段.

命全羅道都觀察使權軫 給懷安大君女成婚時所需.

命先王先后忌辰 齋祭用酒醴. 禮曹啓: "周書曰: '祀
茲酒.' 自古祭祀無不用酒. 本朝先王 先后忌辰齋 皆有澆奠 獨於

太祖康獻大王 神懿王后澆奠用酒 其餘澆奠皆用茶湯 殊未合禮.
태조강헌대왕 신의왕후 요전 용주 기여 요전 개용 다탕 수미 합례

乞依太祖澆奠例 每忌辰 皆用酒醴." 從之.
걸의 태조 요전 례 매 기신 개용 주례 종지

世子往興德寺 神懿王后忌辰 燒香 召碁者二三 人圍碁 忠寧大君
세자 왕 흥덕사 신의왕후 기신 소향 소 기자 이삼 인위기 충녕대군

曰: "儲副之尊 下與憸小爲戲 已爲不可 況在諱晨乎?" 世子曰: "汝
왈 저부 지존 하여 섬소 위희 이위 불가 황재 휘신 호 세자왈 여

可就觀音殿好睡." 蓋憚之也. 大君嘗諫世子不謹曰: "造物有與齒去
가취 관음전 호수 개탄지야 대군 상간 세자 불근 왈 조물 유여 치거

角 附翼兩足之殊 聖人明君子 野人之分 莫不各有當然之則 不可亂
각 부익 양족 지수 성인 명 군자 야인 지분 막불 각유 당연 지칙 불가 난

也. 豈可與細人 玩細娛乎?" 世子頗不悅.
야 기가 여 세인 완 세오 호 세자 파 불열

戊申 罷知白川郡事韓承舜職. 初 白川民有怠於 農事 而失其
무신 파 지배천군사 한승순 직 초 배천민 유태어 농사 이실기

生業者 事聞 命問其故於承舜 承舜報不以實 遣戶曹佐郞金保重往
생업 자 사문 명문 기고 어 승순 승순 보불 이실 견 호조좌랑 김보중 왕

視之 承舜所報果不實 故下義禁府鞫問罷之.
시지 승순 소보 과 불실 고하 의금부 국문 파지

己酉 命世子問左賓客雞城君李來 右賓客禮曹判書趙庸疾于
기유 명 세자 문 좌빈객 계성군 이래 우빈객 예조판서 조용 질우

其第.
기제

庚戌 罷開城留後司經歷崔道源 定平府使朴楣職. 初 道源
경술 파 개성유후사 경력 최도원 정평부사 박미 직 초 도원

知寶城郡事 楣判高興縣事 國庫米豆 交付 以致耗損 至是皆罷.
지보성군사 미 판고흥현사 국고 미두 교부 이치 모손 지시 개파

壬子 命囚繕工副正具宗秀 樂工李五方等于義禁府. 上常敎世子
임자 명수 선공부정 구종수 악공 이오방 등우 의금부 상 상교 세자

以義方 世子沈湎冒亂 不順敎命 使甲士把門 禁雜人出入. 宗秀欲
이 의방 세자 침면 모란 불순 교명 사 갑사 파문 금 잡인 출입 종수 욕

媚于世子 以圖後日之功 與五方造竹橋 每夜踰墻入宮 縱酒作戲 或
미우 세자 이도 후일 지공 여 오방 조 죽교 매야 유장 입궁 종주 작희 혹

夜邀世子於其家設宴 或陰進女色 密獻鷹子. 至是 事覺下獄.
야 요 세자 어 기가 설연 혹 음진 여색 밀헌 응자 지시 사각 하옥

兵曹啓: "各領攝隊長 隊副與防牌和會 以差年最多者去官 以爲
병조 계 각령 섭대장 대부 여 방패 화회 이 차년 최다 자 거관 이위

恒式." 從之.
항식 종지

癸丑 杖具宗秀一百 流于鏡城郡; 李五方一百 還屬公州官奴. 上
御便殿 引見李原 黃喜 諭以宗秀之惡 世子之行 喜對曰: "宗秀所爲
不過鷹犬之事耳." 且再言世子年少 世子年少. 河崙聞宗秀之事
詣闕 上引見于內殿 上未有所言 崙垂淚啓曰: "世子之職 將主宗社
今荒淫至此 奈何奈何? 宜斬宗秀 以戒後來; 尤加防禁 以絶亂源."
上感其言, 義禁府啓: "宗秀越宮城 罪當絞." 上傳旨政府 六曹 臺諫
曰: "此人亦待三覆 然後行刑歟?" 刑曹判書安騰啓曰: "獄之疑者
固待三覆 越入宮城 罪莫大焉 何用待之?" 諸卿皆以騰言爲是 上
從之. 俄而 大司憲金汝知 左司諫朴竪基等啓曰: "宗秀之罪則
無有更議者焉 其越入宮城 必有以也. 請問其所以 然後戮之." 乃
命義禁府 問其同出入者 以辭連世子 故秘之 不復究問. 其母申呈
請貸其死 上以累干世子 從末減 止杖一百 徒三年 流于鏡城; 五方
杖一百 從本定役.

甲寅 幸東郊 觀放鷹.

黜世子殿宦者禹跡及司鑰白淳 李雨.

乙卯 大風.

以鄭易爲戶曹判書 孟思誠禮曹判書 成發道判漢城府事 卓愼
吏曹參判.

丙辰 臺諫請將具宗秀等 依律論罪 不允. 世子傳言於書筵官曰:
"近日之事 書筵官豈不知乎? 我疏遠書筵官 而親接小人 以致上位

動念 不孝莫大. 書筵官與公論 謂之如何? 後日朝會 何以見百官?
동념 불효막대 서연관여공론 위지여하 후일 조회 하이견백관

予欲自今勤於書筵 勿行不孝之事. 然慮之而不知所以處之 如何?"
여욕자금근어서연 물행불효지사 연여지이부지소이 처지 여하

賓客卞季良曰: "不忘此心 終始如一可也. 古人云: '人雖至愚 責人
빈객 변계량 왈 불망 차심 종시 여일 가야 고인운 인수지우 책인

則明.' 我等雖不才 上命爲書筵官 聽我等之言乃可." 世子曰: "自古
즉명 아등 수부재 상명위 서연관 청아등지언내가 세자왈 자고

不孝於父母 而爲善者無之. 予亦讀書 豈不知乎? 予欲自今勿行
불효어부모 이위선자 무지 여역 독서 기부지호 여욕 자금 물행

不孝. 若不孝 則上雖謂子而慈之 天豈愛之?" 於是 賓客與書筵官
불효 약 불효 즉상수위자이자지 천기애지 어시 빈객 여 서연관

請講再三 世子猶不出曰: "明日乃講." 翼日 季良等率書筵官詣闕
청강 재삼 세자유불출왈 명일내강 익일 계량등솔 서연관 예궐

啓以前日世子之言 傳旨曰: "於予亦進悔過之言. 但此言前所未聞
계이 전일 세자지언 전지왈 어여역진회과지언 단차언전 소미문

也 予實喜之. 卿等因此 盡言敎之可也. 及此改過 猶未晚也." 季良
야 여실 희지 경등인차 진언 교지 가야 급차 개과 유미만 야 계량

等回報世子 仍作自警箴 以示世子 書諸書筵廳. 其辭曰:
등 회보 세자 잉작 자경잠 이시 세자 서저 서연청 기사 왈

自警箴 王世子自導之 辭也. 從古以來 不孝其親 能享富貴 未見
자경잠 왕세자 자도지사야 종고 이래 불효기친 능향 부귀 미견

其人. 自今以往 所不孝者 父母雖慈 天必厭也.
기인 자금 이왕 소 불효자 부모수자 천필염야

幸世子殿西墻門 觀築牆之基. 自昌德宮東南夾門 通宗廟北墻也.
행 세자전 서장문 관축 장지기 자 창덕궁 동남 협문 통 종묘 북장 야

召世子殿宦者朴穎曰: "當祭享時 予致齋詣宗廟之際 恐其犯染而
소 세자전 환자 박영왈 당제향시 여치재 예종묘지제 공기 범염 이

築牆. 汝可言此意於世子及書筵官."
축장 여 가언 차의 어 세자 급 서연관

丁巳 司憲府 司諫院疏請具宗之之罪. 憲府疏曰:
정사 사헌부 사간원 소청 구종지 지죄 헌부 소왈

'臣等竊謂 信賞必罰 王法之常. 宗秀狂妄謟諛 昔在己丑 犯罪
신등 절위 신상필벌 왕법 지상 종수 광망 첨유 석재 기축 범죄

流外 今復接跡於朝 濫至四品. 不體聖恩 乃於世子春秋未壯 趨向
유외 금부 접적 어조 남지 사품 불체 성은 내어 세자 춘추 미장 추향

未定之時 私圖見納 遂與市井賤隷之徒 昏夜窺伺 竄伏於宗廟 垣中
미정 지시 사도 견납 수여 시정 천례 지도 혼야 규사 찬복 어 종묘 원중

越入宮城 情同狗鼠 行實不道. 此則不利於世子 而不忠於殿下
월입 궁성 정동 구서 행실 부도 차즉 불리 어 세자 이 불충 어 전하

明矣. 乞依律科罪 以正王法 以誡後人.'
명의 걸 의율 과죄 이정 왕법 이계 후인

諫院疏曰:
간원 소왈

'臣等竊謂 刑罰當罪 則爲惡者知所懼 罪重罰輕 則爲惡者無
신등 절위 형벌 당죄 즉 위악 자지 소구 죄중벌경 즉 위악 자무

所懲. 今宗秀踰入宮城之罪 義禁府照絞殺之律以聞 卽蒙兪允 臣等
소징 금 종수 유입 궁성 지죄 의금부 조 교살 지율 이문 즉 몽 유윤 신등

以爲刑當其罪 竟未施行 止杖一百 流之於外 殿下好生之心 可謂
이위 형당 기죄 경미 시행 지장 일백 유지 어외 전하 호생 지심 가위

厚矣. 然 以虞舜之至仁 罪有可疑 然後從輕以服之 未聞無所疑而
후의 연 이 우순 지지인 죄유 가의 연후 종경 이복지 미문 무소의 이

從輕也. 宗秀心懷姦譎 夜越宮城至四五度 而無所忌憚 其罪之可殺
종경 야 종수 심회 간휼 야월 궁성 지사오 도 이무 소기탄 기죄 지가살

愚夫愚婦之所共知也. 無所疑於死刑 而從輕典 臣等竊有憾焉. 身
우부 우부 지 소공지 야 무소의 어 사형 이종 경전 신등 절 유감 언 신

犯此等之罪 而得保首領 則爲惡者何所懲乎? 後日之恣行不軌 亦
범 차등 지죄 이 득보 수령 즉 위악 자하 소징 호 후일 지 자행 불궤 역

未可知也. 伏望殿下 許令攸司依律施行 以快臣民之望.'
미가 지야 복망 전하 허령 유사 의율 시행 이쾌 신민 지망

上不允曰: "予每當斷罪 必從末減 此人當死罪之最末者也." 命
상 불윤 왈 여 매당 단죄 필종 말감 차인 당 사죄 지 최말자 야 명

自今 臺諫一員有不得已圓議公事外 除仕本司 仕於書筵 以爲恒式.
자금 대간 일원 유 부득이 원의 공사 외 제사 본사 사어 서연 이위 항식

以尙州任內虎溪縣屬于聞慶縣.
이 상주 임내 호계현 속우 문경현

禮曹請賜高麗恭讓君陵號. 啓曰: "續資治通鑑 宋太祖 受周禪 奉
예조 청사 고려 공양군 능호 계왈 속자치통감 송태조 수 주선 봉

周帝爲鄭王 太后爲周太后. 開寶六年 周鄭王殂于房州 還葬度陵之
주제 위 정왕 태후 위주 태후 개보 육년 주 정왕 조우 방주 환장 도릉 지

側 號曰順陵. 乞依此制 賜恭讓君陵號 又封其妃." 從之.
측 호왈 순릉 걸의 차제 사 공양군 능호 우봉 기비 종지

禮曹又啓: "六曹各率所屬 分掌其職 大事則取旨 小事則專斷 卽
예조 우계 육조 각솔 소속 분장 기직 대사 즉 취지 소사 즉 전단 즉

周官六卿之遺制 不宜親執細務. 本曹尙襲前朝之季 大小朝會 各司
주관 육경 지 유제 불의 친집 세무 본조 상습 전조 지계 대소 조회 각사

擧動 親令知會 有乖設官分職之義. 乞令通禮門 承本曹行移 傳諭
거동 친령 지회 유괴 설관 분직 지의 걸령 통례문 승 본조 행이 전유

各司." 從之.
각사 종지

以柳思訥判尙州牧使 旣而罷之. 憲司劾啓曰: "其身不正 不宜
臨民." 上曰: "思訥之罪小矣 且曾近侍人也. 請罷其職 若是其勤
何哉?" 大司憲金汝知曰: "思訥 之罪 於律不爲小矣. 且前收職牒
猶未還受 遽除判牧 臣愚以爲未便." 從之.

태종 16년 병신년
10월

十月

기미일(己未日) 초하루에 안개가 꼈다.

○ 유사눌(柳思訥)의 직첩을 도로 지급하라고 명했다.

경신일(庚申日-2일)에 도총제(都摠制) 이도분(李都芬), 부윤(府尹) 이발(李潑)을 보내 경사(京師)에 가게 했으니, 이듬해 정삭(正朔-정월 초하루)을 하례하기 위함이다.

○ 동교(東郊)에 행차해 제산릉고증사(諸山陵考證使) 진산부원군(晉山府院君) 하륜(河崙)을 전별했다. 애초에 승정원에 뜻을 전해 말했다.

"진산(晉山)이 10월 초2일 함길도(咸吉道)에 가는데, 비록 위로해 잔치하고자 하나 저 사람이 술을 마시지 못하고 또 오래 앉는 것을 불편해한다. 내가 풍악을 베풀어 문밖에 전송하고자 하나, 다만 동향대제(冬享大祭)가 초7일에 있으니 섭행(攝行-일을 대신 행하는 것)이라고는 하지만은 7일 재계(齋戒)에 혐의가 있을까 의심한다. 성문 밖에서 전송하는 것이 괜찮겠는가?"

조말생(趙末生)이 대답해 말했다.

"친히 행하면 7일 재계를 해야 하지만, 섭행 같은 경우는 3일 재계를 하도록 이미 정한 제도가 있습니다. 또 (왕실의) 여러 능(陵)을 위해 전송하는 데 무엇이 해롭겠습니까?"

상이 그렇게 여겼다. 이때에 이르러 선암(鐥巖)에 나가 전송하고, 그 참에 안마(鞍馬)·모구(毛裘)·모관(毛冠)·입(笠-갓)·화(靴-신발)와 유의(襦衣-겨울옷) 1습(襲)을 주고 종사관(從事官)에게도 각각 차등 있게 내려주었다. 류(崙)가 그 첩의 아들을 상에게 보이고서 말했다.

"이 아이의 이름은 하장(河長)이고, 그 아우가 있는데 하연(河延)입니다. 청컨대 전하께서 잘 챙겨주소서."

세자도 동교에서 전별했다.

을축일(乙丑日-7일)에 상이 상왕을 받들어 광주(廣州) 위요성(慰要城)에서 사냥하고, 초8일(병인일)에 궁으로 돌아왔다.

이원(李原)이 아뢰어 말했다.

"지난번[向也=向者]에 수릉(壽陵)¹에 행차한다는 명이 있었는데, 만일 그렇다면 여러 일을 준비해야 할 것입니다."

상이 말했다.

"근래에 강무(講武)의 행차가 있었는데, 지금 만일 나가서 잔다면 이에 대해 말을 하는 자가 있을까 두려우니 일찍 나갔다가 늦게 돌아오는 것이 좋겠다."

원(原)이 대답해 말했다.

"만일 그날로 환궁하면 상체(上體)가 피로할까 두려우니, 청컨대 하룻밤을 묵고 돌아오소서."

---

1 임금이 살아 있을 때 미리 만들어놓은 능(陵)을 말한다.

그것을 따랐다. 이날 수릉를 돌아보았다[歷觀].

○ 하천추사(賀千秋使) 인녕부윤(仁寧府尹) 공부(孔俯)가 경사(京師-명나라 수도)에서 졸(卒)했다. 서장관(書狀官) 전 예조정랑(礼曹正郎) 박조(朴藻)가 돌아와서 아뢰어 말했다.

"7월 29일에 부(俯)가 남경(南京) 회동관(會同館)²에서 병들어 죽었는데, 황태자(皇太子)가 치제(致祭)하기를 '조회를 받는 날에 예의(禮儀)가 엄숙하고 공손했다[肅恭]. 여차(旅次-여행용 숙소)에서 죽었으니 불쌍하도다'라고 했습니다. 신 등이 아뢰어 영지(令旨-태자의 뜻)를 받들어 뼈를 불살라 가지고 돌아왔습니다."

상이 불쌍히 여겨 쌀·콩 50석과 종이 100권을 부의(賻儀)하고 중사(中使-환관)를 보내 사제(賜祭)한 뒤 그 참에 명해 말했다.

"이제부터 북경(北京)에 가서 죽은 자는, 정2품은 60석을 부의하고 종2품은 50석을 부의해 예(例)로 삼으라."

부(俯)는 감음현(感陰縣)³ 사람인데, 자(字)는 백공(伯共)이요 자호(自號)는 어촌(漁村)이다. 시(詩)를 잘했고, 더욱 초서(草書)와 예서(隷書)에 정교해 그 필적(筆蹟)을 얻는 자는 보화(宝貨)로 여겼다. 홍무(洪武) 병진년(丙辰年-1376년) 과거에 합격해 차자방(箚子房) 필도치(必闍赤)⁴를 지낸 것이 9년이었고, 문서응봉사(文書應奉司) 별감제조

---

2 중국 명(明)나라 시대에 외국의 사신을 접대하기 위해 설치한 관사(館舍)다. 원(元)나라 때인 1272년에 설치됐고, 명나라 때는 우역(郵驛)의 일도 아울러 맡아보았다.

3 현재 경상남도 거창군 위천면 일대의 고려 시대 지명에 해당한다. 이곳은 신라 시기에는 남내현(南內縣), 여선현(餘善縣)으로 불렸다가 고려 초에 비로소 감음현으로 불리게 됐다.

4 정방(政房)의 지인(知印)을 말한다. 몽고 때 문선(文選)·무선(武選)의 전주(銓注)를 맡은 정방(政房)을 차자방(箚子房)이라 했고, 이 일을 맡아보던 문사(文士)를 필도치(必闍赤)라

(別監提調)를 지낸 것이 30여 년이었다. 일찍이 전의부령(典儀副令)이
돼 옛 재상 이인임(李仁任)의 시호(諡號)를 황무(荒繆)라고 정하니, 그
종당(宗黨)이 이를 갈았으나 부는 끄떡도 하지 않았다. 무인년(戊寅
年-1398년)에 고황제(高皇帝)가 우리나라의 사명(辭命-외교 문서)에 잘
못이 있는 것에 노해 글을 지은 정도전(鄭道傳)을 불렀으나 도전(道
傳)이 병을 칭탁하고 가지 않으니, 황제는 공부가 글씨를 썼다고 해
서 (대신 그를) 불렀다. 부가 아무렇지도 않은 듯[怡然] 길을 나서서
                                              이연
휘파람을 불고 시를 읊기를 태연자약하게 하며 죽고 사는 것을 개의
치 않더니, 마침내 용서를 받고 돌아올 수 있었다. 부는 성품이 너그
럽고 솔직하며[坦率] 우스갯소리[恢諧=詼諧]를 좋아했고, 청렴하고
        탄솔   회해 회해
조용하며 욕심이 적어서 물건을 가지고 다투는 일이 없어 세상의 추
중(推重)을 받았다. 다만 도가(道家)를 몹시 좋아해서[酷好] 병이 나
                                            혹호
자 도사(道士)를 청해 초제(醮祭)를 베풀었는데, 명등(命燈)⁵이 꺼지
자 도사가 탄식하기를 '병이 낫지 않겠다'라고 했다. 뼈를 태우자 갑
자기 풍우(風雨)가 급히 몰아치니 사람들이 모두 이상하게 여겼다.
아들은 달(達)이다.

무진일(戊辰日-10일)에 일본국(日本国) 일향주(日向州) 사람이 와서
토산물을 바쳤다.

○ 형조(刑曹)에서 하사받은 노비(奴婢)의 상전법(相傳法-상속법)을

했다.
5 초제(醮祭)를 지낼 때 병자(病者)의 운명을 가늠하기 위해 켜놓는 등(灯)이다.

아뢰었다. 아뢰어 말했다.

"원종공신(元從功臣)의 전민(田民) 안에 있는 전지(田地)는 당사자가 죽은[身故] 뒤에 군자(軍資)에 환속(還屬)하는 것을 이미 일찍이 수교(受敎)했는데, 그 노비도 당사자가 죽은 뒤에 또한 도로 속공(屬公)하는 것이 어떠하겠습니까?"

상이 가르쳐 말했다.

"사패(賜牌)해 자손이 서로 전하는 것을 허락한 전지와 노비는 도로 속공하지 말게 하라."

사헌부에서 아뢰어 말했다.

"토지가 좁고 저축이 넉넉지 못하니, 만일 원종공신전(元從功臣田)과 별사전(別賜田)을 모두 자손이 서로 전하는 것을 허락한다면, 역세(歷世)가 무궁해서 사전(私田)의 폐단이 장차 다시 전과 같이 될 것입니다. 상항(上項)의 전지(田地)를 자손이 상전(相傳)하는 것을 허락하지 마소서."

윤허하지 않았다.

○ 이조(吏曹)에서 평양(平壤)의 토관(土官)⁶을 혁파하기를 청했으나 윤허하지 않았다.

황희(黃喜)가 아뢰어 말했다.

"평양(平壤)·함흥(咸興)의 경우 청컨대 다른 부목(府牧)의 예와 같이해서, 토관을 혁파하고 향리(鄕吏)를 두는 것이 편하겠습니다."

---

6   고려·조선조 때 평안도·함길도(咸吉道)의 부(府)·목(牧)·도호부에 토착민을 회유(懷柔)하기 위해 따로 설치됐던 관직이다. 5품으로 한정했다.

상이 말했다.

"백성이 귀와 눈에 익숙해진 지가 오래니 예전대로 두는 것이 좋겠다. 또 평양은 중국 사신이 내왕하는 땅이니, 실로 미관(美觀)이 되지 않는가? 혁파하는 것은 안 될 일이다."

○ 상이 예조참의(礼曹參議) 이양몽(李養蒙)에게 물어 말했다.

"『예기(礼記)』「월령(月令)」의 일을 지금도 준행(遵行)하는가?"

양몽(養蒙)이 땅에 엎드려 대답을 못 하자, 황희(黃喜)가 대답했다.

"개화(改火)[7]하는 일 같은 것은 지금도 준행합니다. 신이 일찍이 예조판서를 지냈기 때문에 압니다."

○ 다시 용안(龍安)·함열(咸悅)·동복(同福)에 현감(県監)을 두고, 부령(扶寧)·보안(保安)을 합쳐 부안현(扶安縣)으로 하고, 화순(和順)·능성(綾城)을 합쳐 순성현(順城縣)으로 했다.

○ 지흥해군사(知興海郡事-흥해군 지사) 이사청(李士淸) 등의 직첩을 거두었다. 이에 앞서 사청(士淸)이 지울산군사(知蔚山郡事-울산군 지사) 전시귀(田時貴), 봉화현감(奉化縣監) 박금(朴錦), 언양현감(彦陽縣監) 김사제(金師磾), 수군만호(水軍萬戶) 심구수(沈龜壽) 등과 더불어 울산군성(蔚山郡城)을 감독해 쌓았는데, 두어 달이 못 돼 무너졌다. 사헌부에서 그 죄를 청하니, 아울러 직첩을 거두고 죄를 속(贖)했다.

기사일(己巳日-11일)에 광연루(広延楼)에 나아가 술자리를 베풀었으

---

7 불을 새롭게 한다는 뜻으로, 내병조(內兵曹)에서 매년 사시(四時)의 입절일(入節日)과 계하(季夏)의 토왕일(土旺日)에 나무를 뚫어 비벼서 불을 새로 만들어 각 궁전·관청·대신의 집 등에 나눠주는 일을 말한다.

니, 권영균(權永均) 등 네 사람이 돌아온 것을 위로한 것이다.

○ 빈객(賓客) 변계량(卞季良) 등을 불러 말했다.

"내가 강무(講武)에 세자를 데리고 가고자 하는데, 세자가 남아서 학문하기를 청하니 어찌할까?"

계량(季良)이 대답해 말했다.

"다만 상께서 여러 날 밖에 계시면 오래 문안을 빠트리게 되고, 또 치란(治亂)이 무상(無常)하며, 무사(武事) 또한 배우지 않을 수 없습니다. 그러나 강무가 여러 날이 아닙니다. 가만히 듣건대 '세자가 활 쏘고 말 타는 것이 이미 능하다' 하니 남아서 학문하는 것이 좋을 것입니다."

상이 말했다.

"세자 또한 말하기를 '한 책[一書]을 통하고자 한다'라고 하니, 그러면 남아 있는 것이 좋겠다."

○ 사헌부)에서 강무(講武)하는 데 따라가서 법을 범하는 사람을 살필 것을 청하니, 상이 말했다.

"군법(軍法)이 심히 엄한데 어찌 법을 범하는 자가 있겠는가?"

경오일(庚午日-12일)에 희천군(熙川君) 김우(金宇)를 보내 경사(京師)에 갔으니, 황제가 남경(南京)에서 환가(還駕)했으므로 기거(起居)를 흠문(欽問)하고자 함이었다. 석등잔(石灯盞)[8] 큰 것과 작은 것 아울러 10개를 부쳐서 바쳤다.

---

8 돌로 만든 등잔(燈盞)으로, 옥등(玉燈)이라고도 한다.

○ 연성군(延城君) 김로(金輅)가 졸(卒)했다. 로(輅)는 생원(生員)으로 호군(護軍)이 되고, 조금 뒤에 첨설 삼사우윤(添設三司右尹)에 제수됐다. 임신년(壬申年-1392년)에 개국공신(開国功臣)에 참여해서 대호군(大護軍)을 제수받았고, 여러 벼슬을 거쳐 지의정부사(知議政府事-의정부 지사)에 이르렀다. 졸(卒)한 나이 62세였다. 3일간 철조(輟朝)[9]하고 시호(諡号)를 공경(恭頃)이라 했다. 아들은 영철(永轍)·영륜(永輪)이다.

○ 계성군(雞城君) 이래(李來)가 졸(卒)했다. 래(來)의 옛 이름은 래(徠)요 자(字)는 낙보(樂甫)인데, 경주(慶州) 사람이다. 아비는 우정언(右正言) 이존오(李存吾, 1341~1371년)[10]로, 전조(前朝-고려) 공민왕(恭愍王)을 섬겨 신돈(辛旽)의 간악함을 논했는데 말이 심히 간절하고 곧아서[切直]【절직】 왕이 크게 노해 순군옥(巡軍獄)에 내렸다. 돈(旽)이 그 도당(徒黨)을 사주해서 국문으로 다스려 장차 죽이려 했는데, 이색(李穡)의 거듭 구원함에 힘입어 죽음을 면하고 장사감무(長沙監務)로 폄출(貶出)됐으나 근심하고 분개하는 것이 병이 돼 죽었다. 돈이 주살당하자 공민왕이 감동해 깨닫고 존오에게 성균 대사성(成均大司成)을 증직하고, 래의 나이 겨우 10세였는데 어필(御筆)로 간신(諫臣) 이

---

9 국상(國喪)을 당하거나 대신(大臣)이 죽었을 때 임시로 조회(朝會)를 정지하는 일을 말한다. 정조(停朝)라고도 한다.

10 1360년(공민왕 9년) 문과에 급제, 수원서기(水原書記)를 거쳐 사관(史官)에 발탁됐다. 1366년 우정언이 돼 신돈(辛旽)의 횡포를 탄핵하다가 왕의 노여움을 샀으나, 이색(李穡) 등의 옹호로 극형을 면하고 장사감무(長沙監務)로 좌천됐다. 그 뒤 공주 석탄(石灘)에서 은둔생활을 하며 울분 속에 지내다가 죽었다. 정몽주(鄭夢周)·박상충(朴尙衷) 등과 교분이 두터웠다. 신돈의 전횡을 풍자한 시조 1수를 비롯, 3수의 시조가 『청구영언』에 전한다.

존오(李存吾)의 아들이라고 써서 특별히 전객녹사(典客錄事)를 제수했다.

계해년(癸亥年-1383년) 과거[11]에 합격해서 여러 벼슬을 거쳐 우사의대부(右司義大夫)에 이르렀다. 임신년(壬申年-1392년) 4월에 정몽주(鄭夢周)에게 당부(黨附)했다고 해서 곤장을 때려 계림(鷄林-경주)에 유배 보내졌는데, 이해 겨울에 사유(赦宥-사면령)를 입어 공주(公州) 석탄별업(石灘別業)에 거주했다. 기묘년(己卯年-1399년)에 상왕이 불러 좌간의대부(左諫議大夫)를 제수했다. 경진년(庚辰年-1400년) 정월에 래가 방간(芳幹)의 처족으로서 방간이 난을 꾸미고자 꾀하는 것을 알고는 그 좌주(座主)[12] 우현보(禹玄寶)에게 고해 상에게 전달했다. 일이 평정되자 좌군동지총제(左軍同知摠制)로 발탁해 추충순의좌명공신(推忠徇義佐命功臣)의 호를 내려주었다. 을유년(乙酉年-1405년)에 대사헌(大司憲)이 됐는데, 이때 종친으로 불법(不法)한 자가 있었으므로 곧 탄핵해 아뢰고 잡아 가두니, 상이 노해서 지평(持平) 이흡(李洽)을 불러 힐난해 꾸짖고 명해 순금옥(巡禁獄)에 내렸다. 래가 대궐에 나아와 간쟁하니, 상이 감동해 깨닫고 흡(洽)을 용서했다. 여러 번 공조판서(工曹判書)에 전임(轉任)했고, 정해년(丁亥年-1407년)에 좌빈객(左賓客)으로 세자를 따라 중국에 조현(朝見)했으며, 무자년(戊子年-1408년)에 지의정부사(知議政府事-의정부 지사) 겸 판경승부사(判

---

11 태종도 이해 과거에 급제했으니, 이래는 태종의 과거 동문이 된다.
12 고려 때 과거에 급제한 자가 시관(試官)을 일컫는 말로, 급제자는 시관에게 평생 문생(門生)의 예를 행했다. 은문(恩門)이라고도 한다.

敬承府事-경승부 판사)가 됐다. 이때에 이르러 졸(卒)하니 나이 55세였다.

래는 마음가짐이 단정하고 근신하며 행동하는 것이 겸허하고 공손했으며, 일가에게 은혜로 화목하고 사람을 신의로 접대했다. 상의 예우(禮遇)가 심히 두터웠으니, 서연(書筵)의 일을 래에게 위임했고 래도 자임했다. 그러므로 세자가 용자(容姿-용모)를 고쳐 예(礼)로써 대접해서, 병이 심해지자 세자가 친히 가서 살펴보았다. 부음(訃音)이 들리니 놀라고 슬퍼해 따로 치부(致賻)하도록 명하고 말했다.

"부증(賻贈)·예장(礼葬)은 나라의 상전(常典)이 있다. 이것은 나의 사사로운 부의(賻儀)다."

조회를 3일 동안 정지하고 사신을 보내 사제(賜祭)했으며 시호를 경절(景節)이라 했다. 첩의 아들은 직생(直生)이다.

○ 공조정랑(工曹正郎) 김고(金顧)·민서각(閔犀角), 좌랑(佐郎) 김유공(金有恭)·강석덕(姜碩德)을 파직했다. 박조(朴藻)가 경사(京師)에서 돌아와서 아뢰어 말했다.

"천추절(千秋節)에 바친 은우(銀盂-은사발) 10개 중 3개에 녹이 나고 또 조금 붉은빛이 있었습니다. 예부(礼部)의 장주사(張主事)가 말하기를 '이것은 은이 아니다'라고 하기에, 신 등이 대답하기를 '장마를 치른 때문이다'라고 했습니다."

상이 유공(有恭)이 감독해 만들었다고 해서 고(顧) 등과 아울러 의금부에 내리고 모두 파직했다. 장인(匠人) 김생(金生)·김영(金英) 등이 사사로이 가지고 있던 하품(下品)의 은(銀)을 가지고 몰래 공조(工曹)의 10품은(十品銀-최상의 은)과 바꾸어 관가를 속이고 거짓을 행했으므로[瞞官行詐], 율에 따라 장(杖) 100대를 때리고 가산을 적몰(籍沒)했다. 육조(六曹)에서 그로 인해 청했다.

"매번 경사(京師)에 가는 행차(行次)에 지인(知印)과 상의원(尙衣院)의 은(銀) 품질을 아는 원리(員吏)를 의주(義州)로 보내서 금은으로 된 기명(器皿)을 다시 살핀 뒤에 보내게 하소서."

그것을 따랐다.

신미일(辛未日-13일)에 도성수축도감(都城修築都監)을 두었다.

○ 청양현(靑陽縣)에서 흰 꿩을 바쳤다.

○ 일본국(日本国)이 객인(客人)을 보내 『대반야경(大般若經)』을 인출(印出)해줄 것을 청했다. 객인이 종이와 먹을 가지고 왔으나 그 종이가 경(經)을 인쇄할 수 없었으므로, 명해 종이를 만들어서 인쇄해주었다.

계유일(癸酉日-15일)에 강원도(江原道)에서 강무(講武)했다.

○ 내시별감(內侍別監)을 보내 감악(紺嶽)과 양주(楊州) 대탄(大灘)의 신(神)에게 제사를 지냈다.

○ 상왕(上王)이 수원(水原) 등지에 가서 매사냥을 구경하니, 경기경력(京畿經歷) 박안신(朴安臣)에게 명해 상왕의 거가를 따르게 했다.

갑술일(甲戌日-16일)에 내시별감을 보내 보개산(宝蓋山)의 신에게 제사를 지냈다.

○ 연천현(漣川縣)에 머물렀다.

○ 전사관(典祀官)에게 명해 사방의 신에게 제사를 지내게 했으니, 새를 많이 잡은 때문이다.

○ 병조판서(兵曹判書) 이원(李原)에게 말 1필을 주었다. 원(原)이 굳게 사양하자 상이 말했다.

"강무 때 병조판서에게 말을 주는 것은 예(例)다."

원이 절하고 받았다.

○ 세자가 이래(李來)의 빈소(殯所)에 친히 제사를 지내 잔을 드리고 재배례(再拜礼)를 했다. 애초에 세자가 아뢰어 말했다.

"바라건대 이빈객(李賓客)의 빈소에 친히 전(奠-술과 과일)을 드리고자 합니다."

상이 말했다.

"예(禮)에 마땅히 그러하다."

승정원에 뜻을 전해 말했다.

"세자가 이래에게 치제(致祭)하고자 하는데 어떠하겠는가?"

여러 대언(代言)이 대답해 말했다.

"왕년에 길창군(吉昌君) 권근(權近)이 졸했을 때 세자가 친히 제사했습니다. 근(近)은 스승이니 친히 제사하는 것이 의심할 것이 없지만, 래의 경우에는 빈객이니 비록 반드시 근에게 비길 것은 아닙니다. 그러나 교훈을 받기는 매한가지이니 제사한들 무엇이 혐의스럽겠습니까?"

상이 옳게 여겼다.

병자일(丙子日-18일)에 용담역(竜潭駅)에 머물렀다.

○ 강원도 도관찰사(江原道都觀察使)가 사람을 보내 말을 바쳤다.

정축일(丁丑日-19일)에 평강현(平康縣) 적산(積山)에 머무르고, 사람을 보내 새를 종묘(宗廟)에 바쳤다. 뜻을 전해 말했다.

"전에 대신이 도성(都城)을 고쳐 쌓기를 청하기에, 그 제조사(提調使)·부사(副使)·판관(判官) 등의 관원을 이미 구전(口傳)[13]했다. (그런데) 지금 강무로 인해 순행하면서 살펴보니 풍년이라고 이름하는 것이 참으로 실상에 맞는 말[實語]이 아니다. 만일 명년 봄에 백성을 역사(役事)시킨다면 크게 안 될 일이다. 이것이 어찌 현재의 급무이겠는가? 더구나 성곽을 공고하게 하는 것은 마땅히 먼 곳부터 가까운 곳으로 해야 하니, 마땅히 연변(沿邊) 각 고을의 성을 먼저 쌓고 왕도(王都)는 아직 천천히 하는 것이 좋겠다. 또 태조(太祖)께서는 도읍을 세우고 제도를 창안(創案)하셨으며 무릇 궁궐·창고·조방(朝房)·행랑(行廊)의 토목 역사(役事)가 내 때에 이르러 다 경영됐으니, 기타 미비한 일은 내 자손에게 달려 있다. 마땅히 빨리 경도(京都)에 사람을 보내 각 도에 행이(行移)하지 말게 하라."

○ 조말생(趙末生)이 아뢰었다.

"지금 처부(妻父-장인)가 죽었다는 말을 들었는데, 예(礼)가 마땅히 복(服)을 입어야 하나 이미 호종(扈從) 중이니 돌아갈 수 없습니다. 청컨대 머물러서 대가(大駕)를 따르겠습니다."

---

13 3품 이하의 관원을 임명할 때 이조나 병조에서 인물을 천거하면 임금이 구두(口頭)로 이를 승인하는 제도를 말한다.

상이 말했다.

"안 될 일이다. 비록 처부(妻父)이지만 이 또한 친근(親近)한 상사(喪事)이니, 빨리 돌아가는 것이 마땅하다."

무인일(戊寅日-20일)에 안개가 짙게 꼈다.

○ 대가가 분수령(分水嶺) 행궁(行宮)에 이르렀다. 찰방(察訪) 전흥(田興) 등이 철원부사(鐵原府使) 이육(李稑)이 지응(支應-지원)을 잘못한 죄를 청했으나 들어주지 않았다.

○ 상왕이 궁으로 돌아왔다.

기묘일(己卯日-21일)에 안개가 꼈다.

○ 전의 판관(典醫判官) 이헌(李軒)을 정평(定平)에 보냈으니, 하륜(河崙)의 병을 묻기 위해서였다.

○ 경상도(慶尙道) 현풍(玄風) 사람 이인길(李仁吉) 집의 소가 한꺼번에 암컷과 수컷[牝牡]을 낳았다.

○ 세자가 팔뚝에 매를 받치고[臂鷹] 전문(殿門) 밖으로 나갔고, 또
비응
병을 칭탁하며 강(講)을 듣지 않았다. 빈객·대간에서 두세 번 강(講)하기를 청하니 세자가 병으로 사절했다. 장령(掌令) 전직(全直)이 청해 말했다.

"상께서 대간 한 사람에게 명해 날마다 서연(書筵)에 나오게 하신 것은 강하기를 청하고자 한 것입니다. 지금 세자의 말을 듣고 곧 물러가면 교지(敎旨)를 어기는 것이니, 청컨대 조금만 강하소서."

세자가 말했다.

"두세 번 강하기를 청하니 내가 대단히 기쁘나, 내가 병이 있으니 회복되면 저녁에 입직(入直)한 서연관과 더불어 고문(古文)을 익히겠다[溫故]."

그러나 저녁이 돼도 그대로 하지 않았다.

경진일(庚辰日-22일)에 큰바람이 불었다.

○ 대호군(大護軍) 조치(趙菑)에게 말을 내려주었으니, 진무(鎭撫)의 임무에 능한 때문이다.

신사일(辛巳日-23일)에 진산부원군(晉山府院君) 하륜(河崙)이 글을 올렸다. 글은 이러했다.

'륜(崙)이 두텁게 성은(聖恩)을 입어 길에서는 병이 없었으나[無恙] 이달 12일에 예원군(預原郡)에 이르러 비로소 턱 위 오른쪽에 종기가 나는 것을 알았습니다. 13일 정평부(定平府)에 이르러 이틀을 머물러서 질침(蛭鍼) 100여 매를 쓰고, 16일 함흥부(咸興府)에 이르러 정릉(定陵)·화릉(和陵)을 알현하고 이틀을 머물며 또 질침 100여 매를 쓰고, 19일에 도로 정평(定平)에 이르렀는데, 삼가 상은(上恩)을 입어 특별히 내신(內臣)을 보내 내온(內醞)을 주시니 신이 병중에 지수(祇受-임금의 하사품을 받음)하고 감격했습니다. 22일에 또 내의(內醫)를 보내 병을 묻고 구료(救療)하셨습니다. 신이 쇠하고 늙은 가운데 다행히 사명(使命)을 받았으니 병 없이 빨리 돌아가 성려(聖慮)를 번거롭게 하지 않기를 바랐는데, 지금 종기의 형세가 점점 넓어지고 아파서 베개에 엎드려 신음하는 차에 내의(內醫)가 봉교(奉敎)하고

와서 치료해주니, 신이 감격해 목이 메어 말을 다하지 못하겠습니다.'

좌군도총제(左軍都摠制) 하구(河久)가 가서 아비의 병을 시병(侍病)할 것을 청하니, 역마(驛馬)를 주어 보냈다.

계미일(癸未日-25일)에 돌아와서 철원(鐵原) 탁천(濁川)에 머물렀다. 강원도 도관찰사(江原道都觀察使) 신상(申商)에게 표리(表裏-겉감·안감)와 전모(氈帽)를, 경력(經歷) 이맹진(李孟畛)에게 유의(襦衣-겨울옷)를 내려주었다.

을유일(乙酉日-27일)에 궁으로 돌아왔다. 경기 도관찰사 김분(金汾)에게 표리(表裏)를, 경력(經歷) 박안신(朴安臣)에게 옷을 내려주었다.

○ 세자우보덕(世子右輔德) 조계생(趙啓生, 1363~1438년)[14]을 불러 말했다.

---

14 1388년(우왕 14년) 문과에 급제, 조선 태조 때 검열·수찬을 거쳐 삼사의 도사에 승진했고, 이천수령을 역임했다. 그 뒤 감찰·평택수령을 거쳐 계림판관(鷄林判官)이 됐다. 1404년(태종 4년) 좌정언·우정언이 되고, 이어 지평·장령·사인·직제학을 거쳐 1412년 판군자감사(判軍資監事)가 됐다. 이어 수원부사를 역임했고, 사간·참의를 거쳐 판원주사(判原州事)로 나갔다가 1419년(세종 1년) 인수부윤(仁壽府尹)에 임명됐다. 다시 외임(外任)으로 1420년 황해도관찰사로 나갔다가, 다음해 동지총제(同知摠制)로 천추사(千秋使)에 임명돼 명나라에 사신으로 다녀왔다. 1423년 전라도관찰사를 지냈으나 곧 인순부윤(仁順府尹)이 됐다가, 다음해 부유후(副留後)에 임명됐다. 1426년 우군동지총제(右軍同知摠制)가 됐고, 다음해 대사헌에 올랐으나 얼마 안 돼 서달(徐達: 황희(黃喜)의 사위)의 아전(衙前) 표운평(表芸平)의 타살사건에 관련돼 전라도 태인으로 귀양 갔다가 다음해 2월 풀려났다. 1428년 예조참판·대사헌을 지냈으며, 이어 병조·이조·공조의 판서를 역임하고 1435년 참찬에 이르렀다. 마음가짐이 항상 경외(敬畏)로 일관했고, 조행이 염결(廉潔) 간정(簡整)했으며, 비록 복잡하거나 급거(急遽)함을 당해도 일찍이 질언(疾言)함이 없었다고 한다.

498

"행차하던 날에 세자가 나와서 지송(祗送)¹⁵하지 않은 것은 무슨 까닭인가?"

계생(啓生)은 중문(中門)이 늦게 열려 그랬다고 답했다. 상이 말했다.

"어째서 저부(儲副-세자)를 잘 양성하지 않고, 다른 나라의 세자를 보듯이 하는가."

또 세자전(世子殿) 승전환자(承傳宦者) 신덕해(辛德海), 소환(小宦-어린 환관) 김순(金淳)·조주(趙珠)·우적(禹迹) 등을 불러 장(杖)을 때려 집으로 보냈는데, 덕해(德海)만은 늙었으므로 장을 면제했다. 세자에게 뜻을 전해 말했다.

"지난번에 네가 지송(祗送)을 하지 않았으니 예(禮)에 있어서 잘못이다. 이제부터 6아일(六衙日)에 대궐에 나오라."

또 서연 장무(書筵掌務) 사경(司經) 권맹손(權孟孫)을 불러 물었다.

"서연(書筵) 재상(宰相)은 내가 알지만은, 보덕(輔德) 이하는 누구냐?"

맹손(孟孫)이 이름을 열거해 대답하니 뜻을 전해 말했다.

"세자의 심술(心術)은 바르게 하지는 않고 다만 읽은 책장의 수와 읽은 차례의 수를 써서 아뢰는데, 이제부터 이를 없애라."

전에는 서연관(書筵官)이 매번 아일(衙日)이 되면 읽은 책장의 수와 읽은 차례를 써서 아뢰었기 때문이다. 빈객(賓客) 변계량(卞季良)·유백순(柳伯淳) 등이 대궐에 나아와 아뢰어 말했다.

---

15 백관(百官)이 임금의 출가(出駕)를 배송(拜送)하는 것을 말한다.

"지금 장무를 부르셔서 명하시기를 '세자의 심술을 바르게 하지 못했다'라고 하셨는데, 신 등이 재주가 없어서 훈도(薰陶)를 시키지 못했으니 죄가 이루 말할 수 없습니다. 청컨대 사부(師傅)와 이사(貳師)에게 명해 혹은 5일 혹은 10일마다 윤차(輪次)로 서연에 나와서 효제(孝悌)·충신(忠信)의 말로 세자에게 고하고 서연관으로 하여금 기록해 아뢰게 하소서."

계량(季良)이 또 아뢰어 말했다.

"신이 일찍이 보덕(輔德)이 돼 하루에 두 차례 진강(進講)했는데, 신이 다른 벼슬로 옮긴 뒤에는 근래 하루에 한 차례 진강하고 있습니다. 이제부터 두 차례 진강할 것을 청합니다."

상이 말했다.

"내 자식이 하나가 아니나 내가 장자(長子)·장손(長孫)을 그렇게 만든 것이다. 지금 이 지경에 이르렀으니 나도 부끄럽다. 이것은 하늘이 그렇게 만든 것이다."

계량이 대답해 말했다.

"하늘에 다만 맡길 수는 없습니다. 청컨대 하루에 두 차례 진강(進講)하겠습니다."

상이 말했다.

"어린 자식이 아니니, 이 일은 내가 말하지 않더라도 서연관(書筵官)이 스스로 하라."

계량 등이 상의 하교(下敎)를 세자에게 고한 뒤에 서연관과 대간이 들어와 『중용(中庸)』을 진강했는데, 계량이 말했다.

"상께서 일찍이 이학(理学)을 통하게 하라고 명하셨으니, 청컨대 서연관과 더불어 강론하고 문난(問難-어려운 곳을 물음)하소서."

○ 경상도 도관찰사(都觀察使) 이은(李殷), 경력(經歷) 은여림(殷汝霖)을 파직했다. 애초에 주인기(朱仁奇)·공계손(孔繼孫) 등이 경상도에 가서 착호갑사(捉虎甲士)라고 거짓으로 칭하니, 은(殷)이 병조(兵曹)의 이문(移文)을 상고하지 않고 임의로 군마(軍馬)를 조발해주어 성주(星州)에서 호랑이를 잡았다. 사건을 아뢰니 의금부(義禁府)에 명해 여림(汝霖)을 체포해서 그 까닭을 물어 파면하고, 인기(仁奇) 등은 장(杖) 100대를 때렸다. 은은 망령되게 풍년이 들었다 해서 조(租)를 거두는 것이 다른 도(道)보다 배가 되니, 한 도(道) 전체가 원망했다[怨咨].
원자

○ 대마주(對馬州) 화전포 만호(和田浦萬戶) 수조승(守助丞)이 사람을 시켜 예물을 바치고 『대반야경(大般若經)』을 청구했다.

정해일(丁亥日-29일)에 하륜(河崙)이 또 글을 올렸다. 글은 이러했다.
'륜(崙)이 운수가 쇠하고 복(福)이 지나쳐 사명을 받드는 중에 병에 걸렸습니다. 삼가 상은(上恩)을 입어서 특별히 내의(內醫) 이헌(李軒)을 보내시니 치료해 조금 차도를 얻어서 요여(腰輿-작은 가마)로 서행(徐行)해 돌아가고자 했는데, 헌(軒)이 움직여서는 안 되고 반드시 풍한(風寒)을 피해야 한다고 경계했습니다. 질침(蛭鍼)을 쓴 그 나머지 피를 인침(人鍼)을 써서 빼고자 했더니, 헌이 일찍이 그런 말을 들어보지 못했다며 저지했습니다. 신이 가만히 생각건대, 성인(聖人)의 학문은 경(經-일정한 도리)과 권(權-임시변통하는 도리)이 있으니 의술(醫術)인들 또한 어찌 그렇지 않겠습니까? 질침으로 피를 빼는 것이 비록 수백 개에 이르러도 해가 없으니, 인침(人針)으로 피를 빼는 것 또한 무슨 해가 있겠습니까? 또 인후(咽喉)의 종기 같은 것은 장차 막히어 기절하게 되면 반드시 인침을 쓰는 데도 오히려 해가 없는데, 더구나 인후 밖의 종기이겠습니까? 엎드려 바라건대 상자(上慈-임금)께서는 불쌍히 여겨 조찰(照察)하시어 늙은 의원 무리에게 영을 내리셔서, 질침으로 다하지 못한 남은 피를 인침으로 빼는 것의 편부(便否)와 전에 경험이 있고 없음을 집의(集議)해서 적어 제시하게 함으로써 여생을 보전하게 하소서.'

또 말씀을 올렸다.

'이달 28일에 신의 자식 하구(河久)가 허가를 받고 병을 물으러 왔으니, 놀라고 기쁜 것을 어찌 측량하겠습니까? 29일에 상은(上恩)을 입어서 또 노의(老醫) 양홍달(楊弘達)을 보내와서 병을 치료하니, 대개 치료하지 못한 것을 더 치료하게 한 것입니다. 또 신의 자식 하영(河永)을 와서 보게 하니, 상은을 입은 감격의 정을 어찌 다 말하겠습니까? 생각건대, 내의(內醫) 두 사람이 계속해서 왔으니 감히 아울러 머무르지 못하겠고, 또 이헌이 온 지가 이미 7일이 지나서 그 치료 증험하는 방법을 신이 데리고 온 방민(方敏)과 함길도 교유(咸吉道敎諭) 한보지(韓補之)가 대강 전수받아 배웠으니 자식 하구와 함께 돌려보냅니다. 신은 가만히 생각건대, 신이 쇠하고 병든 가운데 상은(上恩)의 조첩(稠疊)함을 입어 겨우 살아가고 있습니다. 엎드려 바라건대, 상자(上慈)께서는 불쌍히 여겨 조찰(照察)하소서.'

己未朔 霧.
기미 삭 무

命還給柳思訥職牒.
명 환급 유사눌 직첩

庚申 遣都摠制李都芬 府尹李潑如京師 賀明年正也.
경신 견 도총제 이도분 부윤 이발 여 경사 하 명년 정 야

幸東郊 餞諸山陵考證使晉山府院君河崙. 初 傳旨于承政院曰:
행 동교 전 제산릉고증사 진산부원군 하륜 초 전지 우 승정원 왈

"晉山以十月初二日如咸吉道 雖欲慰宴 彼不能飮酒 且不安久坐.
진산 이 십월 초 이일 여 함길도 수욕 위연 피 불능 음주 차 불안 구좌

予欲張樂 餞之門外 但冬享大祭在初七日 雖曰攝行 其於七日之戒
여 욕 장악 전지 문외 단 동향대제 재 초칠일 수왈 섭행 기어 칠일 지계

疑有嫌焉. 餞之門外可乎?" 趙末生對曰: "親幸則當齋七日 若攝行
의 유혐 언 전지 문외 가호 조말생 대왈 친행 즉 당재 칠일 약 섭행

三日齋戒 已有定制. 且爲諸陵餞之 何傷乎?" 上然之. 至是 出餞于
삼일 재계 이유 정제 차 위 제릉 전지 하상 호 상 연지 지시 출전 우

錯巖 仍賜鞍馬 毛裘 毛冠 笠 靴 襦衣一襲 從事官賜各有差. 崙以
선암 잉사 안마 모구 모관 입 화 유의 일습 종사관 사 각 유차 륜 이

其妾子見于上曰: "此兒名河長 又有其弟曰延 請殿下恤之." 世子亦
기 첩자 견우 상왈 차아 명 하장 우유 기제 왈 연 청 전하 휼지 세자 역

餞于東郊.
전우 동교

乙丑 上奉上王 田于廣州慰要城.
을축 상봉 상왕 전우 광주 위요성

丙寅 還宮. 李原啓曰: "向也有幸壽陵之命 若然則當備諸事." 上
병인 환궁 이원 계왈 향야 유행 수릉 지명 약 연즉 당비 제사 상

曰: "近有講武之行 今若出宿 則恐有議之者 早出晩還可矣." 原
왈 근유 강무 지행 금약 출숙 즉 공유 의지 자 조출 만환 가의 원

對曰: "若其日還宮 則恐致上體之勞 請一宿而還." 從之. 是日 歷觀
대왈 약 기일 환궁 즉 공치 상체 지로 청 일숙 이환 종지 시일 역관

壽陵.
수릉

賀千秋使仁寧府尹孔俯卒于京師. 書狀官前禮曹正郎朴藻還
하천추사 인녕부윤 공부 졸 우 경사 서장관 전 예조정랑 박조 환

啓曰: "七月二十九日 俯疾卒于南京會同館 皇太子致祭云: '受朝之
계왈 칠월 이십구일 부질졸 우 남경 회동관 황태자 치제 운 수조 지

日 禮儀肅恭 死於旅次 哀哉!' 臣等啓奉令旨 燒骨而還." 上惻然 賻
일 예의 숙공 사어 여차 애재 신등 계봉 영지 소골 이환 상 측연 부

米豆五十石 紙一百卷 遣中使賜祭. 仍命自今赴京身沒者 正二品賻
미두 오십 석 지 일백 권 견 중사 사제 잉 명 자금 부경 신몰 자 정이품 부

六十石 從二品五十石以爲例.
육십 석 종이품 오십 석 이 위례

俯感陰縣人 字伯共 自號漁村. 善爲詩 尤工草隸 得其筆蹟
부 감음현 인 자 백공 자호 어촌 선위 시 우공 초예 득 기 필적

者以爲寶. 中洪武丙辰科 爲笛子房必闍赤者九年 文書應奉司
자 이위보 중 홍무 병진 과 위 차자방 필도치 자 구년 문서응봉사

別監提調者三十餘年. 嘗任典儀副令 謚故相李仁任爲荒繆 其宗黨
별감제조 자 삼십 여년 상 임 전의부령 시 고상 이인임 위 황무 기 종당

切齒 俯不爲動. 歲戊寅 高皇帝怒我國辭命有失 徵撰文人鄭道傳
절치 부 불위동 세 무인 고황제 노 아국 사명 유실 징 찬문 인 정도전

道傳托疾不行. 帝謂俯寫字徵之 俯怡然就道 嘯詠自若 不以死生
도전 탁질 불행 제 위 부 사자 징지 부 이연 취도 소영 자약 불이 사생

介懷 會遇赦得還. 俯性坦率 好恢諧 然廉靜寡欲 與物無競 爲世
개회 회우 사 득환 부성 탄솔 호 회해 연 염정 과욕 여물 무경 위세

所重 惟酷好道家. 及病 請道士設醮而命燈滅 道士嘆曰: "不起矣."
소중 유 혹호 도가 급 병 청 도사 설초 이 명등 멸 도사 탄왈 불기의

旣燒骨 忽風雨驟至 人皆異之. 子達.
기 소골 홀 풍우 취지 인개 이지 자달

戊辰 日本國 日向州人來獻土物.
무진 일본국 일향주 인 내헌 토물

刑曹啓受辭奴婢相傳之法. 啓曰: "元從功臣田 民內田地則身故
형조 계 수사 노비 상전 지법 계왈 원종공신전 민내 전지 즉 신고

後還屬軍資 已曾受敎 其奴婢 身沒後亦還屬公何如?" 敎曰: "賜牌
후 환속 군자 이증 수교 기 노비 신몰 후 역 환속공 하여 교왈 사패

許子孫相傳者 田地 奴婢 勿令還屬公." 司憲府啓曰: "土地偏陜
허 자손 상전 자 전지 노비 물령 환 속공 사헌부 계왈 토지 편협

畜積不足. 若元從功臣田及別賜田 皆許子孫相傳 則歷世無窮 私田
축적 부족 약 원종공신전 급 별사전 개 허 자손 상전 즉 역세 무궁 사전

之弊 將復如前. 上項田地 不許子孫相傳." 不允.
지폐 장 복 여전 상항 전지 불허 자손 상전 불윤

吏曹請革平壤土官 不允. 黃喜啓曰: "平壤 咸興請如他府牧之例
이조 청혁 평양 토관 불윤 황희 계왈 평양 함흥 청 여 타 부목 지례

革土官 置鄕吏爲便." 上曰: "民之習於耳目久矣 仍舊可也. 且平壤
上國使臣來往之地 不亦爲觀美乎? 革之未可."

上問禮曹參議李養蒙曰: "禮記月令之事 今亦遵行乎?" 養蒙伏地
不能對. 喜曰: "若改火等事 今亦遵行. 臣曾經禮曹判書 故知之矣."

復置龍安 咸悅 同福縣監. 倂扶寧保安爲扶安縣 和順綾城爲
順城縣.

收知興海郡事李士淸等職牒. 先是 士淸與知蔚山郡事田時貴
奉化縣監朴錦 水軍萬戶沈龜壽等監築蔚山郡城 未數月而頹落.
司憲府請其罪 竝收職牒贖罪.

己巳 御廣延樓置酒 慰權永均等四人之還也.

召賓客卞季良等曰: "予欲於講武 率世子以行 世子請留學問
如何?" 季良對曰: "但上累日在外 而久曠問安 且治亂無常 武事亦
不可不學 然講武不多日. 竊聞 世子射御已能 留而學問可矣." 上
曰: "世子亦曰: '欲通一書.' 然則留之可也."

司憲府請隨講武 以察犯法之人 上曰: "軍法甚嚴 安有干法者?"

庚午 遣熙川君金宇如京師 以皇帝還駕南京 故欽問起居也. 就付
石燈盞大小幷十事以獻.

延城君金輅卒. 輅以生員爲護軍 尋拜添設三司右尹. 歲壬申 參
開國功臣 除大護軍 歷官至知議政府事 卒年六十二. 輟朝三日 謚
恭頃. 子永轍 永輪.

雞城君李來卒. 來古名徠 字樂甫 慶州人也. 父右正言存吾 事

前朝恭愍王 論辛旽之姦 辭甚切直 王大怒 下巡軍獄. 旽嗾其黨

鞠治 將殺之 賴李穡申救得免 貶長沙監務 憂憤成疾而沒. 及旽誅

恭愍王感悟 贈存吾成均大司成. 來年甫十歲 御筆書諫臣存吾之

子 特授典客錄事. 中癸亥第 歷官至右司議大夫. 壬申四月 以黨於

鄭夢周 杖流雞林 是冬蒙宥 屛居公州石灘別業. 己卯 上王召拜

左諫議大夫 庚辰正月 來以芳幹妻族 得知芳幹謀欲構亂 告其座主

禹玄寶 以達于上. 事定 擢左軍同知摠制 賜推忠徇義佐命功臣之

號. 乙酉爲大司憲 時宗親有不法者 卽劾啓 執而囚之. 上怒 召持平

李洽詰責之 命下巡禁獄 來詣闕爭之 上感悟宥洽. 累轉工曹判書.

丁亥以 左賓客 從世子朝見. 戊子知議政府事兼判敬承府事 至是卒

年五十五.

來操心端謹 行己謙恭 睦族以恩 與人以信. 上禮遇甚厚 書筵

之事 委之於來 來亦自任 故世子改容禮之 及疾作 世子親往省視.

訃音震悼 命別致賻曰: "賻贈禮葬 國有常典 此乃予私賻也." 輟朝

三日 遣使賜祭 諡景節. 妾子直生.

罷工曹正郎金顧 閔犀角 佐郎金有恭 姜碩德職. 朴藻回自京師

啓曰: "千秋進獻銀盂十事內 三事生綠 且微有赤色. 禮部張主事

曰: '此非銀也.' 臣等對曰: '過霾雨故也.'" 上以有恭監造 幷顧等

下義禁府 皆罷其職. 匠人金生 金英等以私藏下品之銀 潛易工曹

十品之銀 瞞官行詐 照律杖一百 籍沒家産. 六曹因請: "每於赴京
심품 지은 만관 행사 조율 장 일백 적몰 가산 육조 인청 매어 부경

行次 送知印及尙衣院知銀品員吏于義州 金銀器皿 更審而後發遣."
행차 송 지인 급 상의원 지 은품 원리 우 의주 금은 기명 갱심 이후 발견

從之.
종지

辛未 設都城修築都監.
신미 설 도성수축도감

靑陽縣獻百雉.
청양현 헌 백치

日本國使送客人 請印大般若經. 客人齎紙墨以至 然其紙不堪
일본국 사송 객인 청인 대반야경 객인 재 지묵 이지 연 기지 불감

印經 命造紙印給之.
인경 명 조지 인 급지

癸酉 講武于江原道.
계유 강무 우 강원도

遣內侍別監 祭紺嶽及楊州大灘之神.
견 내시별감 제 감악 급 양주 대탄 지신

上王幸水原等處 觀放鷹 命京畿經歷朴安臣隨上王駕.
상왕 행 수원 등처 관 방응 명 경기 경력 박안신 수 상왕 가

甲戌 遣內侍別監 祭寶蓋山之神.
갑술 견 내시별감 제 보개산 지신

次于漣川縣.
차우 연천현

命典祀官 祭四方之神 以獲禽之多也.
명 전사관 제 사방 지신 이 획금 지 다야

賜兵曹判書李原馬一匹. 原固辭 上曰: '講武時 賜馬兵曹判書
사 병조판서 이원 마 일필 원 고사 상왈 강무 시 사마 병조판서

例也.' 原拜受.
예야 원 배수

世子親祭于李來殯所 進爵行再拜禮. 初 世子啓曰: "願親奠李
세자 친제 우 이래 빈소 진작 행 재배례 초 세자 계왈 원 친전 이

賓客之殯." 上曰: "禮當然矣." 乃傳旨承政院曰: "世子欲致祭李來
빈객 지 빈 상왈 예 당연 의 내 전지 승정원 왈 세자 욕 치제 이래

如何?" 諸代言對曰: "往年吉昌君權近之卒 世子親祭. 近師也 其
여하 제 대언 대왈 왕년 길창군 권근 지 졸 세자 친제 근 사야 기

親祭也無疑 若來則賓客也 雖不必擬於近 然其受訓則一也 祭之
친제 야 무의 약 래 즉 빈객 야 수 불필 의어 근 연 기 수훈 즉 일야 제지

何嫌?" 上然之.
하혐 상 연지

丙子 次龍潭驛.
병자 차 용담역

江原道都觀察使遣人獻馬.
강원도 도관찰사 견인 헌마

丁丑 次平康縣積山 遣人獻禽於宗廟. 傳旨曰: "前者 大臣請改築
정축 차 평강현 적산 견인 헌금 어종묘 전지왈 전자 대신 청 개축

都城 其提調使 副使 判官等員 已令口傳. 今因講武巡省 號爲豐年
도성 기 제조사 부사 판관 등원 이령 구전 금인 강무 순성 호위 풍년

誠非實語. 若於明春役民 則不可之大者也. 是豈方今之急務? 況固
성비 실어 약 어명춘 역민 즉불가 지대자 야 시기 방금 지급무 황고

其城郭 當自遠而近 宜築沿邊各邑之城 王都姑除之可也. 且太祖
기 성곽 당 자원 이근 의축 연변 각읍 지성 왕도 고 제지 가야 차 태조

建都創制 而凡宮闕 倉庫 朝房 行廊土木之役 逮予畢營 其他未備
건도 창제 이범 궁궐 창고 조방 행랑 토목 지역 체여 필영 기타 미비

之事 在予子孫 宜速遣人於京都 勿令行移各道."
지사 재여 자손 의속 견인 어경도 물령 행이 각도

趙末生啓: "今聞妻父之沒 禮當持服 然旣已扈從 不可以歸 請留
조말생 계 금문 처부 지몰 예당 지복 연 기이 호종 불가이 귀 청류

隨駕." 上曰: "不可. 雖妻父 是亦親近之喪 宜速還去."
수가 상왈 불가 수 처부 시역 친근 지상 의속 환거

戊寅 大霧.
무인 대무

駕至分水嶺行宮 察訪田興等請鐵原府使李稑不謹支應之罪
가지 분수령 행궁 찰방 전흥 등 청 철원부사 이륙 불근 지응 지죄

不聽.
불청

上王還宮.
상왕 환궁

己卯 霧.
기묘 무

遣典醫判官李軒于定平 問河崙之疾也.
견 전의판관 이헌 우 정평 문 하륜 지질 야

慶尙道玄風人李仁吉家 牛一乳生牝牡.
경상도 현풍인 이인길 가 우일유 생 빈모

世子臂鷹出殿門外 又托疾不聽講. 賓客 臺諫請講再三 世子辭
세자 비응 출 전문 외 우 탁질 불청강 빈객 대간 청강 재삼 세자 사

以疾 掌令全直請曰: "上命臺諫一員 日進書筵 是欲其請講也. 今聞
이질 장령 전직 청왈 상명 대간 일원 일진 서연 시욕 기 청강 야 금문

世子之言卽退 則有違敎旨 請講小許." 世子曰: "請講再三 予甚
세자 지언 즉퇴 즉유 위 교지 청강 소허 세자왈 청강 재삼 여심

508

喜之 然予有疾. 若平復則夕與入直書筵官溫故." 然至夕不果.
희지 연여유질 약평복즉석여입직 서연관 온고 연지석불과

庚辰 大風.
경진 대풍

賜大護軍趙菑馬 以能鎭撫之任也.
사 대호군 조치마 이능 진무 지임 야

辛巳 晉山府院君河崙上書. 書曰:
신사 진산부원군 하륜 상서 서왈

'崙厚蒙聖恩 路次無恙 月十二日 到預原郡 始知頤上右傍有瘇萌.
륜 후몽 성은 노차 무양 월십이일 도 예원군 시지 이상 우방 유 종맹

十三日至定平府留二日 用蛭針百餘枚 十六日至咸興府 謁定陵
십삼일 지 정평부 류 이일 용 질침 백여 매 십육일지 함흥부 알 정릉

和陵留二日 又用蛭針百餘枚. 十九日還至定平 敬蒙上恩 特遣
화릉 유 이일 우용 질침 백여 매 십구일 환지 정평 경몽 상은 특견

內臣 賜內醞 臣於病中祇受感激. 二十二日 又遣內醫問疾救療. 臣
내신 사 내온 신 어 병중 지수 감격 이십 이일 우견 내의 문질 구료 신

於衰暮之中 幸蒙使命 庶欲無疾速還 不煩聖慮 顧今瘇勢漸廣且痛
어 쇠모 지중 행몽 사명 서욕 무질 속환 불번 성려 고금 종세 점광 차통

伏枕呻吟 廼蒙內醫奉敎來治 臣感激嗚咽 言不能盡.'
복침 신음 내몽 내의 봉교 내치 신 감격 오열 언 불능 진

左軍都摠制河久 請往侍父病 賜驛馬遣之.
좌군도총제 하구 청왕 시부병 사 역마 견지

癸未 還次鐵原濁川 賜江原道都觀察使申商表裏及氈帽 經歷
계미 환차 철원 탁천 사 강원도 도관찰사 신상 표리 급 전모 경력

李孟畛襦衣.
이맹진 유의

乙酉 還宮. 賜京畿都觀察使金汾表裏 經歷朴安臣衣.
을유 환궁 사 경기 도관찰사 김분 표리 경력 박안신 의

召世子右輔德趙啓生曰: "行幸之日 世子不出祇送何也?" 啓生
소 세자우보덕 조계생 왈 행행 지일 세자 불출 지송 하야 계생

以中門晚開爲對 上曰: "何不善養儲副 如視異國世子乎?" 又召
이 중문 만개 위대 상왈 하불 선양 저부 여시 이국 세자 호 우소

世子殿承傳宦者辛德海 小宦金淳 趙珠 禹跡等 杖送其家 唯德海
세자전 승전환자 신덕해 소환 김순 조주 우적 등 장송 기가 유 덕해

以老免杖. 傳旨世子曰: "向者爾不祇送 於禮誤矣. 自今六衙日
이로 면장 전지 세자왈 향자 이불 지송 어례 오의 자금 육아일

詣闕." 又召書筵掌務司經權孟孫問曰: "書筵宰相則予知之矣 若
예궐 우소 서연 장무 사경 권맹손 문왈 서연 재상 즉여 지지 의 약

輔德以下誰歟?" 孟孫列名以對. 傳旨曰: "不正世子心術 但書所讀
보덕 이하 수여 맹손 열명 이대 전지 왈 부정 세자 심술 단서 소독

紙數與讀數以啓 自今其除之." 前此 書筵官每當衙日 書所讀紙數
與讀數以聞故也. 賓客卞季良 柳伯淳等詣闕啓曰: "今召掌務命曰:
'不正世子之心術.' 臣等以不才 不能薰陶 罪不可勝言. 請命師傅
與貳師 或五日 或十日 輪次進書筵 以孝悌忠信之言 告于世子 令
書筵官記錄啓聞." 季良又啓曰: "臣嘗爲輔德 一日兩次進講 臣遷
他官後 近來一日一次進講. 請自今兩次進講." 上曰: "予子非一 然
予以長子長孫爲之然矣. 今至如此 予亦羞愧 此天爲之也." 季良等
對曰: "不可委之於天 請一日兩次進講." 上曰: "非幼沖子也. 此事
予雖不言 書筵官自可爲之." 季良等以上敎告于世子後 書筵官與
臺諫入 進講中庸. 季良曰: "上嘗命通理學 請與書筵官講論問難."

罷慶尙道都觀察使李殷 經歷殷汝霖職. 初 朱仁奇 孔繼孫等之
慶尙道 妄稱捉虎甲士 殷不考兵曹移文 而擅調軍馬以給 捉虎於
星州. 事聞 命義禁府逮汝霖 問其故而罷之 杖仁奇等一百. 殷妄以
歲稔 收租倍於他道 一道怨咨.

對馬島和田浦萬戶守助丞 使人獻禮物 求大般若經.

丁亥 河崙又上書. 書曰:

'崙運衰福過 奉使遘疾 敬蒙上恩 特遣內醫李軒來治 稍得差息
欲以腰輿徐行而還 軒以不宜擧動 必避風寒戒之. 蛭針餘血 欲用
人針 則軒以未嘗有所聞沮之. 臣竊惟 聖人之學有經有權 醫術亦
豈不然? 蛭針出血 雖至數百 尙無害人 針之出血 亦獨何害? 且如

510

咽喉腫者 將塞氣絶 則必用人針 尙且無害 況其咽喉之外乎? 伏望
인후 종자 장색 기절 즉 필용 인침 상차 무해 황기 인후 지외 호 복망

上慈矜照 下令老醫輩 集議蛭針未盡者 以人針出其餘血便否及
상자 긍조 하령 노의 배 집의 질침 미진 자 이 인침 출 기 여혈 편부 급

在前經驗有無 俾之錄示 賜保餘生.'
재전 경험 유무 비지 녹시 사보 여생

又上言: '今月二十八日 臣男久蒙許問疾而來 驚喜何量? 二十九日
우 상언 금월 이십팔일 신남 구몽허 문질 이래 경희 하량 이십구일

敬蒙上恩 又遣老醫楊弘達來治病 蓋欲使之益治其所未治 又令
경몽 상은 우견 노의 양홍달 내 치병 개욕 사지 익치 기 소미치 우령

臣子永來見之 蒙被上恩 感激之情 何可勝言? 竊惟內醫二人繼來
신자 영내 견지 몽피 상은 감격 지정 하가 승언 절유 내의 이인 계래

不敢竝留 且軒已經七日 其治療證驗之術 臣率來方敏及咸吉道
불감 병류 차헌 이경 칠일 기 치료 증험 지술 신 솔래 방민 급 함길도

敎諭韓補之稍得傳學 幷男久還送. 臣竊惟 臣於衰病之中 伏蒙
교유 한보지 초득 전학 병남 구 환송 신 절유 신 어 쇠병 지중 복몽

上恩稠疊 僅有生矣. 伏望上慈矜照.
상은 조첩 근유 생의 복망 상자 긍조

태종 16년 병신년
11월

十一月

　무자일(戊子日) 초하루에 내신(內臣) 황도(黃稻)를 정평(定平)에 보냈
으니, 하륜의 병을 묻기 위함이었다. 또 약재(藥材)와 반미(飯米)를 가
지고 갔다. 조금 뒤에 이헌(李軒)이 돌아와서 아뢰었다.

　"륜의 병이 급합니다[革]."

　상이 곧바로 반감(飯監-궁궐 내 음식 담당)을 시켜 내선(內饍)을 가
지고 정평(定平)에 가게 하고, 명해 말했다.

　"조석 반찬을 내가 먹는 것과 똑같이 하라."

　○ 염치용(廉致庸)을 먼 지방에 자원부처(自願付處)[1]하라고 명했다.

　상이 말했다.

　"내가 밤중에 하늘을 두려워하는 생각을 하다가 문득 떠오르기를
치용(致庸)이 심히 불초하니 주살한들 누가 불가하다고 할까마는, 지
금 먼 지방에 유배 가서 스스로 죽지 못해 생리(生理-생계)가 크게
어려우니[孔艱] 그 고생하는 것이 애석하다. 먼 지방에 종편(從便)하
게 하려고 하는데 어떠하겠는가?"

　공조참판(工曹參判) 이안우(李安愚)가 대답해 말했다.

1　죄인이 원하는 곳으로 유배를 보내는 것으로, 대개 그 고향으로 가는 것이 상례(常例)
　였다.

"치용은 간악하기가 비교할 데 없어서 죽어도 남은 죄가 있는데 다행히 연명(延命)함을 얻었으니, 지금 또 종편(從便-자원부처보다 낮은 단계)하게 하면 신은 불가하다고 생각합니다. 만일 먼 지방에 자원부처를 허락한다면 혹 가능할 것입니다."

그것을 따랐다. 사간원(司諫院)에서 소를 올려 말했다.

'지난번에 치용의 죄가 불충한 데 있었는데도 전하께서 살리기를 좋아하는 다움[好生之德=仁]으로 특별히 관전(寬典)을 내려 머리를 보전하게 해 다만 먼 지방에 귀양보냈으니, 신서(臣庶-여러 신하)의 마음에 오히려 부족한 것이 있습니다. (그런데) 지금 또 자원부처하라는 명을 내리니, 이렇게 되면 나라 법이 더욱 너그러워져서 악한 짓을 한 자를 징계할 것이 없습니다. 엎드려 바라건대, 전하는 명백하게 그 죄를 지적해 뒤에 오는 자들을 경계시키소서.'

○ 대간(臺諫)·형조(刑曹)와 의금부(義禁府)에 명해서 왕상우(王上尤)가 도망쳐 숨었던 곳과 숨겨 준 사람을 국문해 아뢰게 했다. 앞서 김해부사(金海府使) 이수(李穗)가 말씀을 올렸다.

"가노(家奴) 왕상우는 사실 전조(前朝) 왕씨(王氏)가 신의 집 종에게 장가들어 낳은 것으로서 도망한 지 오랜데, 지금 다행히 잡았습니다. 바라건대 국문하소서."

그래서 이런 명이 있었다.

기축일(己丑日-2일)에 유정현(柳廷顯)을 영의정부사(領議政府事), 박은(朴訔)을 좌의정(左議政), 한상경(韓尙敬)을 우의정(右議政), 남재(南在)를 의령부원군(宜寧府院君), 한규(韓珪)를 면성부원군(沔城府院君),

김한로(金漢老)를 의정부 찬성(議政府贊成), 정구(鄭矩)를 의정부 참찬(議政府參贊), 박신(朴信)을 이조판서(吏曹判書), 황희(黃喜)를 공조판서(工曹判書), 심온(沈溫)을 판한성부사(判漢城府事-한성부 판사)로 삼았다.

경인일(庚寅日-3일)에 상이 인덕궁(仁德宮)에 갔으니, 상왕(上王)이 청한 것이다. 격구(擊毬)하고 술자리를 베풀었는데, 종친이 시연(侍宴)해 밤이 되어서야 마쳤다.

신묘일(辛卯日-4일)에 함흥부(咸興府) 백성이 송골매를 바치니, 유의(襦衣-겨울옷)를 내려주었다.

임진일(壬辰日-5일)에 왕상우(王上尤)와 아우 화상(和尚)을 풀어주었다. 상우·화상과 그 소생은 모두 본주(本主) 이수(李穗)에게 주고, 숨겨준 학생(學生) 박흥무(朴興茂)·이난수(李難守)와 사노(私奴) 김연(金延) 등은 율에 따라 논죄했다.
○ 각 도(道)의 번상(番上)한 시위군(侍衛軍)을 놓아 보냈으니, 날씨가 대단히 추운[沍寒] 때문이다.
호한

계사일(癸巳日-6일)에 천둥이 치고 번개가 쳤다. 상이 천재를 두려워해 정사를 보려고 하지 않으니, 유정현(柳廷顯)이 아뢰어 말했다.
"마땅히 정전(正殿)에 좌기(坐起)하시어 더욱 정사에 힘쓰소서."
호소할 데가 없는 맹인(盲人)들에게 옷과 양식을 주어 편의(便宜)

하게 해서 편안히 살게 하라고 명했다.

○ 진산부원군(晉山府院君) 하륜(河崙)이 정평(定平)에서 졸(卒)했다. 부음(訃音)이 이르니 상이 심히 슬퍼해 눈물을 흘리며 3일 동안 철조(輟朝)하고 7일 동안 소선(素膳)[2]했으며, 쌀·콩 각각 50석과 종이 200권을 치부(致賻)했다. 예조좌랑(禮曹佐郎) 정인지(鄭麟趾)를 보내 사제(賜祭)했는데, 그 글은 이러했다.

'원로대신은 임금의 팔다리[股肱]요 나라의 기둥과 주춧돌[柱石]이다. 살아서는 (임금과) 휴척(休戚-편안함과 근심함)을 함께하고 죽으면 은수(恩數-임금이 베푸는 은혜의 정도)를 지극히 하는 것은 고금의 바꿀 수 없는 전례(典禮)이다.

아, 생각건대 경은 하늘과 땅이 뭉친 정기와 산악(山嶽)이 내린 영(靈)을 받았으니, 고명정대(高明正大)한 학문을 발휘해 화국(華國)의 웅문(雄文-생각이 깊고 기개가 뛰어난 문장)이 되었고, 충신중후(忠信重厚)한 자질로 미뤄 경세(經世)의 큰 모유(謀猷-계책)가 됐다. 일찍이 이부(二府-의정부와 중추원)에 올라 네 번 상상(上相-영의정)이 됐다. 잘 도모하고 능히 결단해 계책에는 유책(遺策-남아 있는 계책)이 없었고, 사직을 정하고 천명을 도운 것은 공훈(功勳)이 맹부(盟府)에 있다. 한결같은 다움으로 하늘을 감동시켜 우리 국가를 보호하고 다스렸는데, 근래에 고사(故事)를 가지고 늙었다 해서 정사에서 물러났다. 그 아량(雅量)을 아름답게 여겨 억지로 그 청을 따랐다.

거듭 생각건대, 삭북(朔北-함경도)은 기업(基業)을 시초한 땅이고

---

2 육류(肉類)가 없는 수라를 말한다.

조종(祖宗)의 능침(陵寢)이 있으므로 사신을 보내 돌아보아 살피려고
했는데, 실로 적합한 사람이 어려웠다. 경은 몸이 비록 쇠했으나 왕
실(王室)에 마음을 다해 먼 길에 근로하는 것을 꺼리지 않고 스스
로 행하고자 했고, 나 또한 능침이 중하기 때문에 경(卿)으로 하여금
한 번 가게 해서 번거로움을 끼치지 않을 수 없었다. 교외에 나가서
전송한 것이 끝내 평생의 영결(永訣)이 될 줄을 어찌 생각이나 했겠
는가?

아 슬프도다! 사생(死生)의 변(変)은 사람이 살아가는 도리에 정해
져 있는 것이다. 경이 그 이치를 잘 아니 또 무엇을 한스러워하겠는
가! 다만 철인(哲人)의 죽음은 나라의 불행이다. 지금 이후로 대사(大
事)에 임하고 대의(大疑)를 결단해서 성색(聲色)을 움직이지 않고 국
가를 반석의 편안한 데 둘 사람을 내가 누구에게서 바라겠는가? 이
는 내가 몹시 애석해 마지않는 것이다. 특별히 예관(禮官)을 보내 영
구(靈柩) 앞에 치제(致祭)하니, 영혼이 있으면 이 휼전(恤典)을 흠향
하라.'

류(崙)은 진주(晉州) 사람인데, 순흥부사(順興府使) 윤린(允麟)의 아
들이다. 지정(至正) 을사년(乙巳年-1365년) 과거에 합격했는데, 좌주
(座主-과거시험 책임자) 이인복(李仁復, 1308~1374년)[3]이 한 번 보고 기

---

3 일찍이 백이정(白頤正)에게서 수학해 성리학에 밝았다. 1326년(충숙왕 13년) 문과에 급
   제해 복주사록(福州司錄)이 됐다가 춘추공봉(春秋供奉)에 발탁됐다. 1342년(충혜왕 복위
   3년) 기거사인(起居舍人)으로 원나라의 제과(制科)에 급제해서 대령로금주판관(大寧路錦
   州判官)의 벼슬을 받고 돌아와 기거주(起居注)에 올랐다. 1344년 충목왕이 즉위하자 우
   부대언(右副代言)이 됐고, 밀직제학(密直提學)으로 승진한 뒤에는 서연(書筵)에서 진강
   했다. 이어 삼사좌사(三司左使)가 되니, 원나라에서 정동행성도사(征東行省都事)라는 벼

이하게 여겨 그 아우 이인미(李仁美)의 딸을 아내로 삼게 했다. 신해
년(辛亥年-1371년)에 지영주(知榮州)가 되자 안렴사(按廉使) 김주(金
湊)가 그 치행(治行)을 제일로 올리니, (서울로) 불려와 고공좌랑(考功
佐郎)에 제수돼 여러 벼슬을 거쳐 첨서밀직사사(簽書密直司事)에 이
르렀다. 무진년(戊辰年-1388년)에 최영(崔瑩)이 군사를 일으켜 요양
(遼陽-요동)을 침범하니 륜이 힘써 안 된다고 말했는데, 영(瑩)이 노해
양주(襄州)로 추방했다.

태조(太祖)가 즉위해서 계유년(癸酉年-1393년)에 기용해 경기 도관
찰사(京畿都觀察使)가 됐다. 태조가 계룡산(雞龍山)에 도읍을 옮기고
자 해 이미 역사를 일으키니 감히 간언하는 자가 없었는데, 륜이 힘
써 청해 중지시켰다. 갑술년(甲戌年-1394년)에 다시 첨서중추원사(簽
書中樞院事-중추원 첨서사)가 됐다. 병자년(丙子年-1396년)에 중국 고

슬을 주었다. 1346년(충목 2년) 제학(提學)으로서 이제현(李濟賢), 안축(安軸), 이곡(李穀)
등과 함께 민지(閔漬)의 『편년강목(編年綱目)』을 증보(增補)했으며, 충렬·충선·충숙 3대
실록의 편찬을 명받기도 했다. 1352년(공민왕 1년) 조일신(趙日新)이 난을 일으키자 이를
토평하는 데 공을 세워 1354년 정당문학 겸 감찰대부(政堂文學兼監察大夫)에 올랐다. 이
어 성산군에 봉해졌으며 원나라에서 정동성원외랑(征東省員外郎)이라는 벼슬도 받았다.
1356년 10월 정당문학으로 사은사가 되어 원나라를 다녀왔다. 이듬해 4월 과거를 주관
해 염흥방(廉興邦) 등을 선발했으며, 같은 해 윤9월 『고금록(古今錄)』을 편수했다. 1365년
공민왕에게 신돈(辛旽)을 멀리할 것을 간했다가 한때 파직당했다. 같은 해 5월 홍안부원
군(興安府院君)에 진봉됐으며, 6월 판삼사사(判三司事)를 거쳐 윤10월 과거를 주관해 윤
소종(尹紹宗) 등을 선발했고, 1369년 6월 홍안백(興安伯)으로 과거를 주관해 유백유(柳伯
濡) 등을 선발했으며, 1370년 8월에는 원의 제과(制科) 응시생을 선발했는데 급제자 가운
데 이숭인(李崇仁)과 권근(權近)은 25세 미만이어서 파견하지 않았다. 1371년 5월 감춘추
관사(監春秋館事)가 돼 이색(李穡)과 함께 『금경록(金鏡錄)』을 증수했다. 1373년 검교시중
(檢校侍中)으로 부친상을 당해 경산부(경산부)에 있었으며, 이듬해 3월 세상을 떠났다. 성
품이 강직해 옳은 일이라면 작은 일이라도 반드시 기뻐했고, 옳지 못한 일을 보면 노기가
얼굴에 나타났으나 함부로 입 밖에 내지는 않았다고 한다.

황제(高皇帝)가 우리의 표사(表辭-외교 문서인 표문의 글)가 공근(恭謹)하지 못하다고 해서 문장을 쓴 정도전(鄭道傳)을 불러 입조(入朝)하게 했다. 태조가 비밀리에 정신(廷臣)들에게 보낼지 말지를 물으니 모두 서로 돌아보고 쳐다보면서 반드시 보낼 일은 아니라고 했는데, 륜이 홀로 보내는 것이 좋겠다고 말하자 도전(道傳)이 원망했다. 태조가 륜을 보내 경사(京師)에 가서 상주(上奏)해 자세히 밝히니, 일이 과연 풀렸다. 그때 도전이 남은(南誾)과 꾀를 합쳐 유얼(幼孽-세자 방석)을 끼고서 여러 적자(嫡子)를 해치려 해 화(禍)가 불측(不測)하게 됐는데, 륜이 일찍이 상의 잠저(潛邸)에 나아가자 상이 사람을 물리치고 계책을 물었다. 륜이 말했다.

"이것은 다른 계책이 없고, 다만 마땅히 선수를 써서 이 무리를 쳐 없애는 것뿐입니다."

상은 말이 없었다. 륜이 다시 말했다.

"이것은 다만 아들이 아버지의 군사를 희롱해 죽음에서 벗어나려는 것이니, 비록 상위(上位)께서 놀라더라도 필경 어찌하겠습니까?"

무인년(戊寅年-1398년) 8월에 변이 일어났는데, 그때 륜은 충청도 도관찰사(忠淸道都觀察使)로 있었다. 빨리 말을 달려 서울에 이르러 사람을 시켜 선언(宣言)하고 군사를 이끌고 와서 돕고 따르도록 했다. 상왕(上王)이 위(位)를 잇자 륜에게 정당문학(政堂文學)을 제수하고 정사공(定社功)을 녹훈(錄勳)해 1등으로 삼고, 작(爵)으로 진산군(晉山君)을 내려주었다. 경진년(庚辰年-1400년) 5월에 판의흥삼군부사(判義興三軍府事)가 되었고, 9월에 우정승(右政丞)이 되자 작을 높여 백(伯)으로 삼았다. 11월에 상이 즉위하자 좌명공(佐命功)을 녹훈

해 1등으로 삼았다. 신사년(辛巳年-1401년) 윤3월(閏三月)에 사직했다가 임오년(壬午年-1402년) 10월에 다시 좌정승(左政丞)에 제수돼 영락황제(永樂皇帝)가 등극(登極)한 것을 들어가서 하례하니, 륜이 명(明)나라에 이르러 예부(禮部)에 글을 올려 말했다.

'새 천자께서 이미 천하와 더불어 다시 시작했으니[更始], 청컨대우리 왕의 작명(爵命)을 고쳐주소서.'

황제가 아름답게 여겼다. 계미년(癸未年-1403년) 4월에 명나라 사신 고득(高得) 등과 함께 고명(誥命)·인장(印章)을 받들고 왔다. 상이더욱 중하게 여겨 특별히 전구(田口)를 주었다. 갑신년(甲申年-1404년) 6월에 가뭄으로 사직하기를 빌고, 을유년(乙酉年-1405년) 정월에 다시 복직했다가 정해년(丁亥年-1406년) 7월에 또 가뭄으로 사직하기를 청했다. 기축년(己丑年-1409년) 겨울에 이무(李茂)가 죄를 얻자 온 조정이 모두 베기를 청했는데 륜이 홀로 영구(營救)[4]하니, 상이 대답하지 않다가 안으로 들어가며 말했다.

"륜이 '죽일 수 없다'라고 하니, 이는 실로 그 마음에서 발한 것이다."

을미년(乙未年-1415년) 여름에 이직(李稷)이 그 향리에 안치(安置)됐는데, 하루는 륜이 예궐(詣闕)하니 상이 내전에서 인견했다. 륜이말없이 웃으니 상이 그 까닭을 물었다. 륜이 대답해 말했다.

"이직의 죄가 외방(外方)에 내칠 죄입니까?"

상이 대답하지 않았다. 임진년(壬辰年-1412년) 8월에 다시 좌정

---

4 죄에 빠진 사람을 구원하려고 도모하는 것을 말한다.

승이 되고, 갑오년(甲午年-1414년) 4월에 영의정부사(領議政府事)가 됐다. 금년 봄에 이르러 나이 70으로 치사(致仕-은퇴)하기를 비니 상이 오래도록 허락하지 않았는데, 륜이 청하기를 더욱 간절히 해서 부원군(府院君)으로서 집으로 갔다.

륜(崙)은 천성적인 자질이 중후하고 온화했으며 말수가 적어 평생에 빠른 말과 급한 빛이 없었으나, 관복[端委]⁵ 차림으로 묘당(廟堂)에 이르러 의심스러운 일을 결단하고 큰 계책을 정함에 있어서는 누가 헐뜯거나 칭송하거나 간에 조금도 그 마음을 움직이지 않았다. 정승이 돼서는 되도록 대체(大体)를 살리고 아름다운 모책과 비밀스러운 의견을 계옥(啓沃-건의)한 것이 대단히 많았으나, 물러 나와서는 일찍이 남에게 누설하지 않았다.⁶ 몸을 가지고 일을 접할 때는 한결같이 성심으로 해 허위가 없었으며 종족(宗族)에게 어질게 하고 붕우(朋友)에게 신실(信実)하게 하니, 아래로 동복(僮僕-노비)까지 모두 그 은혜를 잊지 못했다. 인재(人材)를 천거하기를 항상 불급(不及-

---

5 주(周)나라 시대에 관리가 착용하던 현단복(玄端服)과 위모관(委貌冠)을 말하는데, 곧 관리의 관복(冠服)을 뜻한다.

6 이를 군진(君陳)의 충성이라 한다. 『서경(書経)』「군진(君陳)」편에 나오는 말이다. "너에게 좋은 계획과 생각이 있으면 바로 들어가 네 임금에게 고하고, 밖에 나와서는 이 계획과 이 생각은 모두 우리 임금께서 하신 것이라고 하라. 그래야 신하는 그 어짊이 드러날 것이다." 세종 6년 7월 12일 종묘에 태종의 다섯 공신을 배향하는 행사를 했는데, 당시 교서에는 하륜과 관련해 이렇게 말하고 있다. "문충공 하륜은 산악(山岳)의 정기를 타고나서 하늘과 사람의 학문을 다한지라, 지혜는 기미를 밝게 살피고 도량은 세상을 도울 수 있었다. 능히 계획하고 잘 판단해 울연(蔚然)한 재보(宰輔)의 재목이요, 빛나고 옛되며 깊은 글은 문장의 으뜸이라. 일찍부터 황고(皇考)에게 마음을 바쳐 숨은 용(竜)을 못 속에서 일으켰다. 군진(君陳)의 좋은 계획과 좋은 생각으로 왕도(王道)를 빛나게 했고, 산보(山甫-주나라의 뛰어난 신하)의 단정한 거동과 태도로 조정(朝庭)의 사범이 되었다. 기쁘고 노여움을 겉으로 나타내지 아니하니, 헐뜯고 칭찬하는 것이 소용이 없도다."

못 미치면 어떻게 하나)한 듯이 했는데, 조금만 좋은 것이라도 반드시 취하고 그 작은 허물은 덮어주었다. 집에 거처할 때는 사치하고 화려한 것을 좋아하지 않고 잔치해 노는 것을 즐기지 않았다. 성품이 글 읽기를 좋아해 손에서 책을 놓지 않았고, 유유(悠悠)하게 휘파람을 불고 시를 읊느라 자고 먹는 것도 잊었다. 음양(陰陽)·의술(医術)·성경(星経)·지리(地理)까지 모두 지극히 정통했다. 후생을 권면(勸勉)해 의리를 상확(商確-헤아려 확정함)함에는 애써 힘쓰느라[亹亹] 게으름을 잊었다. 국정(国政)을 맡은 이래로 문한(文翰-외교 문서 책임자)을 전적으로 맡았으니, 사대(事大)하는 사명(辞命)과 문사의 저술이 반드시 (그의) 윤색(潤色)·인가(印可)를 거친 뒤에야 정해졌다. 불씨(佛氏)와 노자(老子)를 배척해서 미리 유문(遺文-유서)을 만들어 건사(巾笥-비단을 두른 상자)에 두었는데 자손을 가르치는 것이 섬실(纖悉)하고 주비(周備)했으니, 상사(喪事)와 장사(葬事)는 한결같이 『주자가례(朱子家禮)』에 의거하고 불사(佛事)를 하지 말라고 경계시켰다. 륜(崙)이 죽은 뒤에 그의 글이 나오니, 그 집에서 그 말대로 했다. 자호(自號)는 호정(浩亭)이요 자(字)는 대림(大臨)이고, 시호는 문충(文忠)이다. 아들은 구(久)이고, 서자(庶子)가 세 사람인데 장(長)·연(延)·영(永)이다.

륜이 죽자 부인 이씨(李氏)가 애통해 음식을 먹지 않아 거의 죽게 됐는데, 상이 듣고서 약주(薬酒)를 하사하며 뜻을 전해 말했다.

"상제(喪制)는 마치지 않을 수 없으니, 비록 죽는 것이야 돌아보지 않는다 하더라도 상제를 마치지 못하게 되면 어찌되겠는가? 부디 술을 마시고 슬픔을 절도 있게 해서 상제를 마치라."

이씨가 사람을 시켜 승정원에 나와 말씀을 올렸다.

"가옹(家翁)이 왕명을 받들어 외방에서 죽었으니, 바라건대 시체를 서울 집에 들여와 빈소(殯所)하게 하소서."

명해 예조(礼曹)에 내려서 예전 제도를 상고해 아뢰게 하고, 이어서 뜻을 전해 말했다.

"『예기(礼記)』「증자문(曾子問)」편에 이러한 의견이 있었다."

예조에서 아뢰었다.

"사명을 받들고[奉使] 죽으면, 대부(大夫)·사(士)는 마땅히 집에 돌아와 염(殮)하고 초빈(草殯)해야 합니다."

그것을 따랐다.

병신일(丙申日-9일)에 청원군(靑原君) 심종(沈淙, ?~1418년)[7]을 교하(交河)에 안치(安置)했다.

계사년(癸巳年-1413년)에 전라도(全羅道)에 강무(講武)하러 행차했을 때 방간(芳幹)이 종(淙)과 더불어 비밀리에 사람을 시켜 서로 내통하며 종에게 생강(生薑) 상자를 주었다. 상이 이를 알고서 물으니, 종이 숨기고 고하지 않았다. 상은 곧 죄를 가하지 않았는데, 종이 일찍이 부끄러워하거나 두려워하지 않고 말하거나 웃기를 태연자약하게 했기 때문에 이러한 폄출(貶出)이 있었다.

---

7   심덕부의 아들이며 이성계의 차녀 경선공주의 남편이다. 이때 방간과 내통한 죄로 토산현에 안치됐다가 그곳에서 사망했다.

가르침을 내려 말했다.

"불충(不忠)한 사람들에 대해 삼성(三省)에서는 법대로 처치하도록 청하나, 내가 차마 하지 못하는 마음[不忍心]으로 혹은 외방에 자원 안치하고 혹은 부처(付処)하고 혹은 종편(從便)하게 해서 각각 생명을 보전해 타고난 수명(壽命)을 마치게 했다. 만일 대소 인원(大小人員)이 서로 사람을 시켜 은밀히 내통하다가 탄로되면 아울러 법대로 처치하겠다."

무술일(戊戌日-11일)에 컴컴하게 안개가 3일 동안 끼니, 전지했다.

"오늘 내가 일을 보려고 일찍 일어났는데 하늘에 안개가 끼고 더워서 시후(時候-날씨)가 정상인 상태를 잃었으니, 오로지 (나의) 부덕(否德)의 소치로 그러한 것이다. 깊이 하늘의 변고를 두려워해 감히 일을 보지 못하겠다."

유정현(柳廷顯)이 말했다.

"시후가 정상을 잃은 것은 비록 상덕(上德)의 소치는 아니나, 공구수성(恐懼修省)해 정신을 가다듬어 다스림을 도모하는 것은 임금의 직책입니다. 왜 일을 보지 않으려고 합니까?"

박은(朴訔)이 말했다.

"하늘이 흐리고 안개가 끼고 더운 것은 별로 해로울 것이 없습니다. 얼음이 얼 때가 아직 되지 않았으니, 성려(聖慮)하실 것이 없습니다."

상이 말했다.

"한(漢)나라 때 승상(丞相) 병길(丙吉, ?~기원전 55년)⁸은 힘써 섭조(燮調)하는 일을 맡았으니,⁹ 경 등은 각각 섭리(燮理)의 책임을 다해서 인사(人事-사람의 일)에 신중하도록 힘쓰고 천도(天道)에 어그러짐이 없게 하라."¹⁰

경자일(庚子日-13일)에 면성부원군(沔城府院君) 한규(韓珪)가 졸(卒)했다. 3일 동안 철조(輟朝)하고 시호를 공무(恭武)라 했으며, 쌀과 콩을 아울러 60석과 종이 100권을 치부(致賻)하고 중관(中官-환관)을

---

8 한나라 선제 때의 명재상이다. 처음에는 옥리(獄吏)였으나, 뒤에 정위우감(廷尉右監-최고 재판소 판사)이 됐다. 기원전 91년 무고(巫蠱)의 옥사 때 크게 활약해 여태자(戾太子)의 손자인 유순(劉詢-뒤의 선제(宣帝))의 목숨을 구했다. 유순이 제위에 오르자 태자태부(太子太傅)·어사대부(御史大夫)를 거쳐 기원전 67년 승상이 됐다. 항상 대의예양(大義礼讓)을 중히 여겨, 길에서 불량배들이 싸우는 것을 단속하는 일은 시장(市長)의 직분이므로 재상이 관여할 바가 아니지만, 수레를 끄는 소가 숨을 헐떡이는 것은 계절의 변조 탓일지 모른다면서 음양을 가리고 자연의 조화를 꾀하는 섭리는 재상의 직분이라고 했다.
9 반고(班固)의 『한서(漢書)』 「병길전(丙吉傳)」에 나오는 승상 병길의 일화다. 태종은 이 사례를 언급한 것이다. '한 번은 승상 병길이 외출하다가 승상의 행차를 위해 깨끗하게 치운 길에서 떼를 지어 싸우는 사람들과 맞닥뜨렸다. 사상자들이 길에 마구잡이로 쓰러져 있었는데도 그곳을 그냥 지나칠 뿐 어찌된 일이냐고 묻지도 않자, 소속 관리가 의아하게 여겼다. 또 그가 앞서가다가 어떤 사람이 잃어버린 소를 쫓아가는 장면과 마주쳤는데, 그 소가 헐떡이며 혀를 내밀고 있었다. 그는 수레를 멈추게 하고 말을 탄 관리를 시켜 "소를 몰고 몇 리를 왔느냐"라고 묻게 했다. 소속 관리는 속으로 승상의 질문이 앞뒤가 잘못됐다고 생각했다. 심지어 그를 비꼬는 자도 있었다. 그러자 그는 이렇게 말했다. "백성이 싸우다가 서로 살상한 것은 장안령과 경조윤이 금지하고 경비하며 체포하는 임무를 맡고 있으므로, 승상은 연말에 그들을 고과해 상벌을 시행하면 그만이다. 승상은 직접 자질구레한 일에 관여하지 않기 때문에 그런 일을 길에서 묻는 것은 옳지 않다. 봄에는 소양(少陽)이 용사(用事)할 때이므로 심하게 덥지 않다. 가까운 거리를 가는 소가 더워서 헐떡이는 것은 계절의 기운이 절도를 잃은 징표이므로 해(害)가 닥칠까 두렵다. 삼공(三公)은 음양의 조화를 담당하므로 직분상 마땅히 염려해야 할 일이다. 이 때문에 물은 것이다." 소속 관리는 그 말을 듣고 감복하며 그가 정치의 큰 요체[大體]를 잘 안다고 인정했다.'
10 에둘러 두 사람에게 인사를 공정하게 하라고 경고하는 대목으로 볼 수 있다.

보내 치제(致祭)했다. 조말생(趙末生)에게 일러 말했다.

"내가 진산(晉山-하륜)의 부음(訃音)을 듣고 마음이 꺾이고 찢어지는[摧裂] 것 같아 눈물이 아직 마르지 않았는데, 지금 면성(沔城)이 또 졸했으니 이 또한 내게 충성을 다한 신하[盡忠之臣]다. 나의 오늘의 마음을 누가 알겠는가?"

목을 놓아 울었다. 또 박은(朴訔)·한상경(韓尙敬)·김승주(金承霔)·연사종(延嗣宗) 등을 불러 눈물을 거두고 뜻을 전해 말했다.

"초8일에 진산부원군의 통부(通訃)가 이르자 경제(経済-경세)의 신하를 잃은 슬픔을 이기지 못했는데, 지금 또 충직(忠直)한 신하를 잃었으니 어찌하겠느냐? 갑신년(甲申年-1404년)을 맞아 삼공신(三功臣)이 모여 맹세할 때 모두 60여 인이었는데, 겨우 10여 년 동안에 살아 있는 사람이 30에 지나지 않는다. 슬프도다, 부생(浮生-뜬구름 같은 인생)이 이와 같다. 나도 나이가 지금 50이다. 무릇 신하 된 자가 누가 충성을 다하고자 하는 마음이 없을까마는, 공신이라고 하면 은수(恩數)가 다르다. 중월(仲月)에 공신의 모임을 이미 정한 법이 있는데, 지금 공신으로서 살아 있는 자가 매우 적으니 이미 죽은 공신의 적장자(嫡長子)를 등급을 뛰어 제수해서 그 아비를 대신해 모임에 참여하게 하고, 공신이 연고가 있어 연회에 나오지 못하는 경우도 적장자로써 대신하게 하려 한다. 이는 세자로 하여금 서로 보아서 익히 알게 하려고 함이다. 세경(世卿)과 비할 바가 못 되니, 경 등은 그리 알라."

은(訔) 등이 대답했다.

"신 등이 이미 물방울이나 티끌만 한 작은[涓埃] 보좌도 하지 못한

528

채 은총과 영광이 이미 지극한데, 어찌 사자(嗣子)가 또 성택(聖泽)을 입는 것을 생각하겠습니까? 그러나 전하께서 대의로 가르침을 내리시니, 감히 절해 명령을 듣지 않겠습니까?"

○ 사헌부에서 판한성부사(判漢城府事-한성부 판사) 심온(沈溫), 첨총제(僉摠制) 심정(沈泟)을 핵문(劾問)했으니, 이는 대개 종(淙)이 외방으로 나간 이유를 물은 것이다. 사헌부에 뜻을 전해 말했다.

"종의 일은 이미 온(溫)더러 드러내지 말라고 명했다. 비록 핵문(劾問)하더라도 온 등이 말하겠느냐? 다시는 핵문하지 말라."

마침내 불러서 출사(出仕)하게 했다. 온이 사례하고 이어서 아뢰어 말했다.

"일은 크고 작은 것이 없이 나라 사람[國人][11]에게 알리지 않을 수 없습니다. 신의 아우가 외방으로 나간 것을 누가 의심하지 않겠습니까? 청컨대 그 까닭을 드러내 말씀하시어 나라 사람들이 두루 알게 하소서."

상이 말했다.

"비록 그러하나 여러 사람이 알게 할 수는 없다."

○ 의정부(議政府)·육조(六曹)가 김원철(金原哲)과 청원군(靑原君) 심종(沈淙)의 죄를 청했다.

원철(原哲)이 고했다.

---

11 나라 사람이란 일반 백성을 포함하는 것이 아니라 관리들을 말한다.

"윤자당(尹子當, ?~1422년)[12]이 길주찰리사(吉州察理使)로 있을 때 야인(野人)들에게 군사를 청해 모반(謀叛)했습니다."

(윤자당과 김원철) 둘 다 의금부(義禁府)에 내려 핵실하니 원철이 무고죄로 반좌(反坐)[13]돼, 장(杖) 100대를 때려 제주(濟州) 관노(官奴)로 유배 보냈다.

○사헌부 대사헌(大司憲) 김여지(金汝知) 등이 소를 올려 방간(芳幹) 등의 죄를 청했다. 소는 이러했다.

'남의 신하 된 자의 죄 중에 불충(不忠)한 것보다 더 큰 것이 없으니, 불충한 신하는 (임금이 아닌) 다른 사람이라도 벨 수 있는 자입니다. 불충하고도 명백한 죽음을 당하지 않는다면 밤낮으로 스스로 보전할 방도를 생각하고 함께 난을 꾸밀 자를 구해서 그 일을 이루려고 하는 것은 누구나 갖는 마음[常情]입니다. 이 때문에 빼어난 이[聖人=聖君]는 형벌을 쓰는 즈음에 더욱 삼가는 것입니다. 전하께서 차마 하지 못하는 마음[不忍之心=仁]이 지나쳐 괴수[渠魁]가 구차스럽게 살아 있고 무리 지어 외방에 처해 있습니다. 지금 또 밝게 교지(敎旨)를 내려 각각 생명을 보전해 타고난 수명(壽命)을 마치게 하시니, 이는 오히려 본 뿌리를 북돋우면서 싹이 다시 나는 것을 금하는 것과 같습니다. 차마 하지 못하는 어짊[不忍之仁]을 베풀고자 하다가

---

12 어머니는 판서를 역임한 남휘주(南輝珠)의 딸 영양남씨(英陽南氏)인데, 일찍 과부가 돼 안성이씨 이경(李坰)에게 개가해 이숙번(李叔蕃), 이중번(李仲蕃) 형제를 낳았다. 문하시중을 역임한 윤환(尹桓)의 조카다.

13 무고(誣告)해 죄 없는 사람을 죄에 빠뜨린 자에 대해 피해자가 입은 만큼의 형벌을 주는 제도다.

다만 죄 없는 사람에게 근심을 끼치는 것입니다. 엎드려 바라건대, 전하께서는 주공(周公)이 형벌을 쓰는 도리[14]를 본받아서 종사만년(宗社万年)의 계책으로 사나운 자를 베고 어지러운 것을 금하기를 먼저 회안(懷安) 부자로부터 시작하고, 기타 불충한 무리도 전에 대간·형조에서 아뢴 것에 의거해 모두 법대로 처치해서 후환을 막고 인심을 하나로 만드소서.'

들어주지 않았다.

을사일(乙巳日-18일)에 상이 인덕궁(仁德宮)에 나아가 헌수(獻壽)했다.

병오일(丙午日-19일)에 여러 공신(功臣)이 대궐에 나아와 심종(沈淙)의 죄를 청했다. 아뢰어 말했다.

"전하께서는 여러 공신과 더불어 맹세하기를 '공신은 그 죄가 종사(宗社)에 관계되는 것이 아니면 죄를 가하지 않겠다'라고 하셨습니다. (그런데) 지금 종(淙)은 왕실(王室)의 인척이요 또 공신인데 쫓겨났으니, 이는 반드시 죄가 종사에 관계되는 것입니다. 청컨대, 유사

---

14 주 무왕(周武王)의 아우요 주공(周公)의 형제들인 관숙(管叔)과 채숙(蔡叔)의 일을 말한다. 그에 앞서 무왕이 앓으니 주공이 대신 죽기를 청해 신(神)에게 고하고 그 글을 금등(金縢)에 넣었는데, 무왕이 죽고 어린 아들 성왕(成王)이 즉위하자 주공이 섭정했다. 이에 관숙과 채숙이 유언비어를 퍼뜨려 '주공이 장차 어린 임금에게 이롭지 못하리라'라고 했다. 주공은 황공해 동도로 피했고, 뒤에 성왕이 금등을 열어보고 깨달아 다시 주공을 불러들였다. 관숙과 채숙이 반란하자 성왕은 주공에게 명해 토벌해 그들을 죽이고 유배보냈다.

(攸司)에 내려 그 죄를 밝게 바로잡아 대소 신료(大小臣僚)들로 하여금 모두 알게 하소서."

뜻을 전해 말했다.

"내가 장차 병조판서(兵曹判書) 이원(李原)과 공신유사(功臣有司-공신 담당 기관)에 명확히 말하겠으니, 일단은 기다리라."

정미일(丁未日·20일)에 의정부(議政府)·육조(六曹)·대간(台諫)과 공신유사(功臣有司)에서 심종(沈淙)의 죄를 청하니 뜻을 전해 말했다.

"내가 장차 숨겨서 드러내지 않고 남모르게 외방으로 보내려 했는데, 전일(前日)에 공신들이 맹세에 실린 말로써 질문하니 끝내는 가릴 수 없겠다. 종(淙)이 일찍이 거가를 따라 임실(任實)에 이르렀을 때 회안(懷安)이 주는 것을 받고도 내게 고하지 않고 형제에게도 말하지 않은 채 오직 완원군(完原君) 이양우(李良祐)에게만 말하기를, '회안이 나에게 생강을 주었다'라고 했다. 양우(良祐)가 말하기를 '전하께 진달했는가?'라고 하자 종이 말하기를 '이미 진달했다' 했으니, 이는 거짓말이다. 양우가 또 회안이 주는 것을 받아 죄를 당할 때도 내가 종을 시켜 그 가운데의 일을 양우에게 전해 말하게 했으나 종은 끝내 임실의 일을 고하지 않았고, 헌부(憲府)에서 핵문(劾問)해도 끝내 사실대로 대답하지 않았으며, 왕년에 교외(郊外)에 행차했을 때 친히 물어도 또한 진정을 말하지 않았으니, 마음 쓰는 것이 심히 간사하다. 그러나 친속(親屬)이요 훈구(勳舊)인 때문에 시간을 끌어서 지금까지 죄를 덮어오다가 이제야 외방으로 내보냈으니, 죄를 처치한 것이 아주 실상에 들어맞다. 바라건대 경 등은 번거롭게 다시 청하지 말라. 불궤(不軌)한 무리가 없는 해가 없으니, 내가 몹시 부끄럽다."

모두 말했다.

"법으로 논하지 않을 수 없습니다."

상이 말했다.

"이미 알고 있다."

대간·형조에서 그 참에 회안 부자의 죄를 청했다.

○ 내시위(內侍衛) 전 호군(護軍) 김국진(金國珍)의 직첩을 거두고, 홍주(洪州) 등지의 군역(軍役)에 정속(定屬)시켰다. 국진(國珍)은 방간(芳幹)의 비부(婢夫)로서 경진년(庚辰年-1400년)의 난에 참여한 자다.

무신일(戊申日-21일)에 형조·대간에서 심종과 방간의 죄를 청하니 윤허하지 않았고, 의정부·삼공신(三功臣)이 거듭 청했으나 역시 윤허하지 않았다.

○ 결송(決訟)의 기한을 정했다. 형조에서 아뢰어 말했다.

"각사(各司)에 나눠 보내 결절(決絶)하는 공처노비(公處奴婢)의 일을 전후 정한 날짜 안에 결절을 끝내지 못했습니다. 빌건대 오는 12월 15일로 다시 기한을 정하게 해, 만일 기한 안에 결절을 마치지 못하는 각사의 관원이 있으면 죄를 논하소서."

그것을 따랐다.

기유일(己酉日-22일)에 청원군(靑原君) 심종(沈淙)의 직첩(職牒)과 공신녹권(功臣錄券)을 거두었으며, 폐해 서인(庶人)으로 만들어서 외방에 자원안치(自願安置)했다. 사헌부·사간원·형조에서 연명(聯名)해 소를 올렸다.

'남의 신하 된 자가 저지른 불충한 죄는 하늘과 땅이 용납지 않고 왕법에서도 용서하지 못하는 것입니다. 청원군 종(淙)은 훈친(勳親)의 존귀함으로서 더욱 충성을 다해 전하를 섬겨야 하는데, 계사년(癸巳年-1413년)에 대가(大駕)가 전라도에 순행했을 때 종이 속으로 회안(懷安)이 준 것을 받고서도 곧장 아뢰지 않았고, 비밀리에 완원부원군 이양우(李良祐)와 더불어 그 까닭을 말하고 양우(良祐)가 "아뢰었느냐?"고 묻자 종은 거짓으로 "이미 아뢰었다"라고 말했고, 양우가 물건이 난 곳을 묻자 "그전 그곳에서 왔다"라고 대답했으니 이른바 그전 그곳이라는 것은 회안에게 뜻을 둔 것입니다. 또 전하께서 교외에 나갔을 때 양우가 탄핵을 입은 일을 말하면서 자기가 증유(贈遺-선물)를 받은 일을 말하지 않았고, 전하께서 두 대군(大君)을 그 집에 보내어 말하지 않은 것을 탓했는데도 숨기고 사실대로 대답하지 않았으니, 두 마음을 품고 전하를 저버린 것이 환하게 드러났습니다. 전하께서 특별히 관인(寬仁)을 펴시어 법대로 처치하지 않고 다만 기내(畿內)에 보내었으니, 어찌 인신(人臣)이 악한 쪽에 붙어[黨惡] 두 마음을 품고서도 법에 처치되지 않는 일이 있는 것입니까? 『서경(書經)』에 이르기를 "악을 제거하려면 그 뿌리(를 뽑는 일)에 힘쓰라"[15]라고 했고, 『춘추(春秋)』에서는 수악(首惡)을 베었습니다. 회안(懷

---

15 「진서(秦書)」에 이르기를 "다움을 심으려면 그것이 자라도록 하는 데 힘쓰고, 악을 제거하려면 그 뿌리를 뽑는 일에 힘쓰라"라고 했다.

安)의 경진년의 변(變)은 신자(臣子)로서는 불공대천(不共戴天)의 일입니다. 특히 전하께서 차마 하지 못하시기[不忍] 때문에 가벼운 법전(法典)으로 머리를 보전하게 해서, 오늘날 종이 악한 쪽에 붙는 죄를 가져왔습니다. 엎드려 바라건대, 전하께서는 회안과 종의 죄를 밝게 바로잡아 신민(臣民)의 분(憤)을 푸소서.'

이조판서 박신(朴信) 등도 글을 올렸다.

'대역(大逆)의 죄와 악한 쪽에 붙은 사람은 모두 왕법에서 반드시 죽이는 자입니다. 지금 청원군(靑原君) 심종(沈淙)이 훈친(勳親)의 무거움으로서 성은이 이미 지극한데, 두 마음을 품고 가만히 회안과 서로 내통했으니 이는 천토(天討)를 마땅히 가할 것이지 전하께서 사사로이 할 수 있는 것이 아닙니다. 엎드려 바라건대 대의로써 결단해 한결같이 대간(台諫)·형조(刑曹)의 청에 의거함으로써 신민의 소망에 맞게 하소서.'

의정부 영의정(議政府領議政) 유정현(柳廷顯) 등이 말씀을 올렸다.

"회안 부자의 죄는 왕법에 반드시 죽일 것인데 전하께서 법을 굽히고 은혜를 펴니, 잘못 보전하기를 더해도 오히려 마음을 고치지 않고 비밀리에 사사로이 사람을 보내 청원군 심종과 서로 통했습니다. 이는 반드시 꾀한 것이 있을 것입니다. 종이 또한 숨기고 사실대로 고하지 않았으니, 그 마음을 헤아리기 어렵습니다. 신하가 돼서 불충한 것 중에 무엇이 이보다 더하겠습니까? 엎드려 바라건대 전하께서는 대의로써 결단해 위 항목의 사람들에게 명해 유사(攸司)에 내려서 그 실상을 국문해 밝게 법대로 처치함으로써 화란(禍亂)의 싹을 막으소서."

개국정사좌명공신(開國定社佐命功臣) 성석린(成石璘) 등이 말씀을 올렸다.

"청원군 심종은 왕실의 지친(至親)과 공신의 수우(殊遇-특별히 은총을 받은 자)로서, 마땅히 국가의 이해에 크고 작은 일이 없이 아는 것을 말하지 않음이 없도록 해서 성은에 보답해야 합니다. (그런데) 도리어 크게 불충한 사람인 회안 부자와 더불어 서로 가만히 내통해서 결탁하기를 두세 번에 이르면서도 숨기고 아뢰지 않았으니, 그 마음을 헤아릴 수 없고 그 죄가 더욱 무겁습니다. 엎드려 바라건대 명해 유사(攸司)에 내려 그 죄를 끝까지 핵실해서 밝게 중외에 보이시어 신하로서 악한 쪽에 붙고 충성하지 못한 죄를 경계하소서."

가르침을 내렸다.

"회안 부자는 (죄를) 논하지 말고, 종은 다른 일은 그만두고 직첩(職牒)과 공신녹권(功臣錄券)을 회수하고 폐해 서인(庶人)으로 삼아서 외방에 자원안치하게 하라."

○ 대간·형조에서 대궐에 나아와 3일 동안 거듭 청했으나, 모두 들어주지 않았다.

임자일(壬子日-25일)에 동지(冬至)라서 상이 백관을 거느리고 향궐하례(向闕賀禮)[16]를 거행했다. 백관이 비로소 양관(梁冠)·중단(中單)·군(裙)·폐슬(蔽膝)·수패(繡佩)·말(韈-버선)·이(履-신발)의 복장을 입

었다.

계축일(癸丑日-26일)에 상이 상왕(上王)을 받들어 편전(便殿)에서 술
자리를 베풀었고, 세자와 종친이 연회를 모셨다[侍宴].
○ 경상좌도 병마도절제사(慶尙左道兵馬都節制使) 이승간(李承幹)에
게 서울에 오도록 명했다. 승간(承幹)은 하륜(河崙)의 사위다. 전(箋-
작은 글)을 올려 륜(崙)의 빈소에 전(奠-제물)을 드리기를 청한 때문
이다.

을묘일(乙卯日-28일)에 판제용감사(判濟用監事-제용감 판사) 김조(金
租), 판관(判官) 김위민(金爲民)을 파직했다. 하정 방물(賀正方物) 가운
데 표피(豹皮)에 몰래 그 꼬리를 이은 것을 제대로 살피지 못한 때문
이다.
○ 대간·형조·삼공신(三功臣) 등이 대궐에 나아와 이방간(李芳幹)
의 죄를 청했으나 들어주지 않았다. 좌의정(左議政) 박은(朴訔)이 아
뢰었다.
"회안(懷安)이 받은 밭을 없애 전인(佃人-소작인)으로 하여금 그 집
에 출입하지 못하게 하소서."
상이 옳게 여겼다.

정사일(丁巳日-30일)에 초피구(貂皮裘) 1령(領)을 지신사(知申事) 조
말생(趙末生)에게 내려주었으니, 직무에 성실한[恪謹] 때문이다.
○ 내관(內官) 김용기(金龍奇), 형조좌랑(刑曹佐郎) 박경무(朴景武)를

전주(全州)에 보냈다. 상은 방간(芳幹)이 나라에서 죄를 청한다는 말을 듣고 혹 도망하거나 혹 목매어 죽을까 두려워해서 김용기(金龍奇) 등을 보내 죄책을 가하지 않을 것이라는 뜻을 전하고, 장차 홍주(洪州)로 옮길 것을 일렀다. 경무(景武)는 방간의 사위다.

戊子朔 遣內臣黃稻于定平 問崙之疾也. 且齎藥材與飯米以行.

既而 李軒回啓: "崙疾革." 上卽遣飯監 齎內膳如定平 命之曰:

"朝夕飮饌 一視予所御."

命廉致庸遐方自願付處. 上曰: "予夜半以畏天爲念 忽焉思之

致庸不肖爲甚 誅之誰曰不可? 然今流遠方 不能自死 而生理孔艱

其苦可惜. 欲令遠方從便若何?" 工曹參判李安愚對曰: "致庸姦惡

無比 死有餘辜 幸得延命 今又賜之從便 臣以謂不可. 若許遐方

自願付處 或者爲可." 從之. 司諫院上疏曰:

'向者致庸罪在不忠 殿下以好生之德 特垂寬典 俾全首領 只流

遐方 臣庶之心 猶有歉焉. 今又下自願付處之命 是則邦憲益寬 而

爲惡者無所懲矣. 伏望殿下 明正其罪 以戒後來.'

命臺諫 刑曹與義禁府 鞫問王上尤逃隱之處與容隱之人以聞.

前金海府使李穗上言: "家奴王上尤實前朝王氏娶臣家婢所生也.

在逃久矣 今幸捕之 願加鞫問." 故有是命.

己丑 以柳廷顯爲領議政府事 朴訔左議政 韓尙敬右議政 南在

宜寧府院君 韓珪洀城府院君 金漢老議政府贊成 鄭矩議政府參贊

朴信吏曹判書 黃喜工曹判書 沈溫判漢城府事.
박신　이조판서　황희　공조판서　심온　판한성부사

　庚寅 上詣仁德宮 上王請之也. 擊毬置酒 宗親侍宴 至夜乃罷.
　경인　상예인덕궁　상왕청지야　격구치주　종친시연　지야내파

　辛卯 咸興府民進松骨鷹 賜襦衣.
　신묘　함흥부민진송골응　사유의

　壬辰 放王上尤及其弟和尙. 上尤 和尙及其所生 皆授本主李穗
　임진　방왕상우급기제화상　상우　화상급기소생　개수본주이수

其容隱者學生朴興茂 李難守 私奴金延等 照律論罪.
기용은자학생박흥무　이난수　사노김연등　조율논죄

　放遣各道番上侍衛軍 以沍寒也.
　방견각도번상시위군　이호한야

　癸巳 雷電. 上畏天災 不欲視事 柳廷顯啓曰: "宜坐正殿 益勵
　계사　뇌전　상외천재　불욕시사　유정현계왈　의좌정전　익려

政事." 命無告盲人 給其衣糧 便宜安處.
정사　명무고맹인　급기의량　편의안처

　晉山府院君河崙卒于定平. 訃至 上悼甚 流涕 輟朝三日 素膳七日
　진산부원군　하륜졸우정평　부지　상도심　유체　철조삼일　소선칠일

致賻米豆各五十石 紙二百卷. 遣禮曹佐郎鄭麟趾賜祭 其文曰:
치부미두각오십석　지이백권　견예조좌랑정인지사제　기문왈

　'元老大臣 君之股肱 國之柱石. 生則同其休戚 死則極其恩數.
　원로대신　군지고굉　국지주석　생즉동기휴척　사즉극기은수

斯古今不易之典禮也. 惟卿天地儲精 山嶽降靈. 以高明正大之學
사고금불역지전례야　유경천지저정　산악강령　이고명정대지학

發而爲華國之雄文 以忠信重厚之質 推而爲經世之大猷. 早登二府
발이위화국지웅문　이충신중후지질　추이위경세지대유　조등이부

四爲上相 善謀能斷 算無遺策. 定社佐命 勳在盟府; 一德格天 保乂
사위상상　선모능단　산무유책　정사좌명　훈재맹부　일덕격천　보예

我家. 近以故事 引年致政 嘉其雅量 勉從其請.
아가　근이고사　인년치정　가기아량　면종기청

　重惟朔北肇基之地 祖宗陵寢在焉 遣使巡審 實難其人. 卿身雖
　중유삭북조기지지　조종능침재언　견사순심　실난기인　경신수

衰 乃心王室 靡憚道途之勤 而欲自行 予亦以陵寢之重 不得不煩卿
쇠　내심왕실　미탄도도지근　이욕자행　여역이능침지중　부득불번경

一往 豈意出郊之餞 遂爲平生之永訣也哉!
일왕　기의출교지전　수위평생지영결야재

　嗚呼! 死生之變 人道之常. 卿燭其理 又何憾焉? 但以哲人之萎
　오호　사생지변　인도지상　경촉기리　우하감언　단이철인지위

邦之不幸. 自今以往 臨大事決大疑 不動聲色 而措國家於盤安者
방지불행　자금이왕　임대사결대의　부동성색　이조국가어반안자

予誰望歟? 此予之痛惜 而不能自已者也. 特遣禮官 致祭柩前 不亡
者存 欽此恤典.'

崙 晉州人 順興府使允麟之子也. 中至正乙巳科 座主李仁復一見
奇之 以其弟仁美之子妻之. 辛亥 知榮州 按廉使金湊上其治行第一
召拜考功佐郞. 累官至簽書密直司事. 戊辰春 崔瑩興師犯遼陽 崙
力陳不可 瑩怒 放之襄州. 及太祖卽位 癸酉起爲京畿都觀察使.
太祖欲遷都于雞龍山 旣興役 無敢諫者 崙力請罷之. 甲戌 復
簽書中樞院事. 丙子 高皇帝以表辭不謹 徵我主文者鄭道傳入朝.
太祖密訪廷臣遣否 皆顧望以爲不必遣 崙獨言遣之便 道傳銜之.
太祖遣崙如京師 敷奏詳明 事果得解. 時 道傳與南誾比謀 挾幼孽
以害諸嫡 禍且不測. 崙嘗詣上潛邸 上屛人問計 崙曰: "此無他策
但當先事擊除此輩耳." 上默然. 崙復曰: "此特子弄父兵以救死耳.
雖上位動念 畢竟若之何哉?"

及戊寅八月變作 崙時爲忠淸道都觀察使 疾驅至京 使人宣言
提兵助順. 及上王嗣位 拜崙政堂文學 錄定社功爲一等 賜爵
晉山君. 庚辰五月 判義興三軍府事. 九月 拜右政丞 進爵爲伯.
十一月 上卽祚 錄佐命功爲一等. 辛巳閏三月辭. 壬午十月 復拜
左政丞 入賀永樂皇帝登極. 崙至朝廷 上書禮部以謂: "新天子旣與
天下更始 請改賜吾王爵名." 帝嘉之. 癸未四月 偕朝使高得等 奉
誥命印章以來 上益重之 特賜田口. 甲申六月 以旱乞免 乙酉正月

復舊職. 丁亥七月 又以旱請避. 己丑冬 李茂得罪 擧朝咸請誅之 崙

獨爲之營救 上不答 入內曰: "崙以爲不可殺 是實其心之所發也."

乙未夏 李稷安置其鄕. 一日崙詣闕 上引見于內殿 崙無語而笑 上

問其故 崙對曰: "李稷之罪 其可放之於外耶?" 上不答. 壬辰八月

復左政丞 甲午四月領議政府事 及今春年七十 乞致仕. 上久未之許

崙請益切 以府院君就第.

崙天資重厚 雍容簡默 平生無疾言遽色. 至其端委廟堂 決疑

定策 略不以毀譽動其心. 爲相務存大體 嘉謀密議 啓沃弘多 而退

未嘗泄於人. 虛己接物 一誠無僞 仁於宗族 信於朋友 下至僮僕 皆

懷其惠. 薦進人材 常若不及 片善必取而掩其小過. 居家不喜奢麗

不樂宴遊 性好讀書 手不釋卷 悠然嘯詠 至忘寢食. 至於陰陽 醫術

星經 地理 皆極其精. 勸勉後生 商確義理 亹亹忘倦. 當國以來

專典文翰 事大辭命 文士著述 必經潤色印可而後乃定. 排斥佛教

預爲遺文 藏之巾笥 訓誨子孫 纖悉周備. 且戒以喪葬一依朱子家禮

毋作佛事. 崙旣沒而書出其家 如其言. 自號浩亭 字大臨 諡文忠.

子久 庶出三人 曰長 曰延 曰永.

崙沒 妻夫人李氏痛悼 不飲食幾死 上聞之 賜藥酒 傳旨曰: "喪制

不可不終. 縱不顧死 其於不終喪制何? 須飲酒節哀以終制." 李氏

使人詣承政院上言曰: "家翁承王命死於外 願將屍體 入京家殯之."

命下禮曹 啓古制啓聞. 仍傳旨曰: "禮記 曾子問篇有此議." 禮曹啓:

"奉使而死 大夫士當還家斂殯." 從之.

丙申 安置靑原君沈淙于交河. 癸巳 全羅講武之行 芳幹與淙密
使人相通 遣淙生薑箱. 上知而問之 淙匿不告 上不卽加罪. 淙曾不
愧懼 言笑自若 故有是貶. 下敎曰: "不忠之人 三省請置於法 予以
不忍之心 或外方自願安置 或付處或從便 各保性命 以終天年. 若
大小人員 互相使人 隱密交通而現露 則竝置於法."

戊戌 昏霧三日. 傳旨曰: "今日予欲視事夙興 天霧且燠 氣候失常
專是否德之致然也. 深畏天變 不敢視事." 柳廷顯曰: "時候失常 雖
非上德之致 然恐懼修省 勵精圖治 人君之職也. 何不欲視事乎?"
朴訔曰: "天之陰霧而燠 別無傷也. 氷凍之時 猶未知也 毋勞聖慮."
上曰: "漢時丞相丙吉力任燮調之功 卿等各盡燮理之任 勉愼人事
毋使天道有乖."

庚子 沔城府院君韓珪卒 輟朝三日 諡恭武 致賻米豆幷六十石
紙一百卷 遣中官致祭. 謂趙末生曰: "予聞 晉山之訃 心如摧裂 淚
尙未霽 今沔城又卒 是亦於我盡忠之臣也. 惟予今日之心 其誰
知之?" 失聲而哭. 又召朴訔 韓尙敬 金承霔 延嗣宗等 收淚而傳旨
曰: "初八日 晉山府院君之訃至 以失經濟之臣 不勝傷悼 今又失
忠直之臣 奈如之何? 當甲申年三功臣會盟之時 凡六十餘人 纔十餘
年而存者不過三十. 嗟夫! 浮生如此 予亦年今五十 凡爲臣者 孰無
效忠之志? 然旣稱功臣 則恩數固異 而仲月功臣之會 已有成法. 今

功臣之存者甚少 欲以已歿功臣之嫡長 超等敍用 使代其父而與會;
공신 지 존자 심소 욕이 이몰 공신 지 적장 초등 서용 사대 기부 이 여회

其功臣之有故未赴宴者 亦以嫡長代之 是使世子相見而慣識耳 非
기 공신 지 유고 미부연 자 역이 적장 대지 시사 세자 상견 이 관식 이비

世卿之比也. 卿等其知之." 믐等對曰: "臣等旣無涓埃之補 寵榮
세경 지 비야 경등 기 지지 믐등 대왈 신등 기무 연애 지보 총영

已極 何圖嗣子之又蒙聖澤? 然殿下以大義敎之 敢不拜手聞命?"
이극 하도 사자 지우몽 성택 연 전하 이 대의 교지 감불 배수 문명

司憲府劾判漢城府事沈溫 僉摠制沈泟 蓋問淙出外之由也. 傳旨
사헌부 핵 판한성부사 심온 첨총제 심정 개문종 출외 지유야 전지

司憲府曰: "淙之事 已命溫勿露 雖劾問之 溫等其肯言乎? 勿更
사헌부 왈 종지사 이명 온 물로 수 핵문지 온등 기 긍언 호 물갱

劾問." 乃召出仕 溫謝 仍啓云: "事無大小 不可不使國人知之. 臣弟
핵문 내소 출사 온사 잉계운 사무대소 불가 불사 국인 지지 신제

之出 孰不疑之? 請現言其故 使國人周知." 上曰: "雖然 不可使眾
지출 숙불 의지 청 현언 기고 사 국인 주지 상왈 수연 불가 사중

知之."
지지

議政府 六曹請金原哲及靑原君沈淙之罪. 原哲告: "尹子當爲
의정부 육조 청 김원철 급 청원군 심종 지죄 원철고 윤자당 위

吉州察理使時 請兵野人謀叛." 俱下義禁府覈實 原哲以誣告反坐
길주찰리사 시 청병 야인 모반 구하 의금부 핵실 원철 이 무고 반좌

決杖一百 配濟州官奴.
결장 일백 배 제주 관노

司憲府大司憲金汝知等疏請芳幹等之罪. 疏曰:
사헌부 대사헌 김여지 등 소청 방간 등 지죄 소왈

'人臣之罪 莫大於 不忠 不忠之臣 人得而誅之者也. 不忠而未蒙
인신 지죄 막대 어 불충 불충 지신 인 득이 주지 자야 불충 이 미몽

顯戮 則日夜思所以自保之道 求所與同亂者 欲濟其事者 常情也.
현륙 즉 일야 사 소이 자보 지도 구소 여 동란 자 욕제 기사 자 상정 야

是故 聖人於用刑之際 尤致謹焉. 殿下過於不忍 渠魁苟生 群處
시고 성인 어 용형 지제 우 치근 언 전하 과어 불인 거괴 구생 군처

于外 今又明降敎旨 使之各保性命 得終天年. 是猶培其本根 而禁
우외 금우 명강 교지 사지 각보 성명 득종 천년 시유 배기 본근 이금

其萌蘗之復生也 欲以施不忍之仁 而適足以胎患於無辜也. 伏望
기 맹얼 지 부생 야 욕 이시 불인 지인 이 적족 이 태환 어 무고 야 복망

殿下 法周公用刑之道 以宗社萬世之計 誅暴禁亂 先自懷安父子始
전하 법 주공 용형 지도 이 종사 만세 지계 주폭 금란 선자 회안 부자 시

其他不忠之徒 亦依前昔臺諫 刑曹所申 皆置於法 以防後患 以一
기타 불충 지도 역 의 전석 대간 형조 소신 개치 어법 이방 후환 이일

人心.'
인심

不聽.
불청

乙巳 上詣仁德宮獻壽.
을사 상예 인덕궁 헌수

丙午 諸功臣詣闕請沈淙之罪. 啓曰: "殿下與諸功臣盟約以爲
병오 제 공신 예궐 청 심종 지죄 계왈 전하 여제 공신 맹약 이위

功臣非有罪于宗社 則不加罪焉. 今沈淙王室之親 且功臣也. 今
공신 비 유죄 우 종사 즉 불 가죄 언 금 심종 왕실 지친 차 공신 야 금

見黜焉 是必罪于宗社也. 請下攸司 明正其罪 使大小臣僚皆得
견출 언 시필 죄우 종사 야 청하 유사 명정 기죄 사 대소 신료 개득

知之." 傳旨曰: "予將名言於兵曹判書李原及功臣有司 姑待之."
지지 전지왈 여장 명언 어 병조판서 이원 급 공신 유사 고 대지

丁未 議政府 六曹 臺諫及功臣有司請沈淙之罪 傳旨曰: "予將諱
정미 의정부 육조 대간 급 공신 유사 청 심종 지죄 전지왈 여장 휘

而不露 潛遣于外 前日功臣等質以盟載之辭 是不可以終掩也. 淙
이 불로 잠견 우외 전일 공신 등질 이 맹재 지사 시 불가이 종엄 야 종

嘗隨駕至任實 受懷安之贈 不告於予 又不言於兄弟 獨謂完原君
상 수가 지 임실 수 회안 지증 불고 어여 우 불언 어 형제 독위 완원군

良祐曰: '懷安贈我薑.' 良祐曰: '達於殿下否乎?' 淙曰: '已達矣.' 是
양우 왈 회안 증아 강 양우 왈 달어 전하 부호 종왈 이달 의 시

妄也. 及良祐亦受懷安之贈 被罪之時 予使淙傳說其中之事於良祐
망야 급 양우 역수 회안 지증 피죄 지시 여사 종 전설 기중 지사 어 양우

淙終不告任實之事 憲府劾問 終不實對. 往年幸郊外親問 亦不輸情
종 종불고 임실 지사 헌부 핵문 종 불실 대 왕년 행 교외 친문 역불 수정

處心甚奸. 然以親舊 淹延掩罪 迄今乃出于外 其處罪甚中 願卿等
처심 심간 연 이 친구 엄연 엄죄 흘금 내 출 우외 기 처죄 심중 원경 등

毋煩更請. 不軌之徒 殆無虛歲 予甚愧焉." 僉曰: "不可不以法論."
무번 갱청 불궤 지도 태무 허세 여 심피 언 첨왈 불가불 이법 논

上曰: "已知之矣." 臺諫 刑曹仍請懷安父子之罪.
상왈 이 지지 의 대간 형조 잉청 회안 부자 지죄

收內侍衛前護軍金國珍職牒 定屬洪州等處軍役. 國珍 芳幹之
수 내시위 전 호군 김국전 직첩 정속 홍주 등처 군역 국진 방간 지

婢夫 而與亂於庚辰者也.
비부 이 여란 어 경진 자야

戊申 刑曹 臺諫請沈淙及芳幹之罪 不允; 議政府 三功臣申請 亦
무신 형조 대간 청 심종 급 방간 지죄 불윤 의정부 삼공신 신청 역

不允.
불윤

定決訟之限. 刑曹啓: "分送各司所決公處奴婢之事 前後定日內
정 결송 지한 형조 계 분송 각사 소결 공처노비 지사 전후 정일 내

未畢決絶. 乞以來十二月十五日 更令定限 如有限內未畢決絶 各司
미필 결절 걸이내 십이월 십오일 경령 정한 여유 한내 미필 결절 각사

官員論罪." 從之.
관원 논죄 종지

己酉 收靑原君沈淙職牒及功臣錄券 廢爲庶人 外方自願安置.
기유 수 청원군 심종 직첩 급 공신녹권 폐위 서인 외방 자원안치

司憲府 司諫院 刑曹聯名上疏曰:
사헌부 사간원 형조 연명 상소 왈

'人臣不忠之罪 天地所不容 王法所不赦也. 靑原君沈淙以勳親
인신 불충 지죄 천지 소불용 왕법 소불사 야 청원군 심종 이훈친

之貴 尤當盡忠 以事殿下. 歲在癸巳 大駕巡幸全羅 沈淙暗受懷安
지귀 우당 진충 이사 전하 세재 계사 대가 순행 전라 심종 암수 회안

所贈 不卽以聞. 密與完原府院君良祐說其故 良祐問啓否 淙妄言
소증 부즉 이문 밀여 완원부원군 양우 설 기고 양우 문 계부 종 망언

已啓 至於良祐問物之所 自答以向前之處. 所謂向前云者 是注意
이계 지어 양우 문 물지소 자답 이향전 지처 소위 향전 운자 시 주의

於懷安也. 又於殿下出郊之時 說良祐被劾事 而不言自己受遺之事.
어 회안 야 우어 전하 출교 지시 설 양우 피핵 사 이불언 자기 수유 지사

殿下送兩大君于其第 責其不言 又匿而不以實對 其懷貳心 以負
전하 송 양대군 우 기제 책기 불언 우익이불 이실 대 기회 이심 이부

殿下 彰彰明矣. 殿下特布寬仁 不置於法. 而止遣于畿 安有人臣
전하 창창 명의 전하 특포 관인 불치 어법 이지 견우 기 안유 인신

黨惡懷貳 而不置於法哉?
당악 회이 이불치 어법 재

書曰: "除惡務本." 春秋誅首惡. 懷安庚辰之變 臣子所不共戴天
서왈 제악 무본 춘추 주 수악 회안 경진 지변 신자 소불공대천

者也. 特以殿下不忍之故 得保首領於輕典 以致今日沈淙黨惡之罪.
자야 특이 전하 불인 지고 득보 수령 어 경전 이치 금일 심종 당악 지죄

伏望殿下 明正懷安 沈淙之罪 以解臣民之憤.'
복망 전하 명정 회안 심종 지죄 이해 신민 지분

吏曹判書朴信等亦上書曰:
이조판서 박신 등 역 상서 왈

'大逆之罪 黨惡之人 皆王法所必誅. 今靑原君沈淙以勳親之重
대역 지죄 당악 지인 개 왕법 소필주 금 청원군 심종 이훈친 지중

聖恩已極 乃懷貳心 潛與懷安交通 此天討所當加 非殿下所得而私
성은 이극 내회 이심 잠여 회안 교통 차 천토 소당가 비 전하 소득이사

也. 伏望 斷以大義 一依臺諫 刑曹之請 以副臣民之望.'
야 복망 단이 대의 일의 대간 형조 지청 이부 신민 지망

議政府領議政柳廷顯等上言:
의정부 영의정 유정현 등 상언

"懷安父子之罪 王法所必誅 殿下屈法伸恩 曲加保全 猶且不悛
회안 부자 지죄 왕법 소필주 전하 굴법 신은 곡가 보전 유차 부전

密遣私人 與靑原君沈淙交通 必有其謀 沈淙亦匿 不以實告 其心
밀견 사인 여 청원군 심종 교통 필유 기모 심종 역익 불 이실고 기심

難測. 爲臣不忠 孰加於此? 伏望殿下 斷以大義 將上項人等 命下
난측 위신 불충 숙 가어차 복망 전하 단이 대의 장 상항 인등 명하

攸司 鞫問其實 明置於法 以杜禍亂之萌."
유사 국문 기실 명치 어법 이두 화란 지맹

開國定社佐命功臣成石璘等上言:
개국정사좌명공신 성석린 등 상언

"靑原君沈淙以王室之至親 功臣之殊遇 宜於國家利害 事無大小
청원군 심종 이 왕실 지 지친 공신 지 수우 의어 국가 이해 사무 대소

知無不言 以報聖恩. 反與大不忠之人懷安父子 互相潛通交結 至于
지무 불언 이보 성은 반여 대 불충 지인 회안 부자 호상 잠통 교결 지우

再三 匿不以聞 其心難測 其罪尤重. 伏望 命下攸司 窮覈其罪 明示
재삼 익 불 이문 기심 난측 기죄 우중 복망 명하 유사 궁핵 기죄 명시

中外 以戒人臣同惡不忠之罪."
중외 이계 인신 동악 불충 지죄

奉教: "懷安父子勿論. 沈淙除他事 職牒及功臣錄券收取 廢爲
봉교 회안 부자 물론 심종 제 타사 직첩 급 공신녹권 수취 폐위

庶人 外方自願安置."
서인 외방 자원안치

臺諫 刑曹詣闕三日申請 皆不聽.
대간 형조 예궐 삼일 신청 개 불청

壬子 冬至. 上率百官 行向闕賀禮. 百官始服梁冠 中單 裙 蔽膝
임자 동지 상솔 백관 행 향궐 하례 백관 시복 양관 중단 군 폐슬

綬佩 襪履之服.
수패 말 리 지복

癸丑 上奉上王 置酒于便殿 世子宗親侍宴.
계축 상봉 상왕 치주 우 편전 세자 종친 시연

命慶尙左道兵馬都節制使李承幹來京. 承幹 河崙女壻也. 上箋
명 경상좌도 병마도절제사 이승간 내경 승간 하륜 여서 야 상전

請奠崙殯所也.
청전 륜 빈소 야

乙卯 罷判濟用監事金租 判官金爲民職. 以賀正方物內 豹皮暗
을묘 파 판제용감사 김조 판관 김위민 직 이 하정 방물 내 표피 암

續其尾 而不能察也.
속 기미 이 불능 찰 야

臺諫 刑曹 三功臣等詣闕請芳幹之罪 不聽. 左議政朴訔啓: "請除
대간 형조 삼공신 등 예궐 청 방간 지 죄 불청 좌의정 박은 계 청제

懷安受田 不使佃人出入其家." 上然之.
회안 수전 불사 전인 출입 기가 상 연지

丁巳 賜豹皮裘一領于知申事趙末生 以其恪謹職事也.
정사 사 표피 구 일령 우 지신사 조말생 이 기 각근 직사 야

遣內官金龍奇 刑曹佐郎朴景武于全州. 上恐芳幹聞國家請罪
견 내관 김용기 형조좌랑 박경무 우 전주 상공 방간 문 국가 청죄

或逃或縊 遣龍奇等 諭以不加罪責之意 且諭以將移置洪州. 景武
혹 도 혹 액 견 용기 등 유이 불가 죄책 지 의 차 유이 장 이치 홍주 경무

芳幹之壻也.
방간 지 서 야

태종 16년 병신년
12월

十二月

　기미일(己未日-2일)에 방간(芳幹)의 공신녹권(功臣錄券)과 직첩 및 이
맹중(李孟衆)의 직첩을 회수했다.

　형조·대간에서 교장(交章)해 말씀을 올렸다.

　'가만히 보건대, 예로부터 빼어난 임금이 인륜(人倫)의 변고를 만
나면 크게 마땅한 의리로써 결단하지 않음이 없어서, 사은(私恩)에
끌리지 않았습니다. 관숙(管叔)·채숙(蔡叔)[1]이 유언(流言)을 퍼뜨리자
주공(周公)이 대벽(大辟-사형)에 처했고 계자(季子)가 숙아(叔牙)[2]를
짐살(鴆殺)[3]했는데, 공자(孔子)가 옳게 여겼습니다.

　지금 심종(沈淙)이 가만히 회안과 내통해 비밀리에 증유(贈遺-선
물)를 받았다가 일이 발각돼 탄핵을 당했으나, 요행히 전하의 보호하
는 은혜를 입어 법망에서 벗어났습니다. 그렇다면 종(淙)으로서는 마
땅히 허물을 뉘우치고 충성을 다해 성은에 1만 분의 1이라도 갚아야
할 것인데, 이를 돌아보지 않고 도리어 전하께서 하문할 때 사실대
로 대답하지 않았으니 그 간사하고 속이고 악에 붙은 죄가 이루 말

1　둘 다 주공의 친형제다.
2　둘 다 노나라 장공(莊公)의 친동생이다.
3　짐독이 든 술로써 사람을 죽이는 것을 말한다.

할 수 없습니다. 또 회안 부자는 경진년의 불궤(不軌)한 마음이 이미 천지(天地) 종사(宗社)의 신령에게 죄를 얻었으니, 신 등은 두렵건대, 전하께서 사사로이 할 것이 아닌가 합니다. 이것이 신 등이 분(憤)을 품고 두 번 청하면서도 스스로 그만두지 못하는 까닭입니다. 엎드려 바라건대 전하께서는 대의로 결단하시어 종이 악에 붙은 죄를 다스리시고 아울러 회안 부자를 상형(常刑-정상적인 형벌)에 처치해 신민(臣民)의 분을 풀어주소서.'

의정부·육조·삼공신도 소를 올려 회안 부자와 종의 죄를 청하니, (상이) 조말생(趙末生)에게 가르쳐 말했다.

"전날 박경무(朴景武)를 보낼 때 내가 손수 맹세하는 말을 써서 형 회안에게 통고하고자 하다가, 경 등이 알지 않으면 안 되겠기에 경 등에게 명해 내전소식(內傳消息)⁴을 쓰기를 '절대로 의심하지 말라. 내가 신의를 잃지 않겠다'라고 했다."

말생(末生)이 대답해 말했다.

"대간·형조에서 전날 대궐에 나아와 회안과 심종의 죄를 청하기에 신이 대답하기를 '상께서 일찍이 신 등에게 분부하시기를 "다시는 이 일을 아뢰지 말라" 하셨으니 신이 감히 계달하지 못 하겠다'라고 했더니, 신에게 말하기를 '신 등이 생각건대 비록 윤허는 얻지 못하더라도 녹권(錄券)과 직첩(職牒)이나 거두기를 청합니다'라고 했습니다."

4　임금이 각 도의 관찰사나 수령(守令)에게 사사로이 무엇을 부탁하거나 물건을 징구(徵求)할 때 내리는 명령을 가리킨다. 선전소식(宣傳消息)이라고도 한다.

상이 말했다.

"만일 일찍 이런 뜻을 알았더라면 경무(景武)를 보낼 때 회수할 수 있었을 것이다."

마침내 소(疏) 끝에 판하(判下)했다.

'방간(芳幹)·맹중(孟衆)은 다만 녹권과 직첩을 회수하고, 종은 더는 거론하지 말라.'

이어서 명해 말했다.

"녹권과 직첩을 공개적으로 거두지 말게 하라. 내가 사람을 보내 가져오게 하겠다."

사람을 전주에 보내 방간 부자를 위로하고 타일렀다.

"국가에서 여러 번 죄상을 청하기에 내가 어쩔 수 없이 녹권과 직첩을 거두는 것이니 편의(便宜)대로 거주하라."

○ 호조(戶曹)에 명해 군자(軍資)를 꾸어준 것을 독촉해서 받게 했다.

우대언(右代言) 홍여방(洪汝方)이 군자에서 꾸어준 쌀을 환납하지 않는 연유를 아뢰니 상이 말했다.

"호조에서 마땅히 엄하게 명해 독촉해야 한다."

호조판서 정역(鄭易)이 대답해 말했다.

"지금이 12월 초순이므로 날짜 기한이 넉넉합니다. 독촉해 받을 수 있습니다."

상이 말했다.

"판서의 말은 잘못이다. 어찌 이렇게 완만(緩慢)한가? 호조로서는 엄하게 법령을 세워 독촉해 받아들이는 것이 마땅한데 지금 판서의 말이 이와 같으니, 늦춰진 것을 알 수 있겠다."

역(易)이 말했다.

"환상(還上)의 일은 호조에 달렸으나, 독촉해 받는 일은 의금부(義禁府)·한성부(漢城府)가 실제로 맡고 본조(本曹)에서는 오로지 고찰만 맡고 있습니다."

상이 말했다.

"엄격하게 고찰해 세전(歲前)에 다 거두도록 하라."

이어서 대사헌(大司憲) 김여지(金汝知)에게 가르쳐 말했다.

"헌부에서도 고찰하는 것이 좋겠다."

여지(汝知)가 대답해 말했다.

"본부(本府)에서 상고해보니, 그중에 자산(資産)이 있어서 꾸지 않아도 될 것인데 꾼 자가 매우 많습니다. 그래서 이미 탄핵해 독촉했습니다. 만일 이달이 지나면 바치지 않은 자들을 초록(抄錄)해 아뢰겠습니다."

상이 말했다.

"이렇게 하면 녹을 받아서 환상을 바치려는 사람이 실망할 것이니, 이달까지 한정하고 정월(正月)이 지나는 것을 기다려서 2월 초에 아뢰라."

또 말했다.

"환상의 일을 예전에는 정부에서 오로지 맡아서 독촉하는 것이라 생각했더니, 지금 그렇지 않다는 것을 실제로 알았다."

영의정(領議政) 유정현(柳廷顯)이 말했다.

"본부에서 전심(專心)하지 않는 것이 아닙니다. 매해에 각 도와 경중(京中)에 이문(移文)해서 엄하게 독촉하고 있습니다."

상이 말했다.

"의창(義倉)의 곡식은 평민 외에는 주지 않는 것이 좋겠다."

정현(廷顯)이 말했다.

"노비가 있는 전함(前銜-전직) 사람도 환상을 받지 않으면 굶주립니다."

상이 말했다.

"나의 말은 굶주림을 두려워한다는 뜻이지, 어찌 오직 평민에게만 주라는 뜻이겠는가? 그러나 노비가 있는 사람도 굶주림을 면해야 하겠지만 환과고독(鰥寡孤獨)이 실로 불쌍하다. (주나라) 문왕(文王)이 정사를 하는 데는 반드시 이것을 먼저 했으니, 나도 반드시 이 네 부류를 급한 일로 삼겠다."

황희(黃喜)·정역(鄭易) 등이 대답해 말했다.

"상의 가르침이 옳습니다. (그러나) 만일 네 부류 사람에게만 온전히 주고 노비가 있는 사람에게는 주지 않으면, 반드시 고르지 못해[不均] 굶주린다는 탄식이 있게 될 것입니다."

상이 말했다.

"그러면 백성에게 편한 사목(事目)을 토의해 아뢰라."

조말생이 말했다.

"환상을 주는 법을 마땅히 네 부류 사람에게 먼저 하고 일찍이 꾸어가고 환납하지 않는 자에게는 주지 않는다면 바치지 않는 자가 반드시 없게 될 것입니다."

상이 매우 옳게 여겼다.

○ 태안(泰安)의 읍성(邑城)을 쌓는 일을 토의했다. 상이 말했다.

"순제(蓴堤)의 성자(城子-성)는 예전 읍(邑)과 새 읍 중에 어떤 것이 편한가?"

모두 말했다.

"예전 읍이 편합니다."

상이 그것을 따르고 또 말했다.

"이산(伊山)[5]의 내상(內廂)[6]은 (내륙 쪽으로) 깊숙한 곳 아닌가? 마땅히 해변에 가깝게 해야 한다. 신유정(辛有定, 1347~1426년)[7]·김남수(金南秀)·이지실(李之實) 등이 일찍이 절제사(節制使)의 직임을 지냈으니 이산의 편하고 편치 않은 것을 잘 알 것이다. 불러서 함께 토의하라."

대언(代言) 등이 말했다.

---

5 지금의 충청남도 예산 지역이다.

6 각 도 병마도절제사(兵馬都節制使)의 군영(軍營)이 있는 곳을 말한다.

7 음보(蔭補)로 산원(散員)이 됐으며 용맹이 뛰어났다. 1386년(우왕 12년)에 정용호군(精勇護軍)이 돼 족형인 충청도도원수 이승원(李承源)의 휘하에서, 남해에 출현해 노략질하는 왜구를 무찔러 크게 용맹을 떨쳤다. 그 뒤 이성계(李成桂)의 휘하에서 무공을 세워 이름이 널리 알려졌다. 조선 태조가 즉위하자, 태조를 시종한 공으로 원종공신(原從功臣)이 돼 크게 총애를 받았다. 1397년(태조 6년)에 이산진첨절제사(伊山鎭僉節制使)가 됐고, 1400년(정종 2년)에 왕세제가 된 이방원(李芳遠-후의 태종)의 추천으로 봉상시판관(奉常寺判官)이 됐다. 이어서 공조·예조·형조의 전서(典書)를 역임했으며, 1403년(태종 3년)에 강원도에 침입해 약탈을 자행하는 왜구를 크게 무찌른 공으로 판강릉대도호부사(判江陵大都護府事) 겸 좌군동지총제(左軍同知摠制)가 됐다. 1407년에 의주도병마사가 됐고, 1410년에 야인 올적합(兀狄哈)이 경원에 침입하자 좌군도총제(左軍都摠制)로 부원수가 돼 도원수 조연(趙涓)과 함께 출정해 이를 토벌했다. 그 뒤 충청도병마도절제사·평안도도안무사가 됐다. 1415년에 병으로 사임했다.

"유정(有定)은 반신불수(半身不遂)의 병을 얻은 지가 오래됐습니다."

상이 놀라며 말했다.

"유정은 옛날에 훈로(勳勞)가 있을 뿐 아니라 오늘날에도 훈로가 있는데 어째서 내게 알리지 않았는가? 이 병(病)이 있는 것을 내가 알지 못했다. 유정이 어찌 내가 알지 못하고 있는 줄을 알겠는가?"

곧바로 의원에게 명해 약을 지어 문병하고, 이어서 쌀과 술·고기를 내려주었다.

○ 의정부(議政府)·육조(六曹)에서 실상에 맞춰 토의해 아뢰었다.

"태안 읍성(泰安邑城)은 감사(監司)가 보고한 것에 의거해 쌓고, 이산(伊山)의 경우에는 도절제사영(都節制使營)을 고구(高丘)·다지현(多只峴) 등지를 상지(相地-땅을 살핌)해서 옮겨 설치하소서."

그것을 따랐다.

○ 제생원(濟生院)에서 글을 올렸다[上書].

'하나, 동서 활인원(東西活人院)에 본래 별좌(別坐)가 있는데 지금 제생원에 또 녹관(祿官)과 권지(權知)를 달마다 차견(差遣)하니, 관호(官號)가 각각 달라서 일체가 되지 않습니다. 바라건대 동서 활인원의 제거 별좌(提擧別坐)로 하여금 모두 제생원의 제거 별좌를 겸하게 해서 합심 합력해 구호 치료를 다하게 하소서.

하나, 서활인원(西活人院) 병막(病幕) 사방에 수목의 그늘이 없어, 더운 때 병자가 모이면 열기가 이글이글 찌는데도 서늘한 곳이 없으니 그 괴로움이 더욱 심합니다. 바라건대 원(院)에 속한 전지를 병막 앞에 있는 청파역전(靑坡驛田)과 바꿔 땅을 개척하고 나무를 심게 함으로써 병인이 회복하고 휴식할 곳으로 삼으소서.

하나, 전염병이라는 것은 사람이 피하고 꺼리는 것인데, 활인원 의원으로서 권지(權知)·전함(前銜)의 무리는 취재(取才-인사 선발 시험)에 대비해 업(業)을 익히느라고 여가가 없습니다. 아침 일찍부터 밤 늦게까지 근로해서 사람을 살린 것이 가장 많은 자는 신문(申聞)해 녹용(錄用)하고, 그 임무를 게을리하는 자는 헌사(憲司)에 고하게 하소서.

하나, 동서 활인원의 사람을 구제하는 일을 이미 제생원으로 하여금 오로지 맡게 했으니, 녹사(錄事) 각 한 사람과 부녹사(副錄事) 각 한 사람을, 바라건대 제생원 권지 가운데 활인(活人)하는 데 부지런한 사람으로 차하(差下)하소서.'

그것을 따랐다.

○ 가르침을 내려 여러 민씨(閔氏)의 아들딸이 평민과 혼가(婚嫁)하는 것을 허락했다. 가르침은 이러했다.

"불충한 죄인의 자녀가 세가(世家)와 서로 혼인하면 그 마음이 반드시 달라질 것이므로, 여러 민씨의 자식과 서로 혼인하는 자에 대해서는 일찍이 논죄했다. 그러나 만일 평민까지도 아울러 금하면 남녀가 때를 잃게 될 것이니 진실로 마음 아프다. 이제부터 평민과 서로 혼인하는 것을 허락한다."

○ 세자가 진산부원군(晉山府院君) 하륜(河崙)의 빈소에 친제(親祭)했다.

갑자일(甲子日-7일)에 이지숭(李之崇)을 판돈녕부사(判敦寧府事-돈녕부 판사), 권홍(權弘)을 지돈녕부사(知敦寧府事-돈녕부 지사)로 삼았다.

을축일(乙丑日-8일)에 상이 진산부원군 하륜(河崙)의 빈소에 몸소 가서[親臨] 사제(賜祭)했다. (일찍이) 륜(崙)이 유언해 말했다.
친림
"나의 장사에 백성을 번거롭게 하지 말라. 국장(國葬)을 없애도록 청하고, 가인(家人)을 시켜 장사하라."

부인 이씨(李氏)가 한결같이 유서(遺書)대로 따르니, 상이 말했다.
"대신의 예장(禮葬)은 나라의 상전(常典)인데, 하물며 륜의 공덕에 대해 국장을 없애는 것이 옳겠는가?"

국장도감(國葬都監)에서 구의(柩衣)[8] · 단자(段子) · 견자(絹子) 각각 1필, 상복(喪服)에 쓰는 정포(正布) 17필, 혜피(鞋皮) 2장을 그 집에 보내니 부인이 사양하고 받지 않았다.

병인일(丙寅日-9일)에 비가 내렸다.

기사일(己巳日-12일)에 상이 인덕궁(仁德宮)에 나아가 술자리를 베풀었다.

신미일(辛未日-14일)에 내시다방(內侍茶房) 장무(掌務)의 천관(遷官-자리 이동)하는 법을 없앴다.

---

8 출관할 때 관 위에 덮는 홑이불 같은 긴 베를 말한다.

내시다방 좌우번(左右番) 참외별감(參外別監)이 신정(申呈)해 아뢰었다.

"바라건대 장무의 거관(去官)하는 법을 없애소서. 도목(都目) 때 우두머리가 되는 사람은 경직(京職)을 받고 그다음 사람은 외방(外方)에 서용하며, 장무는 각사(各司) 및 성중관(成衆官)의 예에 의거해 6삭(朔) 만에 서로 교체해서 끝나면 다시 시작하게 하소서."

그것을 따랐다. 이전까지는 먼저 장무를 맡은 자는 입속(入屬)의 오래고 가까운 것과 직질(職秩)의 높고 낮은 것을 따지지 않고 두 해만 넘으면 참(參)을 제수했는데, (이에) 사람들이 다투어 구했기 때문에 없앴다.

○ 형조에서 혁거(革去-혁파)한 사사노비(寺社奴婢)를 구처(區處-조치)하는 법을 아뢰었다.

"그 노비를 오로지 전농시(典農寺)에 붙이기 때문에 고찰을 못 하니 청컨대 본사(本司) 및 경승부(敬承府)·제용감(濟用監)·내자시(內資寺)·내섬시(內贍寺)·예빈시(禮賓寺)에 나눠주고, 쇄권색(刷卷色)으로 하여금 형지안(形止案-노비 원적부)을 성적(成籍)해서 그 사(司)에 주고 매년 신공(身貢)을 고찰해서 거두어 바치게 하소서. 군기감(軍器監)에 속한 화통군(火㷁軍)은 전에 사사노비를 혁거할 때 속해 있던 수에 근거해 1만 명으로 정하고, 매년 형지안을 작성해 정군(正軍)의 봉족(奉足)에 소속시켜서 미리 마감(磨勘)하고, 두목(頭目)을 정해 1년 만에 서로 교대해서 입번(立番)하게 하소서. 그러나 천구(賤口-노비)를 군(軍)에 보충하는 것은 부적절하니, 군기감 화통군은 '조역노(助役奴)'라 칭하고 사재감 수군(司宰監水軍)은 '전운노(轉運奴)'라 칭해 성적하소서.”

그것을 따랐다.

계유일(癸酉日-16일)에 명해 아조(衙朝-정례 조회) 뒤에 백관이 서로 읍(揖)하는 예를 없앴다.

상이 말했다.

“백관끼리 스스로 서로 예를 행하는 것은 옛 제도가 아니니, 이제부터 없애라.”

을해일(乙亥日-18일)에 처음 이조(吏曹)에 명해 승인(僧人-승려)의 고신(告身)을 서경(署經)해 지급했다.

사헌부에서 아뢰었다.

“무릇 승인이 각 사찰을 주지(住持)하면 그 작첩(爵牒)을 승록사(僧錄司)⁹에 이관(移關-공문서를 넘김)하는데, 승록사에서 ‘신구례(新舊禮)’라 칭하면서 범람한 일을 많이 행하고 있습니다. 청컨대 사첩(謝牒-고신)을 이조로 이관해서, 이조에서 서경해 지급하게 하소서.”

그것을 따랐다.

---

9   조선 초기에 중의 도첩(度牒)을 지급하고 승적(僧籍)을 맡아보던 예조의 관아다. 세종 6년
    (1424년) 선종(禪宗)·교종(敎宗) 도회소(都會所)가 생기자 업무가 여기로 넘어갔다.

병자일(丙子日-19일)에 회양 도호부사(淮陽都護府使) 조진(趙瑨), 전 평강현감(平康縣監) 최치렴(崔致濂) 등을 의금부(義禁府)에 가두고 진(瑨)을 파직했는데, 직접 강무장(講武場)을 살피지 않은 때문이다.

○ 총제(摠制) 강유신(康有信)을 폐해 서인(庶人)으로 삼아서 먼 지방에 자원부처(自願付處)했다. 애초에 유신(有信)이 재종제(再從弟) 강택(康澤)과 더불어 말했다.

"태조(太祖)께서 잠저(潛邸)에 계실 때 내가 현비(顯妃-강씨)의 친족이라 해서 항상 진퇴(進退)하고 출입했다. 현비의 아들과 우리 전하께서는 항상 태조를 모셨으나 그 나머지 왕자(王子)들은 진퇴를 하지 못했는데, 지금은 옛날에 보던 것과 다르다."

택(澤)이 상에게 아뢰니, (유신을) 의금부(義禁府)에 내려 국문하고서 유배를 보냈다. 사간원(司諫院)에서 소를 올려 말했다.

'상과 벌은 임금의 큰 칼자루[大柄]요 국가의 공의(公義)이니, 마땅히 밝게 보여서 권면하고 징계해야 할 것입니다. 엎드려 살피건대, 전하께서 즉위한 이래로 상과 벌 하나하나를 큰 것 작은 것 할 것 없이 반드시 정부(政府)·대간(臺諫)에 내리셨으니, 상과 벌을 공정하게 하고 권징(勸懲)을 보인 것이 지극합니다. (그런데) 지금은 유신을 의금부에 내려 비밀리에 그 죄를 묻고 먼 지방에 내치셨는데, 신 등은 직책이 이목(耳目)에 있으면서 유신이 범한 것을 알지 못합니다. 이는 전하께서 상과 벌을 공정하게 하는 뜻에 어떠하겠습니까? 엎드려 바라건대 전하께서는 유신의 죄를 유사에게 보내 밝고 바르게 시행하소서.'

들어주지 않았다.

○ 전 지희천군사(知熙川郡事-희천군 지사) 강완(姜完)과 이실(李實)
등을 의금부에 내리었다. 애초에 정윤수(鄭允壽)가 격고(擊鼓-신문고
를 침)해서 신문(申聞)해 말했다.

"학생(學生) 이실이 저와 말하기를 '강완이 처제(妻弟)인 전조 왕씨
(王氏)로서 중이 된 자를 숨겼다'라고 했습니다."

의금부에 내려 국문했는데, 실(實)이 무고(誣告)로 좌죄(坐罪)됐다.

정축일(丁丑日-20일)에 의금부에서 청하기를 "모든 대소 죄인을 추
문(推問)할 때는 모름지기 왕패(王牌)[10]를 내리소서"라고 하니, 그것을
따랐다.

무인일(戊寅日-21일)에 상이 상왕(上王)을 받들어 맞이해 창덕궁(昌
德宮)에서 술자리를 베풀었는데, 세자·종친·부마가 시연(侍宴)했다.
시위(侍衛)한 대소 신료에게 술을 내려주었다.

기묘일(己卯日-22일)에 형조·사헌부·사간원에서 소를 올렸다. 사간
원의 소는 이러했다.

'불충한 사람은 왕법(王法)에서 반드시 죽이고 용서하지 못하는 것
입니다. 지난날에 염치용(廉致庸)의 죄가 불충한 데 있었는데, 전하
께서 특별히 너그러운 법전에 따라 다만 먼 지방에 유배 보내고 겨

---

10 임금이 특별한 일을 하명(下命)할 때 어압(御押)을 사용하지 않고 대신 어보(御宝)를 찍
　어서 내려주던 패(牌)다. 이 패를 소지한 자는 그 일을 수행하는 데 특권을 행사할 수 있
　었다.

우 1년이 지나서 또 자원부처(自願付處)를 명하시니 일국의 신민(臣民)이 놀라지 않는 이가 없었습니다. 전일에 대간에서 소(疏)를 갖춰 아뢰어 법대로 처치하도록 청했으나 유윤(兪允)을 얻지 못했습니다. 신 등이 가만히 생각건대, 자원부처는 죄가 가벼운 자를 대접하는 것입니다. 치용(致庸)이 몸은 불충한 죄를 범하고도 머리를 보전하고 있으니 이미 왕법에 어그러짐이 있는데, 만일 지금 자원을 따르도록 허락하면 향곡(鄕曲)에 한가하게 있는 것과 다름이 없으니 악한 것을 징계하고 뒤에 오는 사람을 징계하는 뜻에서 어떠하겠습니까? 엎드려 바라건대 전하께서는 대의로 결단하시어 한결같이 전 상소에 의거하소서.'

형조의 소는 이러했다.

'역적 염치용이 노비(奴婢)의 일 때문에 가만히 다른 뜻을 품고 거짓을 꾸며 망령된 말로써 전하를 기망했으니, 불충한 죄가 분명합니다. 그때 모반 대역(謀叛大逆)을 공모한 자는 수범(首犯)·종범(從犯)을 나누지 않고 모두 능지처사(凌遲處死)할 것으로 율(律)에 비춰 아뢰었는데도 전하께서는 용서하고 죄의 등수를 낮춰 시행했으니, 신민이 함께 분하게 여기는 바입니다. 이제 곧 자원부처하니 후래를 경계할 길이 없습니다. 청컨대, 『대명률(大明律)』 문항에 의거해 시행함으로써 인신(人臣)의 불충한 싹을 막으소서.'

헌부의 소는 이러했다.

'신 등이 지난날에 소를 올려 염치용의 죄를 갖춰 진달하고 법대로 처치할 것을 청했는데 윤허를 내려주심을 입지 못했으니, 운월(隕越-서운함)함을 이기지 못하겠습니다. 그러나 죄가 강상(綱常)에 관계되니 어쩔 수 없이 천총(天聰-임금의 귀 밝음)을 번독(煩瀆-번거로이 더럽힘)합니다. 신 등이 가만히 생각건대, 불충·불효는 천하의 대악(大惡)이어서 인류가 용서하지 않으니 다른 사람이라도 죽일 수 있는 것입니다. 치용이 요행히 천망(天網-형벌)에서 빠져나와 천식(喘息-생명)을 연장한 지가 이미 2년이 됐으니, 왕법에 어찌하겠으며 신상필벌(信賞必罰)의 의리에 또 어떻겠습니까? 또 법이라는 것은 천하고금이 함께 말미암은 것이므로 아무리 전하라도 사사로이 할 수 있는 것[所得而私]이 아닙니다. 엎드려 바라건대 한결같이 전일에 신청한 것
소득이사
에 의거해서 밝게 그 죄를 바로잡아 앞으로 오는 이[方來]를 경계하
방래
소서.'

모두 들어주지 않았다.

경진일(庚辰日-23일)에 사간원에서 잠실(蠶室)을 없앨 것을 청했다. 소는 대략 이러했다.

'양잠(養蠶)이 비록 아름다운 일이기는 하나, 심은 뽕나무가 무성하기 전에는 백성의 이익을 빼앗을까 두렵습니다. 청컨대 심은 뽕나무가 무성하기를 기다린 뒤에 잠장(蠶場)을 나눠 설치하소서.'

윤허하지 않았다.

임오일(壬午日-25일)에 상이 문소전(文昭殿)에 나아가 별제(別祭)를 거행했다.

○ 사헌부에서 호조판서 정역(鄭易), 참찬(參贊) 윤향(尹向), 강원도 도관찰사(江原道都觀察使) 신상(申商), 선공부정(繕工副正) 유정(柳汀),

덕은현감(德恩縣監) 이반(李胖) 등의 죄를 청했다. 역(易) 등이 일찍이 형조의 원리(員吏)가 돼 역신(逆臣) 유기(柳沂, ?~1410년)[11]의 아우 한(漢)을 아울러 처치하지 않았기 때문에 이런 청이 있었는데, 논하지 말라고 명했다.

○ 사헌부에서 또 평양군(平陽君) 김승주(金承霆), 공조판서 황희(黃喜), 참찬 윤향(尹向), 전 대호군(大護軍) 이사검(李思儉) 등의 죄를 청했다. 지난해 여름에 상이 가뭄을 근심해 60세 이상의 노인은 모두 본직(本職)에 따라 2등급을 승진해 검교직(檢校職)을 제수하라고 명했는데, 그때 승주·희·향·사검 등이 각각 나이 60이 되지 않은 사람을 천거하고 본직의 품질(品秩)이 높다고 거짓으로 칭해 검교직을 속여서 받게 했다. 이때에 이르러 일이 발각돼 헌부가 탄핵하니, 논하지 말라고 명했다.

○ 환관(宦官) 김해(金海)에게 장(杖) 100대를 때리고 도(徒) 3년에 처했으니, 원윤(元尹) 이비(李裶)와 더불어 희롱을 하다가 실언한 때문이다.

○ 대마도(對馬島) 근강수(近江守) 종무세(宗茂世)의 사인(使人)이 토산물을 바쳤다.

---

11 1400년(정종 2년)에 이방원(李芳遠)이 동복형인 이방간(李芳幹)의 난을 평정하고 왕위에
    오르는 데 협력한 공으로 1401년(태종 1년) 익대좌명공신(翊戴佐命功臣) 3등에 책록됐다.
    1402년에 봉상경(奉常卿)에서 대언(代言-승지)으로 승진됐다가, 그해 9월에 서성군(瑞城
    君)(혹은 서령군(瑞寧君))으로 봉작되면서 전라도관찰사로 임명됐다. 1409년 부사로 정사
    김로(金輅)와 함께 명나라에 다녀왔다. 그해 10월에 민무구(閔無咎)·민무질(閔無疾)의 옥
    사에 관련돼 해남으로 유배됐다가 다음해인 1410년 2월 유배지에서 처형됐다. 그의 아들
    유방선은 훗날 한명회 권람의 스승이 된다.

己未 收芳幹功臣錄券 職牒及 孟衆職牒. 刑曹 臺諫交章上言:
기미 수 방간 공신녹권 직첩 급 맹중 직첩 형조 대간 교장 상언

'竊觀 自古聖人遭人倫之變 莫不以大義裁之 而不 牽於私恩.
절관 자고 성인 조 인륜 지 변 막 불이 대의 재지 이 불 견어 사은

管蔡流言 而周公致辟; 季子鴆叔牙 而孔子是之. 今沈淙潛通懷安
관채 유언 이 주공 치벽 계자 짐 숙아 이 공자 시지 금 심종 잠통 회안

暗受所贈 事覺而被劾 幸蒙殿下卵翼之恩 得脫憲網 爲淙計者 宜
암수 소증 사각 이 피핵 행몽 전하 난익 지은 득탈 헌망 위종 계자 의

悔過盡忠 以報聖恩於萬一也. 不此之顧 反於殿下垂問之時 對不
회과 진충 이보 성은 어 만일 야 불 차지고 반어 전하 수문 지시 대불

以實 其奸譎黨惡之罪 不可勝言矣. 且懷安父子庚辰不軌之心 已
이실 기 간휼 당악 지죄 불가 승언 의 차 회안 부자 경진 불궤 지심 이

得罪於天地宗社之靈 臣等恐非殿下所得私也. 此臣等所以懷憤
득죄 어 천지 종사 지령 신등 공 비 전하 소득사 야 차 신등 소이 회분

再請而不得自已也. 伏望殿下 斷以大義 治沈淙黨惡之罪 幷將懷安
재청 이 부득 자이 야 복망 전하 단이 대의 치 심종 당악 지죄 병장 회안

父子 置之常刑 以解臣民之憤.'
부자 치지 상형 이해 신민 지분

議政府 六曹 三功臣亦上疏 請懷安父子與沈淙之罪. 敎趙末生
의정부 육조 삼공신 역 상소 청 회안 부자 여 심종 지죄 교 조말생

曰: "前日遣朴景武時 予欲手書誓言 通于兄懷安 卿等不可不知
왈 전일 견 박경무 시 여 욕 수서 서언 통우 형 회안 경 등 불가 부지

故命卿等書內傳消息曰: '千萬毋疑 予不失信.'" 末生對曰: "臺諫
고 명 경등 서 내전 소식 왈 천만 무의 여 불 실신 말생 대왈 대간

刑曹詣闕請懷安及沈淙罪 臣答曰: '上曾敎臣等毋更啓此事 臣不敢
형조 예궐 청 회안 급 심종 죄 신 답왈 상 증교 신등 무갱 계 차사 신 불감

以達.' 乃謂臣曰: '臣等以謂 雖未蒙允 錄券 職牒請收之.'"
이달 내위 신왈 신등 이위 수미 몽윤 녹권 직첩 청수 지

上曰: "若早知此意 遣朴景武時 可以取之." 乃於疏末判曰: '芳幹
상 왈 약 조지 차의 견 박경무 시 가이 취지 내 어 소말 판왈 방간

孟衆只收錄券 職牒; 沈淙勿復擧論.' 仍命曰: "錄券 職牒勿令公收
맹중 지수 녹권 직첩 심종 물부 거론 잉 명왈 녹권 직첩 물령 공수

予自送人取來. 遣人于全州 慰諭芳幹父子曰: "國家累請罪狀 予
여자 송인 취래　견인 우 전주　위유 방간 부자 왈　국가 누청 죄상 여

不獲已 收取錄券 職牒 便宜居住."
불획이 수취 녹권 직첩 편의 거주

命戶曹督納軍資所貸. 右代言洪汝方啓軍資貸米 不還納之由 上
명 호조 독납 군자 소대　우대언 홍여방 계 군자 대미 불환납 지유 상

曰: "戶曹宜嚴令督之." 戶曹判書鄭易對曰: "今朔初矣. 日限有餘
왈　호조 의 엄령 독지　호조판서 정역 대왈　금 삭초 의　일한 유여

可以促納." 上曰: "判書之言失矣 何若是之緩也? 爲戶曹計 嚴立
가이 촉납　상왈　판서 지언 실의 하 약시 지완 야　위 호조 계 엄립

法令 促納可也. 今判書之言如此 則其緩可知." 易曰: "還上之事 雖
법령 촉납 가야　금 판서 지언 여차 즉 기완 가지　역왈　환상 지사 수

係戶曹 促納之事 義禁府 漢城府實司之 本曹專掌考察耳." 上曰:
계 호조 촉납 지사 의금부 한성부 실 사지 본조 전장 고찰 이　상왈

"嚴加考察 須及歲前畢收." 仍敎大司憲金汝知曰: "憲府亦可考之."
엄가 고찰 수급 세전 필수　잉교 대사헌 김여지 왈　헌부 역 가 고지

汝知對曰: "本府考之 其中有資産 不宜貸而貸者頗多 故已劾督之.
여지 대왈　본부 고지 기중 유 자산 불의 대이 대자 파다 고이핵 독지

若過此月 則抄其不納者啓之." 上曰: "如此則欲受祿而納之者缺望
약과 차월 즉 초 기 불납자 계지　상왈　여차즉 욕 수록 이 납지자 결망

限以此月 待過正月 則二月初宜啓之." 且曰: "還上之事 昔以謂
한이 차월 대과 정월 즉 이월 초 의 계지　차왈　환상 지사 석 이위

政府專掌促之 今實知其不然." 領議政柳廷顯曰: "本府非不專心
정부 전장 촉지 금 실지 기 불연　영의정 유정현 왈　본부 비불 전심

也. 每歲移文各道與京中 嚴加促之." 上曰: "義倉之粟 平民外不給
야　매세 이문 각도 여 경중 엄가 촉지　상왈　의창 지속 평민 외 불급

可也." 廷顯曰: "有奴婢前銜之人 不受還上 則飢矣." 上曰: "予之言
가야　정현 왈　유 노비 전함 지인 불수 환상 즉 기의　상왈　여지언

恐其飢也. 何獨給於平民? 然有奴婢之人 亦須免飢 鰥寡孤獨實
공 기기 야　하독 급어 평민　연유 노비 지인 역수 면기 환과고독 실

可憐也. 文王發政 必以此先之 吾必以四者爲急." 黃喜及鄭易等
가련 야　문왕 발정 필 이차 선지 오 필이 사자 위급　황희 급 정역 등

對曰: "上敎是矣. 若全給四者 而有奴婢之人不給 則必有不均飢餓
대왈　상교 시의　약 전급 사자 이유 노비 지인 불급 즉 필유 불균 기아

之嘆." 上曰: "然則議其便民之目以啓." 末生曰: "給還上之法 宜先
지탄　상왈　연즉 의기 편민 지목 이계　말생 왈　급 환상 지법 의선

四者 曾貸不納者不給 則必無不納者矣." 上深然之.
사자 증대 불납자 불급 즉 필무 불납자 의　상심 연지

議築泰安邑城. 上曰: "尊堤城子 古邑與新邑孰便?" 皆曰: "古邑
의축 태안 읍성　상왈　순제 성자 고읍 여 신읍 숙편　개왈　고읍

便." 上從之. 且曰: "伊山內廂 非深處乎? 宜近海邊. 辛有定 金南秀

李之實等曾經節制之任 伊山便否 悉知之矣 可召與議之." 代言等

曰: "有定得半身不遂之疾久矣." 上驚曰: "有定非獨有勳勞於昔日

亦有勳勞於今日① 何不使如知之? 予不知有是疾也. 有定豈知予

之不知耶?" 卽命醫劑藥問疾 仍賜米及酒肉.

議政府 六曹擬議啓: "泰安邑城 依監司所報築之 伊山則

都節制使營 於高丘 多只縣等處 相地移置." 從之.

濟生院上書:

'一 東西 活人院 本有別坐 今濟生院 又以祿官 權知月令差遣

官號各異 不爲一體. 願以東西活人院提擧 別坐 皆兼濟生院提擧

別坐 使之同心合力 以盡救療.

一 西活人院病幕四邊 無樹木之陰 熱時病者聚會 熱氣薰蒸 顧無

涼處 其苦尤甚. 願以院屬田 易幕前靑坡驛田 開地種樹 以爲病人

蘇息之處.

一 染病者 人所避忌 活人院醫員 權知前銜之輩 習業取才 亦無

其暇. 其夙夜勤勞 活人最多者 申聞錄用 怠惰其任者 告於憲司.

一 東西活人院 救人之事 旣令濟生院專掌 錄事各一 副錄事各一

願以濟生院權知 勤於活人者差下.'

從之.

下敎諸閔男女 許令平民婚嫁. 敎曰: "不忠罪人子女 世家相婚

其心必異 諸閔子息相婚者 已曾論罪. 若幷禁平民 則男女失時

固爲可惜 自今許平民相婚."

世子親祭于晉山府院君河崙之殯.

甲子 以李之崇判敦寧府事 權知知敦寧府事.

乙丑 上親臨晉山府院君河崙之殯 賜祭. 崙遺命: "吾之葬不可

煩民 其請除國葬 使家人葬之." 夫人李氏一從遺書. 上聞之曰:

"大臣禮葬 國之常典 況以崙之功德 除國葬可乎?" 國葬都監以柩衣

段子絹子各一匹 喪服所需正布十七匹 鞋皮二張 送于其家 夫人辭

不受.

丙寅 雨.

己巳 上詣仁德宮置酒.

辛未 革內侍茶房掌務遷官之法. 內侍茶房左右 番 參外別監申呈

以爲: "願罷掌務去官之法 以都目爲頭人受京職 次人外敍 掌務

則依各司及成衆官例 六朔相遞 周而復始." 從之. 先是 任掌務者

不計入屬之遠近 職秩之高下 踰再期而拜參 人爭求之 故革之.

刑曹啓區處革去寺社奴婢法: "其奴婢專屬典農寺 未能考察 請

分給本司及敬承府 內資 內贍 禮賓寺 令刷卷色形止案成籍 以給

其司 每年考察身貢 收齊以納. 其軍器監屬火㷁軍 因前屬革去

寺社奴婢 之數 定爲一萬口; 而每年以形止案付正軍奉足 預備磨勘

以定頭目 一年相遞立番. 然賤口充軍未便 軍器監火㷁軍 稱謂

助役奴; 司宰監水軍 稱爲轉運奴成籍." 從之.

癸酉 命除衙朝後 百官相揖之禮. 上曰: "百官中自相行禮 非
古之制 自今除之."

乙亥 初 命吏曹署給僧人告身. 司憲府啓: "凡僧住持各寺 其爵牒
移關僧錄司 僧錄司稱新舊禮 多行汎濫之事. 請將謝牒移關吏曹
吏曹署給." 從之.

丙子 囚淮陽都護府使趙瑨 前平康縣監崔致濂等于義禁府 罷瑨
職 以不親審講武場也.

摠制康有信廢爲庶人 遠方自願付處. 初 有信與再從弟康澤言:
"太祖潛邸時 予以顯妃之親 常進退出入. 顯妃之子及我殿下則常侍
太祖 其餘王子不得進退 今則異於昔日所見." 澤以聞 下義禁府
鞫問而流之. 司諫院上疏曰:

'賞罰 人主之大柄 國家之公義 所當明示而勸懲也. 伏覩 殿下
踐祚以來 一賞一罰 無大無小 必下政府 臺諫 其所以公賞罰而示
勸懲者至矣. 今下有信于義禁府 密問其罪 放黜遐方 而臣等職在
耳目 罔知所犯. 其於殿下公賞罰之義如何? 伏望殿下 將有信之罪
付諸有司 明正施行.'

不聽.

下前知熙川郡事姜完及李實等于義禁府. 初 鄭允壽擊鼓申聞云:
"學生李實與我言: '完匿妻弟前朝王氏爲僧者.'" 故下義禁府鞫之

實以誣告坐罪.
실 이 무고 좌죄

丁丑 義禁府請凡推大小罪人 須下王牌 從之.
정축 의금부 청범추 대소 죄인 수하 왕패 종지

戊寅 上奉迎上王 置酒于昌德宮 世子 宗親 駙馬侍宴. 賜酒侍衛
무인 상봉영 상왕 치주 우 창덕궁 세자 종친 부마 시연 사주 시위

大小臣僚.
대소 신료

己卯 刑曹 司憲府 司諫院上疏. 司諫院疏曰:
기묘 형조 사헌부 사간원 상소 사간원 소왈

'不忠之人 王法所必誅 而不宥者也. 向者廉致庸罪在不忠 殿下
불충 지인 왕법 소필주 이 불유 자야 향자 염치용 죄재 불충 전하

特從寬典 只流遐方 纔過一年 又命自願付處 一國臣民 莫不駭焉.
특종 관전 지유 하방 재 과 일년 우명 자원부처 일국 신민 막불 해언

前日 臺諫具疏以聞 請置於法 未蒙俞允. 臣等竊念 自願付處 待夫
전일 대간 구소 이문 청치 어법 미몽 유윤 신등 절념 자원부처 대부

罪之輕者也. 致庸身犯不忠之罪 而得保首領 已有乖於王法. 若今
죄지 경자 야 치용 신범 불충 지죄 이득보 수령 이유 괴어 왕법 약금

許從自願 則其與投閑鄕曲者無異 於懲惡戒後之義何如? 伏望殿下
허종 자원 즉기 여 투한 향곡 자무이 어 징악 계후 지의 하여 복망 전하

斷以大義 一依前疏.'
단이 대의 일의 전소

刑曹疏曰:
형조 소왈

'逆賊廉致庸以奴婢之事 陰懷異志 飾詐妄言 欺罔殿下 不忠之罪
역적 염치용 이 노비 지사 음회 이지 식사 망언 기망 전하 불충 지죄

明矣. 其時以謀叛大逆共謀者 不分首從 皆以陵遲處死 照律以聞
명의 기시 이 모반 대역 공모 자 불분 수종 개이 능지처사 조율 이문

殿下原之 降等施行 臣民所共憤也. 今乃自願付處 戒後無門 請依
전하 원지 강등 시행 신민 소공분 야 금내 자원부처 계후 무문 청의

大明律文施行 以杜人臣不忠之萌.'
대명률 문 시행 이두 인신 불충 지맹

憲府疏曰:
헌부 소왈

'臣等 曩者上疏 具陳廉致庸之罪 請致於法 未蒙賜允 不勝隕越.
신등 낭자 상소 구진 염치용 지죄 청치 어법 미몽 사윤 불승 운월

然罪係綱常 不獲自已 煩瀆天聰. 臣等竊謂 不忠不孝 天下大惡
연 죄계 강상 불획 자이 번독 천총 신등 절위 불충 불효 천하 대악

人類所不容 夫人得而誅之者也. 致庸幸漏天網 得延喘息 已二年
인류 소불용 부인 득이 주지 자야 치용 행루 천망 득연 천식 이 이년

572

矣. 其於王法何如? 信賞必罰之義又何如? 且法者 天下古今之
의 기어 왕법 하여 신상필벌 지의우 하여 차법자 천하 고금 지

所共由 非殿下所得而私 也. 伏望一依前日所申 明正其罪 以戒
소공유 비 전하 소득이사 야 복망 일의 전일 소신 명정 기죄 이계

方來.
방래

皆不聽.
개 불청

庚辰 司諫院請罷蠶室. 疏略曰:
경진 사간원 청파 잠실 소 약왈

'養蠶雖美事 所種桑木未盛 恐奪民利. 請待種桑茂盛 然後分置
양잠 수 미사 소종 상목 미성 공탈 민리 청대 종상 무성 연후 분치

蠶場.'
잠장

不允.
불윤

壬午 上詣文昭殿行別祭.
임오 상예 문소전 행별제

司憲府請戶曹判書鄭易 參贊尹向 江原道都觀察使申商
사헌부 청 호조판서 정역 참찬 윤향 강원도 도관찰사 신상

繕工副正柳汀 德恩縣監李胖等罪. 易等嘗爲刑曹員吏 將逆臣柳沂
선공부정 유정 덕은현감 이반 등죄 역등 상위 형조 원리 장 역신 유기

之弟漢 不併處置 故有是請 命勿論.
지 제 한 불병 처치 고유 시청 명 물론

司憲府又請平陽君金承霆 工曹判書黃喜 參贊尹向 前大護軍
사헌부 우 청 평양군 김승주 공조판서 황희 참찬 윤향 전 대호군

李思儉等罪. 去年夏 上憂旱 命以六十以上老人 皆從本職而陞二級
이사검 등죄 거년 하 상 우한 명 이 육십 이상 노인 개종 본직 이승 이급

除授檢職. 時 承霆 喜 向 思儉等各薦年未滿六十人 妄稱本職品秩
제수 검직 시 승주 희 향 사검 등각 천 연 미만 육십 인 망칭 본직 품질

之高 冒受檢職. 至是事覺 憲府劾之 命勿論.
지 고 모수 검직 지시 사각 헌부 핵지 명 물론

杖宦官金海一百 徒三年 以與元尹裶因戲失言也.
장 환관 김해 일백 도 삼년 이 여 원윤 비 인희 실언 야

對馬島近江守宗茂世使人獻土物.
대마도 근강 수 종무세 사인 헌 토물

① 有定非獨有動勞於昔日 亦有動勞於今日: '非獨~ 亦…'은 전형적으로 영
　유정　비독　유　훈로　어　석일　역유　훈로　어　금일　　비독　　　역
어 구문 'not only~ but also…'에 상응하는 구문이다.

KI신서 10009

이한우의 태종실록 재위 16년

1판 1쇄 인쇄 2021년 12월 15일
1판 1쇄 발행 2021년 12월 29일

옮긴이 이한우
펴낸이 김영곤
펴낸곳 (주)북이십일 21세기북스
출판사업부문 이사 정지은
인문기획팀 양으녕 최유진
디자인 표지 씨디자인 **본문** 제이알컴
출판마케팅영업본부장 민안기
마케팅2팀 엄재욱 나은경 정유진 이다솔 김경은 박보미
출판영업팀 김수현 이광호 최명열
제작팀 이영민 권경민

출판등록 2000년 5월 6일 제406-2003-061호
주소 (10881) 경기도 파주시 회동길 201 (문발동)
대표전화 031-955-2100 **팩스** 031-955-2151 **이메일** book21@book21.co.kr

(주)북이십일 경계를 허무는 콘텐츠 리더

21세기북스 채널에서 도서 정보와 다양한 영상자료, 이벤트를 만나세요!
페이스북 facebook.com/jiinpill21   포스트 post.naver.com/21c_editors
인스타그램 instagram.com/jiinpill21   홈페이지 www.book21.com
유튜브 youtube.com/book21pub

서울대 **가**지 않아도 들을 수 있는 **명강**의! 〈서가명강〉
유튜브, 네이버, 팟캐스트에서 '**서가명강**'을 검색해보세요!

© 이한우, 2021

ISBN 978-89-509-9841-7 (04900)
          978-89-509-7105-2 (세트)